Beijing No.1
Intermediate People's Court,Beijing,P.R.China

司法体制综合配套改革中的防范化解重大风险

优秀学术论文集
（2019年卷）

北京市第一中级人民法院／编

法律出版社
LAW PRESS·CHINA

司法体制综合配套改革中的防范化解重大风险

——北京市第一中级人民法院优秀学术论文集（2019年卷）

编辑委员会

前　　言

全国法院学术讨论会由最高人民法院主办，国家法官学院、中国应用法学研究所、人民法院出版社共同承办。经过31年的发展和沉淀，全国法院学术讨论会已经成为广大法官进行学术交流和研讨的重要阵地，成为我国法院系统参加人员最多、涉及专业领域最广、影响力最大的学术盛会。学术讨论会这个竞“技”平台，对提高广大法官的理论水平，发现和培养人才，推动各级法院学术研讨工作，更好地完成审判任务、深化推进司法改革、推进审判体系和审判能力现代化发挥着积极作用。全国法院系统学术讨论会从1989年8月开始举办一直到2019年，已经举办了31届。

今年，是北京市第一中级人民法院建院25周年。25年来我院始终高度重视全国法院学术讨论会组织动员和参赛工作，不断健全完善学术讨论会参赛工作组织、报送、评审机制，通过构建院级学术讨论会调研人才网，建立学术讨论会参赛作者“储水池”；邀请资深法官、高等院校和研究机构的专家、学者组成院级学术讨论会评审委员会，借助“外脑”提升参赛论文质量；建立学术论文多轮交叉匿名评审机制，对论文结构框架、数据支撑等方面提出修改完善意见；建立常态化联合撰写、报送机制，加强与外地法院参赛作者的沟通与交流，合作撰写论文并共同参赛；加强论文成果的转化、固化，通过择优推荐核心期刊发表、定期出版论文集等形式全面展示我院应用法学研究成果。在全院干警的共同努力下，我院的参赛论文在历年全国法院学术讨论会上取得了优异成绩：先后荣获3个全国一等奖、23个全国二等奖、23个全国三等奖、29个全国优秀奖。我院荣获全国法院系统学术讨论会“三十年组织工作突出贡献奖”金奖，全国中级法院中只有三家法院获此殊荣，并且多次荣获全国法院系统学术讨论会组织工作先进奖以及北京法院系统学术讨论会组织工作先进奖等殊荣。

自2019年全国法院学术讨论会组织委员会发布第31届学术讨论会征文通知以来，我院广大干警紧密围绕本届学术讨论会“司法体制综合配套改革中的防范化解重大风险”这一主题，积极参赛。在写作过程中，始终坚持以习近平新时代中国特色社会主义思想为指导，结合审判工作实际，认真梳理总结审判执行、司法改革、法院管理各项工作中可能存在的风险点，注重把握新时代人民法院改革发展面临的新情况、新问题，结合《人民法院第五个五年改革纲要(2019—2023)》，着眼于提升新时代人民法院司法能力水平，提升审判体系和审判能力现代化，形成了一批角度新颖、论证充分、见解深刻、措施具体的研究成果，为审判工作和司法改革提供了参考和借鉴。

经过最终的评审程序，我院在全国法院第 31 届学术讨论会上荣获 2 个全国二等奖、1 个全国三等奖、5 个全国优秀奖，5 个北京优秀奖，综合成绩位列北京法院前列。为进一步总结固化本届学术讨论会调研成果，发挥学术研讨指导审判实践、推动司法改革的作用，现将我院在第 31 届学术讨论会上的优秀论文结集出版。希望通过集中展示我院 2019 年优秀学术成果，进一步加强与兄弟法院的交流合作，进一步提升广大参赛作者的学术研究获得感和荣誉感，进一步增强广大干警做好学术研讨工作的责任感和使命感，进一步激发广大后备调研力量的学术激情和创作热情，努力营造我院良好的学术氛围，推动树立学术研讨精品意识，在接下来的学术讨论会工作中取得更加优异的成绩。

编　者
2020 年 3 月

目　录

全国法院二等奖

1. 从无序到有序:审判责任认定的规则之路…… 伍涛　刘雅璠　刘吉旭(3)
——以审判责任构成要件理论为基础
2. "智慧法院"办案场景下的可视化工具:原理、路径与功能
…………………………………………………… 陈大林　朱丽梅(25)

全国法院三等奖

3. 从"层级考核"到"单元管理":审判团队绩效管理体系研究
…………………………………………… 张明　崔丹妮　宁韬(41)

全国法院优秀奖

4. 权力结构语境下的司法经费分级保障模式研究 ……… 仇芳芳　宁韬(67)
5. 民事诉讼中未承担责任的无独立请求权第三人上诉权困境检视与进路探索 ……………………………………………………… 赵小军(83)
——以当事人程序保障及与第三人撤销之诉对接为视角
6. 诉讼结构视角下刑事速裁程序的检视与完善 ……… 左广强　张宏宇(95)
——基于对436份速裁二审文书的实证分析
7. 司法责任制下民事审判监督程序的功能续造 ……… 姚志伟　刘吉旭(112)
——以中级法院审判监督程序为视角
8. 国家治理现代化语境下行政审判的本质与路径 ………………… 肖克(124)

北京法院优秀奖

9. 走出舆论困境 ………………………………… 赵岩　陈实　曾巧艺(139)
——以人民法院防范化解重大风险、构建系统化舆情应对机制为视角
10. 符号学视域中的舆情案件对治之道 ……………………… 王国庆　蒋慧(152)
——以“四正格局”模式为体
11. 被冷落的行政诉讼简易程序 ………………………………… 祝飞宇(169)
——基于法官与当事人的二元视角分析
12. 从一轨到双轨 ……………………………………… 夏明玥　李忠勇(185)
——论分类管理背景下司法行政人员补充机制的完善

本院优秀论文

13. 记载与评判:“以审判为中心”视野下刑事判决书样式改革的路径探索 ………………………………………………………………… 周维平(207)
——以整体提升判决说理水平为切入点
14. 法官助理入额衔接程序建构 ………………………………… 李健　杨卫军(221)
——以直辖市中级法院、基层法院交互式培养模式为核心
15. 横纵双轴:完善主审法官会议机制的流程研究 ……… 方硕　王国庆(238)
16. 个案意义 VS 规则意义:最高人民法院“择案而审”机制的诉讼体系构建 …………………………………………………………………… 蒋慧(255)
——以美国最高法院自由裁量受理权的行使范式为镜像
17. 司法责任制下“错案”评查机制的反思与重构 ………………… 李赟乐(270)
18. 论法官绩效考核从科层化向职业化之过渡 ………………………… 武旋(286)
——以 A 市中级人民法院 B 审判庭法官绩效考核微观实施过程为样本
19. 从外因到内因:探寻行政复议制度在行政纠纷化解中的出路 ………………………………………………………………… 杨晓琼　黄丽(301)
——以复议双被告制度运行现状为视角
20. 司改背景下法院庭长培养路径的完善 ……………………… 任静　赵松(313)
——以《司法人事制度改革答复口径(五)》为切入点

21. 金融稳定视角下人民法院防范化解金融风险机制研究 ……… 张婷婷(326)
——基于实践探索的三点构想
22. 直辖市中级法院法官助理到基层法院入额的过渡机制研究 …… 王爽(337)
23. 环境民事公益诉讼与生态环境损害赔偿诉讼的协调与衔接 …… 李湉(352)
24. 类案推送融入法院智能办案系统之探索 …………………… 闵雪 苑珊(363)
——以自然语言处理技术与法官办案思维融合为切入点
25. "示范判决+多元调解"的审判机制构建 …………………… 曹明哲(379)
——以证券群体纠纷为例
26. 惯习与变革之间:实证场域下人民法庭建设与改革之路 …… 陈博闻(391)
——基于内设机构及区位分布的视角
27. 由裁判者负责:审判中心视角下法官惩戒标准实证研究 …… 赵旭涛(403)
28. 个人作为环境公益诉讼原告的可行性分析与制度设计
…………………………………………………… 纪艳琼 唐静静(415)
29. 聘用制审判辅助人员社会化购买之困境与出路 ………… 郭帅 李蓓(428)
30. 从"司法民工"到"司法主体" ……………………………… 陈震 赵松(439)
——法官考核的指标体系研究
31. 反思与改革:中级法院法官助理的培养与层级化管理 ……… 廖清顺(455)
——以中级法院刑事法官助理为样本

全国法院二等奖

从无序到有序：审判责任认定的规则之路

——以审判责任构成要件理论为基础*

伍　涛　刘雅播　刘吉旭**

【论文提要】

在司法责任制改革全面深化推进的大背景下，审判责任事关每一位法官的切身利益。面对当前实践中审判责任认定体系的混乱及标准的多样，构建统一的审判责任认定规则体系既是司法改革的重要目标更是现实需要，也是深化司法体制综合配套改革、全面落实司法责任制的必然要求。本文借助法律责任构成要件理论的思维和模式，尝试构建出审判责任的内在构造及审判责任认定的规则体系以及思维路径，为实现严肃追责与履职保障的高度统一提供方向，为构建责、权、利平衡机制提供基础，为最终全面落实司法责任制提供保障。

除去引言和结语，本文主要分为四部分。第一部分通过对真实案例的展现来阐明当前审判责任认定之无序状态，有针对性地提出责任认定的痛点与难点，加深当前审判责任认定规则化与标准化重要意义的认识。第二部分从理论源头对审判责任及其认定进行多维透析，探讨审判责任的基本属性与基本要素。以法律责任构成要件理论为研究支撑，将审判职责类型化并以此作为法官主观过错的判断依据，扭转当前追责标准泛化与不统一的局面。同时将责任豁免作为责任认定一体两面纳入审判责任的认定中来。第三部分明确审判责任认定的基本原则、程序规则与实体规则，对责任认定进行类型化分析，构建审判责任认定的四种基本形态，从而全方位、科学化、精细化的构建审判责任认定的制度轮廓。第四部分旨在提出审判责任认定的思维路径，其核心在于构建逻辑化的认定思维，避免认定过程出现混乱和无序。并通过四个案例的责任认定进

---

* 本文获全国法院系统第三十一届学术讨论会二等奖。

** 伍涛，北京市第一中级人民法院研究室主任，曾获全国法院系统第三十届学术讨论会三等奖；刘雅播，北京市第一中级人民法院民二庭法官助理；刘吉旭，甘肃省高级人民法院研究室法官助理。

行展示,最终形成审判责任认定静态构造与动态运行相交织的可视化立体思维。在此基础上制定《关于审判责任认定的若干规定(建议稿)》以供参照。

【主要创新观点】

研究内容之创新:通过科学化、精细化研究审判责任内部构造及审判责任认定的具体规则,改变当前有关法官审判责任的理论研究整体性、框架性研究样貌,转变目前惩戒机制多,责任认定规则少;豁免情形多,责任构成要件少;错案结果责任多,审判行为责任少的因果倒置的研究状态。

研究视域之创新:目前以审判责任作为对象的研究存在缺乏规则化、标准化的问题,作为悬置在法官头上的"达摩克利斯之剑",审判责任的认定应当有一套行之有效的体系和标准。本文以构成要件理论为视角,使之成为法官被苛以审判责任的实体性根据。避免了造成审判责任认定要素的缺失,有助于细化当前审判责任的宏大而原则的样貌,为实践中的责任认定提供合乎法律的思维路径,也能使惩戒措施、豁免机制等其他司法判断因具备前提性条件而变得清晰。

研究结论之创新:通过构成要件理论的运用以及审判职责的类型化分析,本文构造出审判责任的内在具体样态。通过逻辑思维的演绎以及动静交织的体系,构建出审判责任认定的原则、逻辑和具体规则,并在附录中以建议稿的形式提出规范性建议以期对审判责任认定的落地实施提供规范性指引。

引　言

如果将审判权的整体运行看作一个生命有机体,那么审判责任认定就好比免疫系统,一旦出现功能紊乱,要么可能干扰审判权的正常行使,要么可能导致审判权的恣意妄为,从而影响新型审判权运行机制的有效运行。"让审理者裁判、由裁判者负责,是司法规律的客观要求,也是深化司法体制改革的核心内容。"①裁判者在审理裁判过程中究竟因何担责、担什么责?法官问责应当具备哪些要件?审判责任的认定能否构建一套统一的规则体系还是只能基于个案判断?这些实践难题目前在不同地区甚至同一地区都有不同的理解和处理方式。因此,在这种情况下,对于审判责任问题框架性的"外围"研讨以及粗线条的域外借鉴已不能满足当前司法责任制改革的目的和要求,也不能满足司法体

① 参见中华人民共和国最高人民法院编:《中国法院的司法改革(2013—2018)》,人民法院出版社2019年版。

制综合配套改革深化推进的现实需要。如何让裁判者合理地对其审判行为及审判结果负责,从而达到最能够契合法官制度角色的行为效果,有待更充分、更实质的研究和论证。

一、审判责任认定之乱象分析

现象一:审判责任是否等于主审法官个人责任?

【案例1】王某系于某诈骗案的主审法官,该案经审判委员会讨论并向上级法院请示后作出有罪判决。经再审于某无罪释放。省政法委以王某对证据不严格依法审查,对据以定罪证据之间的矛盾未合理排除,错误采纳程序违法的无效证据为由对其调查,最终王某以玩忽职守罪获刑。①

小结:审判责任归根结底还要追究到法官头上,但是否一定由主审法官承担责任不能一概而论。由"裁判者负责"体现的是权责相一致的基本原则,但"裁判者"显然不能局限于主审法官,而是作出裁判结果的法定审判组织。

现象二:审判责任是否等于错案结果责任?

【案例2】在某法院案件自查过程中,郭某审理的一起案件由于处理结果有误被评为差错案件,后该院党组以审查不细、把关不严为由,免去其审判员职务,调离审判岗位。②

小结:案子判错了就要承担审判责任?追究法官审判责任存在大量的"唯结果论"现象,错案结果责任与审判责任是何关系,实践中存在混乱与交织。

现象三:审判责任是否需要考虑责任构成要件?

【案例3】奚某为某案审判长,因其突发高烧造成次日庭审取消,该区法院党组、院长办公会议认为奚某未严格按法律规定认真履职,司法为民意识不强,工作作风粗疏,经研究提请区人大常委会免去奚某副庭长职务。③

小结:在审判责任认定过程中是否要考虑法官的主观过错,法官何种客观行为属于违反审判职责,审判责任的认定是否需要严格对照责任的构成要件,实践中亟待解决。

现象四:审判责任认定是否谁的官大听谁的?

【案例4】李某在某判决书中认定《某省农作物种子管理条例》与《种子法》

---

① 参见赵智伟:《河南一法官因政法委强势介入判错案 不满被追责》,载腾讯网:https://new.qq.com/rain/a/20150714009214,最后访问日期:2020年3月14日。

② 参见徐振华、王星光:《法官办案责任追责的递进式模式探究》,载《法律适用》2017年第7期。

③ 新京报报道:《三次临时取消开庭 某法院一副庭长被免职》,载搜狐网:http://www.sohu.com/a/255139278_114988,最后访问日期:2020年3月14日。

冲突而自然无效。该省人大发出通知,要求该市人大常委会依法行使监督权,纠正其违法行为,对直接负责人和主管领导作出处理。后该市中院对李某作出处理:免去助理审判员职务,主管副庭长也被撤职。①

小结:审判责任认定的司法权属性,决定了法官因为审判行为被问责、追责,不能"谁的官儿大听谁的"或者"上级法院说了算"。审判责任认定的行政化倾向,易造成责任追究的肆意和无序,需要重点关注和防范。

现象五:审判责任认定能否各地自己看着办?

【案例5】在法官审判责任认定及问责上,各地法院不仅问责名目及形式混乱,②而且各地方出台的相关规范宽严相异、标准不一,有些法院甚至将涉诉信访的处理不当也纳入法官审判责任追责的范围。③

小结:地方层面上,各省间司法责任制改革更呈现多样而无序的状态,甚至与最高人民法院出台的规定有所背离。审判责任标准不一、宽严相异的局面最终不利于司法责任制改革的推进。

二、审判责任认定之理论辨析

(一)追根溯源——审判责任的构成要件

法律责任构成要件理论作为一种责任认定工具模型,其基本机制在于对现实生活处于动态变化中的事实现象进行人为的抽象概括,并作为预设的静态标准规定在法律规范之中,为责任的认定提供匹配、判断的对象和要素。

审判责任认定需要构成要件理论发挥自身的"罪刑"法定的理论机能,即责任构成要件成为可苛责性的实体性根据,只有满足责任构成要件,法官才能被追责。通过适用法律责任构成要件理论、"启动"构成要件模型,有助于"细化当前审判责任的宏大而原则的样貌"④,为实践中的审判责任认定提供遵循法律符合规律的思维路径,从而让审判责任认定过程更加科学、规范。

1. 审判责任以审判组织为主体。审判责任承担主体应当是代表法院行使审判权的主体,不仅因其具备相应的责任能力,也符合权责相一致的原则。能

---

① 参见徐振华、王星光:《法官办案责任追责的递进式模式探究》,载《法律适用》2017年第7期。

② 在法官问责形式上,各地存在错案追究、违法审判责任追究、纪律责任追究、案件改发责任追究、信访责任等多种问责方式。如江苏高院出台《关于错案追究责任的规定》,天津河北区法院出台《审理案件质量责任追究办法》。

③ 周长军:《司法责任制改革中的法官问责——兼评〈关于完善人民法院司法责任制的若干意见〉》,载《法学家》2016年第3期。

④ 樊传明:《追究法官审判责任的限度——现行责任制体系内的解释学研究》,载《法制与社会发展》2018年第1期。

够依法行使审判权的主体应以独任法官、合议庭及审判委员会等法定审判组织为单位。对于只追究主审法官审判责任的现象及观念应当予以纠正。实务中大部分案件由独任法官、合议庭行使审判权进行审理,审判委员会虽不直接行使审判权,但其对合议庭提交讨论的重大、疑难、复杂案件具有讨论决定权,该种权力对合议庭直接产生法律效力,需要将其纳入审判责任的主体范围。

2. 审判责任以违反法定职责为前提。客观行为作为审判责任构成中的“外观”环节,表现为对法定审判职责的违反。笔者结合现有规范将审判职责细化为不同效力的审判规则,对审判行为规则进行类型化区分。

(1)违反强制性审判规则。强制性审判规则对法官如何进行审判设定了不仅是法定而且是强制性的要求。这些规则背后,体现了立法者对不同价值或立法目标的权衡考量。法官在具体案件中,针对与这些规则相应的事项,应当强制性地进行适用,不存在自由裁量的空间(见表1)。

表1 违反强制性审判规则的情形与示例

<table>
<tr><th colspan="4">情形</th><th>示例</th></tr>
<tr><td rowspan="4">违反强制性审判规则</td><td rowspan="2">实体</td><td>事实认定</td><td>主要体现为对证据的法定种类和条件限制规定的违反,包括对不符合诉讼法规定的法定证据种类的材料、对不满足形式要件的证据、对应当予以排除的证据予以采信并作为认定事实的依据</td><td>* 测谎仪作出的鉴定结论
* 擅自将窃听器安装到他人住处进行窃听获取的证据
* 法院采信了与原件核对不一致的复印件、副本</td></tr>
<tr><td>法律适用</td><td>违反强制性法律适用规范,主要包括对法律适用的基本规范(时间、空间、效力)的违反,以及对一般法律冲突解决规则的违反</td><td>* 援引已经失效的法律或位阶上不应援引的法律意见;地方性法规用于超出本行政区域范围的案件等
* 对同一事项的上下位阶法律规范之间有所冲突,适用了下位法</td></tr>
<tr><td rowspan="2">程序</td><td colspan="2">严重破坏司法公正和司法权威的严重违反法定程序的情形</td><td>* 我国三大诉讼法对发回案件的规定</td></tr>
<tr><td colspan="2">我国诉讼制度中义务性程序规则的违反</td><td>* 在诉讼法中通常体现为带有“应当”“必须”“不得”表述的规则,例如,《民事诉讼法》第44条规定的应当回避的情形,审判中若出现应当回避而未回避的,就是对强制性程序规则的违反</td></tr>
</table>

(2)违反指导性审判规则。指导性审判规则只是对法官处理案件过程中的指引、提醒或告诫,不具有刚性约束力(见表2)。

表 2　违反指导性审判规则的情形与示例

<table>
<tr><th colspan="4">情形</th><th>示例</th></tr>
<tr><td rowspan="3">违反指导性审判规则</td><td rowspan="2">实体</td><td>事实认定</td><td>是指除了对证据的刚性要求之外,对事实认定指引性规定的违反。典型的有:1. 证据的证明力规则。2. 指引对证据的审查判断方法的规则</td><td>*例如,原始证据的证明力一般大于传来证据;公证文书的证明力一般大于视听资料或证人证言
*《最高人民法院关于适用〈中华人民共和国刑事诉讼法〉的解释》第 104 条之规定
*《最高人民法院关于适用〈中华人民共和国民事诉讼法〉的解释》第 110 条之规定</td></tr>
<tr><td>法律适用</td><td>包括对特殊法律冲突解决机制的违反,此外,还包括对法律解释原则的违反</td><td>*例如,当调整同一事项的新的一般规定与旧的特别规定不一致时,从《立法法》的规定来看,并不当然得出适用新法优于旧法、特别法优于普通法的法律适用原则的结论
*即个案中应该首选文义解释,在文义解释不能解决问题时,可以采取其他解释方法</td></tr>
<tr><td>程序</td><td colspan="2">是指法官违反有一定选择空间的程序规则,主要包括带有指引性质的授权性程序规则,在诉讼法中大多以“可以”“一般”作为描述性词语</td><td>*例如,《刑事诉讼法》第 268 条规定,法院办理未成年人刑事案件,根据情况可以对未成年犯罪嫌疑人、被告人的成长经历、犯罪原因,监护教育等情况进行调查。法院在审理未成年人刑事案件中,如果未对上述规定因素进行调查,则违反了指导性程序规则</td></tr>
</table>

(3)明显违反经验常识。上述客观行为的描述并不能完全涵盖所有审判规则,实践中还有比指导性规则更为“柔性”的审判规则,例如在事实认定环节法官内心的自由心证、审判程序中法官的自由裁量等,这些规则具有更为自由的支配度,只要法官最终的裁判符合逻辑和一般常理,即履行了“运用逻辑推理和日常生活经验[①]”的职责。

3. 审判责任以存在主观过错为依据。审判责任的构成应对主体主观心理状态有所要求。法官还应在主观上存在故意或重大过失才能被追责,《法官法》及《最高人民法院关于完善人民法院司法责任制的若干意见》(以下简称《意见》)中也均有此规定。随着法律责任构成要件理论的发展,对主观过错的判断一般也通过相对客观的标准,即从客观行为来进行认定。

(1)违反强制性审判规则的心理状态。无论是实体还是程序上,都属于最基本、最应掌握且效力最高的审判规则,是法官根据其职务要求应当熟练掌握

① 参见《最高人民法院关于民事诉讼证据的若干规定》第 64 条、《最高人民法院关于适用〈中华人民共和国民事诉讼法〉的解释》第 105 条。

和正确适用的内容,因此,违反这些规则的行为应当衍生出主观过错推定效力。但能否直接推定法官具有主观故意?例如,法官以不满足形式要件的证据为依据认定了某事实作出裁判的,我们很难直接推定法官是故意的。因此,法官违反强制性规则推定为主观上有重大过失为宜。只有以其他方式证明了法官对于规则的违反存在故意心态,才能追究法官的审判责任,如存在贪污受贿、私自办案等《意见》第26条中规定的明显带有主观恶意、实质性影响案件审理的行为。

(2)违反指导性审判规则的心理状态。违反指导性规则的情形下只能考虑责任主体是否存在重大过失。笔者认为,不宜直接推定为重大过失,因无法体现与强制性规则的效力差异,既然指导性规则不排斥法官在个案中的自由裁量,那么就不应将法官对这些规则的违背一律推定为重大过失。此时应考量法官是否存在合理解释、裁判文书中是否进行了合理说明等因素来判断。如法官因医疗鉴定报告存在形式瑕疵或明显的逻辑错误,选择采信一般书证而非医疗鉴定报告并在裁判文书中对此进行说理。此种情形,不能认定法官存在重大过失。

4. 审判责任以造成负面后果为参照标准。依照《意见》及有关规定,对主观上存在重大过失情形的主体还要求"导致裁判错误并造成严重后果"才能对其进行审判责任追究。对于故意违反法律法规的不作此要求,是因为对于具备法学素养的法官,在审判中故意违反审判职责的行为本身已损害到法律所保护的利益和秩序,因此无论是否造成行为后果,都应承担审判责任。如法官故意违反重大程序,应回避而未回避的,即使裁判结果在实体上正确,因主观恶性较大,也应承担审判责任。对于裁判错误的理解,应当更多地从实体层面判断后果的严重性,通过因错误受侵害的权利性质、损失数额、实际社会影响等因素,进行一定的量化设定。

(二)正本清源——审判责任认定的基本属性

1. 审判责任认定本质上是对"判断权"的再判断。正如医疗鉴定是专业的鉴定机构对医护人员是否有过失、诊疗行为是否合乎医疗规范一样,审判责任认定是以"业内人"的专业技能,"局外人"的视角眼光,聚焦法官最根本、最核心的专业性活动,通过一种"更高级的审判行为"审视并剖析审判组织及其法官的审判活动,并最终作出认定。司法审判是带有主观性、带有价值衡量的判断过程,审判责任认定本质上是对法官"判断行为"的再次判断。

2. 审判责任认定权性质上是特殊司法权,属于中央事权范畴。准确定位司法权属于中央事权是本次司法改革的重要成果。各级人民法院是代表国家行使审判权的国家审判机关,审判权本质上属于中央事权。而对于审判责任的认定权,作为对于审判行为的再次判断权,从根本上说也应当属于中央事权。

3. 审判责任认定程序是法官惩戒的前置性程序。针对与审判责任密切相关的惩戒机制,笔者认为,惩戒机制应当坚持“责任认定先行”,必须首先厘清审判责任认定的基准与路径。审判责任认定思维路径的科学化以及逻辑上的合理化是保证法官惩戒的公正性和有效性的先决条件和必要环节。

4. 审判责任认定结果是法官责任豁免的必要条件。豁免是指免除,在法律责任视野下即指某种责任已经成立,但由于行为的主体因素或其他特殊情形,对责任予以免除,与“免责”的含义相近。责任认定是从正面厘定责任追究的范围,豁免而言,是从反面划定责任追究的界限。[①] 因此,从逻辑上,审判责任的认定既是启动法官责任豁免制度的前提,也是体现与法官豁免制度自洽的必经之路。[②]

(三)纲举目张——审判责任认定的基本要素

1. 要确立基本原则。一项工作客观上必然存在一定理论上的概括与基本指导思想,审判责任认定关涉法官“安身立命”之根本,进而影响到整个司法的运行,更要确立基本原则,从宏观上对责任认定进行指导和统摄。

2. 要区分不同形态。鉴于当前审判责任认定的无序样态,有必要将认定方式转向类型化分析。从人们认识事物的方式及实务中操作的便利来看,以类型化的方式区分不同审判责任形态,将使得审判责任更清晰,同时也更有利于建立统一识别体系,达成认知上的统一。

3. 要建立规则体系。审判责任认定是一个专业化判断过程,需要规则拟制与个案判断并行。如果说审判责任认定原则是宏观上指导悬挂在法官头上的“达摩克利斯之剑”剑指何方,那么微观的规则体系,便是如何具体的驾驭好这把剑,构建一种“依法裁判的程度性指标和标准”[③],以科学的责任认定规则实现消解责任追究与履职保障之间的紧张关系。

4. 要统一思维模式。思维就是承载规则的“系统”,静态的认定规则需要好的“系统”去容纳和驾驭,统一审判责任认定的思维模式有助于提升责任认定的

---

① 周长军:《司法责任制改革中的法官问责——兼评〈关于完善人民法院司法责任制的若干意见〉》,载《法学家》2016年第3期。

② 针对法官豁免制度,《法官法》中采用了“法官依法履行职责,受法律保护”的原则性表述,《意见》第28条规定了不得作为错案进行责任追究的7种情形,这被普遍认为是对我国法官豁免制度的规定。笔者认为,将《意见》第28条理解为豁免制度值得商榷,因条文所述情形,或未满足主观要件不存在主观过错,或未满足客观要件(未违反法定职责或未引发严重后果),从构成要件理论出发,上述情形因未满足构成要件而不构成审判责任,因此谈不上豁免(免责)与否。只有在形式上满足了审判责任构成要件,但基于某些特殊事由对法官予以免责,才是真正意义上的法官豁免。

③ 高冠宇、江国华:《法官责任的理论构建》,载《学术论坛》2018年第3期。

逻辑性、严密性和平衡性,并且能够有效地避开一些行政化思维模式的陷阱。

三、审判责任认定之规则建立

(一)审判责任认定的基本原则

1. 审判责任法定原则。审判责任作为一种法律责任,其责任类型、构成要件、认定规则等均需通过法律规定予以明确,法无明文规定不为“罪”是对法官职业的基本保障,这也与审判权作为中央事权的法律地位相匹配。

2. 主客观相统一原则。主观过错与客观行为必须同时满足才能追责,法官依法正当行使审判权,没有违反法定审判职责,即使出现错误裁判或负面后果,亦不应追究审判责任。

3. 无责推定原则。在审判责任认定过程中应当坚持无责推定,即如果没有证据证明法官的审判行为符合审判责任构成要件情形的,应当推定法官的审判行为不构成审判责任。

4. 遵循司法规律原则。审判责任认定应当坚持去行政化的基本导向,体现审判权的判断权属性,保护法官的独立判断精神,注重追责的合理性,重视特定职责在致错问题上的合理行为。[①]

(二)审判责任认定的程序规则

未经法定程序,不能启动或实施审判责任的认定,更不能追究法官的责任。我国《法官法》规定,“非因法定事由、非经法定程序”不被给予任何处分。司法权的运行与行政权有着极大差异,在问责时也应有所区分,面对法官问责的行政化色彩,为顺应司法规律,增强公正性和说服力,法官责任制理应在独立与责任的平衡中严守正当程序。[②] 构建审判责任认定规则,应当强化程序的法定性与参与性,突出审判责任认定的“诉讼化构造”,以一种“准审判程序”的姿态进行呈现,以使得审判责任“启动—认定—追责”构造上更加完满。

1. 谁来启动:《意见》第 34 条规定,审判责任追究程序应当由法院监察部门启动。在此之前,一般由院长、审判监督部门或者审判管理部门提出初步意见,院长委托审判监督部门审查或提请审判委员会进行讨论。如果相关案件为已经经过审判委员会讨论作出的结果,那么初步审查阶段只能由院长委托审判监督部门审查。除自查外,还有当事人、代理人等向案件所在法院法官惩戒委员会“自诉”法官违法审判事实及依据的情形,对此可由审判监督部门审查或提请

---

① 参见龙宗智:《审判管理:功效、局限及界限把握》,载《法学研究》2011 年第 4 期。

② 孔祥承:《法官责任制逻辑之重构》,载《法学研究》2018 年第 2 期。

审判委员会进行讨论并将结果通报惩戒委员会。

2. 谁来认定:由法院监察部门调查,由法官惩戒委员会审议,作为对于审判行为的再次判断,如何判断法官的“判断”、认识法官的“认识”具有很大的难度,因此法官惩戒委员会的构成应当保证大部分具有法律专业背景且必须要有专业法官的加入且数量不低于 50%,①为此才能保证审判责任认定主体的专业性和认定行为的合理性。

3. 如何认定:惩戒委员会在进行责任认定时,应以有关人民法院提供的当事法官涉嫌违反审判职责的事实和证据为依据,以审判责任认定规则为准绳,就相关人员是否构成审判责任作出判断。除对个别案情简单、情节清晰可进行书面审查外,惩戒委员会应当对当事法官进行询问并制作笔录,对责任认定的过程及意见,应当全程留痕。最终处理意见须经全体委员的 2/3 以上的多数通过。

4. 权利保障:当事法官在“诉讼”过程中,有权进行陈述、举证、辩解、申请复议和申诉,以实现责任认定的程序正义。

(三)审判责任认定的实体规则

笔者以构成要件理论为基础,根据是否满足构成要件(成立条件)以及满足构成要件后的要件程度不同(程度条件),对责任认定进行类型化分析,构建了审判责任认定的四种基本形态(见图 1)。

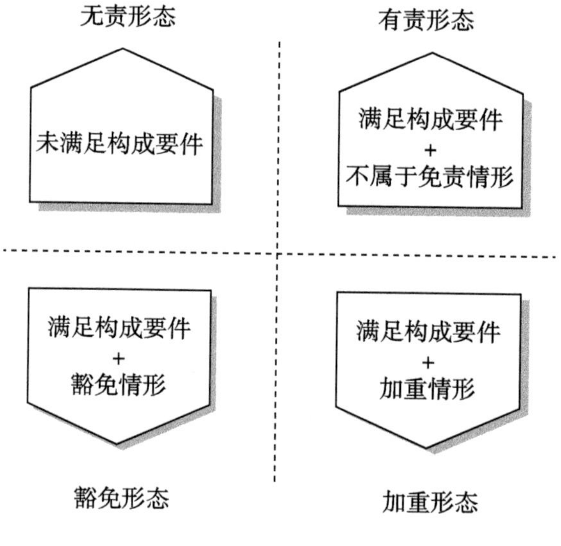

图 1　审判责任认定的四种基本形态

---

① 中央全面深化改革领导小组 2016 年 7 月 22 日发布《关于建立法官、检察官惩戒制度的意见(试行)》,该意见对法官在惩戒委员会中所占的比重作了要求。

在四种形态内部,根据审判责任构成要件可细化为如下具体规则:

1. 未满足构成要件,不构成审判责任,即无责形态。

规则一:审判组织未违反审判规则,即使裁判结果错误或者产生严重后果的——无责认定(见表3)。

表3 规则一及示例

规则一	示例
未违反审判规则+裁判结果错误或产生严重后果→无责认定	例1:双方当事人对鉴定意见提出异议并申请鉴定人出庭,合议庭依法通知鉴定人出庭,但鉴定人拒不出庭,法官以此为由排除该鉴定意见并作出判决,后经再审认为法官事实认定错误并改判,此时法官无责
	例2:法官未违反审判规则进行裁判,败诉当事人自杀,法官不承担审判责任

规则二:审判组织因重大过失违反强制性审判规则,但未导致裁判结果错误或造成严重后果的——无责认定(见表4)。

表4 规则二及示例

规则二	示例
重大过失违反强制性审判规则+未导致裁判结果错误或造成严重后果→无责认定	例1:因工作疏漏,对未经质证的证据予以采信并作出裁判,或民事二审案件中当事人提交新证据或新理由应当开庭审理而未开庭的,但未导致裁判结果错误或产生严重后果,不承担审判责任

规则三:审判组织违反指导性审判规则,但未导致裁判结果错误或造成严重后果的——无责认定(见表5)。

表5 规则三及示例

规则三	示例
违反指导性审判规则+未导致裁判结果错误或造成严重后果→无责认定	例1:医疗纠纷中,法官未采信司法鉴定意见而是结合专家辅助人、证人证言等其他形成证据链条的证据认定了案件事实,未出现裁判错误或造成严重后果的情形,法官不承担审判责任

规则四:审判组织违反指导性审判规则,导致裁判结果错误或导致严重后果,但是能够提供合理解释的——无责认定(见表6)。

表 6　规则四及示例

规则四	示例
违反指导性审判规则 + 导致裁判结果错误或造成严重后果 + 能够提供合理解释→无责认定	例 1:在身体权纠纷中,法官在新法已经开始实施后,仍适用旧法进行裁判,但法官在文书说写明,虽然案件争议发生在新法实施后,但侵权行为发生在新法生效之前旧法实施期间,因此适用旧法作出判决

2. 已满足构成要件,但属于免责情形,即豁免形态。

规则五:满足审判责任构成要件的审判组织,持正确意见的法官或审判委员会委员——免责认定(见表 7)。

表 7　规则五及示例

规则五	示例
满足审判责任构成要件 + 持正确意见的法官或审判委员会委员→免责认定	例 1:因重大过失对不符合形式要件的证据予以采信并以此认定事实错误,导致判决结果错误且后果严重。此时,以少数服从多数原则作出裁判的合议庭成员中,持正确意见的法官应予以豁免

规则六:非法官自主状态构成审判责任的,依据情节部分豁免或免责(见表 8)。

表 8　规则六及示例

规则六	示例
满足审判责任构成要件 + 非法官自主原因造成→部分免责认定	例 1:对于有证据能够证明,法官迫于上级领导过问案件压力或第三方违法插手案件审理,以及处于被胁迫、被欺诈等非自主状态作出的违法审判行为,如果构成审判责任,对该法官应予以部分免责

3. 已满足构成要件,不属于免责情形,即有责形态。

规则七:审判组织故意违反强制性审判规则,即使未导致裁判结果错误或造成严重后果的——有责认定(见表 9)。

表9 规则七及示例

规则七	示例
故意违反强制性审判规则 + 未导致裁判结果错误或造成严重后果→有责认定	例1:收受当事人贿赂,故意对不满足形式要件的证据予以采信并以此作为认定事实的依据,或对应当回避的情形故意不回避进行审理,此时法官有责
	例2:《意见》第26条规定的贪污受贿、徇私舞弊、枉法裁判及明显带有主观故意的情形,即使裁判结果正确,仍然要追究审判责任,构成犯罪的,依法追究刑事责任

规则八:审判组织因重大过失违反强制性审判规则,导致裁判结果错误并造成严重后果的——有责认定(见表10)。

表10 规则八及示例

规则八	示例
重大过失违反强制性审判规则 + 导致裁判结果错误 + 造成严重后果→有责认定	例1:法官因重大过失适用已失效法律或援引不应当援引的低位阶的规范,导致裁判错误并造成严重后果,应认定有责

规则九:审判组织违反指导性审判规则,导致裁判结果错误,并造成严重后果且不能提供合理解释的——有责认定(见表11)。

表11 规则九及示例

规则九	示例
违反指导性审判规则 + 导致裁判结果错误 + 造成严重后果 + 不能提供合理解释→有责认定	例1:机动车交通事故责任纠纷中,法官对责任比例未采信交管部门出具的交通事故认定书,而是采信了与之结论相反的证人证言,导致裁判结果错误且受害人因得不到赔偿款无法进行医治病情严重恶化。法官不能提供合理解释的,存在重大过失,应承担审判责任

规则十:审判组织明显违反基本生活常识显著违背一般逻辑,导致裁判结果错误或造成严重后果且不能提供合理解释的——有责认定(见表12)。

表12　规则十及示例

规则十	示例
明显违反基本生活常识违背一般逻辑＋导致裁判结果错误＋造成严重后果→有责认定	例1:在一起机动车交通事故责任纠纷中,受害人因为车辆撞击导致重伤死亡,法官以未进行车速鉴定为由判决被告只承担10%的责任,受害人母亲因该判决结果自杀。后该案再审改判,认为交通事故造成受害人重伤死亡的严重后果,说明被告当时的车速未减至安全时速,这是普通人根据日常生活经验即可判断的事实,无须进行车速鉴定。因此,法官作出明显违反基本生活常识的错误判断并导致严重后果,应承担审判责任

4.已满足构成要件,且属于加重情形,即加重形态。

规则十一:审判组织故意违反强制性审判规则,导致裁判结果错误或造成严重后果的——加重责任(见表13)。

表13　规则十一及示例

规则十一	示例
故意违反强制性审判规则＋导致裁判结果错误或造成严重后果→加重责任	例1:法官贪污受贿、徇私舞弊、枉法裁判;涂改、隐匿、伪造、偷换和故意损毁证据材料;向合议庭、审判委员会汇报案情时隐瞒主要证据、重要情节和故意提供虚假材料;故意违背合议庭评议结果、审判委员会决定制作裁判文书等故意违反强制性规则导致裁判结果错误或严重后果的,应承担审判责任并且加重处罚

四、审判责任认定之思维路径及案例演示

(一)审判责任认定的思维路径

1.思维模式:遵循司法三段论的演绎推理过程。司法三段论是从“大前提(法律规范)—小前提(案件事实)—结论(裁判)”的推演过程,而审判责任认定是以通过规范抽象表述出的构成要件为出发点,考查法官行使审判权的事实是否与其相符合的过程,即“大前提(构成要件)—小前提(案件事实)—结论(判断)”的思维路径。

2.认定对象:将免责事由作为责任构成的必要判断要素。法律理论中构成要件的主要作用在于判断责任是否成立,而对行为人是否具有免责事由,应免除或减轻责任则无法仅依靠构成要件予以判断。笔者认为,此种构成要件理论体系不能解决责任的最终认定问题,不宜用构成要件作为认定审判责任的完整理论模型。审判责任的认定路径中除构成要件理论外,还需进一步涵盖责任免

除要素,即“大前提(构成要件+免责事由)—小前提(案件事实)—结论(判断)”。

3. 逻辑顺序:先客观后主观。责任认定过程中,在构成要件模型基础上还需考虑各要件认定逻辑次序问题,以避免认定内容的重复和认定次序的颠倒。进行认定的横向思维中,应先判断客观行为,只有客观上存在违反审判职责的行为,才有讨论主观过错的必要。如果主观上构成了重大过失,则需进一步判断行为后果。因此,在横向构造中应遵循“客观行为—主观过错—行为后果”的认定顺序。实践中,问责程序的启动往往来源于对裁判结果的审查,不仅如此,裁判结果也是责任类型后续甄别的重要参考,①这体现出审判责任认定静态构造与动态运行相交织的立体思维,但仍要以客观行为的考察为核心。当裁判出现错误时,应先判断客观行为,满足该要件是判断主观过错的基础,当构成重大过失时,最后再进行裁判后果的量化。此时逻辑次序为“裁判结果—客观行为—主观过错—后果量化”。

(二)审判责任认定的案例演示

1. 无责情形

案例一:甲、乙系夫妻,某电视台以“疑罪从无”视角报道了一起故意杀人案,案件受害人系甲、乙二人之女,后甲、乙以电视台侵犯其二人肖像权及名誉权为由诉至法院。法院认为,新闻单位将采访内容进行公开是一种行业惯例。本案中,电视台在采访前已经取得甲、乙二人许可,采访本身亦包含公开播放之意。因该报道行为并未造成原告名誉损害事实,故不能认定构成侵犯原告名誉权和肖像权。甲、乙二人在判决作出后,精神崩溃服毒自杀。

认定过程及结果:根据审判责任认定思维规则,本案应先考查法官是否满足审判责任的构成四要件,且应根据先客观后主观的逻辑次序进行认定。首先,客观行为上无论实体还是程序中本案合议庭均未违反相应的审判职责,“客观行为—主观过错—行为后果”的认定顺序在第一个环节即告终结,也即未满足审判责任构成中的客观行为要件,不构成审判责任(规则一)。尽管存在严重后果,根据审判责任法定及无责推定的原则,不能仅依据后果便追究审判责任(见图2)。

① 方乐:《法官责任制度的司法化改造》,载《法学》2019年第2期。

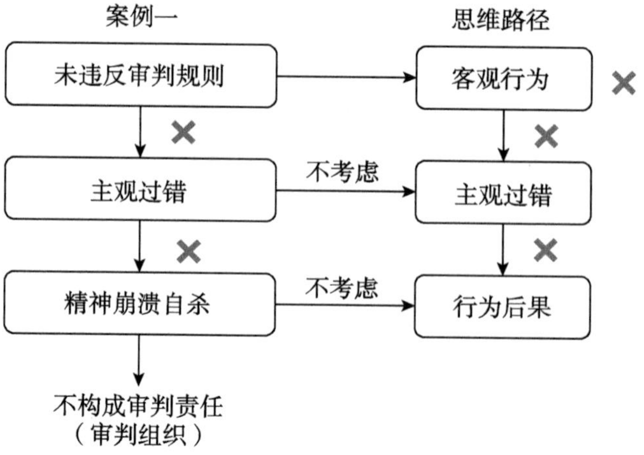

图 2　案例一的思维路径

2. 豁免情形

案例二:在医疗纠纷中,法官未采信鉴定报告中对医疗机构无过错的认定,而是采信了患者聘请的专家辅助人对医院过错的陈述。另外两位合议庭成员甲、乙,甲同意主审法官意见,乙认为专家意见不足以推翻鉴定意见。最终该案以少数服从多数原则,判决医院承担赔偿责任,主治医师因该案被医院追责和辞退。后该案经再审程序改判。该法院某领导多次过问该案,向主审法官暗示裁判结果,主审法官对此进行留痕记录。

认定过程及结果:根据先客观后主观的逻辑次序,应首先考察客观行为要件,本案中法官选择采信证明力低于鉴定意见的专家意见,违反了指导性规则,推定为存在重大过失。在后果上,该案裁判错误并且引发了较为严重的后果,因此在无相反证据的情况下,可认定合议庭审判责任成立(规则九)。值得注意的是,在认定过程中,应允许法官进行辩解并举证,主审法官可通过留痕记录等证明该案存在领导干预审判的情形。据此,在追责环节,主审法官能够证明其受迫于领导过问压力非自主意愿,对其部分免责(规则六)。对于其他合议庭成员而言,甲法官因未尽审查义务持错误意见,承担次要责任;乙法官因持正确意见予以免责(规则五)。

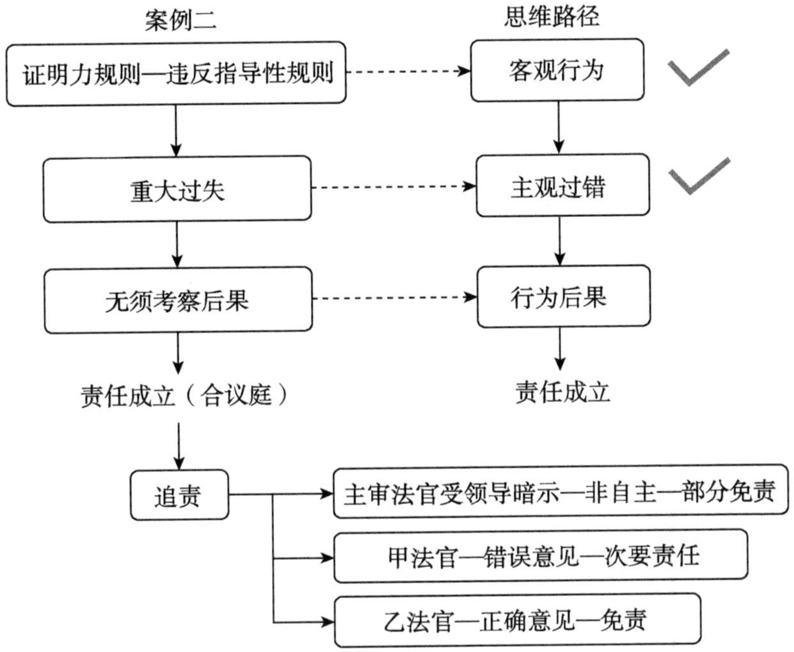

图 3 案例二的思维路径

3. 有责情形

案例三:在某离婚纠纷中,男方律师为主审法官的大学同班同学,但在案件审理过程中法官并没有回避,最终该案适用独任制并作出离婚并进行财产分割的裁判。判决作出后,当事人反映裁判结果错误且法官与一方当事人存在利害关系应当回避。法院监督部门审查后认为该案裁判错误且存在程序违法的情形。

认定过程及结果:程序上,本案属于当事人"自诉"的情形,审判监督部门认为有依据的,应将调查意见报惩戒委员会,惩戒委员会以事实为依据、以认定规则为标准进行认定。本案首先在客观上法官与当事人诉讼代理人之间存在可能影响案件公正审理的利害关系,因此法官应当自行回避。该条属于法官违反了应当回避而未回避的强制性程序规则,在无其他证据予以推翻的情况下,推定法官主观上存在重大过失,同时该案裁判错误导致女方的财产遭受重大损失。因此,本案满足审判责任构成要件(规则八),作为独任制审理的当事法官,应当承担审判责任(见图 4)。

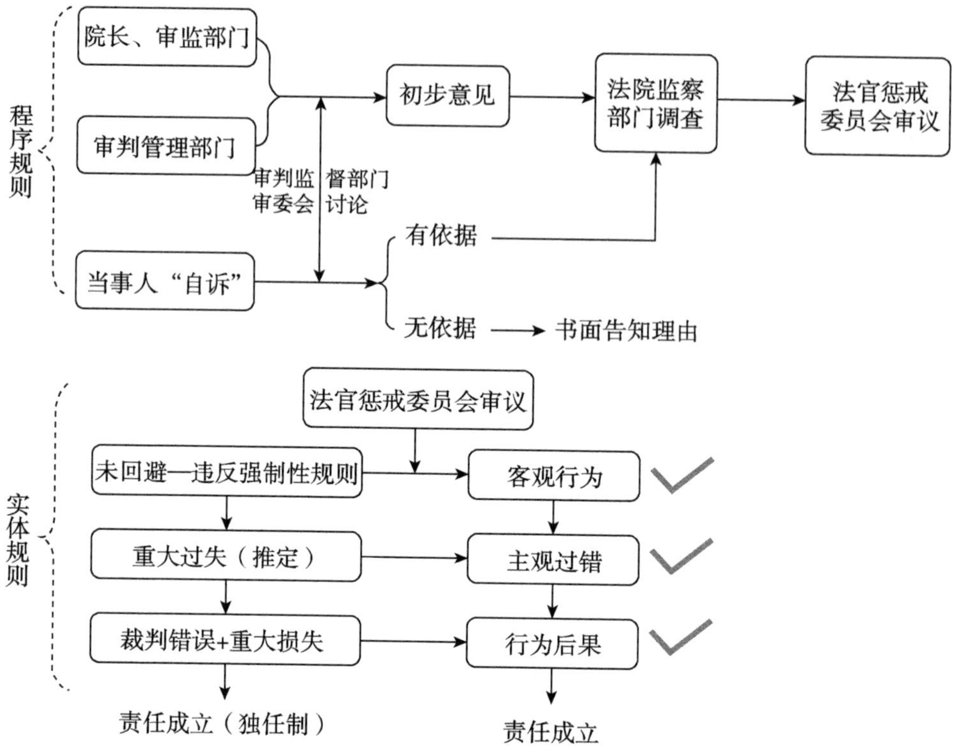

图4　有责情形

4. 加重情形

案例四：某刑事案件中，主审法官收受贿赂，在审理过程中篡改、伪造核心证据，判决被告犯故意杀人罪，判处无期徒刑。被告人家属精神崩溃自杀，后经再审程序改判被告人无罪。该法院在案件评查过程中发现该案主审法官存在向合议庭汇报案情时故意提供虚假材料、隐瞒重要案情的情形，院长委托审判监督部门审查后认为该案应当启动审判责任追究程序，该法官辩解称案件审理期间受到某领导胁迫。

认定过程及结果：客观行为上，本案法官收受贿赂并且篡改、伪造核心证据，明显违反强制性规则并且具备主观故意。依照程序规则，本案进入惩戒委员会审议后，当事法官有权提出辩解并进行举证，其称受到领导胁迫，应对此举证予以证明。如果能够证明其受胁迫，则根据过错程度酌情减轻其责任，如不能举证证明，则按照相应审判规则处理。本案在客观结果上错误并引发当事人家属自杀的严重后果，属于审判责任的加重情形（规则十一）。此外，由于主审法官在向合议庭汇报案情时故意提供虚假材料、隐瞒重要案情，其他合议庭成员尽到审查义务并且持正确意见的，应予以责任豁免；没有尽到审查义务持错误意见的,根据过错程度予以部分免责(规则五)(见图5)。

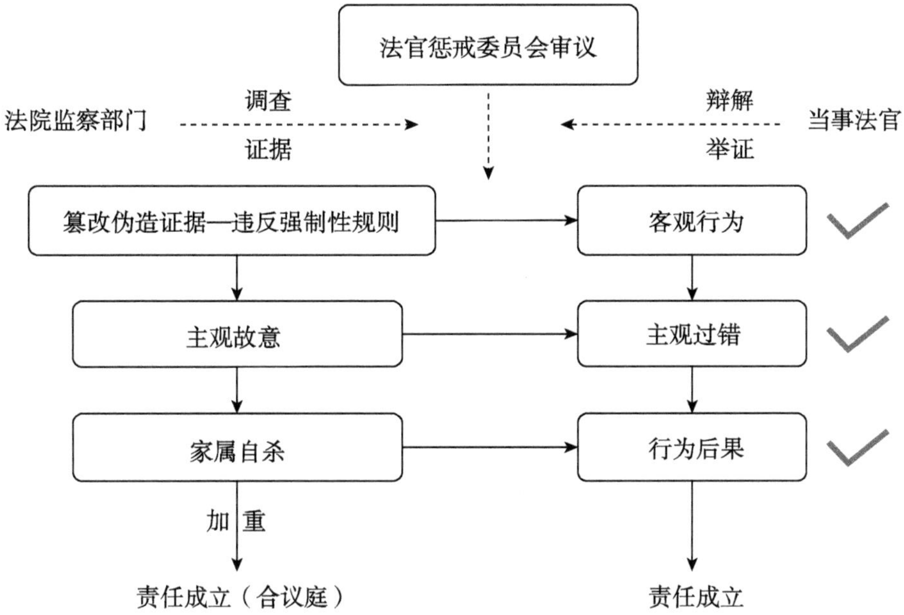

图5　加重情形

结　语

思维从来不是单向度的,个案复杂性以及对法官审判再判断的复杂性,都决定了审判责任认定规则难以成为一个超完满的、无懈可击的体系。但审判责任关涉每一位法官的切身利益,也涉及司法改革中的风险化解,标准化的构成和认定规则能够让法官们"有迹可循",能为实现严肃追责与履职保障的高度统一提供方向,能为构建责、权、利平衡机制提供基础,能为最终全面落实司法责任制提供保障。

附件:

关于审判责任认定的若干规定
(建议稿)

为全面落实司法责任制,建立健全违法审判责任追究机制,健全完善法官惩戒制度,确保法官依法独立公正履行审判职责,根据有关法律法规,结合人民法院工作实际,制定本规定。

第一条　审判责任是法官基于其履行审判职责的行为所承担的法律责任。法官故意违反法定审判职责,或因重大过失违反审判职责导致裁判错误并造成严重后果的,应承担审判责任。

第二条　审判责任认定应当坚持以下基本原则：

(一)审判责任法定原则；

(二)主客观相统一原则；

(三)无责推定原则；

(四)遵循司法规律原则。

第三条　未经法定程序,不能启动或实施审判责任的认定,更不能追究法官的责任。

第四条　需要追究违法审判责任的,一般由院长、审判监督部门或者审判管理部门提出初步意见,由院长委托审判监督部门审查或者提请审判委员会进行讨论,经审查初步认定有关人员具有本意见所列审判责任追究情形的,人民法院监察部门应当启动违法审判责任追究程序。

案件当事人或诉讼代理人对法官违法审判行为的举报、投诉的,由院长委托审判监督部门审查或者提请审判委员会进行讨论,经审查认为无审判责任追究情形的,应当书面告知当事人。

第五条　人民法院监察部门经调查后,认为应当追究法官违法审判责任的,应当报请院长决定,并报送省(区、市)法官惩戒委员会审议。

第六条　法官惩戒委员会组成人员当中应当有不少于二分之一法官。

第七条　法官惩戒委员会在责任认定中,应以当事法官涉嫌违反审判职责的事实和证据为依据,以审判责任认定规则为准绳,就相关人言是否构成审判责任作出判断。

除对个别案情简单、情节清晰可以进行书面审查之外,法官惩戒委员会应当对当事法官进行询问并制作笔录,对责任认定的过程及意见,应当全程留痕。最终须经全体委员的三分之二以上的多数通过处理意见。

第八条　在审判责任认定过程中,当事法官有权进行陈述、举证、辩解、申请复议和申诉。

第九条　审判责任的成立要满足客观行为、主观过错、行为后果的审判责任构成要件。

第十条　审判责任的承担以法定审判组织为单位,下列人员为责任承担主体：

(一)独任制由独任法官承担责任。

(二)合议庭全体成员共同对案件的裁判质量负责。

进行责任追究时,合议庭成员意见一致的,由合议庭成员共同承担责任。合议庭按少数服从多数原则作出决定的,由提出错误处理意见的多数法官按过错比例承担按份责任。主审法官存在向合议庭汇报案情时隐瞒主要证据、重要情节和故意提供虚假材料等其他违反职业纪律规则情形的,由主审法官承担责任。

(三)进行责任追究时,审判委员会改变合议庭意见作出的,由持多数意见的委员共同承担责任,合议庭不承担责任。审判委员会维持合议庭意见导致违反法律适用规则的,由合议庭和持多数意见的委员按过错比例共同承担责任。合议庭汇报案件时,故意隐瞒主要证据或者重要情节,或者故意提供虚假情况,导致审判委员会作出错误决定的,由合议庭成员承担责任,审判委员会委员根据具体情况承担部分责任或者不承担责任。

(四)因法官助理或书记员的严重违法违纪行为导致的审判责任,由主审法官承担,但根据具体过错程度应适当减轻责任比例。

第十一条 违反审判职责分为违反强制性审判规则、违反指导性审判规则以及明显违反经验常识的行为。

第十二条 下列规则为强制性审判规则:

(一)证据的法定种类、法定条件规则;

(二)应当予以排除的证据规则;

(三)法律适用的基本规则(时间规则、空间规则、效力规则);

(四)对一般性法律冲突的解决规则;

(五)重大法定程序规则;

(六)其他法官根据其职务要求应当熟练掌握、正确适用、依法履行的强制性规则。

第十三条 下列规则为指导性审判规则:

(一)证据的证明力规则;

(二)指引对证据的审查判断方法的规则;

(三)特殊法律冲突解决规则;

(四)法律解释一般规则;

(五)带有指引性质的授权性程序规则;

(六)其他对法官处理案件过程中的指引、提醒或告诫,不具有刚性约束力的指导性规则。

第十四条 故意违反强制性审判规则未导致裁判结果错误或造成严重后果的,应承担审判责任。

第十五条 故意违反强制性审判规则导致裁判结果错误或造成严重后果的,应承担审判责任并加重处罚。

第十六条 因重大过失违反强制性审判规则导致裁判结果错误并造成严重后果的,应承担审判责任。

第十七条 违反指导性审判规则导致裁判结果错误造成严重后果且不能提供合理解释的,应承担审判责任。

第十八条 明显违反基本生活常识显著违背一般逻辑导致裁判结果错误并造成严重后果的,应承担审判责任。

第十九条 未违反审判规则即使裁判结果错误或者产生严重后果的,不承担审判责任。

第二十条 因重大过失违反强制性审判规则但未导致裁判结果错误或造成严重后果的,不承担审判责任。

第二十一条 违反指导性审判规则但未导致裁判结果错误或造成严重后果的,不承担审判责任。

第二十二条 违反指导性审判规则但能够提供合理解释的,不承担审判责任。

第二十三条 满足审判责任构成要件的审判组织,持正确意见的法官或审判委员会委员,依据情节免责或部分豁免。

第二十四条　非法官自主状态构成审判责任的,依据情节免责或部分豁免。

心得体会

步履不停　追问不止

刘雅璠

时常在想,写作的目的是什么?我想有二,一是它作为一种思想表达和情感迸发的载体,从积累到产出能令人感到身心愉悦。二是它作为一种求索真理和追问本质的方式,能带给人哲思的快乐。我想,撰写学术论文的目的应该是后者。它让法律人不停思考、不断追问,更是让法律实务界的理论深度不断螺旋式上升。本文的灵感正来源于日常的审判工作,司法责任制被称为司法改革中的"牛鼻子","由审理者裁判,由裁判者负责"在实践中究竟怎样实现,员额法官们究竟如何在守护正义中"自我保护"?这就需要在审判权独立与责任监督之间寻求平衡,需要在审判责任与法官评价之间划清界限。怀着这样的出发点去写作,才发现这个略显沉重的主题,需要研究的内容是那么浩瀚。

这样的目的和出发点导致了学术论文的写作必然是场苦行僧般的修行。撰写学术论文从选题、构思到落笔、修改直至最终定稿,每一步可以说都充满了艰辛和焦虑。每每当我觉得成稿已经倾注了我们所有的研究成果时,伍涛主任总能在现有基础上再次提出质疑、进行升华,甚至不惜推倒重构,而这一次次的修改过程都意味着对此前研究成果的推翻与再造。也正是在伍涛主任一次次的否定之否定的过程中,我才明白了论文的修改绝不是"塑形"这么简单,很多时候它必须达到"重构灵魂"的目的。

学术论文撰写虽然是件苦差事,但我想,与其机械僵硬的从事审判工作,弗如相信一点"人为自然立法"的康德哲学,发挥理性和能动性,勤于思考、善于发现并主动解决,而不是被问题和困境牵着走。毕竟,追求幸福是人的本能,而对真理的不断探寻与求索正是人类追求幸福的重要途径,这就是造物者赋予人类的秉性之一——求知欲。学术论文不光是一项工作任务,不仅是一个论文比赛,它更是我们法律人以自己的求知欲为根本动力,不停追问、不停探索,无限接近真理仍未达的修行。这个中百转千回,相信个中滋味诸君皆知。

愿此文共勉在学术论文路上奋战的你我。

“智慧法院”办案场景下的可视化工具：原理、路径与功能*

陈大林　朱丽梅**

【论文提要】

《人民法院第五个五年改革纲要(2019—2023)》和《人民法院信息化建设五年发展规划(2019—2023)》中，要求强化审判支持服务，加强智能辅助办案系统建设。本文第一部分介绍了法官在办案的实践场景中，主要存在事实认定难和找法模糊的痛点：在事实认定方面，法官的办案需求主要在于通过一定的思维方法和标准流程固定住符合法律构成要件的事实；在法律发现方面，法官的办案需求主要在于通过一定的路径能方便清晰地发现法律的位阶、法律条文之间的相互衔接、条文规范要件以及相关问题的法律全面性。

为了回应法官在办案中的实际需求，本文第二部分介绍了可视化工具的内涵和技术规范，并通过案例的形式展现了时间图、关系图、数据图、法律发现图等图表的具体表达形式。在“智慧法院”办案场景中，可视化工具需要无缝集成到审判业务系统以帮助法官更好地审理案件。本文第三部分对于建立可视化模组、嵌入审判辅助系统、可视化与大数据、人工智能的融合作了初步构想，构建了一种技术路径。

可视化工具不仅能够提升办案质效，还能在形塑法律理性的过程中起到重要的作用，本文第四部分探讨了可视化工具对于法律理性的形塑功能和效果。可视化将法官的思考方式和裁判思维引导在一定的秩序中，建立起逻辑链条下的涵摄。这种工具化表达使得裁判思维的清晰程度大大提高，法官可以在事实与规范之间进行重复演算、多次检验，也把合议庭成员拉到同一沟通平台，减少

---

* 本文获全国法院系统第三十一届学术讨论会二等奖。

** 陈大林，北京市第一中级人民法院民二庭法官助理；朱丽梅，宁夏回族自治区高级人民法院研究室副主任。

沟通成本,并能够为法院管理者所检视和监督,这种多方面、多层次的法律训练催生了法律理性,形成司法品质进步的良性通道。

【主要创新观点】

第一,充分挖掘智能工具在法院工作的应用潜力,增强法官的案情理解能力,辅助提升法官预判能力和精准度,构建以事实认定和法律适用为核心的人工智能辅助决策体系,是本文的创新出发点。本文以"智慧法院"建设深化期强化审判支持服务为契机,以办案法官为研究主体,以审判实践中的办案需求为重点,深耕于法官在实践办案中的痛点问题,以工具化的思维提升审判支持服务的力度和精度,让裁判者能够高效整理争点,清晰解释法律,构建标准化的操作流程。

第二,系统介绍了可视化的运用原理,描绘了可视化成为系统级应用的技术路径,探索了未来智慧法院建设中的智能化设计。本文在工具意义上提供标准化方法,期望将法官从重复劳动和烦琐事务中解放,为健全法律统一适用和事实认定机制作了一些技术工具上的创新,展望了未来智慧法院建设中大数据、人工智能与工具应用的对接。

第三,以工具化的思维理解法律理性的形成过程,展示了工具应用在此过程中的形塑功能,构建了法律理性的良性发展通道。工具应用适用于庭前、庭审、裁判文书的制作等过程中,法官可以在事实与规范之间进行重复演算、多次检验,其思考方式和裁判思维被引导在一定的秩序中,为培育法官的法律理性提供了有益视角。

引　言

《人民法院第四个五年改革纲要(2014—2018)》实行以来,人民法院信息化建设从基础设施建设、司法数据统计的初期①开始转向"智慧法院"建设的深化阶段,涉及审判管理、诉讼服务、司法公开、审判业务、审判执行等方面②。

在过去的五年(2014—2018年),为了满足审判业务信息化应用的迫切需求,流程化管理是各法院审判辅助系统设计的逻辑重点,这一思路所呼应的正

---

① 1996年5月最高人民法院召开"全国法院通信及计算机工作会议",直至《人民法院第三个五年改革纲要(2009—2013)》近前,应当被定义为信息化建设初期。参见芦露:《中国的法院信息化:数据、技术与管理》,载《法律和社会科学》2016年第2辑。

② 参见胡昌明:《中国智慧法院建设的成就与展望——以审判管理的信息化建设为视角》,载《中国应用法学》2018年第2期。

是法院在长期司法改革中加强审判管理的"管理学"逻辑。但是在系统层面缺少对技术工具的关注,使得法官在具体审判业务中的办案需求无法得到满足,亦是智慧法院建设中的短板所在。《人民法院第五个五年改革纲要(2019—2023)》指出"法院专网全网业务应用和审判支持系统服务法官辅助办案能力仍很欠缺",滚动修订后的《人民法院信息化建设五年发展规划(2019—2023)》中也要求强化审判支持服务,加强智能辅助办案系统建设,要求"建设完善线索发现、案件情节判断、法言法语智能推送、法规与案件融合等审判支持应用,无缝集成到审判业务系统"。

如何以工具化的思维去理解法官的办案需求、描述案件的基本样态、预测裁判的大致结果、评价法官的审判质效?现有研究更加偏向于宏观意义上的制度设计,着重阐述其价值和影响,[①]缺少了一种应用视角。少数学者关注了微观层面的技术工具,但是主要针对某些具体问题的方法介绍,[②]缺少了系统层面的设计思考,亦未关注到工具应用与法律理性的连接点。本文试图在审判实践场景中分析法官办案的实际需求,充分挖掘智能工具在审判办案中的应用潜力,通过可视化工具的原理介绍及在智慧办案系统中的设计来展现工具应用对法律理性形塑的可能性,从而构建以事实认定和法律适用为核心的人工智能辅助决策体系。

一、"有限理性"之问题:法官办案的痛点

理性法官的预设要求办案人基于一定的信息能够输出确定的结果,但是作为"个体"的法官,不是单一的数据存储和产品输出机器。经济学家桑斯坦、泰勒等将这种个体并非按照理性模型开展行为的现象称为"有限理性"[③],其核心思想是人只有有限的计算能力或技巧,并且记忆常常存在错误。借用经济学上的概念,理性法官并非真实办案场景中裁判者的样态,"有限理性"是在进行制度设计时不得不考虑的因素。在司法审判领域,包括证据判断、事实判断以及法律适用判断等大部分司法判断之任务都需由法官通过"脑力"完成。鉴于法官在日常的法院组织中承担着其他诸多事务性工作,更重要的是,案件信息之

① 参见王禄生:《大数据时代智慧司法建设功能价值与挑战》,载《检察日报》2018年4月2日,第3版。

② 相关研究参见蔡一博、高富平:《事实认定三步法的可视化研究——以民事案件的事实演算为例》,载《晋阳学刊》2017年第6期;刘铭:《"证据视图"评析——一种面向侦查阶段的证据分析可视化尝试》,载《中国人民公安大学学报(社会科学版)》2017年第2期。

③ 参见 Christine Jolls, Cass R. Sunstein, and Richard Thaler: *A Behavioral Approach to Law and Economics*, Stan. L. Rev. 50(1998), pp. 1477 - 1479。

收集、整理与传递缺乏一定的方法和工具,对法官的“脑力”产生了巨大负荷,要求法官保持高度理性并稳定输出不符合现实。对于法官理性产生挑战的因素主要体现在事实认定困难和法律适用模糊上。

(一)事实认定难的主客观追溯

1. 案件事实的交叉、断点和渐变

面对目前法院案多人少的实际情况,在现实审判环境中,单个法官需要同时处理数量庞大的案件,基于审判效率的考量,法官往往采用流水线操作,即先通过阅卷和庭审固定案件的基本事实,形成初步裁判思路,并统一时间召集合议庭进行合议,最后进行裁判主文的撰写。首先,该种操作方法不可避免地导致不同案件的事实产生思路上的交叉,通过时间的稀释,造成案情在法官脑中的混淆杂糅,更别说大量串案中相似事实导致的思路混乱;其次,在案件审理过程中,当事人基于某种诉讼不确定下的心理因素,不断提出包括回避申请、举证申请、调取证据申请在内的各种申请,这些诉讼行为都造成法官对既定基本事实的思维切断,造成事实认定的断点;最后,由于案件审理往往时间跨度较大,案件基本事实随着时间的推移和庭审的推进,不断产生变化,导致争议焦点问题的转移,这种渐变对于法官的判断产生影响,同时消耗着法官对于案件的记忆存储。

总体上,事实认定的交叉、断点和渐变都会造成信息传递过程中的失真,如何确保案件信息在终端裁判作出前呈现完整的状态以供法官随时调用,是对事实认定难的核心追问,也是法官在办案中的实际需求。

2. 两套系统、前见效应、锚定效应

卡尼曼在《思考,快与慢》一书中指出,人存在两套思维模式,系统一主要负责逻辑部分,系统二主要是负责情感和直觉。① 理性逻辑需要耗费大量的认知资源,即使是经过专业训练的法官,在面对信息数据的极大增长时,心理因素对于法官决策的影响也不可避免,其中比较典型的是前见效应和锚定效应。

所谓法官的“前见效应”,是指由法官的知识背景、社会经验、法律见解等各种因素综合而成的潜在认知。② 法律之外的非理性因素,如法官的职业经验、教育背景、成长经历、个性特点等,会形成一定的思维定式,进而直接影响其对案件的判断。③ 面对纷繁复杂的案情时,如何通过一定的技术设计来重新调用法

① 参见[美]丹尼尔·卡尼曼:《思考,快与慢》,胡晓姣等译,中信出版社2012年版。

② 资琳:《案件事实认定中法官前见偏差的修正及控制》,载《法商研究》2018年第4期。

③ [美]理查德·波斯纳:《法官如何思考》,苏力译,北京大学出版社2009年版,第10页。

官的逻辑理论而非前见系统是需要思考的问题。

所谓"锚定效应",是指在"不确定情境下,判断与决策的结果或目标值向初始信息或初始值即'锚'的方向过度接近而产生估计偏差的现象"。[①] 法官接触大量的案例,比如在某些赔偿损失案件中,先前的判决中关于责任的比例分配、赔偿金额等数据已经构成"锚",很容易决定法官对于责任比例的最终倾向。法官在运用自由裁量权的时候,如果受到锚定效应的影响而非从案件事实进行逻辑推理,那么很难说结果会实现个案正义。

当然,除了上述两类典型主观效应外,法官个体素养、庭审过程流畅度、案件事实复杂度等因素均对法官认定事实产生影响。从立案到最终裁判的过程中,这些客观因素导致的思维波动都有可能对裁判结果产生影响。在案件审理过程中,法官实际办案需求在于:期望能够通过一定的思维方法和标准流程固定住符合法律构成要件的事实,最大限度克服认知缺陷。

(二)法官"找法"的实际需求

我国的法律渊源体系繁杂,法律、司法解释、行政法规、地方性法规、规章及国际公约、条约等均属于法律发现的目标范围。目前,法律发现过程中主要存在以下五种失范现象:(1)找法范围不周延,遗漏了相关法律规范;(2)找法步骤跳跃,违反了先后顺序;(3)找法思维僵化,忽视了法律法规之间的连接;(4)变找法为造法;(5)法律突袭。[②] 在很大程度上,上述失范现象属于技术原因,多归因于法律检索技术不全面和审判系统中法律条文展现规则的混乱。法律适用的实际需求主要表现在案由分类、位阶效力、法律检索和法律文本解释上,而以往的模式往往是法官固定案件事实后,通过经验或者通过法律目录寻找适用的法律条文或者裁判依据,此种方法重复性工作多、法律之间的联系缺失,容易产生遗漏。

在目前的技术条件和逻辑算法下,所谓的智能法条和类案推荐仅仅是进阶版的检索技术,要求多轮互动和反馈才能提供较为准确的结果,有时候甚至降低了法官的找法效率。从目前来看,法官进行法律发现和法律适用的能力是无法被替代的,提高"找法"效率的方法并不是"代替法官"而是"提供路径"。在案件审理过程中,法官找法的实际需求在于:通过一定的路径清晰地发现法律的位阶、法律条文之间的相互衔接、条文规范要件以及相关问题的法律全面性。

① 徐倩:《国内外锚定效应研究综述》,载《合作经济与科技》2015 年第 10 期。

② 具体分析参见余德厚、程立武:《法官如何"找法":法律发现的失范与规制》,载《法律适用》2016 年第 3 期。

二、工具理性之方法:可视化的运用原理

所谓工具理性,是指通过可操作性程序和技术进行逻辑分析、预测功能的思维范式,工具理性以可预测、可重复、可置换性为基本特征。① 在智慧法院建构的过程中,通过一定的工具设计可以对法官进行思维定型,并表现出裁判思路可预测、可重复、可置换的特点,体现了工具理性的价值。本部分以可视化工具为例,展现工具理性在审判实践中的具体表达。

(一)可视化的内涵和规范要件

诉讼可视化指以一定规则和逻辑将事实、法律问题通过图表来清晰化呈现的一种表达方法。可视化方法是将传统的文字记载方式转化为图表结构,运用线条、色彩、距离等方式对信息维度进行相应的扩充,从而弥补了维度表达上文字叙述单一的不足,使法官对案件的信息理解更方便。② 诉讼可视化并不是新兴的工具方法,在律师界,诉讼可视化的实践已经在展开,形成工具方法论,③在法院,可视化方法也引起法院领导和法官的关注,④但是可视化作为一种工具被利用的程度有限,更遑论作为一种思维方法使得法官自觉适用。

首先,可视化工具的根本逻辑在于将法律要素以图表化的形式表达出来,这种表达方式并非简单的思维导图,运用可视化工具应把握以下几个操作规范:(1)应明确案件中所呈现的法律核心要素,主要包括时间、关系、数据等。(2)应选择恰当的图形结构,主要包括轴线图、树状图、曲线图等;(3)应做好数据的整合和细节的描述。

其次,可视化通过添加色彩、线条、距离等维度扩充信息载体的表达力,增加信息表达的维度,就技术操作方面应当把握以下几个因素:(1)线条用来构建主体、事件之间的关系,勾画案件中重要的法律关系、资金流向等信息,通过线条的粗细、箭头的增加以及辅助文字方式增加信息维度;(2)颜色用来标明不同主体的不同行为,也可以用不同的颜色区分法律关系,通过颜色的深浅来表明案件的重点;(3)框架用来标注案件当事人和案件事实,通过边框的实线和虚线来表明事实的真伪状态。此外,还应当利用轴线图的横向和纵向空间,展现对

---

① 徐骏:《智慧法院的法理审思》,载《法学》2017 年第 3 期。

② 阳娇娆、蒋崇辉:《诉讼可视化在民事诉讼中的运用》,载《广西教育学院学报》2017 年第 4 期。

③ 天同律师事务所致力于推动诉讼可视化,icourt 等诉讼可视化培训机构在大规模培训律师群体亦使用该方法。

④ 《最高法知产法庭 诉讼可视化助力知识产权审判》,载中国法院网:https://www.chinacourt.org/article/detail/2019/04/id/3851370.shtml,最后访问日期:2019 年 5 月 17 日。

案件事实的对比和分层关系。[①]

(二)案例分析:可视化的具体表达

结合上述关于可视化的技术规范,本部分以案例形式[②]具体展现各类图表的选择以及运用原理。

案例:2013 年 7 月 1 日,经销商 A 与贸易商 B 签订委托代理进口订货协议,A 委托 B 代理其签订进口商品合同,代理进口某型号车。2013 年 10 月 24 日,贸易商 B 办结涉诉车的进口手续。2013 年 10 月 10 日,经销商 A 与经销商 C 签订合同,将涉诉车卖给经销商 C,约定价款 65 万元。经销商 C 于 2013 年 10 月 30 日左右对涉诉车改装后将涉诉车辆卖给了黄某,约定价款 70 万元,并于 2014 年 1 月 10 日交付,但黄某提交的交易凭证(POS 机)显示收款方为经销商 D,D 将价款当日转交经销商 C 的工作人员。

2014 年 1 月 14 日,贸易商 B 与黄某签订质保合约,约定车辆质保期。贸易商 B 收取质保费。

2014 年 3 月 4 日,案外人张某驾驶涉诉车辆时发生自燃,车辆烧毁。2014 年 10 月 1 日,公安消防支队出具了火灾事故认定书,认定起火部位在发动机左前方,起火原因为电气故障。

2014 年 11 月 20 日,黄某与陶某签订协议,约定就涉诉车辆的所有权利归陶某所有,并就债权转移通知了经销商 A、C、D 和贸易商 B。陶某以产品责任纠纷起诉经销商 A、C、D 和贸易商 B,要求赔偿车辆损失。

1. 时间图的选取适用于案情流程较长、案件核心要素是时间的案件,比如合同纠纷。面对复杂的案件,将各方主体的行为按照时间顺序平铺展开。通过这种方法探知各方行为背后的真实意义。该图表既可以庭前整理事实、固定庭审争点,亦可以在合议时清晰展现事前的来龙去脉,避免冗余的案情介绍,同时可以在庭后保证裁判思考的连续性。以本案为例,因时间跨度较大,可作时间图(见图 1)以明晰:

① 蒋勇主编:《诉讼可视化》,法律出版社 2017 年版,第 128 ~ 129 页。

② 本文探讨主要以民事案件为例,案例以真实案件为基础,作适当演化。

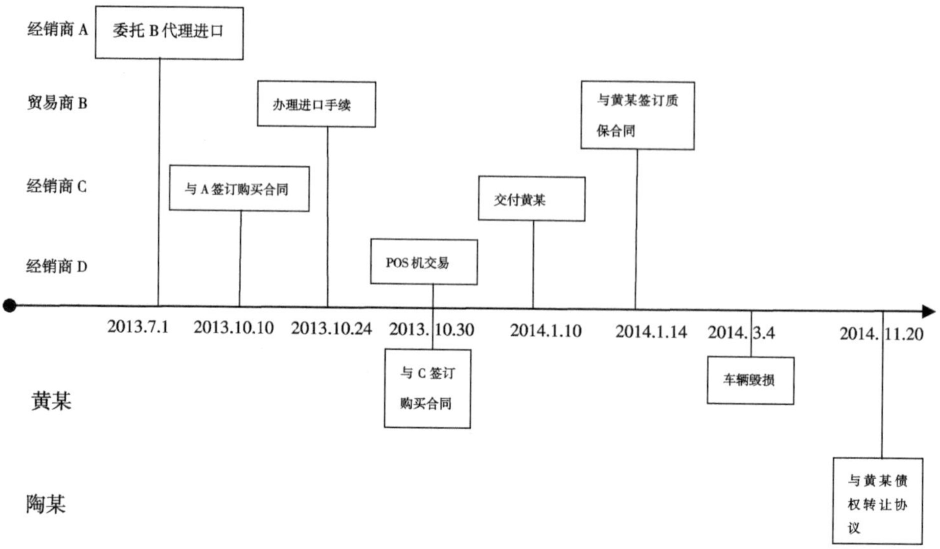

图 1　案例时间图

2. 关系图的选取适用于厘清当事人之间关系结构的案件，通常涉及交易模式、股权架构、权利义务等。比如侵权纠纷、借贷纠纷、担保纠纷、股权纠纷等。通过关系图来定性主体之间的关系，便于做法律切割，抓住主要法律关系，为法律适用作铺垫。以本案为例，亦可作关系图(见图 2)以明晰：

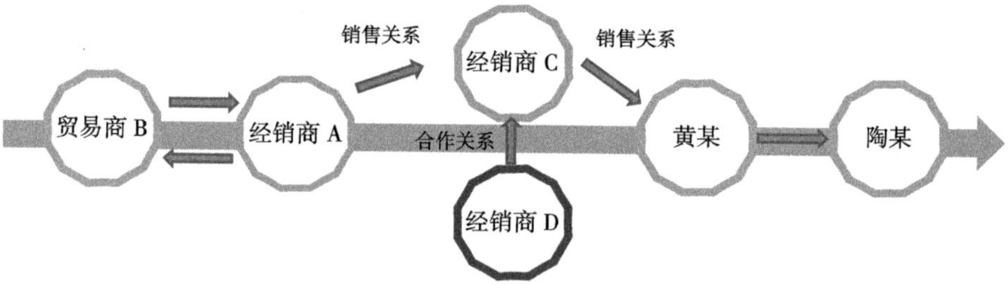

图 2　案例关系图

3. 数据图的选取。有些案件的核心争议焦点，既非某些行为发生的时间或先后顺序，也非各主体之间的法律关系，而是隐藏在案件事实中的数据要素，①如股东出资纠纷中出资额的认定。适用于数据量大、数据变动频繁的案件，我们通常可以使用表格对数据要素进行归纳和整理，或者通过折线图来呈现数据变动。有些数据图反映了与案件相关的经济社会背景，还可以作为法官思考的

① 蒋勇主编：《诉讼可视化》，法律出版社 2017 年版，第 65 页。

背景资料。

4. 法律发现图的架构。在通过案由确定涉及的法律范围后,通过核心法条的关键词去寻求其他法律规定。可视化的工具可以通过案由分类的法律位阶图和条文关键词的超链接来解决法律适用的实际需求。本案当中,根据《侵权责任法》第41条的规定,其中"产品""缺陷""生产者"等规范意义需要进一步明确,从外延的《产品质量法》以及相关规定中去寻找适用本案的定义,如法律发现图(见图3)中简略展现了法律位阶(效力)、案由、法条之间的相互连接等可视化元素。

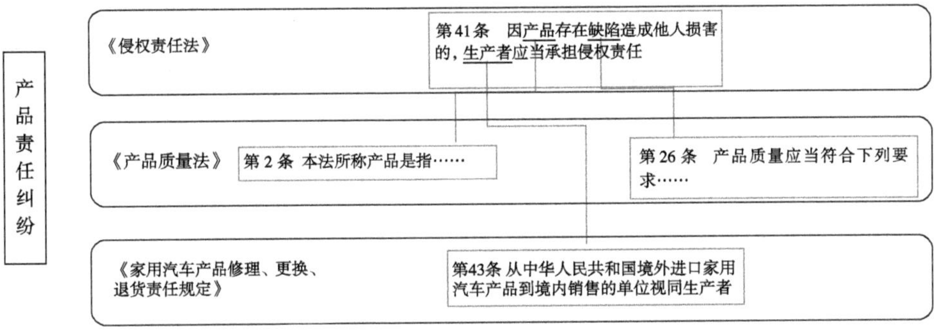

图3 案例法律发现

三、可视化办案之路径:平台嵌入与人机交互

尽管法官们往往在办案中会自行绘制类似可视化的图表以帮助解决思维困境,但是该些草图并不与现有的审判辅助平台兼容,只能适用于个案说明,缺乏工具意义上的效率要求。要想实现可视化工具的效率目标和理性塑造功能,应当借助一定的技术手段和应用设计。以北京法院审判辅助系统"智汇云"为例,本部分试图建立可视化工具应用的基本架构,描述可视化工具嵌入办案系统的路径,并借力各大数据资源库和人工智能,形成数据联通和共享,提升应用效能。

(一)建立可视化工具模块组

目前,"智汇云"的主要功能模块为网上办公、智能检索、数据服务、网上办案和便捷工具等,可视化工具应随案生成,在一级系统层面应编入网上办案功能模块。在二级网上办案系统中,增设可视化工具模块组,可以适用于所有待办案件。

该工具组模块应当预设构建可视化图表的各个元素,包括线条、颜色、框架等,该些元素均可自定义,并可自由组合。同时,该工具组模块应当提供可视化图表展示窗口,方便法官随时修改并起到实时提醒法官案件进展情况和事实变化的作用。在各类案情信息的研究基础上,提取共性,为适合可视化的案由纠纷,如借款合同纠纷、票据纠纷、建设工程合同纠纷、与公司股权相关纠纷等,预设一些常用的可视化图表结构模板以便法官调用。

此外,在律师界已经规模性使用可视化图表的环境下,在可视化工具模块中为律师开放接口,以便于律师利用统一的标准向法官上传他们的案情整理和辩护思路,帮助法官进行争议焦点问题的思考,从而实现法官与律师的良性互动。

(二)可视化工具在审判系统中的嵌入

目前,“智汇云”已经大部分实现当事人信息、证据、卷宗电子化,并构建法律法规司法解释库、裁判文书库、北京法院案件库、案例库、法院公报库等资源库,形成以审判进度管理轴为中心,多种数据资源库支持的智慧办案格局。但目前各数据库入口复杂、数据和信息利用率不高。虽然数据库的丰富程度在增加,但是提供的办案增益有限。可视化工具可以有效盘活既有资源,将沉寂的数据、信息展现在法官面前。

在事实认定方面,基于图像识别技术等,各信息都可以被抓取用于构建可视化图表,比如当事人信息可以自动填充,通过可视化模组即可调用已经形成电子卷宗的证据材料、庭审材料,提取关键信息以构建时间图、关系图,帮助法官确定相关法律事实。有些案件需要用到的数据图,可以与国家统计部门以及其他相关部门的最新数据库对接以供调用,自动生成折线图、饼状图等背景资料以帮助法官进行思考。

在法律发现方面,以往检索过程中,法官均需明确自己的需求,分别进入不同的资源库中检索需要的资料,既要不断细化筛选条件,又要对输出结果进行反馈,修正检索参数。可视化工具嵌入后,以案由为类目进行法律汇总,深度整合既有的法律法规司法解释库(提供最新最全的法律法规、司法解释)、条文释义库(提供由最高院、高院及相关专业部门对法律条文的诠释与解读)、理解与适用类文件库(提供最高院指导性文件、高院审判指导与参考等内容),按照位阶、相关度等因素排序,并根据案件类型自动筛选相关法律法规范围并显示,然后通过超链接的方式连接核心条文规范要件与其他法律条文中的定义及解释,更进一步,该些超链接可以直接运用于时间图、关系图、数据图中的关键词,比如图1中“经销商A”,通过点击该关键词(已赋值超链接)就可以直达有关“生产者”定义与解释的法律法规,以便于法官在凝视可视化图表时进行事实和规范之间往来穿梭思考。

(三)大数据、智能化与人机交互

本部分以基本的应用视角介绍了可视化工具,但是该些操作的顺畅程度仍有赖于人工智能和大数据的发展。实际上,大数据、人工智能和工具应用是智慧法院建设的一体多面。随着系统级的大数据分析和机器深度学习的发展,文本中的语义信息可以被挖掘,案件的知识要素可以被识别,从而有效地解决数据融合过程中的语义理解问题,实现案情的演化分析。至此,系统可以在准确解析分离案件事实的基础上,推荐类型化的可视图表,并智能提取案件信息填充图表,避免法官的重复性劳动。在法律适用方面,通过类案推荐、智能法条等技术,系统可以精确推荐适用的法律,结合可视化的法律发现图,形成完备的法律发现图谱。

可视化工具功能的发挥依赖于大数据和人工智能的深度发展,更重要的是,可视化的智能表现有赖于法官与工具的交互和反馈,法官需要提炼可视化的共性规则,并给数据打上标签,或是作为训练集,交给大数据和人工智能去"跑"算法,再通过法律人反馈进行修正,达到机器的"深度"学习。所以,可视化的系统路径中应当为人机交互留有接口,通过数以万计的专业人士(办案法官)的标签集来推动程序和应用的智慧表现。

四、法律理性之效果:可视化工具的形塑功能

马克思·韦伯运用形式与实质、理性与非理性两组概念对法律形态做出了不同的划分。其中,形式理性在司法裁判中体现为"三段论"的要求,法律根据作为大前提,从生活事实中分离出的法律事实作为小前提,针对法律事实,法官寻找法律根据,继而作出法律决定。[①] 从韦伯的理想型法律分类的框架来看,形式理性具有可外在观察的特征和确定的评价标准,亦是本文所述的法律理性的主要意涵。在司法实践中,法律理性具体表现为法官关于生活事实向法律事实的抽象、关于法律事实与法律规则之间的判断和推理等方面。

(一)法律理性的培育难题

在理想意义上,我们要求所有法官的专业素质能够达到职业共同体的标准,即具有相当的法律理性,但在目前的司法职业领域,法官的专业素质参差不齐。单从运用法律的过程看,由于规则本身不可能精确地规定所有案件的事实细节,故在规则与其适用之间仍然存在缝隙,约瑟夫·拉兹将其称作"规范缝隙"。[②] 缝隙产生的原因总结有:法官在事实整理过程中因为缺乏一定的方法而导致混乱,无法建立生活事实与法律事实的对接,或者法官在抽象出法律事实后,因法律发现过程中的无序,无法建立法律规则与法律事实之间的涵摄等。

① 陈皓:《马克斯·韦伯:法治的"理想型"》,载《人民法院报》2016 年 10 月 14 日,第 6 版。

② 雷磊:《从经验中"苗生"的法律理性——以魏因瑞伯的类推理论为中心》,载《河南大学学报(社会科学版)》2018 年第 5 期。

传统上,法官依靠长年累月的经验积累来填补这些“规范缝隙”,是在不断的试错中总结出的一套先验标准来找到事实和规范之间的连接点。法官还必须在漫长的审判生涯中有意识地适用、总结各种司法知识和司法技术并形成自己的法律理性,这使得培养一个拥有法律理性的优秀法官成为一个不可预测的概率事件。

实践中,大多数裁判结果最终还是由一个并不具有丰富经验的法官借助稚嫩的审判直觉和损耗的案件记忆(并夹杂些许法律思维)作出——形成裁判的过程既不具有可重复性也不能在事后检视。因此,我们认为依靠直觉或经验并不是一种有效的法律思维培养路径,不能起到法律理性培育的效果,而可视化工具为解决这一难题提供了有益的思路。

(二)通过可视化的形塑

在通常情况下,法官的思考方式和裁判思维的实质并不在于纯粹地、可预知地从大前提到小前提的推论,也不局限于“规范与事实之间的往返顾盼”,而是法官如何自主浮动地处理特定案例的事实、法律规范的要件、一定结论、现实社会变化四者之间的关系并进行选择、修饰、配对的过程。① 基于审判过程的考量,这种思维模式可以用图 4 表达如下:

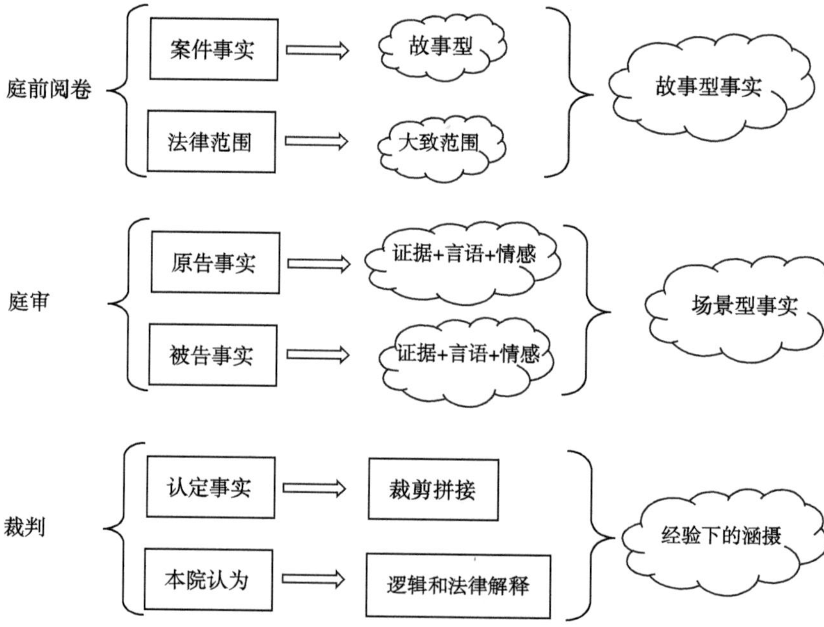

图 4　引入可视化工具前的思维模式

① 白小莉:《裁判的软实力——法官“涵摄”思维的微观透析》,载贺荣主编:《司法体制改革与民商事法律适用问题研究:全国法院第二十六届学术讨论会论文集》,人民法院出版社 2015 年版,第 900 页。

在阅卷、庭审的过程中,无论是法官自己思考的故事型事实还是原被告建立的场景型事实,由于缺乏工具的指引,都无法"一砖一瓦"构建事实大厦,这种思维由于缺乏精确性和清晰性,也无法建立事实和规范之间的对接,并未生成法律理性。在最终的裁判部分,法官凭借自己的记忆、技巧和经验对事实进行裁剪,并通过法律解释来验证,最终构建三段论的逻辑基础。如前所述,这种思维过程受到个人、外界的太多影响而不能被称之为有效的法律理性培育。

引入可视化的工具后,法官在处理案例事实、法律规范的要件时均具有了清晰的路径和边界,不再是混乱杂糅的思绪流了,这种思维模式可用图 5 表示如下:

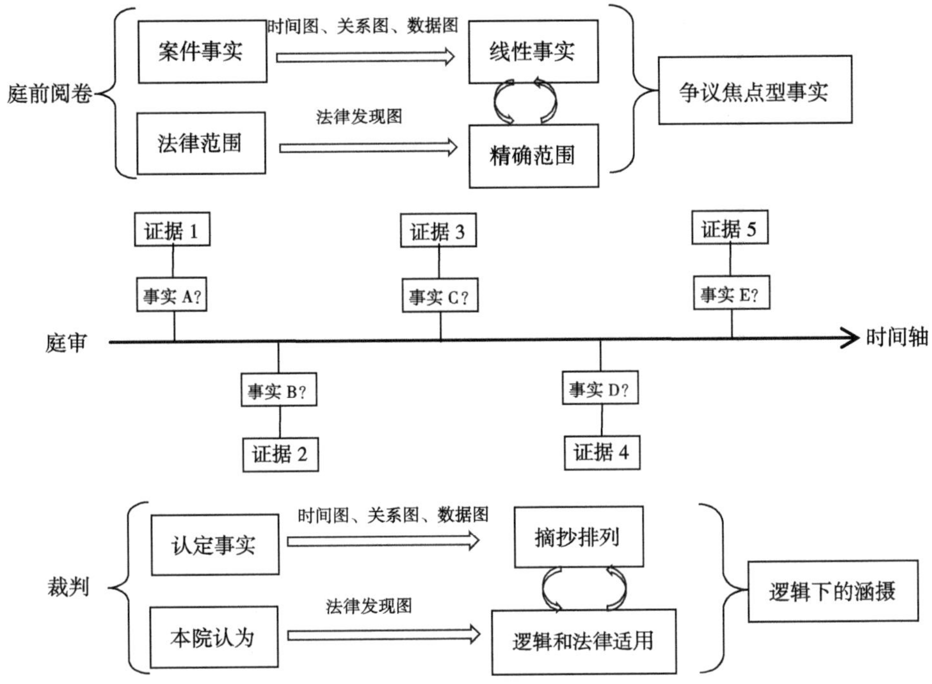

图 5　引入可视化工具后的思维模式

如图 5 所示,法官的思考方式和裁判思维都被引导在一定的秩序中,可视化的运用契机主要表现在庭前阅卷建立线性的事实叙事,从而确定争议焦点型事实,帮助法官在庭审中释明举证、查明事实,提升庭审沟通的效率。裁判过程中通过法律发现图快速建立认定的事实与现有法律规范之间的联系,建立起逻辑链条下的涵摄。

这种工具化表达使得裁判思维的清晰程度大大提高,法官可以多次在事实与规范之间往返,而且此种往返可以根据新产生的事实变化进行重复演算、多次检验,也把合议庭成员拉到同一沟通平台,减少沟通成本,并能够为法院管理者所检视和监督,这种多方面、多层次的法律训练催生了法律理性,形成法律理性的良性发展通道。

结　语

本文基于实践中的办案需求介绍了可视化工具的应用设计,更多是在介绍一种办案工具而非该项工具的智能化前景。实际上,在当前的技术条件和算法基础上,"第一要务还是辅助和服务法官办案,而不是替代司法裁决、淘汰办案法官"。[①] 法院的智慧来源于法官而非"人工智能",深耕于审判实践中的办案场景,回应法官办案的实际需求,在工具意义上提供标准化方法,构建形塑法律理性的通道,仍然是促进司法能力和司法品质进步的重要方向。但不可否认的是,大数据、机器学习和人工智能为工具化应用提供了未来的发展方向,可以预见的是,作为思维框架的工具应用和作为内容供应的人工智能将是构建智慧法院的重要抓手。

① 何帆:《我们离"阿尔法法官"还有多远》,载《方圆》2017年第2期。

全国法院三等奖

从“层级考核”到“单元管理”：审判团队绩效管理体系研究*

张　明　崔丹妮　宁　韬**

【论文提要】

2015年9月，最高人民法院发布《关于完善人民法院司法责任制的若干意见》，正式提出探索审判团队建设。在这四年中，全国各级法院结合实际，逐步建立起以法官为团队核心的新型审判权运行机制。但综观各地对于审判团队的探索，多集中在组建和运行方面，对于应当如何科学考评和管理审判团队鲜有提及。2019年，最高人民法院发布《人民法院第五个五年改革纲要（2019—2023）》（以下简称“五五改革纲要”）并要求“全面加强基层人民法院审判团队建设”。审判团队作为以审判为核心任务，以法官为中心，由法官、法官助理、书记员等司法辅助人员共同组建而成的相对独立、密切协作的审判单元、考评单元、管理单元和责任单元，在目前审判团队配置及运行相对规范的情况下，其绩效考评与正向管理机制亟待研究建立。本文通过对司法政策的纵向梳理和司法实践的横向比较，总结目前层级化的个人绩效考核所存在的问题，提出从层级化的个人绩效考核到单元化的审判团队绩效管理理念。随后，从绩效管理的目标任务出发，构建包括任务分解、制定细则、实施考评、公示反馈、结果应用和沟通辅导六个部分的审判团队绩效管理体系闭环。同时，着重从“案、人、事”三个维度出发，对应审判团队工作的三个重心，即“办案绩效、人员能力、司法事务”，开创设计完整的审判团队绩效管理指标体系，解决审判团队“怎么考”“考什么”的难题。后附《关于人民法院建立健全审判团队绩效管理工作的指导意见（建议稿）》，以期对司法实践有所助益。

---

* 本文获全国法院系统第三十一届学术讨论会三等奖。

** 张明，内蒙古自治区兴安盟中级人民法院研究室主任；崔丹妮，北京市第一中级人民法院清河法庭法官助理；宁韬，北京市第一中级人民法院研究室干部，曾获全国法院系统第二十九届学术讨论会三等奖。

【主要创新观点】

1. 在研究对象上,以审判团队绩效管理作为研究重点。目前,理论界和实务界多将研究重点集中在审判团队的组建和运行方面,对于应当如何科学考评和管理审判团队鲜有提及且实质内容寥寥无几。

2. 在研究理论上,引入管理学中绩效管理的概念,明确提出审判团队绩效管理的概念,即法院在阶段性工作任务与战略目标下,以审判团队为考核单元,通过建立一整套标准化、可操作的绩效考评体系与制度,周期性地对审判团队司法行为的任务目标、行为过程、具体环节、效率效果等进行设定、考量、分析、预测,并综合评估评价审判团队与个人的任务目标完成情况、实现程度与实际效果、个人履职情况及能力发展情况等。审判团队绩效管理是法院整体绩效、审判团队集体绩效、各类人员个人绩效三者的有机统一。

3. 在研究工具上,综合运用关键指标(KPI)、关键过程(KPA)、关键结果(KRA)、360°绩效评估等工具,在梳理法官绩效考核指标的基础上,根据审判团队特性特点,选取和构建符合审判工作规律、符合案件质量管控、符合司法公开需要的13类考核重点及其基本指标。

4. 在指标设定上,特别引入OKR方法,注重发挥审判团队的主观能动性及全程沟通,鼓励审判团队主动制定办案工作量目标等,实现自我驱动、自我激励、自我挑战。

5. 在研究结论上,进一步根据管理任务目标,构建了包括任务分解、制定细则、实施考评、公示反馈、结果应用和沟通辅导六个部分的审判团队绩效管理体系闭环。同时,着重从"案、人、事"三个维度出发,对应审判团队工作的三个重心,即"办案绩效、人员能力、司法事务",开创设计了完整的审判团队绩效管理指标体系。

6. 在成果转化上,形成《关于人民法院建立健全审判团队绩效管理工作的指导意见(建议稿)》,以期对司法实践有所助益。

引　言

2015年9月,最高人民法院发布《关于完善人民法院司法责任制的若干意见》,正式提出探索审判团队建设。四年多来,全国各级法院结合实际,开拓创新,通过厘清界定三类人员职责分工,调整各类人员配比,逐步建立起以法官为团队核心的新型审判权运行机制。但综观各地对于审判团队的探索,多集中在组建和运行方面,对于应当如何科学考评和管理审判团队鲜有提及,相关研究成果都会在文末附上"探索建立科学合理的审判团队考评机制"等表述,但实质内容寥寥无几。建立符合审判权运行规律的司法体制与科学合理的考核管理监督评价责任体系是保障人民法院依法独立公正行使审判权、促进法院组织结构优化中不可偏废的"双行轨道"。① 审判团队作为以审判为核心任务,以法官为中心,由法官、法官助理、书记员等司法辅助人员共同组建而成的相对独立、密切协作的审判单元、考评单元、管理单元和责任单元,在目前审判团队配置及运行相对规范的情况下,其绩效考评与正向管理机制亟待研究建立。

一、问题检视:个人绩效考核层级化的现状

以样本 B 市三级法院为例,自 2005 年《人民法院第二个五年改革纲要(2004—2008)》(以下简称"二五改革纲要")发布起,在 B 市高院的指导下,各级法院对其部门考核及人员考核开展了有益尝试和探索,一些法院还建立了相应的部门业绩考核办法和人员分类考核办法,重点突出对审判绩效的考核。自 2008 年起,各地高院相继试点案件质量评估与绩效考评工作。2011 年之后,伴随着五个法院改革纲要及司改相关文件的下发,以审判质量效率效果评估指标为核心的绩效考评模式逐步得到了发展完善,②并突出表现为层级化的特点。

(一)司法政策层面的纵向研究

笔者梳理了近年来,尤其是本轮司法改革中已公开的法律、纲领性文件与各类文件中对法院人员绩效考核的相关规定(见表 1)。

表 1 绩效考核的相关文件规定

时间	文件名称	考评对象	涉及条款	主要内容	结果运用
2005 年 10 月	"二五改革纲要"	法官 其他工作人员	第 42 条	改革法官考评制度和人民法院其他工作人员考核制度,发挥法官考评委员会的作用。 根据法官职业特点和岗位要求,科学设计考评项目,完善考评方法,统一法官绩效考评的标准和程序	对法官考评结果进行合理利用。 建立人民法院其他工作的评价机制

① 张春和、段莉琼:《审判团队业绩评价机制的结构分析与路径整合》,载《法治论坛》2017 年第 1 期。

② 2008 年最高人民法院发布《关于开展案件质量评估工作的指导意见(试行)》,并下发通知确定 11 省市高级法院开展相关试点工作;2011 年最高人民法院正式公布《关于开展案件质量评估工作的指导意见》,两个意见的发布为各地法院提供了较为具体的绩效考评方法和依据。"二五改革纲要""五五改革纲要"均对考核指标的设计、考评结果的运用作出了原则性的规定和指引。

续表

时间	文件名称	考评对象	涉及条款	主要内容	结果运用
2009 年 3 月	人民法院第三个五年改革纲要(2009—2013)	法官 法官助理 书记员 其他行政人员	第 13 条 第 21 条	建立体现宽严相济、促进社会和谐稳定的办案质量考评制度和奖惩机制,改进办案考核考评指标体系。 建立健全以法官、法官助理、书记员和其他行政人员的绩效和分类管理为主要内容的岗位目标考核管理体系	—
2013 年 9 月	关于切实践行司法为民大力加强公正司法不断提高司法公信力的若干意见	法官	第 41 条	完善法官业绩考评机制。建立以信息技术为支撑、符合审判工作规律、科学合理的审判业绩考评机制	在晋职晋级、评先评优等方面充分体现考评结果的作用。 建立完善常态化表彰奖励机制。 推动建立法官任职退出机制
2015 年 2 月	人民法院第四个五年改革纲要(2014—2018)	法官	第 21 条 第 51 条	废止违反司法规律的考评指标和措施,取消任何形式的排名排序做法。 完善法官业绩评价体系。建立科学合理、客观公正、符合规律的法官业绩评价机制,完善评价标准	评价结果作为法官任职、等级晋升、择优遴选的重要依据,衔接不适任法官退出机制
2017 年 2 月	人民法院落实《保护司法人员依法履行法定职责规定》的实施办法	法官	第 8 条 第 16 条 第 19 条	应当健全完善法官考评委员会工作机制与组成。 对法官审判绩效的考核、评价,必须由法官考评委员会作出,考核结果应当公示。法官对考核结果如有异议,可以申请复议。 对法官审判绩效的考核办法和评价标准,应当合理设置权重比例,注重审判工作实绩,充分考虑差异,但不能超出法官的法定职责和职业伦理。 合理测算法官工作饱和度,科学确定法官工作量,适时调整法官员额配置或者增补审判辅助人员	考核结果和业绩评价应当作为法官等级晋升、岗位调整和绩效考核奖金分配的重要依据。绩效考核奖金的发放,应当遵循审判实绩导向,坚持公开、公平、公正的原则,不得与法官等级、行政职级挂钩,注重向一线人员倾斜

续表

时间	文件名称	考评对象	涉及条款	主要内容	结果运用
2018年12月	关于进一步全面落实司法责任制的实施意见	法官 法官助理 司法人员	第15条 第22条	质量评查范围应当覆盖所有法官。 完善司法人员业绩考核制度。坚持客观量化和主观评价相结合，以量化考核为主，充分考虑地域、审级、专业、部门之间的差异，注重采用权重测算等科学计算方法，合理设置权重比例。将法官作为合议庭其他成员时的工作量、办理涉诉信访工作量、参加专业法官会议、审判委员会的工作量、案件评查工作量等纳入业绩考核。根据各级人民法院承担职能的不同，科学设置司法人员业绩考核内容。对法官和法官助理的业绩考核，应当考虑综合调研、审判指导等工作任务量，避免简单以办案数量作为考核业绩。对审判辅助人员的绩效考核，应当以岗位职责和承担工作为基本依据，注重与所在团队绩效相结合，听取法官和所在团队的意见	绩效考核奖金的发放，不与法官职务等级以及审判辅助人员职务挂钩，主要依据责任轻重、办案质量、办案数量和办案难度等因素，向一线办案人员倾斜
2019年2月	“五五改革纲要”	法院干警	第27条	研究制定科学合理、简便易行的审判绩效考核办法。进一步规范督查检查考核工作，清理取消不合理、不必要的考评指标。 完善人民陪审员选任、培训、考核、奖惩管理办法	全面落实法院人员工资制度改革，健全与法官工作实绩紧密联系的薪酬分配机制

续表

时间	文件名称	考评对象	涉及条款	主要内容	结果运用
2019年4月	法官法	法官	第38条 第40条 第41条 第42条 第43条	人民法院设立法官考评委员会,负责对本院法官的考核工作。 对法官的考核,应当全面、客观、公正,实行平时考核和年度考核相结合。 对法官的考核内容包括:审判工作实绩、职业道德、专业水平、工作能力、审判作风。重点考核审判工作实绩。 法官对考核结果如果有异议,可以申请复核	年度考核结果分为优秀、称职、基本称职和不称职四个等次,书面通知法官本人。考核结果作为对法官奖惩、培训、免职、辞退以及调整等级和工资的依据

从表1中发现,在现有司法政策层面,法院人员的绩效考评呈现以下发展趋势:(1)考评主体为单独机构,如法官考评委员会;(2)考评对象由法官逐步扩大到法官与法官助理、书记员等辅助人员,甚至扩大到人民陪审员;(3)考评内容由重办案数量、质量和效率逐步扩展为建立业绩档案,综合评价审判实绩、工作能力、专业水平、道德与作风等;(4)考评方式由客观上的指标量化考核逐步转变为客观定量计算与主观定性评价相结合;(5)考核内容上强调人员分类考核,并考虑法院职能、人员分类、岗位职责、承担工作等因素设置差异化的考核指标;审判辅助人员的绩效考核注重与团队绩效相结合;(6)考评结果运用全面覆盖法官的员额进出、奖励惩戒、任职晋级、培训遴选、免职辞退、工资奖金等方面,并扩展至审判辅助人员。

(二)审判实践层面的横向比较

从全国法院的考核模式上看,主要集中在“法院考核到个人”的单层级考核和“法院考核到部门、部门考核到个人”的双层级考核两种模式上(见表2)。

表 2 两种主要考核模式的代表法院

地域	法院层级	法院名称	考核模式	考核层级	考核对象	考核特点
B 市(中东部地区发达地区)	高级法院	高院	单级考核	法院考核个人	三级法院全部法官	开发办案业绩评价系统,引入案件权重系数核算法官办案工作量; 对三级法院法官进行排名
	中级法院	Y 中院	双级考核	法院考核部门 部门考核个人	法官、法官助理、书记员	以法官办案工作量为"绩"的核心,综合考评法官的"德""能""廉","勤"由干部人事部门依据出勤情况给分; 设置调研宣传、表彰奖励等加分项与司法作风、案件质量等减分项; 对于其他人员采取"考试 + 360°打分"
	基层法院	T 法院	双级考核	法院考核部门 部门考核个人	法官、审判辅助人员、司法行政人员	分为共同考核和个性考核 共同考核是指针对干警开展党建、队建、廉建、调宣等工作进行的考核; 个别考核是指针对干警的职责范围及任务指标进行的考核
S 省(西南地区较发达地区)	高级法院	高院	双级考核	法院考核部门 部门考核个人	法官、法官助理、书记员	开发了绩效考核信息系统、工作量评估信息系统、案件权重信息评价系统; 采取自行申报与核对、逐级确认的方式确定工作量
	中级法院	C 中院	双级考核	法院考核部门 部门考核个人	法官、审判辅助人员、司法行政人员	全面构建人事信息系统、法官业绩评价系统、审判合议庭绩效考评系统、行政人员业绩评价等; 法官助理与法官捆绑考核
	基层法院	D 法院	单级考核	法院考核个人	法官、审判辅助人员、司法行政人员	在三类人员分别进行格式化述职后开展民主测评

续表

地域	法院层级	法院名称	考核模式	考核层级	考核对象	考核特点
X省(西部地区欠发达地区)	高级法院	高院	双级考核	法院考核部门 部门考核个人	法官、审判辅助人员、司法行政人员	院考核领导工作小组考核到部门,部门考核到全体干警; 采取人员分类考核,以百分制的方式,将最终考核分值按照比例分为四档; 主管评价与客观评价相结合
	中级法院	L中院	双级考核	法院考核部门 部门考核个人	法官、法官助理、书记员	考评制度包括岗位职责清单和业绩考评两部分; 考核内容包括党员责任、纪律作风、审判工作、综合性工作等
	基层法院	N法院	单级考核	法院考核个人	法官、审判辅助人员、司法行政人员	制定绩效考核方案(指标),指标涵盖审判执行、纪律作风、案件质效、司法公开、办公信息化及维稳工作、党建工作、廉政建设、考勤与集体活动等; 指标得分与领导评价打分相结合

单层级考核模式,是以院考评委员会或院考核办公室为考评主体,以法官为主要考核对象,以案件数量、案件质量、案件效率、案件效果为核心考核内容,以指标得分、客观评价为考核方法。但实践中也有案少人少的基层法院在法院的层面上采用“述职+民主测评”的方式,对其各类人员展开考核。

双层级考核模式,是在院级层面将考核法院的各项任务指标进行差异化分解,由各部门承担并落实。它以院考评委员会或院考核办公室为考评主体,以部门为主要考核对象,以审判质效量化指标为核心考核内容,以指标得分、客观评价为考核方法。部门层面则将考核部门的审判绩效关键指标分解落实到法官。

单、双级考核模式在实践运用中各有优势。双层级的考核模式,赋予了部门自主管理权:一方面,有利于部门内部形成团结协作的整体,调动各类人员的工作积极性,协同发挥正向“共振效应”完成审判任务;另一方面,避免了不同部门之间因办理不同的领域、类型、案由的案件所带来的对人员绩效考核,尤其是法官绩效考核上的误差。同时,各部门可以根据年度重点工作的安排,适时灵活调整本部门绩效考评的指标与评价方法,充分发挥考核的“指挥棒”“引导员”的实践意义。在司法改革实施前,双层级的绩效考核是全国法院通行的模式,由于其灵活自主性的特点,目前也被大多数法院所沿用。

而单层级考核模式打破了内设机构的建制,直接由法院考核到个人,简化了考核层级,提高了绩效考核效率。院小、人少的基层法院、收案同质化特点显著及实现扁平化管理的专门法院多采取此类考核模式。但在内设机构改革推行后,单层级考核逐步扩大运用:如B市高院采取案件类型化评价方法,引入权重系数对不同案件的难易程度进行了折算;S省高院尽管仍采用双层级考核模式,但已开发研制了案件权重评价信息系统,通过“固定系数+浮动系数”,或“案由系数+浮动系数”来确定案件工作量,最终核定法官工作量。通过引入权重测算,建设“单层级量化考核”的模式,使得审理不同领域、不同类别、不同案由案件的法官,其工作量得以在全院乃至全市、全省的范围内进行比较。同时,这也为法院内部不同部门之间以及同一地区不同法院之间的法官员额分配提供了最基本的数据支持(见表3)。

表3 两种主要考核模式对比分析

项目	优势特点	存在的问题
单级考核	1. 多引入案件权重系数; 2. 考核方法相对简单,为单一方法,或采用量化考核(计算工作量),或采用定性考核(民主测评); 3. 各领域法官工作量横向可比; 4. 可在一定区域内调控法官员额	1. 审判团队正向效应难以发挥; 2. 目前仅用于考核法官; 3. 评价维度相对单一,仅考虑办案工作量因素
双级考核	1. 部门具有自主管理权; 2. 促进团队协同发挥“共振效应”; 3. 避免不同案件带来的考核误差	不同领域法官工作量不可比较

(三)纵横交叉间凸显的主要问题

从司法政策的指导性规定和审判实践的两种模式来看,目前的绩效考核机制存在以下问题:

1. 考核对象上重个人轻团队

尽管以B市高院为代表,各地高院都对法院或法官的审判绩效考核作出了地方统一规定,中院、基层法院也都根据自身实际情况创造性地落实和开展考核考评,但考评实践都是以单个“人”为最终的落脚点,而鲜有将审判团队作为考评对象。

2. 考核主体上重行政轻自治

各院设置的法官考评委员会,大都以本院院长为主任,以其他党组成员、综合业务部门、综合职能部门的领导为成员，行政化考核色彩依旧突出。在两种层级考核的民主测评环节，院长和部门负责人都对其下属人员的考核结果具有重要话语权与决定权。考评委员会中由于缺少法官、审判辅助人员等考核对象的有效参与，其作出的考核结果或决定的可接受程度有所降低。

3. 考核内容上重内部轻外部

尽管在现有的绩效考核体系中，各院逐步加重了审判效果、司法公开等指标的考核，部分法院更是增加了审判作风方面的考核指标，但均未引入外部或第三方作为考评主体。考核主体与考核内容上的缺失导致考核结果的客观性不足，还没有完全实现工具理性与价值理性的有机统一，更没有在法律监督上实现"法律效果、政治效果、社会效果"的统一。

4. 考核指标上重共性轻个性

尽管最高人民法院出台了31项审判质效评估指标，宏观上令审判绩效考核进入了指标规范化和结果可量化的阶段，但一些法院将评估指标直接套用在对法官的绩效考核中，或者是简单在其中选取几个指标用于对法官的考评，并没有根据法院的审级职能、案件特点等对指标的标准要求、计算方式、统计方法等因地制宜，开展有针对性的调整。

二、先决基础：审判团队绩效管理的必要性及可行性分析

第一，审判团队绩效管理是顶层设计的必然要求。新型审判团队建设到了"五五改革纲要"的落实阶段，其组建运行已历经实践，但考评管理还研究待定，然而两者应当是一个完整的逻辑整体，对于团队效能的发挥缺一不可。另外，现行以案件权重系数为主的考核体系导致发现、涵养、培育优秀司法辅助人员的支撑不足，进而产生法官的"后备军""蓄水池"力量不足等一系列制约法院长远可持续发展的问题。

第二，审判团队绩效管理是发挥审判团队合力的必然要求。现有绩效考核仍然以部门或法官个人为考核重点，对司法辅助人员仅采取技能考核或仅以公务员德能勤绩廉的考评标准与方式进行考核，实际上忽略了司法程序的自身特点，忽视了法官助理、书记员等人员对案件质量、效率、效果的影响，无法充分调动其工作的主观能动性。因此，将考察审判团队整体效能发挥的指标用于考核审判团队，这更符合现实需要。

第三，新型审判团队的组建为团队绩效管理提供了基础保障。不言而喻，审判团队的绩效管理必然以组建科学化的审判团队为前提与基础。近几年来，全国法院因地制宜，结合自身案件情况和人员结构，发挥主观能动性，在独任制

审判团队“1+X”,合议制审判团队“1+2+N”基础上,实现X和N的自由配比。而审判团队中逐步明确的各类人员工作任务、职责权限,也为区分承办法官的个人责任与合议庭(法官)的集体责任、明晰各类审判辅助人员的责任奠定了基础。

第四,内设机构改革的有序推进为团队绩效管理提供了组织保障。按照“机构精简是基础,职能优化是关键”的工作思路,各院根据功能定位和工作实际,逐步建立符合审判机关特点和审判权运行规律的内设机构体系。以调研的B市为例,截至2019年4月,各基层法院内设机构改革方案已落地实施,管理方式将更趋扁平化。因此,建立审判团队绩效管理机制,将审判执行任务分解到审判团队、员额法官,逐级压实责任,层层传导压力势在必行。

第五,现有考评机制为团队绩效管理提供了可借鉴经验。现有的两种考核模式虽然以“人”为考核单位,但审判团队同样由“人”构成,审判团队绩效管理虽不是法官、法官助理、书记员等人员考核业绩的简单相加,但现有模式对于个性指标设置,仍然有很大的借鉴意义,这些以为构建更加科学的审判团队绩效管理体系提供了可能。

三、解决思路:从个人绩效考核到审判团队绩效管理

构建科学、合理、可用的审判团队绩效管理体系,必须厘清三个层面的基本理念。

(一)绩效考核VS绩效管理

在管理学上,绩效考核是企业对员工在工作过程中表现出来的工作态度、业绩、数量与质量、能力和社会经济效益等进行评价,并用评价结果来判断该员工的工作能力是否与其工位的要求相称,并根据绩效考核结果进行相应奖励。[①]而绩效管理是一种提高组织员工的绩效和开发团队、个体的潜能,使组织不断获得成功的管理思想和具有战略意义的、整合的管理方法。绩效管理是事前计划、事中管理、事后考核所形成的三位一体的系统。[②]

绩效考核强调“考”,主旨是考核评价并开展奖惩。绩效管理强调“管”,主旨是系统思考和持续改进。两者在思路和操作方式上有着本质的不同,在定位、着眼点、管理的重心和目的、手段的提升、管理者角色、不同考核对象之间的角色和心理、发展方向上也存在显著区别(见表4)。

---

① 赵鹏:《如何建立企业绩效考核管理制度》,载《今日财富(中国知识产权)》2018年第9期。

② 参见付亚和、许玉林主编:《绩效考核与绩效管理》(第3版),电子工业出版社2017年版。

表 4　绩效考核与绩效管理的区别

分类	个人绩效考核	团队绩效管理
定位	控制人员	人员主动承诺
	保证完成任务	协作完成任务
着眼点	以过去的绩效为重点	关注过去与现在的绩效
		但以将来的绩效为核心
管理重心	绩效评价的结果	绩效管理的过程
管理目的	寻找错误	解决问题
提高绩效的手段	排名、奖金、荣誉称号	指导、鼓励自我学习和发展
考核重点	结果	行为和结果
管理者的角色	判断、评估	指引方向和目标
	控制工作的细节	指导、帮助、沟通、反馈
	解决问题者	在允许的范围内积极授权
		提供支持者
考核对象之间的角色	抵触的心理	在学习和发展过程中表现积极主动的行为
	被动的、反作用的、防卫性的行为	
考核对象的心理	抵触被动接受	支持主动自主管理
发展方向	个体发展	个体与团队之间协同发展

(二)层级化 VS 单元化

层级化的考核制度具有客观化、标准化和匿名化的效率取向，能够尽情地释放工具理性，[①]突出了泰勒所说的“在很大程度上，科学管理就是预先制定工作任务计划，并使之落实”[②]，并可以满足法院对现代法治话语的要求，即控制案件整体质量与解决案多人少矛盾。但由于“绩效考评在本质上属于一种行政管理方式，推行绩效考评会凸显司法组织体内的行政元素”[③]，这显然与本轮司改中“去行政化”的思路截然不符，因此，要么考虑“绩效考评适用必须保持合理的界限”[④]，或者考虑构建非科层制的绩效管理模式，即单元化的管理制度。

单元化的管理模式符合司法改革提出的扁平化管理与内设机构改革的要

---

① 参见张建:《法官绩效考评制度的法理基础与变革方向》，载《法学论坛》2018 年第 2 期。

② 参见[美]弗雷德里克·温斯洛·泰勒:《科学管理原理》，北京大学出版社 2013 年版。

③ 郭松:《绩效考评与司法管理》，载《江苏行政学院学报》2013 年第 4 期。

④ 同上。

求，具有组织意义上的减少管理层级、减少管理信息损耗、提升管理效率，同时能够尽可能去除层级化中的行政性因素。[①] 另外，单元化的管理模式在一定程度上能够减少审判权独立行使的障碍，也是在尊重审判执行工作客观规律之下，避免“唯数字论”“唯指标论”，寻求另一种提升效率的正确选择。

（三）层级化的个人绩效考核 VS 单元化的审判团队绩效管理

表5　层级化个人绩效考核与单元化审判团队绩效管理比对

分类	个人绩效考核	审判团队绩效管理
考核主体	考评委员会或法官委员会	考评委员会并包含一定的比例的法官、司法辅助人员代表
考核对象	法官	审判团队
		法官与司法辅助人员
考核与管理体系	层级型：单层级或双层级的法官绩效考核	单元型：将审判团队作为考核单元，由法院直接考评
考核方法	以案定人：以个人审判质效指标为核心的定量考核	从案、人、事三个角度考核，强调考评审判团队工作任务、质量、效率、效果
管理周期	季度或年度	强调平时考核实时管理
评价结果	得分或排名	团队业绩档案
	个人业绩档案	个人履职档案
结果运用	考核结果作为调整法官等级、工资以及法官奖惩、免职、降职、辞退的依据	考评结果作为绩效奖金发放、评优评先、法官等级晋升、级别调整、干部选任的重要依据。可根据工作实际，设立奖励性休假、审判团队绩效奖金等，用于鼓励优秀审判团队和建立团队内部激励机制

根据表5可知，当考核对象从个人转到审判团队时，审判团队的绩效不是团队中每名法官办案工作量的简单叠加，或是其审判质效指标的算术平均。将审判团队作为考核单元，就意味着其绩效是整体绩效，是团队为实现预定目标的实际结果，不仅仅包括团队的工作实绩，还包括团队对成员的影响与提升团队工作能力，需要把个人绩效、能力发展与团队绩效结合考虑。

实际上，笔者认为，审判团队的绩效管理是管理学上的绩效管理在司法审判领域和法院改革实践中的具体化，其具体含义是指法院在阶段性工作任务与

---

① 丁晓雨、候华北：《论内设机构改革背景下审判管理权的重塑》，载《法律适用》2018年第19期。

战略目标下,以已构建的审判团队为考核单元,通过建立一整套标准化、可操作的绩效考评体系与制度,周期性地对审判团队司法行为的任务目标、行为过程、具体环节、效率效果等进行设定、考量、分析、预测,并综合评估评价审判团队与个人的任务目标完成情况、实现程度与实际效果、个人履职情况及能力发展情况等。

因此,与个人绩效考核的单一评价结论不同,审判团队绩效管理至少可以得出两项评价结果,一是团队业绩档案,二是个人履职档案。此外,审判团队绩效管理中的个人履职档案除了以往的办案工作量、质效指标之外,最重要的是还包括对个人综合能力的评价。

四、具体路径:审判团队绩效管理体系的初步架构

(一)框架:审判团队绩效管理体系循环

审判团队绩效管理的目的是实现增强约束审判团队及法官的内在自律功能,弱化其考核的外部加压功能,减少科学设置必要的考核指标与调整占比,结合结果应用,变外部管理压力为团队内在压力和自生动力,形成评估结果综合和多元应用的良性管理机制。为了实现这一目的,笔者将审判团队绩效管理体系分为六个环节:一是分解全院的阶段性工作任务;二是制定审判团队绩效考评细则,即考评体系构建;三是组织实施审判团队绩效考评工作;四是公示与反馈考评结果,最终形成团队业绩档案与个人履职档案;五是多元应用考评结果,将其作为团队与个人绩效奖金分配、评优评先、员额进出、干部选任、培训遴选、法官级别晋升、司法辅助人员级别调整、奖励性休假的重要依据;六是在审判团队绩效考评中,需要全程注重考核主体与考核对象,即考评委员会与审判团队之间、审判团队法官与司法辅助人员之间的沟通交流辅导,以更好地完成绩效管理的全过程。前五项工作层层推进,形成审判团队绩效管理的循环。

(二)核心:审判团队绩效考评构建

审判团队绩效管理上接对法院工作的整体考评,分解落实法院作为考评对象时的任务目标;下接各类人员的绩效考评,为法官与司法辅助人员的考核评价提供核心依据。不同于以往绩效考核中多以“法官”为考评的单一对象,审判团队绩效管理从“团队”这个审判权运行的最小单元出发,其核心和难点就是如何科学选取绩效指标,构建符合司法运行规律、符合审判团队分工运行、科学完整、可持续可激励的动态考评方案。

1. 审判团队绩效考评主体的延伸

在考评的实施环节中,除法院内设的考评委员会作为主要的考评主体外,

吸纳当事人及其代理人、检察员、律师与专家学者等职业共同体、人大代表与政协委员、第三方机构(如高校科研机构)等外部主体参与考评。可采用综合问卷调查的方式,直接得知外部主体对审判团队、法官及司法辅助人员工作表现、工作能力、司法作风等方面的评价,并将这种评价转化为程度性得分与评语的结合体,用于考评人员能力与案件效果。

2. 审判团队绩效指标设定的原则

按照管理学上的 SMART 原则,审判团队的绩效指标的设定应当具有具体(Specific)、可衡量(Measurable)、可实现(Attainable)、相关(Relevant)、期限明确(Time - based)这些基本特征属性。

同时,围绕前述的审判团队绩效管理的目的,审判团队绩效指标的设计必须紧紧围绕"努力让人民群众在每一个司法案件中感受到公平正义"的目标;以法治方式落实和践行法治思维;围绕一段时期人民法院的重点工作;能反映出审判团队对人民法院整体工作的贡献价值;具有科学性和可操作性;各类别的绩效指标之间必须存在关联性和承接性;对于不同审判团队绩效指标必须具有针对性,这些是审判团队绩效指标设定的特殊原则。

需要说明的是,在采用案件权重系数来计算法官或司法辅助人员办案工作量的前提下,无须对不同审判团队设定不同的绩效指标类别或数量,只需要在考评实施中设定不同的目标值(可为单一值,也可为合理区间),如一季度刑事审判团队案件结收比目标值为 80%,而民事审判团队为案件结收比目标值为 90% 等。

3. 审判团队绩效考评体系的三维构建

现阶段,审判团队工作需要抓牢三个重心,即"办案绩效、人员能力、司法事务",因此,在考评方案的构建上,笔者从"案、人、事"三个维度出发,结合当前实际工作情况,筛选出 13 类考核重点。在办案绩效上,开展办案工作量、案件质量、案件效率、案件效果和司法公信五个层面的考核;在人员能力上,开展廉政作风与工作勤勉度、法律能力、沟通能力、风险防控与应急处置能力、法官管理能力五个层面的考核;在司法事务上,开展司法辅助、行政事务、新闻宣传三个层面的考核。三个维度分别对应团队绩效考核中的工作实际、团队能力建设与成长、成员履职情况与综合事务处理。

再借助前述的绩效指标设定原则,梳理现行的法官绩效考核指标,根据评价对象的特性,选取和建设符合审判工作规律、符合案件质量管控、符合司法公开需要的绩效指标,综合运用绩效管理中的关键绩效指标(KPI)、关键过程领域(KPA)、关键结果领域(KRA)、360°绩效评估[①]等工具,形成审判团队绩效管理的指标体系。

4. 审判团队对绩效考评的能动作用

自上而下看目标落实,对审判团队而言,办案绩效是其评价管理的核心,为了使得表6所列的审判团队绩效管理指标体系能够最大限度地满足各级人民法院的不同需求,笔者没有对办案绩效、人员能力、司法事务的具体比例进行规定,也没有对三个维度13类考核重点的占比或是指标设置进行特定具体的规定。各法院可以结合工作实际、阶段性工作重点,在特定的考核周期内,突出对其中几类或几个指标的考核并调整其比例。但笔者建议,为了进一步提升绩效考评体系的科学性、可操作性、可实现性,绩效考评方案的制订必须征求和听取各类审判团队的意见,而目标值必须要利用以往的司法大数据开展分析后设定(见表6)。

自下而上看目标制定,在审判团队办案工作量等指标上,可以运用OKR(Objectives & Key Results),即目标与关键结果的方法,鼓励审判团队主动制定办案工作量目标(Objectives),主动思考实现目标所要达成的关键结果(Key Results),即案件质效指标与评估值,同时落实到工作行动(Actions)中,确保审判团队对绩效管理的充分参与,实现审判团队的自我驱动、自我激励、自我挑战。

---

① 关键绩效指标(KPI)、关键过程领域(KPA)、关键结果领域(KRA)、360°绩效评估是常用的绩效考核工具。关键绩效指标(KPI),指通过对企业内部流程的输入和输出的关键参数进行设置、取样、计算、分析,以衡量绩效的目标式量化管理指标,是企业实现战略目标需要的关键成功要素的归纳和提取,常用来衡量不同部门或岗位人员绩效表现的量化指标。关键过程领域(KPA),指企业为了达到某个目标或达到某种结果时,需要解决的具体的、关键的过程问题。对于一些难以考核量化的部门或人员,可以通过KPA工具进行考核。关键结果领域(KRA),指企业为了实现战略目标、使命和愿景,必须要实现的、最不可替代的、最关键的、最核心的、达到企业期望的结果,可以从时间、数量、质量(如满意度)、成本等关键点分析。360°绩效评估,即将员工的直接上级、直接下级、关联方、顾客及员工本人全方位对自己的绩效进行评估,以获得各方面对自身优势和不足的反馈。

表 6　审判团队绩效管理指标体系

考核对象		序号	考评重点	基本指标	考评模式	考评方式	考评对象	参与主体	考评结果
审判团队	办案绩效	1	办案工作量	审判团队的办案工作量 法官办案工作量 司法辅助人员办案工作量	KPI 指标考核	定量考核	审判团队 法官 司法辅助人员	审判管理部门考核	得分
		2	案件质量	案件瑕疵、错误率 一审改判发回重审率(错误) 二审改判发回重审率(错误)	KRA 结果考核 KPI 指标考核	定量考核	审判团队 法官	审判管理部门考核	得分
		3	案件效率	法定审限内结案率 案件结收比 延长、扣除、中止审限案件未结比	KPI 指标考核	定量考核	审判团队	审判管理部门考核	分值
		4	案件效果	公众满意度	KPA 过程考核 360°评估	定量考核	审判团队	当事人及代理人、职业共同体人员、代表委员、第三方机构等评价	分值
		5	司法公信	庭审直播率 裁判文书上网率 裁判文书上网瑕疵率	KPI 指标考核	定量考核	审判团队 司法辅助人员	审判管理部门考核	分值
	人员能力	6	廉政作风与工作勤勉度	已查实的廉政问题 已发现的司法作风问题 信访投诉率 工作考勤情况	KRA 结果考核 360°评估	定量考核 定性评价	法官 司法辅助人员	纪检监察部门考核 干部人事部门考核 信访部门考核 当事人及代理人评价	分值 + 评语
		7	法律能力	庭审驾驭能力 裁判文书撰写与论理 调查研究与学术能力	KPA 过程考核 KRA 结果考核 360°评估	定量考核 定性评价	法官	调研部门考核 本人自评 审判团队成员互评 部门负责人评价 当事人及代理人评价	分值 + 评语

续表

考核对象		序号	考评重点	基本指标	考评模式	考评方式	考评对象	参与主体	考评结果
审判团队	人员能力	8	沟通能力	审判团队与法院内部沟通 与当事人及代理人沟通 判后答疑情况	KPA 过程考核 360°评估	定量考核 定性评价	法官 司法辅助人员	本人自评 审判团队成员互评 部门负责人评价 当事人及代理人评价	分值 + 评语
		9	风险防控与应急处置能力	重大敏感案事件风险防控 突发事件应急处置	KPA 过程考核 KRA 结果考核 360°评估	定量考核 定性评价	法官 司法辅助人员	审判团队成员评价 部门负责人评价 风险防控与处置的相关部门考核	分值 + 评语
		10	法官管理能力	法官对司法辅助人员的管理 审判团队负责人对团队成员的管理	KPA 过程考核 360°评估	定量考核 定性评价	法官	法官评价 司法辅助人员评价 部门负责人评价	分值 + 评语
	司法事务	11	司法辅助	司法辅助事务履职情况	KRA 结果考核 360°评估	定量考核	司法辅助人员	本人自评 法官评价	分值
		12	行政事务	会议、活动等参加情况	KRA 结果考核	定量考核	法官 司法辅助人员	行政部门考核	分值
		13	新闻宣传	案件正面新闻宣传 审判团队及个人新闻宣传 负面舆情或舆情事故	KPI 指标考核 KRA 结果考核	定量考核	审判团队 法官 司法辅助人员	宣传部门考核	分值

(三)运用：审判团队绩效管理体系中的结果运用

审判团队的有效运作，有赖于审判团队绩效管理体系的方向指引与管理保障。建立科学合理的审判团队绩效管理体系既是落实司法责任制的重要内容，也是衡量人民法院审判团队建设运行成效的重要措施。将审判团队作为独立的办案单元和审判管理单元，通过选取适当的考核指标、构建可操作、可量化、可比较的考评体系，实现科学评估审判团队的运行状况。坚持每月定期通报、按季度、年度开展综合考评，考评结果实时展示，并将其作为审判团队绩效奖金分配、团队评优评先、获得奖励休假的核心依据，作为团队成员评优评先、干部选任、晋级晋职、培训遴选、奖金发放的重要参考，进而实现鼓励各审判团队多结案、快结案、办好案，营造争先创优的良好工作氛围，避免出现消极拖延办案、少结案、慢结案等工作现象。

(四)重点：审判团队绩效管理体系中的沟通辅导

笔者认为，沟通辅导应当存在于审判团队绩效管理的全过程，而不仅仅存在于制定细则和实施考评的环节。在制定细则后，作为主体的考评委员会应当与作为考评对象的审判团队开展互动、提供辅导与资源支持，引导审判团队完成目标。在实施考评中，考评委员会应实时关注阶段性的考评结果，结合指标导向，帮助解决审判团队工作中所存在的问题。在公示反馈时，考评委员会听取审判团队提出的异议并核查更正。在结果运用后，考评委员会及时解答审判团队的问题并听取、吸纳良好建议。这种沟通辅导是考评主体与考评对象之间的双向交流，而不应演变为考评主体对考评对象开展的单向进度监控和跟踪，这是在全程沟通辅导中必须注意的问题。

五、配套机制：审判团队绩效管理体系的基础支撑

审判团队绩效管理中的难题除了前述的构建指标体系外，还包括需要作为基础支撑的其他配套机制建设。简单而言：

一是构建科学分案机制，提升绩效管理公平度。案件性质的差异将导致个案工作量的不同，审判团队绩效管理的一项重要基础就是进行科学有效的分案，即构建随机分案为主、指定分案为辅的系统分案模式，减少人为因素的干预。这有利于平衡审判团队之间与审判团队内部法官之间的办案数量和案件难易程度，确保审判团队绩效管理与个人绩效考评在更加相对公平的环境中进行。

二是优化司法辅助信息化建设与融洽协同外包工作，提升绩效管理科学性。第一，优化基于语义分析的裁判文书生成和类案推送辅助平台、以音视频

应用和智能语音转化文字等识别技术为支撑的高效庭审辅助平台、电子卷宗随案生成、审判流程同步推送、电子送达系统等全覆盖的智能平台建设。第二,审判团队可根据自身繁简工作量,在司法辅助事务上决定是否外包或开展选择性地购买社会化服务,并进行监督,确保外包工作的质量和效率,保证外包工作与审判团队工作衔接融洽。通过智能平台建设与工作外包,减少审判辅助事务的重复性劳动消耗,弥补司法辅助人员可能存在不足的问题,同时,进一步提高司法辅助人员的工作效率,使得对司法辅助人员的考评核心内容可以由原本的"工作量"转为"工作的质与效",设计的考评指标也更加科学。

三是设计构建科学的绩效管理平台,提升绩效管理智能化。在优化法院执法办案系统、干部人事管理系统、司法数据统计系统、法官办案工作量测算、行政事务系统的基础上,开发建设跨系统的绩效管理平台,与各系统互联互通,数据实时交换,实现合理设定审判团队绩效考评指标、科学测算各类人员工作量、自动抓取数据动态分析、实时直观展示反馈评价结果的四效合一,确保审判团队绩效管理实现指标设定科学化、数据处理实时化、结果展示可视化。

结　语

审判团队的绩效管理体系作为审判团队高效有序运行、高效运作的方向指引与管理保障,对于实现新型审判权运行方式,增益审判团队效能必不可少。而审判团队作为一个有机整体,其效能的提高来源于团队成员的共同努力,因此,其绩效应当是整体绩效,同时包括各类人员的个体绩效,防止采用单一的团队评价后,出现团队成员"搭便车"、出现社会惰化效应①。本文探索建立的以审判团队作为考核单元的绩效管理,是建立在层级化的个人绩效考核的实践基础之上,通过借鉴改良个人绩效考核的经验,希望借助绩效管理努力提高审判团队的整体司法效能,进一步提升司法公信力,实现新时代人民法院改革发展的战略目标。

---

① 社会惰化效应又称林格尔曼效应,指的是许多人在一起完成一项工作时个人活动积极性和效率反而降低的现象,即在合作完成某项工作时,个人付出的努力比单独完成时少。

附件:

关于人民法院建立健全审判团队绩效管理工作的指导意见
(建议稿)

第一条　【目的与依据】为全面推进司法责任制改革,建立完善与审判团队建设、法院内设机构改革相配套的考核评价监督管理体系,充分调动发挥审判团队各类人员同频共振的正向功效,提升审判质效与司法公信力,根据《中华人民共和国法官法》《最高人民法院关于完善人民法院司法责任制的若干意见》《最高人民法院关于深化人民法院司法体制综合配套改革的意见——人民法院第五个五年改革纲要(2019—2023)》等法律、司法文件,结合各级人民法院工作实际,制定本指导意见。

第二条　【审判团队绩效管理概念】本意见所称的审判团队的绩效管理是指各级人民法院在阶段性工作任务与战略目标下,以已构建的审判团队为考核单元,通过建立一整套标准化、可操作的绩效考评体系与制度,周期性地对审判团队司法行为的任务目标、行为过程、具体环节、效率效果等进行设定、考量、分析、预测,并综合评估评价审判团队与个人的任务目标完成情况、实现程度与实际效果、个人履职情况及能力发展情况等。

第三条　【基本原则】审判团队绩效管理工作坚持全面公开、定性与定量考评相结合、内部与外部评价相结合、差异化与个性化相结合、平时考评管理与年度考评管理相结合的原则。

第四条　【组织领导】各级人民法院应当高度重视审判团队绩效管理工作,将其作为一项司法体制综合配套改革工作抓紧抓实抓好。各级人民法院要增强全局意识,将审判团队绩效管理作为一项整体性工程,将审判团队的组建与考评、各类人员管理、配套机制构建与法院信息化建设有机融合。

第五条　【考核主体】各级人民法院应当成立考评委员会,组织实施审判团队的绩效管理工作。考评委员会一般由党组成员、审判委员会专职委员、业务庭、综合业务部门、综合职能部门负责人、法官与司法辅助人员代表等组成。

考评委员会组成人员数量和比例,依据法院职能、规模、各类人员数量等综合设定,法官、各类司法辅助人员代表均不得少于1人。

第六条　【工作职责】各级人民法院考评委员会全面负责本院审判团队绩效管理工作,负责建立审判团队各类人员的岗位说明或权责清单、制定与修改审判团队绩效考评细则、组织实施考评工作、公示与反馈、评价与应用考评结果、与审判团队及各类人员开展沟通辅导,设计与构建信息化绩效管理平台。

第七条　【考评对象】本指导意见适用于人民法院各类审判团队的绩效管理,包括刑事审判团队、民事审判团队(含速裁审判团队)、行政审判团队等,并适用于各类审判团队内的法官、法官助理、书记员等司法辅助人员。

第八条　【考评内容】审判团队各类人员绩效管理应当以岗位职责和承担工作作为基本依据。审判团队中司法辅助人员的绩效管理注重与所在团队办案实绩相结合,应当听取法官和所在团队的意见。

审判团队绩效管理重点考核审判团队的办案实绩、人员能力、司法事务三个方面。

第九条 【办案实绩考评】审判团队办案实绩考评包括办案工作量、案件质量、案件效率、案件效果、司法公信五项,不得简单以办案工作量作为单一考核评价标准。

第十条 【人员能力考评】审判团队人员能力考评包括廉政作风与工作勤勉度、法律能力、沟通能力、风险防控与应急处置能力、法官管理能力五项。廉政作风出现问题的,不得参与当年度法官遴选、干部选任、评奖评优与晋职晋级。

第十一条 【司法事务考评】审判团队司法事务考评包括司法辅助、行政事务、新闻宣传三项。各级人民法院可结合工作实际,将理论学习、教育培训等其他工作纳入考评范围。

第十二条 【考评办法制定】各级人民法院考评委员会在制定与修订本院审判团队绩效考评方案时,应当征求或听取各类审判团队的意见或建议。

在制定阶段性考评方案时,鼓励各类审判团队主动向考评委员会申报指标任务。

第十三条 【考评内容权重与调整】在审判团队绩效管理中,各级人民法院可以结合审级职能、审判管理模式和审判团队建设等实际情况,在办案实绩、人员能力、司法事务方面配置不同权重。各部分所占权重应总体均衡,突出办案实绩考核,并可根据实际情况科学合理、适时调整各部分的权重比例。

各级人民法院可结合实际情况与当年度重点工作,在一定考评周期内,有针对性地增减、调整或突出相关指标内容或所占比重,但调整的内容不得与现行的法律、司法性文件相冲突,或是超出审判团队及各类人员的职责范围,也不得有悖于职业伦理。

第十四条 【考评周期】各级人民法院应当按照季度及年度开展审判团队绩效管理。鼓励有条件的法院积极探索按月度开展审判团队绩效管理工作。

第十五条 【考评方式】审判团队的绩效管理采取指标考核、过程考核与全方位评估相结合的模式,针对不同考评内容采取适宜的考评方式。在办案实绩与司法事务上,采取客观考核、定量得分的方式;在人员能力上,采取主观考核与客观考核相结合、定性评价与定量得分相结合、内部评价与外部评价相结合的方式。

第十六条 【考评结果】根据定期考评的结果形成团队业绩档案与各类人员履职档案。

按照年度考核结果,可在审判团队与各类人员中产生优秀、称职、不称职三个等级。各级人民法院结合法院职能、审判团队数量与规模等合理确定优秀等次的比例。

第十七条 【结果公布】各级人民法院应当按照季度或年度在本院范围内公开考评结果,鼓励有条件的法院建立绩效管理平台按照月度公开或实时公开审判团队绩效。

第十八条 【异议申辩】审判团队或各类人员对公示的评定结果存在异议的,可在一定期限内提出书面复议申请,由考评委员会进行复议并反馈。异议成立的,应当立即更正考评结果。

第十九条 【结果运用】审判团队绩效管理作为审判团队与个人绩效奖金分配、员额进出、评优评先、干部选任、培训遴选、法官级别晋升、司法辅助人员级别调整的重要依据。鼓励各地人民法院探索设置奖励性休假等其他激励机制。

第二十条 【配套机制】各级人民法院应当构建科学公平的分案机制，优化司法辅助信息化建设，并可结合实际情况，在司法辅助事务上适量购买社会化服务。

第二十一条 【平台开发】各级人民法院可以在执法办案系统、干部人事系统、司法数据统计系统、行政事务系统基础上，构建跨系统的绩效管理平台，与各系统互联互通，确保数据实时交换处理，结果动态展示可视。

第二十二条 【其他要求】根据本指导意见，各级人民法院可因地制宜，制定具体实施细则。各级人民法院在贯彻落实本指导意见中如遇重大问题，及时层报最高人民法院。

全国法院优秀奖

权力结构语境下的司法经费分级保障模式研究*

仇芳芳　宁　韬**

【论文提要】

《人民法院第五个五年改革纲要(2019—2023)》(以下简称“五五改革纲要”)强调了审判权作为判断权的特征和中央事权属性,并将“研究完善人民法院司法经费保障制度。研究完善财物管理机制,研究建立经费动态调整机制”作为人民法院下一个五年的改革任务之一。近六年来,“省以下地方法院人财物统一管理”改革在运行过程中遭遇极大阻力。

面对此一问题,本文第一部分对改革受阻的理论和现实进行总结反思;第二部分从司法经费保障制度的逻辑起点——司法权的“二元”属性入手,将司法权划分为审判权与司法行政事务管理权,将司法行政事务管理权的中央属性与地方属性进行论证归集;第三部分通过理论及实证分析的模式,采用比较研究、历史梳理、博弈论等研究方法,在司法权外部权力结构语境下,构建我国司法保障制度的进路选择,完善“中央和省级共同保障、中央财政加大保障力度”司法经费分级保障模式的理论根基,并提出应当具体考量的七种因素;第四部分尝试搭建了未来司法经费保障制度的架构,草拟初步路径方案。

【主要创新观点】

1. 在研究方法上,本文综合采用实证分析、理论建模、效率成本范式等多种分析方法,对我国司法经费保障的运行现状进行归纳总结,系统分析“省以下地方法院人财物统一管理”推进受阻的原因。

2. 在理论基础上,本文以司法权的外部权力结构为基点,通过对司法权“二

---

* 本文获全国法院系统第三十一届学术讨论会优秀奖。

** 仇芳芳,北京市第一中级人民法院未成年人综合审判庭法官助理;宁韬,北京市第一中级人民法院研究室干部,曾获全国法院系统第二十九届学术讨论会三等奖。

元”属性进行全面的逻辑界定,论证“省级以下统管”的司法经费保障制度具备继续改革的合理性及司法经费保障制度具备分级的理论基础。

3. 在模型建构上,通过域外横向比较与历史纵向分析,构建了我国司法经费保障制度的进路选择,围绕着央地关系的动态演变而展开的政治互动探讨,归纳分析了我国司法经费保障制度设计中应当考量的七个因素,并分别论证合理性与可行性。

4. 在研究结论上,明确了“央省并管”“分类保障”“分级保障”“良性干预”等符合国家治理现代化要求的司法经费保障制度构想,对现阶段试点出现的现实问题做出制度回应,并为省级以下地方法院司法经费保障改革提出可供参考的改革方案。

5. 在成果转化上,论文后附《人民法院关于司法经费保障责任的改革方案(建议稿)》,以期对进一步改革我国司法经费保障制度有所助益。

引　言

“五五改革纲要”强调了审判权作为判断权的特征和中央事权属性,并将司法经费保障制度、财物管理机制、经费动态调整机制作为人民法院下一个五年改革任务亟须研究完善的内容之一。事实上,无论是1994年分税制改革时的“分级管理、分级负担”保障体制,还是2009年中央系列文件确立的“明确责任、分类负担、收支脱钩、全额保障”保障体制,[①]抑或是党的十八届三中全会提出的“省以下地方法院人财物统一管理”保障机制,其本质都在于合理区隔人民法院的司法行政事务管理权与审判权,避免司法活动受到地方保护主义和行政化干扰。

近六年来,“省以下地方法院人财物统一管理”改革较之于其他改革任务,举步维艰,甚至于在“五五改革纲要”中淡化了省级统管和司法支出责任的概念。但笔者认为,司法经费保障制度是人民法院依法独立公正行使审判权的基本保障,央地事权合理划分及有效运行,是推进国家治理现代化的重要任务,现实的困境不是阻却和回避改革的理由。本文立足于此,拟从人民法院的司法职能切入,在司法权的外部权力结构语境下,对司法经费分级保障模式的构架与路径提出初步思考。

一、改革反思:“省以下地方法院人财物统一管理”推进受阻的原因分析

一是“知行难合一”:“审判权作为判断权的特征和中央事权属性”与司法

① 2009年中共中央办公厅、国务院办公厅印发《关于加强政法经费保障工作的意见》(厅字〔2009〕32号);财政部印发《政法经费分类保障办法(试行)》(财行〔2009〕209号)文件。

经费保障责任由省级财政承担的悖论。“司法权是中央事权”,是此前构建司法经费保障制度的重要理论基础,而对于中央事权与省级支出责任的悖论,有学者解释为事权归属与事权实施的分离,有学者解释为基于我国国情而为的“适当妥协”,但这些解释始终与“事权与支出责任相匹配”的现代财政学基本理论相悖。目前各地区也存在推进程度参差、保障管理模式杂乱,甚至部分地区出现观望、停滞、倒退等问题(见图1)。

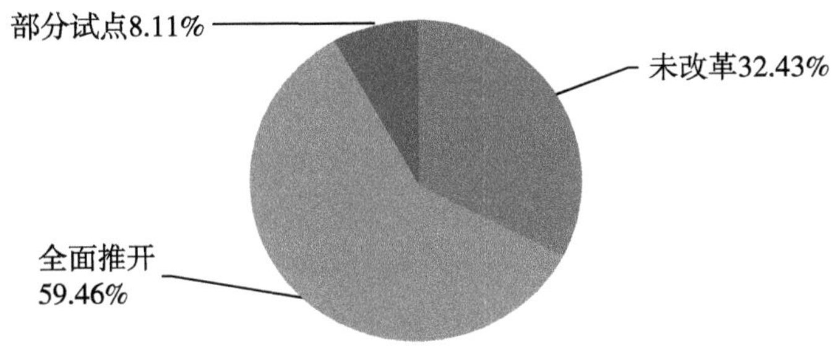

注：至2018年5月，含31个省（自治区、直辖市）、5个计划单列市、新疆生产建设兵团

图1 最高人民法院2018年5月财物统管进展统计数据①

二是“存异难求同”:地区经济差异性导致难以统一司法经费保障制度。我国地区经济差异巨大,之前三次较大的司法经费保障制度改革都旨在加大中央和省级财政对政法机关的投入力度,缩小地区之间法院经费上的差异。② 长期以来,地方法院经费以同级财政支出为主要来源是不争的事实,目前尚没有改革文件对中央与省级政府的支出比例作出规定,地区经济发展水平不同必然导致各省财政对于法院经费支出的差异性,难以统一规划。至2018年上半年,全面推行省级统管的21个省级地区中,仅80.9%的地区三级法院经费依据由省级财政承担全部保障责任,仍有近两成的地区由市县级财政保障作为补充。③

三是“牵一发动全身”:司法机关与财政机关权责分配不统一。试点改革拟由省级财政统一保障地方法院的司法经费,目前推开改革的省份主要分为直管、协管、托管三种模式,并不同程度上存在省级财政与各级法院之间的管理模式不统一,中央与省级财政事权范围不够清晰,部分事项保障没有基础标准,司法与财政特别是高级人民法院与省级财政的权责划分界线争议大等问题。同时,涉及预算编制、审核、执行与监督的权责划分仍需明确(见表1)。

① 唐虎梅:《省以下法院财物统管改革的现状与展望》,载《法律适用》2018年第21期。
② 于晓虹:《2014年以来法检人财物省级统管改革再审视》,载《人民法治》2018年第1期。
③ 唐虎梅:《省以下法院财物统管改革的现状与展望》,载《法律适用》2018年第21期。

表 1 目前全面推开省级统管的省份管理模式比较

管理模式	直管模式	协管模式	托管模式
内容	各级法院直接与省级财政对接	省级财政直管,高院协助管理	省级财政委托高院代为管理
推行地区	12	8	1
主要问题	省级财政纵向信息不对称	管理效率较低	高院现有财务机构难以胜任

四是“径远且庭深”:“省级统管”中高级法院的角色定位不明晰。虽然改革制度设计者一直强调“省以下地方法院人财物统一管理并非法院内部的‘垂直管理’”,①但高级法院在汇总、安排、决定下级法院经费时所拥有的权利,不可避免地会加重下级法院对上级法院的依赖,如何避免这种依赖的负向影响目前尚无制度考量。此外,内设机构改革后司法行政人员占比下降,且财务指导、政策解读、统管汇总等新增内容对高级法院的财务部门提出了更高的要求,导致高级法院现有财务人员难以应对全面统管后激增的工作量。

五是“下药需对症”:统管资产上划等面临现实困境。实践中试点省份不同程度上存在灵活性差、时效性弱、保障水平降低、财政预算项目不能满足司法工作需要等一系列问题;而未完成省级统管的省份,主要原因在于历史遗留问题无法短期内根除,如资产存在权属争议无法上划、财政保障体系无法健全、资产信息纠错困难等。

二、追溯起点:权力结构语境下的司法权“二元”属性界定

面对困难与质疑,“省级以下统管”的司法经费保障制度是否具备继续改革的合理性? 笔者的答案是肯定的。目前反向观点多是由于对司法权属性、审判权外部权力结构环境等存在认识偏差,笔者以下对所涉及的基本概念进行厘清。

(一)司法权包含审判权和司法行政事务管理权“二元”内涵

建立司法经费保障制度的逻辑起点应当是对司法权事权属性的准确界定。“五五改革纲要”强调必须“准确把握审判权作为判断权的特征和中央事权属性”,我国是单一制国家,司法权从根本上说是中央事权。② 当前,关于司法权事权属性的争论,忽略了“审判权系司法权的根本”。笔者认为,合理的逻辑脉络是司

① 何帆:《法院人财物统管并非“垂直理”》,载中国法院网:http://cdfy.chinacourt.org/article/detail/2014/09/id/1448258.shtml,最后访问日期:2019 年 5 月 17 日。

② 《加快深化司法体制改革——五论学习贯彻习近平同志在中央政法工作会议重要讲话》,载《人民日报》2014 年 1 月 22 日,第 2 版。

法权本质上是判断权和裁量权，而审判权是中央事权，故而司法权从根本上说是中央事权。

司法行为包含司法裁判和司法行政事务管理两个方面。党的十八届四中全会《中共中央关于全面推进依法治国若干重大问题的决定》提出，“探索实行法院、检察院司法行政事务管理权和审判权、检察权相分离”。《人民法院第二个五年纲要（2004—2008）》（以下简称“二五改革纲要”）也提及人民法院的司法活动除审判组织与审判人员之外，还包括司法行政事务与管理制度。司法体制改革无法将司法行政事务管理从司法行为中完全剥离出去，司法改革恰恰要解决如何合理分配审判权与司法行政事务管理权的关系，建立地方法院司法行政事务管理权与审判权之间的合理区隔。

（二）司法行政事务管理权包含中央属性与地方属性“二元”事权属性

通过分析归纳，中央与地方事权划分的标准在于中央主要负责国家稳定、宏观调控等与国家整体利益相关的事项或必须以国家名义才能行使的权力。地方从宪法权力意义上与“全国”相对应，负责一定区域内（如行政区划）经济文化事业、社会事务等事权。将该标准细化，中央事权大抵上按照行使事权的机构由中央设立，负责人员由中央任命，经费由中央财政保障的模式运行（见图2）。

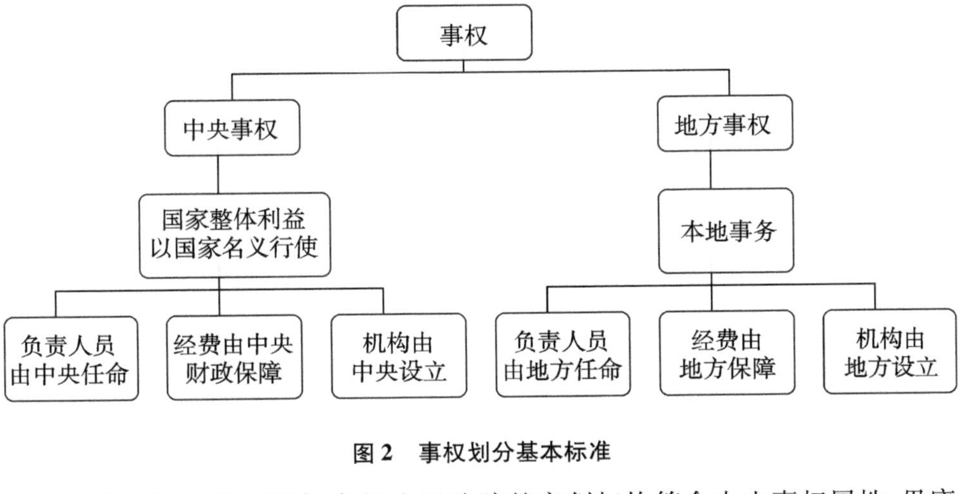

图2　事权划分基本标准

将其衍射到司法领域，各级人民法院的审判权均符合中央事权属性，毋庸多言。但司法行政事务管理权包括人财物的管理，无法完全与中央事权属性相对应。从各地法官遴选（惩戒）委员会的高级法院设置，到跨行政区划法院管辖权的高级法院决定，都表明将司法权统一界定为中央事权存在理论和现实困境。

笔者认为，审判权具有判断权的特征，是中央事权，而司法行政事务管理权具有双重属性。其中，组织人事中的法官任免属于国家赋权，中央、地方各级人民代表大会及常务委员会均可实现法官进行审理活动的合法性;法院工作人员日常管理、审判管理事务属于法院的自主活动;财物保障长期以来主要是地方事权,兼具中央事权部分;而人民法院的外部公共关系包括参与基层社会治理、服务保障经济社会发展大局等延伸职能的发挥,也主要来源于地方事权。特别需要强调的是,民主集中制下的各级人民代表大会制度与行政区划层级、人民法院审级之间,外观上有高度的相似性,但各自的基础是迥然不同的,这也是当下关于司法权属性争论不止的误区之一。

(三)司法行政事务管理权的从属性与相对独立性"二元"辩证统一

从本质上讲,司法行政事务管理权存在的目的是保障审判权的正常运行,以实现司法的根本目标,支持、保障审判权作为判断权的本质属性得到最大程度的实现,而其管理职能又体现了对审判权的正向干预。所以,司法行政事务管理权相较于审判权,兼具从属性和相对独立性二分属性。

鉴于审判行政事务管理权的从属性,有一种改革思路提出,将人财物的管理属性完全从属于审判权属性,即审判行政事务管理权作为中央事权统一由新设立的中央机构管理。笔者对此持有异议,任何一项制度的设置都应当以改革目的为基础,这种思路脱离了改革的初衷。"去地方化"的目的是指通过合理的制度设计,为法院提供合格的司法人才、提供合理的经费预算、保障法庭的正常使用和安全、保障排除外部不良因素的干扰,特别是摒除不恰当的行政行为对审判权行使的负向干预,这并不是只有简单的"完全中央化"一条路径才能够解决。而且这种改革思路过于强调"独立",忽视了司法权本身所处的权力结构环境。的确,作为从属性权力,审判行政事务管理权应当与中央事权相适应,但改革的目标是选择一个合理成本的最优效果,而非不计成本的假想效果。

其实,正是由于司法行政事务管理权的相对独立性,使得司法行政事务管理权的央地双重属性与审判权中央事权属性并不矛盾。特别是司法经费保障制度,仍要统一于国家的一般财物管理行为,遵循财务和物资管理的基本原理和制度,如预算、会计、税务等,具有财务管理方面的专业性要求,符合行政集中性、统一性、有限主动性和有限处理权等特征,求得事务处理的快捷与效率。①这也是二者合理区隔的题中之意。

(四)依法独立行使审判权并不等于"二元"对立的"权力孤岛"

亚历山大·汉密尔顿在《联邦党人文集》曾说:"谁控制了法官的生存,谁就掌握了法官的意志。"正是因为这句话,许多观点认定"地方化"的经费保障是违

---

① 参见苏泽林:《人民法院内设财物管理机构改革问题研究》,载《中国应用法学》2018 年第 4 期。

法干预审判权正常运行的最重要因素。然而,此观点忽视了司法权的正常运行必然是在外部权力结构语境下。

国家权力结构,作为现代政治学和公法研究中的核心概念,是指国家权力的组织体系,国家权力的配置以及各种不同国家权力之间的相互关系形式。[①] 美国大法官吉布森曾提到,“在这个国家里,司法权可以被分为政治权力和纯粹司法权力。那些被一个政府机关用来控制另一机关,或对其行为施加影响的权力,是政治权力”。[②] 司法权作为一项政治权力,处于国家权力结构之中,其权力来源、地位、配置方式和功能定位必然受到一国政治理念和宪法制度的影响,同时权力结构也决定了司法权和其他政治权力之间的交互关系。有学者将司法权中的司法行政事务管理权,以与案件审判的亲疏为标准,以“同心圆”理论来解构,将其分为审判管理、组织人事管理、后勤保障管理和公共关系。[③] 其实,对于“公共关系”的理解,正是人民法院所处的外部权力结构(见图3)。

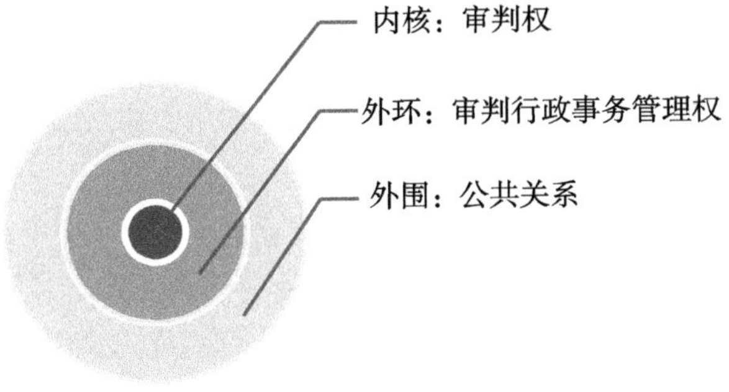

图3　司法权包含的内容

因此,人民法院依法独立行使审判权,并不能独立于权力结构之外,也不意味着审判权的运行可以完全脱离当地法院所处的权力结构环境而形成“权力孤岛”。人民法院审判权除了判断权的特征外,仍具有“维护国家政治安全、确保社会大局稳定、促进社会公平正义、保障人民安居乐业”的主要任务,特别是包含社会价值观的统合与区域内社会矛盾化解的要义。这些外部权力结构意味着司法权与地方事务无法实行“一刀切”式的摒除。特别是省级经费保障机制的周期和范围,使得分层经费保障并不是影响“地方化”干预的最大因素。财政

① 参见北京大学法学院司法研究中心编:《宪法的精神:美国联邦最高法院200年经典判例选读》,中国方正出版社2003年版,第23页。

② 同上。

③ 参见林娜:《“司法的行政”而非“行政的司法”:论分署垂直的法院新型司法行政事务管理模式》,载贺荣主编:《尊重司法规律与刑事法律适用研究——全国法院第27届学术讨论会获奖论文集》,人民法院出版社2016年版,第72~85页。

不是司法的对立面,共同的权力基础让省级财政保障机制更具备合理性。

三、实践路径:构建司法经费保障制度的进路选择与考量因素

在解决了司法经费保障“要不要省级统管”以后,更重要的就是“怎么实现省级统管”。

(一)我国司法经费保障制度的进路选择

目前关于央地事权划分的研究主要呈现三种进路,即以国家组织体系为对象的国家结构形式分析、侧重于政府实际财政支出的财政学框架和围绕着央地关系的动态演变而展开的政治互动探讨(以下分别简称为国家结构进路、财政进路和政治进路)。[①] 将这三种路径衍射到司法经费保障领域,笔者作如下分析:

第一,从国家结构进路分析,司法经费决定了法官及其他司法工作人员的工资、奖金、公积金、社会保险以及法院的选址、基建、日常办公开支、司法款项的收支两线等方面。以此路径分析,审判权作为国家主权一部分的政治属性归属,应当属于实施国家统一法律的行为,人民法院作为“国家的审判机关”,其审判权运行的基础是中央权力的初始配置结构,与审判权的中央事权属性相对应。由此推演,最大限度实现依法独立行使审判权、脱离司法“地方化”的理想状态,是司法财物保障统归中央事权,各级人民法院的司法财政支出均由中央财政负责。

第二,从财政进路分析,长期以来司法经费的保障来源主要包括同级地方财政预算拨付、中央财政转移支付、国债投资资金、中央补助人民法院办案专款、中央补助死刑二审开庭专用装备经费、省级财政转移支付、法院省级补助资金等。[②] 其中既包括承担基础性支出保障的地方财政拨付预算,也包括了多元形式的中央财政补助。未改革前,绝大部分省市法院支出责任以地方财政为中心,全国平均占比均超过了 79%,高值甚至超过 90%。[③] 有学者指出,地方政府财政部门是法院财政的直接控制者,尤其是自 1999 年始,以部门预算、政府采购、国库集中收付等制度设计为重点的控制取向型公共财政改革进一步强化了政府财政部门对于法院的优势地位。[④] 因此,长期以来我国司法经费保障制度具有双重属性,依比例而言主要是地方事权。同时,在权力架构中的权重,地方

---

① 王浦劬:《中央与地方事权划分的国别经验及其启示——基于六个国家经验的分析》,载《政治学研究》2016 年第 5 期。

② 湖北省高级人民法院课题组:《改革与完善人民法院经费保障体制的调研报告》,载《人民司法》2009 年第 9 期。

③ 唐虎梅、郭丰、李军:《全国法院经费保障体制改革情况调研报告》,载《人民司法》2011 年第 17 期。唐虎梅、李学升、杨阳、郭丰:《人民法院经费保障体制改革情况调研报告》,载《人民司法》2013 年第 21 期。

④ 左卫民:《中国基层法院财政制度实证研究》,载《中国法学》2015 年第 1 期。

财政明显比地方法院更为强势。

第三，从政治进路分析，司法经费保障制度的历史演变经历了央地之间的互动和博弈，通过二者之间支配、监督和影响的不断调整，经历了复杂的事务范围动态变化。以税制改革之前的国税系统类比，尽管国税统归中央财政，但国税征收除了中央税，还包括相当比例的中央地方共享税；在支出方面，省级以下国税系统的部分经费也需要地方财政的支持。同理，如果将司法经费保障定性为中央事权，由中央财政承担单一支出责任，必然引发与现实内容相冲突的情况。

(二)权力结构语境下的“黄金分割”

合理的进路选择既需要横向比较参考域外司法经费保障制度经验，更不能脱离我国近现代司法行政管理的纵向发展历史(见表2、图4)。

表2 域外法院司法经费保障制度模型 ①

中央财政统管			区分中央财政、州财政管理	
最高法院统一负责管理		设专门部门负责	法院负责管理	司法部负责管理运作
日本	中国台湾地区	英国	美国	德国
法院经费的管理由最高法院事务部总局负责，预算经国会批准后由最高法院事务部总局严格执行	三级法院的经费由“中央政府”统一保障，由司法院统一实施管理。行政院对法院编制的预算只能提出加注意见，不能删除减少内容	全国法院经费由中央政府成立的宪政事务部统一负责，宪政事务部下设皇家法院司全面负责预算。预算草案批准后，财政部将经费拨付给皇家法院司。皇家法院司通过其在各司法行政区的机构负责具体的拨付管理事项	联邦法院经费由联邦最高法院集中编制、国会统一审批。国会批准后，由联邦最高法院分配预算经费。 州法院经费主要由各州财政部门统一提供。州最高法院根据下级法院提出的经费预算请求，制定全州法院的财政计划。州法院经费经议会审批后，再往下级法院分配经费。也有少数州是仅由同级地方政府提供经费或者是由州财政和地方财政共同提供经费	联邦法院经费事务由联邦司法部管理，州法院的经费由州司法部管理，不受州以下地方政府干预、管理。 联邦法院每年年初向司法部报送经费预算草案，预算草案通过后，联邦财政部将经费拨付给联邦司法部，由司法部具体负责经费的运作管理。 州法院的经费由州高等法院于每年年初提出三级法院预算草案报送州司法部，经费直接交于州政府按照预算方案执行，不再经由州以下政府管理

① 美国相关制度根据陈春梅：《美国法院经费制度的特色》，载《人民法院报》2015年11月20日，第8版内容整理。图表其他内容根据张霖：《改革我国法院经费保障体制的探索》，西南政法大学2010年硕士学位论文，第20页和姚文晋：《法院财务管理法制化研究》，内蒙古大学2017年硕士学位论文，第11页、第12页内容整理。

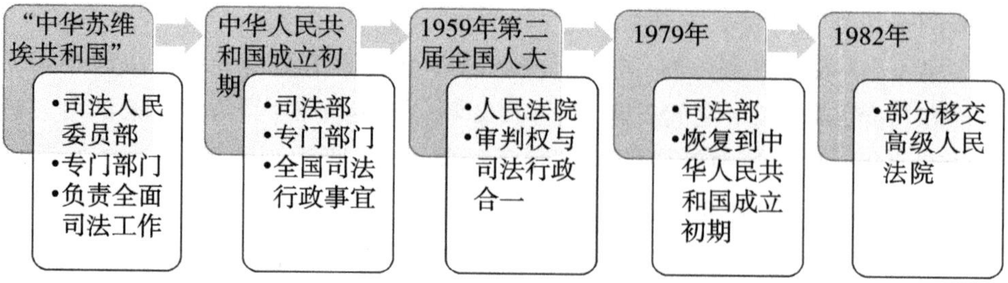

图 4 近现代我国司法行政管理纵向发展

通过上述梳理可以发现,域外单一制国家和地区的司法经费保障制度基本选择第一种进路,更多采用中央统管的方式,注重法定性和统一性,经费保障均有宪法法律做支撑,几乎多采用法院或专门机构进行经费的预算、管理工作,尽力摆脱地方政府的控制和影响,这对构建我国的司法经费保障制度有着借鉴意义。纵向历史比较看来,我国的近现代历程在第一种进路与第二种进路之间徘徊,司法经费保障在内的司法行政管理经历了“集中专门—分离—再集中—再部分分离”的过程。历史国情考察虽然出现了反复,但基本脉络是向着“更强调专业分工、更讲效率、也许更公平但显然时更为独立的法院制度发展”。①

前两种进路分别对应了“完全中央化”改革思路和改革前的司法经费保障现状,都并非笔者认为的最合理进路。合理的进路选择要尽可能地找到中央与地方二者的“黄金分割点”。过分集中统一容易导致地方灵活性、自主性、积极性欠缺;地方主动性过高又会在某种程度上导致规则的统一程度低,如何在二者之间平衡出必要张力,需要寻找权力结构语境下的“黄金分割”。而第三种进路既充分考虑了司法权的外部权力结构,也符合“动态”改革思路,优化的最终目的在于厘清审判权的外部权力结构环境的影响。

可能会有观点质疑,第三种进路是不是妥协的产物。笔者认为,这是正常因素影响下的理性博弈,一方面审判权作为一种权力,特别是具有终局性特征的权力,必然需要党的领导、人民的监督、纪检监察等正向因素的制约,并要通过法定介入程序与限度处于合理的外部权力结构当中,肯定正向激励因素对司法现代化进程的积极影响;另一方面可以通过科学的制度设计减少或者去除影响司法“公平、公正、公开”的地方化、行政化负向干预的现实风险。

需要强调的是,动态演变的过程始终是处于坚持党对人民法院工作的绝对领导的前提下的。“法院本来就是权力最弱的公权力部门,如果不坚持党的领

① 苏力:《道路通向城市——转型中国的法治》,法律出版社 2004 年版,第 186 页。

导，人民法院在国家政治法律社会生活中的作用和地位就更会弱化，相反，人民法院越是坚持党的领导，把审判工作自觉融入党和国家的大局工作之中，就越容易解决执法办案和科学发展中遇到的实际问题，越是能够增长司法工作能力，不断提高司法权威。”①

（三）构建我国司法经费保障制度的考量因素

结合改革试点中凸显出来的问题，笔者认为在构建具体司法经费保障制度前，必须坚持从我国具体国情出发，与相关制度适应、配套，综合考虑以下七个因素（见图5、表3）。

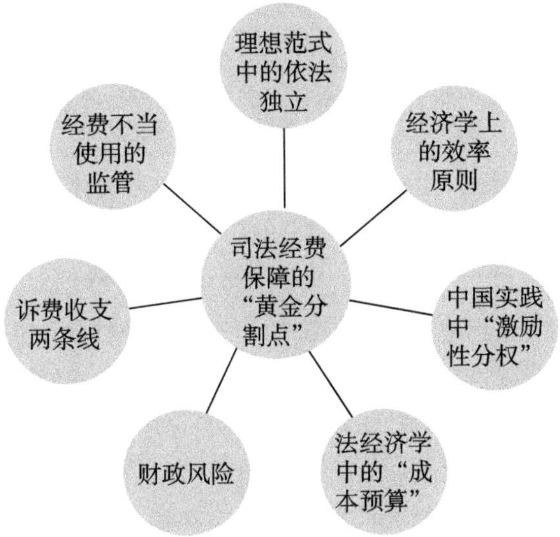

图5　构建我国司法经费保障制度的考量因素

表3　司法经费保障制度考虑因素详细解说表

考量因素	详细解释
理想范式中的依法独立	人民法院依法独立行使审判权，既是此次改革的核心之义，更是现代司法理论体系的基础。在进行制度设计时，应当以此作为首要考虑因素，并为下一步的制度发展提供充分空间。 财政支出作为支持、保障内容，不能超越依法独立的基础地位
经济学上的效率原则	我国各级法院已超3500个，现阶段由同一个主体履行核算、审批、管理等支出责任，将带来不可估计的工作量，不可能在一个财政年度有效完成所有的工作任务，无法常规性的编制与审查各个法院的财政预算或决算

① 胡云腾：《坚持党的领导和独立审判的关系》，载《中国法律评论》2014年第1期。

续表

考量因素	详细解释
我国历史上的激励性分权	我国历史实践表明,适度划分中央与地方事权,有利于调动各方积极性。一方面,减轻了中央负担,维护了中央权威;另一方面,也保证了工作效率与发展积极性
法经济学中的成本预算	如果司法活动采用唯一的支出责任主体,那理论上应当适用同一核算标准。但对于中国司法需求发展不平衡的现状,并不利于有效成本预算。经济发展不均衡带来的案件数量、人员配置差异客观存在
财政风险	即便将地方财政的全部人员都预想为"理性人",仍不可能避免出现失误,因此支出责任的制度设计中需要考虑增加层级以应对风险的概率和大小
收支两条线中诉讼费用流转	诉讼费在案件终结后可能存在返还的问题,从曾经只需要通过地方财政同级返还变为上移返还,可能会造成返还的延迟,增加当事人的诉累
对经费不合理使用的监督规制	经费使用中,存在不合理情况。需要在司法财政制度设计中,构建相应的监督及制约机制。既包含法院本身对于经费的不合理使用,也有财政机关消极保障的情形

在上述因素中,理想范式中的依法独立是与审判权的中央事权属性相对应的,充分考虑现阶段国情的基础上,合理将市县两级司法经费保障向上层事权靠拢。而现阶段的重要国情在于,一方面,经费保障改革需要财政部门、发展改革委员会、住房与城乡建设部门、人力资源和社会保障部门、国土资源部门等多个部门的参与,时间安排与分工计划影响改革效果;另一方面,从经济学的效率出发,无法在短时间内由同一主体在一个财政年度内完成全国各级法院的司法经费保障承担,而在省级层面探索是可行的。我国的司法需求发展不平衡,在省级层面而言,东部与西部、沿海与内陆、南方与北方的人口与经济差异引起的司法案件差异均客观存在。从激励性分权的历史经验、诉讼费用流转、监督规制等方面可以得出,适度将司法经费保障的责任放到省级统管,有利于中央权威、工作效率和发展积极性,适当的层级设置有利于规避风险和合理增加动态灵活性。

四、制度再构:司法经费分级保障制度初步构想

作为正向因素影响下的理性博弈,司法经费分级保障制度构建的总体目标是要在肯定正向激励因素对司法现代化进程积极影响的基础上,通过制度设计消除负向干预的现实风险,以实现与审判权的外部权力结构环境达到合理的动态平衡,保障审判权更为公平高效地运行。

司法经费分级保障制度构建的整体方向是建立省以下地方法院经费由“中央和省级共同保障、中央财政加大保障力度”新格局。[①] 中央与省级财政部门作为预算决算的管理机关，牵头协调横向参与的政府职能部门，省以下地方法院所需经费由中央和省级财政按照经费分类，共同保障，共同负担，财物管理由人民法院与财政部门分阶段、分类别安排。计划单列市比照省级，专门法院参照省以下法院管理和保障。中央和省级财政保障应当不得低于改革前的支出和增长水平，保证各级法院正常支出运转，特别针对改革中的在建项目和“两庭”建设，中央加快计划安排，加大保障力度。具体可以考虑将法院支出划分为五类：人员经费、日常运行公用经费、审判业务经费（含办案业务经费和业务装备经费）、基础设施建设经费以及基础设施维修经费，[②]分别依据各自的事权属性确定事项保障责任主体（见表4）。

表4 两级财政各自司法经费保障责任范围

<table>
<tr><th colspan="2">事权属性</th><th>支出类项</th><th>支出责任</th></tr>
<tr><td colspan="2">审判权</td><td>审判业务经费</td><td>中央财政</td></tr>
<tr><td rowspan="4">司法行政事务管理权</td><td>司法人事管理</td><td>人员经费</td><td>省级财政</td></tr>
<tr><td rowspan="2">财物保障</td><td>基础设施建设经费</td><td>中央财政</td></tr>
<tr><td>基础设施维修经费</td><td>省级财政</td></tr>
<tr><td>审判管理</td><td>日常运行公用经费</td><td>省级财政</td></tr>
</table>

笔者结合对改革试点中存在的部分问题做有限回应，以政治进路为基本思路，以司法权的二元属性作为逻辑起点和前因，从事性定权属的因果关系出发，设计司法经费分级保障模式制度如下：

一是高级法院与省级财政协力完成资产清查、核实及上划事项。各级法院自行核实债权债务，形成专项审计报告，上报高级法院。高级法院与省级财政部门分类甄别，共同逐步确认，由省级财政协同相关职能部门完成资产处理。

二是避免“垂直管理”，省级及以下各级法院分别独立进行中央经费和地方经费核算。各级法院均由专职财务机构或人员，在每个财政年度开始时，草拟本院的中央经费和地方经费预算编制请求，预算与支出相匹配。各级法院的资金、采购、资产等财务内容均形成独立报告。

① 唐虎梅：《推动省以下地方法院财物统一管理改革研究》，载《中国法学会审判理论研究会2014年年会暨全面深化司法改革促进司法公正理论研讨会论文集》2014年，第670页。

② 同上书，第671页。

三是“央省”统一管理,高级法院汇总其审级辖区内各法院经费预算报告,形成本省或自治区、直辖市人民法院经费预算方案,分报省级财政与最高人民法院,最高人民法院形成中央经费预算方案。高级法院仅对下级法院报告中的司法统计因素真实性、准确性进行检查,可以要求作出合理解释说明及增补其报告内容,无权对下级法院的预算报告项目进行调整。

四是分级审核,中央财政对最高人民法院报送的本院及各高级法院中央经费预算方案进行审核,省级财政对高级法院报送的省级经费预算方案进行审核。中央财政除保证最高人民法院财政预算外,同时负责最高人民法院报送的全国各级法院中央财政经费支出,主要用于审判业务经费和基础设施建设经费。此项经费还用于各省因为特殊原因,如政策调整、重大自然灾害等,造成的司法经费缺口。此项经费由高级法院形成预算报告,报送最高人民法院核实,由最高人民法院专职财务机构报送中央财政审批下发。

五是在保证司法机关独立行使裁判权基础上,引入党和国家权力机构的正向干预。省级财务机构与所涉法院在经费方案中存在分歧的,由高级法院向省级人大常委会提出异议。省级人大常委会组成工作组,听取所涉法院预算汇报和解释法院预算经费的使用计划,由工作组作出决定。

六是双重监督,审计部门、最高人民法院和中央财政共同对支出使用情况进行监督。各级法院的同级国家审计部门,依法履职负责对财政年度内司法经费的审计监督,同级审计报告同时报送同级人民代表大会及常务委员会和上级国家审计部门,接受国家权力监督。此外,依照前文的审核流程,最高人民法院与中央财政部门对经费使用情况进行双重监督。

七是增强财政保障和完善经费灵活性、时效性,追加经费由省级财政先行垫付,根据实际使用类别由中央财政或省级财政分别承担。对确需临时、及时增加经费的,所涉法院直接向省级财政机构报请追加经费。由省级财政机构与高级法院共同抽调专人组成调查小组,对所涉法院的经费情况进行审查。对确需追加的,依照有关规定予以追加。无论需要追加的经费属于何种类别,均由省级财政先行垫付,垫付后再依据相关程序甄别支出责任。

八是保证诉讼费用流转顺畅,诉讼费用、罚没纳入省级财政统一管理。各级法院与省级财政之间调整收付方式,以合理比例诉费周转金的形式健全内部控制管理制度,调整诉讼费用管理,单列单管,科学保障正常诉讼活动。

九是设置司法保障动态调整机制。考虑合理的经费追加机制与诉费周转金机制,制定垫付与甄别支付程序,避免在辖区案件数量激增或者出现其他影响法院经费使用的重大情况时影响人民法院的审判权正常运行。

附件：

人民法院关于司法经费分级保障制度的改革方案
（建议稿）

为优化职权配置，完善司法体制，充分保障人民法院依法独立行使审判权，根据宪法、法律、行政法规和新时代中国特色社会主义思想，制定本方案，改革人民法院财务管理体制，明确司法经费分级保障责任。

一、基本原则

第一条 统一管理，两级保障。建立省以下地方人民法院经费由“中央和省级共同保障、中央财政加大保障力度”新格局。省以下地方人民法院财物统一由省级以上管理，所需经费由中央和省级财政按照经费分类保障的责任，共同负担。

第二条 明确权责，规范管理。人民法院成立专门机构具体负责支出申报、内部审批以及使用监管。财政部门负责审核人民法院预算，合理支出。

二、省级司法经费运行制度

第三条 省级及以下各级人民法院提出经费请求：

（一）在每个财政年度，各省级及以下各级人民法院分别独立进行经费核算。

（二）各级人民法院均由专职财务机构或人员，根据《中华人民共和国预算法》、政府会计制度、《中华人民共和国政府采购法》等法律与规定，按照审判业务经费、人员经费、基础设施建设经费、基础设施维修经费、日常运行公用经费等草拟本法院的预算编制请求。

（三）各级人民法院的经费预算草案由本法院的决策组织讨论通过，形成本法院经费预算报告。预算报告中应当包括该法院上一年度受案数量、案件类型情况、辖区范围等司法统计因素。

第四条 高级人民法院编制省级经费预算方案与本省、自治区、直辖市的中央经费预算方案。

（一）高级人民法院专职财务机构汇总其审级辖区内各人民法院经费预算报告，与高级人民法院的经费预算方案整合，形成本省或自治区、直辖市人民法院经费预算方案，以及本省或自治区、直辖市的中央经费预算方案。

（二）高级人民法院对于下级人民法院报告中的司法统计因素真实性、准确性进行检查；对其中预算变化巨大，且未详细述明经费用途及使用计划的，可以要求该法院在一定期限内做出合理解释说明，并要求其增补报告内容。但高级人民法院无权对下级法院的预算报告项目进行调整，只能如实将审级辖区内各人民法院内容汇总在预算方案中。

第五条 方案形成后，高级人民法院专职财务机构分别将省级经费预算方案报省级财政机构，将本省或自治区、直辖市的中央经费预算方案报最高人民法院。

第六条 省级财务机构对高级人民法院报送的省级经费预算方案进行审核。

（一）省级财务机构认为预算方案中各人民法院的经费预算数额符合法律法规及实际需求，则对经费预算方案决定批准通过。

(二)省级财务机构如认为预算方案中核算有误,则应当提出意见,要求所涉法院重新核算。

(三)所涉法院收到省级财务机构所提意见,认为确需重新核算的,在重新核算后直接报送省级财务机构,并同时向省级财务机构和高级人民法院专职财务机构做出书面说明。

(四)所涉法院收到意见后认为不需要重新核算的,或者所涉法院重新核算后省级财政机构仍然认为有误的,由高级人民法院向省级人大常委会提出异议。省级人大常委会组成工作组,听取所涉法院预算汇报和解释法院预算经费的使用计划,由工作组做出决定。

三、中央司法经费保障制度

第七条　最高人民法院专职财务机构在每个财政年度进行本法院经费核算。

第八条　最高人民法院专职财务机构汇总各高级人民法院报送的中央经费预算报告,与最高人民法院的经费预算方案整合,形成司法中央经费预算方案。

第九条　方案形成后,最高人民法院专职财务机构将中央司法经费预算方案报中央财政机构。

四、经费追加

第十条　在辖区案件数量激增或者出现其他影响人民法院经费使用的重大情况时,所涉法院向省级财政机构报请追加经费。

第十一条　由省级财政机构与高级人民法院共同抽调专人组成调查小组,对所涉法院的经费情况进行审查。对确需追加的,依照有关规定予以追加。如发现存在费用使用不合理,违规使用,或者其他违法违纪行为时,决定不予追加,并追究相关人员的责任。

第十二条　无论需要追加的经费属于何种类别,均由省级财政先行垫付,垫付后再依据相关程序甄别支出责任。

第十三条　中央和省级财政在最高人民法院和高级人民法院的财政预算中,均安排一定比例的预留经费用于预算追加。

五、诉费周转金

第十四条　省级及以下各级人民法院的诉讼费用、罚没纳入省级财政统一管理。

第十五条　省级及以下各级人民法院与省级财政之间实行季度划收。每季度末,省级财政部门划收辖区内各级人民法院的诉讼费用和罚没,并返额本法院50%的金额作为诉费周转金。此部分单独列明,单独管理,不作为财政预算。

六、监督制约

第十六条　由各级人民法院的同级国家审计部门,负责对财政年度内司法经费的审计监督。

各级国家审计部门依法履行审计职能,财政年度审计结束后形成同级审计报告,同时报送同级人民代表大会及常务委员会和上级国家审计部门。省级国家审计部门形成高级法院审计报告,对其中违法、违规行为依法处置。

第十七条　在正常的国家审计监督之外,最高人民法院与中央财政部门对经费使用情况进行双重监督。

民事诉讼中未承担责任的无独立请求权第三人上诉权困境检视与进路探索

——以当事人程序保障及与第三人撤销之诉对接为视角*

赵小军**

【论文提要】

根据《民事诉讼法》的规定，当事人只要对一审判决“不服”即可提出上诉，但对无独立请求权第三人而言，只有承担责任时才有上诉权。这一规定存在立法体系与司法操作的双重矛盾，理论界亦缺乏关注，亟待优化。

本文除引言和结语外，共分三个部分。第一部分指出了剥夺未担责无独立请求权第三人上诉权存在的立法及司法问题。通过审判实践中的四个真实案例展示了剥夺此类当事人上诉权造成的“转化型”无独立请求权第三人、“另行追偿”型给付之诉、确认之诉与形成之诉中的无独立请求权第三人上诉程序保障的缺失。

第二部分分析了赋予未担责无独立请求权第三人上诉权的程序法基础。从设立无独立请求权第三人制度的程序保障目的、节约司法资源的重要价值、参加效力及预决事实在另案中对未担责无独立请求权第三人的效力约束、未担责无独立请求权第三人的上诉利益及与第三人撤销之诉制度的有效对接五个方面进行了理论基础的论证。

第三部分对未担责无独立请求权第三人的上诉条件和裁判方式进行了设计。一是从宏观角度分析了上诉条件设计应遵循的原则。二是从微观角度设计了上诉内容、具体事由和裁判方式。其中具体事由包括：有证据证明一审裁

---

* 本文获全国法院系统第三十一届学术讨论会优秀奖。

** 赵小军，北京市第一中级人民法院立案庭法官，曾荣获全国法院系统第二十八届学术讨论会全国二等奖、全国三等奖，全国法院系统第二十九届学术讨论会二等奖、优秀奖，全国法院系统第三十届学术讨论会二等奖、论文写作突出贡献奖。

判错误,损害其民事权益;一审裁判中被告自认的事实或认诺的请求损害其民事权益;有证据证明一审诉讼涉及虚假诉讼;一审诉讼存在重大程序性瑕疵,导致一审裁判错误,损害其民事权益。

最后,在整理上述结论的基础上,草拟了《关于修改〈民事诉讼法解释〉第八十二条的意见(建议稿)》,希望对立法及司法所有裨益。

【主要创新观点】

本文主要创新观点体现在以下几个方面:

一、剥夺未担责无独立请求权第三人上诉权存在的问题

1. 立法问题:与第三人撤销之诉制度存在立法理念与立法逻辑的矛盾。

2. 司法问题:(1)法院对未担责无独立请求权第三人是否享有上诉权的认定存在分歧。(2)剥夺上诉权导致未担责"转化型"无独立请求权第三人、"另行追偿型"给付之诉、确认之诉与形成之诉中的无独立请求权第三人上诉程序利益保护存在障碍。

二、利用民事诉讼基础理论对赋予未担责无独立请求权第三人上诉权的正当性进行了分析

程序保障是此类第三人上诉的私权目的基础、司法资源节省是此类第三人上诉的公权价值基础、参加效力及预决事实是此类第三人上诉的效力基础、上诉利益是此类第三人上诉的程序正当基础、第三人撤销之诉是此类第三人上诉的制度衔接基础。

三、设计了未担责无独立请求权第三人的上诉条件和裁判方式

1. 上诉内容:"转化型"无独立请求权第三人、确认之诉与形成之诉中的无独立请求权第三人可就裁判理由及裁判主文提起上诉;而给付之诉中的未担责无独立请求权第三人仅可就裁判理由提出上诉。

2. 具体事由:有证据证明一审裁判错误,损害其民事权益;一审裁判中被告自认的事实或认诺的请求损害其民事权益;有证据证明一审诉讼涉及虚假诉讼;一审诉讼存在重大程序性瑕疵,导致一审裁判错误,损害其民事权益。

3. 裁判方式:应首先在"本院认为"部分就纠正问题进行详细说理分析。判决主文不宜表述为"驳回上诉、维持原判",即使与一审判决结果并无二致,也应当重新叙述。

引　言

在我国,二审程序是为了纠正一审程序的错误,充分保障当事人的实体权

利和程序权利而设立的。根据《民事诉讼法》第 164 条的规定,当事人只要对一审判决"不服",即可提出上诉。但对于无独立请求权第三人的上诉问题,《民事诉讼法》第 56 条第 2 款及《最高人民法院关于适用〈中华人民共和国民事诉讼法〉的解释》(以下简称《民事诉讼法解释》)第 82 条进行了限制性规定:只有被判令承担责任的无独立请求权第三人才有权提起上诉,未承担责任的无独立请求权第三人(以下简称未担责无独立请求权第三人)无权提起上诉。[①] 在理论界,有学者认为只有在承担责任时,第三人才有上诉利益和上诉的必要性,即使法律没有限制,未担责的无独立请求权第三人也不会提起上诉。[②] 同为当事人,未担责无独立请求权第三人与其他当事人的上诉权存在天壤之别是否合理?立法规定、理论观点与司法实践中未担责无独立请求权第三人的上诉需求是否吻合?是否能够满足此类当事人程序权利保护的需要?如何在遵从诉讼法理与符合实践需要的前提下对此规定进行改进和完善?这是本文要解决的问题。

一、双重困局:剥夺未担责无独立请求权第三人上诉权的立法及司法矛盾

(一)法律规范之间的理念与逻辑矛盾

根据《民事诉讼法》第 56 条第 3 款的规定,无独立请求权第三人"因不能归责于本人的事由未参加诉讼",但"有证据证明发生法律效力的判决、裁定、调解书的部分或者全部内容错误,损害其民事权益的",可以提起第三人撤销之诉。"立法者规定第三人撤销之诉,是为了给未参加诉讼却受诉讼结果不利影响的案外人提供救济。"[③]程序保障是第三人撤销之诉的重要立法理念。此处的无独立请求权第三人并不限定于在本案诉讼中可能承担责任的第三人。既然符合条件的所有无独立请求权第三人都有权提起第三人撤销之诉撤销生效裁判,而且如果生效裁判是一审裁判,第三人还可以就第三人撤销之诉的一审结果提起上诉,为何参加诉讼的无独立请求权第三人,只要未被判决承担责任,即使一审判决损害了其民事权益,却无权提起上诉呢?剥夺未担责无独立请求权第三人的上诉权显然与第三人撤销之诉存在立法理念与逻辑上的矛盾。

---

① 相关法条:《民事诉讼法》第 56 条第 2 款中规定,"人民法院判决承担民事责任的第三人,有当事人的权利义务"。《民事诉讼法解释》第 82 条规定:"在一审诉讼中,无独立请求权的第三人无权提出管辖异议,无权放弃、变更诉讼请求或者申请撤诉,被判决承担民事责任的,有权提起上诉。"

② 赵信会:《论与无独立请求权第三人有关的上诉程序》,载《山东师范大学学报(人文科学版)》2004 年第 5 期。

③ 吴泽勇:《第三人撤销之诉的原告适格》,载《法学研究》2014 年第 3 期。

(二)司法实践处理中的分歧与问题

1. 把握不一:法院对未担责无独立请求权第三人上诉权的认定存在分歧

笔者在某直辖市法院系统裁判文书网中以“2009 年至 2019 年”为时间范围、“二审”为审级、“无独立请求权第三人”为关键词,共搜索到高级人民法院及三个中级人民法院审理的民事案件共 167 件。逐一筛选后,未担责无独立请求权第三人上诉的案件共 21 件,其中 14 件被“裁定驳回上诉”,未进行实体审理;而其中的 7 件,法院对无独立请求权第三人的上诉采取了支持的态度,进行了实体审理。“裁定驳回上诉”的理由主要有以下两种:一是认为依照我国现行立法规定,未担责无独立请求权第三人不具备上诉权;[①]二是认为其仅就事实的确认上诉,缺乏上诉利益。[②] 进行实体审理的法院则对理由进行了模糊化处理。这表明实践中对于未担责无独立请求权第三人是否具有上诉权存在较大的争议。

2. 问题丛生:剥夺上诉权导致未担责无独立请求权第三人丧失必要的程序保障

根据与有独立请求权第三人之关系,无独立请求权第三人可以分为“转化型”无独立请求权第三人和“非转化型”无独立请求权第三人。“转化型”未担责无独立请求权第三人普遍面临上诉程序保障缺失问题。“非转化型”未担责无独立请求权第三人在部分给付之诉、确认之诉和形成之诉中亦面临上诉程序保障缺失的问题。[③]

(1)“转化型”未担责无独立请求权第三人的上诉程序保障缺失

【案例 1】王某与某合作社、李某农村承包合同纠纷案[④]

王某主张其承包了合作社的五亩菜地,以合同纠纷为由将合作社诉至法院,请求确认承包经营权。李某认为菜地开始确为王某承包,后由其实际承包,故经营权应当归其所有,但李某并不要求以有独立请求权第三人身份参加诉讼。在该案被发回重审后,一审法院依职权追加李某为无独立请求权第三人。一审判决认定王某具有承包经营权。后李某提出上诉,二审以“李某为未承担责任的无独立请求权第三人,无权提出上诉”为由“裁定驳回上诉”。

---

① 详见北京市第一中级人民法院(2008)一中民终字第 6905 号民事判决书。

② 详见北京市第三中级人民法院(2014)三中民终字第 0625 号民事判决书。

③ 传统理论将第三人分为原告型第三人、被告型第三人和辅助性第三人,本文从更有利于体现无独立请求权第三人在本诉中与后续诉讼中利益关系的角度出发,未沿用此种分类方法。

④ 详见北京市第一中级人民法院(2008)一中民终字第 6904 号民事判决书。类似判决还有:北京市第一中级人民法院(2008)一中民终字第 6907 号民事判决书、(2008)一中民终字第 6905 号民事判决书、(2010)一中民终字第 4861 号民事判决书。

有独立请求权第三人可以向无独立请求权第三人转化，成为“转化型”无独立请求权第三人。当事人诉讼地位的确定应当遵循民事诉讼处分原则的基本要求，因有独立请求权第三人不在本案中向原被告提出独立的诉讼请求，法院为查明案件事实依职权进行追加，其身份只能是“转化型”无独立请求权第三人。案例一中，认为菜地的承包经营权归其所有的李某就属于此种类型。判决虽然没有直接判令李某承担责任，但因其对诉讼标的具有请求权，故对于王某承包权的确认相当于对李某承包权的否认。剥夺李某的上诉权，从根本上影响了李某程序利益的保障。

（2）“另行追偿型”给付之诉中的未担责无独立请求权第三人上诉程序保障缺失

【案例2】王某与张某、赵某财产损害赔偿纠纷案①

王某居于张某楼下，张某将房屋出租给了赵某。后因赵某的过失，导致卫生间的水漏到王某家中。王某将张某诉至法院，要求其赔偿损失。法院为查明案件事实，将赵某追加为无独立请求权第三人。庭审中，王某认为赵某缺乏执行能力，坚决不要求法院判决赵某承担赔偿责任。后法院判决张某赔偿王某财产损失3万元。张某与王某皆未提出上诉。张某表示会另案找赵某追偿。

法院判决无独立请求权第三人承担责任在实践操作中存在障碍。原告对于案件中责任承担者的选定，是对法律关系、胜诉可能性、执行能力甚至是个人情感等各个因素综合考虑的结果。原告未在本案中要求第三人承担责任时，法院径行判令第三人承担责任存在障碍。在“另行追偿型”给付之诉中，被告可以通过另案向第三人追偿，第三人最终为实质的责任承担者。被告在本案中抱着可以追偿的心态参加诉讼，有的甚至存在与原告恶意串通的情况，很难全力以赴、据理力争。一审判决作出之后，被告进一步为了争取利益提起上诉的可能性也比普通诉讼要小。如果剥夺作为实质责任承担者的无独立请求权第三人的上诉权，那么其程序和实体利益均无法得到有效保护。

（3）确认之诉中的未担责无独立请求权第三人上诉程序保障缺失

【案例3】关某与郑某、谢某文、谢某军等所有权确认纠纷案②

原告关某为被告谢某文之母，有独立请求权第三人郑某为谢某文之妻，无独立请求权第三人谢某军为谢某文之弟。关某要求确认1号房屋为其所有，法院经审理认定1号房屋为谢某文与郑某所有。后关某及谢某军提出上诉。该

① 详见北京市第一中级人民法院（2019）京01民终3656号民事判决书（因讨论需要，略加改编）。
② 详见北京市第二中级人民法院（2014）二中民再终字第9079号民事判决书。

案中,法院并未以谢某军为未担责无独立请求权第三人为由驳回其上诉,而是进行了实体审理。

确认之诉是法院对当事人提出的法律关系是否存在进行确认的诉讼类型。此类诉讼裁判结果的特征是仅对权利主张者所提请求予以确认,不存在责任承担者。但正向肯定原告实体权利的法律后果是反向否定了其他人的权利,相当于要求第三人承担了责任。案例三中,因关某并未去世,谢某军对 1 号房屋并不享有直接的权利,只能作为无独立请求权第三人参加诉讼。但谢某军作为关某的继承人,对于 1 号房屋可能产生的继承利益也是显而易见。本案中,因将房屋所有权确认给谢某文及郑某后,谢某军将丧失就此房屋进行继承的机会,因此应当赋予其上诉的权利。

(4)形成之诉中的未担责无独立请求权第三人上诉程序保障缺失

【案例 4】杰地公司与明德公司、口福园公司租赁合同纠纷案①

杰地公司将房屋出租给明德公司,明德公司又转租给口福园公司,口福园公司为房屋的实际使用人。杰地公司认为明德公司拖欠租金,要求解除合同。一审判令解除杰地公司与明德公司的租赁合同。后口福园公司提出上诉。

从上述案例中可以看出,原、被告之间争议的诉讼标的为租赁法律关系,原告提出的请求为解除租赁关系的形成之诉。根据合同相对性原理,次承租人只能作为无独立请求权第三人参加诉讼。但一旦原被告之间的租赁合同被判解除,被告与次承租人之间的租赁合同也就无法履行。与确认之诉类似,虽然判决书主文中不存在次承租人承担责任的表述,但此案件的处理结果将直接影响到次承租人的根本利益,故应当允许其提出上诉。

二、法理探析:赋予未担责无独立请求权第三人上诉权的程序法基础

(一)程序保障:未担责无独立请求权第三人上诉的私权目的基础

第三人制度设立的目的体现在两个方面:一是当事人权利保障。通过第三人参加诉讼,保障第三人的实体利益和程序利益,防止第三人在与本诉当事人的后续诉讼中受到本诉不利认定的影响。二是实现司法公正和诉讼效率。其中第一个方面是第三人制度的核心目的。② 应当通过充分保障第三人处分权、辩论权,使第三人有效地展开攻击、防御,获得平等、充分的机会维护自身利益。

① 详见北京市第二中级人民法院(2006)二中民终字第 4943 号民事判决书(因讨论需要,略加改编)。

② 目前法院依职权追加第三人多是出于查清案件事实或诉讼效率的考虑,而保障第三人的合法权益却成了最弱的依据或者不予考虑的要素。第三人诉讼中的司法价值理念应当予以纠正。

允许无独立请求权第三人参加诉讼，却因其未担责而剥夺其上诉权，导致其无法通过审级程序实现利益救济、丧失彻底进行防御的机会，是一种不彻底的保障，与第三人制度设计的初衷相悖。

（二）司法资源节省：未担责无独立请求权第三人上诉的公权价值基础

多数第三人参加之诉的特殊之处在于纠纷的彻底解决要通过本案和另案两个诉讼。后续诉讼对前诉事实和责任认定存在承继关系。在本案审理程序中穷尽对当事人之程序保障，有助于防止矛盾判决的产生，提高司法效率。[①] 案件审理经过了包括上诉在内的正当程序之后，当事人更易心悦诚服地接受裁判结果的约束。有的案件中，第三人还可能会主动履行义务，无须通过另案解决纠纷，有利于减少后续诉讼的司法成本，促进纠纷的一次性解决。

（三）参加效力及预决事实：未担责无独立请求权第三人上诉的效力基础

第三人既然以自己的名义参加诉讼，那么本案诉讼必然会对其产生一定的效力，此种效力因非在原被告之间产生，不属于既判力的范畴，而属于第三人参加诉讼的“参加效力”。[②] 与生效裁判的既判力不同，从主观范围来看，此种参加效力涉及的主体是本案当事人和第三人，不禁止其就双方之间的纠纷另行起诉。从客观范围来看，参加效力的客观范围不仅包括诉讼标的，还包括生效裁判理由中的事实认定和法律适用。[③] 接受本案裁判的效力约束是建立在本案中充分行使了举证、辩论等程序性权利的基础之上的。剥夺未担责无独立请求权第三人的上诉权，又要求其受本案裁判认定事实和适用法律的约束，有违参加效力制度的原则。

我国民事诉讼规则中还存在“预决事实”的概念。根据《民事诉讼法解释》第 93 条的规定，主张事实存在的一方对“已为人民法院发生法律效力的裁判所确认的事实”无须举证证明，即此类事实为免证事实，对后续诉讼产生预决效力。有观点认为，法律赋予了当事人通过提供证据推翻“预决事实”的权利，故未担责无独立请求权第三人无权上诉。[④] 这种观点的缺陷在于与我国的具体国

① 实践中对矛盾判决通常的做法是启动再审程序，将其中一个错误判决撤销。参见吴兆祥、沈莉：《民事诉讼法修改后的第三人撤销之诉与诉讼代理制度》，载《人民司法》2012 年第 23 期。

② 参见江伟、肖建国：《论既判力的客观范围》，载《法学研究》1996 年第 4 期。

③ 参见蒲一苇：《无独立请求权第三人参加诉讼的判决效力范围》，载《国家检察官学院学报》2016 年第 4 期。

④ 有观点认为，当事人仅就裁判理由提出的上诉应当予以驳回。主要理由包括：一是我国上诉法院负担过重。二是虽然预决事实会产生举证责任倒置的法律后果，但当事人并没有完全丧失举证的机会。参见牛颖秀：《仅就裁判理由可以上诉吗？——以上诉受理机制为中心的考察》，载《法学家》2019 年第 2 期。

情不符:(1)从诉讼成本来看,无疑增加了当事人的经济和精力负担。(2)从诉讼风险来看,虽然第三人在另案中看似享有了通过举证获得公正裁判的机会,但与前诉中由原告或者被告对于第三人不利之事实承担举证责任相比,后诉发生了举证责任倒置的法律后果。在我国,若是缺乏律师代理、当事人举证能力低下,则举证责任往往是当事人是否可以胜诉的决定性因素。此项规定实则是大大加重了第三人的举证负担,增加了其败诉风险。(3)从对其他当事人的影响来看,本案当事人并不尽然会参加另案诉讼,如果第三人在另案中提出了足以推翻本案认定事实的证据,而本案当事人却因未参加另案丧失了抗辩的机会,对本案当事人造成不公。因此,合理的选择应当在本案中赋予第三人以正当的上诉机会。

(四)上诉利益:未承担责任的无独立请求权第三人上诉的程序正当基础

"上诉利益,又被称为'不服利益',是指当事人请求上级法院对一审法院作出的对自己不利的裁判予以救济的必要性和实效性。"[①]从权利属性来看,具有上诉利益的当事人才享有上诉权。对于上诉利益的识别,大陆法系国家的主要学说有"形式不服说"、"实体不服说"和"折中说"三种。其中,"实体不服说"和"折中说"关于上诉利益的衡量标准中包含了"不以裁判主文结果是否与原告诉之声明是否一致"的标准。[②] 第三人参加的诉讼的特殊之处在于本案确定之事实会对另案产生影响。"如果裁判理由中的判断会成为第三人于他诉中的主要争点,第三人于前诉裁判理由中所遭受的不利益也应成为诉的利益来源。"[③]故即使是未担责无独立请求权的第三人也可基于上诉利益提出上诉。

(五)第三人撤销之诉:未承担责任的无独立请求权第三人上诉的制度衔接基础

第三人参加之诉、第三人撤销之诉和第三人执行异议之诉是第三人参与诉讼的三个重要环节。这三个环节的理念应当一脉相承,制度设计也应在逻辑上周密契合。第三人撤销之诉制度的根本性目的在于为未参加本诉的第三人提供程序保障。[④] 在事后救济程序中,无独立请求权第三人尚可以提起第三人撤销之诉,适用一审程序审理的,对于该诉一审结果不服,还可以提出上诉,剥夺已参加诉讼的无独立请求权第三人的上诉权缺乏正当理由。而且《民事诉讼法》修改后,为了防止本案的裁判结果被第三人提起撤销之诉,法官往往倾向于

---

① 邱星美、唐玉富:《民事上诉审程序中的利益变动》,载《法学研究》2006年第6期。
② 参见廖中洪:《"上诉利益"若干问题研究》,载《河北法学》2007年第9期。
③ 张兴美:《第三人撤销之诉原告适格问题研究》,载《法学杂志》2016年第6期。
④ 参见胡学军:《论共同诉讼与第三人参加诉讼制度的界分》,载《环球法律评论》2018年第1期。

追加一些潜在的第三人到本案诉讼中来。这种做法的积极效果是增强了对当事人的事前程序保障。但消极效果是第三人因参加诉讼丧失了提起第三人撤销之诉的机会,又会因未承担责任而丧失上诉和追求审级利益保护的机会。因此,出于制度衔接的需要,保障未担责无独立请求权第三人的上诉权亦属必要。

三、进路探索:未担责无独立请求权第三人上诉的条件设计和裁判方式

(一)宏观设定:制度设计应遵循的原则

剥夺未担责无独立请求权第三人上诉权的主要理由在于考虑法院的职能定位及预决事实对第三人影响程度两个因素。不可否认,赋予此类当事人上诉权,必然会导致二审案件量增加,直接关涉到二审法院功能定位的实现。而如果生效裁判未对其利益产生影响,此类第三人就缺乏上诉利益。因此,《民事诉讼法》第164条关于上诉一般要件的规定对此类当事人而言过于宽泛。应当通过对此类当事人上诉权范围的合理设计实现充分发挥二审法院的功能与有效保护第三人利益之间的平衡。

(二)微观设定之一:未担责无独立请求权第三人有权上诉的内容

未担责无独立请求权第三人可以提出上诉的目标对象仅是针对一审裁判理由还是对裁判主文亦有权提出上诉?此问题需根据未担责无独立请求权第三人的具体类型进行分析:

1. 可就裁判理由及裁判主文提起上诉的未担责无独立请求权第三人

(1)对于"转化型"无独立请求权第三人而言,其拥有有独立请求权第三人的实体权利,是权利的享有者,而非义务的承担者。虽然不承担责任,但也因为对诉讼标的享有独立的请求权,原裁判会对其实体权利产生直接的影响,应当允许其对一审裁判理由及裁判主文提出上诉。

(2)对于"非转化型"无独立请求权第三人而言,在确认之诉与形成之诉中,由于诉的类型本身的固有特点,这两种诉讼中不存在责任承担者,但对原告主张权利的确认或者变更直接影响第三人的权利。因此,应当允许确认之诉与形成之诉中的未担责无独立请求权第三人对裁判理由及裁判主文提出上诉。

2. 仅可就裁判理由提出上诉的未担责无独立请求权第三人

给付之诉中的"非转化型"无独立请求权第三人可以细分为"直接担责型"、"另行追偿型"和"非另行追偿型"。"直接担责型"第三人依法享有上诉的权利,"非另行追偿型"一般不存在利益影响,故不在讨论之列。在"另行追偿型"给付之诉中,前诉判决的事实认定对后诉可能产生利益影响,因此应当允许第三人就事实认定问题提出上诉。而对于裁判结果,给付之诉的直接责任者是

本案被告,被告不管是出于何种原因,自愿承担给付义务,他人无权干涉,而且在将事实认定部分进行纠正后,被告(代偿人)也就无法向终极责任承担者——第三人进行全额追偿,故第三人无权就裁判主文提出上诉。

(三)微观设定之二:未担责无独立请求权第三人上诉的具体事由

1. 有证据证明一审裁判错误,损害其民事权益

(1)关于"事实错误"的界定

裁判错误可以分为事实错误、法律适用错误和主文错误,法律适用错误和主文错误较易理解,故本文重点讨论对"事实错误"的界定。民事诉讼中的事实可以分为实体法事实、程序法事实和证据事实(辅助事实),其中的实体法事实又可以分为直接事实和间接事实。作为未担责无独立请求权第三人提起上诉的事实应当是可能成为另案主要事实的本案事实。对于其主张的可能成为另案间接事实、程序法事实和证据事实的事实,不宜成为第三人在本案中提出上诉的正当理由。因为这些事实虽然可以共同影响另案主要事实的认定,但结合这些事实来认定另案主要事实是法官通过自由心证完成的,本案对此类事实的确定并不必然影响第三人在另案中的利益。

(2)关于"有证据证明"的界定

这里的证据包括一审证据,也包括二审中要提出的新证据。有证据证明应当是指"初步证明"或"线索性证明",属于对是否符合上诉条件的程序性证明,而非对案件进行实体审理的实质证明。第三人无须提供全部攻击防御材料,只需要提供初步证据或证据线索。从证明标准的角度来看,不需要达到"高度盖然性"的标准,只要使法官能够认识到存在"可能"即可。

2. 主张一审裁判中被告自认的事实或认诺的请求损害其民事权益

有观点认为,无独立请求权第三人在本案中的作用是通过提供证据、参与辩论等方式支持本案被告一方的主张。二者的利益冲突只存在于另案诉讼之中。[①] 此种理解存在片面性。审判实践中,不乏被告出于不了解事实、无法准确还原事实原貌或者出于息诉、同情、利益串通等原因,对原告提出的事实主张或诉讼请求予以认可。依据辩论原则的要求,对于被告认可的事实,法院应当径行予以确认。对于被告认可的诉讼请求,法院应当依其认诺的内容予以裁判。民事自认和认诺为被告故意或者过失损害第三人利益提供了便利。因此,只要第三人以被告自认的事实或认诺的请求损害其利益为由提出上诉,应当准许。

① 董国庆、易斌:《无独立请求权第三人若干问题微探》,载《人民司法》2006年第8期。

3. 有证据证明一审诉讼涉及虚假诉讼

遏制虚假诉讼是第三人撤销之诉的重要目的之一。如果无独立请求权第三人有证据证明一审原被告之间的诉讼存在虚假诉讼的可能,其应当享有提出上诉的权利。当事人在进行虚假诉讼前,必然会做足准备尽量使该诉讼看上去接近正常诉讼,此类诉讼的证明确实存在困难。因此,这里的对于"有证据"的认定标准不宜过苛,提供初步证据或证据线索即可。

4. 一审诉讼存在重大程序性瑕疵,导致一审裁判错误,损害其民事权益

根据《民事诉讼法》第 56 条第 2 款的规定,一审判决作出后才能对第三人是否享有权利义务进行判断,第三人在一审中不享有权利义务。此规定一直备受实务界和理论界诟病。最高人民法院在制定司法解释时考虑到了第三人在一审应当享有相应的诉讼权利。① 学界也认为参加诉讼的第三人在一审时应当具有与当事人大致相同的诉讼权利义务。② 我国司法实践历来存在"重实体、轻程序"的不良倾向,必须赋予第三人对抗程序瑕疵的武器,其中应当包括上诉权。但此处的程序性瑕疵,不是泛指所有的程序瑕疵,而是诸如审判组织不合法、剥夺举证或质证权、辩论权等重大程序性问题。

(四)微观设定之三:未担责无独立请求权第三人上诉的裁判方式

在未担责无独立请求权第三人可就裁判理由及裁判结果提出上诉的案件中,裁判方式与普通的上诉案件并无不同。但在仅可就裁判理由提出上诉的案件中,裁判方式的确定存在如下困难:一是因第三人未就裁判结果提出上诉,从结果意义上看,此类判决貌似可以"驳回上诉、维持原判"。但因认定事实存在错误,又必须予以纠正,"驳回上诉、维持原判"后,一审判决自然生效,形成逻辑错误。二是如何对事实错误进行纠正,在判决的哪个部分纠正。解答这两个问题,必须对我国现行裁判文书的内容和作用进行初步分析。根据最高人民法院编写的《民事诉讼文书样式》的意见,二审文书"经审理查明"及"本院认为"部

---

① 《最高人民法院关于适用〈中华人民共和国民事诉讼法〉若干问题的意见》第 66 条规定,在诉讼中,无独立请求权的第三人有当事人的诉讼权利义务。虽然该意见已经被废止,但也能表明立法者对无独立请求权第三人的程序利益保障的倾向性意见。之后《民事诉讼法解释》第 82 条中虽然没有明确规定无独立请求权第三人的程序权利,但用排除"管辖异议、放弃或变更诉讼请求、申请撤诉"的方法反向表明了无独立请求权第三人应当享有程序性权利。最高人民法院在相关的立法解释书籍中也指出:无独立请求权第三人有权了解原告起诉、被告答辩的事实和理由、法院应当用传票传唤其出庭,庭审中,可以陈述意见、提供证据、参加法庭辩论。参见沈德咏主编、最高人民法院修改后民事诉讼法贯彻实施工作领导小组编著:《最高人民法院民事诉讼法司法解释理解与适用》,人民法院出版社 2015 年版,第 291 页。

② 参见王亚新:《第三人参与诉讼的制度框架与程序操作》,载《当代法学》2015 年第 2 期。

分均会涉及事实认定问题。[1] 因此,最妥当的做法是在"经审理查明部分"将正确的事实予以确认。在"本院认为"部分对纠正事实进行详细说理分析。与之相对应,在主文前归纳总结的"综上所述"部分也应当写明"一审认定事实有误……本院予以纠正"。而判决主文不宜表述为"驳回上诉、维持原判",即使与一审判决结果并无二致,也应当将裁判结果重新叙述。

结　语

随着社会经济的发展,民事法律关系利益主体逐渐增多,为了保障各方利益的稳定性及纠纷处理的高效性,判决效力主观范围突破传统的相对性原则而向外扩张是必然趋势。在这种情况下,充分保障第三人利益、争取纠纷的一次性解决成为审判工作的重要内容,而赋予未担责无独立请求权上诉权必将是实现这一工作目标不可缺少的一环。

附件:

关于修改《民事诉讼法解释》第八十二条的意见
(建议稿)

《民事诉讼法解释》第八十二条:在一审诉讼中,无独立请求权的第三人无权提出管辖异议,无权放弃、变更诉讼请求或者申请撤诉,被判决承担民事责任的,有权提起上诉。

未被判决承担责任的,在下列情况下可以提起上诉:

(一)有证据证明一审裁判错误,损害其民事权益;

(二)一审裁判中被告自认的事实或认诺的请求损害其民事权益;

(三)有证据证明一审诉讼涉及虚假诉讼;

(四)一审诉讼存在重大程序性瑕疵,导致一审裁判错误,损害其民事权益。

---

① 参见沈德咏主编、最高人民法院修改后民事诉讼法贯彻实施工作领导小组编著:《民事诉讼文书样式》,人民法院出版社2016年版,第402页。

诉讼结构视角下刑事速裁程序的检视与完善

——基于对436份速裁二审文书的实证分析*

左广强　张宏宇**

【论文提要】

刑事诉讼中有控诉、辩护、审判三大核心职能，三种职能的行使主体之间的制度化关系，形成了相对稳定的制度结构。速裁程序的启动以被追诉人先认罪认罚为前置性条件，使得横向结构上法官中立、控辩双方平等对抗的等腰三角形诉讼结构被打破；纵向结构上，法院审判沦为对检察机关具结书的确认过程，"以审判为中心"未能充分体现。上述结构性问题导致上诉、抗诉的二审案件偏多，速裁程序息诉服判的初衷未能发挥。

为了对刑事速裁程序进行检视，文章以436份速裁二审文书为样本进行了实证分析。第一部分介绍了436件二审案件的来源，对上诉、抗诉案件数和各占比例，案件类型，二审审查情况，律师辩护情况，终审结果，改判发回等内容进行了统计分析。

第二部分归纳了上诉、抗诉的主要原因，发现上诉理由主要为一审量刑过重，抗诉理由主要为未采纳量刑建议。

第三部分在诉讼结构视角下对控辩审三方的法律地位和相互关系进行了分析，发现了存在问题。检察机关的问题是：公诉权审判化，但公诉质量未能达到速裁程序的要求。一是量刑精准度不够，判决结果与被告人预期有落差；二是存在报复性指控并抗诉的倾向。法院的问题是：中立审判地位动摇，审判职能弱化。一是"带病判决"较多，错判率较高；二是同案不同判问题突出，判后工作不到位；三是二审合议实质性内容少。被告人一方的问题是：权利保障不足，无法与公诉方平等对抗。一是无法清晰认知认罪认罚的结果；二是律师参与率低，辩护效果较差。

---

* 本文获全国法院系统第三十一届学术讨论会优秀奖。

** 左广强，山西省清徐县人民法院党组成员、副院长；张宏宇，北京市第一中级人民法院民一庭法官助理。

为了矫正扭曲的诉讼结构,第四部分提出了建议。总体原则是在横向上,发挥好法院中立审判职能,实现控辩平等;在纵向上,要坚持审判决定性作用,规范检察权行使。具体而言,检察机关应当提升公诉质量,达到速裁程序要求。一是提高量刑建议精准度,兑现从宽处罚的承诺;二是正确发挥抗诉职能,强化法律监督;三是限制抗诉幅度,防止报复性指控。法院应当发挥好审判决定性作用,确保法律适用统一。一是加强一审案件证据把关,确保量刑适当;二是探索对部分上诉案件适用独任制审理。对于被告人,应当加强权利保障。一是明确并释明认罪、认罚的内涵和具结书的效力;二是延伸"辩护全覆盖"范围,提升辩护质量;三是多措并举,减轻羁押场所交叉感染。

【主要创新观点】

一是研究方法的创新。速裁程序中的上诉抗诉问题,许多学者都做过相关研究,但从实证角度进行的较少。为填补该问题在实证研究上的空白,笔者利用北大法宝,检索关键词"认罪认罚""速裁程序",筛选出三年多以来的全部436份二审文书,通过提取分析文书中的相关信息、剖析典型案例、听取一线办案人员反映情况,试图找到上诉、抗诉产生原因以及速裁程序中存在的深层次问题。

二是研究视角新颖。审判、控诉和辩护三种基本诉讼功能之间的整体关系构成刑事诉讼基本的功能性结构,决定了刑事诉讼活动的基本格局和基本秩序。上诉、抗诉案件偏多,暴露了速裁程序在制度设计和实践中存在问题,学界对该问题有过探讨,但从诉讼结构视野下进行的研究较少。笔者从控辩审三方法律地位和相互关系入手进行分析,认为产生问题的关键在于诉讼结构的失衡。具体而言,公诉权审判化,检察院一家独大,被告人力量薄弱无法与检察院抗衡,再加上法院审判职能弱化,孤立无援的被告人只能选择上诉来救济自身权利。

三是具体观点的创新。主要在于以下三点:

第一,针对速裁二审案件偏多的问题,有观点认为应当实行一审终审;有观点认为应当保留二审终审,但应限制被追诉人的上诉权,将恶意上诉排除在外;上述做法都有一定合理性。但在实证统计中笔者发现,当前速裁一审案件的改判率、发回率在7%左右,处于较高水平。故笔者认为,在一审判决错误率依然处于较高水平的情况下,应保留原有的二审程序,通过检察院抗诉、被告人上诉启动二审程序来发挥二审法院的审级监督功能,确保每一起速裁案件都能得到正确处理。同时,为了在坚持根本公正的前提下,最大限度地提高诉讼效率、节约诉讼资源,二审可不开庭审理,对一审在1年有期徒刑以下的上诉速裁二审案件实行独任制审理。

第二,量刑建议主导司法裁判成为常态,量刑建议成为融合了控辩审三方合意的量刑判断。针对被告人对量刑从宽预期过高而上诉的问题,需要提高建议的精准度。笔者认为,应根据认罪的诉讼阶段设定量刑基准、在基准范围整理相同或类似的量刑减让情节,明确各类情节减轻的幅度,实现于法有据,规范自由裁量权行使。

第三,检察院的抗诉虽然在一定程度上促进了案件的公正审理,但是部分检察官以认罪动机不纯、认罪认罚不应再适用,应判以更重刑罚为由在抗诉中加重了指控,这种明显的"报复性指控"行为应当引起高度注意。应当明确,在证据未发生变化的情况下,检察院抗诉的幅度应限于撤回具结书中的量刑优惠,恢复普通程序建议的刑期,以此来督促检察院正确行使抗诉权、维护被告人合法上诉权益。

"结构"指的是构成系统的各要素之间的相互关系。在法学领域,"结构"一词常常用来表述某一制度中各主体的地位及其相互关系。刑事诉讼中有控诉、辩护、审判三大核心职能,三种职能的行使主体之间的制度化关系,形成了相对稳定的制度结构。① 2018 年新修改的《刑事诉讼法》(以下简称《新刑诉法》)针对部分被判三年有期徒刑以下的案件增设了速裁程序。速裁程序的启动以被追诉人先认罪认罚为前置性条件,使得横向结构上法官中立、控辩双方平等对抗的等腰三角形诉讼结构被打破;纵向结构上,法院审判沦为对检察机关具结书的确认过程,"以审判为中心"未能充分体现。

当前,速裁程序中上诉、抗诉情况逐渐增多,控辩双方推翻具结书导致协议破裂,大量案件被拖入二审,上诉率甚至明显高于非认罪认罚案件。② 速裁程序息诉服判、提高效率制度初衷未能实现。为更好地发挥速裁程序从快不降低标准、从简不减损权利的优势,笔者对 436 份二审文书进行了实证研究,尝试从诉讼结构的视角对速裁程序进行检视,找出问题并提出完善建议。

一、436 件二审案件的来源和总体情况

笔者于 2019 年 3 月 23 日利用北大法宝案例引擎全文关键字精确检索:速裁程序、认罪认罚,筛选条件设置为全部级别法院、二审审理程序、全部文书类型。

---

① 魏晓娜:《结构视角下的认罪认罚从宽制度》,载《法学家》2019 年第 2 期。

② B 市 B1 区法院法官反映,自 2017 年 1 月至 2017 年 8 月,该院审结案件的上诉率维持在 8% 以上,部分时间段高达 10% 左右,明显高于非认罪认罚案件的上诉率。(参见周新:《认罪认罚从宽制度立法化的重点问题研究》,载《中国法学》2018 年第 6 期。)笔者辖区 H 法院速裁案件上抗诉率徘徊在 13% 左右,近期仍在逐步升高。

搜索到从 2014 年 8 月 1 日到 2019 年 3 月 23 日全部 436 份文书,总体情况如下(见表 1 ~3、图 1 ~4)。

(一)上诉、抗诉比例

表 1 上诉、抗诉案件统计

二审原因	上诉(件)	抗诉(件)
案件数量	425	25
案件总数	436	436
占比(%)	97.5	5.7

注:由于 14 起案件中上诉、抗诉同时存在,故总数多于 436 件。

(二)案件类型

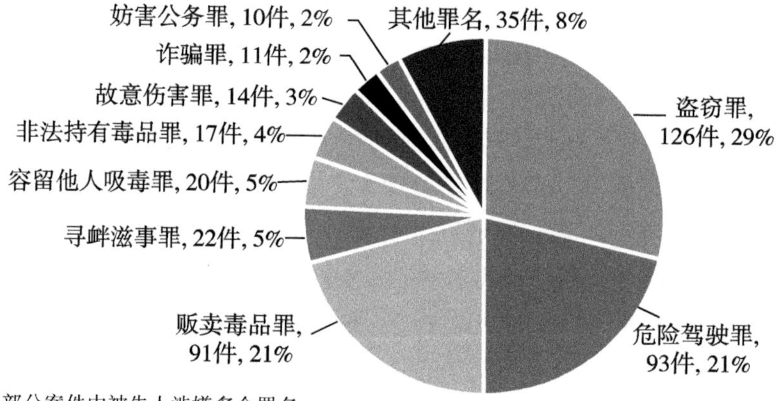

注:部分案件中被告人涉嫌多个罪名。

图 1 二审案件类型分布

(三)二审法院审查情况

1. 开庭情况

88% 的案件为不开庭审理,12% 为开庭。

2. 审查方式

表 2 二审案件审查方式统计

审查方式	数量(件)	总数(件)	占比(%)
组成合议庭	436	436	100
阅卷、书面审查具结书、证据	436		100
讯问上诉人	436		100
调查证据在原审法院出示的情况	428		98.1
听取辩护人意见	114		26.1

（四）律师参与情况

1. 律师参与比例

律师帮助，包括委托辩护、指派辩护、值班律师帮助。只有26%的被告人可获得帮助。

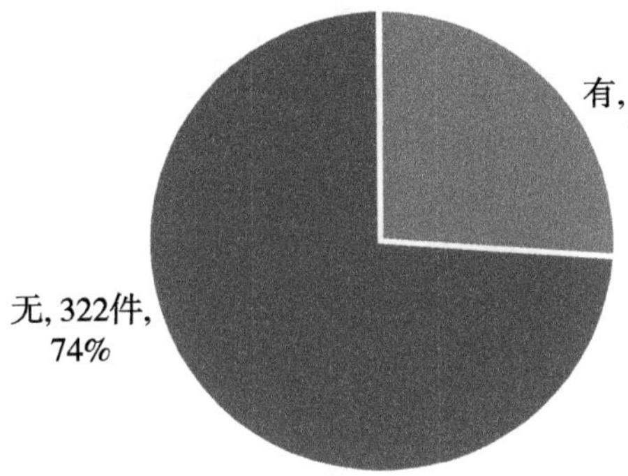

图2　律师参与比例分布

2. 律师辩护重点

在114件律师参与的案件中，67%的辩护重点集中于事实问题，仅有21%的辩护重点集中于量刑问题。

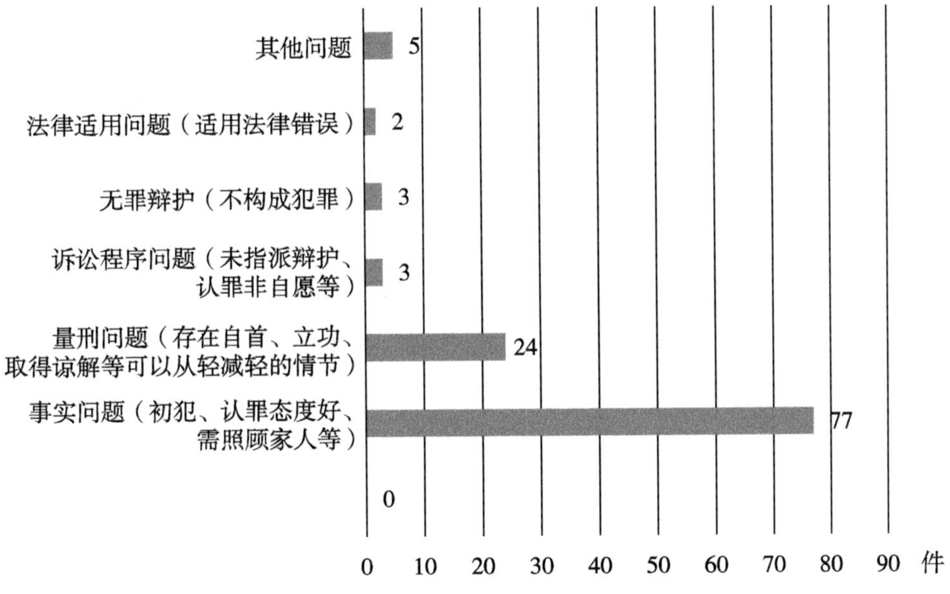

图3　二审律师辩护重点统计

（五）二审法院终审结果

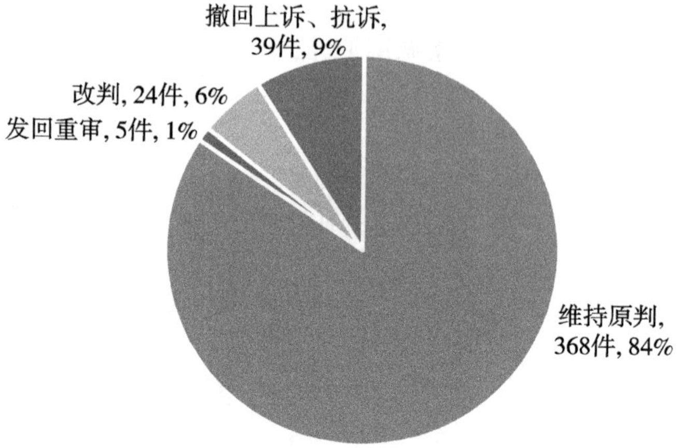

图 4　二审法院终审结果

将上述四类结果进一步细化如下：

表 3　二审法院终审结果统计

结果	维持原判		发回重审		改判		撤回上诉、抗诉	
具体情况	裁定驳回上诉	裁定驳回抗诉	上诉发回重审	抗诉发回重审	因上诉改判	因抗诉改判	撤回上诉	撤回抗诉
总计(件)	361	7	2	3	17	7	33	6
总数(件)	368		5		24		39	
占比(%)	98.1	1.9	40	60	70.8	29.2	84.6	15.4
占总数比(%)	82.8	1.6	0.5	0.7	3.9	1.6	7.6	1.3

二、引起二审程序的主要原因

为更好地找到程序中存在的问题,笔者统计了上诉、抗诉的原因。

（一）上诉原因

1. 上诉书中呈现的原因

上诉的发生比较“任性”。有 349 个被告人因认为原判量刑过重而上诉,占比高达 82.1%（见图 5）。

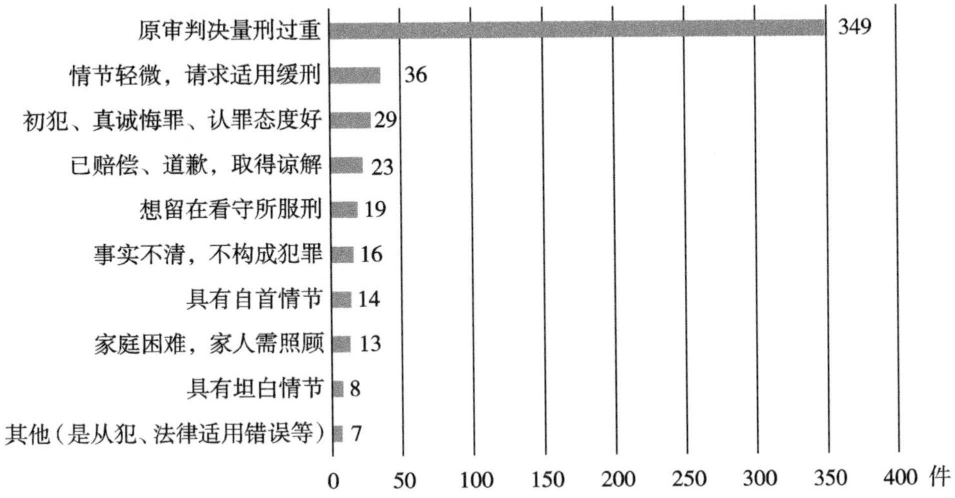

图 5　上诉原因统计

2. 其他原因

有的上诉原因未在判决书中体现。如危险驾驶罪多因酒驾引起，此类被告人取保候审较多，上诉多是为了拖延裁判文书的生效，争取在外自由时间，办理工作交接等。

(二) 抗诉原因

抗诉原因集中在事实认定和法律适用中存在的问题。25 件案件中，有 9 件因法官未采纳量刑建议而抗诉，占比 36%（见图 6）。

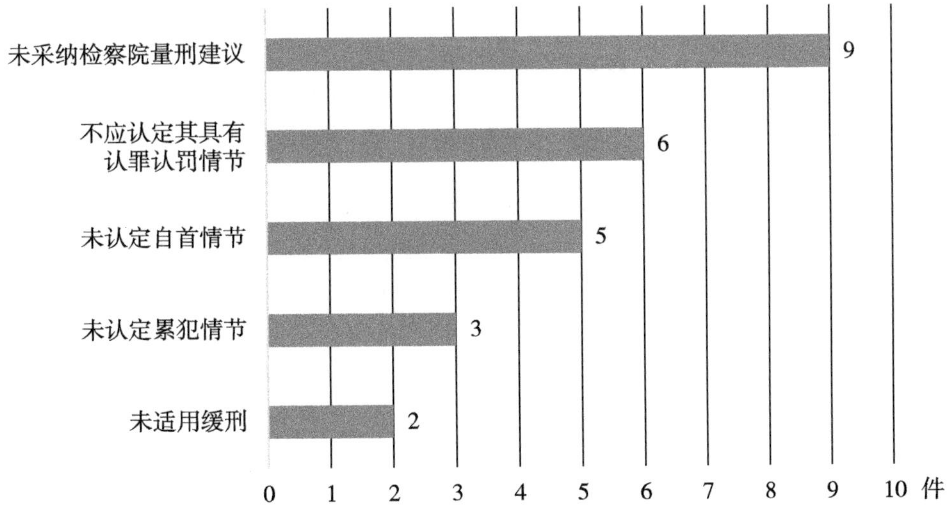

图 6　抗诉原因统计

三、速裁程序存在的问题——诉讼结构视角下的检视

上诉、抗诉案件偏多,暴露了速裁程序在制度设计和实践中存在的问题,学界对该问题有过探讨,但从诉讼结构视野下进行的研究较少。审判、控诉和辩护三种基本诉讼功能之间的整体关系构成刑事诉讼基本的功能性结构,决定了刑事诉讼活动的基本格局和基本秩序。① 因此,在结构视角下对三方法律地位和相互关系进行分析,有助于找准程序中存在的深层次问题。

(一)检察机关:公诉权审判化,但公诉质量未能达到速裁程序的要求

《新刑诉法》第 201 条几乎赋予了检察院实质化的公诉权。量刑建议成为融合了控辩审三方合意的量刑判断,②检察官量刑建议主导司法裁判已经成为常态,检察官实际上成为"背后的法官",③这与普通程序诉讼结构下检察院作为单纯控诉方的角色有所不同。但是,面对公诉求刑权向审判权方向发展的趋势,检察院的公诉质量却未能达到速裁程序的要求。

1. 量刑精准度不够,判决结果与被告人预期有落差

检察官对罪名的定性较为准确,但是量刑精准度不够,再加上过度宣传,导致被告人在签署具结书时对减轻量刑产生过高预期,当一审结果与预期有落差时,其产生被欺骗感而上诉。经统计,82.1% 的被告人以量刑过重、未获得满意结果为上诉理由。同时,"同案不同建议"问题突出,类案中不同检察官提出的量刑建议幅度存在较大差别。以下述三个危险驾驶案为例,1 号、2 号被告人乙醇浓度相差无几,但在 2 号无证驾驶的情况下,2 号量刑建议却明显低于 1 号;3 号乙醇浓度是 1 号的 2 倍,但量刑建议和 1 号却几乎相同(见表 4)。

表 4　以危险驾驶案为例分析

序号	血液乙醇浓度 mg/100ml	量刑情节	量刑建议	一审判决	二审判决
1④	97.09	认罪认罚	拘役两个月,罚金三千元	同量刑建议	拘役两个月,缓刑三个月,罚金三千元
2⑤	88.3	认罪认罚无证驾驶	拘役一个月,罚金一千元	同量刑建议	拘役一个月,缓刑两个月,罚金一千元

① 宋振武:《刑事诉讼的功能性结构及其法理学分析》,载《现代法学》2006 年第 1 期。

② 吴宏耀:《凝聚控辩审共识　优化量刑建议质量》,载《检察日报》2019 年 6 月 10 日,第 3 版。

③ 朱孝清:《认罪认罚从宽制度对检察机关和检察制度的影响》,载《检察日报》2019 年 5 月 28 日,第 3 版。

④ (2017)鄂 01 刑终 867 号。

⑤ (2017)粤 01 刑终 1818 号。

续表

序号	血液乙醇浓度 mg/100ml	量刑情节	量刑建议	一审判决	二审判决
3①	191.62	认罪认罚	拘役两至三个月并处罚金	拘役两个月罚金两千元	维持原判

2. 存在报复性指控并抗诉的倾向

"报复性指控"(vindictive prosecution)是指,刑事追诉者为了报复被告人的某一合法、正义行为,而对该被告人的非法行为进行的恶意起诉或者加重起诉。② 抗诉中也出现了报复倾向。26 起抗诉中,15 件(57.7%)加重了指控。分析原因,检察院认为不应认定有认罪认罚情节的有 6 件,占比 40%,其余理由占比 27%、20%、13%。除了累犯必须加重处罚外,其余 12 件(占比 45%)均有报复性指控嫌疑。

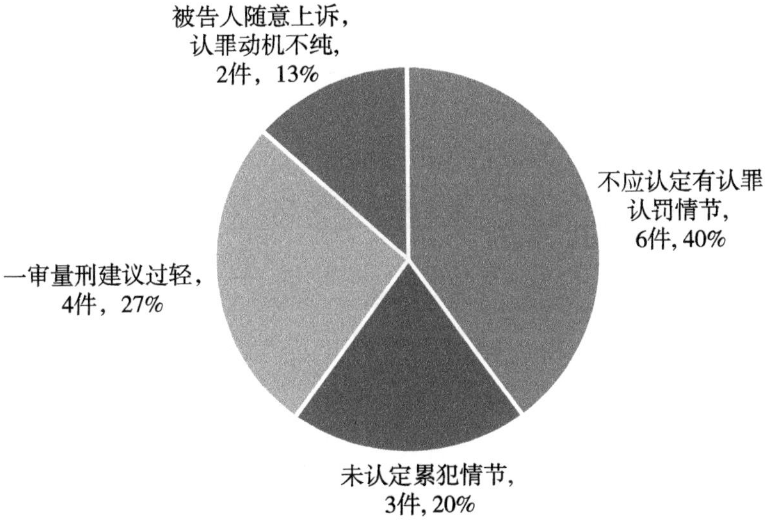

图 7 加重指控的案件原因分布

【案例】姜某贩卖毒品案,一审判处有期九个月,罚金两千元。姜某想通过上诉不加刑减轻刑罚,发起上诉。随后,检察院以证据未发生变化、姜某认罪动机不纯、认罪认罚制度不应再适用,应处更重刑罚为由抗诉。二审采纳了抗诉

① (2018)闽 02 刑终 112 号。

② 赵旭光:《"认罪认罚从宽"应警惕报复性起诉——美国辩诉交易中的报复性起诉对我国的借鉴》,载《法律科学(西北政法大学学报)》2018 年第 2 期。

意见,改判有期一年三个月,罚金一万元。[①]

虽然发现有 4.5% 的被告进行策略性上诉,[②]上诉发生异化。但上诉权是被告应有的权利,在法律、司法解释未明确规定时,以事后上诉的行为反推签署认罪认罚协议书时的动机不纯,并非妥当。[③]

(二)法院:中立审判地位动摇,审判职能弱化

《新刑诉法》第 201 条虽然赋予了法院在认为量刑建议明显不当的情况下可依法作出判决的权利。但实践中,约 90% 的法官会直接采纳量刑建议。[④] 可以说,法院给予了检察院量刑建议最大程度的信任和尊重,但该做法却动摇了法院在控诉和辩护方之间独立行使审判权的中立地位,审判职能弱化,判决一定程度上沦为对量刑建议的确认。并且带来以下问题:

1.“带病判决”较多,错判率较高

一审法院未能及时发现量刑建议中的问题,导致部分案件“带病判决”。如上述 1 号、2 号量刑建议明显不当,但一审均未能及时纠正。同时,一审错判率较高,二审改判、发回率高达 6.7%,类似自首、累犯认定出错(如 3 号、4 号、6 号),量刑突破法律最低限制(如 5 号)等问题较多。这也说明速裁一审终审目前不具备可行性(见表 5~6)。[⑤]

(1)上诉案件

表 5 上诉案件一审错判分析

序号	一审结果	上诉原因	二审结果	二审理由
3[⑥]	拘役四个月,缓刑八个月	不构成犯罪	发回适用普通程序重审	高某案发后主动投案,如实供述犯罪事实,构成自首,原判未确认该情节不当
4[⑦]	有期一年三个月,罚金五千元	自首;达成谅解书;初犯	改判拘役六个月,罚金二千元	其母亲带领公安抓捕张某;如实交代犯罪事实,有悔罪表现;赔偿损失,赔礼道歉,得到谅解;原判量刑过重

① 《认罪认罚从宽处理后又想上诉减刑? 动“歪脑筋”坑了自己!》,载最高人民检察院官网:https://mp.weixin.qq.com/s/PklWEw9vboPZJyanz2WTJQ,最后访问日期:2019 年 5 月 10 日。

② “策略性上诉”是指,上诉成为拖延诉讼的方式,达到被告人避免去监狱服刑、争取在外时间等目的。

③ 王恩海:《认罪认罚动机不是抗诉理由》,载“上海法治报”公众号 2019 年 4 月 24 日。

④ 最高人民检察院检察长张军指出,检察机关量刑建议采纳率达到 96%。(参见:《最高人民检察院检察长张军在政法领导干部专题研讨班上作专题报告——“三个落实”如何发力?》,载“中央政法委长安剑”公众号 2019 年 4 月 17 日。

⑤ 笔者认为,只有在一审判决错误率降低到 1% 以下,速裁程序一审终审才具备探讨的可行性。提高司法效率不能以造成错案为代价。

⑥ (2018)辽 01 刑终 311 号。

⑦ (2017)粤 01 刑终 303 号。

(2)抗诉案件

表6 抗诉案件一审错判分析

序号	一审结果	抗诉原因	二审结果	二审理由
5①	各判处有期六个月,罚金一千元	罚金违反司法解释规定	改判各缴纳罚金二千元	司法解释规定敲诈勒索罪应并处二千元以上罚金,一审违反规定
6②	拘役六个月	累犯情节未认定	改判有期七个月	未移送其曾故意犯罪被判处有期的证据而未认定累犯

2. 同案不同判问题突出,判后工作不到位

其一,经讯问发现,有10%的被告人与其他被羁押人员比较判决结果后,认为自己量刑过重产生心理失衡而上诉,这也证明羁押场所交叉感染严重。其二,速裁裁判文书过于简化,部分地区将判决书简化为表格,释法说理性较差,无法让被告信服。其三,判后答疑不到位,尤其对加重量刑的原因和理由未充分说明,导致被告人对判决有不满情绪。

3. 二审合议实质性内容少

有期徒刑一年以下的速裁案件案情较为简单,对于速裁案件,二审合议庭合议时实质内容较少,导致程序空转、诉讼资源被浪费。

(三)被告人:权利保障不足,无法与公诉方平等对抗

在原有诉讼结构都不足以保障被告人权利的情况下,公诉权审判化、法院中立地位动摇导致控辩双方力量对比更加悬殊,在强势的公诉机关面前,辩护方地位变得愈加脆弱。在孤立无援的情况下,上诉成为被告人救济权利的唯一方式。美国的犯罪嫌疑人在经过20世纪六七十年代的正当程序革命,取得了一系列宪法性权利保障后,才获得了重要的底牌。③ 处于起步阶段的速裁程序在被告人权利保障方面仍有较大差距。

1. 被告人无法清晰认知认罪认罚的结果

《新刑诉法》新增加的第15条对认罪认罚的规定为,被追诉人自愿如实供述自己的罪行,对指控的犯罪事实没有异议,愿意接受处罚的,可以依法从宽处理。但是,由于对"指控的犯罪事实没有异议"是认可全部还是部分罪名还是只认可犯罪行为,对"愿意接受处罚"是认可量刑建议还是认可最终判决处罚,认罪不认罚是否影响自首立功成立,不认罪认罚的后果等均未明确规定,这种模

---

① (2018)京02刑终419号。
② (2017)京01刑终539号。
③ 魏晓娜:《结构视角下的认罪认罚从宽制度》,载《法学家》2019年第2期。

糊状态导致控辩双方无法对认罪认罚的合意达成完全一致。实践中办案人员作出的必要的法律释明也不够,导致被告人对签署具结书的过程和结果不能清晰认知。

2. 律师参与率低,辩护效果较差

辩护覆盖率低,73.9%的被告未获得律师帮助。虽然《关于开展刑事案件律师辩护全覆盖试点工作的办法》第2条明确被告人有获得值班律师帮助的权利。[①] 但该条存在两点不足:一是速裁案件辩护重点应当是在起诉阶段、签署具结书之时,但制度未作出针对性安排。二是对值班律师是否有权阅卷、会见、出庭未予以明确。

辩护效果较差主要体现在以下四点:一是"律师辩护全覆盖"仅是"律师全覆盖"而非"辩护全覆盖";[②]二是一、二审值班律师皆采用随机选派的方式,律师接触案件时间短,案情了解不深入;三是二审中律师多不在场辩护,仅提供书面辩护词,辩护效果有限;四是辩护意见多围绕"初犯、认罪态度好、取得谅解"展开,缺乏针对个案实质性内容,辩护重点不突出,量刑辩护流于形式。[③]

四、完善速裁程序的建议——以矫正扭曲的诉讼结构为着力点

要边实践、边总结、边完善,创造可复制、可推广的经验,为完善认罪案件的诉讼程序做出贡献。[④] 为减少上、抗诉行为,矫正扭曲的诉讼结构,在横向上,要发挥好法院中立审判职能,加强被告人权利保障,实现控辩平等;在纵向上,要坚持审判决定性作用,规范检察权行使,促进公诉质量提高。

(一)检察机关:提升公诉质量,达到速裁程序要求

随着速裁案件的比重进一步上升,检察机关要承担案件筛选与分流、程序启动、法律监督等职责,多重角色决定了检察机关在认罪认罚从宽中承担主导责任。[⑤] 速裁程序旨在高效处理大量轻罪案件,公诉权审判化既是实现程序目的的需要,也是实践的选择,故完善重点应集中在提升公诉质量上。

---

① 《关于开展刑事案件律师辩护全覆盖试点工作的办法》第2条明确规定,对适用简易、速裁程序审理的案件,被告人没有辩护人的,人民法院应当通知法律援助机构派驻的值班律师为其提供法律帮助。

② 刘原:《认罪认罚具结书的内涵、效力及控辩应对》,载《法律科学(西北政法大学学报)》2019年第4期。

③ 臧德胜、杨妮:《论值班律师的有效辩护——以审判阶段律师辩护全覆盖为切入点》,载《法律适用》2018年第3期。

④ 胡云腾:《创造可复制可推广的认罪认罚从宽办案经验》,载光明网:http://legal.gmw.cn/2017-07/18/content_25111504.htm,最后访问日期:2019年5月24日。

⑤ 卞建林:《多重角色决定检察机关在认罪认罚从宽中承担主导责任》,载最高人民检察院官网:http://www.spp.gov.cn/spp/zdgz/201904/t20190422_415739.shtml,最后访问日期:2019年6月7日。

1. 提高量刑建议精准度,兑现从宽处罚的承诺

兑现从宽处罚承诺需满足以下要求:一是被告人在签署具结书时,能清晰地了解他能够获得量刑从宽的幅度;二是能感受到从宽量刑的实现具有必然性;三是从实体判刑结果看,能获得预期量刑优惠。如果不能提出较为准确的量刑建议,被告人无法获得明确的预期,再加上过度宣传,一旦判决结果产生差距,其就可能因产生被欺骗感而上诉。为精准量刑,笔者建议:

其一,根据认罪诉讼阶段设定量刑基准。量刑基准是实现刑罚个别化中兼顾量刑个别化与量刑普遍化的依据。[①] 被追诉人认罪认罚的时间早晚不同,司法机关所获得的节约时间、减少诉讼成本等“收益”也不同,从公平角度出发,设置阶梯化量刑优惠制度,一来可作为量刑基准;二来可以鼓励犯罪嫌疑人、被告人尽早认罪。[②] 试点单位探索出的“321 模式”取得了较好效果,即侦查阶段认罪给予 30% ~21% 幅度量刑优惠,起诉阶段给予 20% ~11% 幅度量刑优惠,审判阶段给予 10% ~5% 幅度量刑优惠。

其二,在量刑基准范围内规范相应情节量刑减让幅度。因个案差别,应允许检察官在量刑基准范围内调整建议。将相同或类似的量刑减让情节予以归纳,明确减轻幅度,实现于法有据。常见的量刑减让情节有自首、坦白等。根据悔罪情况、主观恶性大小、再犯罪可能性等确定酌减程度,如具有自首情节酌减 2%,坦白酌减 1%,真诚悔罪酌减 1%,取得谅解酌减 2%,达成和解酌减 1%。检察官应当以认罪认罚的诉讼阶段为计算基点,再结合上述情节确定量刑建议的刑期。比如,张某在侦查阶段认罪认罚,具有自首、真诚悔罪、取得谅解情节,则张某可获得量刑减让为 21% +2% +1% +2% =26%,检察官可在 26% 左右幅度内出具量刑建议。

其三,具结书必须是双方准确、全面的意思表示,必须清晰载明被告人认罪和检察院所指控的罪名和刑期。量刑建议中还应载明适用普通程序量刑建议的刑期和认罪认罚后所获得的刑期作为对比,这是为了让被告人直观感受到看得见、摸得着的从宽幅度,减少被欺骗感。

其四,加强量刑精准化研究。建议最高院联合最高检出台关于速裁案件量刑的指导性文件,就占比高的盗窃罪、危险驾驶罪、贩卖毒品罪等罪名发布类案量刑规范[③]确立量刑指导原则和幅度。地方法检应运用要件归纳、类比推理等

---

① 贾国发:《试论刑罚个别化与法官自由裁量权之规范》,载《当代法学》2012 年第 4 期。

② 杨立新:《认罪认罚从宽制度核心要素解读》,载《中国检察官》2019 年第 1 期。

③ 如福建省福州市长乐区人民检察院制定的《关于长乐区人民检察院常见罪名量刑建议规范》,就常见罪名如危险驾驶罪、故意伤害罪、交通肇事罪等的量刑作了内部规范。

方法，整理类案中的争议要点，确定相同或类似要件中应给予的量刑减让幅度。同时，借助信息化手段，建立类案量刑数据库，通过云计算提取影响量刑的因素，提高量刑精准度。

2. 正确发挥抗诉职能，强化法律监督

抗诉较为理性克制，且多具有较充分的事实依据，仅有5.7%的案件由抗诉引起（远低于被告人上诉的97.5%）；在全部25起抗诉案件中，有10起被发回重审或者改判，抗诉意见被采纳率高达40%（远高于被告人4.4%被采纳率）。

由此，抗诉对纠正一审法院错误起到了积极作用，其法律监督职能需继续强化。根据一审法院常出现的问题，上下级检察院应将监督重点放在：自首、累犯情节是否遗漏，量刑建议是否适当，判决是否超出量刑建议幅度，刑期和缓刑期限和罚金认定是否符合法律规定等。

3. 限制抗诉幅度，防止报复性指控

具结书作为合意的结果，被告人在享受了实体“从宽处罚”优待之后单方面推翻合意，从而使得实体上的从宽处罚以及程序上的简化均失去正当基础。[①]因此，被告人上诉导致协议破裂后，检察院也不必再受具结书的约束。但是，由于上诉动机是被告人的内心反映，只能通过外在行为表现进行推测，不能主观臆断。为防止报复性指控，在证据未发生变化的情况下，检察院可提起抗诉，但不能以认罪动机不纯为由加重指控。

抗诉幅度应限于撤回原具结书中的量刑优惠，恢复普通程序建议的刑期。当检察院确有必要加重指控时，应提供新的证据。二审法院应对加重指控的抗诉保持警惕，在全面听取双方意见、把关全部证据后审慎作出决定。

（二）法院：发挥好审判决定性作用，确保法律适用统一

法律适用统一，是指相同或近似罪行能得到大体相似的裁判结果，即同案同判。同案不同判不仅会导致上、抗诉案件增多，诉讼效率下降，更是裁判不公的体现。

检察机关虽然在认罪认罚程序中发挥主导作用，但法院应坚持依法独立行使审判权，规范检察权正确行使，确保法律适用统一。

1. 加强一审案件证据把关，确保量刑适当

首先，一审应加强对自首、累犯等量刑事实和证据的把关，提高适用法律的准确度。最高人民法院刑一庭认为，对量刑建议明显不当的，或者被告人、辩护人对量刑建议提出异议的，可以建议检察院调整，或者直接依法作出判决，但在

① 孙长永：《比较法视野下认罪认罚案件被告人的上诉权》，载《比较法研究》2019年第3期。

判决前应当听取控辩双方意见，保障被告人及其辩护人充分行使辩护权。[①] 这明确了法院最终审判、保障被告人辩护权的处理原则。因此，如法院发现量刑建议确有不当应及时纠正，确保法律适用统一，并在判决中重点论述不采取原量刑建议的原因。其次，一定幅度的量刑建议给被告人留下幻想空间，当法官未按最低幅度判刑，被告人容易失望上诉。被告人认罪认罚情况较好，按幅度内较低刑期判决则可以更好满足其预期。经调研，笔者辖区Y法院一般按照量刑建议的最低幅度判刑，其上诉率一直维持在1%以下，显著低于同期同市其他区法院近10%的上诉率。最后，对加重量刑的被告人，法官应做好判后法律释明、情绪安抚和教育训诫工作。

2. 探索对部分上诉案件适用独任制审理，实现二审繁简分流

一审案件中，仍有近7%的上诉案件被改判或者发回，故现阶段仍应保留二审程序，通过上诉、抗诉启动二审法院审级监督，确保同案同判。考虑到高达82.8%的驳回上诉率，仅4.4%的上诉意见被采纳率，可对二审做一些简化。其一，对上诉案件可采取不开庭的方式审理，但应至少进行一次提讯。其二，对刑期在一年以下的上诉案件，可由一名法官独任审理；当独任审理的案件出现证据发生变化，量刑可能改变，或可能被改判、发回，或存在其他错误时，应回转为合议庭审理。考虑到抗诉意见被采纳率高达40%，对于抗诉应当组成合议庭开庭审理。

不论采用何种审判形式，二审法院都要对案件事实、法律适用进行全面审查，尤其要审查认罪认罚自愿性真实性合法性，以及是否出现影响定罪量刑的新事实和新证据等。速裁程序虽具备从快从简的特征，但“简程序不代表减权利”，二审发回重审、改判案件仍应作为一审法院的考核指标，以此来督促一审提高审理质量，避免瑕疵错判。

（三）被告人：加强诉讼权利保障，实现控辩平等

面对公诉权审判化的趋势，需要从程序上加强被告人合法权益保障，使其能有足够的力量与公诉方进行对抗和协商，实现控辩平等。只有充分保障认罪自愿性、合法性，才能减少反悔上诉的原动力。

1. 明确并释明认罪、认罚的内涵和具结书的效力

首先，应以司法解释的方式对认罪认罚的含义作进一步明确。认罪，代表自愿认可实施了某种犯罪行为，认可检察院所指控的罪名，满足犯罪构成要件。

---

① 最高人民法院刑一庭课题组：《最高人民法院关于认罪认罚从宽制度适用问题指南》，载搜狐网：http://www.sohu.com/a/283613298_823633，最后访问日期：2019年6月14日。

自愿并非绝对的自愿,而是法律意义上的自愿,它强调的是被追诉人在权衡利弊后基于其意愿而主动供述的行为。[①] 认罪不认罚,代表不认可量刑建议,虽不能适用速裁程序,但是认罪情节可判断是否构成自首或坦白,可作为积极表现在普通程序中酌情从轻、减轻处罚。认罪认罚,代表不仅认可实施了所指控全部罪名的犯罪行为(非主要或部分或概括的犯罪事实),而且认可检察院的量刑幅度。

其次,规范签署具结书前释明的内容和顺序。检察院为了尽快与被追诉人签署具结书,不可避免地会使用策略性手段,通过夸大或降低指控,诱导被追诉人认罪,导致认罪自愿性、真实性受到影响。在美国辩诉交易中,检察官会运用策略夸大指控,让被告人尽快认罪。[②] 为对抗策略性指控,确保被告人认罪认罚的内容符合其内心真实想法,在签署具结书之前,检察院应首先告知被追诉人依法享有不被强迫自证其罪的权利,从而为其自主决定是否认罪认罚提供保障。[③] 其次,应向被告人释明上述认罪、认罚的精准含义以及可获得的从宽处罚的幅度。还应释明量刑建议是带有公信力的承诺,[④]一旦签署具结书代表双方已就内容达成合意,不应随意违约。

2. 延伸"辩护全覆盖"范围,提升辩护质量

一是明确法律帮助的阶段和方式。其一,将"全覆盖"范围延伸至签署具结书阶段,明确在签署具结书时没有辩护人的,检察院应当通知派驻的值班律师提供帮助。当被告人坚持不需要律师帮助时,检察院可以同意并记录在案。其二,赋予值班律师辩护人地位,明确其享有阅卷、会见的权利。在一审阶段值班律师应当出庭辩护;二审不开庭审理时,应当至少会见被告人一次。为保证辩护的连续性,从见证签署具结书开始到一、二审阶段,应由同一名值班律师提供帮助。其三,从辩护方式看,律师应加强对量刑证据的收集,积极与检察官展开量刑协商。

二是公开律师执业信息,以公开促提升。为提升律师专业服务水平,近期

---

① 杨立新:《认罪认罚从宽制度理解与适用》,载《国家检察官学院学报》2019年第1期。

② 辩诉交易中检察官常用策略包括:第一,超越案件事实,提出不太可能满足审判举证责任的指控;第二,过度诉诸法律,提出基于对界定刑事责任的法规或先例的激进解释来进行指控;第三,超越案件的公平范围,提出过于严厉的指控。参见 Andrew Manuel Crespo. *The Hidden Law of Plea Bargaining*. Columbia Law Review. June, 2018。

③ 胡云腾主编、最高人民法院刑事审判第一庭编著:《认罪认罚从宽制度的理解与适用》,人民法院出版社2018年版,第93页。

④ 杨立新:《认罪认罚从宽制度理解与适用》,载《国家检察官学院学报》2019年第1期。

要建立律师专业水平评价体系和评定机制。[①] 笔者认为，律师服务作为一项高度市场化的行为，律师的专业化水平应当由委托人和市场进行评判，而非由政府部门考核评定。当政府认证的专业律师不能让当事人满意甚至产生纠纷时，当事人必然会对授予其专业名号的机构产生质疑，导致政府公信力下降。针对当前律师行业市场不透明、监督不够的现状，应通过建立律师数据库，将律师个人情况、擅长业务和方向、当事人评价等信息予以整合并向社会公开，让律师服务以更便捷的方式接受市场评价和监督，以公开促使其提升法律服务质量。

3. 多措并举，减轻羁押场所交叉感染

速裁案件中被告人大多主观恶性不大，但被拘留、逮捕后，受到看守所的交叉感染不仅导致上诉案件增加，对其回归社会也造成了障碍。对此建议：其一，适当扩大缓刑的适用比例。根据案件类型，对获得谅解的故意伤害罪、醉酒情节较轻的危险驾驶罪、无前科小额盗窃罪或其他犯罪情节轻微的被告人，在侦查或起诉阶段即先行启动评估程序，评估缓刑的可能性，便于法官在结合评估结果的基础上，争取适用缓刑。其二，探索在看守所内部对轻微罪被告人划设专门羁押区域，将量刑建议刑期在有期徒刑 3 个月以下、无前科、主观恶性小的故意犯罪和建议刑期在有期徒刑 6 个月以下、过失犯罪的被告人单独羁押，发挥好看守所正向教育和惩戒功能。如中山市看守所实施危险驾驶人员分类集中关押后，减轻了在押人员的恐惧心理，有效防止了被其他在押人员“交叉感染”。[②]

---

① 《司法部关于扩大律师专业水平评价体系和评定机制试点的通知》，载中国政府法制信息网：http://www.moj.gov.cn/Department/content/2019－03/27/613_231628.html，最后访问日期：2019 年 6 月 17 日。

② 彭熙海：《把特大型看守所带成全国标兵所》，载中山市公安局政务网：http://www.gdzs110.gov.cn/main/infos/view/index.action?id=6511，最后访问日期：2019 年 6 月 10 日。

司法责任制下民事审判监督程序[*]的功能续造

——以中级法院审判监督程序为视角[**]

姚志伟　刘吉旭[***]

【论文提要】

司法责任制作为本次司法改革最核心的制度之一，不仅在形式上是一种质量控制机制，而且实质上更是关乎国家司法公信力的修复及提升。在我国现行司法改革中，作为整个改革的把手，司法责任制具有惩戒、制裁、威慑司法人员不法行为之功效。申诉审查权，作为民事诉讼法构建的审判监督权的重要组成部分，与司法责任制中制定动机、目的追求存在诸多关联性与相同性，大量审判监督权运行司法实践亦证明了上述论述。厘清审判监督权在构建司法责任制中的体系地位及作用有利于为具体构建法官追责和惩戒制度提供可行路径选择，为司法责任制的落实提供有力的支撑和落地点，进而再次发挥审判监督程序应有的功能。

本文主要分为四个部分，其中，第一部分以某中级法院民事申请再审案件的司法实践数据为研究样本，就当前我国民事审判监督程序的司法实践所展现的现状进行分析。第二部分则结合司法审判实践，就当下民事审判监督程序审判实践现状下的反思，即审判监督程序的权利补救与法律监督功能失衡、审判监督程序反向制约审判实践功能受困、审判监督程序功能无法满足现实司法需求。第三部分则结合司法责任制的内涵要求，通过理顺民事审判监督程序与司法责任制的内部联系，提出民事审判监督程序在司法责任制下的功能续造：反向制约指导、法律统一适用和监督司法行为。第四部分则从民事审判监督程序

---

[*] 文中的审判监督程序仅限指针对当事人提出再审申请的再审审查程序和再审审理程序组成的再审程序，不包括法院依职权提起再审和检察院抗诉再审。

[**] 本文获全国法院系统第三十一届学术讨论会优秀奖。

[***] 姚志伟，北京市第一中级人民法院申诉审查庭法官助理，曾荣获北京法院系统第二十七届、第三十届学术讨论会优秀奖；刘吉旭，甘肃省高级人民法院研究室法官助理。

功能续造的实现路径角度,从法院内部互动机制推动反向制约、法律适用统一,融合法官惩戒制度保障监督效果提出建议。

【主要创新观点】

1. 本文立足于司法责任制下,对我国民事审判监督程序功能实践现状下的反思,明确提出了审判监督程序的权利补救与法律监督功能失衡、审判监督程序反向制约审判实践功能受困、审判监督程序功能无法满足现实司法需求的三大困境。

2. 本文结合司法责任制的内涵要求,通过理顺民事审判监督程序与司法责任制的内部联系,提出民事审判监督程序在司法责任制下的功能续造三大方向:反向制约指导、法律统一适用和监督司法行为。

3. 本文从民事审判监督程序功能续造的实现路径角度,提出了从法院内部互动机制推动反向制约、法律适用统一,融合法官惩戒制度保障监督效果的具有实际可操作性的建议。

引 言

民事审判监督程序,通过对已经生效的判决、裁定或者调解书中存在的错误予以实质性否定,在及时对当事人或者案外人的民事权益进行救济的方面发挥重要作用,但是现行的司法审判实践亦展现出民事审判监督程序功能弱化的倾向。最高人民法院于 2019 年发布的《人民法院第五个五年改革纲要(2019—2023)》,明确提出"全面落实司法责任制,完善审判监督管理机制和法律统一适用机制,健全司法履职保障和违法审判责任追究机制,构建以司法责任制为核心的中国特色社会主义审判权力运行体系"目标。因此,有必要围绕司法责任制,就作为司法审判权运行体系当中重要一环的民事审判监督程序的审判实践运行困境原因与改善方向进行研究,更好发挥其在审判权力体系中应有的功能。

一、民事审判监督程序审判实践中的现状

民事诉讼规律与民事审判实践表明,言词证据的伪变、法庭调查的缺陷以及外力的干预,决定了司法认知存在天然的局限性,使得民事审判发生误判错判的情形成为可能,从而需要通过设立民事审判监督程序,对可能存在错误的生效裁判进行纠正,保障案件当事人或者案外人的合法利益得到有效救济。①

---

① 徐玲利、黄学昌:《基于实证考察的刑事再审制度之重构——以 G 省 D 市 2009 年至 2013 年刑事再审案件为样本》,载《中国刑事法杂志》2014 年第 4 期。

我国的民事审判监督程序,自 1982 年《民事诉讼法(试行)》、1991 年《民事诉讼法》规定之后,历经 2007 年、2012 年、2017 年三次《民事诉讼法》重大修订,在审判实践中已实施 30 多年,对当事人或者案外人的民事权益因被生效的判决、裁定、调解书所侵害的情形进行了必要的救济,有效维护了当事人或者案外人的民事权益。同时,在当前的民事审判监督程序的实践中,对于当事人或者案外人申请再审的民事案件数量、民事申请再审案件因存在事实或法律不当而被提起再审的案件数量和民事申请再审案件中因同类事由而被提起再审的案件数量等持续增长的现象亦应值得关注:

(一)当事人申请再审的民事案件数量逐年增多

随着《民事诉讼法》对于当事人申请再审的权利按照"再审之诉"的标准进行诉权构造,强化了当事人通过行使申请再审的权利以主张自身的民事权益,而立案登记制度的实施,则进一步便利了当事人行使申请再审的诉讼权利,当事人或者案外人通过对生效的民事裁判或调解书申请再审的民事案件数量逐年增多(见图 1)。

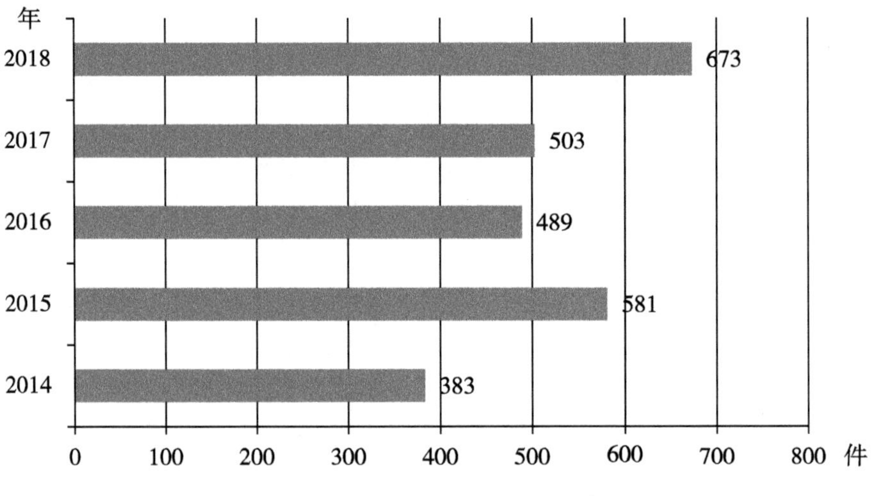

图 1　B 市某中级法院近五年立案受理民事申请再审案件数量

(二)民事申请再审案件的提起再审率位居高位

2012 年的《民事诉讼法》第 200 条明确列举了十三种当事人的再审申请应当提起再审的情形,2015 年《最高人民法院关于适用〈中华人民共和国民事诉讼法〉的解释》(以下简称《民事诉讼法解释》)第 387 ~ 394 条,则对上述十三种情形进行了具体的解释。在当事人申请再审的事由符合法定提起再审条件日渐明确的情形下,推动了民事审判监督程序在审判实践中更好的发挥。根据 B 市某中级法院就近五年来当事人申请再审事由符合法定提起再审条件案件进行的统计，近五年提起再审案件的比例显属不低，基本维持在10%的高位（见图2）。

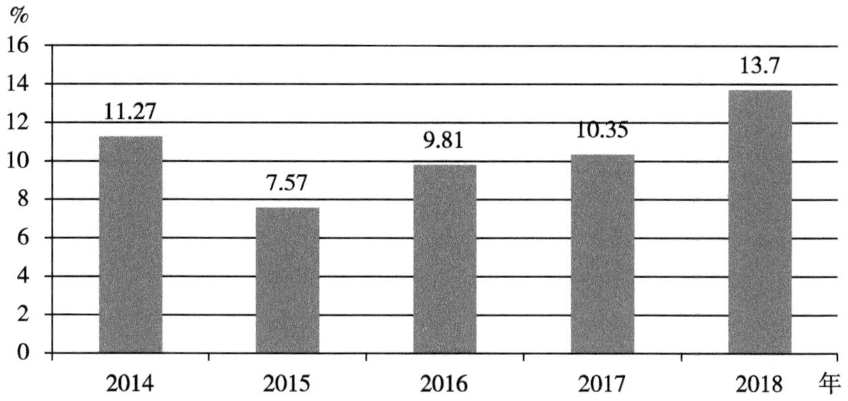

图2　B市某中级法院近五年民事申请再审案件提审率

（三）源自同类情形提起再审的案件比例长期未降

在民事审判监督程序持续发挥应有审判程序功能情形下，先前的一、二审案件审理中已经存在的问题并未得到有效的改善。通过对B市某中级法院2014年至2018年五年间因当事人申请再审而提起再审的案件进行归类分析，源自同一类的事由而提起再审的民事案件占该年度提起再审的民事案件的比例长期未发生变化。例如，因违反送达程序缺席审判而引发当事人申请再审且提起再审的民事案件所占比例长期在20%以上，未曾出现显著改善（见图3）。

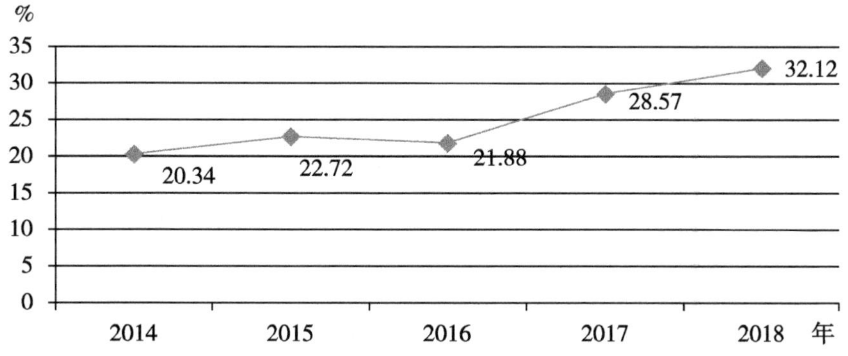

图3　B市某中级法院因公告送达程序有误提审案件占当年度提审的民事申请再审案件比例

二、民事审判监督程序审判实践现状下的反思

审视当下民事审判监督程序审判实践所呈现出的申请再审案件数量多、提

起再审案件比例高和同类案由提审所占比例长期大的表象,实质上反映出民事审判监督程序的功能在审判实践中出现了偏差。

(一)审判监督程序的权利补救与法律监督功能失衡

依循民事诉讼程序领域的基本原理以及一般规律,民事诉讼程序的应然作用直接引导着民事诉讼具体制度与规则的设计。[①] 就民事审判监督程序而言,民事再审事由是足以启动民事审判监督程序的法定理由,民事再审事由的具体内容与范围大小直接影响民事审判监督程序的价值功能与适用范围的大小。[②]《民事诉讼法》第200条列明了十三项具体化的再审事由,根据针对的具体问题,可将该十三项事由分为程序类事由、实体类事由和审判职业伦理类三大类型化事由。其中,程序类的事由判断具体明确,指向对程序正义的追求,体现了民事审判监督程序的补救功能;实体类事由判断不够明确,更加强调国家公权力对法律正确实施干预的功能,体现了民事审判监督程序的监督功能,从而形成民事审判监督程序"权利补救"与"法律监督"二元功能构造。[③]

然而,在审判实践中,"权利补救"与"法律监督"并存的民事审判监督程序功能已经失衡,"法律监督"功能日渐弱化,甚至存有名存实亡的危险。对于民事审判监督程序的功能的认知出现民事审判监督程序本质上是一种纠错机制,其功能是依法纠正已经生效的判决、裁定、调解书所存在的错误,维护生效裁判的权威的一元化倾向,认为只要已经生效的裁判于法有据,言之有理,就不能定性为存在错误,不能用一种审判观念取代另一种审判观念,或者用一种自由裁量权取代另一种自由裁量权。[④] 在审判监督程序功能过度倾斜于权利救济,专注于纠正案件错误进行权利补救,而将法律监督功能束之高阁的情形下,民事审判监督程序审判实践中,呈现出较高的民事申请再审案件的提审率纠正错误与较高的同类错误在民事案件继续出现而被提审的反差,亦就不足为奇。

(二)审判监督程序反向制约审判实践功能受困

1. 当事人申请再审启动再审程序自身构造存在脱节

2007年修订《民事诉讼法》设计民事审判监督程序时,采纳"按照诉权和诉之原理重构再审程序"的原则,通过"再审之诉"强化当事人的申请再审权,以诉

① 韩静茹:《错位与回归:民事再审制度之反思——以民事程序体系的新发展为背景》,载《现代法学》2013年第2期。

② 张卫平:《再审事由构成再探讨》,载《法学家》2007年第6期。

③ 蒋李:《第三人撤销之诉与再审程序适用范围之协商——以当事人适格为中心》,载《司法改革评论》2017年第1期。

④ 杜万华:《〈民事诉讼法〉司法解释重点问题解析》,载《法律适用》2015年第4期。

讼化的标准设置法院审查再审申请环节，规范法院审判监督权。同时设计出“二阶结构”的诉讼程序：先对当事人再审申请进行程序审查，决定是否提起再审；提起再审后再进行再审事由实体审查及再审审理。① 后续有关民事审判监督程序的立法以及司法解释规定，基本继续了这个思路，进一步强化了申请再审权和检察监督权，赋予当事人申请抗诉或检察建议的权利，同时微调再审事由，限定申请再审期限与次数，②并限制缩小当事人与案外人申请再审的案件范围。

在民事诉讼立法将民事审判监督程序设计成为两段构造的现状下，由于两段程序的职能存有不同，必然形成两段程序审查的侧重点存在差别，加之再审申请的审查和再审请求的审查分别由不同的审判职能部门承担，使得就当事人关于生效判决、裁定或者调解书在审判程序、事实认定、法律适用等方面提出的主张，产生差异化的认定结果时常出现在审判实践中。

2. 审判监督与审判实践司法互动存在脱节

审判监督程序是在第一审程序或第二审程序终结并且判决、裁定或者调解书发生法律效力之后，用以纠正已经生效的判决、裁定或者调解书中错误的一种救济性程序③，以此滞后程序而设立的再审审查权，与司法改革进程中高速运转的被监督的审判权，存在难以弥补的程序时间差，在客观上回应审判实践具有一定程度的迟延性。位居司法程序运行末端的审判监督程序，纵然发现已经生效的判决、裁定或者调解书存在的审判程序与实体处理的问题，只能通过再审裁判对已有生效判决、裁定或者调解书的效力调整，但是缺乏直接有效回馈审判实践的方式与途径，使得再审裁判的效力在法院内部监督的效力有限。加之在司法责任追究机制尚未正式清晰构建情形下，法官对于其所审理的案件被提起再审进行改判的责任承担成本极低，基本忽视再审裁判效力对其影响，使得有限的监督职能再次被打折扣。

（三）审判监督程序功能无法满足现实司法需求

作为行使国家司法权的法官，其在运用司法权的整个过程中的一言一行，不仅关乎案件当事人对于其本人所承办案件的评价，而且关乎法律和法治的声誉和基础。西方法律格言说：“尽管法官的判决可因其法律或事实上的错误受

① 张卫平：《论民事再审事由审查程序的法定化》，载《法学》2000 年 2 期。转引自吴英姿：《“再审之诉”的理论悖论与实践困境——申请再审权性质重述》，载《法学家》2018 年第 3 期。

② 吴英姿：《“再审之诉”的理论悖论与实践困境——申请再审权性质重述》，载《法学家》2018 年第 3 期。

③ 张丽：《论民事审判监督程序》，载《渤海大学学报（哲学社会科学版）》2006 年第 5 期。

到非难,法官的诚实和正直则不可怀疑。从长远看来,除了法官的人格外,没有其他东西可保证实现正义。"[①]司法的公信力,虽然会因为法官违法审判行为作出错误的裁判而下降,但法官违法审判行为并非系唯一原因,法官违背职业伦理所实施的与审判行为不具有直接关联,且易产生合理怀疑的不当行为,同样程度影响着司法公信力的基础。

当代司法运行机制呈现出司法过程公开透明、司法运作接近公众和司法活动民主参与等要素与司法裁判认可度与公信度正相关的趋势。[②] 这就要求法官在司法审判实践中,跳出依循法治固有的道德冷漠适用法律条款的窠臼,达到严格遵从司法职业论理与保障当事人民主参与庭审活动的有效统一。反观当前民事审判监督实践,当事人就生效的判决、裁定或调解书提出再审申请时,除了反映案件在审判程序、事实认定和法律适用等方面的问题外,往往还涉及法官在一、二审的审判程序中司法审判作风问题,比如民事案件再审申请人在其向法院提交的再审申请书中,明确以法官在开庭审理案件过程中,分配给各方当事人发表意见时间差异较大为由,认为法官主观上具有偏向性,作出的裁判结果肯定存在不公。现行《民事诉讼法》第200条所规定的十三项应当提起再审的事由中,仅有第十三项将审判人员审理该案件时有贪污受贿、徇私舞弊、枉法裁判等严重违反法官职业伦理的行为列入审判监督程序视野之中,即主要是围绕法官行使审判权展开的主观上故意采取违法审理案件的行为,与法官职业伦理责任所侧重的法官职业道德有所不同。

三、民事审判监督程序审判实践现状破解

面对审判实践反映出的功能失衡、无法反向制约审判实践以及落后现实司法需求的现状,民事审判监督程序亟须跟随司法体制改革的步伐,围绕司法责任制进行相应的功能革新,破解困局。

(一)司法责任制的认知

梳理以往从单纯结果导向的错案责任追究,到程序与实体并重的审判责任追究,再到聚焦在明晰审判组织和审判人员的职责和权限上的司法责任制的法官责任追究探索实践,[③]审判责任实现了以"行为—程序"监控替换"结果—实

---

① Herbert Broom: *A Selection of Legal Maxims*, Sweet & Maxwell, 1939, p. 48. 转引自王晨光:《法官职业化和法官职业道德建设》,载《江苏社会科学》2007年第1期。

② 公丕祥:《当代中国的自主型司法改革道路——基于中国司法国情的初步分析》,载《法律科学》2010年第3期。

③ 詹建红:《我国法官惩戒制度的困境与出路》,载《法学评论》2016年第2期。

体”导向的评判标准。[①] 本轮司法体制改革重点是以强调司法本身建设、加强内部监督，创设应对裁判者“道德风险行为”的约束与激励机制，[②]尤以设立的司法责任制最为典型。

在当前司法体制改革语境下，司法责任制的含义基本包含以下几层内容：第一，司法责任是一种特定主体的责任，承担主体系行使司法审判权的裁判者；第二，司法责任是一种特定因果责任，主体承担责任的原因系因其实施了违反法律程序或者存在枉法裁判的不当行为；第三，司法责任是一种特定法律责任，主体是否承担责任以及承担何种责任，均应由法律法规规定，而不由其他机关决定；第四，司法责任是一种特定能力责任，是对主体遵守法律程序、准确适用法律及展现司法作风的等能力的综合认定。[③]

综观最高人民法院发布的《人民法院第五个五年改革纲要（2019—2023）》中有关“以司法责任制为核心的中国特色社会主义审判权力运行体系”的内容，含括了审判监督管理机制、法律统一适用机制和法官惩戒机制等方面，实质系遵循以施行严格责任和管理监督、完善职业履职保障、确保现有法官恪守职责、赢得社会信任，[④]实现司法公信力的路径。

（二）司法责任制下审判监督程序的功能续造

一般意义而言，司法裁判的过程是严格按照“大前提—小前提—结论”三段论的形式逻辑过程，但在司法裁判活动中，单纯、机械的适用法律条款已不足以适应多样化的司法现实，需要法官不断在法律限制范围内创造性运用法律条款，进行司法的法律续造，即法官在个案裁判中，通过法律解释、漏洞填补、利益衡量、价值判断等方法，在现有法律条文基础上，发展出更具体、更精确甚至新的裁判规则，[⑤]使得业已成文的法律条款保持生命力，推动法律的进一步发展。民事审判监督程序，亦应遵循健全以司法责任制为核心的审判权力运行体系司法改革实现司法公信力之路径，进行司法的功能续造，满足现实司法审判实践之需求。

---

① 周赟：《错案责任追究机制之反思——兼议我国司法责任制度的完善进路》，载《法商研究》2017年第3期。

② 仇晓光：《独立、公信与信任——当下中国法官责任制改革的逻辑再述》，载《法治现代化研究》2017年第2期。

③ 王会清：《从错案责任制到司法责任制——理念与机制上的嬗变考》，载《湘潭大学学报（哲学社会科学版）》2019年第2期。

④ 仇晓光：《独立、公信与信任——当下中国法官责任制改革的逻辑再述》，载《法治现代化研究》2017年第2期。

⑤ ［德］卡尔·拉伦茨：《法学方法论》，陈爱娥译，商务印书馆2003年版，第247页。转引自李琪、王朝辉：《我国民事再审制度与法律续造》，载《法律适用》2014年第9期。

1. 反向制约指导功能

当事人享有的诉权和法院掌握的审判权二者之间的制衡,是民事诉讼程序正当性的基本保障。审判权的行使必须尊重和保障当事人诉讼权利的行使,并接受来自当事人的监督制约。在民事审判监督程序中,当事人针对生效的判决、裁定或调解书提出的再审申请,虽然系当事人在经过终审程序之后的事后救济途径,但一旦其提出的再审申请获得支持并经过再审审理从而作出新的裁判,则原有已经生效的判决、裁定或调解书的效力就被否定,客观上形成一种对原有审判程序的监督。

根据《民事诉讼法》所规定的再审事由的范围和内容,可以推导出审判监督程序的制度设计,对于审判监督程序先前的一、二审的普通程序有着显著的引导和规制作用,即从相反的方向划定了生效判决、裁定或调解书既判力作用的边界,而且这条边界随着再审事由和再审适用范围在立法规定及相应司法解释上的调整而推移,引发生效判决、裁定或调解书的既判力的实际作用范围亦会随之产生可大可小、可宽可窄的变化。[①] 在此情形下,一、二审的法官必须在审理各类民事案件的过程中谨慎遵循民事审判监督程序反向划定的边界,小心翼翼地绕开民事审判监督程序所规定的各项再审事由的情形,否则,作出的判决、裁定或调解书的既判力就有可能因为当事人提出的再审申请符合再审事由而被否定。在此意义上,民事审判监督程序对于预防一、二审审判活动在审判程序、事实认定以及法律适用方面的发生错误,具有重要的作用,亦即通过纠正原有生效裁判的错误、救济当事人民事权益,发挥反向监督制约一、二审审判功能。

2. 法律统一适用功能

法官的责任是当抽象的法律运用到具体的个案场合时,根据对法律的理解来解释法律,其核心点是力争实现个别案件的公正处理。在面对现实生活中纷繁复杂的民事案件时,由于法律本身所具有的滞后社会现实的局限性,以及现有法律对某些问题的规定具有原则性与概括性,使得法官有时需要综合借助专业知识、审判经验甚至生活常识进行法律思维的分析,行使自由裁量权进行裁判。此时法官个体发现问题的能力,逻辑推理的能力,研究案件的深度的差异,甚至法官在案件审理时的情绪状态和对当事人的第一感觉不同都会让法官自由裁量权的空间有所收缩,[②]导致对同类案件的裁判结果产生不同的影响。

司法的法律续造,在法律方法论意义上,其重点在于统一法律适用。[③] 法官

① 王亚新:《对抗与判定——日本民事诉讼的基本结构》,清华大学出版社2002年版,第355页。

② 马燕、金俭:《论民事再审自由裁量权的边界》,载《南京社会科学》2011年第11期。

③ 李琪、王朝辉:《我国民事再审制度与法律续造》,载《法律适用》2014年第9期。

一旦陷入主观认识上的错误，就会在判决、裁定或调解书适用法律上发生根本性的选择错误，此时，就需要加强适用法律选择的统一性，实现真实展现法律条款本意、修正法官适用错误、补充立法缺陷等作用。《民事诉讼法》第200条第6项条款明确将“原判决、裁定适用法律确有错误”作为应当再审的事由，《民事诉讼法解释》第390条则进一步进行了细化，达到排除法官因主观上的认识错误而客观上导致裁判错误的效果。民事审判监督程序通过对已经生效的一、二审案件适用法律有误的情形进行纠正，实际上体现了统一适用法律的功能。

3. 监督司法行为功能

在我国法治建设深入推进下，人民群众的司法需求不断提升，当事人对于司法公正的要求，已从单一的裁判处理公正，到审判程序与审判结果并重的公正，再到现在向着追求案件审理过程参与度公正的趋向发展。在落实司法责任制的司法改革大背景之下，民事审判监督程序的审查范围亦应作出适当范围的延伸，除了重点放在《民事诉讼法》第200条第13项规定的审判人员的司法腐败和法官渎职行为方面之外，延伸至法官在案件审理过程中与裁判结果无关的司法不当行为上。因为司法的公信力有可能因外部的因素干扰而受减损，更有可能因为内部的行为而被摧毁，法官如果不遵守司法职业道德，将会对司法公信力给予严重的打击。[①]

四、民事审判监督程序功能续造的实现路径

司法裁判的实质功效，在于合理调整利益冲突，通过个案纠纷的有效解决，实现社会的“规范之治”“法律之治”。从民事审判监督程序制度设计的理论上讲，通过审判监督程序的调整与规范，当事人通过行使再审申请权利救济自身民事权益的情形应当日趋减少，但是司法审判实践往往和理论存在出入，展现出另外的一副面貌。因此，需要立足司法审判实践，创新审判监督程序运行机制，实现审判监督程序的功能续造。

（一）法院内部互动机制推动反向制约、法律适用统一

再审事由审查程序是连接一、二审审判程序和再审审理程序的关键一环，再审事由审查结论能否准确、完整、全面向着正向后续再审审判程序与反向一线审判程序予以转达，直接影响着个案当事人的民事权益救济程度，以及类型化案件中当事人民事权益受到侵害的可能度。因此，应当完善法院内部互动机制，实现再审事由审查结论有效传达。

---

① 王晨光：《法官职业化和法官职业道德建设》，载《江苏社会科学》2007年第1期。

1. 个案的互动机制

就审判实践中单个案件而言,经过对当事人提出的再审申请进行审查后,发现原生效判决、裁定或调解书在审判程序、事实认定、法律适用或者司法作风方面存在不当,无论该不当之处是否符合《民事诉讼法》规定的应当再审的情形而被提起再审,均应通过向审理该案的法院发送审判监督函,将再审审查的意见予以告知,明确指出其在审理案件时存在的不当之处,并督促其在限定期限内给予合理反馈,实现再审事由审查程序与一、二审审判程序的互动,保证再审审查意见可以有效传达至一线的审判实践。同时,如果该案因在审判程序、事实认定和法律适用方面存在不当,且该不当之处符合《民事诉讼法》规定的应当再审的情形而被提起再审,则应将再审事由审查意见以《再审建议函》的形式,向后续的再审审理程序转达,实现再审审查程序与再审审判程序互动,保证再审事由审查与再审请求审判统一性,防止审判监督程序内部两段程序的审判脱节现象发生。

2. 类型化案件的互动机制

就审判实践中表现出的同类型或新颖性案件而言,则应通过建立司法审判争议集中会商机制,根据审判实践需要不定期举行,及时发现同类型或新颖性案件存在的突出问题、规范审查认证基本原则、统一法律具体适用,避免因法官自由裁量权行使差异过大,引发当事人不满而申请再审。在该机制下,应该强化再审审查意见的分量,因为相比较于一、二审审判程序,审判监督程序在处理案件时虽然具有明显的滞后性,对于同类型或新颖性的案件事实查明标准并无优势,但是其在法律适用上反而具有一、二审审判不具备的独特优势。当同类型案件进入审判监督程序时,可以充分发掘先前已经生效的一、二审裁判对同类型案件适用不同法律条款,进行自由裁量背后所折射出的利益衡量,更加深入、精确地将立法的本意、价值取向进行考量,作出再审裁判,从而使法律的抽象性和司法的具体性在审判监督程序中得到较完美的融合。[①] 当新颖性案件进入审判监督程序时,由于并无与之完全对应的法律、司法解释,需要一、二审的法官在各种相似的民事法律条款进行比对、类推适用,这就能够在充分比较各种类推适用法律条款的合理性的基础上,有理有据地统一裁判尺度,从另一个角度对因新颖性案件所带来的司法不足进行"能动司法"。

(二)融合法官惩戒制度保障监督效果

任何一项制度功能的有效发挥,除了详细具体具有可操作性的实施方案

---

① 李琪、王朝辉:《我国民事再审制度与法律续造》,载《法律适用》2014年第9期。

外，强有力的追责条款亦必不可少，否则该制度的功能必然无法全面实现。结合《人民法院第五个五年改革纲要（2019—2023）》提出的“设立最高人民法院惩戒委员会，推动在省一级全面设立法官惩戒委员会”等建立完善法官惩戒制度的内容，民事审判监督程序应积极融合到法官惩戒的同体惩戒模式之中，在追责方面享有一席之地，保证其监督成效，实现功能续造。具体的参与方式如下：

1. 惩戒线索收集发现权

进入再审审查程序的案件，除了《民事诉讼法》所规定的因当事人对已生效的民商事判决、裁定和调解书不服申请再审案件之外，还涉及根据涉诉信访改革经甄别审查决定立案导入复查程序的“信访、终结、接访”类案件，以及个别督交办协调导入类复查案件，相比于一、二审接收案件更具有广泛性，且上述各类案件中的当事人对于生效裁判不满情绪和对抗情绪更为强烈，不排除法官在案件审理中存在一定不当司法行为，通过对此类案件正式立案进行再审审查，作为收集发现法官是否存在不当行为的途径之一。

2. 惩戒程序提请审核权

追究法官的司法审判责任，需要以形成具体明确的惩戒理由与充分合理的证据材料，以及对案件的事实认定与法律适用争议清晰初步判断为前提。再审审查的对象为已经生效的判决、裁定或者调解书，通过针对当事人提出的再审申请进行审查，对于法官在审理案件时的审判程序遵守、基本事实审查认证和法律条款适用等主要情形有了比较明确的认知，可以发现法官是否存在惩戒事由中的不当行为，从而根据法官不当行为的具体情形判断是否确有必要追责，提交法官惩戒委员会审核。

3. 惩戒程序发表意见权

通过再审审查程序初步审查，对法官在审判过程中所实施行为的“不当性”存在“合理怀疑”，向法官惩戒委员会提请审核，经研究启动法官惩戒程序后，应赋予再审审查部门充分的陈述再审审查意见的权利，由再审审查部门认为应对法官进行惩戒出示相关证据或说明理由，并就法官的反驳意见进行再次进行说明。

结 语

民事审判监督程序作为司法审判程序中保护当事人民事权益的最后一道防线，对于纠正已有生效裁判或调解书的错误，补救当事人民事权益具有重要作用。面对民事审判监督程序审判实践的困境，应当围绕司法改革方向，通过法院内部良性互动机制、融合法官惩戒机制，实现功能续造，更好发挥给予当事人权利救济、反向制约审判实践、统一法律适用的功能，推动司法公信力的实现。

国家治理现代化语境下行政审判的本质与路径*

肖　克**

【论文提要】

习近平新时代中国特色社会主义思想明确,全面深化改革的总目标是完善和发展中国特色社会主义、推进国家治理体系和治理现代化。行政审判直接体现着政府与社会主体的互动关系,是反映国家治理和法治政府建设的晴雨表,是国家治理的重要方式之一。因此,应该从国家治理现代化的视角重新审视行政诉讼的功能定位。在提出上述问题的基础上,文章从以下几个方面进行了分析阐释:

首先,从治理理论出发,详细阐述了国家治理现代化与行政审判功能之间的关系,即国家治理现代化要求坚持以人民为中心的发展思想,要求实现法治政府,需要稳定的社会秩序,与行政诉讼法立法目的中的保障权利、监督权力和解决行政争议高度契合。

其次,论述国家治理现代化意义上的行政审判具有力求诉讼目的之均衡实现、贯穿适度能动的司法哲学、合作商谈方式运行、以社会主义核心价值观为引领四个方面的特点。实现行政审判功能充分发挥的必备要素包括:坚持党的领导,遵循适度能动的司法哲学,通过对话方式吸纳各方力量参与,坚持力求诉讼目的之均衡的司法理念。

最后,行政审判推动国家治理现代化的路径,即实践公正高效权威司法,助力完备科学民主立法,监督推进法治政府建设,布道全民守法社会风尚。

【主要创新观点】

1. 将国家治理现代化与行政审判结合思考,阐述了国家治理现代化与行政

---

* 本文获全国法院系统第三十一届学术讨论会优秀奖。

** 肖克,北京市第一中级人民法院行政庭法官助理。

审判功能定位之间的关系，并得出国家治理现代化语境下行政审判的特点。结合“平衡论”“民主商谈理论”“和合思想”“司法能动主义”“核心价值观理论”等基础理论，明确了行政审判充分发挥功能服务于国家治理现代化目标实现的理论基础。

2. 通过观察行政审判实践，得出行政审判功能得以发挥的实践前提，即坚持党的领导，遵循适度能动的司法哲学，坚持力求诉讼目的之均衡的司法理念，通过对话方式吸纳各方力量参与。

3. 系统梳理了行政审判推动国家治理现代化的途径，并结合行政审判实践中的做法和案例进行了阐述，包括实践公正高效权威司法，助力完备科学民主立法，监督推进法治政府建设，营造全民守法社会风尚。

一、问题的提出

伴随着经济社会的不断发展，社会主要矛盾变化、多元价值并存，国家治理难度日益增加。在此背景下，习近平新时代中国特色社会主义思想指出，全面深化改革的总目标是完善和发展中国特色社会主义、推进国家治理体系和治理现代化。[①] 这一全新的政治理念表明我党对社会政治发展规律有了新的认识，也为治国理政提供了理论支撑。国家治理现代化的过程中伴随着国家各项制度的法治化及治理手段的法治化，可以说国家治理法治化是治理现代化的题中之意。行政审判作为国家司法制度的重要组成部分，直接体现着政府与社会主体的互动关系，在法治国家、法治政府、法治社会一体建设中发挥着重要功能，是反映国家治理和法治政府建设的晴雨表，可以说行政审判是国家治理的重要方式之一。

故准确定位治理现代化语境下的行政审判，对于充分有效发挥行政审判的制度功能，实现国家治理体系与治理能力现代化目标十分关键。

二、理论基础：国家治理现代化语境下的行政审判

（一）国家治理现代化的语境

1. 治理概念的流变：从统治、管理到治理。“‘治理’一词在英语国家作为日常用语出现已有数百年，指的是在特定范围内行使权威。”[②]长期以来，“治理”

① 习近平：《决胜全面建成小康社会，夺取新时代中国特色社会主义伟大胜利：在中国共产党第十九次全国代表大会上的报告》，载《党的十九大报告辅导读本》，人民出版社 2017 年版，第 19 页。

② 王东生：《国家治理体系现代化：文献回顾与研究进路》，载《社会主义研究》2018 年第 4 期。

(governance)与“统治”(government)一词不加区分地交叉使用,1989 年世界银行报告提出建立“良好治理”制度,“治理”一词才被赋予了不同于“统治”与“管理”的时代意义。① 全球治理委员会定义治理是公共部门、私人部门甚至公民个人等共同管理社会公共事务的多种方式的总和。②

从法律语言学的角度看,统治和管理强调的是以统治者、管理者为单一权力中心,以直接命令的方式进行,严格区分统治者、管理者与被统治者、被管理者。与之不同,治理强调的是多元化主体之间通过沟通、协商、合作、互动的方式共同参与公共生活。治理语境下,政府、社会组织、公司法人及公民个人都是可调动的治理主体。

2. 国家治理现代化的本土含义及法治内涵。“国家治理体系和治理能力是一个国家制度和制度执行能力的集中体现。国家治理体系是在党领导下管理国家的制度体系;国家治理能力则是运用国家制度管理社会各方面事务的能力。”③“所谓国家治理现代化,包含着国家治理的民主化、科学化、智能化、法治化等意蕴。”④国家治理现代化是一个不断推进的过程,要求治理体系与治理能力适应时代变化。

法治对于实现国家治理现代化意义重大,在一定程度上,国家治理现代化就是国家治理法治化,“推进国家治理现代化本体上和路径上就是推进国家治理法治化”⑤。法治视角下的国家治理现代化意指良法善治,即构建体现秩序、公正、人权、效率与和谐等良好价值的制度体系,实现以人为本、依法治理与合作治理为内容的善治局面。

(二)国家治理现代化与行政审判功能定位的关系

行政审判的特质在于它融合了政府治理、司法治理与社会治理,体现着国家治理各个主体之间的互动关系。因此,行政审判功能的充分发挥有赖于清晰地理解其与国家治理的关系。追根溯源,作为行政审判法规范来源的行政诉讼法确立了保护私权利、规范公权力与解决行政争议的立法目的,三者与国家治理现代化的要求高度契合。

---

① 李尧远、张嘉雯、任宗哲:《国家治理现代化:共识、分歧与误区》,载《宁夏社会科学》2018 年第 3 期。

② Commission on Global Governance: *Our Global Neighborhood*, Oxford: Oxford University Press, 1995, p. 23.

③ 习近平:《切实把思想统一到党的十八届三中全会精神上来(2013 年 11 月 12 日)》,载中共中央党史和文献研究院编:《十八大以来重要文献选编》(上),中央文献出版社 2014 年版,第 547 ~ 548 页。

④ 江必新:《国家治理现代化与行政法治》,中国法制出版社 2016 年版,第 1 页。

⑤ 张文显:《法治与国家治理现代化》,载《中国法学》2014 年第 4 期。

1. 作为核心目的的保护公民合法权利体现了以人民为中心的思想。国家治理现代化的终极目的在于人的自由与幸福。党的十九大报告强调"以人民为中心"的发展思想，从治理角度讲，"以人民为中心"就是"形成有效的社会治理、良好的社会秩序，使人民获得感、幸福感、安全感更加充实、更有保障、更可持续"①。《行政诉讼法》第 1 条规定，保护公民、法人和其他组织的合法权益是对"行政诉讼宪法基础的直接的、深刻的反映"②，与"以人民为中心"的发展思想高度契合。因此，行政诉讼是救济被违法行政行为侵犯的合法权益的主要渠道，充分保障合法私权益，让当事人在每一个行政案件中体会到公平正义作为行政审判之首要核心价值的地位是不能动摇的。

2. 作为独特功能的监督公权力运行与法治政府建设密不可分。国家治理现代化要求建立法治政府，规范公权力运行。政府在国家治理体系中的作用不言而喻，政府权力行使得当会增进人民的福祉，如存在决策违法或不当、执法违法或不当、行政不作为、程序不透明及信息不公开③等情形，则会引发大量的社会矛盾，特别是行政争议，影响法治政府建设。行政审判作为行政关系的"调节器"，是国家治理尤其是政府治理体系中的"免疫系统"。④ 其特有的监督规范行政权力运行的功能可以使政府行政服从良善规则，推进法治政府建设。

3. 作为基础功能的解决行政争议是社会秩序稳定的必备条件。"行政诉讼制度首先是一种诉讼制度，一种解决行政争议的诉讼制度"⑤，解决行政争议是行政审判的基础功能。行政争议是因公权力与私权利发生冲突而产生的，通过行政审判的调整使得权利与权力达到平衡状态，则意味着争议得以解决。近年来，行政争议频发，特别是在土地征收、征用及城市综合管理、环境保护等领域集中出现了社会冲突型行政争议，解决不好，将严重威胁社会秩序稳定。而国家治理体系的良性运转需要稳定的社会秩序，防范和化解重大社会风险。行政审判实质高效解决行政争议，尤其在化解社会冲突型行政争议方面的作用是社会秩序稳定的必备条件。

国家治理现代化要求坚持以人民为中心的发展思想，要求实现法治政府，需要稳定的社会秩序，而行政诉讼法立法目的的实现恰恰能够满足上述需要。由是观之，行政审判已然内嵌于国家治理体系之中，成为推进国家治理现代化

---

① 习近平：《决胜全面建成小康社会，夺取新时代中国特色社会主义伟大胜利：在中国共产党第十九次全国代表大会上的报告》，载《党的十九大报告辅导读本》，人民出版社 2017 年版，第 44 页。

② 杨伟东：《权力结构中的行政诉讼》，北京大学出版社 2008 年版，第 71 页。

③ 马怀德主编：《全面推进依法行政的法律问题研究》，中国法制出版社 2014 年版，第 8 页。

④ 江必新：《国家治理现代化与行政法治》，中国法制出版社 2016 年版，第 146 页。

⑤ 姜明安：《行政诉讼法》，北京大学出版社 2016 年版，第 79 页。

进程的“既定性要素”和不容忽视的“主力军”。[①] 如果作为解决行政争议最终途径的行政审判失灵，会导致国家治理陷入困境。因此，行政审判的运行与改革创新应该在国家治理现代化的框架内进行，以便充分发挥自身功能，深度参与国家治理。

（三）国家治理现代化语境下的行政审判的特点

1. 力求诉讼目的之均衡实现。规范权力、保障权利与化解争议三者中，保障权利是核心目的，规范权力是独特功能，化解争议是基础功能。从治理角度看，三者有不同的价值面向，保障权利面向人本价值，规范权力面向法治政府建设，而化解争议面向社会秩序稳定价值，三者的效果实现最终都指向人民的福祉。良好的行政审判运行应该是三者的综合实现，不可偏废。

2. 贯穿适度能动的司法哲学。适度能动司法哲学意指，立足司法能动性的内在构成要素——独立、专业、远见、开创、灵活，采取私法造法、社会塑造、权力扩展、优化程序、突破先例等方式，发挥法官的主观能动性，公平裁判争议，实质解决争议，弥补立法漏洞、引导社会主流价值。同时将司法能动限制在分权原则、民主原则、中立原则、比例原则的范围内。[②] 坚持适度能动的司法哲学就是反对司法消极主义与司法超级能动主义两种倾向。前者是怠于履行司法职责，会导致行政审判功能的自我阉割，丧失存在价值。后者是突破分工负责原则，会导致司法专横，损害效率和秩序价值。

3. 合作商谈方式运行。合作商谈方式运行的本质是司法机关、行政机关和私权利主体的良性互动关系，意味着不同治理主体在行政审判实践中协作互动。其中既有程序合作主义哲学的秉承，也有中国传统中“和合”思想的精髓。行政审判实践中，法官以解决争议为导向，充分行使释明权，主动探知原告的诉讼目的，调动各方面积极力量，促进协商解决争议的实例越来越多，解决争议的作用也日益凸显。此种有益做法解决了行政审判审查行政行为合法性的运行方式与权益救济之间脱节造成的程序空转现象，实现了争议的实质解决。

4. 以社会主义核心价值观为引领。社会主义核心价值观是创新国家治理体系和治理能力的人文精神内核和价值保证，它在推进国家治理现代化中的功能主要集中在导向功能、凝聚功能和激励功能三个方面。[③] 国家治理现代化意

---

① 江必新：《国家治理现代化与行政法治》，中国法制出版社2016年版，第146页。

② 高家伟：《公正高效权威视野下的行政司法制度研究》，中国人民公安大学出版社2013年版，第225页。

③ 刘九万：《社会主义核心价值观在国家治理现代化中的功能》，载《延边大学学报(社会科学版)》2018年第5期。

义上的行政审判承载着社会公众的法治教化功能，影响着政治国家，也塑造着公民社会。为此，行政审判应以社会主义核心价值观为引领，引导和塑造社会主流价值。具体表现为行政裁判文书要以法律规定、法律原则为依据的同时，结合社会主义核心价值观，对案涉法律问题进行必要的价值判断及利益衡量，培养公众信仰主流价值，自觉践行社会主义核心价值观的要求。

三、实践前提：实现行政审判功能充分发挥的必备要素

在准确定位的基础上，行政审判有效运行与完善创新的前提和方向是坚持党的领导，遵循适度能动的司法哲学，坚持力求诉讼目的之均衡的司法理念，通过对话方式吸纳各方力量参与。

（一）坚持党的领导

行政审判作为国家司法制度的一个方面，作为政法工作的组成部分，其运行和改革创新必须坚持党的领导，坚持正确的政治方向。

申言之，宏观层面，中国共产党作为执政党，肩负着实现国家现代化和民族复兴的历史使命，党的领导不仅具有历史的政治正当性，而且存在宪法制度基础。国家治理现代化是在党的领导下逐步实现治理体系和治理能力现代化的过程，“是我们党为不断提高运用中国特色社会主义制度有效治理国家能力作出的重要战略安排”①。中观层面，党的领导是实现依法治国的保证，法治建设的动员、组织、协调、培育都需要党的领导。司法机关作为国家政权的组成，司法改革作为实现依法治国方略的重要方面，需要党的领导。《人民法院第五个五年改革纲要（2019—2023）》强调，“始终坚持党对人民法院工作的绝对领导，始终坚持司法改革在党的领导下进行”②。微观层面，行政审判解决争议的过程中，尤其是重大疑难复杂案件中，需要各级党委发挥协调关系、调动资源、化解矛盾方面的优势，助力法院解决争议。

（二）遵循适度能动的司法哲学

国家治理现代化要求法官遵循适度能动的司法哲学，在现有制度框架内，在客观实际允许的条件下，充分发挥主观能动性。

1. 诉权保护中的适度能动，它表现为对公民诉权行使的保护与规范。具言之，一是畅通公民诉权行使的途径。对于符合起诉条件的诉讼，必须进入实体

---

① 中共中央宣传部编：《习近平新时代中国特色社会主义思想三十讲》，学习出版社 2018 年版，第 98 页。

② 《最高人民法院关于深化人民法院司法体制综合配套改革的意见》，载《人民法院报》2019 年 2 月 28 日，第 2 版。

审理。对于根据现行法律、司法解释的规定不能明显判断的个案情况,先收进来,而不是作出限缩性解释,拒绝裁判。二是要考虑到司法资源与行政资源的有限性。通过行使法官释明权,纠正不规范行使诉权的行为,坚决限制明显滥用诉权的行为。

2. 权力监督中的适度能动,它表现为对行政权行使的尊重和监督。行政权实现公共利益的方式倾向于追求行政效率价值,而司法权实现公共利益的方式则倾向于为追求公平价值。两者虽有不同,但在保障公共利益方面可以得到和解,因为两者追求的终极目标是一致的,即国家利益。如此,行政审判不仅要有效监督行政机关不合法、不合理的履职行为,通过撤销、确认违法、变更等判决方式予以纠正,而且要保障行政机关合法行使职权,尊重行政机关的专业判断及合法的行政惯例。

3. 争议解决中的适度能动,它表现为法官为各方当事人搭建协商合作的平台,促进各方平等协商,让渡利益,促成和解。需要指出的是,实质解决行政争议不仅要解决个案纠纷,而且要考虑规范秩序的维护,考虑社会主流价值的塑造。“如果不考虑司法制度的作用在于通过解决具体的纠纷来维护一般规范秩序,并以此促进大量的纠纷得到自发的解决,要想恰当地评价它的功能是不可能的。”①换言之,不能为了解决个案争议,在未查清案件事实、未明晰法律关系的情形下,以牺牲公共利益的代价,满足个案当事人的诉求,勉强和解。或者以公权力为工具强迫和解。

(三)坚持力求诉讼目的之均衡的审判理念

审判实践中形成了以实现诉讼目的均衡的审判理念,即保护并规范公民行使诉权,尊重并监督行政权运行,三方合作(政府治理、司法治理与社会治理有机统一),行政争议得以实质解决,社会秩序得以维护,公民的合法权利得以保障。

上述审判理念要求行政审判在监督权力、保护权利、解决争议三个方面综合发挥功能。从审判的起点出发,强调充分保护诉权,同时规范诉权行使。进而强调行政审判特有的监督功能,监督既包含对于违法行为的纠正,也包括对合法合理行为的肯定、对合法行政惯例的尊重。进入审理程序,法官及各方当事人合作对话,共同推进程序运转。最终达到实质解决行政争议的效果,使社会秩序得以修复、法律关系得以恢复、合法权益得以保障、受损权益

① [日]棚濑孝雄:《纠纷的解决与审判制度》,王亚新译,中国政法大学出版社1994年版,第27页。

得到赔偿。

（四）从对抗式庭审走向对话式庭审

秉承合作商谈运行模式具体表现为法官与各方“对话”机制，将行政审判的过程由传统的双方诉求抗争转变为法官和当事人形成作业共同体，当事人和法官均积极行使权利或职权推动诉讼的快速进行。①

具言之，法官在与原告的对话中，了解原告的根本诉讼目的，充分行使释明权，实现诉权的保护和规范。在与行政机关的对话中，了解其执法现状和思路，适度行使法官建议权，实现对行政权的尊重与监督。在与社会组织的对话中，了解其功能及专业优势，巧用社会组织的力量化解行政争议。在与社会公众的对话中，了解不同的价值取向，积极行使法官话语权，引导其他价值观向主流靠拢，塑造社会主流价值。同时，发挥行政审判程序的对话功能，为各方当事人搭建对话平台，增进理解，消解误会，达成共识。“它（治理）所要创造的结构或秩序不能从外部强加，它之所以发挥作用，是要依靠多种进行统治的以及相互发生影响的行为体的互动。”②为此，法官不仅是裁断者，更是引导各方合作对话的主持人，是协商解决争议的助成者。

四、路径归纳：行政审判推动国家治理现代化的渠道

厘清理论基础，明晰实践前提，进入实践阶段，行政审判通过实践司法、助力立法、监督政府和布道社会四种主要渠道参与国家治理，完成与其他治理主体良性互动。具言之：

（一）高效实质解决行政争议、提升司法公信力、发扬法律工匠精神是法官实践公正司法的主要途径

公正司法是国家治理法治化的必备要素，实践公正司法是法官最核心的任务。通过实践中公正高效权威司法，努力达到“努力让人民群众在每一个司法案件中都感受到公平正义”的目标。

1. 高效实质解决行政争议。第一，拓宽受案范围，拓宽行政诉权保护范围。受案范围是解决争议的逻辑起点。诚言之，目前受案范围比较狭窄，从保障诉权及拓展审判功能角度看，有必要拓宽。第二，放宽原告主体资格限制，为其寻

---

① 孟亮：《合作主义诉讼模式视角下的民事诉讼法律关系研究》，对外经济贸易大学2014年博士学位论文。

② Gerry Stroker：*Governance as Theory：Five Propositions*，International Social Science Journal，1998，pp. 17－18. 转引自解志勇、闫映全：《反向行政诉讼：全域性控权与实质性解决争议的新思路》，载《比较法研究》2018年第3期。

求救济敞开大门。设置原告主体资格的本意并非是限制公民诉权,而是引导公民以理性方式正确行使诉权。因此,应在综合考虑权利保护、公民素质提高及司法资源与法官承受能力的基础上,逐步减少限制。第三,明确争议解决标准。争议实质解决的标准有两个层面,案件层面的标准是法律共识效果、纠纷解决效果和社会教化效果的综合实现。[①] 治理层面的衡量标准,即法律方面实现服判息诉、自觉履行裁判;社会学方面实现化危为机、将消极因素转化为积极因素;经济发展方面实现良性竞争秩序的建构与恢复,三方面效果达到良性互动,个案正义、社会正义与经济正义达成统一的均衡状态。[②] 第四,行政法官应该本着适度能动的司法哲学,灵活运用法规范所能供给的方式,充分调动资源,解决争议。例如,史某要求公开自然保护区规划调整一案中,法院创新吸纳社会组织的力量,形成协调化解合力,妥善化解了该起涉高度敏感舆情纠纷。再如,赵某要求公开铁路建设环评批复信息一案中,法院巧借"府院联动"平台,引导行政机关主动作为,原告因知情权得到保障而撤诉。

2. 提升司法公信力。裁判文书充分说理及充分保障程序权利是提升司法公信力的关键。"判决是法官的声音,法官借此实现他在民主国家中的职责。"[③]裁判文书是法官的名片,一份符合法律逻辑、富有经验智慧的判决,一份弥合法律与社会差距的判决,一份充分体现并引导塑造社会主流价值观的判决,才能让当事人信服,确保司法权威。此外,法官应该充分尊重当事人的主体地位,保障其陈述申辩权,满足其个人感受的需求,让当事人在庭审中体会到被倾听、被理解、被尊重,有利于维护司法形象,增加公信力。如行政审判实践中,法官向原告释明案涉法律关系,充分听取其意见,原告感受到了法庭的理解和尊重申请撤回起诉的案例比比皆是。

3. 发扬法律工匠精神。法律工匠精神是指,法律人应当在实事求是的基础上精益求精,在现有资源允许的范围内努力追求法律工作内容、方式和方法的精细化。[④] 相较于民事和刑事审判,行政审判起步晚,理论体系和实践经验稍逊于两者,且具有两者不具备的复杂性,更需法律工匠精神。具言之,明晰诉讼请求、精细梳理案件事实、精研案涉法律问题、深思案件背后的社会问题、强化裁判文书说理。只有这样,行政审判才会向专业化方向延伸发展,行政法官才能

---

① 参见肖克:《行政争议的实质性解决与行政裁判文书改革》,载卞建主编:《诉讼法学研究》(第22卷),中国检察出版社2018年版。

② 高家伟:《论社会冲突型行政争议的实质性审判程序》,载《行政法学研究》2013年第4期。

③ [以]巴拉克:《民主国家的法官》,毕洪海译,法律出版社2011年版,第188页。

④ 高家伟:《试论行政行为合法性审查的类型化》,此文为高家伟教授在博士生指导课上的讲稿。

够驾驭司法实践中纷繁复杂的问题。

（二）立法过程建言献策、司法解释强化法律适用、个案审判对接法律与生活是法官作为立法合作者的主要方式

尽管我国并非判例法国家，司法机关不承担立法职责，但是法官在立法领域并非毫无建树，而是作为立法者的合作者，以推动实现“科学立法、民主立法”。

1. 立法征求意见过程中建言献策。在立法征求意见程序及论证程序中，法官应该发挥作用，也有能力发挥作用。基于审理案件积累的经验及对社会生活的观察，行政法官掌握了大量关于立法执行情况的信息，如将积累充分反馈给立法机关，对于完善立法大有益处。例如，笔者所在行政庭的法官通过在立法研讨会上建言献策，通过对立法部门征求意见稿积极回函、通过向有关部门报送法律问题调研报告等方式为立法完善贡献着司法的智慧。

2. 通过司法解释强化法律适用。“司法解释旨在确立抽象适用的规范，通过各级人民法院在审判中对司法解释的具体适用，使之与行政机关宏观调控的法规以及难以规范化的政策一道，在实质上成为国家宏观调控的依据与指南。”①“放到社会治理的视野下，司法解释其实是最高人民法院作为国家政权的一部分参与公共政策和影响社会生活的重要手段。”②行政审判涉及纷繁复杂的行政管理活动和社会生活，司法解释实际上起到了补充法律适用的准立法功能。

3. 通过个案法律适用对接法律与社会生活。法律源于社会生活，同时也重新塑造着社会生活，塑造的过程得益于法官在个案中分析和推理形成的法律规则。法律适用过程是法官通过个案解释将法律对接于社会生活的过程，个案审判确立的裁判标准补充着法律的模糊地带，弥合法律与社会生活的差距，影响法律的修改完善。例如，在政府信息公开条例的修改过程中，很多条款来源于审判实践中鲜活的案例确立的裁判标准。

（三）严格审查行为、活用司法建议、司法行政良性互动是法官推进法治政府建设的着力点

监督政府权力的运行是行政审判特有的功能。行政法官应作好公权力合法合理运行的监督人，助力“加快建设职能科学、权责法定、执法严明、公开公正、廉洁高效、守法诚信的法治政府”目标的实现。

1. 严格审查行政行为的合法性与合理性，监督行政机关依法行政。通过对

① 鲁篱、凌潇：《论法院的非司法化社会治理》，载《现代法学》2014 年第 1 期。

② 彭宁：《最高人民法院司法治理模式之反思》，载《法商研究》2019 年第 1 期。

被诉行为职权依据、事实认定、法律适用、程序以及裁量权行使等进行司法审查,对不履行、怠于履行法定职责的行政行为进行有效监督,通过裁判文书对不合法、不规范的行政行为予以否定判断,进而规范行政权运行,防止行政权的怠用。

2. 活用司法建议指出系统性问题,修复行政权运行的制度与机制。司法建议的目的在于使有关单位堵塞漏洞、改进工作、完善制度、消除不利因素。[①] 对行政管理中的一些系统性、制度性的问题,判决方式无法有效纠正,而司法建议往往能起到良好效果。司法建议的灵活运用,可以软化人民法院审判执行工作参与社会治理的刚性属性,将化解矛盾纠纷的视觉前移,放眼于如何预防矛盾纠纷的产生。[②] 如2016年到2018年,笔者所在行政庭依托案件审理,向有关部委发送司法建议20余件,大多得到了被建议单位的积极回函,以高质量的司法建议促进了行政管理规则的完善。

3. 通过司法行政良性互动,了解行政执法现状,宣讲法院裁判标准。法院在社会治理中具有一定的信息比较优势,可以通过与政府机关间信息的沟通与共享、重大案件事项通报与协调等非司法化治理方式,成为其他社会治理机构可靠的信息源,也为自身的社会治理储备足够的信息存量。[③] 如行政法官借助"府院联动"平台,通过案例研讨、交流授课等不同形式,将裁判理念及裁判标准传递给行政机关,促进了行政执法水平提升。

(四)判决引导价值、通过庭审普法、专著记录实践是法官布道社会风尚的立足处

全民守法的社会风尚是社会治理法治化的基础,为实现"让尊法、信法、守法、用法、护法成为全体人民的共同追求"的目标,法官承担了法治的布道者及教育者的职责。

1. 判决引导主流价值。"实际上,法官无法将自己与社会的基本价值割裂。他们会有意或无意地表达这些基本价值。"[④]判决应符合社会的基本价值,也应该宣扬社会的基本价值,在多元价值流变的社会中塑造社会主流价值观。如法院在国家环保日前夕通过多家主流媒体将环保类典型案例向社会发布,明确维护生态环境的裁判理念,起到了宣扬生态环保主流价值的良好效果。

---

① 林莉红:《行政诉讼法学》(第3版),武汉大学出版社2009年版,第245页。

② 夏祖银:《司法建议的实践价值、现实问题及完善路径》,载《人民法院报》2016年8月31日,第8版。

③ 鲁篱、凌潇:《论法院的非司法化社会治理》,载《现代法学》2014年第1期。

④ [以]巴拉克:《民主国家的法官》,毕洪海译,法律出版社2011年版,第61页。

2. 法庭作为普法场所。庭审中反映出的具体问题往往是社会生活的真切再现,以法庭作为普法宣传的场所,对于提升司法公信力有重要意义,尤其是社会关注度高、有法治教育意义和法律适用指导意义的案件的公开直播,对于促使全民守法有重要作用。

3. 专著记录司法实践。行政审判专业性要求职业化的法官,尤其是有深厚行政审判理论素养与实践积累的专家型法官。就法官发挥引导全民守法作用而言,撰写文章表达裁判理念与标准,乃至总结工作经验,著书立说,是法官实现自身价值比较高级的方式。“只要面对现实,充分运用我们的思维能力,即使是一位专门从事法律实务的法官,也同样可能获得真正有价值和有生命力的思想。”①

五、结语

国家治理现代化目标为行政审判改革提供了指引,行政审判也促进了国家治理现代化目标的实现。治理现代化意义上的行政审判是坚持党的领导,坚持适当能动的司法哲学,力求立法目的之均衡实现,搭建合作对话的平台的良性运行过程。为此,行政审判应坚持保护并规范公民诉权,尊重并监督公权力运行,三方合作,实质解决行政争议的司法理念,实现公正高效权威司法、助力完备科学民主立法、监督推进法治政府建设、布道全民守法社会风尚,以实现国家治理现代化为目标,主动积极作为。

---

① [美]本杰明·卡多佐:《司法过程的性质》,苏力译,商务印书馆1997年版,译者前言第5页。

北京法院优秀奖

走出舆论困境

——以人民法院防范化解重大风险、构建系统化舆情应对机制为视角*

赵　岩　陈　实　曾巧艺**

【论文提要】

人民法院是社会矛盾的汇集处，随着经济社会的飞速发展，越来越多的矛盾纠纷进入法院，这背后涉及国家安全、金融秩序、民生问题等方方面面，也潜藏着极大的社会风险。稍有不慎，极易引发社会关注，成为互联网上的热议话题，让人民法院陷入舆论旋涡。现实要求人民法院必须正视舆情、面对舆情、摆脱舆论构建的现实困境。本文以近年来发生的3个比较重大的舆情案例为切入点，结合所掌握的903个舆情研究样本提出了目前法院面临的舆情现状，并就法院为何陷入舆论困境的问题分析了三大原因：主观意识欠缺，应对能力不强，缺乏社会共识。在此基础上，提出了法院在面对舆情时应该转变理念，在司法开放与司法封闭之间选择一条折中之路——司法沟通，即平衡民意、沟通民意，有效回应社会关切。为了更好地解决这一问题，本文将舆情处置划分为三个阶段：舆情的识别与研判（预警）；舆情的应对与化解（处置）；公共关系的修复与重塑（延伸）。为了在论文中凸显对于实践的指导作用，笔者根据不同阶段舆情的重点、特点建立起了一整套立体式应对机制，涵盖了从预警到处置再到舆情案（事）件延伸处置的整个过程并进行了逐个分析：预警阶段需要紧紧把握全面监控与及时响应，处置阶段要把握及时有效和衔接顺畅，而延伸部分则要

---

* 本文获北京法院系统第三十一届学术讨论会优秀奖。

** 赵岩，北京市高级人民法院新闻宣传办公室副主任，曾获北京市法院第十七届学术讨论会三等奖；陈实，北京市第一中级人民法院民三庭副庭长，曾获全国法院系统第十六届学术讨论会二等奖，全国法院系统第十八届学术讨论会三等奖，北京市法院第十六届学术讨论会二等奖、北京市法院第十七届学术讨论会三等奖、北京市法院第十八届学术讨论会二等奖、北京市法院第十九届学术讨论会三等奖；曾巧艺，北京市第一中级人民法院机关团委书记。

注意舆情事件过后的公共关系修复与凝结社会共识。这部分内容也是本文研究的最重要成果。

【主要创新观点】

本文的主要创新点在于两个方面:一是理念观点上的创新,二是实践方法层面的创新。近年来,有关法院舆情应对的研究有很多,也提出了一些具体工作开展上的指导意见,但都显得较为笼统,不够深入。本文首先在理念上创新了一种思考路径,从当代中国司法制度与模式的层面来考量司法在面对舆论时的姿态,得出了司法与民意之间的关系应该是沟通式,而非简单的封闭式或全盘开放式。这就为法院舆情的处置指明了方向,也对重大舆情风险化解防范有了更加清晰的认识。在此基础上,本文提出了一整套系统的应对与防范机制,将整个舆情处置过程进行了三段划分,将每个阶段的重点工作进行了梳理提炼,特别是针对目前实践层面上比较难解决的舆情定级、分类的问题给出了明确指引,具有很强的可操作性。另外,除了案事件本身的处置外,本文特别强调了舆情处置的延伸功能,即强化修复与凝结共识的公共关系建设机制,将风险防范作为一项重要机制引入,真正从源头上解决法院面对舆情时的被动困境。

引　言

人民法院作为社会矛盾最后的汇集处,那些涉及国家安全、金融秩序、民生纠纷的社会关注案件背后,隐藏着大量社会问题和风险。这些社会问题和风险在网络语境中以网络舆情的形式表现出来,成为互联网上热议的话题和网民关注的焦点,稍有不慎,就可能不断放大,甚至向线下群体行动转化,进而对司法机关乃至社会稳定产生巨大冲击。从“李某某强奸案”“聂树斌案”到“于欢案”,近年来,舆情不论在广度还是深度上都以超乎想象的力量影响着我国的司法活动。害怕舆情又不得不面对舆情,这正是当前法院面临的“舆论困境”。

“明者远见于未萌,而智者避危于未形。”党的十九大报告提出,从2017年到2020年,是全面建成小康社会决胜期,这个时期要坚决打好防范化解重大风险攻坚战。对于人民法院而言,防范化解重大风险,更需要慎对舆情。法院面临的舆情困境现状如何?法院在舆情面前应该呈现怎样的姿态?法院应当建立怎样的应对体系,走出舆情困境,实现为保持经济持续健康发展和社会大局稳定提供有力司法服务和保障?本文拟从司法实践出发,为上述问题寻找答案。

一、以案为例:当前涉法舆情应对现状

“舆情,是由个人以及各种社会群体构成的社会公众,在一定的历史阶段和社会空间内,对自己关心或与自己利益密切相关的各种公共事务所持有的多种情绪、意愿、态度和意见交错的总和。”[①]民意,作为社会大众根据法律争议的外在社会价值形成的民众意愿,暗含着公众对司法正义的期望。[②]

【案例1】2013年2月20日,媒体报道李某某等五人因涉嫌强奸罪被刑事拘留,此案因涉及“军二代”“强奸”等敏感话题及名人身份,引发社会广泛关注。当事人律师、家属、被害人轮番通过媒体发布各种消息,从一审立案到2013年11月27日二审宣判,该案的舆情热度持续高温。受关注程度高、公众视角偏离审判本身、相关当事人借机炒作程度高是此类涉名人案件的显著特点。此外,因该案涉及未成年被告人,具有法定不公开的情节,客观上造成法院披露信息的有限性和公众对信息需求之间矛盾的升级,同时也给法院舆情处置工作增加了很大难度。

【案例2】2016年12月2日,最高人民法院第二巡回法庭对聂树斌故意杀人、强奸妇女再审案公开宣判,宣告撤销原审判决,改判聂树斌无罪。最高人民法院的宣判为这起历时21年、数次中止、四次延期复查的重大疑难案件画上了句号。而这场正义“长跑”的结束也在全社会引发聚焦、讨论和反思。从2005年开始,《河南商报》《南方周末》《新京报》等媒体记者对此案持续追踪报道,通过反映聂树斌案存在的问题,探讨聂树斌案形成的原因,持续追踪和挖掘更多的真相,引起社会的普遍关注,使得此案的诸多疑点被公之于众,最终推动再审、改判。在全面依法治国的今天,聂树斌案作为一起我国司法史上的标志性案件,其为类似冤假疑案的平反提供了可借鉴的经验。

【案例3】2017年3月23日,《南方周末》首发《刺死辱母者》,3月24日网易新闻《母亲欠债遭11人凌辱儿子目睹后刺死1人被判无期》的报道引爆舆论场,媒体及社会公众就高利贷追讨事件中的辱母细节与判决结果展开热议,舆论热度持续强势攀升,舆情迅速蔓延,网络点击、转发数量超过8亿,成为“现象级案件”。超过95%网民质疑判决。在7亿网民的集体关注下,山东省高级人民法院采用“图文+阶段性视频播报”的方式,对案件二审庭审进行了长达15小时的直播,用证据还原于欢案件的真相,使本案庭审成为全民共享的法治公

① 刘毅:《网络舆情研究概论》,天津人民出版社2007年版,第15页。

② 余才忠、熊峰、陈慧芳:《舆情民意与司法公正——网络环境下司法舆情的特点及应对》,载《法制与社会》2011年第12期。

开课。

上述三个案例是案件审理与舆情引导有效配合的成功范例,而现实状况中,涉法舆情始终处于高位运转的状态,突发事件、社会热点、新闻爆料此起彼伏,舆情的突发性、偶然性不断挑战着司法机关的舆情应对能力。

"天津老太摆摊获刑"案,引发网民热议,舆论一边倒抨击获罪不合理,而一审宣判后不久中央电视台播出了采访新闻发言人评论该案的"私录"视频,又引发次生舆情;随着司法改革的逐步深入,庭审直播、裁判文书公开等司法公开举措的不断深化落实,多地法院爆发"裁判文书舆情事件",引起了公众对于司法公信力的质疑。此外,今年以来,多地庭审视频直播发生了法官当庭呵斥律师遭到舆论指责的事件,亦对司法公信力造成了不良影响。

为进一步全面掌握全国法院舆情应对的整体情况,笔者以2016年至2018年有明确消息来源的903个舆情案(事)件作为研究样本,将所有舆情进行了分级、分类,同时对样本数在40件以上的类型进行了归类分析。从案件类型来看,主要集中于8类案件:涉贪腐类,涉情理法冲突或触及人们道德和认知底线类,涉民生群体性纠纷类,涉嫌冤假错案类,涉名人、知名机构类,涉法院或内部人员类,涉政治政策类以及其他类。

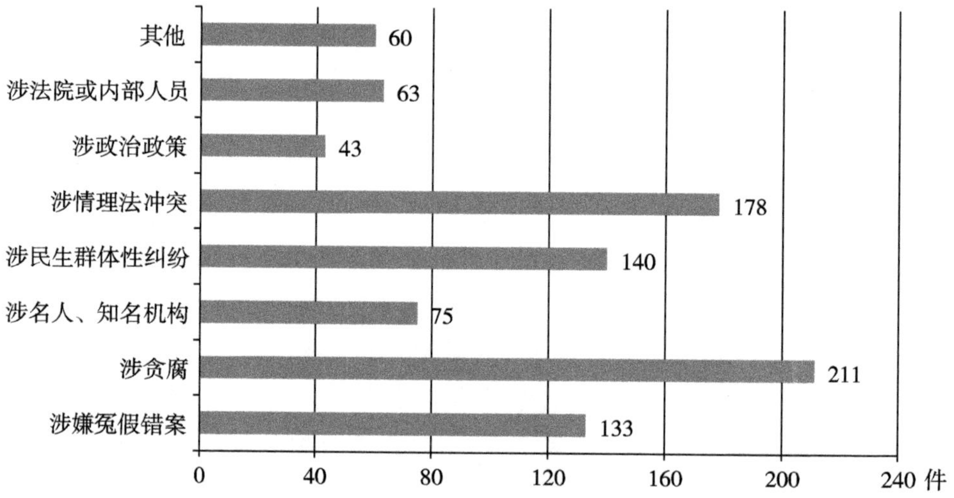

图1　903个样本的数量统计及归类

由图1可知,涉贪腐类案件最易引发舆情,达211件,占比23.4%,涉情理法冲突案件排名第二,总数178件,占比19.7%。其中,涉嫌冤假错案的舆情由于持续时间长、发酵周期多等特点反复出现舆情,随着实体处置的结束,相关的国家赔偿等问题依然是社会关注的热点。

二、追根溯源：法院为何陷入舆论困境

面对一波未平一波又起的舆情浪潮，司法机关并非没有应对。近年来，越来越多的法院开设了“两微一端”自媒体官方平台和账号，舆情发生后的回应速度也不断加快。积极主动的回应越来越多，通过新闻发布会主动对外发布社会关注案件的处理情况也逐渐增加。但自查自纠应对模式下，涉事方、责任方、回应方高度重叠的问题始终没有得到改善，且只重视速度而在一定程度上忽视回应的质量，导致次生舆情维持在高位，超过四成案件的应对效果不佳。在笔者看来，在重大敏感案件的审理中，“主观意识欠缺，应对能力不强，缺乏社会共识”是导致法院工作与社会认可常常出现冲突，并将法院推入舆论困境的三大原因。

（一）主观原因：回避与轻视酿成更严重的后果

负面信息如果能第一时间发现并处置，就能最大限度地避免发酵和演变成舆情事件。遗憾的是，相当一部分审判人员视“舆情”为洪水猛兽的传统意识根深蒂固，对舆情的防范意识不够，心存“鸵鸟思维”，认为“沉默就是最好回应”“过一段时间或两三天后舆情负面影响就会烟消云散，不攻自破，不战而胜”，发现问题没有及时全面上报，导致有些“苗头”的事件最终发酵成真正的舆情事件。还有一部分人缺乏风险意识，在与一些敏感案件的当事人或律师接触时，未尽到足够的注意义务，被人“抓了把柄”，形成舆情。

（二）能力不足：应对舆情缺乏科学和高效

舆情应对不是“简单”的事。舆情的识别、研判、应对三个环节必须环环相扣，密切关联。不少社会关注案件舆情处置属于“即兴发挥”，应对方式缺乏必要的针对策略和科学体系。既不研判舆情走势，也不关注热点评论，一旦出现舆情后不是狡辩就是删帖，非但不能达到预期效果，还极易引发次生舆情。很多法院舆情发现部门与实体处置部门的联动效率不高，很多问题无法第一时间发现第一时间通气，更难以迅速形成一致意见。这导致相当一部分舆情的处置过程存在舆情应对启动迟缓，舆情发布信息滞后等问题，“官方”声音的缺席导致真假难辨的碎片式涉案信息在网络中迅速传播，为后续舆情处置带来极大不便。

此外，司法机关通过议题设置，深化舆论引导效果的能力不足。这一点尤其体现在一些涉及情理法冲突的社会关注案件中。目前绝大多数的舆情处置是以网上热度下降，事件淡出人们视野为标准。在精准处置、扭转劣势，甚至利用舆情实现更深层次的普法教育上还需下大力气。

(三)情绪对立:司法与民意缺乏沟通

社会公众把法官看作"官",把当事人看作与法官对立的弱势一方仍然是一种普遍观念。公民对判决天然的"不认可",对法院"塔西佗陷阱"式的"不信任",造成许多案件的"谣言"甚至是荒谬信息不断传播,演变成严重的负面舆情。[①] 从"大学生掏鸟案""深圳鹦鹉案"的舆情演变发酵中可以看出,公众对于法律的认知和了解还远没有达到一定水平,尤其是在面对自己并不了解的领域时,选择性甚至是情绪化地站在了"弱者"一方,给法院的舆情处置带来了不小的困扰。

另外,媒介素养能力欠佳导致司法与民意的沟通"心有余而力不足"。虽然法院的新闻发言人制度已普遍建立,但很多法院仍然缺乏"会说话"的人,缺乏可以被媒体和网络传播采用的信息,缺乏媒体沟通技巧;外部能够"替法院说话"的意见领袖不多,有时邀请的"第三方发声",内容太过"法院化",难以引起共鸣。

三、价值重塑:司法应当沟通舆情民意

"舆论作为一种与新闻媒体相关联的态度和意见的综合表现,可以说是一种经过加工与转载的民意,其在本质上仍然是民意,或者说,舆论只是民意的表现形式之一。"[②]每一条涉法舆情背后,都关联着一起案件,其背后可能隐藏着矛盾与风险。随着互联网时代的到来,民意的表达有了更加便利、自由的平台,民众对司法的评判也因此变得更加快捷方便。与此同时,舆情民意与司法机关之间的矛盾问题甚至是失衡关系也越来越突出。那么,司法应该以怎样的姿态来对待民意所反映出的舆情?

(一)概念溯源——司法与舆情同根同源都是民意的体现

我国《宪法》第2条规定:"中华人民共和国一切权力属于人民。"我国是人民主权国家,这就意味着国家的一切权力属于人民,这也为国家权力的合法性提供依据。人民主权其中一个特征即是立法应当反映民意,法律的形成应当以民意为基础。司法作为依据立法对现实纠纷进行裁判的最终路径,必然也是对民意的反映。更进一步说,司法应当是将立法确认的民意真正实施的过程,也就是实现民意的过程。

司法权作为国家权力的重要组成部分,虽不同于立法一样直接由人民掌握(人民代表大会审议、通过立法),但这并不妨碍司法权的行使要体现民意,反映

① 如"南京李芊非法行医案",经查,此事系河南网民尚某为发泄不满,凭空捏造的虚假帖文,但时至今日仍不时被拿出来炒作。

② 周振杰:《刑事法治视野中的民意分析》,知识产权出版社2008年版,第19页。

人民主权的理念,否则司法权的运行就失去了正当性,也就没有了合理性基础。司法机关的工作人员,特别是具体案件裁判的法官,他的裁判权并不来自自身,也不来自法院,而是来源于人民的委托,代表人民行使司法权,因此也要对人民负责。尽管在具体行使权力的过程中需要保持中立、维护权威,但并不意味着要脱离人民、走向独裁。因此,司法与舆情在根本上是同根同源的,它们都是民意的一种反映,只是反映的渠道和方式有所不同。

(二)域外借鉴——司法封闭与司法开放各有利弊

司法与民意二者之间存在一致的根源,也存在难以避免的矛盾冲突,那么如何看待这些冲突,又应该以何种姿态去面对呢?放眼域外,做法不一。

1. 司法封闭。昂格尔认为,现代西欧法秩序的固有特征是法的普遍性与封闭性。所谓封闭性包括四个方面:实体的封闭性、制度的封闭性、方法的封闭性和职业的封闭性。[①] 所谓司法封闭,指的是司法权独立于法律之外的要素,在法律规则之下,依照自身的逻辑、方法、程序与要求自我运作。美国属于较为典型的坚守"司法封闭"的国家,"美国的法官只服从于法律,民意对法官不具备法律上的约束力,制度力量的保障使美国法官不必因为作出了一个不受大众欢迎的判决而付出个人代价,只要他能够忠诚于法律。这是法律至上原则的要求。"[②] 在美国法律中,采取了一系列隔离民意对司法影响的措施,即对媒体报道、民意冲突进行规制。例如,美国的禁言令(Gag Orders on Trial Participants)设置。"禁言令是法官签署的命令,它禁止当事人及其代理律师、陪审员、证人等案件相关人员在案件审理前与审理过程之中向公众谈论敏感的案件,以防止公众舆论对司法审判的程序与结果导致不利影响。"[③] 此外,美国还采取审理延期(Postponement)[④]和更换审判地点(Change of Venue)[⑤]等方式隔离舆论对司法的影响。但这些方式往往并不能达到预期效果。实际上,在当代社会,完全隔离舆情、不去顾及舆论的声音,这样的状态只存在于理想之中。

2. 司法开放。周汉华教授是明确提及司法开放并对其进行了界定的学者。他认为,"司法开放主要是指法官与法院的认识开放,不能仅仅就法论法,而要充分发挥法律制度的工具作用,将司法过程放到整个社会发展过程之中加

---

① 季卫东:《现代法治国的条件——读〈现代社会中的法律〉》,载[美]昂格尔:《现代社会中的法律》,吴玉章译,译林出版社2008年版,第252页。

② 郑成良等:《中美两国司法理念的比较》,载《法制与社会发展》2003年第2期。

③ 卞建林等:《传媒与司法》,中国人民公安大学出版社2006年版,第180页。

④ 即通过延后案件的审理以消除舆论对案件相关人员所带来的偏见性影响。

⑤ 即由于原审法庭所在地的传媒对案件细节与司法裁判做了有倾向性的报道,为了保障司法公正而将案件改由未受相关舆论影响的法院加以审判。

以衡量”。[①] 司法开放的根本特点在于在司法的目的、方法、程序与结果上认真考虑法外因素,比如道德、民意、政治等。德国是相对倾向于“司法开放”的国家,特别是由于受到“二战”的影响,德国格外重视新闻自由和舆论监督。德国《基本法》第一章第5条规定:人们享有通过语言、文字、图画来表达意见的自由,享有出版、广播和报道自由以及知悉公共信息的自由,法律应对其予以保障。此外,德国学界还主张媒体应对司法过程进行全程监督,或对案件事实、法律程序、法律适用等方面提出意见。由此,德国司法程序中,民意参与的深度可见一斑。然而,司法开放必须有其限度,舆论过度参与司法不但有影响司法中立的可能,甚至会造成司法被某些利益集团利用的重大社会风险。

(三)注重沟通——走出困境需要司法积极回应社会关切

2009年,最高人民法院制定《关于进一步加强民意沟通工作的意见》,明确提出要最大限度地方便人民群众行使权利、表达意见、监督司法,使民意成为司法决策的重要参考依据和检验工作成效的重要标准。对于司法沟通的具体内涵,朱兵强在其书中有这样的论述:“所谓司法沟通,是指人民法院与法官个人,为查明案件事实,进行公正审判以及增强司法审判的可理解性、可接受性而与案件当事人、审判参与人员以及社会公众等进行审判信息交流、判决书说理以及法律解释等活动。”[②]

在当下的中国,无论是“封闭”模式还是“开放”模式,都并非处理司法与舆情间关系的最佳路径选择。“封闭”过于理想化,对于法治观念尚不够成熟的社会公众,这样的选择可能会激化矛盾。而“开放”在适用上同样会因为舆情的不稳定性、价值选择的任意性而丧失法律的客观中立和权威性。因此,既不完全封闭,也不全盘开放的“沟通”模式,是司法机关平衡民意、有效回应社会关切、走出舆情困境的最佳路径。

四、解决之道:系统化舆情应对机制的具体构建

舆情应对是一项系统工程,一方面它从出现苗头性现象开始到舆情彻底平息有一个多变甚至复杂的过程;另一方面它的处置需要法院各部门甚至法院与其他机构之间密切配合。因此,下文中笔者将按照舆情应对的时间和逻辑顺序,将舆情应对分为三个阶段:舆情的识别与研判(预警);舆情的应对与化解(处置);公共关系的修复与重塑(延伸),并在此基础上构建一套权责清晰、方

---

① 周汉华:《现实主义法律运动与中国法制改革》,山东人民出版社2002年版,第194页。

② 朱兵强:《在封闭与开放之间:民意与司法的关系研究》,法律出版社2015年版,第7页。

案详尽、口径统一、各司其职的立体式舆情应对机制。

（一）预警：全面监控与及时响应的舆情风险研判机制

在舆情进入实质解决之前，法院需要做到：监测中的内外同步、重点筛查，分析上的精准定级、全面研判，此外还要形成前置化的多部门多机构联动，最大限度减少负面舆情爆发（见图2）。

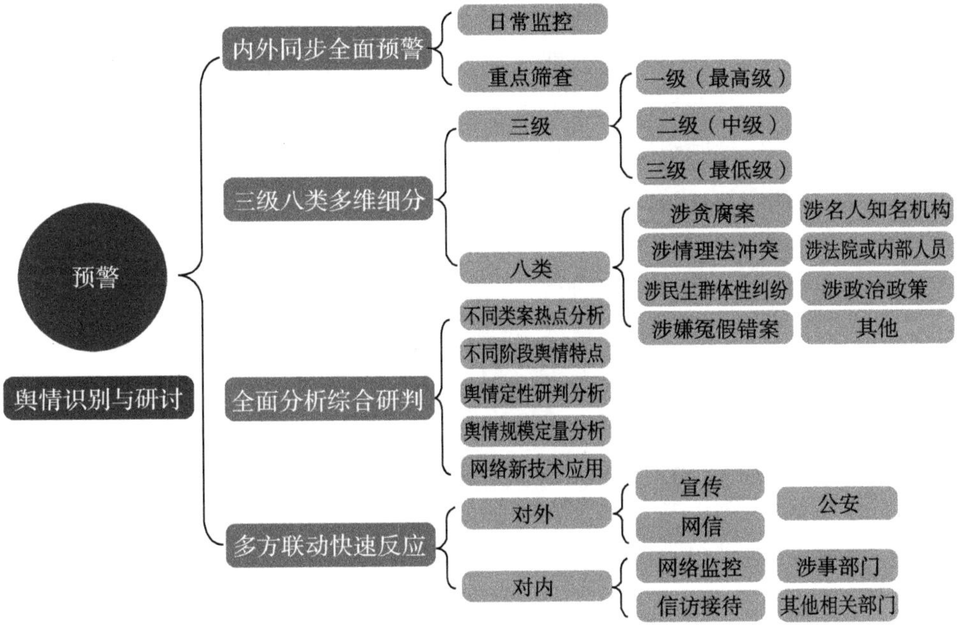

图2　预警阶段应对流程

内外同步全面预警。将大数据日常监控与人工重点筛查相结合，将“立、审、执、访”全程的主动甄别与舆情监测员全时的网上发现相结合，通过多渠道的监控平台，确保舆情第一时间被发现。一方面，通过日常工作机制建设，建立起线上线下同步预警的机制。加强网络监控的主责部门和信访接待的主责部门、业务部门之间的常态沟通，同步提升舆情敏锐性、预警能力。另一方面，通过信息化建设，建立内外同步预警机制。外部来讲，法院可以通过第三方舆情监控平台通过关键词检索获取网络舆情信息。内部来讲，可以借助与当事人接触最多的办案人员加强内部预警机制，通过办案平台同步预警各相关部门。

三级八类多维细分。对涉法舆情从性质、类型和风险级别三个维度分别予以划分。从性质上分为正面、中性和负面三类；从案件类型上分为涉冤假错案等八类案件，并梳理归纳每类案件的主要舆情风险点和发生阶段；从风险级别上分为三级：一级（最高级）：涉及重大敏感案件，特别是社会敏感话题、极端事件，且在网上大规模传播，已经多家官方媒体报道，引起一省乃至全国普遍关注的舆情。二级(中级):案件被个别媒体报道或未经报道但引起网友广泛关注,特别被一些大 V、意见领袖转发,舆论矛头直指法院司法公正的或在某个特定群体中引发广泛共鸣的。三级(最低级):网友反映个案问题,发布主体为一般网友,且仅在小范围内传播的。

全面分析综合研判。一是不同类型案件的舆情热点和社会关注点;二是舆情事件的潜伏期、蔓延期、爆发期、平息期各阶段的特点;三是舆情价值判断、舆情来源和传播方式、舆情危害程度和社会情境的定性分析研判;四是舆情传播规模和反应程度的定量分析;五是善用热点话题和敏感话题识别技术、舆情情感倾向分析技术、话题跟踪与检测技术、网络文本自动分析和自动摘要技术等网络信息新技术助力研判。

多方联动快速反应。建立完善研判的系统工程,通过与宣传、网信、公安等政府部门建立日常沟通协调机制和多部门快速联动反应机制是舆情处置的一个关键环节。对内通过建立"专班"协调不同部门,互通信息、口径一致、统一行动。对外借助其他相关部门,共享舆情信息,统一处置应对。

(二)处置:应对及时与衔接顺畅的舆情案(事)件化解机制

舆情一旦爆发,法院就要执行一套行之有效、衔接顺畅的应对方案。应对处置的各环节"有章可循"将化被动为主动、见招拆招,形成良好的处置效果,甚至化被动为主动(见图 3)。

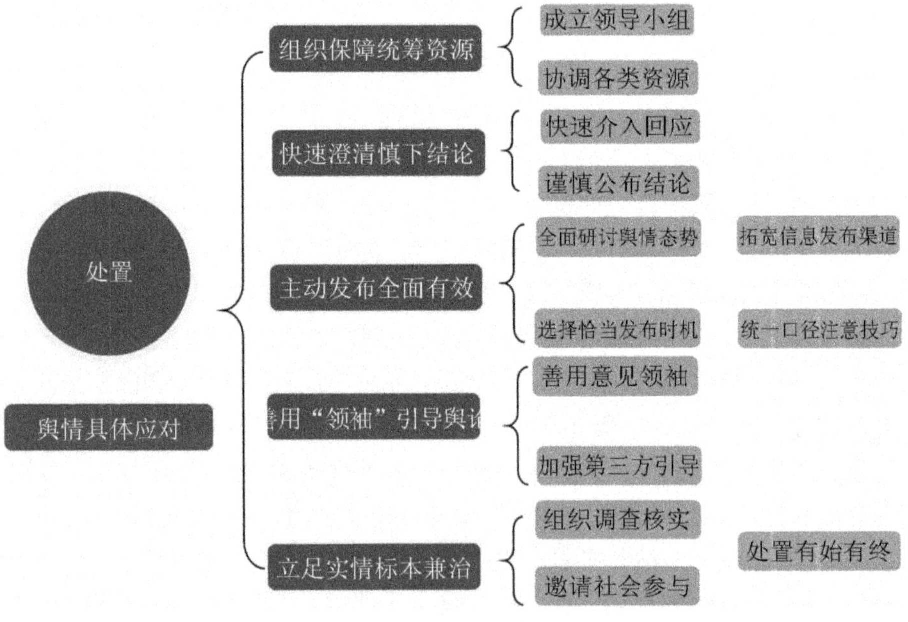

图 3　处置阶段应对流程

组织保障统筹资源。成立舆情处置工作领导小组,并将各相关部门纳入小组,统一领导,明确责任,各层级任务逐一分解。做到舆情处置责任分工明确,协调配合顺畅,有利于形成处置合力,为法院舆情处置打牢根基。必要时,工作组可由上级党委政法委牵头组织。此外,通过统一组织,协调各类资源,在突发舆情事件时,能够通过各类资源第一时间“救急”,例如,利用第三方声音为法院“正名”,避免言论出现一边倒现象。

快速澄清慎下结论。舆情突发事件中,公众需要迅速的官方回应和真相披露,一旦被“谣言”抢占高地,便容易发生不可挽回的结果。因此,舆情的处置必须突出一个“快”字,最短时间将范围控制在最小,快速介入、快速反应,抢占信息发布先机,掌握舆论主导权这是第一步。与此同时,对于舆情事件的原因、处理结果等结论性内容的公布要慎之又慎。一方面,要掌握节奏,适时回应进展,对于尚未有结论的内容可以先公布进展情况;另一方面,回应的内容态度要果断、内容要简明有力,切不可模棱两可。

主动发布全面有效。信息的发布既要注意时效,也要注意信息的全面准确。第一,要建立在对舆情的全面分析研判基础上,充分了解媒体和公众心理,做好有针对性的准备。第二,要选择一个恰当的时机公布实质内容和公众质疑的主要焦点问题,这里就要利用好各级法院的“新闻发言人”制度,做到答疑解惑。第三,要拓宽发布渠道,线上线下有效配合,扩大发生影响范围,并对虚假、不实信息采取删堵措施。第四,要注意发声技巧,统一信息发布“口径”,制定完整信息发布策略,保证信息发布系统性、科学性。

善用“领袖”引导舆论。“有无第三方力量为自己说话,是危机公关成败的一个非常重要的因素。”①法院要善于发现、培养意见领袖,充分发挥他们在司法公关中的独特作用。通过他们专业而理性的意见,引导公众在正确的方向上思考、引导社会公众尽快走出“误区”。“第三方信源的可信度越高,其说服效果越大,形成的规模越大,声势越大,影响越大。”②在这里,法院就要在日常工作中加强与大 V 之间的联系、互动,特别是在一些影响力大的网站、论坛等平台上培养和团结一批有着正面能量的意见领袖,在舆情出现时,协助法院共同疏导,营造良好的舆论氛围。

立足实情标本兼治。“实情决定舆情”,在组织调查核实的过程中,适时邀请专家、人大代表、政协委员、群众代表等社会人员参与,提高案件调查可信度

① 吴道富:《司法改革语境下的法院、法官和法案》,法律出版社 2016 年版,第 78 页。

② 同上。

与透明度。确有问题的要坦诚回应,必要时真诚致歉,寻求谅解,对存在明显不法行为的相关当事人、律师等依法施以惩戒,确立司法权威。最后,在舆情处置过程中要有始有终,个案引导与深层修复结合,打造舆情处置的闭环,切忌出现"舆情烂尾",并注意保持态度、政策上、口径上的连贯性和稳定性,避免因前后矛盾引起舆论反弹。

(三)延伸:强化修复与凝结共识的公共关系建设机制

许多法院在舆情应对中容易止步于事件热度降低时,而对于此后公共关系修复和日常工作中与媒体、公众的良性互动重视不够。实际上,这些是舆情应对延伸中非常重要的环节(见图4)。

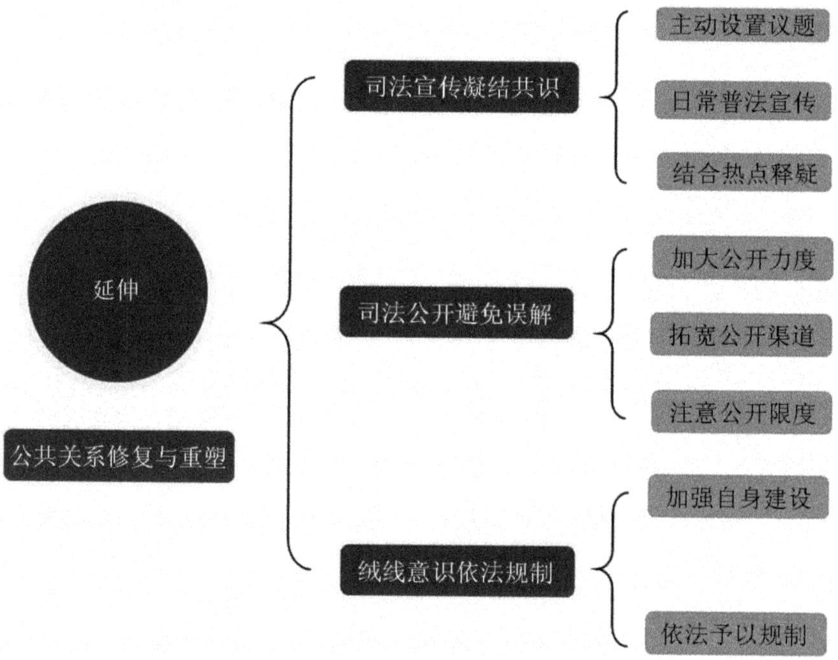

图4　延伸阶段应对流程

司法宣传凝结共识。将法治理念的培育融入舆情引导之中,结合不同受众需求,主动设置议题,通过各类特色鲜明、人民群众喜闻乐见的普法活动吸引公众关注、参与,从而凝聚"共识"。特别是要结合一些司法热点、社会热点、疑难案件等,进行有针对性的普法释疑,为今后相关事件的处置奠定一个良好的正面基础。

司法公开避免误解。"对于司法机关来说,民意的影响客观存在,与其被动地承受民意施加的压力，不如主动地引导民意。”①从以往实践来看，凡是法院主动积极公布真相、接受社会监督的，往往都会取得较为客观、正面的社会评价。公开是最好的防腐剂，法院首先就是要尽可能地加大司法公开力度，主动占领舆论高地。其次，要拓宽公开的渠道，以受众需求为导向，变法院“想说的”为群众“想听的”。最后，就是要注意公开限度，严格按照法律规定的公开限度对外披露信息，既要保障媒体与公众知情权，又要防止法院审判演变为“媒体审判”“大众审判”。

红线意识依法规制。前述案例中不乏律师的不当行为甚至是故意炒作造成的法院舆情。一方面，人民法院要加强自身建设，从源头上确保审判程序正义、切实保障律师的诉讼权利，努力维护法律职业共同体。另一方面，法院更要明确界限，结合法律相关规定，在发表言论不得泄露涉密内容、不得随意公开案卷材料、不得发布正在审理的案件庭审内容、不得发布虚假不实言论等方面，根据情节采取适当措施予以规制。

结 语

“花繁柳密处拨得开，才是手段；风狂雨急时立得定，方见脚跟。”最高人民法院党组在传达学习贯彻习近平总书记在省部级主要领导干部坚持底线思维着力防范化解重大风险专题研讨班上的重要讲话精神时指出，要强化理论武装，提升理论水平，深入学习贯彻习近平新时代中国特色社会主义思想，提高战略思维、历史思维、辩证思维、创新思维、法治思维、底线思维能力，妥善应对风险挑战。要增强风险意识和斗争精神，完善风险防控机制，把防范化解重大风险工作做实做细做好。② 创新完善系统化舆情应对机制，是人民法院防范化解重大舆情风险，提高防控风险能力水平的应有之义，更是人民法院亟须研究重视并着力加以解决的紧迫课题。在“努力让人民群众在每一个司法案件中感受到公平正义”的同时，努力追求舆情民意的认可，追求法律效果与社会效果的统一，是我们矢志不渝的目标和方向。我们期待，在法槌落下的时候，让人们听到法治的回响，在周围越发清晰的规矩方圆中，让人看到法治的模样。

---

① 高一飞：《网络时代的媒体与司法关系》，中国民主法制出版社2016年版，第69页。

② 《传达学习贯彻习近平总书记在省部级主要领导干部专题研讨班上的重要讲话精神》，载《人民法院报》2019年1月30日，第1版。

符号学视域中的舆情案件对治之道

——以“四正格局”模式为体*

王国庆　蒋　慧**

【论文提要】

本文以舆情案件为研究对象，借助符号学的思维，尝试从符号学这一涉及本体、认知的新视域出发，以十个典型性舆情案件为分析样本，解构舆情案件产生的机制并追溯根源，从而提出司法对治之道。

本文除去引言和结语，主要分为四部分。第一部分以符号学为视域，构建起“司法裁判者—裁判文书—社会大众”的司法案件传播过程，以十大典型性舆情案件作为研究样本，从法院意图意义、裁判文书意义和社会大众解释意义这三个符号传播过程中的“意义”入手，对样本进行梳理，最终发现“意义畸变”现象，其又可分为事实认定的“意义畸变”、法律适用的“意义畸变”和规制取向的“意义畸变”。第二部分对舆情案件产生的符号学根源进行分析，元语言之间的冲突最终导致“评价旋涡”，演化成为意识形态冲突，促生舆情案件的产生。第三部分以“四正格局”模式（诚信意图→可信文本→愿意接受→忠诚解释）为体，分析解构舆情案件产生机理。符号表意的述真模型中，表意述假、表意幻觉、表意伪装都是表意不成功的类型，此外即使在表意述真的情形下，社会大众基于认知价值的排斥，仍然可能选择“不愿接受”，从而导致表意失败。在符号解释阶段，符号“无限衍义”特性是司法舆情的“达摩克利斯之剑”，辅助文本的式微和反对文本的强势也是符号解释出现背离的重要原因。第四部分旨在提出司法舆情案件困境突围的对治之道，其核心在于架构司法舆情案件的“四正格局”模式，从而构建形成“各种社会力量充分参与的全面风险防控体系”。“诚信意图

---

* 本文获北京法院系统第三十一届学术讨论会优秀奖。

** 王国庆，北京市第一中级人民法院团河法庭副庭长，曾获北京法院第二十八届学术讨论会优秀奖；蒋慧，北京市第一中级人民法院办公室干部。

→可信文本”的阶段，应强化专业定力，构建论证修辞新维度。“可信文本→愿意接受”的阶段，应强化价值认同，构建意义共同体。“愿意接受→忠诚解释”的阶段，应强化解释引导，构建优势辅助文本，从而形成理想的“四正格局”模式。

【主要创新观点】

研究样本之创新：现有研究司法舆情的论文存在选取单一案件，“就案论案”的情形，部分论文则缺乏研究样本，“就理论谈理论”。本文从《人民法院报》评选出的2017年度和2018年度十大刑事案件中选取十件曾引起舆情高度关注的典型性舆情案件作为研究样本。通过对这些优质样本的分析得出舆情案件“意义畸变”显现的结论，在一定程度上保证结论的可靠性和普适性。

研究视域之创新：目前以司法舆情作为研究对象的论文存在缺乏研究工具的问题，学界更是鲜有以符号学作为研究工具，分析解构司法舆情的学术成果。符号学关注的中心是意义，所讨论的是意义如何从发出者经由文本固定和接收者解释，最终由接收者接受的过程。而司法传播活动作为一种社会行为活动，本身即遵循着符号学的传播规律。因此，符号学与司法之间本身即存在显而易见的论域重叠现象，本文以符号学为研究视域具备合理性和可行性，亦具备一定的创新性。

研究模型之创新：以符号学作为研究工具的论文，在模型构建上大多以格雷马斯的“述真模型”为基础，但该模型只能体现符号表意过程中意图与文本之间的关系。而赵毅衡老师在此基础上建立的“三正格局”模式的终端是“愿意接受”，至于符号接收者接受后的解释活动亦无法体现。基于以上原因，笔者将符号表意阶段和符号解释阶段置于同一模型中，构建起全新的“四正格局”，完整呈现了司法裁判作为符号活动的符号传播全过程，并在此基础上提出对治之道。

研究结论之创新：通过架构舆情案件的“四正格局”模式，笔者尝试构建形成“各种社会力量充分参与的全面风险防控体系”：设立司法顾问委员会，为疑难案件提供论证思路；通过购买社会服务的方式设立司法机关专门舆情检测机构；建立“舆情风险应对智库”，探索“司法—企业”在舆情检测研判工作中的合作模式；建立维护与意见领袖的良好互动机制，建立强势辅助文本。

人是使用符号的动物。

——[德]恩斯特·卡西尔

引　言

最高人民法院在《人民法院第五个五年改革纲要(2019—2023)》(以下简

称“五五改革纲要”)中明确提及要“完善推动社会主义核心价值观深度融入审判执行工作的配套机制”,这要求审判执行工作须满足公众司法需求并契合社会认知共识。然而,在目前深化司法体制综合配套改革、防范化解重大风险的背景下,一些争议案件屡屡引发汹涌的舆情浪潮,损害着司法公信力。“对个案舆情如履薄冰的防范,实在是置身于历史时空拐点的中国法院不能推卸的责任。”①

一、样本开示:典型性案件的符号“意义畸变”现象

(一)视域——符号携带意义的传播过程

符号是“被认为携带意义的感知”。之所以人类任何交流形式都需要借助于符号,其本质源于人类得以借助符号分享意义,进而建立意义的共同体。一般情况下,符号传播过程如图 1 所示:

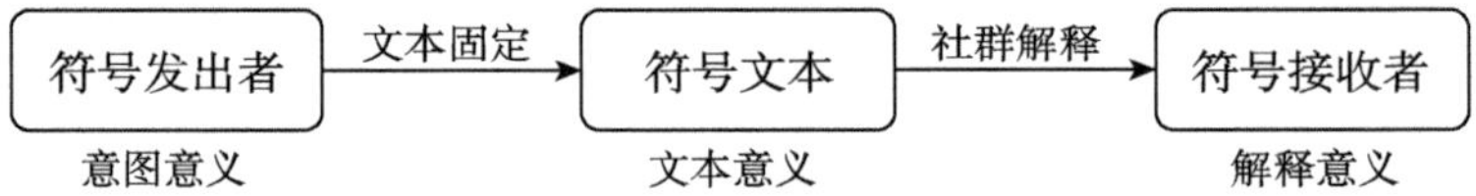

图 1　符号传播过程

具体而言,符号发出者发送符号,符号文本携带符号信息,接收者解释符号信息,符号传播过程完成。符号发出者的意图意义经由文本固定形成了符号文本,后者在传播过程中经由社群的解释最终成为符号接收者的解释意义。由于存在发出者与接收者的时空跨度,文本信息本身具有的不确定性,解释者的解释背景等因素,符号在传播过程中会导致发送者、文本和接收者之间的复杂关系,进而阻扰符号的精准传播。

(二)梳理——典型案件的符号传播结果

回归至本文研究对象,舆情案件虽较之一般的司法案件有其在舆论影响上的特殊之处,然其在符号传播的本质上仍存在共性,即遵循上文所述的符号传播过程。因此,笔者尝试将司法案件的传播过程构建如图 2 所示。需要说明的是,司法案件的符号文本呈多样性,如法庭礼仪、法院建筑、法徽等。本文为便于研究,以裁判文书这一最具有司法符号意义的载体作为符号文本研究对象(见图 2)。

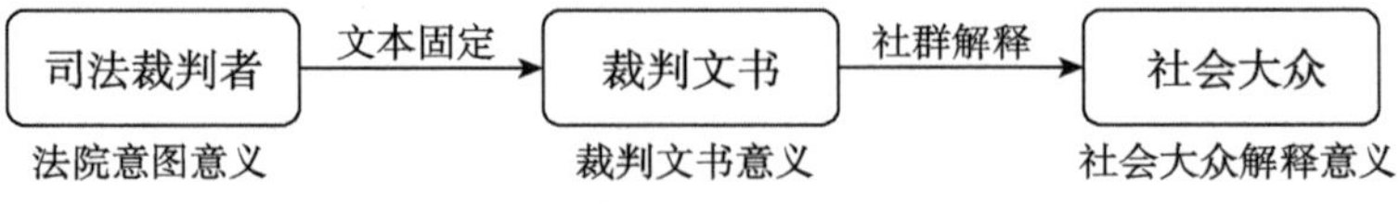

图 2　司法案件传统传播过程

① 徐阳:《“舆情再审”:司法决策的困境与出路》,载《中国法学》2012 年第 2 期。

缘何个别司法案件能引起舆情的高度关注和炒作，这些舆情案件存在何种个性化差异？笔者为探究上述问题，从《人民法院报》评选出的2017—2018年度十大刑事案件中选取十件曾引起舆论高度关注的典型性案件作为研究样本。样本的选择主要基于两点：一是刑事案件较之于民事和行政案件，社会关注度较高，舆情更集中，更具研究可能性和研究价值；二是从《人民法院报》评选出的案件中进行样本抓取，在一定程度上保证其为优质样本。笔者从法院意图意义、裁判文书意义和社会大众解释意义这三个符号传播过程中的"意义"入手，对样本进行梳理（见表1）。①

表1 样本梳理结果

案件	法院意图意义	裁判文书意义	社会大众解释意义
莫焕晶犯放火罪、盗窃罪一案	消防救援、物业管理等原因与本案结果不构成多因一果	莫焕晶选择在凌晨高层放火，虽具有酌定从轻情节，但犯罪动机卑劣，主观恶性强，后果极其严重，不能从轻处罚	保姆蓄意纵火； 绿城和消防是罪恶的帮凶； 保姆应该判死刑
王鹏等犯非法出售珍稀、濒危野生动物罪一案	特殊减轻制度运用	王鹏非法收购、出售野生动物情节特别严重，但鉴于多数系人工驯养繁殖，对其在法定刑以下量刑	判决过重，合法不合理 法律规定滞后于现实生活
郑燕等犯虐待被看护人罪一案	虐待被监护、看护人罪是对弱势群体的保护	各被告人为达到管教目的，采取多种方式进行虐待，对发生后果持希望或放任	幼儿园老师虐童； 量刑过轻，犯罪成本低； 判缓刑连牢都不用坐
金哲红再审改判无罪一案	疑罪从无、非法证据排除等法律原则须坚守	金哲红犯故意杀人罪的事实不清，证据不足，对改判无罪的意见予以采纳	关了24年终被释放； 对错案法官要追责； 应该国家赔偿
于欢犯故意伤害罪一案	防卫过当的行为应减轻刑罚抑或免除刑罚，应符合罪刑相适应原则	于欢行为超出法律所容忍的限度，属于防卫过当，构成故意伤害罪，符合公平正义原则	涉黑人员当面辱母； 谁能做到精准正当防卫； 舆论干预司法
陈文辉等犯诈骗罪一案	电信网络诈骗犯罪破坏社会诚信，违反社会主义核心价值观，应严厉惩处	被告人结成电信诈骗团伙，冒充国家机关工作人员进行诈骗，构成诈骗罪	贫困女大学生高额学费被骗； 父亲放弃民事赔偿，应当重判

① "法院意图意义"主要从最高人民法院于2019年1月11日和2018年1月6日发布十大刑事案件时的入围理由中获取，"裁判文书意义"主要从"中国裁判文书网"中上述案件的文书论理部分获取，"社会大众解释意义"主要从新浪微博中的高频舆情获取。

续表

案件	法院意图意义	裁判文书意义	社会大众解释意义
王力军犯非法经营罪一案	非法经营罪第4项“兜底条款”应从严掌握	王力军的行为违反国家粮食流通管理有关规定,但尚未达到严重扰乱市场秩序的危害程度,应予无罪	内蒙古农民收购玉米、非法经营罪、寻衅滋事罪等口袋罪的适用
赵春华犯非法持有枪支罪一案	该案的处理既酌情从宽处理,又符合刑罚规定和枪支管理政策,实现法理和情理的平衡	考虑赵春华社会危害相对较小,认罪态度较好,酌情予以从宽处罚	不具社会危害,应无罪 真正罪犯逍遥法外,穷苦百姓锒铛入狱
庞红卫、孙琪犯非法经营罪一案	法院对庞红卫等以非法经营罪的顶格判刑,体现司法惩处此类犯罪的决心	庞红卫、孙琪犯罪情节特别严重,不具有减轻处罚的情节	非法疫苗泛滥,政府监管不严; 犯罪成本太低
李某某犯非法经营罪一案	组织刷单违反刑法规定和网络安全相关规范,应予严惩	被告人利用互联网对商品、服务作虚假宣传,情节恶劣,构成犯罪	不靠品质和服务,靠刷单赚信誉应严惩

根据上文梳理结果,上述案件在传播过程中,法院的意图意义经由文本固定和社群解释后,个别案件中司法裁判的本意与裁判文书文意之间存在契合度不高的现象,社会舆情对部分案件的关注焦点与司法裁判本意亦存在偏离,呈现“意义畸变”现象。

(三)细化——“意义畸变”现象类型化呈现

笔者认为,任何一个司法案件的意图意义都有至少三个层次,依次是对事实认定的意图意义、对法律适用的意图意义和对司法规制导向的意图意义。基于此,笔者以法院意图意义为始端,以社会大众解释意义为末端,进一步将“意义畸变”类型化如下。需要说明的是,这三种“意义畸变”现象可同时出现在一个司法案件中,其本身不存在互斥关系。

1. 事实认定的“意义畸变”

社会大众对案件客观事实的理解与裁判者作出的事实认定之间存在偏离,此为事实认定的“意义畸变”。如在莫焕晶犯放火罪、盗窃罪一案中,针对公安消防部门是否存在救援不力一节,法院认为现有证据无法证明其存在不尽职责情形,并从赶赴现场时间和救援活动开展等方面进行论述,[①]而社会大众则普遍

① 详见浙江省高级人民法院(2018)浙刑终82号刑事裁定书。

认为物业公司和公安消防部门是罪恶的帮凶,在火势逐渐增大的情况下,消防泵运转失灵是消防不力的重要表现。

2. 法律适用的“意义畸变”

社会大众对案件的法律适用与裁判者演绎推理得出的结论之间存在偏离,此为法律适用的“意义畸变”。如在庞红卫、孙琪犯非法经营罪一案中,法院考虑庞红卫等人的主观恶性和严重行为后果,对被告人以非法经营罪的顶格判刑,而社会大众普遍认为有期徒刑15年和有期徒刑6年的刑罚不足以体现对两被告人犯罪行为的惩戒力度,应对其处以更高刑期。

3. 规制取向的“意义畸变”

法律适用的“意义畸变”更多体现为对个案判决结果的理解差异,而司法规制取向的“意义畸变”主要从宏观评价体系出发,对司法规制方向和规制力度等方面的理解差异。如在赵春华犯非法持有枪支罪一案中,司法体现的是对枪支持有的从严管理,体现秩序价值。而社会大众则普遍认为基于赵春华的身份,其持有枪支本身不具有社会危害,其体现的是朴素正义价值。

二、追根源溯:“意义畸变”背后的“评价旋涡”促生舆情案件

“意义畸变”的背后深层次原因是元语言的冲突。元语言是与对象语言相对的一组概念,其是符号完成表意的关键。“我们用元语言来谈论对象语言,用元语言来解释和分析对象语言即被讨论的语言的特性,而元语言的核心概念是对对象语言的分析、解释、描写等。”[①]元语言通常是以组合的形式存在的,可分成三类:一是社会文化的语境元语言;二是解释者的能力元语言;三是文本本身的自携带元语言。[②] 采用不同的元语言,就可能导致同层次元语言之间的冲突,进而导致“解释旋涡”。此时需要介入评价机制作为元语言的元语言(元元语言),但评价机制之间仍然会出现冲突,最终导致“评价旋涡”,演化成为意识形态冲突,如图3所示:

① 如果用汉语来分析、讨论英语,汉语是元语言,而英语就是对象语言。如果用日常语言来解释逻辑语言,日常语言就是元语言,而逻辑语言是对象语言。参见钱冠连:《语言哲学翻译论——兼论工具性语言扩展式》,载《中国翻译》2003年第9期。

② 赵毅衡:《符号学原理与推演》,南京大学出版社2016年版,第219~238页。

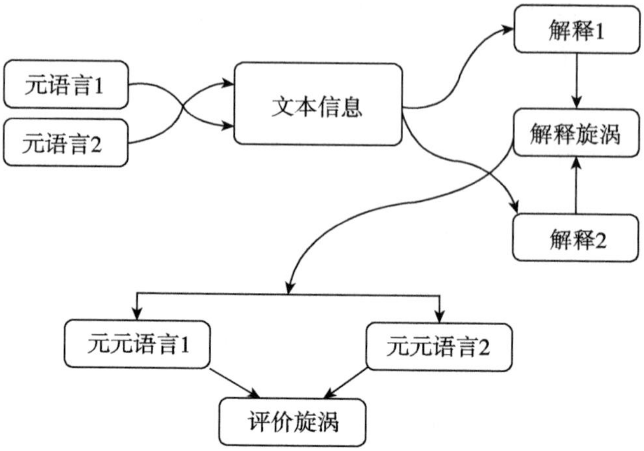

图3　评价旋涡的产生机理

笔者以于欢犯故意伤害罪一案作为样本分析元语言之间的冲突。公众解释该案件时需要借助于元语言组合:一是社会文化语境元语言,一般而言就是公众认可的"人性善""母亲不可侵犯"等传统道德伦理;二是解释者的能力元语言,一般社会大众缺乏对正当防卫法律知识的应有理解,即在法律能力元语言上欠缺;三是文本本身的自携带元语言,该案裁判文书由于受到体裁所限,要求人们必须用法律技术语言去诠释。在上述元语言组合的参与解释下,解释旋涡和评价旋涡就此形成。

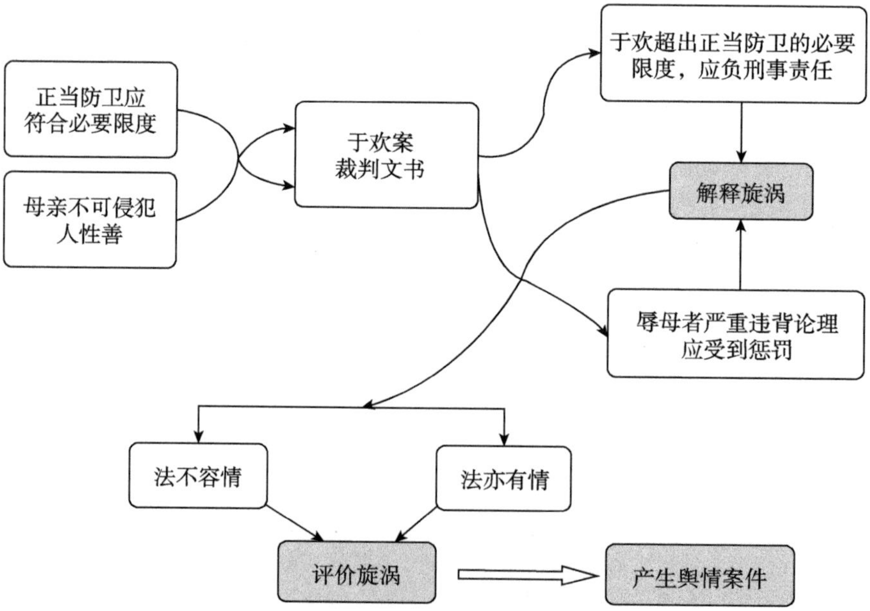

图4　于欢案舆情产生机理

如图4中,元语言的介入仍无法解决"于欢超出正当防卫的必要限度,应负刑事责任"和"辱母者严重违背论理应受到惩罚"两个解释结果之间的冲突,进一步导致"评价旋涡"。"评价旋涡"则是一种意识形态的冲突,亦可说是价值体系的冲突,这种价值交互与碰撞在传播过程中就产生了舆情案件。

三、机理解构:对诚意正解型"四正格局"的背反缘由

上述分析可知,舆情案件的产生根源在于"评价旋涡"的出现,但该结论仍缺少方法论层面上的价值。故笔者于下文进一步分析解构舆情案件产生的机理。

(一)模型构筑——诚意正解型"四正格局"模式

符号携带意义的传播过程可分为符号表意阶段和符号解释阶段。在表意阶段,发送者通过文本将符号蕴含的意义发送至接收者。后者如愿意接受表意,则表意成功,后者如不愿意接受,则表意失败。按照赵毅衡老师的观点,所有科学/实用表意的格局应当是一种"三正格局"的模式,即"诚信意图"(发送者言其所知)、"可信文本"(合乎常情常理的文本)、"愿意接受"(接收者意识到文本有意义而开始解释过程)。[①]

然而,笔者认为,"诚信意图→可信文本→愿意接受"的"三正格局"模型仅适用于符号表意阶段,模型的最终阶段停留于接收者是否愿意接受符号表意。如果接收者认为文本有意义进而开展符号解释活动时,该模型则无法做进一步的阐述。而符号解释阶段对于符号能否精准传播具有重要的意义,因而不能将之舍弃。因此,笔者在上述模型的基础上,将符号解释阶段续入其中,形成全新的"四正格局"模式(诚信意图→可信文本→愿意接受→忠诚解释),进而涵盖符号传播全过程(见图5)。下文笔者以该模型为体,分析解构舆情案件产生机理。

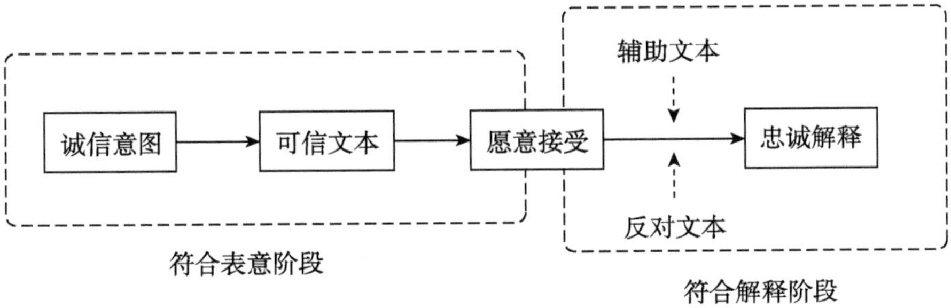

图5 "四正格局"模式

① 赵毅衡:《符号学原理与推演》,南京大学出版社2016年版,第261页。

（二）表意缘何不成功——符号表意的述真与接受

须指出，符号学讨论的是意义的“真值”，即符号传达是否表达发出者心目中的诚信。[①] 至于“经验真实”，即裁判事实认定和法律适用是否正确，因其涉及证实或证伪的问题，无法仅仅依靠文本得出结论，因而不纳入本文符号学的讨论范畴。

1. 符号表意的述真——作伪意图与不可信文本

按照格雷马斯著名的“述真方阵”[②]，在司法案件符号的表意中，“是”可理解为裁判者的诚信意图，“非是”作为其矛盾面，则可以理解为不诚信意图，“似”可理解为裁判文书是可信文本，即忠实表达了裁判者的意图，“非似”可以理解为不可信文本。综上司法案件的符号表意述真方阵构建（见图 6）。

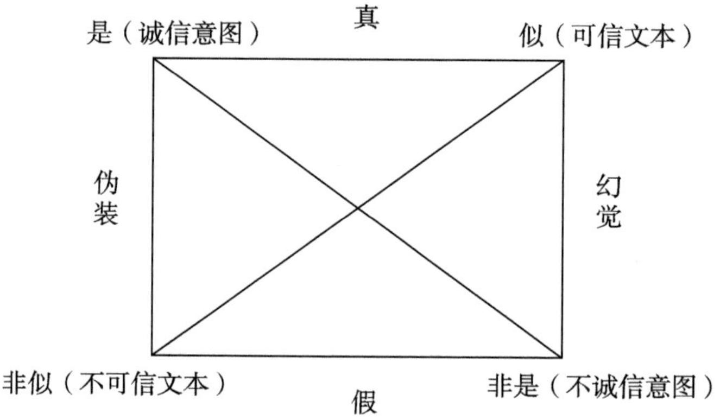

图 6　司法案件的符号表意述真模式

（1）真：诚信意图 + 可信文本

当司法裁判者真实地表达其对具体案件在事实认定、法律适用和规制取向方面的意图，并通过逻辑自洽、合乎常情常理的裁判文书加以表达，这种符号表意方式就是一种标准的“述真”模式，也是司法裁判追求的目标方向。

（2）假：不诚信意图 + 不可信文本

当司法裁判者受制于某些因素，不能真实地表达裁判行为的意图，裁判文书内部又存在逻辑冲突和违背常理的矛盾之处时，这种符号表意方式就是一种“述假”模式。这种表意方式在司法领域个别存在，如因贪污受贿、人情案请托

① 赵毅衡：《符号学原理与推演》，南京大学出版社 2016 年版，第 254 页。

② 在该述真方阵中，“是”与“似”作为“真”的两个必要条件，与之对立的是“非是”与“非似”，这样就组成了一个符号方阵，方阵中出现四种可能性：真——既“是”又“似”，假——既“非是”又“非似”，幻觉——“非是”但“似”，伪装——“是”但“非似”。

案等原因,在裁判文书逻辑不能自洽的情况下故意作出不符合司法规律的判决。这种“述假”模式有损于司法权威,亦容易以极端个案的方式恶化公众解释司法符号的元语言环境。

(3)伪装:诚信意图 + 不可信文本

当司法裁判者意图真实,但受制于裁判文书内部成分冲突不能一贯,或者文本过于简单不能有效反映意图时,这种符号表意方式则是一种“伪装”模式。以赵春华犯非法持有枪支罪一案为例,法院的意图意义是赵春华的行为确已构成非法持有枪支罪,但由于该案存在情理上的酌情从宽因素,因此最终予以从宽处理,实现法理和情理的平衡。但该二审判决在论述酌情从宽的考量因素时,仅以“考虑赵春华认罪态度较好”作为理由,未能充分表达意图意义,致使公众无法充分运用该文本语境构筑对该案的理解。

值得指出的是,由于意图意义无法由接收者直接接触到,接收者所能接触到的只是符号文本。在“伪装”模式下,社会大众基于对不可信文本的解读和衍义,容易将法院的诚信意图扭曲为不诚信意图,进而在社会大众解读中转变为“述假”模式。

(4)幻觉:不诚信意图 + 可信文本

当司法裁判者本身意图作伪,但裁判文书内部尚且逻辑自洽时,这种符号表意方式被称为“幻觉”模式。这种表意方式在司法裁判语境场似乎不多见,但仍有存在。如由于法院不便或不愿直接对某些敏感事件通过判决进行表态,借助于证明规则的运用,以“证据不足”为由驳回诉讼请求。此时虽文本可信,但如社会大众识破该“幻觉”,窥探到司法裁判者的作伪意图,此可信文本亦可轻易被解读为不可信文本。

2. 符号表意的接受——认知价值排斥

上文论述道,“诚信意图 + 可信文本”是一种符号表意的“述真”模式。然而,并非所有的“述真”表意都能被符号接收者所接受,即存在“诚信意图→可信文本→不愿意接受”的模式。在这种模式中,司法裁判者言其所知,裁判文书内容自洽,但社会大众就是不愿意接受符号传递的意义,即认为该文本没有意义,此时符号传播中止。

造成上述模式的原因,在于接收者对符号意义产生了认知价值排斥。如金哲红再审改判无罪一案中,司法的意图意义在于通过启动再审程序纠正原错误案件,进而维护疑罪从无、非法证据排除等法律原则。但从新浪微博舆论来看,社会大众并不关注该意义,大量的舆论集中在“关了 24 年终被释放”“国家如何赔偿”等焦点上,可以说该意义的符号传播在符号表意阶段即宣告终止,并未进入符号解释阶段。

(三)解释缘何会背离——符号解释的衍义与掣肘

1. 符号"无限衍义"特性是司法舆情的"达摩克利斯之剑"

符号产生意义的深层机制是利用符号的隐喻与换喻关系。[①] 通过隐喻,一种意义被遮蔽而另一种意义被显现出来,经过符号传播,使得这种替代产生自然化的感觉。而通过换喻,将已经自然化的隐喻通过整体与部分之间的关联推广开来,产生普遍化效果。隐喻与换喻的这种内在机制促使符号产生"无限衍义"的内在动力。

符号无限衍义的这种内生动力亦渗透于每一个司法案件的传播过程中,它就像是悬在司法舆情顶上的一把"达摩克利斯之剑",让司法时时都处于被舆情包围的危险之中。以郑燕等犯虐待被看护人罪一案为例,笔者通过新浪微博上高频舆论为依据,尝试还原如下的符号衍义过程(见图7):

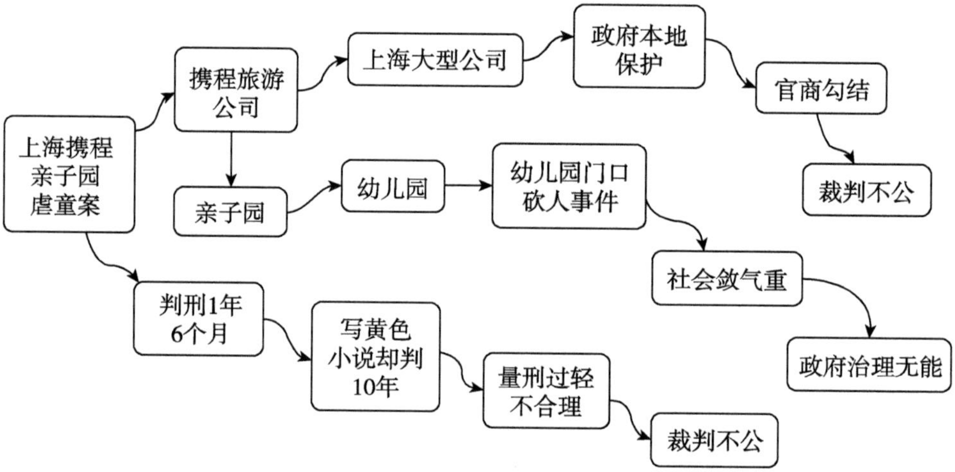

图7　上海携程亲子园虐童案"符号衍义"图示

值得注意的是,这种符号衍义的过程并非仅在惯有的元语言环境下开展,在信息碰撞过程中,解释项的元语言背景被不断充实,隐喻的意义生产更是得到进一步的衍义。如在该案引起舆论高度关注的同时,作家"天一"因涉及制作、贩卖淫秽物品牟利而获刑10年。该判决一经作出便引起舆论高度关注,部分舆论认为量刑过重。本毫无关联的两案在同一时间段引起舆论炒作和发酵,

① 隐喻是指两个符号在某种语境中具有相似特征时,可以相互替换,比如将玫瑰花代替爱情。换喻,是两个符号之间有实质相关性,这种相关性可以表现为自然逻辑延伸,也可表现为整体与部分的关系等,比如用中国航天的成就换喻中国当代的科技实力。

社会大众的元语言背景得到扩充，符号衍义得以进一步延伸，不少舆论更是得出了“虐童才判一年半，写黄色小说却判了十年”的结论。

2. 辅助文本的式微——司法的“不愿”与“不能”

辅助文本是指在接收者对符号文本进行解释时，辅助对符号文本进行补充说明、解释论证等，进而支持表意的文本类型。

（1）司法的“不愿”：司法符号发出者的率先离场

符号的解释是一个不断交互进而促生衍义的过程，发出者在解释活动中的交互参与能影响到解释者的元语言环境，进而影响解释意义。然而在十起样本案件中，不少案件的司法符号一经发出，司法裁判者即宣告符号表意行为的完成，司法符号发出者即率先离场，消极地等待公众对案件的解释，致使辅助文本创设不力。

（2）司法的“不能”：司法辅助文本的诉说能力不足

传统上司法叙事是建立在单向一对一之上的高度文本化信息，其无法逾越以文字符号传达信息的界限，因此司法叙事往往呈现单一性和抽象性的特点。基于此，司法在对裁判活动设定辅助文本时，亦无法摆脱这种高度的专业性和精准性。这种辅助文本的固有局限性致使司法诉说能力不足，从而丧失多媒体交流所可能产生的“内心共鸣”。如在于欢犯故意伤害罪一案中，面对舆论热议的“刺死辱母者被判无期”的话题，司法作出回应的方式更多仍是在专业范围内对法律本身的解释，这种高度的专业性和精确性无法为一般社会大众所接受，进而无法成为社会大众的元语言背景，影响其衍义过程。

3. 反对文本的强势——公众的“不知觉”与“不自由”

反对文本是指在接收者对符号文本进行解释时，对符号文本进行批驳质疑，进而解构表意的文本类型。

（1）公众的“不知觉”：场合语境对公众解释的潜移默化

符号的解释总是以可以预测的语境构筑起来的，在符号表意出现时，就会“不言而喻”地放在这个语境序列中进行解释，哪怕符号文本并不完整，解释者也会在已定的语境中重构意图意义。[①] 而在符号语境序列中，首先应当考虑的就是“场合语境”，即解释者处于何种社会场合之下，这直接影响了解释者对符号文本意义的解读。在当今社会转型期，因司法长期积累的一些弊病逐渐被权利觉醒的公众发觉，个别冤假错案亦损害司法公信力，借助媒体的引导具象报道，使得公众对司法不信任的氛围得以形成并强化。因此，当今中国社会公权

① 赵毅衡：《意图定点：符号学文化研究中的一个关键问题》，载《文艺理论研究》2011 年第 1 期。

力与个体权利的冲突已然成为舆论焦点,进而形成"场合语境"。由于场合语境早已被公众对公权力的不信任所构建,一篇迅速契合公众心理需求的媒体报道往往能引发"后真相"效应。[①]

例如,在莫焕晶犯放火罪、盗窃罪一案中,针对物业公司是否应当对纵火事件的发生承担责任,二审裁定书实则作出明确阐述,[②]然而这种刑法意义上"多因一果"的单纯学理阐述显然超出一般社会公众的解释元语言背景,加之公众对司法公权力的不信任,以及对物业服务普遍不满意的"场合语境",不少公众得出了"胳膊拧不过大腿""钱到位了事情就好办了"等解释。

(2)公众的"不自由":"伴随文本执着"现象接管解释努力

伴随文本是指那些随同符号文本共同影响解释者的附加因素。[③] 与核心文本的确定性相比,伴随文本更为宽泛和复杂,其往往不受发送者的控制。当伴随文本以合适的方式呈现,接收者的感知焦点发生变化时,伴随文本强势取代核心文本的地位,甚至可能出现接管符号接受者解释努力的情形,这就是所谓的"伴随文本执着"现象。我们以裁判文书作为符号文本,对其可能存在的伴随文本类型解构如图 8 所示。

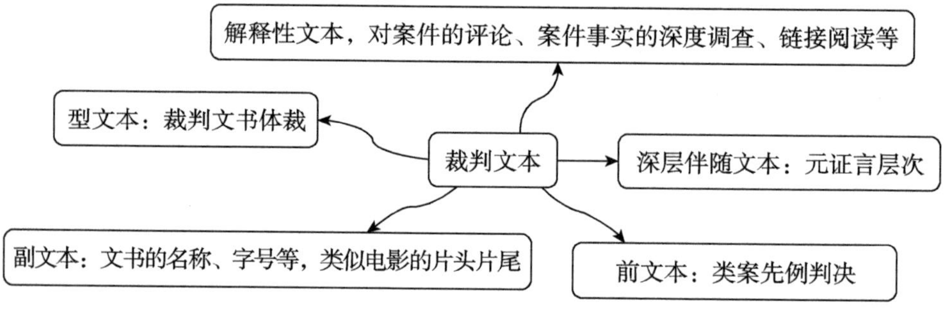

图 8　裁判文本的伴随文本

在庞红卫、孙琪犯非法经营罪一案的舆论中,《深蓝财经》的官方微博通过列举 2015 年中国青年报《疫苗之痛》、2013 年财新《疫苗忧患》、2009 年南方周末《甲流疫苗:"绝对安全"是"绝对误导"》等先前报道,引起公众对前文本和后文本的承接解释,最终产生"伴随文本执着"现象,形成了量刑过轻的舆论导向,导致舆论单向性的急速扩张蔓延。

---

① "后真相"是牛津字典 2016 年选出的年度代表词,意思为:诉诸情感与信仰比客观事实更能影响民意。人们愿意相信某件事,与其情感面、需求面有着非常大的关系,即人们倾向于相信自己相信的。

② 详见浙江省高级人民法院(2018)浙刑终 82 号刑事裁定书。

③ 赵毅衡:《符号学原理与推演》,南京大学出版社 2016 年版,第 143 页。

四、对治之道:架构舆情案件的“四正格局”模式

正是由于司法裁判活动在符号表意和符号解释阶段存在上述问题,致使无法达到理想的符号传播效果,进而出现评价旋涡,促生舆情案件。因此,通过架构“四正格局”模式,即“诚信意图→可信文本→愿意接受→忠诚解释”的模式,真正构建形成“各种社会力量充分参与的全面风险防控体系”方是舆情案件困境的对治之道。

(一)前提设定:司法裁判的意图作真

如前文分析,个别司法案件存在意图作伪的情形,如因贪污受贿、人情请托等原因故意作出违反审判规律的判决。对于此类司法案件,笔者认为主要应从刑事责任认定、法官惩戒机制的启动、廉政教育的开展等方面源头规制。至于公权力如何通过上述手段达到惩戒和教育之目的,不属于本文研究之领域。对于司法机关如何应对意图作伪的危机,则属于法院公关范畴,不属于舆情案件的对治之道范畴。因此,本文论述对治之道的前提设定是司法裁判的意图作真,即“诚信意图→可信文本→愿意接受→忠诚解释”的模型中,“诚信意图”作为始端不存争议。

(二)诚信意图→可信文本:强化专业定力,构建论证修辞新维度

一个可信的司法裁判文本应最大限度地还原司法裁判的诚信意图,其前提在于法院审判活动意图定点的实现,以及裁判文书之文本引导解释能力的提升。一方面,应追求案件事实的“宽屏化”,增强判决的“可视性”。尽管囿于裁判文书体例的既有限制,司法仍可以通过符号设置,增强文书的“画面感”与“可视性”,而核心取决于对事实的全面认定。当下,部分裁判文书仅载明核心事实,对一些不便言说、不易言说的事实闭口不谈。由此割裂了当事人以及社会大众对事实和判断的前后连贯性以及情感连续性解释。因此,须坚持裁判文书全面认定事实的原则,强化文书说理论证,进而充分实现裁判文书文本引导解释能力的提升,实现审判活动的意图定点实现。

另一方面,司法裁判活动应破除形式理性的单纯逻辑思维,让法律立足于生活世界。司法惯有的形式理性本身有其不足,其更多仅在规则层面具有实在性,却无法完全映射现实生活。因此,司法案件在符号表意过程中不能仅满足于形式理性规则的构建,而更应关注对产生评价旋涡的符号进行在先解释。只有立足于生活世界,在利益衡量的基础上作出适当的解释后,司法裁判才会最大限度获得公众的理解,以此逻辑为基础的符号意图定点方符合现代司法审判理念价值进向(见图9)。

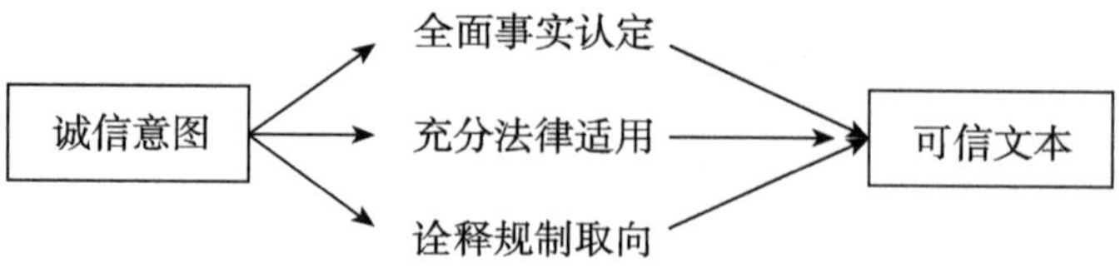

图 9 诚信意图→可信文本

此外,可考虑设立司法顾问委员会,将法学以及其他社会科学优秀专家学者吸纳于内,为疑难案件的解决提供论证思路,克服法官一定程度上的理论和视域缺陷,增强案件专业化特质的同时,增强文本的可信度。

(三)可信文本→愿意接受:强化价值认同,构建意义共同体

司法活动本身是一种对社会行为的规制手段,这决定了其天然地需要社会大众接受其意义。社会大众愿意接受司法文本的前提,系在于社会认可司法的价值和地位(符号意图被认同),同时认可司法形象和司法权威(符号发出者被认同)。这就需要创造司法与社会大众的意义共同体,进而实现价值认同。

一方面,应创建司法价值的语境场,其前提在于明确司法的角色地位,梳理剥除不应由司法承担的职能。“五五改革纲要”提出要坚持把非诉讼纠纷解决机制挺在前面,其核心在于突出司法解决疑难复杂纠纷的作用。只有明确了司法诉讼的角色地位,社会大众才能认可司法的价值。另一方面,应创建司法权威的语境场。司法应注重运用基于隐喻和换喻的自然化和普遍化机制,着意刻画“经典案例—法官—法官群体—司法制度”之间的普遍化联系,塑造司法的整体形象。不宜将经典案例与法官个体过于紧密联系,以免公众产生“个体化”理解的倾向,或者过于刻画法官群体“优秀—非优秀”之间的对立,而系应当通过塑造司法整体的良好形象构建司法权威语境场。

(四)愿意接受→忠诚解释:强化解释引导,构建优势辅助文本

1. 以专业机构为体,树舆情监测之规

现代移动互联网时代下信息传播的迅捷性与充分的个人话语权往往让司法机关的危机公关和舆情应对望尘莫及,其背后深层次的原因可能与互联网时代互动情境认知与符号解码差异密切相关。[①] 因此,囿于以上原因以及舆情分析应对的专业性,建议司法机关设立专业机构,通过购买社会服务的方式选聘专业人员从事舆情工作。加强网上舆情的汇集工作,及时全面准确地搜集分析社会大众的思想动态、心理情绪、愿望心声以及带有倾向性的社会动态等,对容

① 夏厦:《互动视角下突发网络舆情政府回应分析——以天津港大爆炸为例》,载《今媒体》2017 年第 6 期。

易引发风险的各种重大因素和问题作出前瞻性研判。对舆情爆发时的框架问题，比如属于法律适用还是伦理道德，对舆情发展过程中的伴随文本走向，对符号衍义过程中出现的新的“噪点”等通过专业技术加以引导，让舆情朝着良性发现发展。

此外，应建立“舆情风险应对智库”。在司法符号解释中，司法可加强与互联网企业的沟通交流，发挥各自优势，积极探索“司法—企业”在司法舆情监测研判工作中的合作模式，重点关注微博、微信等主要社交媒体的舆情热点，在出现解释旋涡以及评价旋涡时，通过专业领域的技术支持，把握元元语言规范，为舆情争议提供较为客观的思路和评价方向，进而促成议题的有益讨论，缓解对司法的舆情压力。司法机关还应利用合作模式主动设置议题，了解社会大众对相关问题的态度和意见，明确舆情引导方向和重点。

2. 以辅助文本为依，破无限衍义之困

司法与社会大众意义共享的实现，意见领袖的作用则显得至关重要。意见领袖的解释性文本作为一种强势的伴随文本深刻影响着公众对司法符号的解释，应通过建立并维护与意见领袖的良好互动机制，邀请意见领袖、网络大V等通过庭审观摩、个案追踪等方式，深度了解司法工作，以强化对司法工作全方位、深层次的理解。通过法官会议等形式，邀请意见领袖参与，从社会、传播等各个角度寻找司法与公众的契合点，使意见领袖充分感受到司法民主真正践行的魅力和荣耀。一旦司法案件出现舆情风险，法院可通过意见领袖的及时介入，传达辅助文本强化意图表达，中断负面的符号衍义过程，降低或者缓解司法压力。

结　语

“水能载舟，亦能覆舟。”公众舆论对法治的进程是起到推波助澜的正向作用，还是如洪水猛兽般的负面作用，关键之处还是在于司法对待公众舆论，对待社情民意的态度。司法采取“堵”的方法注定不符合符号规律，司法更应学习大禹治水，采取“疏导”的方法正视舆论、应对舆论。“让人民群众在每一个司法案件中感受到公平正义”已不片面只是法律正义这么简单，“舆论正义”的追求亦应是法治努力的方向。当然，利用符号并非掩饰自身的不足，应对舆论亦非对公众言论自由的侵犯，司法时刻都应保持清醒，司法工作满意度最终取决于司法权威的建立，但与民意互动的技巧，却也须臾不可或缺。

心得体会

于我,学术论文意味着什么

蒋　慧

写作,从来都不是一件统一的事。协作,有过山穷水尽的困惑,有过柳暗花明的激动,有过千锤百炼的痛苦,也有过拨云见日的喜悦。学术论文就是在这样不断的创造与打磨之中诞生。如果说写作本身是件苦差事,那么学术论文的写作便是苦上加苦。从选题、定题、提纲到成文、修改、打磨,在繁忙的工作中,我们用大量的时间来完成枯燥的学术研究,而结果往往又不尽如人意……那么这么苦的差事,我们为什么还要坚持?

因为,学术研究就是一场修行。文章的撰写往往是将转瞬即逝的灵感或思绪,沉淀凝结为思辨和智慧的过程。在快节奏的现代生活中,快餐式的文章充斥在阅读视线中,碎片化的阅读已成为不得不养成的习惯。而撰写一篇优秀的学术论文,一定是一场有深度、有厚度的修行,作者需要在浮躁中寻找宁静,需要在实践中发现问题,需要闲暇中思考答案。

因为,文字输出就是知识输入。很显然,写作是一种输出,学术论文的撰写更是有质量、有深度的输出。在此过程中,你不得不查阅大量的文献,翻阅海量的资料,当完成一篇论文时,蓦然回首,会发现写论文教会了你很多。本文的撰写涉及传播学、符号学等专业知识,通过写作本文,我发现我的收获远远不止论文本身所承载的知识那么简单,传播学的各种模型建构让我觉得美妙,而我更是打开了符号学的一扇大门,不敢说自己对符号学有什么认知,光是站在大门外遥望,符号学的各种理论带来的种种哲思就让我感到深邃。

所以,痛并快乐着,继续我们"激情燃烧的岁月"吧。

被冷落的行政诉讼简易程序

——基于法官与当事人的二元视角分析*

祝飞宇**

【论文提要】

作为新《行政诉讼法》重大成果的行政诉讼简易程序,司法实践中的应用情况并不乐观,制度设计的初衷并未能完全实现。为了更好地发挥简易程序提升审判效率、优化审判资源配置等方面的功能,有必要从法官视角与当事人视角出发,寻求简易程序遇冷的现实原因,并探索破除简易程序坚冰的改革进路。正文论证共分三个部分:

第一部分,检视简易程序的司法实践现状,通过实证分析发现实践遇冷是简易程序面临的最大困境。具体而言,首先,简易程序的适用并不均衡,呈两极化发展。其次,简易程序制度完善的作用并不显著,《行政诉讼法》的司法解释的完善并未完全切中痛点。最后,包裹在繁简分流制度下的简易程序,未来发展定位模糊。

第二部分,在认识到简易程序遇冷的基础之上,同时从法官与当事人的二元视角出发,直接定位于简易程序遇冷的原因,发现"不愿用"成为法官与当事人的共同选择。法官视角下的"不愿用"主要包括因立法供给不足导致的不好用以及兼具畏难和排斥心理的不想用;而在当事人视角下,公正感缺失、简易程序"等于"原告败诉等方面的原因,让当事人拒绝适用简易程序。

第三部分,在行政救济普遍化与司法资源相对稀缺性的矛盾冲突下,应当进一步完善简易程序,消除限制其功能发挥的障碍。首先是以人为本,让法官奋发蹈厉,让当事人感受公平正义;其次是程序构造,针对审理范围、审理时限及审理规则进行修订与细化;最后是添砖加瓦,着力推进裁判文书改革,充分发

* 本文获北京法院系统第三十一届学术讨论会优秀奖。

** 祝飞宇,北京市第一中级人民法院行政庭法官助理。

挥示范诉讼的作用,强化简易程序释明工作。

【主要创新观点】

第一,笔者采用实证分析方法,通过在中国裁判文书网上搜索简易程序案件文书、统计本院及辖区法院简易程序适用情况等方式,发现简易程序在司法实践中存在遇冷的情况。透过实践遇冷的基本特征,笔者还发现简易程序的适用并不均衡,试点单位与非试点单位对于简易程序的重视程度呈两极化发展。现阶段的制度供给并未完全切中痛点,制度完善的作用并不显著。更令人担忧的是,包裹在繁简分流制度下的简易程序,未来发展定位模糊。

第二,从法官与当事人的二元视角出发,探寻简易程序遇冷的原因。从法官视角出发,因立法供给不足导致的"不好用"以及因畏难和排斥心理引发的"不想用",都使得法官不愿适用简易程序;从当事人视角来看,公民、法人和其他组织,主要因公正感缺失、简易程序"等于"败诉等原因抵触,而就行政机关而言,过短的答辩期限以及简便送达程序等实际问题,往往使其不愿适用简易程序。

第三,简易程序遇冷并不能否认其在提升审判效率、优化审判资源配置、缓解案多人少压力等方面的重要作用,我们应当针对遇冷的原因,对症下药,消除限制其功能发挥的障碍。具体而言,应当从制度构建的人文关怀、四梁八柱、精雕细刻三个方面出发,让法官奋发蹈厉,让当事人感受公平正义,通过不断完善简易程序制度、发挥示范诉讼效应、简化裁判文书等方式,提升简易程序司法实践中的热度。

让人民群众在每一个案件中感受到公平正义,逐步成为法治中国建设和深化司法体制改革的重要目标。将当事人"感受公正"作为司法裁判的着力点,需要人民法院在法律决策和司法实践中,更多地从当事人的角度出发,提高当事人的认可度和接受度。同时,在司法责任制改革的攻坚阶段,"让审理者裁判、让裁判者负责"的客观要求,亦需在制度设计和审判管理中,更多地考虑法官的感受和需要,以便其能够真正对裁判结果负责。

具体到行政诉讼领域,作为新《行政诉讼法》重大成果的行政诉讼简易程序(以下简称简易程序),司法实践中的应用情况并不乐观,制度设计的初衷未能完全实现。为了更好地发挥简易程序在提升审判效率、优化审判资源配置等方面的功能,有必要从法官与当事人的视角出发,寻求简易程序遇冷的现实原因,进而探索破除简易程序坚冰的改革进路。

一、检视：行政诉讼简易程序的实践遇冷

遇冷是简易程序在司法实践中面临的最显著困境，就笔者所在的B市中级法院及辖区基层法院简易程序的适用情况而言，《行政诉讼法》中的简易程序条款，几乎成为"睡眠条款"。为避免片面，笔者通过对简易程序的实证分析，发现简易程序遇冷是各地行政审判的共同困境。[①]

（一）简易程序呈两极化发展

简易程序萌生于2010年《最高人民法院关于开展行政诉讼简易程序试点工作的通知》，试点法院开始探索适用简易程序。新《行政诉讼法》实施以后，试点法院适用简易程序的积极性明显较高。江苏省南通市人民法院制定《行政案件简易程序实施意见（试行）》，并在政府信息公开类案件中全面推进适用简易程序，仅2016年适用简易程序审结案件470件。[②] 而部分非试点单位，迟至2018年年底方才首次适用简易程序，更有甚者，仍有大量法院从未适用过简易程序。[③] 简易程序呈两极化发展，即试点单位适用率高、规范性强，而非试点单位则存在较大差距。

（二）简易程序制度完善的作用并不显著

一般来说，增加制度供给是解决问题最重要的措施，简易程序亦不例外。为了更好地发挥简易程序功效，最高人民法院颁布《最高人民法院关于适用〈中华人民共和国行政诉讼法〉的解释》（以下简称《司法解释》），明确了简易程序的适用标准和程序，有助于简易程序的进一步发展。从司法实践来看，虽然部分法院在《司法解释》颁布后首次适用简易程序，但是若将视野扩展至全国范围，简易程序适用率则呈缓慢增长态势。而从B市法院的适用情况来看，甚至出现适用率大幅下降的现象（见图1、图2）。制度完善的效果并不明显，可以说，《司法解释》并未切中简易程序遇冷的要害。

---

① 笔者在中国裁判文书网上以"行政案件""一审""适用简易程序""2018""不包含合议庭"为条件进行搜索，共查找到案件2815件，案件占比2%。之所以将时间定位在2018年，原因在于2018年《司法解释》进一步明确了简易程序的规则，相关数据对于研究更具参考性。

② 江苏省南通市中级人民法院：《南通法院关于深入推进行政诉讼简易程序的实践、思考及展望》，载《行政审判通讯》2018年第4期。

③ 黑龙江省大庆市让胡路区人民法院：《全市首次适用简易程序审理行政案件》，载黑龙江法院网：http://dqrhl.hljcourt.gov.cn/public/detail.php? id=20830，最后访问日期：2019年6月4日。

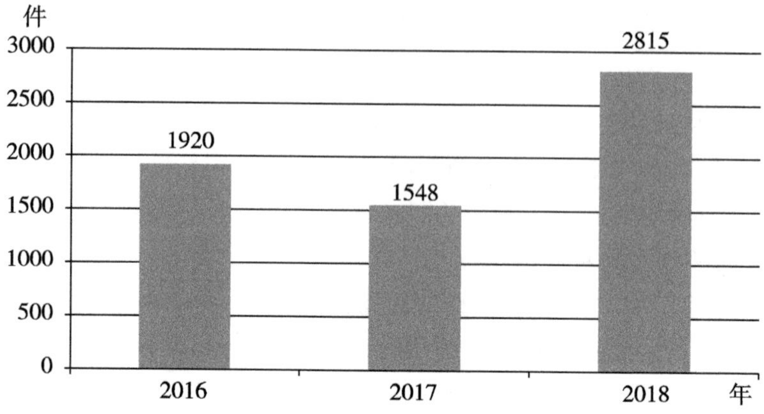

图 1　全国法院近三年适用简易程序案件数

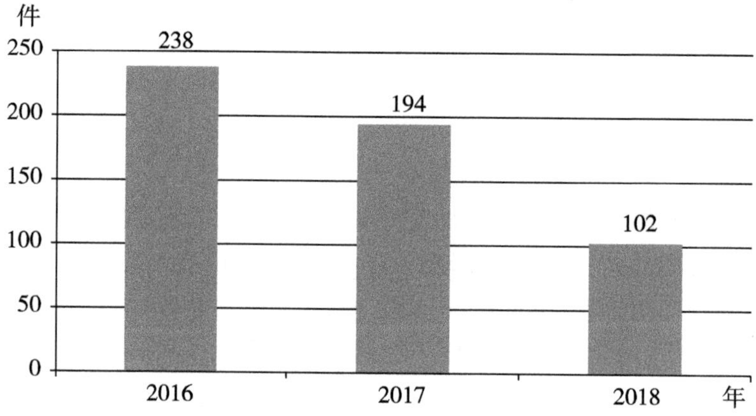

图 2　B 市法院适用简易程序案件数

(三)简易程序的未来发展定位模糊

案多人少的压力不断加剧,简易程序的遇冷问题却并未引起社会各界的太多关注。理论界似乎将探索设立简易程序作为其研究的终点,对于简易程序适用所遇到的现实问题视而不见。① 实务界将简易程序涵盖在繁简分流制度中,将简易程序定位于繁简分流的一项具体措施,忽视了简易程序作为一项独立的诉讼制度,相较于其他举措的特殊性。模糊的定位,不利于深入分析简易程序存在的现实困境,对于简易程序的认识容易停留在表面,也将从根本上制约简易程序的发展。

① 笔者在中国知网以行政诉讼简易程序为关键词进行搜索,《司法解释》颁布后,关于该问题的研究只有 5 篇文章,且只有 1 篇文章涉及了简易程序适用的现实困境。

二、探源:法官视角与当事人视角下的简易程序

传统理论研究将法院与法官看作司法活动的中心,往往围绕法官进行行为分析。如今,出于"群众路线"的司法延伸和对司法为民原则的贯彻,司法改革更多地关注民众在参与和评价司法活动中的心理状态和行为方式,研究重心开始转化。为了研究的完整性,笔者同时从法官与当事人的视角出发,直接定位于简易程序遇冷的原因,发现"不愿用"成为法官与当事人的共同选择。

(一)法官视角下的"不愿用"

1."不好用"——立法供给不足

在理论界和实务界的共同呼吁下,为了顺应行政审判公正与效率的要求,简易程序在《行政诉讼法》的修订中正式落地。但立法供给的严重不足,导致简易程序在实际运用过程中举步维艰。在此背景下,最高人民法院吸收各地适用简易程序的经验教训,制定《司法解释》,有利于指导司法实践,但仍存在较大的改善空间。

(1)简易程序适用范围单一

简易程序具有两种启动方式:一是法官直接适用;二是当事人同意适用。两种启动方式虽然在制度设计上,给予了法官与当事人一定的自由度,但是就实践情况而言,简易程序集中于法官直接适用的政府信息公开案件。一方面,法官可以直接适用的案件仅有三种类型,而政府信息公开之外的其他两种类型的案件本身数量不多,适用简易程序的案件更少;另一方面,经当事人同意适用简易程序相对而言仍很稀少,究其原因,或者法官没有主动征求当事人适用简易程序的意见,或者法官在征求意见时被拒绝。因此,从法官视角上看,法官可以直接适用简易程序的案件类型单一,且三种类型案件所引发的行政复议案件是否应纳入直接适用的范围亦存在争议,严重降低了法官适用简易程序的积极性与主动性。

(2)简易程序审理期限过短

按照案件正常的流转程序,经过发应诉、转答辩、开庭审理等阶段后,留给法官撰写文书的时间不到15天。此种计算方式还是建立在审判程序顺利进行的基础之上,一旦出现当事人申请回避和调取证据等情况,45天的审理期限内无法保证案件的顺利审结。过短的审理期限,可以说是简易程序遇冷的症结所在。若不能在法定审理期限内审结,且在《行政诉讼法》没有规定简易程序可以延长审理期限的情况下,只能裁定转为普通程序。

(3)简易程序审理规则不明

简易程序审理规则是普通程序裁剪广度与力度的体现,而诉讼程序简化程度如何直接决定了公正与效率的衡平关系。在现行法律框架下,简易程序审理规则并不明确,让法官自行探索公平与效率的边界,似乎有些强人所难。而法官对于简易程度的不同判断,将直接造成简易程序的适用差异,进而影响司法的严肃性和统一性。因此,对于法官而言,在简易程序审理规则尚未明确的情况下,谨慎适用简易程序,似乎是更好的选择。

2."不想用"——兼具畏难和排斥心理

(1)独任审理形成畏难心理

成长于合议制的行政法官,习惯于集体讨论、群体决策,并以集体方式分担责任。若选择适用简易程序,也就选择了独任审理的方式,当法官面对全新的审理方式和责任承担方式时,会产生一定的畏难心理。在人民陪审员"陪而不审"大量存在的背景下,即使法官与两名人民陪审员组成合议庭已经成为常态,法官实质上亦属于"独任审判",但对于独任审理,依然存在畏难心理。

畏难心理的产生源于多个方面:首先,随着行政案件的井喷式发展,对于行政法官的需求不断增加,从其他领域调入的部分法官对于行政审判还很陌生,对于独任审理的方式缺乏自信;其次,行政诉讼的当事人往往缺乏法律知识、情绪异常激动、容易产生极端行为,年轻法官掌控庭审的能力不强,对于合议庭共同审理具有更强烈的需求;最后,在司法责任制不断推进的背景下,适用简易程序审理的案件,法官独立承担责任,部分法官的担当意识仍有待加强。

(2)简易程序容易激化矛盾

简易程序制度建立的初衷是为了提高审判效率,通过简化程序的方式,实现"简案快审"的目的。但是适用简易程序,容易激化法官与当事人的矛盾,导致简易程序并不简化,相反会将程序拉得极其冗长,从而让法官产生一定的排斥心理。具体体现在以下两个方面:

一是当事人申请回避。当法官直接适用简易程序,甚至只要征求意见时,当事人便会认为法官对于案件不重视或者有偏见,因此申请法官回避,无形中增加了程序的复杂性。

二是容易引发信访舆情。申请回避只是矛盾激化在诉讼程序中的一种表现,更多的是采用信访的方式来反映问题。信访包括审理中的信访和裁判后的信访，无论哪种，都将耗费法官大量精力，所花费的时间远高于处理案件本身。[①]

(3)简易程序缺乏适用动力

推动一项新制度，需要足够的推力和动力。就推力而言，重视程度对于简易程序的初期发展具有重要的作用，各地重视程度不一，试点单位与非试点单位的重视程度更是差异巨大，导致简易程序在司法实践中存在较大差异。就动力而言，并没有相应的审判管理制度和配套机制为简易程序的发展提供支持，在现行考核机制下，适用简易程序导致系统认定案件属于简单案件，反而给予较低的评分。这种考核机制所确立的行为导向，法官排斥适用简易程序并不意外。

(二)当事人视角下的“不愿用”

作为行政诉讼的两造，公民、法人或者其他组织以及行政机关对于简易程序的意见似乎并不那么统一。作为原告，公民、法人或者其他组织对于简易程序具有较强烈的排斥感；而作为被告，行政机关亦存在着些许意见。

1.适用简易程序的公正感缺失

一方面，原告对于法官的信任度偏低是行政诉讼的重要特点，其几乎本能的认为法院与行政机关“沆瀣一气”；另一方面，原告认为无论是保护自身合法权益还是监督行政机关依法行政，都属于“天大”的事情，法院应当高度重视。基于上述两方面，行政诉讼原告本能的排斥适用简易程序，一旦适用简易程序，对于程序简化所减损的公正感十分介意。在司法实践中，原告往往拒绝法官适用简易程序的征询，而对于法官依职权启动的简易程序，亦颇有微词，在上诉时还会将此作为程序违法的理由。

2.对于效率的追求并不那么迫切

简易程序最重要的功能在于提高效率，对于法官而言，可以快速合法的审结案件；对于原告而言，可以尽快维护合法权益。然而，行政诉讼的原告对于效率的追求真的那么迫切吗？笔者试图从原告启动行政诉讼的视角出发，寻求其对公正和效率的看法。以一起政府信息公开案件为例，原告申请政府信息公开的目的是查明征地拆迁行为是否存在相关审批程序，从而证明征地拆迁行为违法，在针对拆迁行为的行政程序与诉讼程序未获得支持的情况下，转而通过相对间接的方式维护权益。经历了漫长的行政程序后，对于行政机关的敌对情绪不断堆积，而对于效率的追求可能就不那么迫切了。

---

① 张弘、吉朝然：《行政诉讼中的信访困境与法院对策》，载《沈阳师范大学学报(社会科学版)》2018年第4期。

3. 简易程序与原告败诉画“等号”

从法官的视角来看,行政机关败诉案件,因涉及相关裁判标准的确立、社会影响的判断和行政赔偿的确定等问题,基本上不属于简单案件。从司法实践中亦可发现,适用简易程序审理的案件一般以原告败诉而告终。[①] 在此情形下,一旦适用简易程序,似乎就意味着提前宣布案件结果,原告不得不接受简易程序“等于”败诉的现实,因此原告对于简易程序的排斥就显得理所当然了。

4. 行政机关对于简易程序的意见

谈及简易程序的排斥适用,往往集中于原告,但是就行政机关而言,简易程序的适用亦给其带来了巨大的困扰。《司法解释》赋予了法官设定答辩期的权利,当其缩短答辩期限时,相应地也给予了行政机关较大的压力。此外,在送达程序方面,若采用口头通知、电话等简易方式时,行政机关的认可度较低。虽然实践中基本上不会出现行政机关不同意适用简易程序的情况,但是行政机关对于简易程序适用的意见,应当纳入法院的考虑范围之内。

三、破解:简易程序的改革进路

在行政救济普遍化与司法资源相对稀缺性的矛盾冲突下,设立简易程序,通过简化行政程序,不断提高行政诉讼的效益价值极为必要。如何让简易程序在繁简分流制度改革中更好地发挥作用,是行政审判的一项重要课题。简易程序的遇冷,并不代表就此将其束之高阁,而是应当在深入探索遇冷原因的基础上,寻求解决路径,扫清限制其功能发挥的障碍。

(一)以人为本——制度构建的人文关怀

1. 让法官奋发蹈厉

(1)积极克服畏难心理

诚如法国的独任制审判制度的发展路径一样,最初仅被视为例外的独任制,在今天甚至可以被视为原则性的审判形式。[②] 独任制审理的推广并没有那么困难,只要对症下药,就能寻找克服畏难心理的突破口。

快速适应。对于刚进入行政诉讼领域的法官而言,应当快速适应行政审判的思路和模式,寻找行政审判与过往审判经验的结合点,同时将简易程序首先适用于具有明确裁判标准的案件,不断提高行政审判能力。

---

① 以B市法院为例,2018年原告胜诉或协调解决的行政案件占21.7%,而就简易程序而言,原告胜诉率仅为3%,远低于普通程序案件。

② 陈天昊:《公正、效率与传统理念——21世纪法国行政诉讼的改革之路》,载《清华法学》2013年第4期。

强化能力。不断提高庭审驾驭能力，强化指挥控制能力、综合概括能力、应变处置能力，引导当事人在诉讼程序中陈述观点、发表意见。

勇于担当。从集体合议制寻求保护，并不是合议制建立的初衷，更不应当是排斥独任制的理由，采用独任制审理案件，法官要勇于担当，规范案件办理，全面落实司法责任制。

(2)快速处理简易程序引发的问题

鉴于当事人通过回避和信访的方式将简易程序冗长化，为了充分发挥简易程序在提高审判效率方面的作用，应当快速处理因适用简易程序引发的问题。具体而言，当事人仅因法官适用简易程序而申请法官回避的，明显不属于法定回避事由，法官可以依法当庭驳回其回避申请。关于当事人的相关信访请求，申诉信访部门应当进一步完善诉访分离机制，建立信访终结机制，赋予法官免予处理的权利。

(3)深化简易程序配套机制改革

配套机制改革是提高法官适用积极性的重要机制。首先，将简易程序作为审判管理的重要指标予以考核，一是额外加分，科学核定简易程序案件数指标，完成指标进行加分；二是提高简易程序案件的适用分值。其次，健全审判权利运行机制，进一步健全"随机分案为主，指定分案为辅"的案件分配机制，避免因为快审快结案件导致案件分配的不均衡。最后，在诸如1/2的法定审理期限内结案予以加分等考核项中，考虑简易程序的特殊性，并将其独立进行考核。

2. 让当事人感受公平正义

(1)着力提升当事人的公正感

在《中共中央关于全面推进依法治国若干重大问题的决定》中，明确规定"公正是法治的生命线，司法公正对社会公正具有重要引领作用，司法不公对社会公正具有致命破坏作用"。我们评价司法是否公正，不能单纯地看是适用普通程序还是简易程序，而应看是否在各自的程序中具备并实现了各自的程序正义要素所在。① 因此，在公正感理论的指引下，程序公正成为法学研究领域的重心和热点领域，而发言权效应、尊重效应、过程效应成为程序公正研究的经典范式。②

就发言权效应而言，当事人是否充分发表意见直接影响公正感。在简易程

① 李燕：《现行行政诉讼法的缺失与修正——设置行政诉讼简易程序的思考》，载《法律适用》2006年第9期。

② 陈增宝：《法官应着力提高判决的可接受性——以法律心理学为视角的探讨》，载《法治研究》2009年第7期。

序庭审过程中,法官应当在保证庭审顺利进行的基础上,充分保障当事人的陈述权利。

就尊重效应而言,保证当事人在简易程序中受到尊重。适用简易程序并不代表法官不重视案件,法官同样会查明案件事实,准确适用法律,充分保护其合法权益。

就过程效应而言,简易程序虽然对程序进行了一定的简化,但并非减损其程序利益,充分保障其申请回避、申请调取证据等程序权利。

(2)充分实现简易程序的效率价值

笔者认为现阶段原告相对怠于追求效率,主要源于漫长行政程序后,权利保护及时性的逐渐消退,当事人对于行政机关不作为或者作为不当所产生的敌对情绪在诉讼程序中得到爆发。因此,可以考虑通过加快行政诉讼速度、实质解决行政争议、避免程序空转等方式,充分实现简易程序的效率价值,并传导至行政机关,促使行政程序效率的提升。

(3)积极化解简易程序"等于"原告败诉的尴尬

《行政诉讼法》修订之后,行政诉讼着眼于"保护并规范、监督并尊重、实质化解纠纷"的宗旨,具体到简易程序,亦应坚持上述宗旨。诚然,判决行政机关败诉已经屡见不鲜,但是在行政法官的判断逻辑里,依然认为行政机关具有败诉可能的案件,不属于应当适用简易程序的简单案件。但是这样的判断逻辑,对于行政机关明显败诉的简单案件而言,是不适用的。对于行政机关明显超越职权、制作涉案信息不予公开、程序重大违法等案件,应当属于简易程序的适用范围。基于此,应当不断提高当事人对于简易程序的期待,简易程序既可以加快案件办理进度,也可以支持原告的主张,促使当事人主动选择适用简易程序解决行政纠纷。

(4)加强府院联动听取行政机关意见

当事人同意适用是简易程序的启动方式之一,在充分考虑原告意见的基础之上,被告的意见亦应被认真对待。府院联动是法院监督行政机关依法行政、促进依法行政水平提高的重要方式,通过府院联动,听取行政机关关于适用简易程序的意见。在设定答辩期、采用简易送达等程序时,应当充分考虑行政机关内部运转程序,以期获得行政机关的支持和理解,共同提高行政诉讼效率。

(二)程序构造——制度构建的四梁八柱

1. 扩大简易程序依职权适用的范围

立法者制定法律时享有审时度势的权力,可以用不同的价值倾向来引领立法,回应社会需求,以实现法律所追求的公平正义的目标。[①] 现阶段,行政诉讼最主要的案件类型是政府信息公开、履行法定职责类以及二者引起的行政复议案件。对于政府信息公开引发的行政复议案件,笔者认为,行政复议无论是对政府信息公开行为的实质审查,还是对其程序性审查,仍是对政府信息公开原行为进行审查,因此应认定其属于可以直接适用简易程序的范畴。

那么是否应当将履行法定职责案件纳入简易程序直接适用范围?司法实践中,在行政诉讼发展的不同阶段,主要案件类型不断变化,为避免案件类型变化影响简易程序适用范围,笔者认为应当借鉴《民事诉讼法》中关于简易程序适用范围的规定,即只要审理事实清楚、权利义务关系明确、争议不大的简单案件,法官可直接适用简易程序。有学者认为,这种标准虽然经过《司法解释》的阐释,但其本身仍具有较强的不确定性,法官据此所享有的自由裁量权较难控制,为法官的恣意埋下了伏笔。[②] 虽然笔者不完全同意这种观点,但为了缓解这些担忧,笔者同意将涉及侵犯公民、法人或者其他组织重大人身、财产权利等案件,明确不可以适用简易程序。

2. 审理时限的立法修订

虽然对于简易程序而言,应当在现有的规范框架内进行完善,但是《行政诉讼法》规定的45日审理期限给法官所带来的紧迫感、压力感以及不可控性,极大地阻碍了简易程序的推进。

关于审理期限,笔者认为按照程序流转所需要的基本时间,并给予法官处理特殊事项的时间,属于合理期限。从司法实践来看,将审理期限变更为60日尚属合理,既给予了法官充分的时间完成程序,又避免时间过长减损程序价值。有学者也发现了审理时限较短的问题,为了保证简易程序得到有效适用以及与普通程序审限的良好协调,法院应当在45日内审理完毕,如有特殊情况经批准可以延长15日。[③] 笔者不同意这种观点,《行政诉讼法》只规定了普通程序特殊情况的延长制度,并未授权简易程序延长审限,若发现案件存在特殊情况,基本上可以认定案件不宜适用简易程序,因此直接规定60日的审理期限更为科学合理。

3. 简易程序审理规则的细化与完善

推进行政案件繁简分流的紧迫性,与现行简易程序制度供给的不足存在一

---

① 葛先园:《我国行政诉讼简易程序检视——以新〈行政诉讼法〉第82条为中心》,载《法律科学(西北大学学报)》2016年第2期。

② 刘一玮:《简易程序的理性反思与完善路径》,载《行政法学研究》2019年第4期。

③ 葛先园:《我国行政诉讼简易程序检视——以新〈行政诉讼法〉第82条为中心》,载《法律科学(西北大学学报)》2016年第2期。

定的张力,亟待在理念指导和创新思路上提出新思维。[①] 在现有规定基础之上,通过明确简易程序审理规则,为司法适用提供指引和路径。

一是简易程序的启动问题。应当明确由审判庭而非立案庭来启动简易程序,若由立案庭进行审查,当立案庭法官与审判庭法官在认定是否适用简易程序存在不同意见时,会对司法公信力产生极其恶劣的影响。

二是简易程序的调取证据问题。《司法解释》将案件"事实清楚"限定为"无须人民法院调查收集证据即可查明事实"。当事人若在简易程序过程中申请调取证据,法官应当从申请调取证据的关联性出发,若同意调取证据,则该案不属于案件事实清楚,不符合依职权适用简易程序的条件,应当裁定转为普通程序;若明显不具有关联性时,可以认定案件仍属于事实清楚,法院作出不予调取证据决定,并充分保证当事人申请复议的权利。

三是简易程序的开庭简化问题。简化审是简易程序的基本内涵,如何科学地裁剪普通程序,是简易程序衡平公平和效率的关键。相比于普通程序的全面完整,简易程序在保障当事人基本诉讼权利的基础之上,在起诉、答辩、庭审、送达等各个程序,都可以进行相当程度的简化。在《司法解释》的基础之上,可以从以下方面进行简化:第一,法官可以在法庭调查开始时先组织各方当事人进行举证、质证,对于与案件无关的证据,可以直接予以排除并说明理由,记录笔录,不再进行举证、质证;第二,可以将法庭调查与法庭辩论合并进行,由法官总结案件事实,各方当事人确认与补充;第三,由法官归纳争议焦点,各方当事人围绕争议焦点发言,避免陈述与案件无关的情况。

四是程序转化的效力问题。简易程序转化为普通程序,相应的独任制审理亦应变更为合议庭审理,法官应当在审理期限届满前作出裁定并告知合议庭组成人员,保证当事人申请回避的权利。在开庭后认为应当转化为普通程序的,简易程序开庭审理的内容可以被普通程序所承接,合议庭认为事实已经查明清楚,可以直接合议并裁判。

(三)添砖加瓦——制度构建的精雕细刻

1. 着力推进裁判文书改革

简易程序审理的案件可以简化释法说理,为简易程序裁判文书改革提供了规范指引。一是证据部分,在行政诉讼当事人提供大量不具有关联性证据时,可以在裁判文书中表述为"以上事实有相关证据在案佐证",无须将全部证据予以列明;二是裁判说理部分,简化释法说理的基本前提是讲清楚,一定程度上可

① 刘行、刘明研:《行政诉讼速裁机制的探索与适用》,载《人民法治》2016年第10期。

以简化裁判说理的内容，但不能简化逻辑推理的过程；三是创新裁判文书样式，表格式文书作为一种较为成熟的文书格式，已经在实践中特别是政府信息公开案件中得到广泛的运用，可以而且应当运用到简易程序中。

2. 充分发挥示范诉讼作用

简易程序的遇冷，一定程度上可以归因于各方对简易程序的陌生。因此，通过发挥示范诉讼效应，选择一批典型的简易程序案件，充分展现简易程序在提高审判效率、及时保护当事人合法权益和监督行政机关依法行政方面的优势，转变社会大众的错误观念。

3. 强化简易程序释明工作

行政诉讼释明是指针对当事人在行政诉讼中的声明、陈述或举证存在不明确、不充分、不适当等情形时，由法官向当事人进行适当发问、提醒、告知，从而对相关诉讼内容和流程予以明了、补充、修正的一项制度。[①] 适用简易程序时，应当做好释明工作，告知适用简易程序的理由、依据、相关权利和义务，在征求当事人意见时，应当明确告知简易程序对于及时保护其合法权益的积极作用，强化释明工作，有助于消解当事人排斥情绪，促使当事人接受简易程序的适用。

四、结语

简易程序的遇冷是意料之外，也是情理之中。简易程序的发展正如学者对其研究一样，设立前的充分论证、设立时的众望所归以及设立后的惨淡经营。伴随最高人民法院发布《关于进一步推进案件繁简分流优化司法资源配置的若干意见》，简易程序作为其中一部分被纳入繁简分流制度研究中。然而简易程序的实践现状并未使其在繁简分流制度的研究中更受重视，反而停滞不前，对于简易程序的遇冷问题往往仅以立法不足为由一笔带过。简易程序立法设想与实践现状的巨大反差，值得引起高度重视。从法官与当事人的视角出发，寻求实现制度设立初衷的解决方案，在案多人少的压力面前，为法官寻找一种“简案快审”的快车道，以实现行政诉讼在实质解决争议效能的最大化。为更具象、系统地呈现简易程序的改革进路，在前文基础之上，笔者起草《最高人民法院关于适用简易程序审理行政案件的若干规定（建议稿）》（见附件），以期为简易程序的更好适用提供参考。

---

① 丁晓华：《论行政诉讼释明制度的构建》，载《法律适用》2018 年第 6 期。

附件:

最高人民法院关于适用简易程序审理行政案件的若干规定
(建议稿)

为保障和方便当事人依法行使诉讼权利,保证人民法院公正、及时审理行政案件,提高诉讼效率,减轻当事人诉讼负担,根据《中华人民共和国行政诉讼法》《最高人民法院关于适用〈中华人民共和国行政诉讼法〉的解释》的有关规定,结合行政审判经验和实际情况,制定本规定。

一、适用范围

第一条　审理第一审行政案件的人民法院根据《中华人民共和国行政诉讼法》第八十二条规定审理的行政案件,适用本规定。

第二条　下列第一审行政案件中,事实清楚、法律关系简单、权利义务明确、争议不大的,可以适用简易程序审理:

(一)被诉行政行为是依法当场作出的;

(二)案件涉及款额二千元以下的;

(三)属于政府信息公开案件的;

(四)因上述案件引发的行政复议。

除上述案件外,当事人各方同意适用简易程序的,可以适用简易程序。

第三条　下列第一审行政案件,不适用简易程序审理:

(一)发回重审、按照审判监督程序再审的;

(二)涉及侵犯公民、法人或者其他组织重大人身、财产权利的;

(三)涉及公告传唤、送达的;

(四)涉外及涉港、澳、台的;

(五)当事人申请一并解决相关民事争议的;

(六)当事人申请规范性文件附带审查的;

(七)其他不适宜适用简易程序审理的。

二、审理前的准备

第四条　当事人应当在起诉或者答辩时向人民法院提供自己准确的送达地址、收件人、电话号码、传真号码、电子邮箱等其他联系方式,并签名或者捺印确认。

第五条　对依法属于适用简易程序审理范围的案件,由审判庭审判人员发送《简易程序审理通知书》,告知适用简易程序理由、依据、相关权利和义务。

第六条　对可以由当事人自主选择适用简易程序的案件,审判庭审判人员可以向当事人发送《简易程序审理告知书》,告知适用简易程序的建议理由、依据、相关权利和义务。当事人同意的,适用简易程序审理。

第七条　适用简易程序审理的行政案件,人民法院可以用口头通知、电话、短信、传真、电子邮件等简便方式传唤当事人、通知证人、送达裁判文书以外的诉讼文书。

第八条　适用简易程序案件的举证期限由人民法院确定,也可以由当事人协商一致并经人民法院准许,但不得超过十五日。被告要求书面答辩的,人民法院可以确定合理的答辩期间。

第九条　人民法院应当将举证期限和开庭日期告知各方当事人,并向当事人说明逾期举证以及拒不到庭的法律后果,由各方当事人在笔录和开庭传票的送达回证上签名或者捺印。

第十条　当事人各方均表示同意立即开庭或者缩短举证期限、答辩期限的,人民法院可以立即开庭审理或者确定近期开庭。

三、开庭审理

第十一条　以简便方式送达的开庭通知,未经当事人确认或者没有其他证据证明当事人已经收到的,人民法院不得将其作为按撤诉处理和缺席判决的根据。

第十二条　审理简易程序案件,应当在立案之日起四十五日内审结,不得申请延长审理期限。

第十三条　在开庭前,审判员应当主动对简易程序的审理方法、审理规则等事项予以释明。

第十四条　当事人就人民法院直接适用简易程序提出异议的,审判员应当进行审查,并按下列情形分别处理:

(一)异议成立的,应当将案件转入普通程序审理;

(二)异议不成立的,口头告知当事人,并将上述内容记录笔录。当事人仍不服,并因此申请审判员回避的,明显不属于回避情形,审判员可以当庭予以驳回。

第十五条　根据案件情况确需转入普通程序审理的,应当在审理期限届满前作出裁定,并将合议庭组成人员及相关事项书面通知各方当事人。

第十六条　转入普通程序审理案件的审理期限自立案的次日起开始计算。

第十七条　开庭后认为应当转入普通程序审理的案件,简易程序开庭审理的内容可以被普通程序所承接,合议庭认为已经查明清楚案件事实的,可以不再开庭。

第十八条　适用简易程序审理的案件,应当一次开庭审结,但人民法院认为确有必要再次开庭的除外。

第十九条　适用简易程序审理的案件,可以将法庭调查与法庭辩论合并进行。由审判员总结案件事实,各方当事人确认与补充。审判员归纳争议焦点,各方当事人围绕争议焦点发言。

第二十条　法庭调查开始时,审判员可以先组织各方当事人进行举证、质证。对于与案件无关的证据,可以直接予以排除并说明理由,记录笔录,不再进行举证、质证。

四、裁判与送达

第二十一条　适用简易程序审理的案件,经书面审查发现具有明显不符合行政诉讼起诉条件情形的,审判员认为不需要开庭的,可以径行裁定驳回起诉。

第二十二条　适用简易程序开庭审理的行政案件,一般应当当庭宣判,但审判员认为不宜当庭宣判的除外。

第二十三条　适用简易程序审理的案件,可以简化裁判文书制作,可以适用表格式等裁判文书样式。

第二十四条 当庭宣判的案件,人民法院应当在三日内将裁判文书送达当事人。

五、其他

第二十五条 本院已经公布的司法解释与本规定不一致的,以本规定为准。

第二十六条 本规定自 20××年××月××日起施行。

从一轨到双轨

——论分类管理背景下司法行政人员补充机制的完善*

夏明玥　李忠勇**

【论文提要】

司法行政人员是法院内从事行政管理的正式在编人员,包括政工党务、行政事务、后勤管理人员。① 随着人员分类管理改革的推进,一方面,相当一部分具有审判资格的司法行政人员转岗并充实到了审判一线,很多司法行政岗位面临着人员短缺的问题;另一方面,受入额法官待遇保障及职业尊荣感相对较高、人员分类改革后三类人员之间流动机制不畅等因素影响,司法行政岗位的吸引力较改革前下降,传统的审判人员(含具有审判资格的司法辅助人员)转任司法行政人员的模式难以为继。针对这些问题,一些地方法院开始尝试大规模招录非法学专业人员从事司法行政工作,以解决司法行政人员短缺问题,并保持司法行政队伍的稳定。从实际效果看,上述尝试虽能够缓解人手短缺问题,但因非法律专业人员对于审判工作缺乏了解和法律知识储备不足,一定程度上影响了司法行政工作质量和效果,不能有效满足司法行政工作的需要。

不同类型的司法行政岗位对于人员的知识结构和工作经历要求存在差别。在选择司法行政人员时,应根据岗位不同而有所区别。对于与审判工作关联性

* 本文获北京法院系统第三十一届学术讨论会优秀奖。

** 夏明玥,北京市第一中级人民法院干部处干部,曾荣获北京法院系统第三十届学术讨论会优秀奖;李忠勇,北京市第一中级人民法院干部处处长,曾获全国法院系统第二十一届学术讨论会三等奖、第二十四届学术讨论会一等奖。

① 中共中央组织部、最高人民法院发布的《人民法院工作人员分类管理制度改革意见》,将人民法院工作人员划分为法官、审判辅助人员、司法行政人员三类。其中,法官履行审判职责;审判辅助人员是协助法官履行审判职责的工作人员,包括执行员、法官助理、书记员、司法警察、司法技术人员等;司法行政人员是法院从事行政管理工作的人员,包括政工党务、行政事务、后勤管理人员。

较大的职位(如法官管理、监督等岗位)需要配备具有法律知识,了解审判规律的人员。对于与审判工作基本没有关联的职位(如后勤保障等)则可配置非法律专业人员。目前,传统的内部转任模式或外部招录非法律专业模式单独施行均不能满足实际工作需要。本文在对当前司法行政人员配置情况进行分析研究的基础上,引入人力资源管理中的职位管理理论,根据职位同审判工作的关联度,对不同司法行政岗位进行分析界定,并提出司法行政人员补充的双轨模式,以适应人员分类管理改革后司法行政工作的需要。

【主要创新观点】

一是在对象选取上,本文选取司法行政人员为研究对象。随着人员分类管理深入推进,法官单独职务序列已建立,法官助理职业发展路径也基本明确,但司法行政人员却面临人员流失的困境,与新一轮改革背景下司法行政事务更高标准、更严要求相矛盾。本文因此选取司法行政人员补充这一微观视角,力图从人员补充入手,为推进人员分类改革平稳深入提供依据。

二是在思路切入上,本文引入人力资源中的职位管理理论。通过该理论中因事定岗,以岗择人的核心理念,厘定司法行政岗位的职责内容,进而确定每一个司法行政岗位所要求的任职条件,据此结合定性分析和定量计算探索建立司法行政人员补充双轨制,规避现行补充模式下存在的司法行政人员后继无人的风险。

三是在关系处理上,充分结合公务员职务职级并行和内设机构改革进程讨论。首先,司法行政人员作为人员分类管理改革的成果,按照综合管理类公务员进行管理,其职业发展前景与现行推出的公务员职务职级并行规定密不可分;其次,司法行政人员的职位设置与内设机构改革息息相关。故本文充分考虑两者在人员补充中的影响效力,以此为基础探索人员补充新模式。

四是在结论深化上,人员分类管理改革的最终目的是落实司法责任制,推动三类人员革命化、正规化、职业化和专业化发展。司法行政人员作为三类人员之一,既具有保障性,又具有法律性。这是其不同于普通公务员的一点,因此在补充机制研究上本文也充分考虑司法行政人员的独有属性,从其本身特点出发进行人员补充,以适应新一轮改革中出现的新情况、新问题。

一、现状考察:以 B 直辖市不同类型法院司法行政人员配备为样本的分析(见表 1)

表 1 样本法院人员构成基本情况①

样本法院	法院层级	司法行政人员数量	其中法学及相关专业人员数量	备注
A 法院	高级法院	190	104	成立时间长,历史包袱重
B 法院	中级法院	68	41	成立时间长,人员构成复杂
C 法院	中级法院	77	35	新成立法院
D 法院	基层法院	82	58	人员基数大,成立时间长
E 法院	基层法院	82	51	人员基数大,受理新型案件多
F 法院	基层法院	26	22	新成立的专门法院

(一)常见模式:选任或招录具有法律职业资格或审判经验人员从事司法行政工作

1. 从审判业务部门选任优秀人才。人员分类管理改革之前,法院的司法行政人员往往从法院内部选任工作经验丰富、业务能力强、党性意识重、综合素质高的审判人员担任。当时,由于行政权与生俱来的扩张性和侵略性,②司法行政对审判介入较多,导致司法行政人员地位普遍高于审判人员,只有相对优秀人才方有资格从事司法行政工作。直到为保持审判权独立性开始进行人员分类管理改革,这种局面得以扭转,司法行政人员也从"话事人"转变为"服务者",地位逐步"边缘化",员额制改革后司法行政人员工资待遇和法官拉开差距(见图 1),司法行政岗位吸引力降低。具有审判职务的人员相当一部分被充实到审判一线,不再倾向于转任为司法行政人员。依靠此模式充实司法行政队伍已不再符合现实状况。

① 注:分别选取基层(包括一家专门法院)人民法院,中级人民法院和高级人民法院为样本,数据来源方式为历年招录人员网上查询、电话咨询、实地考察、座谈等方式。

② 参见娄必县:《法院人员分类改革》,西南政法大学 2017 年博士学位论文。

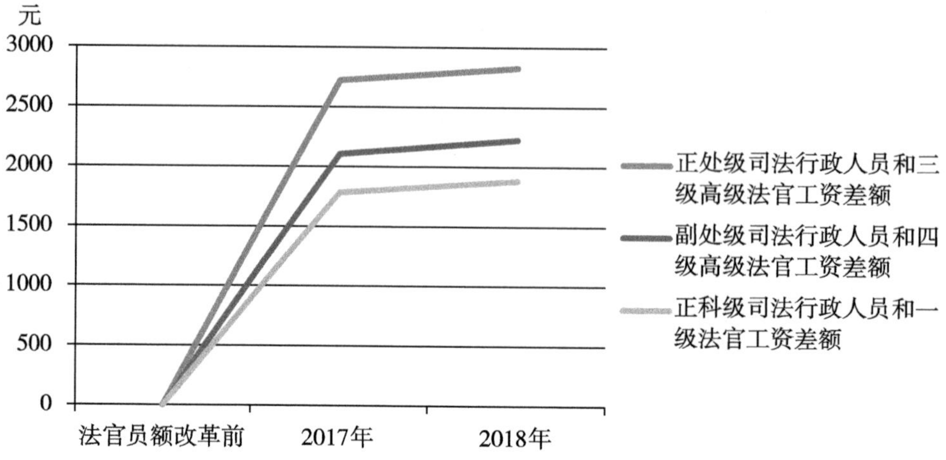

图 1　B 法院改革前后情况类似的法官和司法行政人员月工资差额比较①

2. 招录法学专业的法官助理。法院作为司法机关在人员招录时主要以招收法学专业大学毕业生为主，法学专业毕业生进入法院后，有的被分配到审判执行部门，有的根据工作需要被分配到司法行政岗位工作(见图 2)。人员分类管理改革前，司法行政人员与审判人员在工作需要和条件符合时可相互转化，

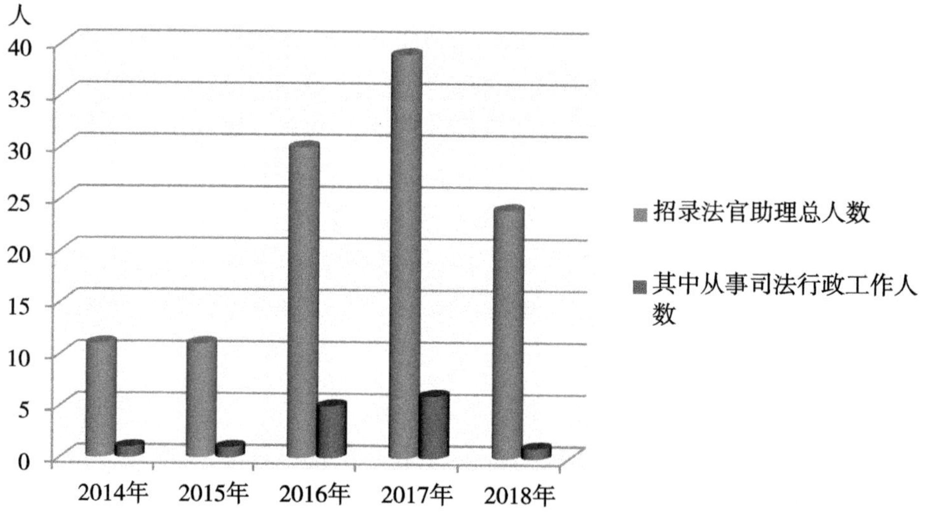

图 2　B 法院 2014—2018 年招录法官助理从事司法行政工作人员变化②

---

① 注：自 2016 法官员额制以来，随着时间的推移，法官等级越高，和同条件的司法行政人员相比，工资差额就越大。

② 注：B 法院近五年来招录的法官助理中，均有 1 ~ 2 名被分配到司法行政部门工作，他们有的在一年试用期后转岗至审判部门担任法官助理，有的因工作表现出色，至今仍留任在司法行政部门。其他 4 家法院(除了 A 法院外)近五年招录人员分配情况与 B 法院类似，不再单独列举。

这种模式有利于复合型人才的培养,因此相当具有吸引力。但随着人员分类管理逐步落实,为保证法官队伍的精英化、职业化,明确在司法行政部门不得设置员额,法官和司法行政人员间出现短期无法逾越的“鸿沟”。以法官助理或书记员身份考入法院的大学生,经过法学系统学习并通过司法考试,大部分怀有审判梦想,更倾向于进入审判一线工作,他们成为司法行政人员后,由于所学专业和从事工作相背离,难免心态浮躁,萌生“去意”,这种人员补充模式已非“民心所向”,故无法成为长久之计。

(二)个别模式:根据岗位需求招录非法学专业人员从事司法行政工作

1. 接收军转干部。为响应国家对军转干部安置政策,法院定期招录军转干部,其中部分无法学系统学习背景,但经过长期的军旅生涯,党性意识强,纪律意识重,往往被分配在司法行政部门工作。经过常年积累,也成为法院司法行政人员中的重要组成部分(见图3)。这种定期定量定性的人员补充方式因无法迅速大量地为法院提供相应人才,故不能满足改革背景下法院对司法行政事务的日益增长的需要,由此衍生出根据岗位需求定岗招录专业人员的补充模式。

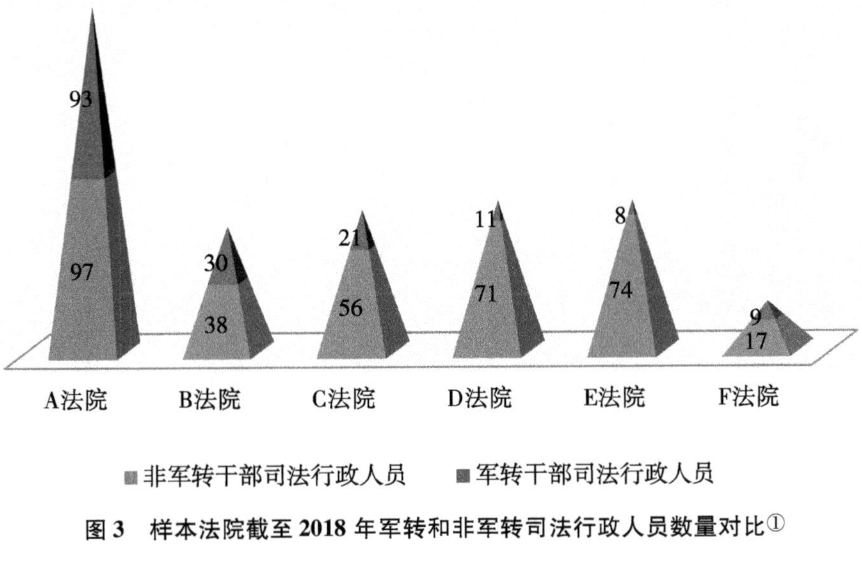

图3　样本法院截至2018年军转和非军转司法行政人员数量对比①

① 注:总体而言,成立时间越长的法院军转干部在司法行政人员中所占比例越大,如A法院和B法院,军转干部占司法行政人员比例均接近50%。长期来看,军转干部安置是长期性工作,按照人员分类管理的要求,这些没有法学知识背景人员已无法成为法官,因此进入法院后大部分成为司法行政人员,是司法行政人员的长期补充来源。

2. 定岗招录对口专业人员。这种人员补充方式是随着人员分类管理改革推进而产生的。一些新成立的法院尝试根据司法行政岗位的职责内容和具体需求招录对口专业人员，如招录新闻专业或者计算机专业人员从事宣传或者技术支持方面的工作，以快速大量补充司法行政人员。此种方式有利于专业化队伍的建设，在历史包袱不重的法院中逐步成为司法行政人员补充的重要形式，但成立时间长、人员情况复杂的法院受编制有限等因素限制不可能短期内招录大量非法学人员，此方式很难成为人员补充主流（见图 4），且由于这类人员无法律学习背景，若成为司法行政工作主力，也存在折损工作效果、影响司法公正的隐患。

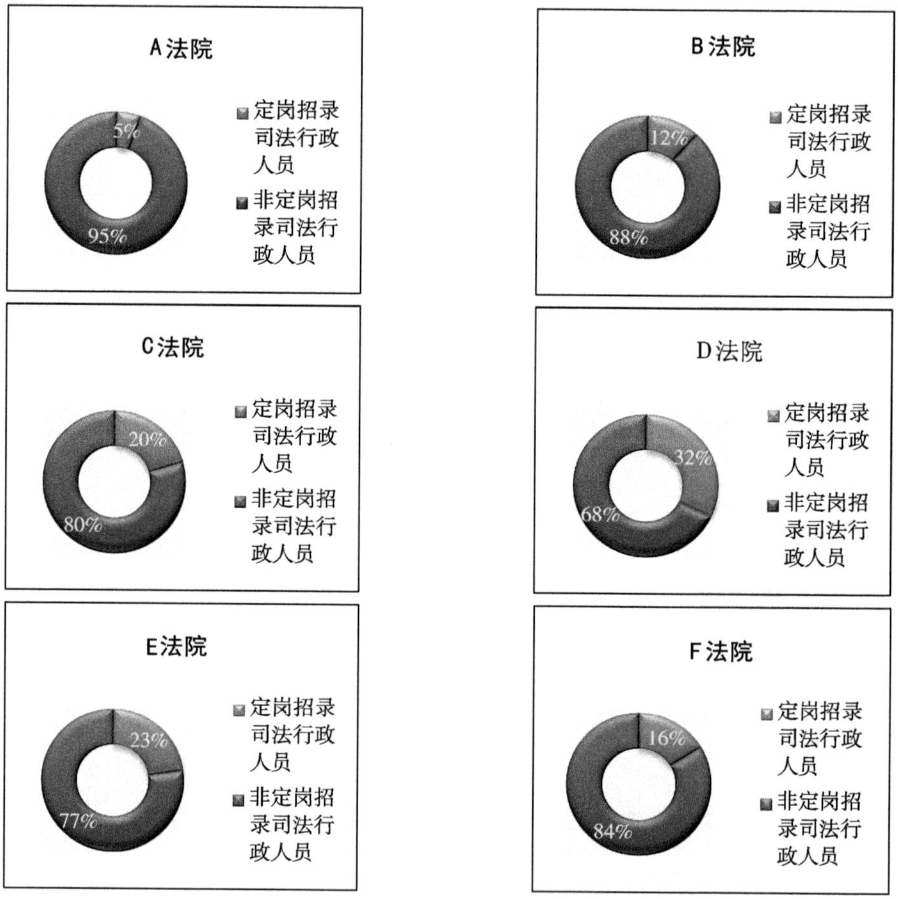

图 4　样本法院截至 2018 年定岗招录和非定岗招录司法行政人员情况①

① 注：对历史包袱较重的法院，人员构成复杂，无法短期内进行大规模的人员更新和人员结构的调整。比如 A 法院有较多军转干部和调转人员担任司法行政人员，每年可招录司法行政人员较少；但 C 法院成立时间不长，人员构成简单，就可根据需要一次性大批量地招录非法学的对口专业人员。

3. 遴选或交流其他机关人员。有的法院在司法行政人员紧缺且本院无相符条件人才可选用时，会通过遴选或交流补充人才，以完成司法行政工作。此方式可根据用人目标和岗位设置精准补充人才，往往吸收人员素质高，与岗位契合度好；但补充数量有限，且受多种客观因素影响，补充人员数量和周期均无法保障，无法成为司法行政人员补充的主要形式。

二、实践反思：对现行司法行政人员补充模式的利弊分析

（一）优势解析：现行两种人员补充模式的优点

常见模式下，司法行政人员不分工作职责或职位要求，一律由具有法律专业知识或对审判业务较为熟悉的人来担任。首先，有利于同时实现法律性和保障性。司法行政工作同时具有法律性和保障性，这是其不同于其他行政工作的特点，对于法官考核、人员配置等与审判核心事务距离较近的司法行政事务而言，由同时具有对司法领悟力和优秀组织能力的司法行政人员来处理，更贴合司法实践的需要；能确保司法行政事务公正完成，规避因对审判运行规律不了解而引发的决策执行风险。其次，方便人员统一管理。无论是内部选任还是直接招录法学专业人才，实质上均是作为审判相关储备力量而使用的，同一类型的人才在录用、考评等事项上方便实现统一管理，减少管理成本。

个别模式下，根据司法行政岗位不同分别由对口专业人员从事。首先，能够优化岗位配置，有助于明确司法行政人员的职责定位，减少推诿扯皮，提高工作效率，将司法行政人员从无序的工作氛围中解放出来，使其认准自身的职责，增强角色认同感，实现“人尽其才”。其次，能够促进精细化管理，将复杂烦琐的司法行政工作细化为多个单元并由不同专业背景的个体进行专门负责，能大幅提升人才工作技能，有利于优化资源配置，推动工作高效完成。

（二）现实难题：司法行政岗位吸引力降低导致常见模式人员补充后续乏力

常见模式是司法行政人员补充的传统模式，在人员分类管理改革前为充实司法行政队伍发挥了不可或缺的作用。但随改革深入推进，司法行政人员生活待遇与法官产生差距，在《公务员职务职级并行规定》尚未完全落实的情况下，受职数限制晋升渠道也不如法官顺畅。[①] 司法行政岗位吸引力明显低于审判岗位，这种背景下要求审判人才向司法行政人才转化已不合时宜，常见模式的种种缺点逐渐凸显。

1. 岗位适配“粗放化”，无法实现人事相宜。如工资、档案、宣传、党建等专

---

① 中共中央办公厅印发的《公务员职务与职级并行规定》自 2019 年 6 月 1 日开始施行，但样本法院所在地区 2019 年年底启动此项工作，相关待遇尚未完全落实；与之相对，样本法院所在地区已开展了四批法官按期晋升工作，法官在称职的前提下法官等级稳定晋升，基本全部落实相关待遇。

业性要求较高司法行政事务,不作区分的全部由法学背景人员从事,不仅要耗费更多的时间培训学习,而且工作效果可能远不如对口专业人员相同时间完成的效果,和中央政法工作会议提出的建设专业化、职业化队伍的理念不相符,也与现代人事管理中精准用人的理念相违背。

2. 人力资源"浪费化",无法实现人尽其才。常见模式下的司法行政人员要么经历过系统的法学教育,要么有着丰富的审判实践经验,这两者都是审判工作中不可多得的素质。由他们从事司法行政工作,无法充分发挥其在法学领域的能力,利用他们的法学知识储备,对人才是一种浪费,且与司法改革中"让更多力量集中到审判一线"的理念不符合。

3. 岗位优势"缺失化",无法实现动态调节。如前文所述,司法行政人员随着改革的逐步推进已成为法院"边缘人",司法行政岗位的吸引力不复往昔,法学背景或具有法律职业资格人员大部分更愿意从事审判工作,通过这种模式已难以实现司法行政人员的足量补充,与新一轮改革背景下司法行政事务日益提高的标准与日益增加的工作量相矛盾。

(三)风险隐患:人员补充规则机制不尽完善导致个别模式人员补充效果不佳

在改革推进中摸索出的个别模式是人员补充的新方法,克服了常见模式的一些不足,但由于各法院人员构成不同、中央和地方均未明确选人制度,导致实践中出现招录人员素质参差不齐、工作积极性不高、工作效果低于设想等问题,个别模式日渐展露的缺陷也成为改革中不可忽视的障碍。

1. 招录人员"随意化",能否保障法律性存在风险。与其他行政工作相比,司法行政依附于司法而存在。保障司法独立、公正和效率是司法行政工作的出发点和归宿,能否同时实现保障性和法律性是判断司法行政工作是否圆满完成的核心标准。在"审判为中心"的指导思想下,法官任免、考核、晋升以及监督等司法行政事务实质都与审判核心事务直接相关,从事这类司法行政事务的人员不仅需要具有人事管理知识,还应对法律评判体系、审判运行规律等都有整体了解,若任意使用完全不具有法律知识背景的人员从事此类司法行政工作,效率可能尚能满足,公正能否实现存疑,进而演化出影响司法公正的潜在风险。

2. 职业发展"模糊化",司法行政队伍稳定性存在隐患。通过定岗招录进入法院工作的司法行政人员,工资待遇与法官差距大,同一工作环境下心里难免产生落差。且司法行政人员的职业化建设尚不健全,法院为法官、审判辅助人员设计的职业道路对他们并不适用,职业前景不明确的阴霾降低了岗位吸引力,导致一些司法行政人员得过且过,工作效果和效率大打折扣,背离了补充此类人员的初衷。

3. 适用范围"定向化",人员补充效力存在局限性。个别模式针对新成立的法院极为有效，能够快速实现司法行政人员的增补。但对历史包袱较重的法院，其受职数限制、人员构成复杂等因素不能短期内招录大量非法学专业人员，只能通过长期的时间积累结合岗位设置缓慢补充。对这些法院而言，仅仅凭借个别模式无法应对改革背景下司法行政人员急速流失、人员紧缺的态势，需要建立更为有效的人员补充机制。

三、他山之石：职位管理理论对司法行政人员补充的启示

为克服当前司法行政人员补充模式的不足，需要合适的理论工具指引。笔者认为，可借鉴人力资源管理体系中的职位管理理论，是指以单个职位为管理对象，通过职位分析来明确不同职位在组织中的角色和职责以及相应的任职资格；然后通过职位评估等分析工具来确定职位在组织中相对价值的大小，在组织内部形成价值序列。① 职位管理理论相对于其他人力资源模式，强调以“事”为中心，而不是担任该职位的“人”，即在因事设位的基础上，再以位择人、因事定岗、因职择人，②严格按照任职条件所设定的专业知识、资历、学历等条件针对性的补充人员，确保选人科学性和人岗适配度。

（一）问题导向：职位管理理论对现行司法行政人员补充模式不足的克服

1. 克服常见模式下“人事不相宜”的缺点，提高人岗适配度。职位管理要求以事为中心，按照工作性质、难易程度、责任大小和素质要求等对职位进行科学分类，以此为基础严格的对吸收人员的专业知识背景、对审判熟悉程度进行界定，选用和岗位高度适配的人才，有效避免现行模式下的人岗不适、人才浪费的问题。

2. 规避个别模式下“有限法律性”的风险，增强岗位保障性。司法行政工作旨在为审判中心工作提供保障和服务，同时兼顾法律性和保障性，有效的职位管理能够根据岗位的实际需要确定任职条件，充分考虑到岗位的特别情况，选择是否具备审判经验或法学学习背景的司法行政人员，实现“点对点”精细化人员配置，避免出现在去行政化的同时去法律化的情况，无法实现公正公平且贴合法院实际的服务保障职能的情况。

3. 杜绝现行模式下“权责不明”的缺陷，提升职业认同感。有效的职位管理能够明确组织每一个职位的权力，责任和利益，实现权、责、利的有机统一，能够为考核、培训、工资待遇等人事活动提供充分依据，减少人事之间、人人之间的

---

① “职位管理”，载百度百科：http://baike.baidu.com.view/1512271.htm，最后访问日期：2019 年 5 月 6 日。

② 江必新：《审判人员职能配置与分类管理研究》，中国法制出版社 2016 年版，第 322 页。

矛盾,营造良好的工作环境和氛围,避免现阶段存在的职责定位不明晰、推诿不断、忙闲不均的问题,有助于实现司法行政人员各司其职,增强队伍稳定性,减少人员流失。

4. 缓解现行模式下"后继无人"的压力,构建人员动态调节机制。职位管理是一个从工作设计直至职位评价的连续过程,要求一项工作需求对应若干职位,一个职位对应若干工作人员,并根据职位评价决定职位应享受的待遇地位,借此建立有效的反馈机制,推动按劳分配、奖勤罚懒的落实,增强岗位吸引力,并根据工作设计随时调节职位设置,进而根据法院实际需要调整人员吸收数量和素质要求,有效缓解现行模式下人员"断崖式"减少、人员补充乏力的问题。

(二)理论指引:运用职位管理对司法行政职位设置①的厘定

完整的职位管理体系包括工作设计、职位设置、职位分析、定编定员、任职资格等级标准设计、职位评价以及职位分类分层七个环节在内的持续性过程②(见图 5)。职位管理要求以战略目标为导向,以业务流程为依据进行职位设置③,进而以位择人,对于司法行政人员补充而言,想要确定需要什么样的人才,就需先对司法行政的职位设置进行厘定。

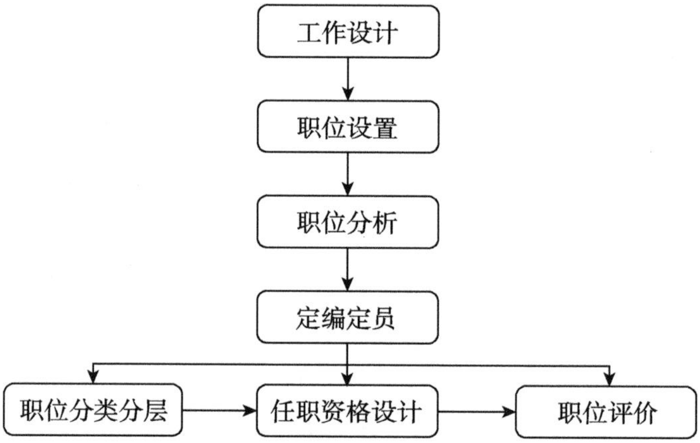

图 5　职位管理体系构建流程

1. 目标导向:运用职位管理进行司法行政事务分类。不同于法国司法委员会统管,司法行政人员具有相对独立性,甚至独立于人民法院之外的做法;我国

---

① 职位设置是指将工作设计按照"职能""职责""任务"的层次关系,对工作流程、权责利关系进行划分和整合,最终形成若干个相互联系职位的过程。

② 江必新:《审判人员职能配置与分类管理研究》,中国法制出版社 2016 年版,第 321 页。

③ 朱勇国:《职位分析与职位管理体系设计》,对外经济贸易大学出版社 2010 年版,第 217 页。

司法行政事务几经变更，现阶段与日本、韩国在法院内部设置事务局，负责法院的行政工作的做法类似，①基本由法院自行管理。故司法行政人员属于法院内部工作人员，司法行政岗位由法院设置，而职位设置的基础是工作设计，②这是指根据组织战略目标和业务宗旨进行工作内容设计。法院的业务宗旨是实现司法公正，核心业务是审判，决定了司法行政工作目标就是保障核心审判工作，故与审判核心事务的远近决定司法行政工作的重要性和与法律的关联度，进而分化出不同职位类型。曾有学者提出按照和审判核心事务的距离，以“同心圆”理论将司法行政事务作以下分类③（如图6），本文所讨论的司法行政人员即从事第二环及其外的司法行政事务。

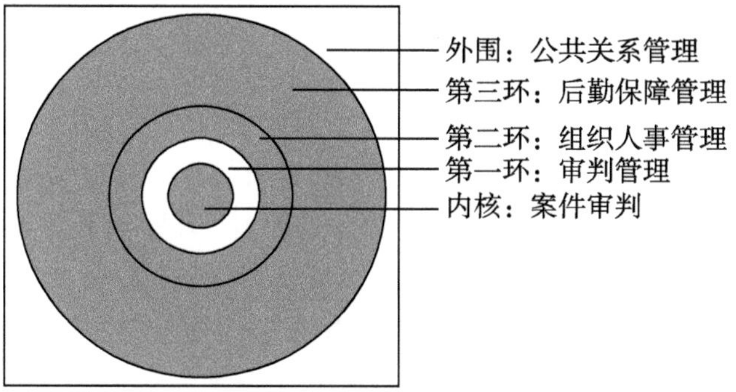

图6　司法行政事务分类

2. 流程管控：运用职位管理进行司法行政岗位设置。职务设置一般从组织的业务流程入手，通过明确组织目标，理顺业务流程，形成稳定的职责分工。结合审判的核心目标已将司法行政工作分为了三类，而战略决定流程、流程决定组织、组织决定职位，④所以根据业务流程可进一步进行职位设置。组织人事管理中党建工作目标在为加强党的领导，人事工作的目标为提升队伍建设水平，监察工作的目标为加强廉政建设、规避廉政风险，三者目标不同，业务流程也不同；后勤保障管理依照目标和流程不同可分为财务工作、技术保障工作、档案工作和行政秘书工作；公共关系管理则主要包含新闻宣传工作。据此进行职位设置（如图7）。

---

① 王娟：《日本法曹之养成》，载周泽民主编：《国外法官管理制度观察》，人民法院出版社2012年版，第393～396页。

② 亓世英、邢雷、臧国军：《职类职种划分方法及实践》，载《人力资源管理》2012年第5期。

③ 林娜：《“司法的行政”而非“行政的司法”》，全国法院系统第二十七届学术论文讨论会一等奖论文。

④ 江必新：《审判人员职能配置与分类管理研究》，中国法制出版社2016年版，第328页。

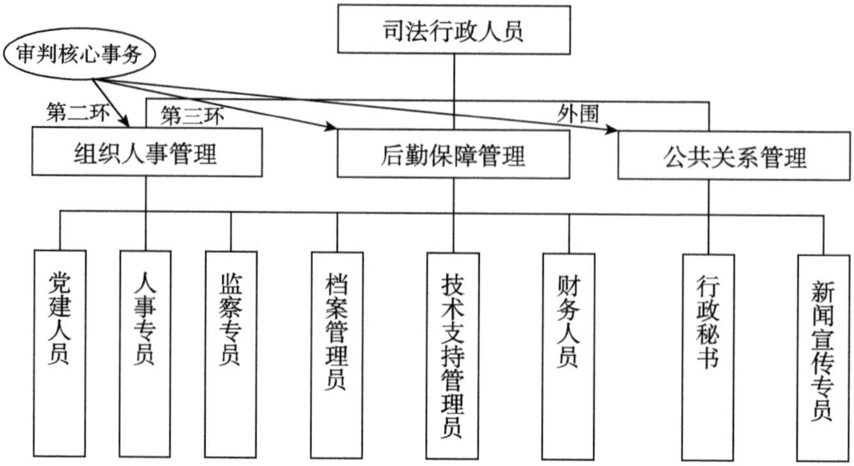

图 7　司法行政人员职位设置

3. 实践引入:运用职位管理进行司法行政人员补充。在明确司法行政岗位设置的基础上,运用职位管理中的职位分析方法明确每一个司法行政岗位的职责,根据职责推导针对该职位所需要的任职条件,以此为标准最终确定人员补充方式。这是职位管理在司法行政人员补充中运用的过程,基于此,结合人员分类管理改革的背景,构建司法行政人员补充双轨制的路径在于:以服务和保障审判中心工作为原则,通过职位管理厘清司法行政岗位的职位设置,进而确定不同岗位所需的任职条件,探索科学的针对性的人员补充路径,实现司法行政人员补充的长效发展。

四、攻玉之法:运用职位管理理论完善司法行政人员补充机制

(一)模式选择:根据职位设置下的任职条件分析选择人员补充模式

职位管理理论强调“事”,而非“人”,职位是组织机构业务、职能的具体承担者,各个职位职能的实现促成了组织机构整体职能的实现。司法行政职位设置的基础依据也是司法行政工作的“职能职责”(见表 2),以此为指引推导每一个司法行政岗位所需的任职条件,则是解决人员如何补充这一问题的基础。

表2 司法行政职位职责内容明细①

<table>
<tr><th>工作设计</th><th>职位设置</th><th>职责内容</th></tr>
<tr><td rowspan="14">组织人事管理
（第二环）</td><td rowspan="7">人事专员</td><td>人员录用</td></tr>
<tr><td>绩效考核</td></tr>
<tr><td>职级升降</td></tr>
<tr><td>奖惩</td></tr>
<tr><td>人员配置</td></tr>
<tr><td>培训</td></tr>
<tr><td>支付劳动报酬</td></tr>
<tr><td rowspan="3">监察专员</td><td>对履职和廉洁从业的监督检查</td></tr>
<tr><td>受理检举、控告、申诉等</td></tr>
<tr><td>对法院效能和专项检查等</td></tr>
<tr><td rowspan="4">党建专员</td><td>宣传落实党的方针政策等</td></tr>
<tr><td>党员监督和管理服务工作</td></tr>
<tr><td>党员、群众的思想政治工作</td></tr>
<tr><td>领导机关工会等群众组织等</td></tr>
<tr><td rowspan="4">后勤保障管理
（第三环）</td><td rowspan="2">档案管理人员</td><td>管理人事档案</td></tr>
<tr><td>管理除人事档案外的其他档案</td></tr>
<tr><td>财务人员</td><td>法院财务预算、定期编制财务报告等</td></tr>
<tr><td>技术支持管理员</td><td>维护法院数据库及网络正常运行；
对设备、系统软件进行保养更新等</td></tr>
<tr><td rowspan="4">公共关系管理
（外围）</td><td rowspan="2">行政秘书</td><td>上下级法院的联络信息反馈等；撰写工作总结等</td></tr>
<tr><td>签发、印发等；接待、车辆、印章等</td></tr>
<tr><td rowspan="2">新闻宣传员</td><td>法院工作的宣传报道，人民法院网站管理维护等</td></tr>
<tr><td>舆论观察与反馈、公众普法等</td></tr>
</table>

1. 处于第二环的组织人事管理人员，距离审判核心事务距离最近，原则上需要使用选用具有审判经历或法学专业学习人员，但也存在特殊情况：其中党建人员主要从事落实宣传党的政策、路线等工作，对其法学素养要求不多，其对

① 注：此表旨在对不同司法行政岗位的职责内容进行清晰的界定和明确，其中档案管理既涉及人事管理又属于后勤保障管理；行政秘书可能同时处理属于公共关系和后勤保障的司法行政事务。

党员负责,而非审判人员,因此对其党性修养和党的政策路线的熟悉程度这类非法学的专业要求反而较高,因此更加倾向于使用个别模式进行人员补充。而人事专员中负责工资计算、人事档案管理的人员,虽然处于第二环,但与审判核心并不直接相关,业务流程对法学知识也并无要求,反而对工资政策、档案管理这些非法学专业知识有较高要求,因此选择个别模式可能更为恰当。而其他人事专员负责和法官、审判辅助人员职务变动等直接相关业务,需要对审判运行规律和审判实践都较为熟悉才能作出公正评价,即对法学专业要求高;同时还要求具有人力资源管理和行政管理相关知识,即对非法学的人事专业要求也较高,需要综合素质人才综合考虑个别模式和常见模式。监察专员负责监督检查,要对法官和审判辅助人员作出公正高效的监督,要求监察专员也了解审判业务,不至于因为对司法程序的生疏而作出错误的判断,即对法学专业要求高。

2. 处于第三环的后勤保障管理人员,距离审判核心距离较远,原则上使用个别模式定岗招录非法学专业人员足以支撑起人员补充,其中财务专员需要财会专业知识,部分岗位需要会计从业资格证书;技术支持专员对计算机知识、互联网运用等知识要求较高;档案管理员对档案学有一定要求,同时需要熟知国家对于档案管理的政策;行政秘书对中文、汉语言文学、文秘等专业要求较高,便于公文拟制、接待等工作的顺利完成。但针对上下级法院的联络、帮助领导全面了解工作进展等与审判有间接联系的工作,对法学专业尚有一定要求,需要特别考虑。

3. 处于外围的公共关系管理人员,距离审判核心事务最远,原则上使用个别模式补充人员即可,但也有特殊情况:其中新闻宣传人员负责对外宣传,需要新闻传播、中文相关专业知识,但同时新闻宣传工作代表着法院在公众面前的形象,对于推动司法公开即普法等有重要意义,所以也需要对审判工作有一定程度的了解,因此常见模式应该作为补充手段。

(二)机制优化:根据司法行政岗位个性化需要构建人员补充双轨制模式

1. 通过任职条件确定的“三个维度”对人员补充方式定性评估。通过上述任职条件分析可发现决定司法行政岗位任职条件的主要因素是“与核心审判事务之间的距离”,原则上距离核心审判距离越近则应倾向于选择常见模式补充人员,反之则应选择个别模式。但“与核心审判的距离”①不是唯一的影响因素,“对非法学专业的要求”和“对法学专业的要求”这两个要素对人员补充模

① 注:依据“同心圆”理论决定的司法行政事务分类是决定岗位任职条件的核心要素。

式的选择也产生一定影响,因此党建人员、工资计算人员的补充需特殊处理的情形才会出现。因此可结合司法行政实际岗位需求及法院历史容纳程度,界定"与审判核心事务距离""对法学专业的要求程度""对非法学专业的要求程度"三个维度(见图8),以此为依据明确人员补充模式的选择的方向,原则上,与核心事务距离越近,对法学专业要求越高,则越倾向于选择常见模式;反之则越倾向于选择个别模式。

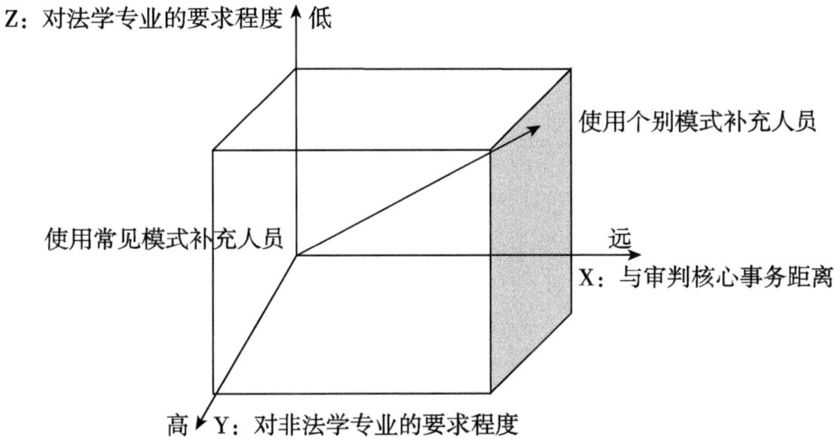

图8　"三个维度"与模式选择关系

2. 通过职位设置的职责内容对人员补充方式定量计算。根据上述三个维度,可根据上文的职位分析对司法行政人员进行评分,将司法行政人员补充模式的选择倾向进行定量分析(见表3),与审判核心事务距离越近得分越高,对法学专业要求越高得分越高,对非法学专业要求越高得分越低,职位分析的任何一项得分≥4分或者三项平均分≥3分,则选择常用模式(法学专业或有审判经验人员)补充司法行政人员(图中填充绿色部分),反之则应选择个别模式(定岗招录或其他方式吸收非法学专业人员)补充司法行政人员(图中未填充部分)。

针对"对非法学专业要求程度"评分较低且"与审判核心事务距离"评分较高的需要给予特别关注,此类人员既需要较强的非法学专业知识,还需要对审判事务有较深的了解,法院可根据自身的情况结合两种人员补充模式进行专门的人员补充。在上述定量分析上,还可以结合工作实践制定实施细则对人员补充进行规制,并配合"负面清单"①确定人员补充模式。

---

① 负面清单是指绝不可使用个别模式进行人员补充的情形,可列举为:(1)处理与法官、审判辅助人员自身利益直接相关事务人员;(2)能对法官、审判辅助人员进行负面弹劾的人员;(3)可能直接影响司法公正的人员。

表3　司法行政人员职位管理评分

工作设计	职位设置	职位分析	与审判核心事务距离	对法学专业要求程度	对非法学专业要求程度
组织人事管理(第二环)	人事专员	人员录用	4	4	2
		绩效考核	5	5	3
		职级升降	5	5	3
		奖惩	5	5	3
		人员配置	5	5	3
		培训	3	3	2
		支付劳动报酬	2	2	1
	监察专员	对履职和廉洁从业的监督检查	4	4	3
		受理检举、控告、申诉等	4	4	3
		对法院效能和专项检查等	4	5	3
	党建专员	宣传落实党的方针政策等	3	2	2
		党员监督和管理服务工作	3	2	2
		党员、群众的思想政治工作	3	2	2
		领导机关工会等群众组织等	3	2	2
后勤保障管理(第三环)	档案管理人员	管理人事档案	3	2	1
		管理除人事档案外的其他档案	2	2	1
	财务人员	法院财务预算、定期编制财务报告等	2	2	1
	技术支持管理员	维护法院数据库及网络正常运行;对设备、系统软件进行保养更新等	2	2	1
公共关系管理(外围)	行政秘书	上下级法院的联络信息反馈等;撰写工作总结等	3	3	1
		签发、印发等;接待、车辆、印章等	1	1	1
	新闻宣传员	法院工作的宣传报道,人民法院网站管理维护等	2	2	1
		舆论观察与反馈、公众普法等	4	3	2

3.结合现有人员补充模式构建司法行政人员补充双轨制。通过对人员补充模式的定性评估和定量分析,司法行政人员补充时选择何种模式已明确(见图9)。根据职位管理的职位评价和职位分类分层可建立相应的招聘配置、培训

发展体系，形成人员补充的良性循环体系。若选择个别模式定岗吸收非法学专业人员，就要为其设置畅通的职业发展路径和晋升渠道，与其他行政机关间建立多样的交流通道，增强其职业认同感，稳定队伍发展的同时克服常见模式下“人岗不适”，的缺点；若选择常见模式吸收法学专业或具有审判经验人员，就需在基于其个人意愿的基础上进行人员配置，并保证此类司法行政人员与法官、审判辅助人员之间尚有可流通的桥梁，杜绝司法行政职位固化而使职位丧失吸引力，在人才效益最大化的同时规避个别模式“有限法律性”的风险。以职位管理理论为指引，将原有的一轨制完善成双轨制进行人员补充，保证精准高效可持续的司法行政人员补充。

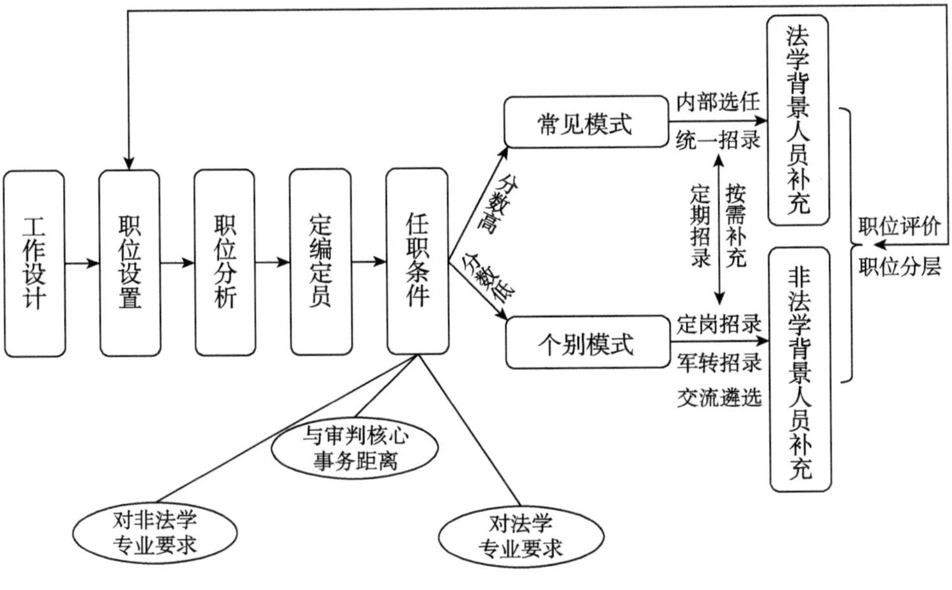

图9　司法行政人员补充双轨制流程

结　语

长期而言，为进一步深化人员分类管理改革，司法行政人员的补充是必不可少的，运用职位管理论优化司法行政人员补充机制有利于提高人岗适配度，推动司法行政队伍革命化、正规化、专业化、职业化发展。当然，做好人员补充仅是司法行政队伍建设的起点，后续运用职位管理理论还可进一步针对司法行政人员构筑因地制宜的培养路径、建立差别化的职业发展途径、完善多元反馈机制和个性化考核模式，形成人员培养、发展与人员补充的良性循环系统。

心得体会

灯火阑珊处

——写作小白的成长之路

夏明玥

转瞬之间,今年已是我参加学术讨论会的第三年,从初次参加时的懵懂无知到如今的满怀期待。三年以来,在工作之余,参与到学术论文讨论会中,仿佛无形之中拉住了一根通往前方的绳索,让人受挫,让人紧迫,也让人兴奋,不由产生向前追赶的冲动。学术论文讨论会给我提供的不只是一个写作的平台,更是一所思考的园地,一艘探索未知领域的飞船。

一、与有肝胆人共事,从无字句处读书

前辈是珍贵引路人。入院后第一次参与学术论文讨论会时,我是个连选题都不懂的门外汉。当时选题时要么太过宽泛,要么过于细小,无措的情绪现在我还记忆犹新。当时有着丰富写作经验的李处告诉我学术论文讨论会旨在通过理论的深化研究来解决司法实践中的难题,所以选题重要的是和实际贴合,要带着问题去工作、去发现、去挖掘;通过研究、调查、思考如果能够解决工作中实际的问题,才是一篇论文最终想要达到的目的。三年来,这一观点对我帮助颇多,让我在工作中避免机械被动,把问题的收集工作中分布到每天的日常工作中,这也是我在写作中学到的最基础的一点,正如毛泽东同志在《实践论》中所说,“通过实践而发现真理,又通过实践而证实真理和发展真理”。

同事是不可或缺的伙伴。在参与之初,我一直对自己没有信心,而且尚未形成写作记录的习惯,在材料收集整理的过程中敏锐度也不高,效率也很低,常常呆坐几个小时也写不出满意的效果。在挫折中难免生出退意,但在干部处这个集体中,大家对学术论文写作有着极高的热情,并始终坚持不懈地努力着,其中有同事工作加班到深夜也坚持在业余时间每日写一小段,积少成多;也有同事通过整理政策规定,结合实际发现问题来写作……这种氛围也让我得到了激励,大家平时也会互相交流看法、分享数据和材料。这些优秀的同行者是我成长路上不可或缺的伙伴,出入相友、守望相助让这条并不平坦的道路,变得不再如此曲折难行,而多了趣味和温情。

二、路漫漫其修远兮，吾将上下而求索

反复修改终有成果。在真正参与到学术论文写作之前，我在写作这一方面完全没有耐心，总是喜欢随性而为，想到什么写什么，不会修改，更不会细致地斟酌词句。这也导致写出来的东西非常粗糙，有时候文字并不能精准地表达出自己的想法。学术论文写作让我学会了修改，通过一次次的修改，自己的表达方式和遣词用句都会向更加精确的方向发展，在修改中也能更加清晰地意识到自己的不足，不断修正自己的想法。精益求精这件事说起来容易，真正去做的时候才会发觉其中艰难之处，从第一次参加学术论文开始，李处就开始亲自对我们的论文提出修改意见或者直接修改，他直接修改的时候就会要求大家反复对比，有时候还会在部门内部一起阅读大家的论文，通过"博众家之长"来完善大家的论文，从此论文从第一稿变成了第二稿，第三稿，甚至第三十稿……这个过程让我受益匪浅，修改完善的也不仅仅是论文，更是自己的观点、表达和思考方式。

参与终会有所收获。从入院起我一共参与了三次学术论文写作，虽然现在的能力并不足以在全国取得名次。但每一次参与我都学会了新的技能，第一次我知道了如何去选题，第二次我知道了如何去确立整篇文章的支点，第三次我学到了如何去深化分析问题产生的原因……还有很多很多，每一次参与我都觉得自己在写作这条路上又成熟了一点，觉得自己发现问题的敏锐度好像高了一点，发现自己终于养成了思考的习惯，整理汇总材料的技巧又多学了一个……这对本是一个写作小白的我来说，都是得来不易的珍宝。

三、吾生也有涯，而知也无涯

学习和积累渐成日常。在论文写作中我也发现了自己最大的不足，写作技巧和表达方式都可以通过长期的锻炼逐渐提升，但知识储备和敏锐感，无法在短期内形成质的飞跃。为了在论文写作中不至于捉襟见肘，需要从日常生活中增大阅读量，在干部处内部也会定期将《人民法院报》《法律适用》等报刊、期刊中的内容整理推荐给大家。阅读只有成为习惯，才能坚持下去并从中受益，这也是我下一阶段想要坚持努力去达成的目标。

求知欲是永恒的指引。在论文写作之前，其实自己对很多事都是懵懵懂懂的，也不会去深究寻找正解，工作中也有不求甚解的毛病。开始写作之后，表达的欲望促使自己去了解、研究、思考。论文写作教会我最重要的就是去发现问题、思考问题并力求去解决问题。求知欲是我在其中学会的最可贵的品质，我开始能够发现自己工作中的不足，并且学会了去好奇这些不足产生的原因。这份求知欲和好奇心仿佛是灯塔，指引我再往前走一步，再往前一步，永无终点。

王国维在《人间词话》中提到:“古之成大事业大学问者,必经过三种之境界‘昨夜西风凋碧树,独上高楼,望尽天涯路’此第一境也。‘衣带渐宽终不悔,为伊消得人憔悴’此第二境也。‘众里寻她千百度,蓦然回首,那人却在,灯火阑珊处’此第三境也。”我觉得这三年的自己在学术论文写作中也是这样一个过程,经历过手足无措、否定自我的第一境,才能激发起严格自律、奋发向上的第二境,而只要能坚定地写下去,也许在此之后的某一天就能发现在不知不觉中自己已经蜕变成为更好的自己,写作已不再需要战战兢兢、绞尽脑汁,而是已经成为日常表达的习惯,成为得心应手的技能,成为小白成长后“灯火阑珊处”的珍贵反馈!

本院优秀论文

记载与评判："以审判为中心"视野下刑事判决书样式改革的路径探索

——以整体提升判决说理水平为切入点

周维平*

【论文提要】

在"以审判为中心"诉讼制度改革的推动下，庭审实质化及认罪认罚从宽制度改革同时并进，刑事案件繁简分流机制得以全面建立。对适用普通程序审理的重罪案件及被告人不认罪案件，不仅在程序上应当精审，而且在文书上应该全面提升说理水平。但当下刑事判决书的整体说理水平与当前的诉讼改革及群众的热切期盼不相匹配。为扭转这种态势，仅靠出台强化判决说理的指导意见，推出激励惩戒措施难以提升整体性的判决说理水平。面对全体刑事法官，着眼提升整体说理水平，有必要在考察中华人民共和国成立以来的历次文书样式及参考域外文书样式的基础上，根据"以审判为中心"诉讼制度改革的具体要求，修改1999年制定的《法院刑事诉讼文书样式》（以下简称"99样式"），以此约束指导刑事法官充分论述判决理由，控制杜绝法官逃避说理。

本文共分为五个部分。第一部分从当前刑事判决说理不足的表现出发，探寻判决不说理的背后原因，提出基于文书样式的法定性与规范性特征，可借此推动判决说理水平的整体提升。第二部分回顾中华人民共和国成立以来的四次文书样式特点，分析文书样式与说理水平的关系。第三部分对比"以审判为中心"的改革要求与"99样式"的固定格式，找寻"99样式"不足之处。第四部分放眼同具大陆法系司法传统的德国及我国台湾地区判决样式，从中吸取改进

---

* 周维平，北京市第一中级人民法院刑一庭副庭长，曾获全国法院系统第二十二届、第二十三届学术讨论会三等奖，北京法院系统第二十五届学术讨论会三等奖，北京法院系统第二十八届学术讨论会优秀奖。

“99样式”的有益经验。第五部分从改革主线、结构调整及内容充实等方面，分析针对“99样式”的具体改进之路，并在此基础上起草体现“以审判为中心”改革精神的刑事一审判决样式。

【主要创新观点】

1. 上级法院出台强化判决说理的指导意见，推出相应激励惩戒措施，虽能催生部分优秀判决，但无法从整体上提升刑事判决的说理水平。因为，推动刑事判决水平的整体提升，需要着眼于面向全体刑事法官，需要着眼于面对适用普通程序审理的重罪案件及被告人不认罪案件。

2. 刑事判决书样式因具有规范性和法定性，从而通过整体样式调整及具体格式要求，可约束、限制刑事法官按照样式要求记载程序事实与评判诉辩理由，最终达致整体提升刑事判决说理水平目标。

3. “以审判为中心”的诉讼制度改革所提出的四个基本要求，是改进刑事判决“99样式”的基本指南；中华人民共和国成立以来的四次文书样式的发展历程及德国、我国台湾地区刑事判决样式，是改进刑事判决“99样式”的基本参考。

4. 现行刑事一审判决样式改革的基本方向是，在改革主线上突出记载与评判，即扩充程序记载功能和强化论理评判功能；在结构调整上突出刚性与明确，即总体呈现“指控—辩护—裁判”的三角结构、裁判呈现“证据—事实—理由”的递进结构、理由呈现“程序—定性—量刑—财物处理”的线性结构；在内容充实上突出引导与柔性，即在证据、事实、定性、量刑、程序及财物处理等方面的记载与评判方面，通过条目设置来明确告知法官必须说理回应，以避免说理内容混杂而有意规避。

> 不仅要主持正义，而且要人们明确无误地、毫不怀疑地看到法官是在主持正义，这一点不仅是重要的，而且是极为重要的。
>
> ——[英]休厄特

引　语

在“以审判为中心”的刑事诉讼制度改革推进以来，庭审实质化及认罪认罚从宽制度改革同时并进，目的在于推进案件繁简分流，为繁案与简案分别配置不同的司法资源。对于通过简易程序及速裁程序审理的简案，部分法院积极探索大幅简化判决书样式，以简化说理①；但对于适用普通程序审理的重罪案件及

① 如北京市海淀区人民法院探索的表格式文书等。

被告人不认罪案件,理当说理充分。但相应的判决书样式自“99 样式”[①]问世以来,始终未见探索改进。虽然学界及社会公众对判决书不说理的指责始终并未平息,相关研究和建议也层出不穷,[②]各级法院也相继出台若干加强裁判文书说理的指导性意见,[③]采取了若干激励和惩戒措施[④]。但就笔者所观察,上述研究成果及政策措施对于整体提升刑事一审普通程序判决说理水平的收效甚微。本文所要探讨的是,在“以审判为中心”改革背景下,如何改革繁案的刑事判决书样式,以整体推动刑事判决会说理、说好理、好说理。

一、问题呈现:刑事判决整体说理不充分的背后

(一)刑事判决整体不说理的具体表现

1. 证据说理方面集中表现为证据评价不足

当前判决普遍按照“99 样式”规定,先概述指控证据及辩护证据,而在“经审理查明”之后,以“上述事实有下列证据在案证实”开头,详细大幅摘录法院定案的证据。此种写法因未详写控辩双方出示的证据,且缺失对控辩双方证据的具体评价,从而让当事人无法看到法院对控辩双方证据的评判说理过程。

2. 事实说理方面集中表现为缺乏证据推理

综观当前判决,法院“经审理后查明”的裁判事实与指控事实并无二致,均极为简短。且按照“99 样式”规定,先表述裁判事实后叙明定案证据,当事人及社会公众无法看到从定案证据到裁判事实的具体推理过程。

3. 定性说理方面集中表现为论证过程突兀

定性说理理当根据裁判事实及刑法条文,通过三段论推理,最终论证被告人的行为性质。但当前体现在“本院认为”之后的性质认定,缺少从事实到性质的推理分析,而直接表现为从“经审理查明”到“本院认为”的跳跃。

4. 量刑说理方面集中表现为缺乏情理阐述

对刑罚的裁量除了考虑社会危害性,还要考虑改造可能性、人身危险性等各种法定、酌定量刑情节,其间理应充满法理情的综合评价。但当前量刑说理过于刚性和僵化,高度概括而让当事人看不到法官具体裁量的具体过程。

---

① 参见最高人民法院办公厅编:《法院刑事诉讼文书样式(样本)》,人民法院出版社 1999 年版。

② 如龙宗智:《刑事判决应加强判决理由》,载《现代法学》1999 年第 2 期;叶自强:《论判决理由》,载《湘江法律评论》(卷 3),湖南人民出版社 1999 年版;唐仲清:《判决书制作应确定判决理由的法律地位》,载《现代法学》1999 年第 1 期;高升:《论判决书应详述判决理由》,载《当代法学》2002 年第 6 期等。

③ 最高人民法院发布的《关于加强和规范裁判文书释法说理的指导意见》、某中级人民法院制定的《关于加强裁判文书说理的八项措施》,等等。

④ 最高人民法院审管办每年组织评选全国优秀裁判文书,从而带动地方法院也开展类似活动。

(二)刑事判决不说理的原因透视

1. 判决说理的激励机制分析:投入与产出

2018 年 6 月,最高人民法院在《关于加强和规范裁判文书释法说理的指导意见》(以下简称《意见》)中明确规定,要定期组织裁判文书释法说理评查活动,评选发布全国性优秀裁判文书。2019 年 3 月,首届全国法院"百篇优秀裁判文书"已经诞生。据了解,各法院对获评为优秀文书的法官给予业绩考评上的相应加分。[1] 评选与奖励的目的在于引导法官精心撰写判决。但从效益角度分析,此类激励措施收效甚微。在法官员额制改革以后,入额法官承办案件数量飙升,撰写高质量充分说理的判决书,只是部分"学有余力"的法官出于"自我发挥和自我完成的欲望",有选择地满足"自我实现的需要"[2]而已。对于尚处于需求层次较低的多数法官而言,判决的结果正确不被上级法院改判,应当是撰写判决书时付出精力多寡的考量因素。毕竟,文书获奖的概率极低,而投入却相当大。

2. 判决说理的评价机制分析:模糊与宏观

《意见》明确,要建立符合裁判文书释法说理规律的统一裁判文书质量评估体系和评价机制,且在行文、论证等方面提出了具体标准,这些标准无疑将是评价判决书是否优秀的重要标尺。坦然地说,上述标准相当学术化和概括化,起草上述标准确实是司法改革项目中一块"难啃的骨头"[3]。可以想象,如此模糊与宏观的评价机制,在实践中对提高判决说理水平起到的作用将极为有限。

3. 判决说理的约束机制分析:倡导与软性

最高人民法院《人民法院第四个五年改革纲要(2014—2018)》曾提出要"推动裁判文书说理改革",明确要完善裁判文书说理的刚性约束机制,将裁判文书的说理水平作为法官业绩评价和晋级、晋升的重要因素。但从《意见》内容来看,该约束机制因为不具有可操作性而更多将是一种软性约束机制。事实上,审判管理部门恐怕也无法设计出检测判决书是否充分说理的分析软件。对于法官而言,《意见》的内容将是一种具有提倡性和导向性的努力目标。

(三)刑事判决说理与文书样式关系

在《人民法院五年改革纲要(1999—2003)》颁布前后,学者们已分别从"人

---

① 某法院规定,对获评优秀文书的法官,在业绩考核上享受加 5 分至 15 分的奖励。

② [美]亚伯拉罕·马斯洛:《动机与人格》(第 3 版),许金声等译,中国人民大学出版社 2007 年版,第 29 页。

③ 胡仕浩、刘树德:《裁判文书释法说理:原则、目的与价值——〈关于加强和规范裁判文书释法说理的指导意见〉的理解与适用(上)》,载《人民司法·应用》2018 年第 25 期。

的进路”(如提高法官能力素质尤其是法律推理论证的能力)及“制度的进路”(激励机制、社会需求、预期受众等)全面分析判决说理背后的原因。[①] 笔者认为,刑事判决整体不说理与裁判文书样式之间存在一定的关系。

所谓样式,即式样、形式,一般不具有法定性。但裁判文书的样式因根据刑事诉讼法及相关司法解释而制定,却具有法定性和规范性。[②] 文书样式对于判决书说理的引导和控制,体现在三个方面:一是样式具有规范性,决定刑事法官必须遵守具体格式要求,不得缺少任何部分要件;二是样式具有明确性,决定刑事法官必须遵照内容要求,实事求是阐述裁判理由,不得故意规避;三是样式具有可操作性,决定刑事法官直接按照样式要求,就可以合乎逻辑地阐述裁判理由。因而,调整文书样式,引导制约法官,可以在一定程度上推动判决书说理水平的整体提升。

二、回溯历史:文书样式与判决说理关系的历史考察

以刑事诉讼法的制定及修改为标志,考察不同历史时期的刑事判决,可以观察文书样式调整及判决说理方式之间的关系。

(一)中华人民共和国成立初期的判决样式(“49样式”,详见样式一)

中华人民共和国成立初期的判决书分为首部、主文、事实、理由及尾部五个部分。其中“主文”记载判处的刑罚,“事实”记载法院判决认定的事实,“理由”记载认定事实及判处刑罚的依据。该样式虽然记载裁判事实,但不记载证据;虽然记载法院的判决意见,但不记载控辩双方的意见。

值得注意的是,该时期的判决虽然没有援引具体法条,但判决样式的核心内容,即“主文”、“事实”及“理由”分别以专门的引导词作出特别标识,以示区分。其实,此时的判决虽无明确样式规定,但与陕甘宁边区判决一脉相承,并均源于中华民国时期的判决样式。

(二)“文化大革命”时期的判决样式(“文革样式”,详见样式二)

“文化大革命”期间,公检法机关被“砸烂”,刑事案件由“公检法军事管制小组”审理。判决样式高度简单,事实、理由及主文不作明确区分,且顺序有所调整,即将“主文”从原先的最前部调整至最后方。判决内容不区分控辩审各方意见,只记载被告人的犯罪事实、性质认定及适用刑罚;判决语言充满了政治气味,鲜明地体现了“政治挂帅”的特殊时代烙印。

---

① 参见苏力:《判决书的背后》,载《法学研究》2001年第3期。

② 参见最高人民法院办公厅编:《法院刑事诉讼文书样式(样本)》,人民法院出版社1999年版,第2页。

样式一："49样式"	样式二："文革样式"
×县人民法院刑事判决书 ××年度刑判字第×号 被告××， 右[上]被告某某因某某案本院调查审理终结判决如左[下]： 主文 (罪名及判处刑罚情况) 事实 (法院审理查明的犯罪事实) 理由 (法院具体裁判理由) 年　月　日 ××县人民法院 审判员	最高指示：××× ×县公检法军事管制小组 刑事判决书 军管审字第×号 案由： 被告： (事实、理由及主文) 年　月　日

样式一："49样式"　　**样式二："文革样式"**

(三)1979年《刑事诉讼法》制定后的判决书样式("79样式"，详见样式三)

1979年《刑事诉讼法》施行后，刑事判决书样式开始趋向规范化。"首部"增加对控方身份的记载，显示法院的中立地位。"事实"、"理由"及"主文"的排序基本不变，同时判决依然不记载控辩双方意见，对于最终定案证据的记载非常简略，法官对证据的认证在判决中无法体现；判决理由的陈述更是相对简约，只引用具体法条，不阐明适用法律的理由。此时的判决样式显示了当时《刑事诉讼法》超职权主义的明显烙印，更显示了从"文化大革命"中的无法可依向初步建立诉讼法制转型的历史痕迹。

(四)1996年《刑事诉讼法》修改后的判决书样式("99样式"，详见样式四)

1996年修改的《刑事诉讼法》，在审理方式上强调向控辩式转型，在法院地位上强调中立性，在辩护权上强调为被告人提供充分的保护。为结束"裁判文书千案一面，缺乏认证断理，看不出判决结果的形成过程，说服力不强"的状况，最高人民法院在1999年4月制定《法院刑事诉讼文书样式》，目的在于提高诉讼文书质量，强化对判决事实的叙述和证据的分析认证，增强判决的说理性为重点，推行控辩式的审理方式。①

① 参见《关于印制〈法院刑事诉讼文书样式〉(样本)的说明》，载最高人民法院办公厅编：《法院刑事诉讼文书样式》，人民法院出版社1999年版。

<table>
<tr>
<td>

××县人民法院
刑事判决书
（××）×法刑第×号

公诉人：××县人民检察院检察员××
被告人：（姓名身份自然情况及被采取强制措施情况）。
被告人××犯××一案，由××县人民检察院公诉来院，本院依法组成合议庭，业经审理终结。现查明：
（经审理查明的事实）
上述事实，证据确凿。
综上所述，（裁判理由及判决主文）

××县人民法院
合议庭成员
年　月　日
书记员

</td>
<td>

××县人民法院
刑事判决书
（××××）×法刑第×号

公诉机关：××县人民检察院
被告人：（姓名身份自然情况及被采取强制措施情况）
辩护人：
（审理经过）
（公诉机关指控事实及罪名）
（被告人及其辩护人的辩护意见）
经审理查明：（查明的事实及认定事实的证据）。
本院认为：（裁判理由）判决如下：
（裁判主文）

合议庭成员
年　月　日
书记员

</td>
</tr>
<tr>
<td>

样式三:“79 样式”

</td>
<td>

样式四:“99 样式”

</td>
</tr>
</table>

该样式在“首部”调整控方写法的同时，扩充了“案件由来及审理经过”的内容；在“事实”部分区分指控事实、指控证据，辩护意见，经法庭审理查明的事实和据以定案的证据四个部分，强调证据要尽可能写得明确、具体且注意通过对证据的具体分析、认证来证明判决确定的犯罪事实；在“理由”部分以“本院认为”开头，核心在于针对案情特点，运用法律规定阐述指控是否成立，被告人是否构成犯罪及犯何种罪等，为判决结果奠定基础。

回望历史，上述判决样式中，无论是判决文字长度还是记载论理水平，“49样式”及“99 样式”相对处于最优状态。究其原因，笔者认为在于有确定的文书样式约束。“49 样式”显然与民国时期的文书样式一脉相承，鲜明体现了大陆法系裁判文书侧重论理的特点；而“99 样式”恰系最高人民法院基于控辩式审判理念精心组织设计而成。而“文革样式”及“79 样式”则体现了法治遭受破坏及恢复初期的“不讲理”特征。由此可见，文书样式在推动刑事判决书说理中起到关键性的约束与评价作用。

三、对比分析:“99 样式”与“以审判为中心”诉讼制度改革要求的对照考察

“以审判为中心”改革的核心是要强化一审案件尤其是不认罪案件的庭审核心地位。为此，《意见》明确提出“诉讼证据出示在法庭”等四项具体要求。改革的本意在于强化庭审的实质化，但庭审的效果最终需要通过判决书予以全景展

现。与该项改革的推进力度相比,刑事判决的“99样式”明显存在不适应之处。

(一)“诉讼证据出示在法庭”的改革要求

证据是认定事实的基础,是正确裁判的基石。从表面上看,证据出示仅指“举证”而言,但完整的“诉讼证据出示在法庭”理应包含三方面要求:一要出示证据的来源,即取证主体和取证过程;二要出示完整的证据内容,而非仅出示证据的名称或者概要;三要由控辩双方分别出示。相应地,上述证据出示内容均应记载在判决之中,才能让“诉讼证据出示在法庭”具有事后可检验性。

但“99样式”与该项改革要求存在显著差距,具体体现在:一是对控辩双方出示证据的记载仅要求“概述”[①]而非详录,因而从判决书上无法看出控辩双方出示证据的具体内容;二是要求在“经庭审查明的事实”之后再写明定案证据及其来源,接着写对控辩双方有异议证据的分析认证意见,这不仅违反了先分析后认证、由证据到事实的逻辑思维过程,而且从内容上看不出举证方;三是对非法证据排除程序中有关的证据出示等,“99样式”显然无法涵盖在内。

(二)“案件事实查明在法庭”的改革要求

案件事实是行为性质认定及责任承担的基础。“案件事实查明在法庭”要求事实由合议庭通过庭审形成,而非庭前或者庭后阅卷形成。“99样式”虽然将检察院的起诉事实、辩护方的辩护事实及法院的裁判事实在表述位置上作了区分,但当前法院的裁判事实几乎完全照搬起诉事实。

对于如何叙述裁判事实,“99样式”明确要求“应当写明案件发生的时间、地点,被告人的动机、目的、手段、事实行为的过程、危害后果和被告人在案发后的表现等内容,并以是否具备犯罪构成要件为重点,兼叙影响定性处理的各种情节”。[②] 仅围绕犯罪构成要件来表述裁判事实的要求,必然导致裁判事实与起诉事实基本一致,并忽视对量刑情节尤其是酌定量刑事实的描述,从而出现裁判事实高度简略而不具体形象的外观,客观上影响到对被告人责任的具体判断及刑罚的具体裁量。

(三)“诉辩意见发表在法庭”的改革要求

“诉辩意见发表在法庭”要求刑事判决能客观全面记载控辩双方在庭审中发表的全部意见,具体包括,庭审伊始控方起诉书中的法律适用意见及被告人发表的辩护意见、庭审过程中控辩双方针对对方出示证据所发表的质证意见、法庭辩论阶段控辩双方的辩论意见以及有关非法证据排除、回避、申请证人出

---

① 参见最高人民法院办公厅编:《法院刑事诉讼文书样式(样本)》,人民法院出版社1999年版,第3页。

② 同上书,第8页。

庭、管辖异议等程序性意见。

纵观"99 样式"，存在几点问题：一是对诉辩意见记载的要求标准是"概述"而非详述，客观上导致刑事判决对辩方意见的记载普遍较少；二是未能为记载控辩双方针对证据的质证意见提供适当的空间位置，实践中对质证意见的记载普遍不充分，有些记载在辩护意见部分，有些在证据罗列之后一笔带过；三是未能为记载控辩双方在庭前会议中发表的意见提供适当位置。

（四）"裁判结果形成在法庭"的改革要求

"裁判结果形成在法庭"的应然之义在于，合议庭能够实现从证据到事实，再到裁判结果的推理及适用过程，而不是从控方证据直接"飞跃"到裁判结果。相应地，判决必然要完整呈现从证据到事实的推理过程及从事实到判决结果的法律适用过程。

虽然"99 样式"的制定目的在于增强判决的说理性，但在文书结构上，没有为裁判结果的"形成过程"提供适当的空间架构。一是先写定案证据再写证据认证意见，认证意见缺乏指向；二是先写事实再写证据的构造，倒置了从证据到事实的论证逻辑；三是定性理由及量刑理由混合表述，客观上为不充分论理提供机会。

总之，按照"以审判为中心"的诉讼制度改革要求，庭审不仅要保障控辩双方充分展示证据并发表意见，法庭更要对证据、事实、程序、定性、量刑及涉案财物处理一一作出附加充分理由的处理。但显然"99 样式"在承载对庭审内容的客观记载及充分评判方面远远不够，导致当事人及社会公众通过判决文书既看不到审理过程，也看不到说理过程。

四、样本参照：文书样式与判决说理关系的比较考察

基于法律传统及司法程序的类似，笔者选择同为大陆法系的德国及我国台湾地区的刑事判决作为参考，探究两地判决裁判说理及文书样式的关系，并以此作为改进"99 样式"的参照。

（一）德国法院的初审判决样式——事实理由一体化模式

以布拉奇故意伤害案①及马斯洛依故意伤害案②为例，德国法院的初审判决书虽然也分为首部、审理经过、主文、理由及尾部五个部分，但核心在于理由。

---

① 该案判决书见宋冰编：《读本：美国与德国的司法制度及司法程序》，中国政法大学出版社 1998 年版，第 471 ~ 491 页。

② 该案判决书见《德国波恩州法院关于一起故意杀人未遂案的判决书》，冯军译，载《刑事法评论》2013 年第 2 期。

裁判理由具体包括指控事实及罪名、对事实的认定、被告的辩护词、对被告辩护词的法律评价及量刑说明等部分。

纵观德国一审判决，具有以下特点：一是审理经过描述相对简略；二是事实描述极为详尽，涵盖了与定性量刑有关的全部可能查明的事实；三是理由部分极为丰富，各部分之间通过序号而非引导词加以区分，条理清晰，阅读感较强；四是将量刑理由单独作为一个部分阐述，法律规定和案件事实融为一体，夹叙夹议，法理情内容均能融入其中。

（二）我国台湾地区的一审判决样式——事实理由分立化模式

我国台湾地区的审判延续了中华民国的司法传统，判决书分为首部、审理经过、主文、事实、理由及尾部等部分。具有以下特点：一是文书不同部分分别通过明确的“主文”、“事实”及“理由”等引导词加以区分，清晰明确；二是事实部分一般包括前科事实、本案事实及侦诉经过，其中本案事实表述详尽，不限于与犯罪构成有关的事实；三是理由部分详尽表述对证据的认证理由、对辩护意见的评判意见、法律适用意见及量刑理由；四是不直接在判决中详细列举证据，而是将证据认证融入事实认定之中，如对于某某情节，A证据与B证据结合能够证实该情节。

以人民的名义！
判决

被告：

（审理经过）根据该审判，于2002年7月25日依法判决如下：

（判决主文）

理由：

Ⅰ.指控事实及指控罪名：

Ⅱ.对事实的认定

（1）被告（完整的成长经历、家庭情况及前科情况）

（2）被害人（完整与本案有关的成长经历）

（3）罪行（详细的犯罪经过）

（4）证据（简要概述）

Ⅲ.被告的辩护词：（1）（2）（3）

Ⅳ.关于被告辩护词的法律评价：评议将涉及如下法律问题：（1）（2）

Ⅴ.刑罚：本法庭出于下列考虑予以量刑：（1）（2）（3）

Ⅵ.诉讼费

签署人

德国初审文书样式

台湾××地方法院刑事判决
××××年度重字第××××号

公诉人：

被告：

选任辩护人：

右［上］列被告因窃盗等案件，经检察官提起公诉（××年度侦字第××号），本院判决如左［下］：

主文：（内容）

事实：（包括前科、认定事实及侦诉经过等，分一、二、三列举）

理由：（一）（二）（三）

据上论断，应依刑事诉讼法……刑法第××条，判决如上文。

本案经检察官某某到庭执行职务

中华民国××年××月××日
台湾××地方法院刑事第×庭
审判长法官
法官

我国台湾地区一审文书样式

（三）总结

无论从内容还是从样式上看，德国和我国台湾地区的一审判决无疑十分注重说理，主要表现在以下三个方面：

1. 事实及理由是判决的绝对中心。无论是篇幅长度还是具体分量，事实和理由均处于判决书的绝对核心。证据不是单独大段的列举，而是融入对事实的表述和对被告人辩护意见的评判之中，由此呈现出由证据到事实的证据推理过程。

2. 事实及理由表述详尽。判决对事实的表述不限于犯罪构成要件所可能涉及的事实。对于凡是与定罪量刑有关的社会危险性、主观恶性、矫正可能性、成长经历、被害人过错行为及被害人品行等事实，判决均极为详尽予以记载。对于理由，判决则居中针对与审判有关的事实、定性、量刑及涉案财物处理等全面论述。

3. 事实及理由以条目方式强制区分。在德国，这种强制区分是以明确的罗马序号来实现的；而在我国台湾地区，则直接以"主文"、"事实"及"理由"三个引导词来实现。通过序号或者引导词区分的好处在于，指引或者限制法官在该部分必须明确阐述裁判理由。

基于职权主义的诉讼传统，德国和我国台湾地区的判决没有将指控事实、指控证据及指控罪名单独作为判决的一部分予以表述，但对控辩双方意见的评判绝对是核心。判决理由的阐述均是以指控作为基础，在比较分析控辩双方意见的基础上阐述法院判决的理由，而并非一味驳斥辩护意见。有学者指出，大陆刑事判决的论证路径，容易形成先入为主的思维定式，并产生公检法联手打击犯罪的阅读体验；而我国台湾地区的论证方式更趋向于法院的居中裁判，显示出比较控辩双方意见后才得出自己结论的思维模式，从而更有利于保证法院的中立性和被告人的权利保障。①

五、样式改革："以审判为中心"改革精神的落实路径

基于"以审判为中心"的诉讼制度改革四点基本要求，并借鉴德国和我国台湾地区刑事判决借助条目划分强制说理的样式精华，以及"49 样式"的优点，可以对现行的"99 样式"加以调整和充实。

（一）改革主线：记载与评判

1. 调整样式总体结构。调整的方向是要鲜明体现出控辩审等腰三角形的

① 傅雨晞、熊秉元：《两岸刑事判决书比较研究》，载《河北法学》2017 年第 2 期。

庭审架构,检察院的起诉事实及指控罪名真正成为被告人的辩护对象及法院的审理对象。为严格约束法官,判决书各个部分有必要通过引导语加以固化,明确撰写内容,便于当事人阅读。

2. 扩充程序记载功能。程序公正的首要之义在于充分听取控辩双方意见,为此,首先,需要在判决书中全面准确记载关系到控辩双方切实利益的各类意见及申请。其次,需要记载诉讼程序的经过,向当事人及社会公众展现实体判决产生所经历的严谨正当审判程序。最后,需要详细记载控辩双方所出示证据的明确来源及具体内容,为后续的证据评价说理作出铺垫。

3. 强化论理评判功能。评判是对文书记载的控辩双方意见支持与否的论理,是裁判说理的关键。评判的要点在于指控证据能否采信、指控事实是否成立、辩护方的各类申请应否准许、辩护意见是否成立、关于罪与非罪及此罪与彼罪的分析、量刑应当考虑的各类因素、涉案财物处理依据。

(二)结构调整:刚性与明确

合理的结构不仅要体现出诉讼改革的精神,更要符合诉讼论证的逻辑,还要对法官的论证理由撰写产生硬约束力。为此,文书每个部分的功能要求可以考虑借鉴德国及我国台湾地区判决的形式,以具体条目形式明确规定,相应内容文书不得缺失。

1. 总体呈现"指控—辩护—裁判"的三角结构。为体现辩护及审判的对象系指控的事实、证据及罪名,在文书总体结构上,应维持现行"99 样式"的顺序,确保控辩式审理方式在判决书上得以体现。

2. 裁判呈现"证据—事实—理由"的递进结构。为契合证据是事实的基础,事实是定性的基础的逻辑,判决的内部结构应当严格按照证据认证、事实认定、裁判理由的顺序递进阐述。对此,需将"99 样式"中的证据认证部分调整到事实认定之前,同时法院仅仅评价证据采信与否的理由。

3. 理由呈现"程序—定性—量刑—财物处理"的线性结构。在认定事实的基础上,法院需要对程序申请、性质认定、刑罚裁量及涉案财物处理等各项申请、争议逐一评价从而形成最终裁判主文。为避免判决不说理,建议将"99 样式"中的裁判理由以引导语形式明确区分为程序申请评价、行为性质认定、具体刑罚裁量及涉案财物处理等部分,并要求法官必须逐一回应。

(三)内容充实:引导与柔性

1. 有关证据的记载与评判。举证和质证是控辩双方的责任,因而证据的出示内容及质证意见应该记载在控辩双方部分,且需要准确记载证据的来源、内容及质证意见。认证是法官的责任,因而在事实认定之前,法官需要先行评判控辩双方的证据并确定是否采信,由此推理形成事实。

2. 有关事实的记载与评判。指控事实及辩方对事实的描述属于记载事项,应详细记载。裁判事实系对定案证据推理而形成,其不仅关系到性质认定,更关系到刑罚裁量及涉案财物处理,因而需要将全部与本案最终处理有关事实而非仅仅与犯罪构成要件有关的事实一并予以描述,便于后续裁判。

3. 有关程序的记载与评判。作为辩护权的重要内容之一,非法证据排除、证人出庭作证与调取物证等各项程序申请关系到实体辩护权的保障,因而在辩护意见部分应当设置相应空间予以记载。相应地,在裁判理由部分需要对申请作出明确评判,制约法官有意“忽视”或者不敢直面处理申请的情形出现。

4. 有关定性、量刑及财物处理的记载与评判。在认罪案件及死刑案件中,量刑往往是审判的核心,但“99 样式”没有为量刑的记载与评判预留空间,因而常常为判决书有意淡化。在控辩意见部分分别记载量刑建议及量刑辩护意见之外,裁判理由部分要为刑罚裁量设置专门空间,引导法官在此将具体量刑时需要考虑的各类法定及酌定情节特别予以表述,将法官在具体量刑时所考虑的法理情予以充分展现,赢得当事人及社会理解与尊重。

(四)样式参考

××人民法院

刑事判决书

案号

公诉机关:
被告人:
辩护人:
审理经过:(详细记载自立案之后的全部诉讼程序经过)
起诉意见:
(一)起诉事实:
(二)指控罪名:
(三)指控证据:(详细记载且包括对辩护证据的质证意见)
辩护意见:
(一)辩护意见:(针对指控事实、指控罪名的意见)
(二)辩护证据:(对指控证据的质证意见)
(三)程序申请:
庭前会议情况:
法庭认定事实:
(一)证据评价:(对控辩双方出示证据的采信论证)
(二)事实认定:(详细陈述)
裁判理由:
(一)关于程序申请评价
(二)关于行为性质认定

续表

(三)关于具体刑罚裁量 (四)关于涉案财物处理 据此,根据刑法第××条,判决如下: (判决主文) 上诉权告知 合议庭成员 年 月 日 书记员

法官助理入额衔接程序建构

——以直辖市中级法院、基层法院交互式培养模式为核心

李　健　杨卫军*

【论文提要】

当前,随着司法改革的深入推进,以法官为核心的司法人员分类管理制度基本确立,法官助理岗位全面设置,逐级遴选制度基本落实,传统的"书记员—助审员—审判员"培养路径将随之瓦解,法官助理入额机制正面临着全方位重塑。特别是在《人民法院第五个五年改革纲要(2019—2023)》(以下简称"五五改革纲要")初始阶段,新《法官法》已经颁布,法官助理入额的新制度框架已经基本建立,具体操作模式尚未统一的情形下,如何结合中级法院职能定位,健全和完善法官助理入额衔接机制,明晰法官助理职业前景,扩宽法官助理发展通道,健全完善法官后备队伍培养机制,从长远角度解决今后法官助理入额及员额法官补充问题,成为当下极为重要且紧迫需要研究的内容。本文第一部分从剖析当前中级法院法官助理基层入额的现实困境着手,指出当前中级法院法官助理迷茫之所在,不知入额之路路在何方,并通过现行相关政策大致推演出法官助理入额年限及历程,尝试指出法官助理入额困难将会导致司法改革进程受阻的风险以及法官助理—法官成长模式的隐忧。本文第二部分分别从域内外两个维度梳理相关经验做法,并甄选出符合现司法改革进程的启示,并提出相关的制度建议。本文第三部分为核心部分,主要是从实践层面探索中级法院法官助理基层入额衔接机制,探索建立四步机制——分类识别:以职能定位厘清法官助理的成长路径、交互培养:以基层法院为核心确立交互培养模式、遴选入额:传承北京遴选模式探索遴选新机制、进阶培训:以审判权行权方式界分初任法官权责。本文第四部分为结语。

* 李健,北京市第一中级人民法院干部处干部;杨卫军,北京市第一中级人民法院干部处副处长。

【主要创新观点】

本文在尊重司法规律的同时,对于中级法院法官助理入额衔接机制的基础建构模型的建立有所创新。本文在对当前中级法院法官助理困境进行简要剖析、对法官助理入额衔接机制的域内外机制的综合分析以及经验汲取的基础上,同时充分考虑中级法院、基层法院的不同职能定位以及对于法官素质的不同要求等因素,构建以直辖市中级法院、基层法院交互式培养模式为核心、符合司法规律的中级法院法官助理入额衔接机制模型,即分类识别、交互培养、遴选入额、进阶培育四步入额衔接机制。一是分类识别:以职能定位厘清法官助理成长路径。构建梯次化后备法官蓄水池,通过程序设计动态区分职业化法官助理及法官后备式法官助理。二是交互培养:以基层法院为核心确立交互式培养模式。设计交流程序,依托法官助理及法官交流程序,探索以基层人民法院为核心开展上挂下派模式,形成双导师制度,形成共性及个性审判经验传承。三是遴选入额:以北京遴选模式为传承探索遴选新机制。通过借鉴上海、广东以及海南等地的遴选入额经验,完善北京模式,进而贡献北京遴选入额新机制。四是进阶培训:以审判权行权方式界分法官权责。通过汲取大陆法系国家法官养成过渡机制经验,特别是荷兰的培训选任机制适当引入限权法官模式,完善我国法官入额衔接机制。

引　言

"如果根本不知道道路会导向何方,我们就不可能智慧地选择路径。"[①]随着司法改革的全面深入,助理审判员身份取消,法官助理岗位全面设置,法官逐级遴选制度逐步落实,中级法院法官助理的入额机制面临着全方位的重塑,探索如何通过完善法官助理[②]基层入额衔接机制,并使之与法官逐级遴选制度相配套,实现青年法官的精英化培养,具有重要的现实意义。

一、现状检视:法官助理基层入额的现实困境

(一)困境:法官助理基层入额之路路在何方

2017 年 B 市法院正式任命首批法官助理,与之而来的是法官助理现实困惑的日益突出,具体表现为法官助理工作该怎么做、未来该如何入额、该去哪入额等一系列现实问题。本文通过走访 B 市中级法院 90 名法官助理,探究出中

① [美]本杰明·卡多佐:《司法过程的性质》,苏力译,商务印书馆 1988 年版,第 63 页。

② 法官助理来源多元化,本文所指法官助理特指 2016 年及以后新招录的中央政法编制法官助理。

级法院法官助理职业迷茫的核心之所在——中级法院法官助理基层入额之路不顺畅。

1. 所思:我想当一名员额法官。从法学院到法院,法学毕业生怀揣着让人民群众在每一个司法案件中感受到公平正义的初心入职法院,从此在心底埋下了成为一名法官的梦想的种子。经访谈,被访谈法官助理中近90%入额意愿明显,梦想成为一名合格法官。少部分被访谈的法官助理未直接表明自己的职业规划,表示现行入额政策暂未明朗,外部企事业单位吸引力较大,没有考虑好是否一定选择入额。极少数法官助理表示暂不希望入额。

2. 所忧:如何才能入额当法官呢?当前正处于司法改革利好局势中,初任法官遴选机制不断完善,但也有不尽如人意的地方,比如尚欠缺全面周详的入额衔接配套机制。以此,作为梦想成为法官的法官助理却不知入额之路路在何方。经访谈,入额衔接配套机制不完善成为97%的法官助理所主要忧虑事项。

3. 所盼:原来入额当法官需要这样做。在访谈过程中,每一名法官助理都有不同的心愿,如希望所在法院能够提供更多的学习和深造的机会、减少入额条件限制、提供更加平等的入额遴选及晋升机会、加大不同单位间的交流力度以及提高相关保障待遇等,但中级法院法官助理心愿中最大的公约数仍旧是需要明确未来前景,希望完善入额衔接机制。

穿法袍的助理审判员对有朝一日重披法袍的渴望,新入职的法官助理入额遥遥无期的等待,未来即将入职的大学生对法官职业的憧憬和向往,这无不催促着我们应加强对中级法院法官助理基层入额衔接机制的研究,以期推动解决法官助理入额之路路在何方的问题,让中级法院法官助理入额征途不再是星辰大海般遥不可及。

(二)推演:法官助理至中级法院法官成长之路

1. 脉络:法官助理入额相关政策梳理。法官助理成长至员额法官的进路问题是本轮司法改革不可回避之问题。梳理司法改革相关规范性文件可知,随着司法改革的演进,法官助理入额程序设计与法官员额制改革密不可分,并伴随着员额法官逐级遴选制度逐步落实。本文结合《法官法》、"五五改革纲要"以及相关试点方案对法官的条件和遴选、任免等相关规定,推演出一条脉络相对较为完整的法官助理入额之路(见表1)。

表 1　法官助理成长政策梳理

文件名称	具体规定
法官法	担任法官必须具备下列条件,从事法律工作满五年。其中获得法律硕士、法学硕士学位,或者获得法学博士学位的,从事法律工作的年限可以分别放宽至四年、三年
法官法	初任法官一般到基层人民法院任职。上级人民法院法官一般逐级遴选;参加上级人员法院遴选的法官应当在下级人民法院担任法官一定年限,并具有遴选职位相关工作经历
“五五改革纲要”	完善从符合条件的法官助理中遴选法官的选任标准和工作机制,配套健全分别适用地方法院、专门法院职能特点的初任法官培养机制
关于法官、检察官单独职务序列改革试点方案	直辖市中级人民法院、检察分院,设置一级高级至四级高级法官、检察官
关于法官、检察官单独职务序列改革试点方案	直辖市所属区法院、检察院的法官、检察官等级设置参照市(地)级法院、检察院有关规定确定
关于法官、检察官单独职务序列改革试点方案	市(地)级法院、检察院设置一级高级法官、检察官至三级法官、检察官
关于法官、检察官单独职务序列改革试点方案	晋升二级法官、检察官的,应担任三级法官、检察官两年以上;晋升一级法官、检察官的,应担任二级法官、检察官两年以上;晋升四级高级法官、检察官的,应担任一级法官、检察官三年以上
关于法官、检察官单独职务序列改革试点方案	直接从各类学校毕业生中录用的,没有工作经历的法官助理、检察官助理,在确定法官、检察官等级时,获得硕士学位的研究生可任三级法官、检察官
关于建立法官、检察官逐级遴选制度的意见	遴选市(地)级、省级人民法院法官、人民检察院检察官的人选,一般应具备下列条件:在下级人民法院、人民检察院担任法官、检察官 5 年以上;具备遴选职位 3 年以上相关工作经历

2. 历程:中级法院法官助理成长为中级法院法官的历程。2019 年 4 月 23 日,《法官法》正式颁布,基本明晰法官助理的职业成长路径,作为最关心法官任职、履职的法官助理群体似乎看到了入额曙光。按照 2019 年 B 市中级法院招录法官助理条件,一般面向应届研究生,即 25 岁左右研究生毕业,通过参加 B 市公务员招录考试,进入中级法院担任法官助理。根据《法官法》相关规定,硕士研究生从事法律工作满 4 年,即可符合基层法院初任法官任职年限条件,即 29 岁左右可任基层法院法官。同时根据《法官、检察官单独职务序列改革试点方案》相关规定,获得硕士学位的研究生初任法官的可任三级法官,在仅考虑任职年限的条件下,需再经 7 年任直辖市基层法院四级高级法官,而后方可参加高中级法院法官遴选,即 36 岁左右方有资格通过法官遴选担任直辖市中级法院法官。从法官助理成长至一名合格的法官,这可能是初入法院人的一直以来的职业理想,然而从法官助理成长为一名直辖市中级法院法官,至少需历经 11

年(见图1)。当然在现行法官助理入额及遴选机制衔接不畅的现实困境下,这仅仅是美好的愿景。

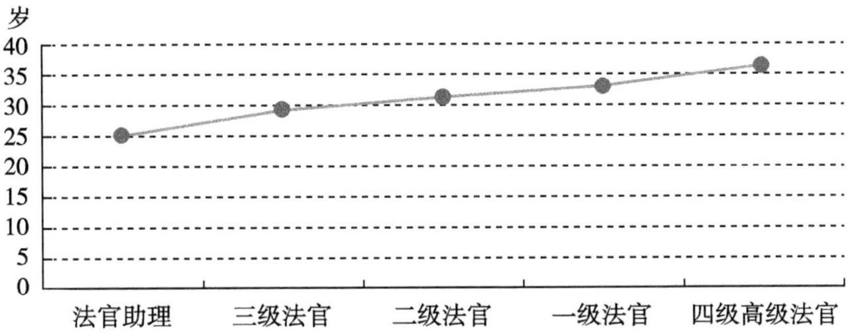

图1　法官助理成长年限推演

(三)风险:法官助理入额困境阻碍司法改革进程

1. 未来法官可能面临"无助"可用的状态。原有法官助理基数较少,缺口较大。受编制限制,通过招考补充法官助理较为缓慢,特别是法官员额制改革后,法官助理职业前景预期不明,法官助理岗位吸引性降低,法官助理职位面临招录困境。以H省法院系统为例,2017年有超过100个法官助理职位因达不到开考比例或无人报考,取消招录计划,法院法官助理岗位面临招人难的尴尬局面。① 法官助理招录困难,导致法院法官助理队伍不能得到有效及时的补充,形成人员断层。审判团队难以按标准要求配齐,法官可能面临"无助"可用的状态。

2. 法官储备人才将呈现加速"流失"趋势。作为未来法官的重要来源,法官助理流失现象直接影响到未来法官群体质量。近年来法官助理在加速流失,法官储备型人才减少,不利于精英法官队伍的建设,将严重阻碍司法改革进程。法官员额制改革后,由于法官助理入额衔接机制的不完善,法官助理成长路径遇到"瓶颈"。2014年以来,B市Y中院新招录的硕士研究生未被评定为助理审判员,不能享受司法改革5年过渡期的红利政策,不能直接在本院遴选入额。现5年服务期即将结束,如果不及时打通法官助理基层入额通道,很可能将出现法官助理离职潮现象,届时法院将成为培养律师的摇篮,法官队伍将形成严重断层。完善入额衔接机制,让优秀的法官助理顺利入额,避免法官储备型人才的加速流失现象,确保法院系统内部法官数量得到持续补充。

---

① 李怡、吴春萍:《职业前景预期不明,法官助理职位面临招录困境》,载搜狐网:http://m.sohu.com/a/131273614-114731,最后访问日期:2019年5月16日。

（四）隐忧:法官助理—基层法官成长模式脱节

1. 法官助理缺失审判经验的亲历性积累。法官助理承担审判业务辅助职能,定位于辅助法官工作的助手。员额法官承担审判工作,专司审判权。司法改革推进进程中,“法官助理—员额法官”成长路径取代原有的“书记员—助理审判员—法官助理”成长路径,法官助理直接大跨步式成长至员额法官,缺少临时性过渡阶段,也就是从审判辅助事务阶段直接跨越至行使审判权阶段,导致现有法官助理与初任法官衔接脱节。身为旁观者的从未进行判断的法官助理能否成为独司判断之责的法官,实为“法官助理—员额法官”路径的隐忧。① 法律的生命从来不是逻辑而是经验。现行法官助理成长模式,辅助并旁观法官工作,能够理解法官的权责利,却很难亲历法官在定分止争过程中的自由心证形成,以及对案件裁判以及利益分配达到内心确信的过程。从这一角度而言,无论法官助理从事审判辅助工作多么优秀,可能永远理解不了一位法官的内心世界。

2. 中级法院法官助理缺少基层工作亲历性。认识世界与拥有世界在意义上是相去甚远的,因为前者只能理解它所旁观到的过程,后者却能参与这一过程。② 中级法院与基层法院有着不同的职能定位,从而对于法官及法官助理能力素质的要求有所不同。基层人民法院解决事实认定和法律适用,因审级差异以及案件管辖类型的不同,案件数量呈爆炸式增长,且绝大多数为直接关乎公民切身利益的案件,处理该案件时,基层审判一线的法官相对注重实质性正义思维,除要查明事实,正确适用法律之外,还需要运用更多的司法习惯、地方风俗、生活常识等进行判断,追求更接近于“真”的实质正义实现定分止争,确保在案结的同时能够事了,因此对法官的能力和素养提出了更接地气的要求。中级法院解决事实和法律争议,统一辖区法院法律适用。中级法院法官侧重于形式正义法律思维。基于上述不同,中级法院成长的法官助理缺少基层法院的初任所需求的审判技艺与审判经验,比如基层法院受理邻里的相邻权纠纷中所需要的“四至止于滴水”的生活阅历以及调解中所需要的群众工作方法等。中级法院法官助理在缺少中基层法院互动式培养的前提下,直接任基层法院的初任法官,在程序上难以自洽性,缺少基层的审判实

① 高翔:《“程序养成型”基层法官养成机制的构建——以候补法官中国化的渐进改革为切入点》,载最高人民法院司法改革领导小组办公室编:《新时代深化司法体制综合配套改革前沿问题研究》,人民法院出版社 2018 年版,第 148 页。

② 陈庆安、潘庸鲁:《司法改革背景下青年法官培养模式的反思与路径探索——合议庭办案机制下的师徒制培养模式的理性回应》,载《西南民族大学学报(人文社会科学版)》2017 年第 6 期。

践经验的亲历积累。

二、经验采撷:域内外初任法官养成机制经验借鉴

(一)域外:比较法视野下域外限权法官培养模式

"他山之石,可以攻玉。"借鉴域外初任法官成长模式,可以为我国现阶段法官助理基层入额衔接机制的构建提供相关经验。域外主要分为大陆法系与英美法系,两者之间的初任法官长成模式也有所不同。

1. 英美法系——治安法官。治安法官,并非严格意义上的法官,每届任期8年,可以连任,主要职责为担任主审法官审理民事案件;在重罪案件中处理审前事务、处理非处分性动议和处分性动议、主持认罪答辩程序、审查搜查令、逮捕令、传唤申请、拘留庭审、指定辩护人;审理轻罪案件和轻微犯罪案件。[①] 治安法官作为"限权法官",也是员额法官选任中的重要人才储备区。

2. 大陆法系——候补法官。大陆法系主要代表国家为德国、法国、奥地利、日本、韩国及我国台湾地区。经研究,大陆法系国家中成长为正式法官的均有过渡衔接,如适用执法官、判事补、候补法官、预备法官、陪席法官,等等。我国作为大陆法系国家更加偏向于初任法官的考训制。由此,大陆法系法官培养路径中的关键衔接机制,为我国初任法官遴选机制提供更多的可借鉴经验(见表2)。

表2 大陆法系员额法官衔接制度

国家/地区	职务	衔接机制
德国	适用职法官	通过国家考试,并且有2年法律相关职业实习,通过第二次国家考试,经面试考察后,可任适用职法官满3年可以被任命为终身法官。法院裁判最多由一名试用职法官或委托职法官或派遣职法官参加
法国	准司法官	通过国家司法官年度会考获得准司法官资格,进入国家司法官学院进行为期31个月的培训,毕业后任命正式法官
日本	判事补	符合资格并通过司法考试,进行为期1年的司法研修后,担任10年判事补,前5年从事审判辅助工作,后5年在法官指导下办理相对简单的案件,不能担任合议庭的审判长
韩国	预备法官	符合资格通过司法考试后,进行为期2年的司法研修,成绩优秀者,并任命为任期2年的预备法官期间不能单独审理案件,主要从事调研工作,期满后被任命为普通法官,单独审理案件或者担任审判长仍需5年实务经验

---

① 钱丽娜:《一干就是40年的美国法院"限权法官"》,载"庭前独角兽"公众号2016年11月18日。

续表

国家/地区	职务	衔接机制
中国台湾地区	候补法官	通过司法考试后,需在法务部“司法官学院”接受为期 2 年的职前培训;培训考核合格后,直接分配至法院担保候补法官,候补期为 5 年,其中,候补的前 2 年只能办理简易的司法事务或充任合议庭陪席法官,候补后期可办理独任裁定案件或简易程序案件、小额诉讼案件;经过为期 5 年的候补法官历练合格后,升任试署法官;经过 1 年试署期后,考试合格者可由试署法官升任为实任法官
奥地利	预备法官	符合资格条件进入法院实习并参加 9 个月培训,可提出申请,经面试后,约为 4 年培训,有空缺时,方可递补法官
荷兰	陪席法官	具有 6 年的司法从业经历,通过考察后任命为见习法官,经过 1 ~2 年陪席后被任命为正式法官

(二)国内:我国从法官助理中遴选法官的经验

1. 海南法院:备选入额法官经验。海南法院提出挂职锻炼和调剂选任相结合的政策,创新法官入额机制,提出备选入额法官办法,在员额空缺时及时进行递补。[①] 该经验可以试用法官助理入额衔接机制,建立储备法官人才库,在基层人民法院法官出现空缺时及时增补,不断补充法官队伍,确保法官队伍动态循环。

2. 上海法院:法官助理基层入额经验。2017 年 12 月,上海法院首次从法官助理中遴选初任法官到基层入额,首创“笔试 + 庭审面试 + 遴选委员会面试”的遴选模式,为法官助理入额遴选制度设计贡献了上海智慧经验。[②] 上海经验模式主要是通过法官助理申请报名、岗位承诺、基本条件审查、业绩考核、考试面试、遴选委员会遴选、高院党组审议、市区人大任命法律职务八项遴选流程。

3. 广东法院:基层法官助理入额经验。2017 年,广东法院首次尝试在基层人民法院法官助理中遴选初任法官,遴选程序主要是计划公告、申请报名、资格审查、考试、考核、组织考察、专业评审、讨论决定、办理任职九个步骤,特别重视职业道德和廉政考察,由政工部门会同纪检监察部门逐项考察。[③]

① 李怡、王颖:《海南法院启动员额法官首次遴选和第三次选任》,载人民网:https://xw.qq.com/cmsid/20190427A00OZ700,最后访问日期:2019 年 5 月 28 日。

② 毛丽君:《统一平台统一标准 法官检察官遴选模式里的“上海智慧”》,载东方网:http://gov.eastday.com/node/zzb/shzfzz2013/yw/u1ai1329931.html,最后访问日期:2019 年 6 月 15 日。

③ 陈雄海:《深圳:中级法院 34 名法官助理奔赴基层法院担任法官》,载“法官驿站”公众号 2019 年 3 月 23 日。

4. 北京法院：按照《北京法院2017年法官遴选工作实施方案》要求，基层法院可从高中级法院中通过司法考试、担任法官助理满五年（含见习期）的人选中遴选初任法官，其主要的遴选工作流程分为制订方案、动员部署、报名和资格审查（含岗位承诺、司法局协助核查以及律所走访）、考试、考核（含遴选考核办法）、考察、提出初步拟任人选建议、遴选委员会面试审议、高院党组研究通过、任命公布、宪法宣誓十一个步骤。

（三）域外启示：设置预备法官与限权法官衔接程序

1. 预备法官：明确法官助理权力边界，增加审判亲历性。预备法官的培养应更加接地气。预备法官的培养应适当承担非核心判断权行使。预备法官应与法官员额制改革前的助理审判员区分开来。原助理审判员几乎完全视同于法官，未经法官正式任命程序普遍性行使与法官几乎完全相同的权限，具体表现为助理审判员可独任制审理案件，亦可组成合议庭审理案件等。后备法官实际上仍然是法官助理，仅仅是在赋权模式上明确法官助理的权限和职责，在法官的指示和监督职能下承担部分非核心判断权的行使，并独立承担由于该部分权限行使相对应的工作负荷和职业风险。后备法官阶段定位于法官助理与法官过渡阶段，实质上是法官助理。比如上海法院《法官助理管理办法（试行）》规定，高级法官助理经所在法院院长提请审委会授权后，可在法官的指导下，协助办理部分简易程序案件。若按照该思路，实际上该法官助理已经直接参与审判权行使。

2. 限权法官：限制初任法官行权方式，循序渐进长成。限权法官相当于法官员额制改革之前的助理审判员，对案件审理具有审判权，但是需要限定行权方式，比如授权其在全权法官的监督下独立行使简易程序案件，参加合议庭审判学习复杂案件审理方式但不得担任合议庭审判长。美国“治安法官”、日本判事补、我国台湾地区的候补法官、奥地利的预备法官等均有漫长的法官选任流程，在精英司法环境下，各国均设置一定的初任法官过渡机制，通过限制行权方式在全权法官之前设置限权法官，对法官职位进行进一步的细化分类，从而形成完备的人才梯度培养机制，实现法官职位的精细化培养和管理。限权法官可定位于法官是向全权法官过渡的员额法官成长阶段（见图2）。

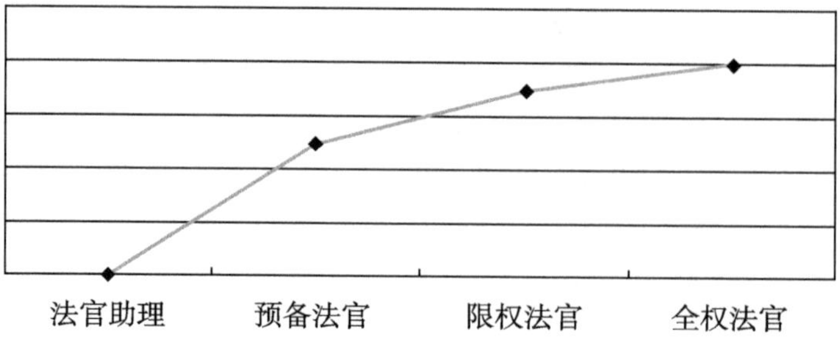

图 2　法官助理成长阶段

(四)域内启示:精英化内核催生的法官助理分类机制

1. 法官助理承载的二元功能。司法改革背景下,法官逐渐成为精英化队伍。遴选就有淘汰,以上海、广东为例,通过程序设计,优秀的法官助理脱颖而出可成为初任法官,因此,法官助理不一定成为法官。法官助理承载二元功能。一方面,法官助理作为员额法官的后备力量。另一方面,较为重视法官助理辅助办案的目标,继续通过招录法官助理解决案多人少矛盾,弱化了作为后备法官的法官助理培养,导致如此庞大且仍在继续扩张的法官助理群体入额之路犹如千军万马过独木桥,入额难度将超出合理预期。特别是考虑到基层法院法官员额比例严格限制,入额难度超出合理预期,基层员额法官办案压力剧增,法官错案责任终身担负以及身体及素质能力等原因会导致一部分法官助理并不以入额成为法官作为自己的终身职业追求,将有相当一部分法官助理成为职业化法官助理。

2. 职业法官助理与后备法官式法官助理的双轨制成长路径。针对法官助理设置不同的职业发展路径,建立健全分类识别机制,在绩效考核与教育培养等方面进行差异化管理,细化完善不同选择的法官助理职业发展机制,既要培养职业化法官助理,又要培养未来的员额法官。一是扩展职业化法官助理晋升渠道,增加职业化法官助理岗位的吸引力。针对职业法官助理的发展路径,可通过顶层设计暂停最高人民法院与高级人民法院法官助理招录,设计完善法官助理的逐级遴选以及挂职交流制度,实现最高人民法院和高级人民法院法官助理原则上从中级人民法院与基层人民法院中择优遴选。二是加大后备法官培养科学化、精细化水平,努力实现辅助办案与法官预备的双目标推进。随着后备法官式法官助理的能力与素质的不断提高,应逐渐扩大审判辅助权限甚至经法定程序适当赋予一定的非核心判断权,以期减轻法官的负担,同时得到成长和锻炼(见图 3)。

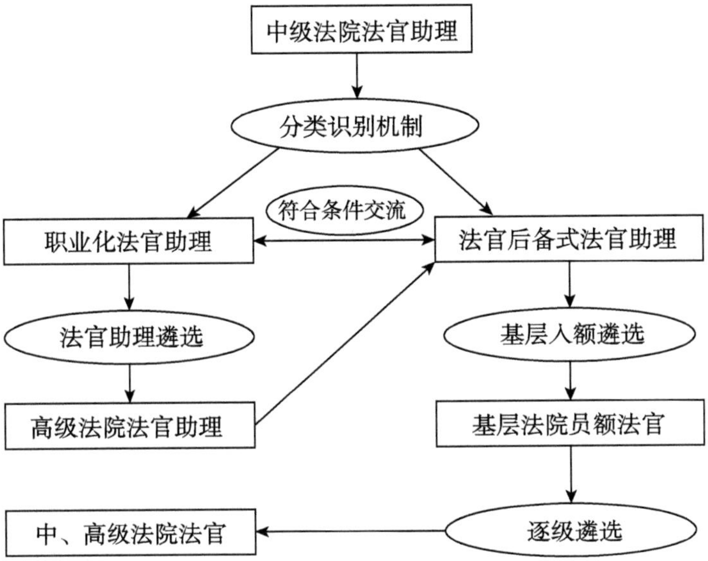

图 3　法官助理双轨制成长路径

三、制度衔接:法官助理入额衔接程序的探索构建

(一)分类识别:以职能定位厘清法官助理的成长路径

立足于法院的长远发展来看,从律师、专家学者中补充法官只能作为辅助,培养源源不断的员额法官,需建立职业法官助理与后备法官式法官助理的识别与筛选机制,努力构建梯次化后备法官"蓄水池"(见图 4)。

1. 设置客观准入门槛。探索设立符合初任法官培养的法官助理"低门槛"客观准入标准,主要有任职年限、办案质效、办案业绩、廉政风险控制、群众工作水平以及调研能力等方面。比如按照 B 市法官助理书记员职务等级确定标准,担任三级以上法官助理,入职以来期间无廉政问题,无差错瑕疵案件,达到全院法官助理平均辅助办案数量水平,入职以来无投诉信访与舆论问题或经有关部门查实投诉信访及舆论问题非本人过错引起,入院以来需指定期刊发表文章数量等相关指标作为准入门槛。

2. 尊重法官助理自我选择。充分尊重法官助理职业发展规划,建立动态选择机制,通过对法官助理进行职业规划调查,初步过滤职业化法官助理。特别是在分类识别机制的各阶段,作为后备法官培养的法官助理与职业化法官助理筛选并非一成不变,而是始终处于动态交互阶段,如已经进入职业化法官助理库的人员提出变换选择机制,选择成为后备法官培养对象的应予以支持,同时按照识别流程重新识别。

3. 建立审判团队推荐制度。对于后备法官式法官助理的识别筛选,可充分依托基层党组织的民主决策与考察机制,由法官助理所在审判团队充分听取团队成员意见与群众意见、建议,并提交所在法官会议讨论研究决定,综合考量其政治表现、工作能力、群众基础等提出正式推荐意见,最后联合签署同意推荐书。

4. 加设笔试及能力水平测试。根据法官助理职能定位构建笔试为辅、职业水平测试为主等考试筛选机制。笔试主要考察法官助理的相关程序与实体法律的掌握水平、阅卷笔录与裁判文书起草水平、庭审提纲的归纳能力、判后答疑能力、廉政测试等。能力水平测试主要考察法律政策运用能力、防控风险能力、群众工作能力、科技应用能力、舆论引导能力、突发事件处置能力、与司法职业共同体的沟通协调能力。

5. 完善考核机制。健全完善遵循司法规律、体现法官助理职业特点、符合法院工作实际的法官助理考核制度,特别注重平时考核,有效细化考核内容,考准、考实,充分依托考核结果,实现对法官助理队伍全面、准确的评估与识别,区分职业化法官助理与法官后备式法官助理提供科学、可靠的参考依据。

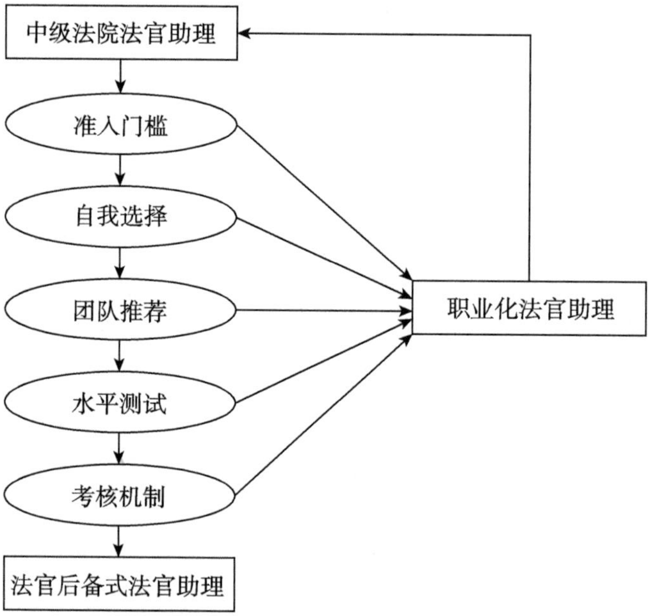

图 4　法官助理分类识别机制

(二)交互培养:以基层法院为核心确立交互培养模式

根据《法官法》第17条①规定,初任法官(海事法院除外)一般到基层任职,基层法院成为初任法官的诞生摇篮,因此中级人民法院的初任法官的培养模式以基层人民法院法官任职标准为核心确立,同时需进一步加大不同级别法院的法官助理交流力度,探索建立以基层人民法院为核心的交互培养机制,形成中级以上人民法院与基层人民法院联合培养初任法官新模式(见图5)。

1. 构建本院后备法官培养新机制,实现"共性"隐形审判经验的传授。四五改革阶段,加大探索初任法官培养机制探索,实现分类、分级、全员培训,初任法官培养程序日臻科学化、精细化。以B市Y中院为例,深化教育培训特色品牌建设,针对审判热点、难点和工作热点,打造新的实训制培训平台。围绕岗位需求,落实自主选择,注重互动引领,依托智慧法院在线学习平台,形成菜单式培训模式,使得法官助理更加扎实掌握审判共性知识。

2. 探索以基层人民法院为核心开展挂职交流模式,加强基层工作亲历性,为人岗双向选择奠定基础。应加强围绕基层人民法院开展法官助理交流模式探索,中级以上人民法院后备式法官助理以双向选择与组织调配相结合的方式到基层人民法院挂职锻炼,加强基层审判的亲历性,充分学习基层审判工作经验,感受基层人民法院文化以及环境,为后期申请入额法院提供有益经验。

3. 探索后备法官式法官助理的"双导师"制度,实现"个性"隐形审判经验的传授。针对法官学院式培养机制的共性经验的传承的基础上,完善后备法官"双导师"制的"个性"审判经验的传授,主要是一方面中级以上人民法院后备式法官助理在本院选择导师带教,另一方面从挂职的基层人民法院为其选择合适的带教导师。基层人民法院后备法官式法官助理本身为基层人民法院培养,有基层人民法院带教导师,熟知基层审判模式,通过为其选择中级及以上人民法院法官作为带教导师,传授技艺、指导办案。

4. 探索基层人民法院后备法官式法官助理或者法官的上挂模式,填补中级以上人民法院法官助理的岗位空缺。"五五改革纲要"明确了探索建立下级人民法院法官到上级人民法院交流担任短期法官助理工作机制。在此基础上可进一步探索下级人民法院法官助理到上级人民法院挂职交流担任短期法官助理机制,选派法官助理或者法官"上挂"式交流,填补中级以上人民法院法官助

① 《法官法》第17条规定,初任法官一般到基层人民法院任职。上级人民法院法官一般逐级遴选;最高人民法院和高级人民法院法官可以从下两级人民法院遴选。参加上级人民法院遴选的法官应当在下级人民法院担任法官一定年限,并具有遴选职位相关工作经历。

理的岗位空缺,同时也为法官逐级遴选以及未来法官助理遴选奠定基础。

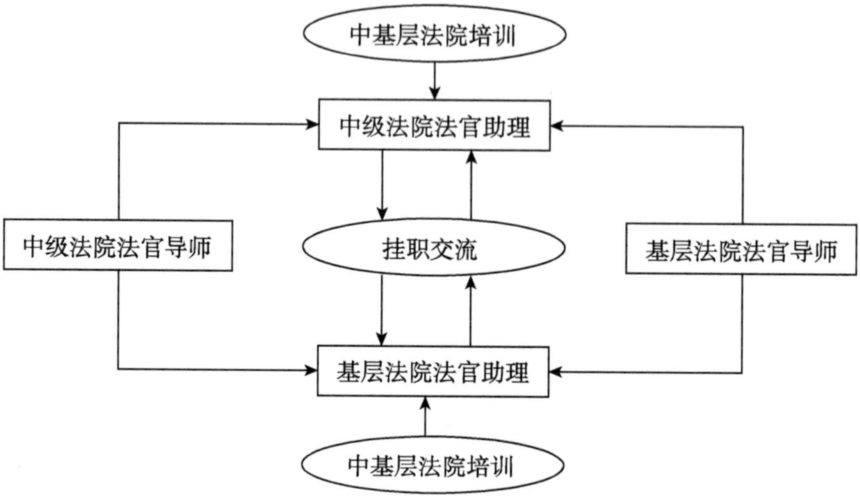

图 5　中基层法院法官助理交互式培养机制

(三)遴选入额:传承北京遴选模式探索遴选新机制

结合北京法院法官遴选工作流程,将初任法官遴选工作流程进一步完善,旨在将专业基础扎实、审判经验丰富、业务素质娴熟、综合素质优良的法官遴选到适合的法官岗位(见图 6)。

1. 重新划定资格准入条件。现行法官员额制改革之后,助理审判员身份全面取消,法官助理全面设置,应结合公务员职务与职级并行制度,重新划定资格准入条件。根据现行《法官法》中关于法官条件的规定,设定年龄、法律职务、考核结果、健康条件、任职回避、工作经历、教育培训以及相应的禁止条件。其中法官单独职务序列改革后,除海事法院初任法官遴选可以到其派出法庭任职以外,一般初任法院到基层任职,应取消在入额遴选、按期晋升、择优选升的基层工作经历限定条件。

2. 告别一对一志愿的报名程序。各省市入额遴选方案呈现多样化态势,但一般是在高院统一组织下,符合报名资格的法官助理只能参加唯一一家法院遴选。司法改革推进过程中,应进一步完善传统法官遴选报名程序,在常态性化遴选中,符合资格准入条件的可进行意向选择,选择 A、B 两家法院,同时参照公务员招录设置相关的双向调剂程序。

3. 引入庭审面试经验。遴选方案中考试仅限于笔试形式,则难以考出拟初任法官的庭审技艺及驾驭能力、庭审流程把控能力、群众工作方法应用能力及突发案事件处置能力等。通过引入上海庭审面试经验由考生担任主审法官进行实战型模拟开庭,对审判程序熟练掌握及规范性、现场归纳争议焦点、庭审驾驭能力、突发事件处置能力等进行真实测试,进行全方位、多角度考察。

4. 适当引入外部评价机制。在考试、考核环节可适当引入除法官遴选委员会以外的调解组织的调解员、人大、政协、专家学者、外省市知名法官等作为考官,赋予其一定的评价权重,对于法官遴选更加客观透明。

5. 突出基层党组织的政治考察优势。由组织人事部门会同参见遴选法官助理现所在基层党组织进行全面考察,由基层党组织提出考察书面意见。同时考察环节应直面群众,由组织人事部门会同公安机关、司法机关、律协等,适当开展事人满意度测评或者随机走访当事人及相关律师,让群众选出自己满意的法官。

6. 增设拟接收法院面试程序。为做到人岗相适、人岗相宜,在遴选委员会面试之前,增设拟接受法院面试筛选程序。由拟接收法院党组组成考官团体对报考本院并参加遴选的法官助理进行面试并初步筛选。

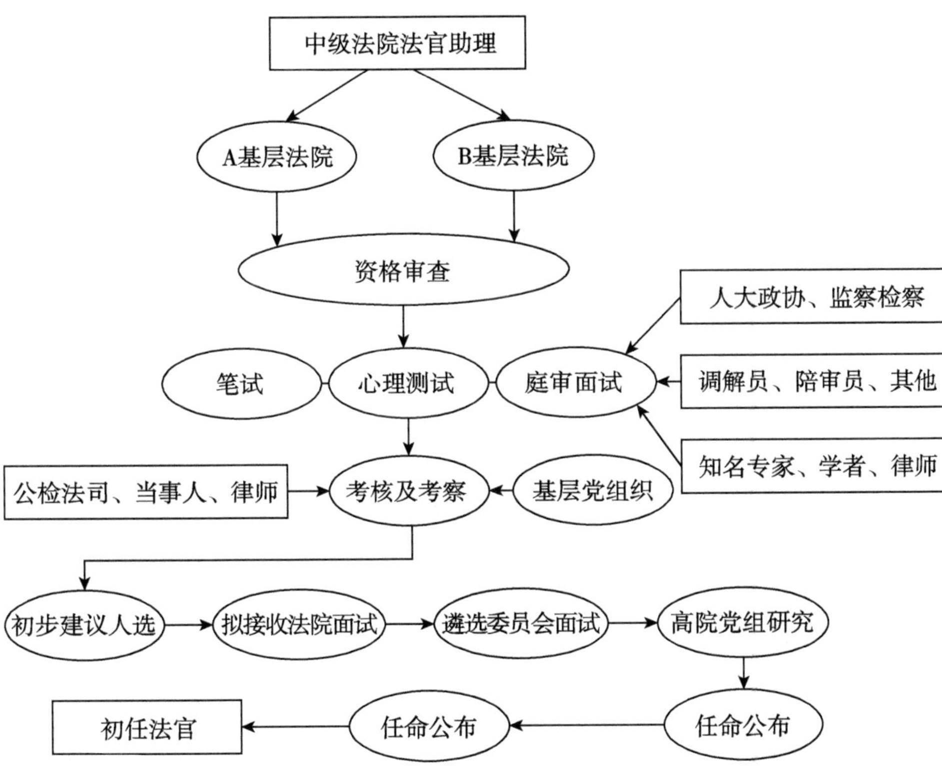

图6 法官助理遴选入额机制

(四)进阶培育:以审判权行权方式界分法官权责(见图7)

1. 见习法官:初任法官梯次化培养。法官涵摄法律要件事实和法律规范得出裁判结论(含实体和程序),从而影响当事人权益这一审判权行使的核心过程,凡是对这一过程产生实质影响的工作内容均应视为审判权行使的过程。[①]初任法官可借鉴我国台湾地区、日本以及荷兰法院的限权法官经验,在全权行使审判权之前,设置见习法官。见习法官应有试用期限,如试用期限一年,试用期期间可限制性地行使核心审判权,一般负责程序及实体事物,在全权法官监督下可承办案件事实清楚、争议不大的案件,不能适用独任制审理案件。为防止占用法官员额却拉低结案数量的现象发生,应建议见习法官为准法官,但不占用法官员额。同时为防止过度引入见习法官缓解案多人少矛盾,也应限制员额法官与见习法官实有人数不得超过各法院应有员额法官人数。

2. 见习法官的进阶培养。"五五改革纲要"提出"建立覆盖职业生涯的终身学习制度"。见习法官尚在培养考察阶段,相对于全权法官应加大培训力度。在担任见习法官之前应设置6个月左右的脱产培训,学习基本的审判知识,如理论知识、案例分析、争点归纳、法律适用、模拟法庭、法官职业操守等,达到初步领会什么是法官、法官如何办案等。见习法官在一年试用期内学习法官如何办案、怎样好办案等一系列相关经验。该相关经验的获得多数来源师徒制的经验传授,相对于法官学院的标准化培训,更具个性。因此,在试用期结束后应再进行为期半年至一年的脱产培训,总结审判经验,纠正审判行为偏差。

3. 见习法官向全权法官的转任。试用期结束后由所在法院组织对见习法官德、能、勤、绩、廉等方面进行考察,着重从质量、效率、效果、时限等方面考察办案业绩。对于通过考察的见习法官,由所在党组出具书面意见推荐至国家法官学院进行为期半年的脱产培训,脱产培训考核合格后,直接报送高院党组审议,转任全权法官,同时报法官遴选委员会备案。

4. 限权法官不合格的退出。对于见习法官在试用期间有不适宜转为全权法官或者国家法官学院培训考核不合格人员,由所在法院党组提请高院党组免去其见习法官资格,转为现所在法院的法官助理。被免职的见习法官可申请复议一次,复议期间不影响执行,复议不被支持的,应立即报法官遴选委员会备案。

---

① 胡江洪、周丽:《新型审判团队模式下确立法官助理职能定位的逆向思考——以审判权界分与团队建设需求为思考框架》,载胡仕浩、王勇主编:《深化司法体制综合配套改革热点问题探索——"羊城杯"司法体制综合配套改革征文获奖论文集》,人民法院出版社2018年版,第64页。

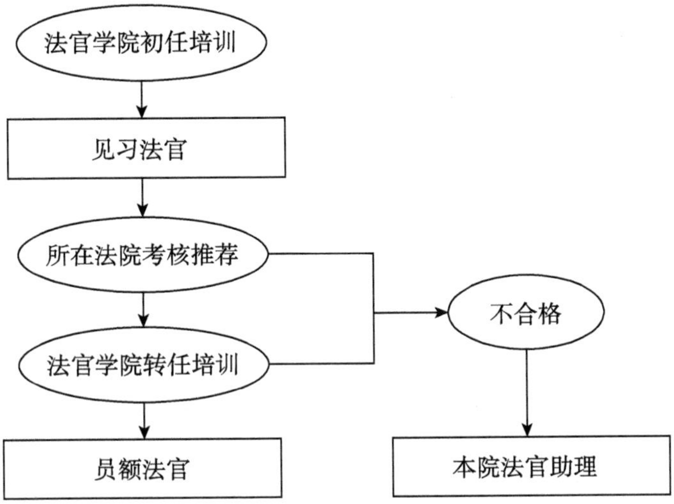

图7 见习法官培养使用机制

四、结语:中级法院法官助理入额之路任重道且远

法官助理是充满活力的、具有个性的一个群体,也是需要呵护和培养的一个群体,他们执着于对司法权威的信任、惩恶扬善的热情、公正审判的坚守、法官荣耀的追求,无怨无悔地为中国法治进程付出辛劳、挥洒汗水,一定不能让法官助理群体失望。司法体制综合配套改革进程中,要为法官助理指明未来的路在何方,智慧的选择他们自己的职业道路。士不可不弘毅,法官助理入额之路任重而道远。

横纵双轴:完善主审法官会议机制的流程研究

方　硕　王国庆*

【论文提要】

主审法官会议机制是司法责任制改革浪潮中的重要配套举措之一,最高人民法院于2018年11月出台《关于健全完善人民法院主审法官会议工作机制的指导意见(试行)》(以下简称《意见》)对此机制进一步明确和规范。

本文在调研《意见》出台前后部分法院实践运行现状的基础上,指出现行条件下该机制运行过程仍旧存在的不足及困境,归纳概括为追求实效的要求与流于形式的实际之间的矛盾、机制有效运行的要求与层级衔接不畅的实际之间的矛盾、积极负责的要求与消极应对的实际之间的矛盾三组主要冲突,拟从纵向着力及横向延展的双轴流程角度提出完善建议。纵轴着力包括准确把握合议庭、主审法官会议、审判委员会三层讨论机制的功能定位,通过设立会议常设机构及备案机制(包括已决备案和备案异议),搭建合议庭—庭级主审法官会议—院级主审法官会议—审判委员会的动态运行模式,促进"以案集合"向"以人集合"的思路转变,推进法官会议层级间的有效衔接。横轴延展包括具化会中组织管理及议事规则,增加会后量化考核及结果导向的要求,辅之搭建电子化智能系统配套措施以实现此机制设立的初衷。

文末草拟主审法官会议工作细则建议稿,以期使主审法官会议机制更加符合现代审判独立及司法公正的内在价值追求。

【主要创新观点】

1. 从纵轴着力与横轴延展的双轴流程角度出发对主审法官会议机制的完善提出具体化建议。

---

* 方硕,北京市第一中级人民法院团河法庭法官助理;王国庆,北京市第一中级人民法院团河法庭副庭长,曾获北京法院系统第二十八届学术讨论会优秀奖。

2. 纵轴着力方面,重新定位三层讨论机制,并搭建合议庭—庭级主审法官会议—院级主审法官会议—审判委员会的纵轴动态运行模式。通过设立会议常设机构负责会议组织、排期、考评、备案等事务性工作。结合法官的专业、庭室等以"法官+N"的模式排列组合为不同会议队伍,以已决备案和备案异议的方式监督会议运行,促进"以案集合"向"以人集合"的思路转变,推进法官会议层级间的有效衔接。

3. 横轴延展方面,具化会中组织管理及议事规则,增加会后量化考核及结果导向的要求。提出主审法官会议绩效考核机制及责令退出机制,建议在审判工作系统中增加"会议讨论案件"模块,设置"卷宗浏览""案件跟踪""意见发表"等选项,将提请主审法官会议讨论的案件由会议秘书在会前添加到参会人员系统中,并借此推动"线上主审法官会议"的实现。以此增强此项机制的实操性和适用性。

引　言

主审法官会议机制设立的目的是为法官审理案件准确认定事实、准确适用法律提供指导和参考,促进裁判规则及标准统一,总结审判经验、完善审判管理。实践中,各地法院对主审法官会议也一直进行着有益的探索与尝试,最高人民法院在总结各地经验的基础上,于2018年11月出台《意见》对此机制进一步明确和规范。但是,从笔者调研的情况来看,虽然主审法官会议制度已经建立,但实践中的效果却不尽如人意,理想与现实之间的差距仍然较大,亟待进一步完善。最高人民法院发布《人民法院第五个五年改革纲要(2019—2023)》将健全主审法官会议与合议庭评议、赔偿委员会、审判委员会讨论案件的工作衔接机制作为下一步改革的重要内容。故笔者立基于纲要精神,以实证研究方法为基础,以双轴系统功能的实现为目的,对主审法官会议的完善提出自己的一点浅见。

一、理想与现实的距离:主审法官会议机制在《意见》出台前后的运行现状分析

(一)机制试运行阶段的主要矛盾

2018年11月28日,最高人民法院针对主审法官会议机制在实践运行中存在的不清晰、不科学、不确定、不规范等问题印发《意见》加以指导,随后多地法院出台细则对该机制在本院的具体适用进行规范。笔者以S省审判权运行机

制改革试点法院为调研对象,①分析《意见》出台前后该机制的运行现状,发现现行条件下仍旧存在诸多矛盾之处。

1. 追求实效的要求与流于形式的实际之间的矛盾

笔者选取《意见》出台前一年及《意见》出台至 2019 年 6 月,S 省部分法院召开主审法官会议的次数(包括民事、刑事、行政等主审法官会议次数)及讨论案件的数量为样本进行分析(见表 1、表 2)。

表 1　S 省部分法院召开主审法官会议的次数

法院	召开时间	召开次数	召开时间	召开次数
S 省 W 中院	2017 年 11 月至 2018 年 11 月	15	2018 年 12 月至 2019 年 6 月	5
S 省 Q 中院		11		3
S 省 T 区法院		8		4
S 省 C 区法院		14		1

通过对比 S 省部分法院在《意见》出台前后召开主审法官会议的次数来看,《意见》出台前各法院召开会议的频率为一个月到两个月,《意见》出台后各法院召开会议的频率并无显著提高,甚至有法院六个月时间仅召开一次主审法官会议,该机制在实践中的适用率明显偏低。其中,适用率相对较高的 S 省 W 中院多集中召开会议,并未形成一种长期平均分配的态势。

表 2　S 省部分法院主审法官会议讨论案件的数量

法院	召开时间	讨论案件数量(件)	召开时间	讨论案件数量(件)
S 省 W 中院	2017 年 11 月至 2018 年 11 月	20	2018 年 12 月至 2019 年 6 月	6
S 省 Q 中院		14		3
S 省 T 区法院		21		9
S 省 C 区法院		39		6

通过对比 S 省部分法院召开主审法官会议的次数及讨论案件的数量可以发现,每次会议平均讨论一起到两起案件,其中 S 省 C 区法院每次会议讨论案件数量较多。但《意见》出台后 S 省在主审法官会议上讨论的案件不增反降,整体呈现讨论案件数量偏少的趋势。

---

① 本文所取数据系笔者对 S 省部分法院进行实地调研时查阅部分主审法官会议记录、收集数据、询问详细开展情况得出,笔者认为虽然部分法院数据不足以代表全国法院的情况,但能在多维度的分析中暴露一定问题,具有一定参考意义。

一方面是多地法院及众多法官认可支持主审法官会议机制的运行，另一方面则是低频率、未适用、缓推行的实践现状，《意见》出台的初衷在现实中“遇冷”。① 这也说明作为司法改革配套机制之一的主审法官会议机制在实践中并未得到应有的重视，受多方面因素的影响该机制并未形成长期有效的运行措施。追求实效的要求与流于形式的实际之间的矛盾仍旧存在。

2. 机制有效运行的要求与层级衔接不畅的实际之间的矛盾

根据《意见》第 9 条的规定②，主审法官会议具有一定的审判委员会讨论案件的前置过滤功能。院庭长对于“四类案件”③的审理过程或者评议结果有异议的，可以提交主审法官会议或者审判委员会进行讨论。笔者以此选取 S 省部分法院召开审判委员会讨论的案件数量及经过主审法官会议后提请审判委员会讨论的案件数量为样本进行分析（见图 1）。

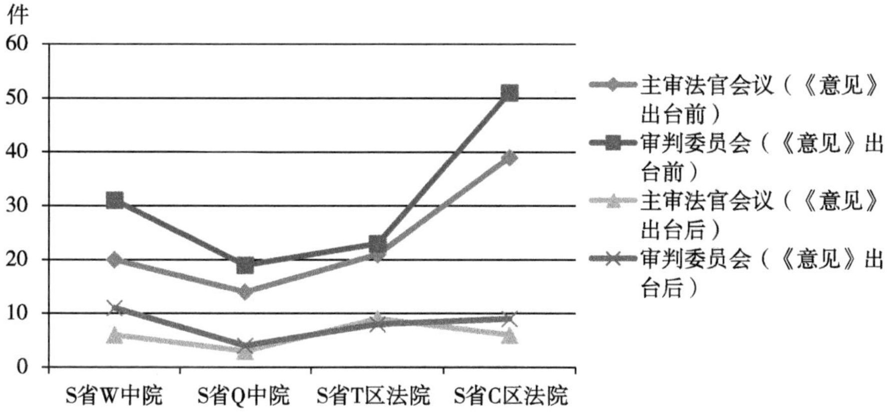

图 1　S 省部分法院《意见》出台前后主审法官会议与审判委员会讨论案件数量对比

对比 S 省部分法院《意见》出台前后主审法官会议与审判委员会讨论案件数量可以发现，审判委员会讨论的案件数量整体要高于主审法官会议讨论的案

① 李春燕：《基层法院专业法官会议机制的反思与重构》，载《三峡审判》2017 年第 1 期。作为试点法院的 C 市中院及辖区法院的专业法官会议在试点中普遍“遇冷”基本将该机制搁置不用。

② 《意见》第 9 条规定：院长、副院长、庭长可以按照审判监督管理权限要求合议庭或者独任法官根据主审法官会议讨论的意见对案件进行复议。经复议未采纳主审法官会议形成的多数意见的，院长、副院长、庭长应当按照规定将案件提交审判委员会讨论决定。

③ 《最高人民法院关于完善人民法院司法责任制的若干意见》第 24 条规定，对于有下列情形之一的案件，院长、副院长、庭长有权要求独任法官或者合议庭报告案件进展和评议结果：(1) 涉及群体性纠纷，可能影响社会稳定的；(2) 疑难、复杂且在社会上有重大影响的；(3) 与本院或者上级法院的类案判决可能发生冲突的；(4) 有关单位或者个人反映法官有违法审判行为的。

件数量,在《意见》出台后双方的差距略有缩小。分析“两会”的召开频率及讨论数量,多数法院仍然倾向于由审判委员会来对个案进行讨论、决策,主审法官会议在提供案件咨询和参考等方面的功能作用并不十分突出(见图 2)。

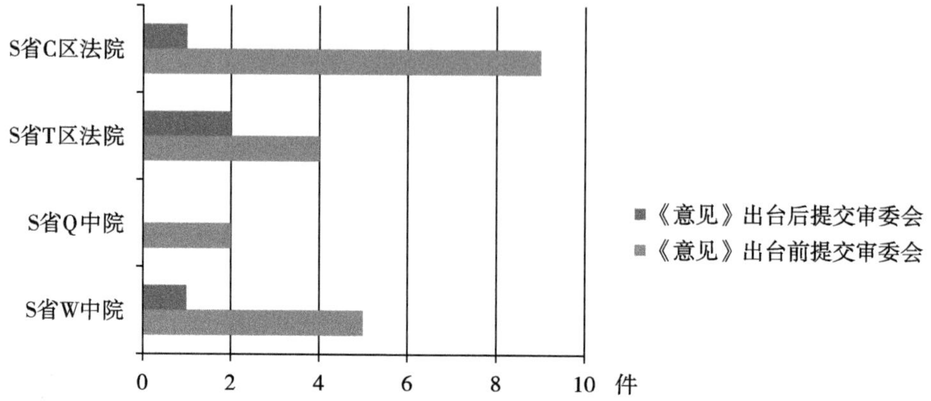

图 2　S 省部分法院《意见》出台前后主审法官会议案件提交审判委员会讨论的数量

通过统计上述法院主审法官会议中的案件提交审判委员会讨论的数量发现,此项数据整体占比不足 10%,其中 S 省 Q 中院在《意见》出台后的半年时间内无一件主审法官会议讨论的案件提交审判委员会讨论。反映出主审法官会议与审判委员会在实际运行过程中存在一定程度的脱节,机制有效运行的要求与层级衔接不畅的实际之间的矛盾较为突出。

3. 积极负责的要求与消极应对的实际之间的矛盾

上述法院在《意见》出台后均制定了本院关于召开主审法官会议的细则。细则主要涉及以下几方面的内容(见表 3):

表 3　S 省部分法院关于主审法官会议工作细则主要内容

法院	细则涉及主要内容
S 省 W 中院	案件类型、提请程序、参会人员、会前准备、发言顺序、备案程序、会议结果效力
S 省 Q 中院	案件类型、提请程序、参会人员、会前准备、备案程序、会议结果效力、成果运用
S 省 T 区法院	案件类型、提请程序、会前准备、备案程序、会议结果效力
S 省 C 区法院	提请程序、参会人员、会前准备、发言顺序、备案程序、会议结果效力

笔者仔细阅读后发现上述细则均对会议讨论的案件范围、提请程序、会前准备、备案程序及会议结果效力作了较为详细的规定,但多忽略了对议事规则

(讨论程序)、组织管理及业绩考核的指导意见。实践中,主审法官会议的议事规则与合议庭讨论案件并无明显差异,承办法官陈述案情后,其他参会人员简单发表观点或不发表观点,在会议记录中“同意承办人意见”或“与承办人意见一致”的简单陈述并不少见,在院庭长发言后其他参会人员随声附议的现象极为普遍。[①]由此暴露出该机制在实际运行过程中部分人员参与度和积极性并不高,会议的行政化倾向突出,积极负责的要求与消极应对的实际之间的矛盾亦较为明显。

(二)产生矛盾的主要原因

问题是工作的导向,更是改革的突破口。笔者探究产生上述三组矛盾的根源,总结概括为以下三个方面。

1. 抽不出时间

主审法官会议召开的次数难以适应当前案情日趋复杂的实际,主要原因在于缺少专人负责会议的组织及运行。若由承办法官来负责组织,一是缺乏号召力,在案多人少的现实压力下,未必能够吸引真正可以“借脑”的人员参与进来;二是极具不稳定性,每次负责人不同,讨论思路亦不相同,会议记录及观点意见的整理便缺乏统一的管理和规范。若由院庭领导来负责组织,既占用其原应谋全局、强指导的时间,又存在行政化倾向的可能,随声附议、人云亦云的现象也就难以改善。专人专事制度的空白加大了主审法官会议机制推行的难度。

2. 找不准定位

合议庭、主审法官会议、审判委员会这三层讨论机制的功能定位虽然在文件规定中有所明确,但在实际运行中却常出现混同和异化。主审法官会议是否承担审判委员会的前置过滤职能,是否受审判委员会管理,是否需对院庭长负责,是否所有拟提交审判委员会讨论决定的案件都有必要提交主审法官会议讨论,是否所有未采纳主审法官会议多数意见的案件都应当提请审判委员会讨论决定等一系列涉及功能定位的问题在《意见》中未得到肯定答复。定位的混同和配套机制的缺失导致实践中功能混杂,层级衔接不畅。

3. 提不起兴趣

作为司法改革去行政化的“替代”,主审法官会议有望成为法官另外一根强有力的“拐杖”,以弥补体制内精英化权力结构消解后的法官迷茫。这一制度解构和建构后的结果却是法官对主审法官会议的召开提不起兴趣。此种尴尬局面的原因主要在于以下几点:一是主审法官会议的严肃性得不到保证。会议召

① 张俊文、粟正均、彭婧婕:《专业法官会议咨询服务功能的实施机制研究——以部分审判权运行机制改革试点法院的专业法官会议运行现状为样本》,载胡云腾主编:《法院改革与民商事审判问题研究:全国法院第29届学术讨论会获奖论文集》,人民法院出版社2018年版。

开的仓促性、随意性,“我的案件我负责,他的案件他负责”的消极心理,都使得法官对主审法官会议的成效不抱有太多的期望。二是主审法官会议的专业性得不到保证。主审法院会议讨论的往往涉及更为复杂的权利冲突、罪与非罪等重大问题,涉及的不仅仅是事实认定,更有理论的选择和论证。而当下,主审法官会议往往很难达到此种标准。三是主审法官会议结果对法官工作的约束效果违背了法官心理预期。司法改革之前,法官之所以愿意以汇报的方式结案,原因在于对案件结果的不确定以及基于这种不确定产生的职业评价担忧。然而,若主审法官会议仅仅定位为参考,那么法官仍然不能在多数人的观点中找到自己踏实的心理拐杖。这种现象不能不引起我们的重视,因为看似不合理之处,往往具有一定的合理性成分。它与当下我们的精英政治结构,与案件的考评以及对法官的评价密不可分。

二、可能与可行的希冀:完善主审法官会议机制双轴流程的可行性分析

笔者通过调研发现,《意见》的出台在一定程度上改善了过去主审法官会议不规范、不明晰的弊病,但改革的过程并非一蹴而就,理论与实际的结合亦有所差距。纵向来看,实践中独任法官或合议庭、主审法官会议、审判委员会的功能定位区别不明显,机制衔接不到位。横向来看,主审法官会议的议事规则、组织管理此类会中相关规定不充分,考核量化、结果导向此类会后有关规范不具体。因此,笔者建议从横纵双轴流程来对此机制加以完善(见图3)。

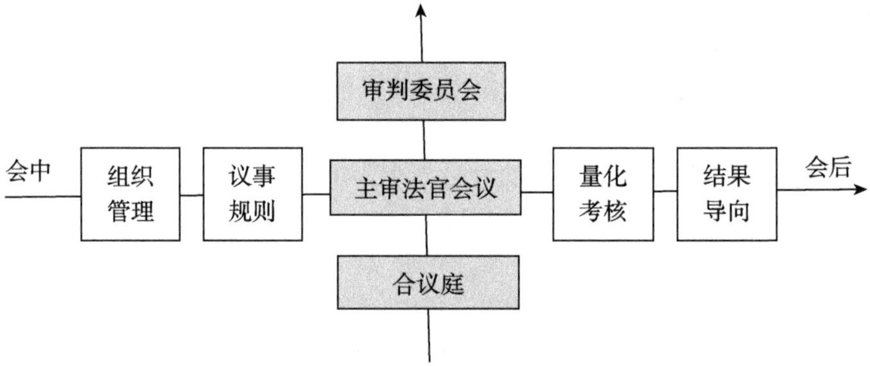

图3　主审法官会议的纵轴流程

(一)纵轴着力,助力主审法官会议找准“站位”

1. 准确把握三个层面讨论机制的功能定位

在纵向轴中,应准确把握作为服务审判工作机制的主审法官会议、作为法定审判组织的审判委员会及作为最终决策机构的合议庭或独任法官在性质、职

责和功能方面的区别。

首先,“由审理者裁判,由裁判者负责”决定了独任法官及合议庭的决策定位。合议庭以及独任法官对案件的事实认定和法律适用承担总责。

其次,主审法官会议应具备其特定的功能定位。定位不仅涉及任务,更涉及“效果”。虽然《意见》第1条[①]对主审法官会议的参考功能和总结功能进行了明确,但因欠缺“效果”因素,故笔者认为仍不完备。第一,事实认定的权威性拟制功能。通常合议庭实行多数决,只要有多数意见即可决断。然而,对事实的把握有可能出现三种或者更多不同意见,甚至在有多数意见时,承办人仍希望继续倾听其他法官的看法。因此,主审法官会议代表多数法官决策,其提供的事实认定应该具有权威拟制性。合议庭可以不予采纳,但要有更强的论证途径。第二,法律解释的权威性拟制功能。对法律的理解和适用,在主审法官会议中应该得到最为妥当的解释,该解释结果代表多数法官的判断,故也应具有权威拟制性。合议庭如果不采纳,必须有更强有力的解释依据。第三,监督功能。主审法官会议在辅助案件审理的同时,也在一定意义上兼具监督职能,在法官总体素质尚待提升的大背景下,完全放权于法官或合议庭可能存在潜在风险,为规避此类风险既往做法是向院庭长汇报案件,多数情况下院庭长的倾向性意见变为了案件的最终结果。司法改革后的主审法官会议可在一定程度上替代院庭长案件汇报制度,多脑发力,对案件共同起到监督作用。同时,通过后文所要探讨的“已决备案”制度,亦可让不同层级的主审法官会议处于动态之中,从而形成有力的监督。

最后,《最高人民法院关于完善人民法院司法责任制的若干意见》中对审判委员会的功能亦有所说明,[②]其最终落脚在宏观指导这一功能上。这就要求审判委员会在统一裁判尺度及法律适用方面发挥更大的作用,改善审判委员会单纯决定个案、忽视经验总结的现状。从这个角度来讲,通过主审法官会议过滤一定数量的案件就显得尤为必要。在主审法官会议层面形成一致意见的情形下,该案件已无提请审判委员会讨论的必要;在主审法官会议难以形成一致意见的情形下,经过会议的论证依然会形成一些较为成熟的方案可供审判委员会参考,从而大大减轻审判委员会对个案的工作负担,更有精力着眼于宏观指导

---

① 《意见》第1条规定,人民法院应当健全完善主审法官会议工作机制,为法官审理案件准确适用法律提供指导和参考,促进裁判规则及标准统一,总结审判经验,完善审判管理。

② 《最高人民法院关于完善人民法院司法责任制的若干意见》第9条规定,明确审判委员会统一本院裁判标准的职能,依法合理确定审判委员会讨论案件的范围。审判委员会只讨论涉及国家外交、安全和社会稳定的重大复杂案件,以及重大、疑难、复杂案件的法律适用问题。强化审判委员会总结审判经验、讨论决定审判工作重大事项的宏观指导职能。

的功能发挥。同时,通过“已决备案”制度,亦可让审判委员会监督功能得到与其功能更为相称的发挥。

在厘清了上述三者之间的功能定位后,笔者认为主审法官会议(咨询权威与客观监督)—审判委员会(宏观指导与经验总结)—独任法官或合议庭(最终决策与成果转化)这一纵轴流程可予搭建(见图 4)。

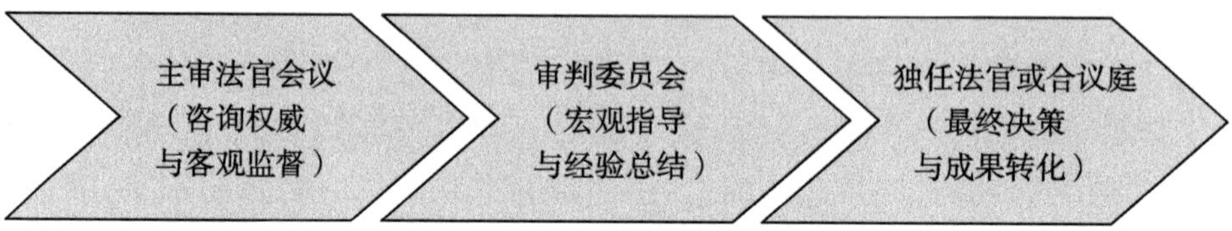

图 4　主审法官会议纵轴功能定位

2. 努力促进主审法官会议层级的有效衔接

《意见》确定的主审法官会议这一称谓,与之前所称的“专业法官会议”“法官联席会议”“审判长联席会议”等并无二致①。真正重要的是如何将院庭两级主审法官会议与合议庭、审判委员会有效衔接起来,保障主审法官会议处于动态的运行之中。

笔者建议搭建合议庭—庭级主审法官会议—院级主审法官会议—审判委员会纵轴流程模式,增设院庭两级主审法官会议常设机构负责会议组织及备案工作。

独任法官或合议庭认为需要“借脑”来审理案件时,可以提请庭级主审法官会议的常设机构召开会议,庭级主审法官会议将讨论结果反馈给常设机构,由常设机构向院级主审法官会议备案。当会议无法形成一致意见或院级主审法官会议认为会议结果、意见不适当时可以提请院级主审法官会议讨论;院级主审法官会议将讨论结果反馈给常设机构,由常设机构向审判委员会备案。当会议无法形成一致意见或审判委员会认为会议结果或意见不适当时可以提请审判委员会讨论(见图 5)。

其中,院庭两级主审法官会议最终产生的一致意见仅供独任法官或合议庭参考,由独任法官或合议庭最终决策。审判委员会产生的意见应为最终决策。需要说明的是,院级主审法官会议涵盖了不同层级、不同专业、不同领域的人

① 参见《健全完善主审法官会议机制,提升司法裁判质量——最高人民法院司改办负责人答记者问》。问:《意见》中所称的“主审法官会议”同当前各地法院实行的专业法官会议、法官联席会议、审判长联席会议等会议形式有何异同? 答:虽然名称各异,但实质是类似的会议工作机制。这项制度的基本定位,就是由本院员额法官组成,为法官办案提供咨询参考意见,服务于审判监督管理。

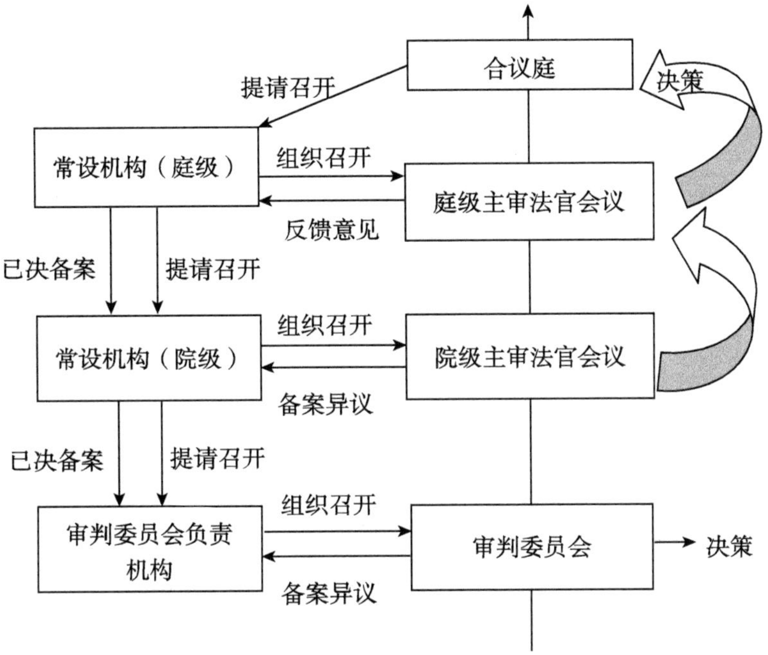

图5　主审法官会议层级衔接的动态运行流程

员,笔者认为,可以考虑以“法官+N”的模式组织开展以增强其实操性。依据法官所在庭室、所擅长的领域进行排列组合,比如一起侵权之债纠纷中涉及夫妻共债问题,可由传统民事法官+N名家事法官+N名商事法官组成院级主审法官会议进行讨论。再如一起机动车交通事故损害赔偿纠纷中的难点问题,可由民事法官+N名刑事法官组成院级主审法官会议进行讨论。试从当前“以案集合”向“以人集合”的思路转变,提高主审法官会议机制的适用性。

(二)横轴延展,推动主审法官会议尽快“融入”(见图6)

1.具化会中组织管理规范及议事规则的可行性

基于主审法官会议灵活性、咨询性的特点,《意见》仅对主审法官会议召开过程中的发言顺序作了“可以”倾向的指导,笔者认为,确保会议机制长期稳定运行仅凭众多“可以”式的规范是远远不够的,过于灵活的规定与认为无关紧要而不予规定都是当前实践运行中产生诸多矛盾的根源所在。因此会前准备、会中讨论、会后总结的一体规范势必要进行具化。会中讨论的程序尤其需要进一步明确,除发言顺序外,参会人员是否必须发言、发言应围绕何重点、何时加入讨论、院庭长何时发言、如何组织意见交换等都是需要考虑并予以细化的问题。笔者认为,可以参照邹碧华法官提出的“要件审判九步法”来形成会议讨论的议事流程。

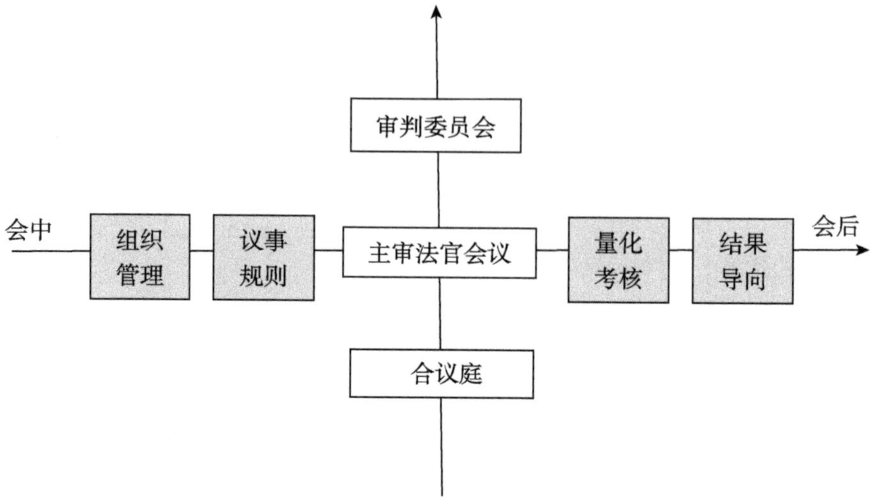

图 6 主审法官会议的横轴流程

第一步由承办法官陈述案情,归纳案件焦点;第二步由参会成员对承办法官围绕焦点进行提问(院庭领导最后提问);第三步进行第一轮意见交换,参会人员依次陈述观点及理由(理由应尽可能翔实,不可简单陈述“同某某意见”);第四步由承办法官总结第一轮意见交换的观点;第五步进行第二轮意见交换,根据第一轮发言组成不同观点队伍进行提问和辩论(此环节视具体情况可展开多次交替讨论);第六步参会人员发表最终意见(举手表决或口头陈述均可);第七步承办法官统计最终意见,形成会议结果记录在案。依此范式来推进会议流程,使主审法官会议机制更加体现规范性(见图 7)。

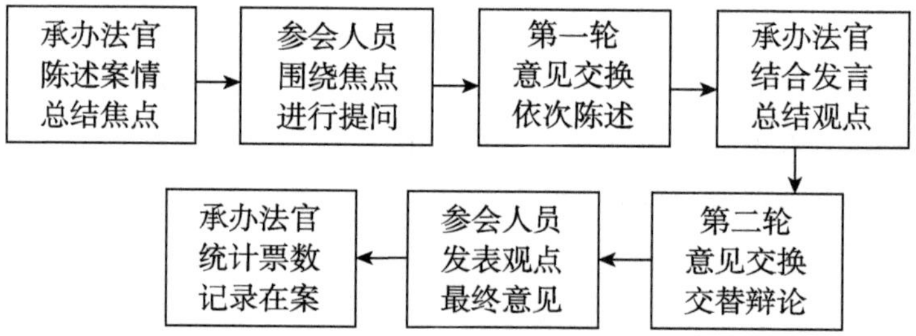

图 7 主审法官会议议事流程

2. 增加会后量化考核及结果导向要求的亟待性

在横向轴中,如何将被动变为主动是亟待考虑的另一问题。基于主审法官会议咨询性的功能定位,当前对其最终负责的仍旧是承办法官本身,在上文分析中所阐述积极负责的要求与消极应对的实际之间的矛盾在很大程度上是源于缺乏相关考核机制及退出惩罚机制。此外,主审法官会议的召开仅是针对个案结果的讨论还是应上升为类案裁判尺度的统一因会议开展的质量不同亦有所争议。由此,逐步强化法官会议的审议程序,通过制度设计将“他的事”转为“我的事”,避免“我的案件我负责,别人案件别人负责”的心态,真正提升法官会议的专业性和严肃性就显得尤为必要。笔者认为,可考虑将法官会议通过模块化置入法官个人的案件审判系统之中,作为业绩、考评的一部分归入法官的整个评价系统之中,从而有效促使主审法官会议成为保证案件质量、转换法官视野的有效手段。

三、前进与探知的努力:完善主审法官会议双轴流程的具体化实施建议

前述对完善主审法官会议双轴流程的可行性及亟待型进行了详细分析,依笔者浅见,在纵轴着力及横轴延展的基础之上可配套以下三点建议来进一步完善主审法官会议机制。

(一)设立主审法官会议常设机构,实现从“以案集合”到“以人集合”的转变

设立院庭两级主审法官会议常设机构。该机构的功能应当定位为“法院新型审判辅助机构”,统筹会议安排,监督会议进行。由其具体负责会议的组织、排期、登记、通知、记录、送交会议材料、整理会议记录、已决备案等事务性工作。该机构应由至少一名会议负责人及一名会务秘书组成,下设多组会议队伍(根据法官的不同专业、不同领域以“法官 + N”的模式排列组合)。会议负责人及会务秘书根据各地法院实际情况可以酌情安排,既可以归口管理部门统一负责,由专人担任,也可以由各审判庭内勤人员、法官助理等具体负责。

需要指出,此机构不是审判业务机构,亦不承担院庭长智库的职能,其与院庭长、合议庭、审判委员会等没有任何隶属关系,无须对其负责。此机构常设人员的业绩应纳入考核,按照审判辅助人员的相关规定予以奖励或惩罚。

(二)建立主审法官会议备案制度,促进层级“有效衔接”与“动态推进”的实现

备案制度包括已决备案及备案异议。会议结束后3个工作日内由会议秘书形成会议简报向上级主审法官会议或审判委员会已决备案。上级主审法官会议及审判委员会有权对会议结果提出备案异议,并提请召开本级主审法官会议或审判委员会。

具体而言,庭级主审法官会议形成一致意见时,由庭级常设机构将会议结果向院级常设机构备案,此时院庭长作为院级主审法官会议的组成人员有提出备案异议的权利,对其认为不适当的会议结果或意见可以提请院级主审法官会

议讨论;若会议未形成一致意见,则由庭级常设机构提请院级常设机构组织召开院级主审法官会议。院级主审法官会议将讨论结果反馈给常设机构:若会议形成一致意见,则由院级常设机构将会议结果向审判委员会备案,此时审判委员会的组成人员有提出备案异议的权利,对其认为不适当的会议结果或意见可以直接提请审判委员会讨论;若会议未形成一致意见,则由院级常设机构提请审判委员会讨论决定。以此增强各层级间会议的有效互动,实现全程留痕。

(三)增设智能化配套辅助设施,推动"电子化"及"信息化"的融入

审判系统中增设主审法官会议对应模块。参会人员应不限于会上对案件的单一讨论,会前对案件的了解,会后对案件的追踪都是一个优质法官会议的必备流程。笔者建议,在审判系统中增加"主审法官会议讨论案件"这一模块,设置"卷宗浏览""案件跟踪""意见发表"等选项,将提请主审法官会议讨论的案件由会议秘书在会前3~5日内添加到参会人员系统中,于会后3~5日查收总结各参会人员意见,记录在册。与此同时,审判系统中纳入该模块在一定程度上可以实现"线上主审法官会议"的设想。在审判系统中成立讨论组,添加参会人员,由承办人将案件详尽资料在线上发放,参会人员通过"意见发表"选项提供意见咨询,并可在全部参会人员均发表完意见后的1~2日再次发表最终意见,实现线上主审法官会议的有效运行,既能使会议召开不拘泥于时间、地点的限制,又能实现全程网上留痕,有迹可循。

(四)订立考核量化实施细则,寻求"工作实绩"与"职业回报"的良性互动

将主审法官会议相关业绩纳入考核评价体系,突出"劳有所得"。其一,工作量计算增加激励。根据《意见》的规定,参加主审法官会议的法院人员应均为员额法官,因此建议参照员额法官考核量化规范计算参会人员工作量,例如,在计算承办法官工作量时,该案件系数乘以1.5或乘以2,在计算其他参会人员工作量时,增加该案件系数为0.5或0.8。以具化的方式来提升法官参与的积极性和主动性。其二,成果转化待遇激励。经过主审法官会议讨论的案件后续转化为精品案例、学术论文、指导意见、裁判规范等形式时,应对撰稿人或参与人员给予一定的待遇奖励。例如,承办法官将会议讨论的案件撰写为一篇精品案例在全国性期刊上发表,可作为晋级评优的重要参考依据,从而发挥主审法官会议总结审判经验,完善审判管理的效用。其三,互评奖励。会议常设机构每季度组织参会人员互评,结合会议秘书的工作记录及季度互评打分,对经常参加主审法官会议且积极提供专业意见的人员在评优评先时应优先推荐。例如,某法官一年内参加主审法官会议次数超过召开次数的50%,

且互评分数较高，在推荐“标兵”“优秀”时应予重点考虑。其四，参会人员退出机制。对参与案件讨论积极性不高、不发表或少发表意见的人员建议退出；在会议秘书结合法官时间进行排期后，无故缺勤达到三次以上应视为其参与积极性不高、履责意识不强而予以清退，并在一定时间内限制其作为参会人员的权利。以奖励刺激参与，以惩罚淘汰消极，从而促进此机制优质稳定运行。

结　语

主审法官会议机制作为深入推进司法改革的一项重要举措，自推行以来其功能定位及法律权威一直饱受争议，随着《意见》的出台和各地法院工作细则的制定，该机制在推进“由审理者裁判，由裁判者负责”这一改革目标上，在落实“放权不放任”这一价值平衡上，在追求“同案同判”这一总体要求上均起到了不同程度的积极意义。但任何改革都不可能一蹴而就，万里长征路仍需一步一步迈出，主审法官会议机制还有更大、更多可供挖掘的价值空间。本文系笔者在调研现状的基础上所产生的几点不成熟思考，重新审视三层讨论机制的功能定位，提出机制衔接的动态运行构想，同时起草《人民法院主审法官会议工作细则（建议稿）》（见附件），期望能对此项机制的发展完善有所助益。但笔者深知此构想真正实现仍有许多细节需要探讨，期待有更多同仁参与到此项研究中来，实现当代法官的历史使命，共同打开新的视界。

附件：

人民法院主审法官会议工作细则
（建议稿）

第一章　总　　则

第一条　【制定依据】为全面落实司法责任制，准确适用法律，统一裁判标准，提高审判质效，根据《最高人民法院关于深化人民法院司法体制综合配套改革的意见——人民法院第五个五年改革纲要（2019—2023）》《最高人民法院关于健全完善人民法院主审法官会议工作机制的指导意见（试行）》等规定，结合本院审判实际，制定本细则。

第二条　【会议职能】主审法官会议是为法官准确认定事实、准确适用法律，正确审判案件提供专业意见、为类案法律适用，疑难案件审执思路分析等审执业务相关问题提供专业咨询、为统一法律适用和规范裁判尺度提供参考的工作机制。

第三条　【结果定位】主审法官会议形成的意见具有权威性，承办人、合议庭不予接受时，应加重论证负担。

第二章　会议常设机构

第四条　【常设机构】本院设立庭院两级主审法官会议办公室,原则上由一名主任和两名秘书组成。

第五条　【机构职能】主审法官会议办公室负责会议的组织、排期、登记、通知、记录、送交会议材料、整理会议记录、互评统计、备案等事务性工作。

第三章　会议组成

第六条　【会议组成】庭级主审法官会议由本庭员额法官组成。院级主审法官会议由本院相关业务部门的员额法官组成,参加会议的法官地位、权责平等。

根据会议讨论议题,可以邀请专家学者、人大代表、政协委员等其他相关专业人员参加会议并发表意见。

第七条　【会议结构】本院设立刑事、民事、商事、行政、执行五个院级主审法官会议,分别由相应业务的分管院领导、庭长、法官组成。

第八条　【会议主持】主审法官会议的主持人由案件承办部门的分管院长担任。分管院长不能参会时,应当委托案件承办部门的庭长主持会议。

第九条　【回避】主审法官会议的参会人员与讨论案件有利害关系,或存在其他可能影响依法客观公正发表意见情形的,应当回避。回避由会议机构批准或决定。

第四章　讨论范围

第十条　【应当提请讨论的案件类型】具有下列情形之一的案件,经承办人、合议庭评议后应当提请主审法官会议讨论:

(一)新型、疑难、复杂、社会影响重大的案件;

(二)合议庭成员意见分歧较大的案件;

(三)拟作出的裁判结果与本院或者上级人民法院同类生效案件裁判规则、尺度不一致的案件;

(四)超过十二个月长期未结案件,除公告、坚定等客观原因外,经催办后三个月内仍未解决的案件。

第十一条　【可以提请讨论的案件类型】具有下列情形之一的案件,经承办人、合议庭评议后可以提请主审法官会议讨论:

(一)裁判规则、尺度有待统一或者在法律适用方面具有普遍指导意义的案件;

(二)持少数意见的承办法官认为需要提请讨论的案件;

(三)拟改判、发回重审或者提审、指令再审的案件;

(四)其他需要提交讨论的案件。

第十二条　【其他案件类型】提交审判委员会讨论研究的案件或事项,审判委员会主持人认为交由相关主审法官会议讨论研究的,由承办人根据相关程序和要求提交主审法官会议讨论研究。

第五章 会 议 准 备

第十三条 【会议通知】会议秘书应于会议召开前七个工作日通知参会人员。

第十四条 【会议材料】主审法官会议的案件材料电子版应于会议召开前五个工作日发送会议秘书，会议秘书应于会议召开前三个工作日发送参会人员。

提交主审法官会议的案件材料一般包括诉讼文书、争议焦点、合议庭意见、需要讨论的问题、相关法律、法规及案例等参考资料。

第六章 会 议 流 程

第十五条 【议事流程】主审法官会议原则上按照听取承办人介绍案情，总结焦点、会议成员提问、参会人员发言、承办人总结、参会人员讨论研究、发表最终意见、表决的顺序进行。

第十六条 【发言顺序】参加会议的法官按照法官等级和资历由低到高的顺序依次发表意见，院庭长应当最后发表意见。

第十七条 【意见发表】会议提问或发表意见应直接、具体、明确。会议成员发表意见后，承办人应当归纳讨论研究意见并进行表决。意见不一致的，分别归纳并注明每种意见的持有者。

第十八条 【意见处理】主审法官会议讨论意见按照以下情况处理：

（一）会议一致决议与承办人、合议庭意见一致的，承办人、合议庭应按照承办人、合议庭意见裁判；

（二）庭级主审法官会议一致决议与承办人、合议庭意见不一致的，承办人、合议庭复议后仍坚持原意见的，提请院级主审法官会议研究；院级主审法官会议一致决议与承办人、合议庭意见不一致的，承办人、合议庭复议后仍坚持原意见的，提请审判委员会研究；

（三）会议过半数意见与承办人、合议庭意见一致的，承办人、合议庭可按照承办人、合议庭意见裁判；

（四）庭级主审法官会议过半数意见与承办人、合议庭意见不一致的，承办人、合议庭同意过半数意见的可按照过半数意见裁判；承办人、合议庭不同意过半数意见的，提请院级主审法官会议研究；院级主审法官会议过半数意见与承办人、合议庭意见不一致的，承办人、合议庭同意过半数意见的可按照过半数意见裁判；承办人、合议庭不同意过半数意见的，提请审判委员会研究；

（五）会议未形成过半数意见的，提请院级主审法官会议或审判委员会研究。

第十九条 【会议记录】主审法官会议应当形成会议记录，由全体参会人员签字。对与自己发言不符的会议记录可以修改，但修改不得与原发表意见不一致，对发言记录的修改全程留痕。会议记录应当随案件副卷存档。

经主审法官会议讨论研究的案件提交上级主审法官会议或审判委员会讨论时，主审法官会议的意见和记录应随案一并提交。

第二十条 【会议备案】主审法官会议办公室应在会议结束后三个工作日内,向上级主审法官会议或审判委员会提交会议简报。

第二十一条 【备案异议】院级主审法官会议或者审判委员会有权就会议结论提出异议。提出异议后,应召开院级主审法官会议或者审判委员会讨论。

第二十二条 【成果推广】经主审法官会议讨论的案件具有指导意义的,承办人或参会人员可以向上级法院推荐作为指导性案例或参考性案例。

第二十三条 【保密规定】主审法官会议的参会人员应当严格遵守保密规定和保密纪律,不得泄露会议议题、参会人员意见及会议意见等内容。

第七章 考　　核

第二十四条 【互评考核】会议秘书应每季度组织一次主审法官会议互评,做好统计工作。

第二十五条 【业绩评价】法官参加主审法官会议的情况应当计入工作量,作为绩效考核的加分项纳入业绩档案。

案件承办人以1.5系数计算工作量,其他参会人员以0.8系数计算工作量。

案件承办人或其他参会人员将会议讨论案件编写为参考性案例或转化为其他成果在国家级刊物上发表的,以1.5系数计算工作量。

第二十六条 【人员考核】主审法官会议成员不能参会的,应提前三日向会议秘书请假,由会议秘书记录在册。

六个月内无故缺勤主审法官会议超过三次或互评分数低于总分百分之三十的法官取消参会资格,六个月内不得重新参加主审法官会议。

第八章 附　　则

第二十七条 【试行】本细则自公布之日起试行。

个案意义 VS 规则意义：最高人民法院“择案而审”机制的诉讼体系构建

——以美国最高法院自由裁量受理权的行使范式为镜像

蒋　慧*

【论文提要】

《人民法院第五个五年改革纲要(2019—2023)》(以下简称“五五改革纲要”)中明确提及要“推动将具有普遍法律适用指导意义、关乎社会公共利益的案件交由较高层级法院审理”，由此引发的四级法院职能定位优化、审级制度衔接完善等问题都亟待配套理顺。而最高人民法院如何在完善自身职能优化的前提下，行之有效地实现规则意义案件的“提级审理”，对于该项改革的进路具有强大的实践指导价值。

本文除引言和结语外，主要分为五部分。第一部分通过50件最高人民法院审结案件作为样本，通过样本统计后发现，法律适用明确的案件占82%，而法律适用疑难的案件仅占18%。虽基于客观条件样本容量有限，但仍可观测到“个案意义与规则意义案件的权重失衡”现象，这种现象进一步导致最高人民法院在审级高度同质化下的职能错位。第二部分从资源有效配置理论下的效能最优化、审级制度下的最高人民法院职能定位、现行法律体系下的制度承接三方面出发，论证最高人民法院实现“择案而审”的正当性与可行性。第三部分将美国最高法院自由裁量受理权的行使范式作为域外经验，在裁量受理的三审终审制背景下，美国最高法院主要通过飞跃上诉制度和移卷令制度实现择案而审。第四部分是最高人民法院择案而审的规则确立和过程控制。以规则意义确立为导向，择取重大法律问题；以实质化审理为导向，最高人民法院巡回法庭择案为原则，最高人民法院本部择案为例外；以质量与效率并轨为导向，法官助

* 蒋慧，北京市第一中级人民法院办公室干部。

理初审后形成案件讨论表,分情形采取简易决和合议决的方式进行择案审查。第五部分是在保留现有审级制度下的局部改革之前提下,尝试将择案而审机制有机嵌入到现有诉讼框架下。在二审体系中确立并运行飞跃上诉制度,以及通过移卷令制度的本土移植,完成对审判监督程序的改造,进而将择案而审机制融入现有诉讼体系中。

【主要创新观点】

择案而审的域外视野——以美国最高法院自由裁量受理权的行使范式为镜像。美国最高法院的自由裁量受理权的行使可谓择案而审的经典范式,对我国最高人民法院择案而审制度的建立具有重要借鉴意义,但现有文献大多对其介绍过于简单,对飞跃上诉制度的内涵更有诸多误解,甚至有将飞跃上诉制度与移卷令制度混淆的情形。本文基于对美国诉讼制度裁量受理的三审终审制的判断,将飞跃上诉制度定位为权利性上诉,将移卷令制度定位为许可性上诉,注重对两种制度的差异化分析,使下文的借鉴具备理论基础。

择案而审的过程控制——以质效并轨为导向,建立法官助理初审、主审法官择案,“合议决”“简易决”分流的具体程序。针对最高人民法院择案而审制度鲜有成熟的研究结果,对择案而审的程序控制更少研究,笔者将研究对象聚焦于最高院择案而审机制,本身即具备一定的新意。笔者在文中明确了择案而审的具体程序,从案件接受阶段、择案初审阶段和择案审查阶段三个阶段入手,通过建立“案件讨论表”“类案检索结果说明”等程序,区分“合议决”和“简易决”两种表决方式,充分发挥法官助理的初筛作用,以质量与效率并轨为导向,最终确立择案而审的具体程序。

飞跃上诉制度的确立——“放弃对事实问题提出上诉”为前提,以“个案许可飞跃”为原则,以“案由权利飞跃”为例外。本文在第五部分构建了飞跃上诉制度,创立采取跨级移送的方式,缩短飞跃上诉的审理周期。此外,注重美国飞跃上诉制度在我国诉讼体系中的改造,明确我国的飞跃上诉制度应以当事人达成合意“放弃对事实问题提出上诉”为前提,同时在现有国情之下,以“个案许可飞跃”为原则,以“案由权利飞跃”为例外。

以移卷令制度为体,实现对审判监督程序的局部改造。重塑审判监督体系的定位,即以保障法律统一适用为主,以救济个案事实认定为辅。通过区分仅涉及事实认定问题的案件,和以“重大法律问题”为由的案件,构建机制将重大法律问题交由较高层级的法院予以监督,从而有效促进法律适用的统一。

最高法院既是一面镜子，也是一台发动机。

——[美]伯纳德·施瓦茨

引 言

随司法改革进程的不断推进，当前改革已进入司法体制综合配套改革新阶段。最高人民法院在“五五改革纲要”中明确提及要“推动将具有普遍法律适用指导意义、关乎社会公共利益的案件交由较高层级法院审理”，由此引发的四级法院职能定位优化、审级制度衔接完善等问题都亟待配套理顺，这也是改革纵深推进的应有之义。最高人民法院作为司法改革的顶层设计者，亦是法院系统的金字塔尖，其如何在完善自身职能优化的前提下，行之有效地实现规则意义案件的“提级审理”，对于“推动规则意义案件交由较高层级法院审理”的改革进路具有强大的指导价值。

一、现象解剖：最高人民法院个案意义与规则意义案件的权重失衡

（一）数据——基于50件最高人民法院审结案件样本

为直观研究最高人民法院案件审理的类型化特点，笔者从中国裁判文书网中以“最高人民法院”作为审判层级进行案件检索，在剔除无关案件的基础上，任意选取50件最高人民法院审理的民事案件，①经统计一审案件1件，②二审案件16件，审判监督案件33件。③ 笔者在分析其裁判文书说理的基础上，将案件从法律适用难易程度出发划分为“法律适用明确”和“法律适用疑难”。所谓“法律适用明确”的案件是指在进行事实认定的基础上可通过简单三段论作出判决的案件。而所谓“法律适用疑难”的案件是指由于存在法律规定模糊、法律体系本身存有漏洞、法律规定相冲突等原因导致须通过多次演绎推理作出判决的案件。据此，笔者按照此种标准对样本进行梳理，得出如下结论（见图1）。

（二）结论——个案意义与规则意义案件的权重失衡

虽基于客观条件限制，样本容量有限，未必能精准反映最高人民法院审判活动的全貌。但就现有样本分析，仍可观测到最高人民法院“个案意义与规则

① 所选样本均为民事案件，理由有二：一是较之刑事案件法律适用多遵从严格解释原则，民事审判的体系相对开放，法律适用灵活度更高，民事案件出现法律疑难复杂适用的情况更多；二是基于笔者的民事审判背景，便于笔者分析样本之需。

② 该一审案件为管辖权争议案件，案号为（2015）民立它58号。

③ 审判监督案件包含再审申请案件和再审案件，主要以申字号、提字号案件为主。因院长发现提起再审的案件由于裁定书过于简单，故未进入样本范围。

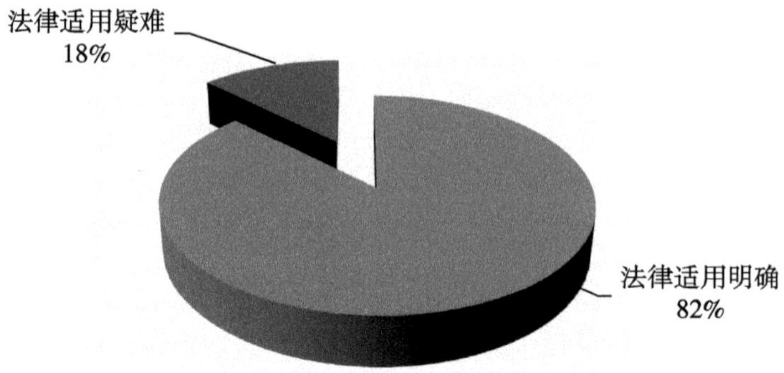

图 1　样本统计结果

意义案件的权重失衡”现象。一方面,样本大部分案件均为法律适用明确案件,其中,管辖权异议等法律适用相对简化的案件占较高比例。而法律适用存在疑难的案件,如需对法律的规定作进一步阐述的案件、须明确法律适用的新颖案件等,数量相当有限。另一方面,部分案件虽以改判、提起再审等结案方式体现了最高人民法院统一裁判尺度的职能,但更多以法定程序错误或出现新证据等为由,仍属个案意义的范畴,缺乏规则指导价值。

(三)后果——审级高度同质化下的职能错位

根据最高人民法院历年工作报告,自 2013 年度以来最高人民法院受理案件数和审结案件数除 2017 年出现小幅下降外,整体处于持续增长态势,2018 年度最高人民法院受理案件数更是突破 3 万件(见图 2)。

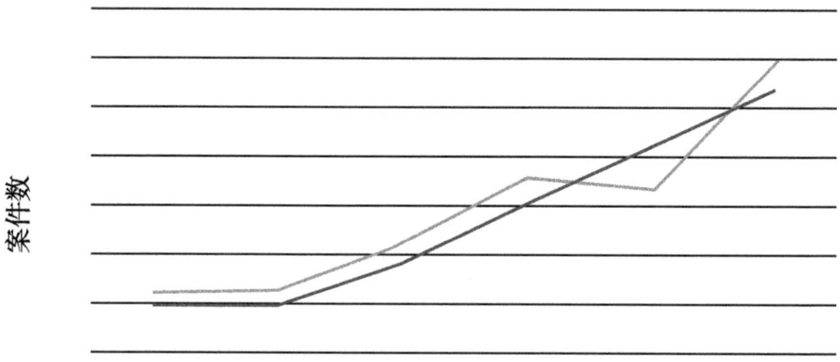

	2013年	2014年	2015年	2016年	2017年	2018年
—受理	11,016	11,210	15,985	22,742	21,430	34,794
—审结	9716	9882	14,135	20,151	25,808	31,883

图 2　最高人民法院 2013 年至 2018 年案件数

最高人民法院的职能应以宏观指导为核心,而在案件增量持续扩张的背景下,其审判活动却在一定程度上体现为以二审纠偏和审判监督为方式的个案纠纷解决。样本中确有个别案件为具有规则意义的案件,如在(2012)民提字第137号案件中,最高人民法院通过“举重以明轻”的法律解释方法,对〔2002〕144号通知的内容进行延展和明确。[①] 但最高人民法院获取该案件的管辖权是以管辖大量非规则意义案件为成本的,这种对规则案件管辖的获取方式与其他级别的法院无本质差别。这种现象导致最高人民法院缺乏在审判本职活动中确立法律适用规则的高效手段,从而影响现有审级制度的效能发挥。

此外,受制于上述原因,最高人民法院发挥统一法律适用职能的方式则转变为通过司法解释、指导案例、请示等制度。而上述制度中最高人民法院以制定者、筛选者、答复者的身份出现,缺乏审判终端的认知和识别过程,导致过分依赖下级法院对问题的提出和对案例的报送,在增添行政色彩的同时,亦不利于体现最高人民法院统一法律适用的能动价值。

二、逻辑论证:择案而审的正当性拷问与可行性分析

基于上述分析,笔者认为有必要赋予最高人民法院自由裁量选择受理案件的权力,即实现最高人民法院的“择案而审”。但这种自由裁量受理权是否违背了法律的可预见性和公平原则,同时我国现有法律体系能否对择案而审作肯定性答复,则需对择案而审的正当性和可行性予以分析。

(一)基于资源有效配置理论下的效能最优化

法院系国家司法审判权的运行主体,其主要功能系通过行使审判权达到保护权利、定分止争的目的。因此,司法对于民众而言是一种有限的社会资源,司法制度应确保司法资源如何在需求者之间进行有效的配置,从而达到效能最优化。“法官必须保证给予个体争议的资源与个案的复杂性和重要程序成正比。为此,法官必须考虑的不仅是站在法院前面的当事人,而且也要考虑所有其他在外面排队等待的人。”[②]

从资源配置理论出发,最高人民法院实现择案而审的好处主要有二:一是可高效经济地消除同类型案件在地区法院之间的法律适用差异,避免地区间的司法资源在缺乏顶层指导的情况下对类案的“空转式”审判;二是通过司法资源向重大疑难复杂案件集中倾斜,以最高效的方式确立裁判标准,节省潜在诉讼

---

① 详见最高人民法院(2012)民提字第137号判决书。

② [英]朱克曼主编:《危机中的民事司法》,傅郁林等译,中国政法大学出版社2005年版,第43页。

个体的不必要诉讼成本。

（二）基于审级制度下的最高人民法院职能定位

根据审级制度的原理，“越靠近塔顶的程序在制定政策和服务于公共目的方面的功能越强，越靠近塔基的程序在直接解决纠纷和服务于私人目的方面的功能越强。”[①]鉴于此，各国最高法院的职能定位基本以普适性规则的治理为主，而弱化纠纷解决的功能。基层法院和中级法院的职能定位则立足于矛盾纠纷的过滤与个案争议的解决。因此，现有审级制度理应构建起司法金字塔的模式，而该模式中最高院案件受理数量的控制和质量的优化是前提，择案而审无疑能有效地达到以上目的。

（三）基于现行法律体系下的制度承接

我国现有诉讼制度实则已经赋予最高人民法院自由裁量受理权。以民事诉讼为例，最高人民法院选择一审案件的法律依据主要来源于《民事诉讼法》第 20 条及第 38 条之规定，最高人民法院可以审理“认为应当由本院审理的案件”，同时“上级人民法院有权审理下级人民法院管辖的第一审民事案件”。因此，最高人民法院对于一审案件享有充分的自由裁量。

对于二审案件择案而审的依据，《人民法院组织法》第 16 条第 3 款之规定，最高人民法院可以审理“按照全国人民代表大会常务委员会的规定提起的上诉、抗诉案件”。虽然该法条的规定本意在于“推动完善知识产权案件上诉审理机制”。但该法条另一侧面的用意即在于通过上诉案件的“提级审理”，发挥最高人民法院统一裁判尺度的职能，与最高人民法院二审案件择案而审的理念相同。

此外，对于审判监督案件的择案而审，《民事诉讼法》第 198 条规定，“最高人民法院对地方各级人民法院已经发生法律效力的判决、裁定、调解书……发现确有错误的，有权提审或者指令下级人民法院再审”。该规定为最高人民法院针对审判监督案件的择案而审提供了法律依据。

需要指出的是，依据《全国人民代表大会常务委员会关于专利等知识产权案件诉讼程序若干问题的决定》之规定，对于专业技术性较强[②]的知识产权民事二审案件、行政二审案件及审判监督案件，原则上均由最高人民法院审理。据此，此类知识产权案件的审理已突破现有审级制度。而从另一侧面分析，根据我国知识产权案件司法审判现状，为了统一此类案件的裁判标准、加强知识产

---

① 傅郁林：《民事司法制度的功能与结构》，北京大学出版社 2006 年版，第 8 页。

② 主要指发明专利、实用新型专利、植物新品种、集成电路布图设计、技术秘密、计算机软件、垄断等知识产权案件。

权司法保护，最高人民法院对于此类案件实则实行了一种“变相”的择案而审，即对类型化案件整体的“择案”。

三、域外视野：美国最高法院自由裁量受理权的行使范式

美国联邦最高法院无疑是将自由裁量受理权运用到极致的一个典范。现在的美国联邦最高法院事实上享有受理案件的完全的择案权，“在所有寻求联邦最高法院复审的案件中，实际上被受理的不超过 5%。”①美国最高法院如何行使自由裁量受理权值得我国借鉴。

（一）诉讼体系背景——裁量受理的三审终审制

国内不少学者将美国诉讼审级制度定位为“三审终审制”，实则并不准确。美国审级制度涵盖了联邦体系和州体系，兼有一审终审、两审终审和三审终审的复杂系统，抛开个别特殊情形，可称为“裁量受理的三审终审制”。

案件进入美国最高法院大致有五种途径，分别为初审管辖权、上诉、移卷令、确认书或非常令状。② 确认书和非常令状制度在现代极少被适用。美国最高法院的初审管辖权是一种强制性的管辖权，为了最大限度控制一审案件的数量，美国《宪法》第 3 条规定仅限于两种极特殊类型的案件③。真正体现自由裁量受理权的途径主要系飞跃上诉制度和移卷令制度。

（二）权利性上诉的自由裁量受理——飞跃上诉制度

飞跃上诉制度是指案件在经初审法院审理后，双方当事人协商一致可跃过上级法院，直接将案件上诉至最高法院。因此，飞跃上诉制度仍然是权利上诉的范畴，而非许可上诉。为控制此类案件的数量，最高法院明确仅有两类案件——联邦政府提起的反垄断诉讼和与特殊的合议庭初审程序紧密相连的案件，④当事人可申请飞跃上诉。而最高法院对飞跃上诉的申请实行裁量受理，如裁决准许受理，则该案件启动飞跃上诉程序，如裁定不准许受理，案件继续交由原上诉法院审理。因此，飞跃上诉制度是在保证当事人上诉权利的前提下，对是否准许“飞跃”赋予最高法院自由裁量权的一种制度。

（三）许可性上诉的自由裁量受理——移卷令制度

美国最高法院自由裁量受理权主要体现在移卷令制度上。该制度是当事

---

① ［美］H. W. 佩里：《择案而审——美国最高法院案件受理议程表的形成》，傅郁林等译，中国政法大学出版社 2010 年版，第 29 页。

② 同上书，第 31 页。

③ Constitution of the United States Article Ⅲ：美国宪法涉及大使、公使和领事以及一州为一方当事人的一切案件，最高法院具有第一审管辖权。

④ 陈杭平：《比较法视野中的中国民事审级制度改革》，载《华东政法大学学报》2012 年第 4 期。

人针对终审案件,可通过向最高法院申请移卷令的方式请求复审。如最高法院驳回申请,意味着维持下级法院的判决效力。如最高法院许可申请,则意味着最高法院将依据其裁量权审理该案。[①] 而此时,该案实际已突破两审终审制,进入三审终审的范畴。

1. 考量因素。《联邦最高法院规则》第10条公布了大法官衡量时的考量原则——"特殊而重大理由"原则,并列举了三条标准,如联邦上诉法院之间判决相冲突的、州法院或联邦上诉法院与联邦最高法院判决相冲突的。但正如该条文写明的"下列理由既非完全决定法院的裁量权,也非裁量权行使的绝对标准"[②],许可的标准主要依靠法官的自由裁量。

2. 议决规则。并非所有的申请都有法官议决作出裁量,事实上大部分的申请在法官助理"初筛环节"就已经被列为"不重要的案件",而真正进入大法官议决视野的则是被列为"重要的案件",最终通过"四之规则"进行表决。[③]

四、机制构建:择案而审的规则确立和过程控制

根植于我国司法审判实际,借鉴美国最高法院自由裁量受理权的经验,笔者认为应当从以下三方面构建我国最高院择案而审机制。

(一)择什么案——以规则意义确立为导向

1. 事实问题 VS 法律问题

最高人民法院择案应以法律问题案件为对象。因事实问题的普适性价值不高,最高人民法院对事实的认定亦不具备天然优势,故除强制性管辖外,一般应排除事实问题案件进入最高人民法院择案范围。然而,"确定一个问题是否属于事实问题,这本身就是法律问题"。[④] 事实问题和法律问题往往糅合在一个具体案件中,认定事实隐含着对该事实作出法律评价,而法律规则又引导着裁判者对事实作出认定。因此,法律问题和事实问题很难通过某个标准行之有效地进行区分。笔者认为,美国司法体系极其依赖事实问题和法律问题的区分,是由于其直接涉及法官和陪审团的权力界野。而相较之下我国司法系统未体现出对该区分的强烈需求,在出现判断模糊时,仍应将判断权交由最高人民法院,由后者从案件本身是否具有规则意义入手强化判断。

---

① 傅郁林:《自由裁量管辖权及其行使——〈美国最高法院受案议程表的形成〉导读》,载《北大法律评论》2010年第1期。

② [美]H. W. 佩里:《择案而审——美国最高法院案件受理议程表的形成》,傅郁林等译,中国政法大学出版社2010年版,第43页。

③ 左卫民:《最高法院研究》,法律出版社2004年版,第167页。

④ J. A. Jolowicz, Recourse against Judgments in the European Union, p. 83.

2. 一般法律问题 VS 重大法律问题

最高人民法院在法律问题案件中应选择重大法律问题案件进行审理，这也符合择案而审的制度初衷，即统一法律适用。然而何为重大法律问题？最高人民法院在“五五改革纲要”中给出的答案为“具有普遍法律适用指导意义、关乎社会公共利益的案件”，然而“五五改革纲要”毕竟属于宏观政策文件，该答案宏观指导价值有余，具体实践价值不足。而一般通说采用的“重大疑难复杂案件”更是陷入了循环解释。

按照拉伦茨提出的“法的续造”的理论，法的续造是指审理具体案件时法官填补法律漏洞，发展制定法的司法行为，其可分为法律内的法的续造（法律漏洞的填补）和超越法律的法的续造（超越法律计划之外的法的续造）。[①] 笔者认为，所谓重大法律问题据此可分为两类：一类是法律规则对某类社会生活行为理应纳入规制范围却出现法律漏洞，最高人民法院需要进行法律填补；另一类是基于新兴法律原则或生活强烈需求，需要对某些法律规则作出突破性解释和改造。此均为重大法律问题，属于最高人民法院择案范围。

（二）由谁择案——以实质化审理为导向

1. 最高人民法院本部 VS 最高人民法院巡回法庭

最高人民法院的择案主体原则上应是最高人民法院巡回法庭。因巡回法庭本身肩负分流本部案件并统一巡回区内法律适用的职能，由巡回法庭行使自由裁量受理权既符合其职能定位，又能以此制度为契机对巡回区内部的请示进行诉讼化改造。

但笔者认为，在出现三种例外情形时最高院本部应收回该裁量权：一是刑事一、二审案件的择案。因现有法律仅赋予巡回法庭对刑事申诉案件的受理权，未明确刑事一、二审案件的受理权，故该部分案件的择案主体应是最高人民法院本部。二是巡回法院之间出现法律适用不统一的现象，此时为避免巡回区内的“审判空转”，发挥最高人民法院本部统一巡回区之间法律统一适用的职能，应将此类案件上报最高人民法院本部，而由后者进行择案。三是出现特殊利益回避情形。例如，案件涉及巡回区域内部重大利益牵连和重大影响的，不适宜由巡回法庭处理的案件。

2. 立案法官 VS 主审法官

笔者认为，择案的具体主体应为主审法官，而非立案法官，主要理由有二：一是基于择案而审的本质。区别于一般案件，择案而审并非源于当事人的诉讼

① ［德］卡尔·拉伦茨：《法学方法论》，陈爱娥译，台北，五南图书出版公司 1996 年版，第 277 页。

权利,而系源于最高院的自由裁量受理权。一般案件受理实行的是立案登记制,立案程序仅进行形式审查。而在择案而审机制中,对案件的择取过程实际已充分体现了对案件的价值评断,是一种实质化的审查。因此立案程序的形式化已不能满足择案而审机制的运行,应由主审法官行使自由裁量受理权。

二是基于巡回法庭的内部运行机制。如上文所述,最高人民法院的择案而审主体一般应为巡回法庭。而与本部立案是由诉讼服务中心所属的立案庭进行立案、分案这一机制不同,巡回法庭实行的是由主审法官决定立案与不立案的制度。[①] 实际上除去强制性管辖的案件,巡回法庭对于申诉案件已经采取选择立案受理的机制。据此,择案主体应当是主审法官,而非立案法官。

(三)怎么择案——以质量与效率并轨为导向

在案件接收阶段,最高人民法院择案而审的案件来源主要可分为两类:一是当事人通过导诉窗口递交择案申请,二是通过法院内部下级呈报申请。由于此时并未进入实质性择案阶段,不宜对案件的规则意义进行价值判断,在案件接收阶段仍采取"形式化审查",即"材料审"。针对上诉案件和审判监督案件,分别提交"上诉书""申诉书""择案申请""案件基本情况"等书面材料。

在择案初审阶段,由法官助理完成对案件的初审:一是对案件进行整理归纳,提炼核心内容,便于主审法官审查;二是根据整理情况,将案件分为建议立案的和不建议立案的两类,对于不建议立案的案件形成"不建议立案说明";三是对于建议立案的案件实行类案强制检索机制,形成"类案检索结果说明"和"建议立案说明",以月为周期将案件初审结果制成"案件讨论表",以供主审法官决策。

在择案审查阶段,以主审法官合议庭为单位,依据法官助理制作的"案件讨论表"进行讨论和表决,针对不建议立案的和建议立案的两类案件实行"繁简分流",分别采取"简易决"和"合议决"的方式。所谓"简易决"是指对于不建议立案的案件,随机分配给一名主审法官,由该主审法官单独表决,如其同意法官助理不建议立案决定,则该案不予立案。如该主审法官不同意不建议立案决定,则启动"合议决"方式。在"合议决"中,原则上由三名主审法官采取"多数决"的方式进行表决,如出现重大分歧,则由审判长视情形依职权启动主审法官会议或报请审委会表决(见图3)。

---

① 方乐:《最高人民法院巡回法庭的运行机制——以审判权的内部运行为中心的考察》,载《法学》2017年第4期。

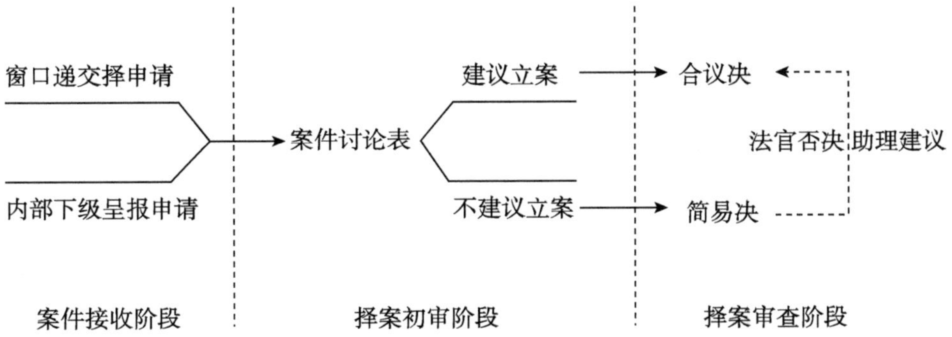

图 3　择案流程图示

五、体系接洽：择案而审在现有诉讼框架下的有机嵌入

（一）前提问题——保留现有审级制度下的局部改革

最高人民法院作为我国诉讼体系的金字塔尖，其不可能孤立存在并单独运行，对最高院择案而审机制的讨论必须置于现有诉讼体系的大框架下。该命题的前置性问题就是回答对现有审级制度实行革命还是改革的问题，即我国是否应废弃两审终审制，而实行三审终审制。

现今为改变长期存在之“终审不终”的现象，不少学者提出三审终审制的构想，个别学者则提出增加半个专业审级制度的构想，其实则仍是一种三审终审制的变异。笔者认为，一国之内各级法院的普设与复审次数的安排一方面要与该国既有的版图与垂直的政府组织结构相配合，另一方面也受到现实的人才、经费与交通状况的制约。① 在司法改革综合配套体系深入的状况下，从根本上改变审级制度只会导致司法改革不必要的内耗和循环。三审终审制不适宜现阶段我国的基本国情，对于两审终审制体现出的不足应以局部改革的方式予以弥补。

（二）一审体系——最高人民法院强制性管辖权的收缩与优化

最高人民法院作为诉讼体系的金字塔尖，其主要职能在于统一法律适用，维护司法秩序，其更侧重于公共服务之目的。因此，基于最高人民法院职能定位和机构现实，应进一步收缩最高人民法院的强制性管辖权，消解最高人民法院“解决个案纠纷”职能的膨胀。据 2019 年 5 月法发〔2019〕14 号文件，最高人民法院将中院管辖一审民事案件的诉讼标的额上限调整为 50 亿元。这有利于一审案件诉讼体系整体下沉，使四级法院的职能定位更趋于合理。随我国经济

---

① 聂鑫：《近代中国审级制度的变迁：理想与现实》，载《中外法学》2010 年第 2 期。

的飞速发展,可以预见在今后,一审案件的管辖将做到进一步下沉,这需要最高院在实际调研的基础上及时作出调整。

此外,最高人民法院还应优化其一审管辖之规定。按照《民事诉讼法》,最高人民法院一审管辖权范围的标准为"有重大影响"。笔者认为,虽然最高人民法院一审管辖案件数量有限,需要衡量是否符合"有重大影响"标准的民事案件更是凤毛麟角。但"有重大影响"与"重大法律问题"存在本质性的差别,其立法背后隐含着对最高人民法院职能定位的理解。"有重大影响"是一个复杂多元的概念,内涵外延较为模糊且含有强烈的行政色彩,笔者认为应当对该规定在合适的时机作出修改,将"有重大影响"修改为"重大法律问题或涉及重大公共利益事项"。

(三)二审体系——飞跃上诉制度的确立与运行

在现有二审体系中应确立飞跃上诉制度。区别于最高人民法院通过启动再审程序,以突破生效裁判效力的方式纠正法律适用差异,飞跃上诉制度架构于两审终审制体系中,不会加剧"终审不终"的现象。

1. 制度构建

飞跃上诉的申请应在上诉期限内。为保障程序的稳定性,案件进入二审实质审理后当事人不得再提出飞跃上诉的申请。当事人在向一审法院递交上诉材料时可一并提出飞跃上诉申请,一审法院在规定的移送期限内将材料一并跨级移送至飞跃上诉受理法院。对此笔者需要说明的是,之所以采取跨级移送的方式,一是为了将冗长的行政层报压缩至最短期限,最大限度保证当事人的诉讼程序利益;二是基于飞跃上诉的制度内核,即"越过上级法院",避免上级法院对飞跃上诉的不当干扰。后者在收到申请材料后实行"择案而审",其处理结果可分为三种:一是作出"准予飞跃"决定,即该法院获取了对该案的二审管辖权;二是作出"不准予飞跃"决定,其应在规定期限内将案件材料直接移送至具有二审管辖权的法院,由后者启动二审程序;三是当高级法院作为受理法院时,如其认为该案存在重大法律问题,应由最高人民法院统一法律适用的,其可实行"二次飞跃",将飞跃申请上报至最高人民法院,由后者作出最终决定(见图4)。

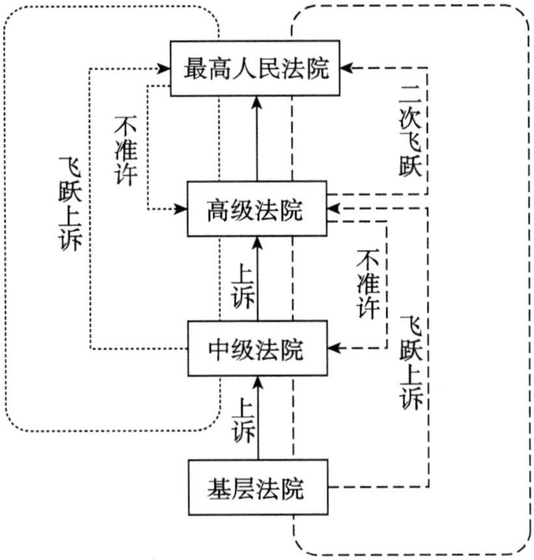

图 4 飞跃上诉制度构建

2. 特殊说明

需要说明的是,我国的飞跃上诉制度与美国的区别之处主要有两点:一是美国的飞跃上诉制度仅针对两类案件,而我国的飞跃上诉以“个案许可飞跃”为原则,以“案由权利飞跃”为例外。针对一般类型案件,采取个案申请飞跃上诉,由受理法院决定是否准许的方式。此外考虑到我国知识产权案件、金融案件等特殊性案件的裁判尺度亟待统一,对于这类案件可结合我国经济和司法发展特殊背景,在一段时期内实行“案由权利飞跃”,如前文所述的“专业技术性较强的知识产权案件”。待此类案件达到普遍法律适用统一后再还原为“个案许可飞跃”。二是美国的飞跃上诉制度以当事人达成合意“放弃审级利益”为前提,而我国应以当事人达成合意“放弃对事实问题提出上诉”为前提,但飞跃上诉制度本身并不影响当事人的审级利益,甚至对于当事人关于法律适用争议方面的诉讼权利来说,是一种司法资源倾斜保护。

(四)审判监督体系——移卷令制度的本土移植

1. 远期进路

我国的申诉是一种救济途径,用于纠正错误和保障正义,而其他国家的申诉原则上是一种阐释法律的途径,用于保障全国司法的统一性和法律发展的连续性。[①] 因此,正是由于这种审判监督理念,在一定程度上导致了“终审不终”的现象,也加剧了较高层级法院“纠正个案错误”的审判压力,不利于发挥其统一法律适用的职能。笔者认为,较高层级的法院审理规则意义案件的制度构想与审判监督定位的改造密不可分。

从远期规划而言,首先应当重塑审判监督体系的定位,即以保障法律统一适用为主,以救济个案事实认定为辅。法律事实和客观事实之间的紧张关系在诉讼体系上需要通过司法的权威性和终局性作出妥善安排。审判监督体系如以纠正个案审判错误为主要价值取向,一则将不利于维护司法的终局性,造成“终审不终”的现象,二则审判监督阶段较之于一、二审,对案件事实的认定并无优势,反而受到再审申请阶段不得申请司法鉴定等的程序限制。因此,在明晰审判监督体系定位后,有必要对裁定再审的法定事由予以适当限缩并作出针对性倾斜。我国《民事诉讼法》第200条规定的应当裁定再审的法定事由几乎囊括了所有情形,且相关款项之间存在一定的交叉关系。笔者认为,裁定再审的法定事由应明确为三大类:一是违反程序规定的,如审判组织组成不合法、应当回避的审判人员未回避等。二是出现新情况、新证据导致原审认定事实错误的,如原审主要证据系伪造、原审据此认定事实的法律文书被撤销、出现新证据等。对于未出现新情况和新证据的案件,一般排除对其事实认定进行审判监督。三是法律适用错误的,这应是审判监督主要的对象。

2. 短期改造

上述远期进路是基于随司法改革进程推进,司法审判处于普遍高质量的前提之下。在当下司法现状下,法院在案件事实认定方面仍存在违反证据规则等问题,短期内废除或削减当事人关于事实认定的再审申请救济途径,显然不合时宜。笔者认为,在近期对于审判监督体系的改造,应结合较高层级法院择案而审的思路,将事实认定问题申请再审和法律适用问题申请再审予以区分。当事人对生效法律文书申请再审的,应统一向生效法院提出申请,生效文书法院在初审后,针对仅涉及事实认定问题的案件,如以新证据为由申请再审的,直接自行审查,将涉及法律适用问题的案件材料移送至上一级法院,上一级法院则行使自由裁量受理权,以“重大法律问题”为标准作出“准许移送”、“不准许移送”或向上实行二次移送。该制度类似于美国的“移卷令”制度,然而区别之处主要在于移卷令制度的前提在于三审终审制,而该制度是对审判监督体系的局

① 傅郁林:《自由裁量管辖权及其行使——〈美国最高法院受案议程表的形成〉导读》,载《北大法律评论》2010年第1期。

部改造,即将事实问题交由原审法院监督,重大法律问题交由较高层级的法院予以监督,从而有效促进法律适用的统一(见图 5)。

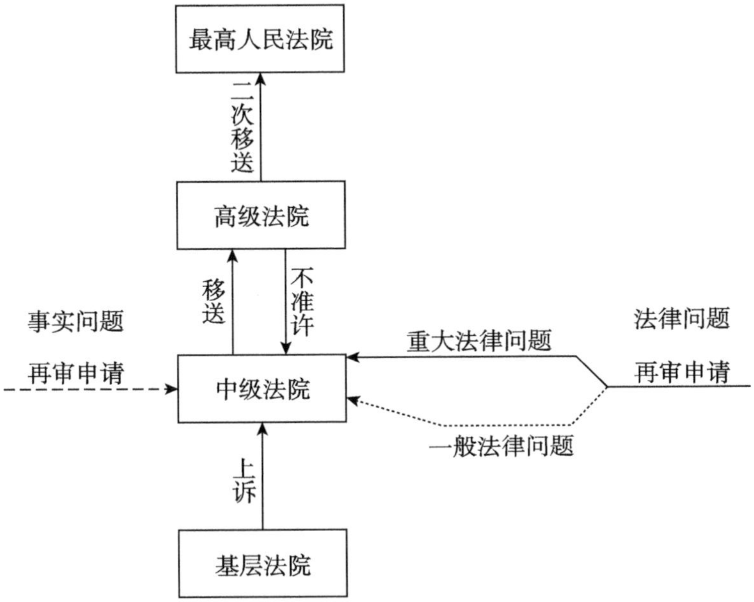

图 5 再审申请程序短期改造

结 语

司法体系的安排根植于社会分工,而司法体系内法院的位阶和审级职能的分层则更关系到司法效能的释放。最高人民法院建立“择案而审”机制的现实意义是完成规则案件的提级审理,进而促进法律适用统一,其深层社会意义乃是推动了最高人民法院作为司法金字塔尖,在参与价值分配和公共政策制定中的能动作用,从而体现出司法在社会分工中的重要地位。我们仍应正视,“择案而审”机制的前提关乎司法审判质量与效能,以及人民对司法的满意度。只有加固司法的内核,优化司法的环境,司法改革的具体机制才能得到妥当安排。

司法责任制下“错案”评查机制的反思与重构

李赟乐*

【论文提要】

司法责任制改革针对“错案”确立了有限的违法审判责任，并设立了相对独立的惩戒委员会机制予以评定，以保障审判组织独立、公正行使审判权。但实践中，传统的“错案”评查机制仍然发挥着责任追究的作用，决定着对法官的绩效考核甚至是纪律处分。这就形成了目前“错案”认定和追究的“双轨制”。但评查机制中“错案”标准、认定程序则迥异于改革所确立的以“有限责任”“去科层化”“信任导向”等原则为核心的责任制制度。因此，在接下来的司法体制综合配套改革中，应当依据司法责任制改革所确立的原则，从“错案”标准、绩效考核调整及评查、惩戒制度衔接层面，对“错案”评查机制进行反思和重构。

【主要创新观点】

1. 通常观点认为，“错案”评查机制更多的是法院内部案件质效管理的一种方式，而并非责任追究机制。但通过分析不难看出，依据“错案”评查结果作出的绩效考评和纪律处分，与刑事责任共同构成了法官责任追究体系。

2. 司法责任制改革对“错案”认定标准、程序作出了重大调整。但之前存在的“错案”评查等认定“错案”责任的机制并未随之调整，因此，形成了对“错案”的认定的“双轨制”。而由于两种机制在“错案”认定实体及程序方面均存在实质性的差异，为了避免抵牾，须按照司法责任制改革所确立的原则和标准对“错案”评查机制进行重构。

3. 将“全面责任”“类行政化”“重典治吏”理念下的“错案”评查机制进行重

---

* 李赟乐，北京市第一中级人民法院行政庭法官助理，曾获北京法院系统第三十届学术讨论会优秀奖。

构,统一到"有限责任""去行政化""信任导向"的司法责任制原则取向上来,正视改革中所面临的"双轨制",以违法审判责任及惩戒机制为参照系,对现行"错案"评查机制进行重构,而非从中择一,则更符合改革初衷,亦为切实可行之路。

法官除了法律就没有别的上司。

——[德]马克思

道之以政,齐之以刑,民免而无耻。道之以德,齐之以礼,有耻且格。

——《论语·为政》

案件质量评查建立初衷是为了实现法院系统内部对案件质量的把控。经十数年的实践后,此种评查机制,尤其是"错案"的评查认定,会直接影响到法官的绩效考评甚至是纪律处分,故而,逐渐演变成为发现和追究法官责任的常态化、制度化的重要机制。但是,随着司法责任制改革确立的违法审判责任制度化推进,法官"错案"责任的认定和追究方面,则从改革前"错案"评查机制这一"单轨制",变为改革后的"错案"评查机制和违法审判责任机制并行的"双轨制"。两种机制在"错案"认定处交会,却并不同质、协调,不可避免地会产生矛盾和冲突。改革前悬在法官头上的"达摩克利斯之剑"仍锋芒毕露,而司法责任制确立的违法审判责任机制却尚未成熟,"双轨制"下的"对审判者的再审判"情形则更为错综复杂。"错案"责任追究将变得不可预期、模棱两可甚至是无所适从。如不加快配套改革调整,目前的"双轨制"则会弱化甚至阻碍司法责任制改革所确立的违法审判责任制的目标和效果。

一、双轨:"错案"评查机制面临的冲突①

司法责任制改革后,原本"单轨制"的"错案"评查和认定机制变为了"双轨制"。"错案"评查机制与违法审判责任机制在"错案"认定和追究机制上的不同,则会直接决定二者的冲突程度。而冲突本身的存在,则直接决定了对"错案"评查机制反思和重构的必要性。因此,本文伊始,首先探讨司法责任制改革

① 关于案件质量评查规定,主要参考《北京市法院案件评查工作规范(试行)》《山东省高级人民法院案件质量监督评查办法》《浙江省高级人民法院案件评查工作规范(试行)》《四川省高级人民法院关于全省法院审判质量评查的规定(试行)》《黑龙江省高级人民法院全省法院案件质量评查规则(试行)》。

后,"双轨制"在"错案"责任追究方面为何存在冲突;其次将探讨"错案"评查机制面临哪些冲突。

(一)评查结果VS司法责任

目前"错案"责任追究体系下,同样以"错案"追究为直接目标的内部评查机制和外部惩戒机制,使得"双轨"交会成为可能。即便通常观点认为,评查机制更多的是法院内部案件质效管理的一种途径,而并非责任追究机制。但通过分析不难看出,依据"错案"评查结果作出的绩效考评和纪律处分,与刑事责任共同构成了法官责任追究体系。因此,评查机制与外部惩戒机制在法律效果处交汇,使得"双轨"冲突成为可能。

1. 绩效考评。司法绩效考评是对法官的审判工作实绩、职业道德、专业水平、工作能力、审判作风等方面进行的调查并作出评估的体系。根据2019年修订的《中华人民共和国法官法》(以下简称《法官法》)第41条的规定,其中审判工作实绩是重点考核内容。早在2008年,最高人民法院即发布《关于开展案件质量评估工作的指导意见(试行)》(以下简称《指导意见》),确定审判公正、审判效率、审判效果3个二级指标及一审上诉改判率、一审上诉发回重审率、生效案件改判率等33个三级指标。质量评估指标作为审判工作实绩的数据化反映形式,是绩效考评的直接依据。虽然在多年的实践过程中发现,"一些法院不加选择、不加区别地将一些评估指标简单'移植',直接作为审判业绩考评指标……对审判工作和法官的积极性带来伤害"[①],但作为"错案"标签的发改指标一直是绩效考评的核心指标之一。即使是在司法责任制已经对"错案"范围、违法审判责任明确作出调整后,发改指标同其他诸多质量评估指标仍未作出调整。

"错案"评查结果作为法官绩效考核的重要组成,根据新修订的《法官法》的规定,直接作为调整法官等级、工资以及法官奖惩、免职、降职、辞退的依据。[②]一些地方在实践中,案件被评定为一般差错的法官,将不能参加当年的职务晋升;被评定为瑕疵等情形的,也会在院、庭范围内通报。从审判管理角度而言,通常观点认为,"审判质量管理必须与法官司法绩效考评相结合,才能真正提升案件的质量,促进司法公正、效率和效果等价值目标的实现"。[③] 所以,"错案"评查的结果作为确定考核结果的依据,直接影响法官的任免奖惩,是更为常态的责任化落实途径。

① 沈德咏、周玉华主编:《人民法院审判管理教程》,中国法制出版社2012年版,第143页。

② 《法官法》第41条、第42条。

③ 沈德咏、周玉华主编:《人民法院审判管理教程》,中国法制出版社2012年版,第142页。

2. 纪律处分。一般情况下，案件评查部门在评查工作中发现法官违法、违纪线索的，会移送本院纪检监察部门查处，其中，自然包括“错案”评查中评定的部分案件。监察部门也可以从二审、审判监督中发现审判人员违法审判的线索。人民法院监察部门是违法审判责任追究工作的职能部门，具有收集线索、进行调查的职权，并有权根据《人民法院工作人员处分条例》《人民法院审判人员违法审判责任追究办法（试行）》等规定对责任人员追究失职责任。① 所以，“错案”评查作为法院监察部门发现违法审判的来源之一，其评定结果自然会影响最终的责任追究。

（二）评查“错案”VS 惩戒“错案”

“错案”评查结果对法官绩效考评和纪律处分的影响，导致其作为责任追究的一环与惩戒机制形成了交会。但交会并非一定会产生冲突，只有交会方不协调、不一致才会产生冲突。司法责任制改革所确立的违法审判责任在“错案”责任追究认定的实体标准和程序方面进行重大变革，其背后的价值导向也有重大调整。而这些差异、悬殊直接影响“错案”责任追究在评查和惩戒的“双轨制”之间的冲突程度。分析二者差异，有利于看清评查机制问题所在。本部分首先分析实体标准方面所存在的差异，下一部分再从程序方面进行考察。

1. 内容。在质量评查中，“错案”是指差错案件，具体包括案件实体、程序、裁判文书和卷宗四个方面（内容详见图 1、图 2）。

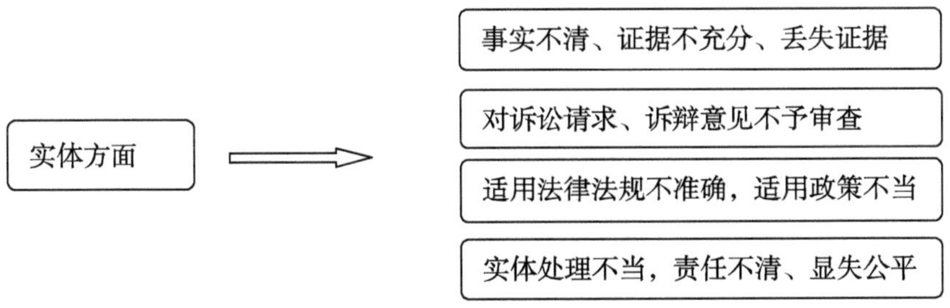

图 1　案件实体方面差错

① 见《人民法院工作人员处分条例》第二章第六节关于失职行为，《人民法院审判人员违法审判责任追究办法（试行）》第二章、第四章的规定。

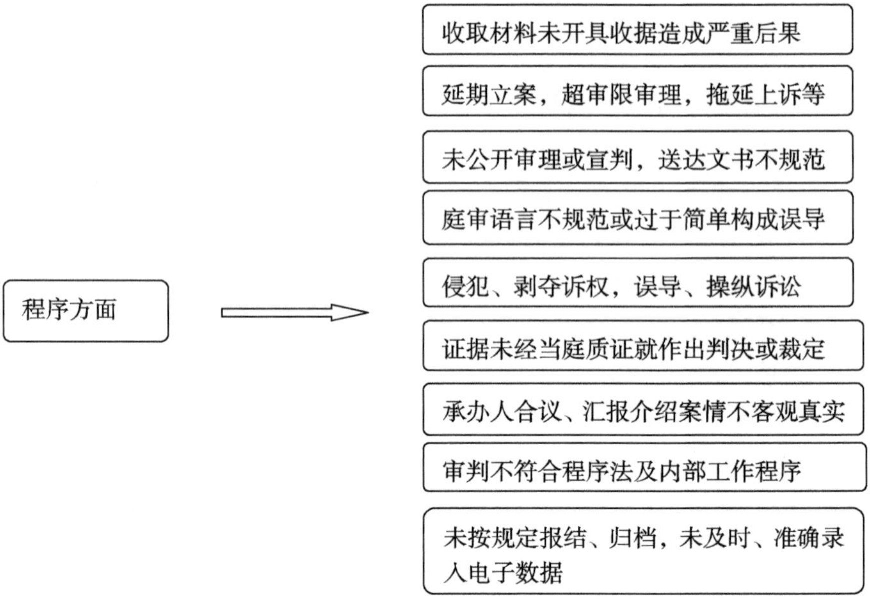

图 2　案件程序方面差错

由评查的内容可知,评查可谓是对于审判的再审判,虽然其来源是二审、再审程序的发改,但评审内容并不限于发改的理由。从理论上讲,“错案”评查可以全面审查案件,其评查范围从实体层面的事实认定、法律适用和裁判结果,到程序层面的超期、回避等外部程序和合议、审批等内部流程。甚至包括裁判文书撰写是否符合技术规范、卷宗整归是否符合技术要求,内容远远超出二审和再审程序所审查的范围。所以从“错案”评查的内容而言,质量评查机制的建立不仅仅以违法裁判结果的预防和纠正、统一法律适用为导向,而是类似于工业产品制造似的全流程、全方位的质量监控标准,可谓事无巨细,面面俱到。

《最高人民法院关于完善人民法院司法责任制的若干意见》(法发〔2015〕13 号,以下简称《责任制意见》)中所规定的违法审判责任内容与上述的评查“错案”的内容并不一致。违法审判责任主要限定范围是故意违反法律法规的,或者因重大过失导致裁判错误并造成严重后果,主要以贪污受贿、徇私舞弊、枉法裁判等主观恶性大、严重不负责任的行为为限(见图 3)。更为重要的是,该意见明确排除了在法律认识不一致等情况下,即便审判监督程序提起再审后被改判的,也不得作为错案进行责任追究,与《责任制意见》第 26 条一并明确了违反审判责任,较改革前大大限缩了“错案”追究的范围(见图 4)。

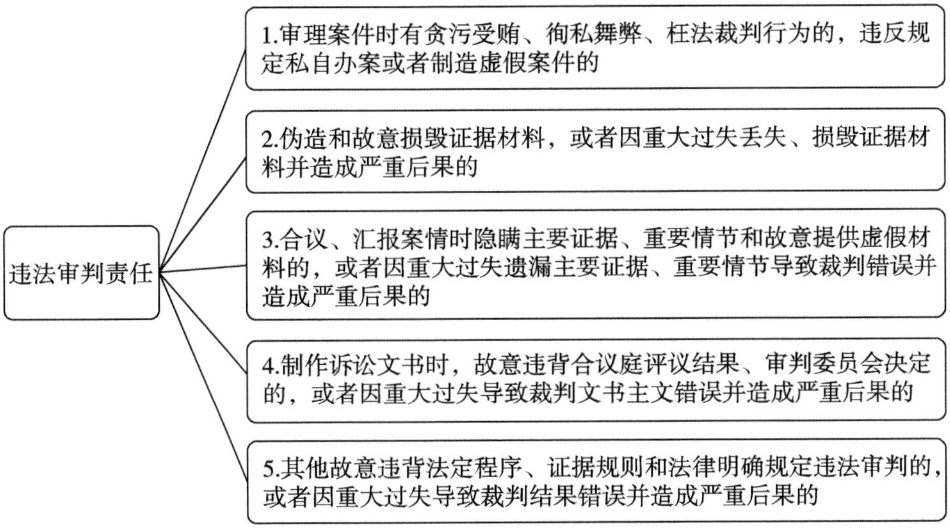

图3　违法审判责任主要限定范围

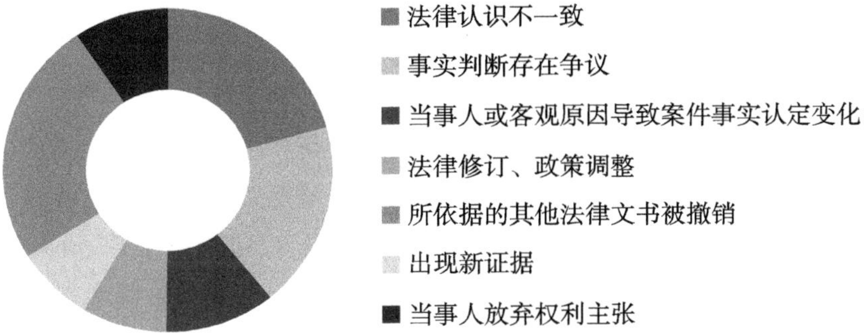

图4　错案责任追究的豁免范围

2. 结果。实践中将案件质量评查结果分为四类：差错案件、瑕疵案件、合格案件、优秀裁判文书。案件差错根据差错性质、过错程度及后果分为重大差错和一般差错（见图5）。从评查结果分类可以看出，主观方面，案件评查不仅将故意和重大过失造成严重后果的情形列为差错案件范围，而且将一般过失甚至是疏漏也列入其中。客观方面，则将二审、再审改判或发回重审，财产保全和执行裁定被撤销，或造成国家赔偿的差错作为评审重大差错的核心因素。

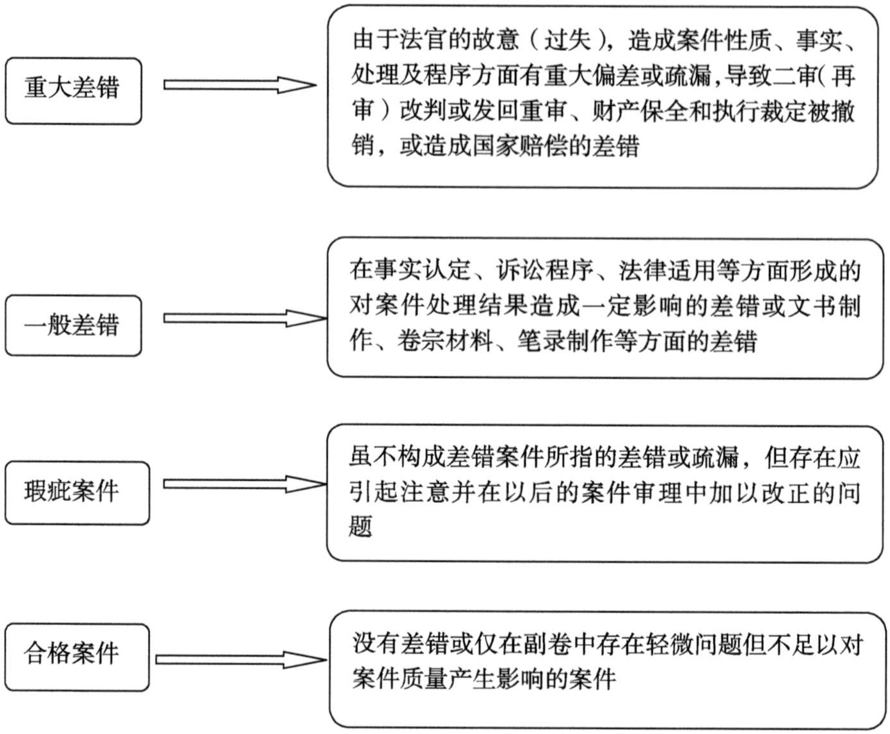

图 5　案件质量评查分类

惩戒程序所规制的则是违法审判责任,明确排除再审改判或发回重审作为追究司法责任的情形。虽然意见没有提及二审发改,举重以明轻,审判程序终结后的再审程序发改案件的排除理由,应同样适用于作为法定监督程序的二审程序。更进一步而言,在一审裁判尚未生效、对当事人权益尚未造成实质性损害的情形下,更不应涉及“错案”责任追究。

在评查结果的判定方面,质量评查与惩戒程序对“错案”认定差异很大。司法责任制下针对故意和重大过失造成严重后果的错案仅有一个判定结果,即应追究违法审判责任的错案。而质量评查中,则针对“错案”要评定出重大差错、一般差错、瑕疵及在副卷中存在轻微问题但不足以对案件质量产生影响四种情况。

在目前“双轨制”下,如何保证“双轨制”下不同机制对于同一行为作出不矛盾的认定,如何协调不同的评查结果的等次,如何保证不同程序中对同一等次结果认定标准的统一,均是接下来评查机制所面临的问题。

(三)评查程序 VS 惩戒程序

案件评查主体的基本权限划分是:评查委员会或评查组(以下简称评查组

织)根据审判管理办公室提交的审判质量评查工作报告,研究决定具体案件的评查定错、确定优秀裁判文书;负责听取法官对定错案件的申辩。审判管理办公室为负责案件评查的职能部门,负责日常具体的案件评查及司法绩效考核工作,同时向本院案件评查组织以及审判委员会负责并报告工作。

评查组织人员构成(见图6),主要是本院院长和各部门中层领导。其中,审管办、监察室、政治部工作人员并不承办具体案件,不具有审判实践履历。尤其是员额制改革后,由于审管办属于行政管理序列,并不属于业务庭室,其工作人员不能在本部门入额成为员额法官。所以,客观上造成非审判履历人员负责对审判人员是否存在违法审判行为进行初步判定。

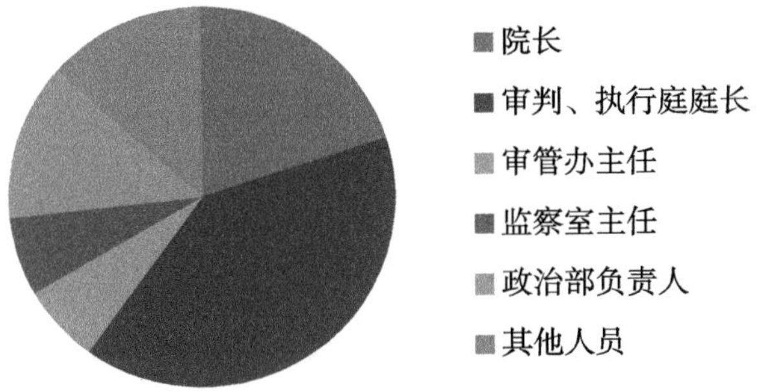

图6 评查组织人员构成

“错案”评查流程发生在上下级法院审管办、业务庭和评查组织之间(见图7)。其中,上级法院的评查建议和本级审管办的初审意见对评查组织最终的评查结论影响较大。另外,虽然按照规定是否构成差错案件由本级评委会评定,上级法院的评定结果不直接对法官绩效考核产生影响。但实践中,上级法院评委会按照本级业务庭室意见作出评定意见,会作为上级法院对下级法院绩效排名的依据。从而上级法院通过对下级法院绩效排名,使本院的评查结果产生实质影响。

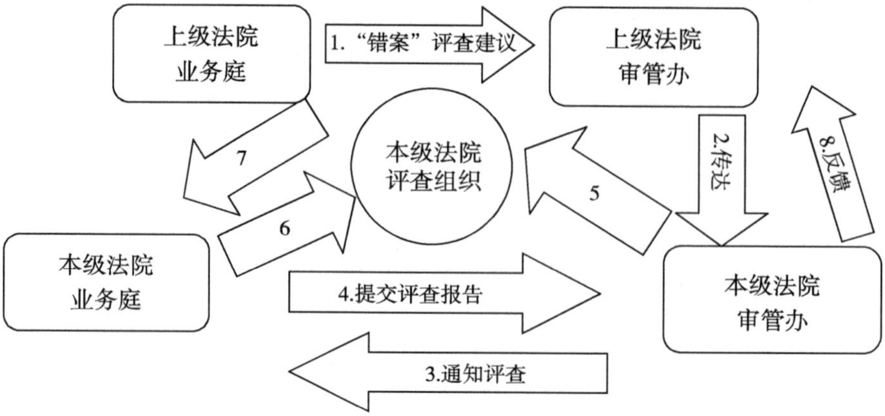

注:5. 初审报告;6. 陈述、申辩,自查报告;7. 评查结论。

图7　"错案"评查流程

司法责任制改革确立了法官惩戒委员会制度。根据新修订的《法官法》第48条规定,设立在最高人民法院和省、自治区、直辖市设立法官惩戒委员会,负责从专业角度审查认定法官是否存在故意违反法律法规办理案件的或因重大过失导致裁判结果错误并造成严重后果的违法审判行为,提出审查意见。而法官惩戒委员会作出审查意见后,法院将依据相关规定对法官作出是否惩戒的决定。

与由本院评查组织认定"错案"不同,此次改革中设立相对独立的惩戒委员会对于涉及法律适用、证据规则、程序违法等司法专业性等问题进行判断,被认为是尊重司法规律、保障法官权益的重要举措。与法院评查组织人员构成不同,根据新修订的《法官法》第48条第2款规定,法官惩戒委员会由法官代表、其他从事法律职业的人员和有关方面代表组成,其中法官代表不少于半数。实践中,一般包括法官、检察官、律师、政府法制工作人员、法学学者等,具备相对独立性和多元化的特征。同时,由于法官惩戒委员会仅在最高人民法院和高级人民法院设立,相较于各级法院评查组织而言,相应人选选择余地较大,理论上更有利于选择职业道德和专业水平较优的人员。

综上,评查程序与惩戒程序在评查权限、人员构成等方面均有差异,而新修订的《法官法》虽然规定由惩戒委员会对违法审判责任提出审查意见,但将惩戒决定权仍交给法院。如果仍按照之前的"错案"评查程序运作,法院内部的"错案"评查意见与惩戒委员会审查意见的效力冲突,法院评查组织"错案"认定权与法院惩戒决定权关系冲突,均是司法改革中须进一步解决的问题。

二、统一:“错案”评查机制的重构原则

冲突需要解决,矛盾必然统一。如前所述,在现行制度框架下,评查机制与惩戒机制在“错案”认定及追责处交会,形成了错案追责的“双轨制”。同时,两者巨大的差异甚至是冲突,使得“错案”评查机制的重构成为必然。保留和修正“双轨制”,抑或是选择其一,使其回归“单轨制”,究竟何去何从。而探究改革初衷,发现重构过程中需要遵循何种原则,则是作出抉择的理论基础。

(一)“有限责任”原则

凡是论及法官责任时,不得不提及法官豁免权。该项权利发端于英美,是指法官即便存在过失,也不应受到责任追究的情形,从而确立了法官的“有限责任”。通常认为,豁免的理由并非法官有任何犯错误的特权,而是因为司法判断的特殊性即自主思考以及独立履行职责所致。最为经典的是英国法官丹宁勋爵的论述:“所有法官都应该能够完全独立地完成自己的工作,而不需担惊受怕。决不能弄得法官一边用颤抖的手指翻动法书,一边自问,‘假如我这样做,我要负赔偿损害的责任吗?’只要法官在工作时真诚地相信他做的事是在他自己的法律权限之内,那么他就没有受诉的责任。”①所以,“在追责问题上,有的学者提出法官个人对于案件审判质量的责任,以豁免为原则,以问责为例外,不是没有道理。”②

从思维模式而言,审判思维并非客观的数理思维,虽然在逻辑上一般使用三段论的推理模式,但法律是由概念组成的,将概念连起来的则是自然语言。“一个概念的中心含义也许是清楚的和明确的,但当我们离开该中心时它就趋于变得模糊不清了,而这正是一个概念的性质所在。”③该特点就导致法律理解和论证并不像数学语言具有唯一正确性,更不要说法律和政策的变迁、立法主体的多元化、法律概念与事实之间的距离、法律条文所蕴含的未明确表达出的价值等原因,更是加剧了这种“模糊性”。所以在司法实践中,即便法律人不断地在为实现法律的可预测性和明确性、法律的统一适用而努力,但无论如何,这种努力总是在路上,未解决的老问题、产生的新问题比解决的问题总是过之而无不及的。法官的任务则是在这种“模糊性”中发现和解释法律规则,从而适用

---

① [英]丹宁勋爵:《法律的正当程序》,李克强等译,群众出版社 1984 年版,第 56 页。

② 胡仕浩:《论人民法院“全面推开司法责任制改革”的几个问题》,载《法律适用》2016 年第 11 期。

③ [美]E. 博登海默:《法理学:法律哲学与法律方法》,邓正来译,中国政法大学出版社 2004 年版,第 505 页。

于正在审理的案件,其“见仁见智”程度远在数理研究之上。

正是由于同样的原因,判断法官在审理案件时是否存在过错,尤其是过错程度则缺乏坚实的认识论基础。毕竟,即便是深耕特定领域多年的法学家也不可能是所有法律概念或者规则的真理阐述者,更何况现代社会法律问题日新月异。适用法律只是探索规则世界和解决现实争议的过程,但法官并不能一直探索概念,由于法官不能拒绝审判,他必须在既有的证据、法律和认识水平上裁判案件。判定因适用某项本来有争议的规则而审判的案件是否正确,要比因法官受贿而徇私枉法从而追究其责任困难得多。更何况除了故意和重大过失之外,还要分出一般过失、瑕疵,相应的困难程度可想而知。

因此,《责任制意见》一改之前法官责任认定的范围,确立了仅追究故意违反法律法规的,或者因重大过失导致裁判错误并造成严重后果的违法审判责任范围,并明确将对法律、法规、规章、司法解释具体条文的理解和认识不一致、对案件基本事实的判断存在争议或者疑问,根据证据规则能够予以合理说明的等情况,[①]明确排除出追究司法责任的范畴,符合司法认知规律。故而,“错案”评查中“错案”范畴应符合该原则,予以完善,以免与司法责任制相互冲突,构成违法审判责任之外的责任范畴。

(二)“去科层化”原则

本轮司法责任制改革目标之一在于全面贯彻“让审理者裁判,由裁判者负责”的责任制原则。《人民法院第五个五年改革纲要(2019—2023)》(以下简称“五五改革纲要”)强调要健全以司法责任制为核心的审判权力运行体系,“强化独任庭、合议庭的法定审判组织地位”。诸多改革措施,包括法官、合议庭权责范围,庭、院长监督管理职责,审委会权限和运行规则甚至是党政领导干部干预司法责任追究等制度的设立和完善,无不以保障法官及审判组织依法独立、公正履行审判职责,克服传统行政化管理的弊端为指向。[②] 保障法官独立审判法理上的理由实际是法官“有限责任”确立理由的另一个面向,是由法律思维的特殊性和履职独立性所决定的。目前“错案”评查这种科层化机制将仍会对独立审判权的运行产生一定负面影响,导致审判过程的畸变。

首先,须考察行政化的绩效管理对法官审判所产生的影响。如前文所述,通过本院审管办初审所确定的并经过本院评审委员会所确定的“错案”,会影响对法官晋升和福利。由本院非法官群体核查法官的模式会打击法官职业的尊

① 《责任制意见》第 26 条、第 28 条。

② 行政化管理的弊端论述,可参见沈德咏、周玉华主编:《人民法院审判管理教程》,中国法制出版社 2012 年版,第 151 页。

荣感和自信心。相较于面对基本没有审判履历的本院审管办工作人员来解释为何被发改案件不构成"错案"的困难程度,更为难堪的则在于平日作为审判者的法官不得不在向非专业同事前进行辩解,更不要说可能带着傲慢、抵触或者委屈等各种复杂的心理状态,从而造成的对法官心理的打击。

其次,除了心理上的不良影响外,剩下的是监管效果的异化。监管的异化或许并非来源于故意行为,让非专业审判人员的审管办人员理解具体的法律适用、事实认定是否正确,远远超出其专业能力。而由本院业务专家代表的庭、院长构成的评委会虽然作为个体在其专业领域具有较强专业能力,在专业多元化上也可能是最强力的组合,但这种组合忽视了在目前中国法院不同诉讼法领域的专业性,而这种专业性往往随着审级升高、案件复杂程度的增加而更为明显。所以,不同诉讼领域专家组成的评委会,对于具体专业领域而言,随着多元化程度越高其专业性反而会越低。而审判活动作为专业化活动,判断审判是否正确的专业性要求更高,否则,对专业活动的非专业评判则会导致不公。除此之外,科层化的管理模式还会影响审判组织独立行使审判权,如法院领导、具有监督权的相关人员因法外因素,包括因受贿、利害关系而不当干预司法,行政化监管方式则给干预案件提供了便利和后盾。具有监管权力的人员认定法官审理的案件是否构成"错案"的权力越大(包括裁量权),其干预法官及审判组织独立审理的可能性和有效性也就越高。[①] 因此,本轮司法改革中设立了相对独立、专业的惩戒委员会,并同时明确院、庭长监管范围、约束其监管权力,均为了防止一直以来的行政化干预。但仅在惩戒范围内去除行政化,而忽视评审机制所发挥的行政化效果,后果可想而知。

另外,行政化监管则来源于上级法院。一般认为,消除辖区内的司法冲突,统一法律解释和适用,促进法律发展是上诉法院的重要功能。[②] 纠正一审不当的审理结果,给予当事人法定的救济,同样是上诉审的意义。上下级法院仅是审级监督关系,而并非如行政机关似的上下级监督管理关系,这一点在《宪法》及《人民法院组织法》的规定中得到明确的表达。同时,正是由于法律可能会有分歧,才需要解释和适用,解释和适用会有分歧,才需要统一,而统一的职责则在于上诉法院。反过来可以这样理解,法律分歧非常常见,法院作出不同的解释也是上诉机制之所以设立的原因之一,法律适用、案件审理并非总是存在绝对的对错。因此,上级法官与法律专家同样,并不拥有法律规范的真理阐释的

---

① 周永坤:《论法官错案责任追究制》,载《湖北社会科学》2015 年第 12 期。

② 陈杭平:《统一的正义——美国联邦上诉审及其启示》,中国法制出版社 2015 年版,第 37 页。

绝对能力或权威,其拥有的仅是相对终极的解释权和裁判权。美国联邦法院法官曾如是表述:“我们能够作出最终判决并非因为我们判决正确,相反,我们之所以判决正确,是因为我们享有终审权。”[①]

如前所述,实践中,上级审管办负责对下级法院案件评查工作进行组织、指导、监督和协调等事宜,而上级法院辖区内法院绩效排名工作,一般也由上级法院或者省(市)高级法院审管办负责实施。实践中此种类似行政机关上下级管理的纵向绩效考评机制,则加强了上级法院在“错案”认定中的权力。同时,“错案”评查中以发改案件确定相应责任,包括纪律处分中以上级法院认定作为“错案”评判依据,[②]均会异化正常的上诉、再审等法律监督程序。从而导致实践中两种现象的发生,一种是上级法院通过请示、汇报等非正常程序对下级法院的进行控制,产生出更为行政化的上下级关系。另一种则是下级法院和上级法院尽量搞好关系,而上级法院尽量地维持下级法院裁判结果,从而虚化了审级监督机制,而在此情形下,当事人则无法通过审级监督来救济个人权益。[③] 因此,这种上级法院及法院在下级法院及法官绩效、惩戒方面具有的实质影响力,正是在强调“裁判者负责”的司法改革中需要去除的。维护“去行政化”的改革成果,改革行政化的“错案”评审机制,探索更符合司法规律的评审机制,也是配套机制建设需要进一步完善之处。

(三)信任导向原则

“错案”评查设立的初始目的在于提高办案质量和效率。该制度建立伊始,“审判质量管理并非纠错程序,其功能在于通过管理使诉讼法规定的各种审判程序在具体的审判过程中发挥预期的作用,从而保障与提高审判质量”。[④] 但随着质量管理与绩效考评相结合,尤其在质量管理过程中,判定发回改判的案件的实体、程序合法性时,则异化为另一种责任追究方式。所以,此种机制长期运行转变为责任化落实方式。其实,即便是“惩恶扬善”的责任化落实方式也可以从正反两方面促进办案质效,但问题是在考虑司法绩效指标的去留时,究竟是以“惩”为主,还是以“奖”为主？尤其是在因适用有争议法律规则审理案件、当事人提交虚假证据误导法庭等复杂的情况下作出所谓“错误”判断时,如何取舍？

如果将审判工作与其他执法行为视为同样的工作,那么,自然的可以使用

① 刘全德主编:《西方法律思想史》,中国政法大学出版社 1996 年版,第 211 页。

② 《人民法院审判人员违法审判责任追究办法(试行)》第 27 条。

③ 贺日开、贺岩:《错案追究制实际运行状况探析》,载《政法论坛》2004 年第 1 期。

④ 沈德咏、周玉华主编:《人民法院审判管理教程》,中国法制出版社 2012 年版,第 99 页。

"奖惩并重"甚至"重典治吏"的行政化的手段予以监督。正如前文所言,"由于司法是衡平和裁断的艺术,因对法律的理解或对案件事实的判断不一致造成的,不宜轻易追究司法责任"。[①] 审判活动需要法官进行独立的思考与判断,必须给予其充分的独立思考的空间,禁止干预其独立判断,对于法官要求充分的信任。[②] 审判作为争议最终裁决者和正义最后防线等审判工作特殊性,决定了司法绩效管理应以激励为主、制约机制为辅。"法官考核不同于普通管理,因为普通管理更多的是基于对管理者的不信任而进行的,管理者较之于被管理者当然地具有某种技能或道德上的优越感。对于法官的考核,则不能将法官完全放到普通的被管理者的地位上。"[③]在信任导向下的正向激励措施,更能够提高法官公正司法的积极性和主动性,更大程度上可以提升审判质量和效率。在"五五改革纲要"提出的"让法官集中精力尽好责、办好案"的综合配套改革中,遵循信任导向原则,清理、取消诸如目前"错案"评审类的不合理、不必要的考评机制和指标,实为必要。

综上,虽然"错案"评查机制存在种种弊端,但鉴于改革是一个渐进过程,而审判质效管理自有其保障内部质效的价值所在,而且"单轨制"的绩效考评作为管理体系的一环在长期的实践中也形成了自身的经验和逻辑。因此,将"全面责任""类行政化""重典治吏"理念下的"错案"评查机制进行重构,统一到"有限责任""去行政化""信任导向"的司法责任制原则取向上来,正视改革中所面临的"双轨制",以违法审判责任及惩戒机制为参照系,对现行"错案"评查机制进行重构,而非选择其一,则更符合改革初衷,亦为切实可行之路。

三、"错案"评查机制的重构

司法责任制改革后,评查机制与惩戒机制所面临的冲突,即是重构该机制具体着手处。

(一)修正:评查标准及范围

基于"有限责任"原则,对现有关于"错案"标准及范围的规定应当进行修正,以保证其与新修订的《法官法》及《责任制意见》之间保持一致。将评查的标准限定在违法审判责任之内,即故意违反法律法规的,或者因重大过失导致裁判错误并造成严重后果,应以贪污受贿、徇私舞弊、枉法裁判等主观恶性大、

① 胡仕浩:《论人民法院"全面推开司法责任制改革"的几个问题》,载《法律适用》2016 年第 11 期。

② 沈德咏、周玉华主编:《人民法院审判管理教程》,中国法制出版社 2012 年版,第 156 ~ 157 页。

③ 同上书,第 157 页。

严重不负责任的行为为限。需要修正的规定具体包括:(1)修正质量评估指标。将包括指导意见在内关于一审上诉改判率、一审上诉发回重审率、生效案件改判率、生效案件发回重审率等与"错案"评查有关的绩效考核指标进行修正,设立经法定惩戒程序确定的"错案"考核指标,以替代上述不合理的指标。(2)制定统一的案件评查指导规定。按照司法责任制改革后的指导精神及确立的制度,制定统一规定以指导地方法院"错案"评查工作。同时,督促地方法院修订相关评查规定。(3)修订相关纪律处分规定。对《人民法院工作人员处分条例》《人民法院审判人员违法审判责任追究办法(试行)》等关于"错案"处分条款进行修正,统一绩效考评、纪律处分、司法惩戒关于"错案"的认定标准及范围。

(二)回归:正向激励为主的绩效考核

基于"去行政化"原则,首先应当将绩效考核的重心放在日常督导工作上。通过诸如发回改判案件、再审案件等司法数据、信息的搜集和整合,为法官提供更多的审判智识支撑。从"管理"转变为"服务",从追究责任转变为指导、提示,从对人的管理转变为对案件的管理,从事后追责转变为事前、事中督促、防控,定期将经法定程序确定的违法审判情形向法官进行通报,将审判中影响审判质效的关键因素向法官定期反馈,发挥审判管理的调控、服务功能,让法官对于其他法院甚至是全国审判领域的审判标准、质效信息产生明确认知,以正向保障和促进公正、高效审理案件。

同样,在绩效考核指标的设定上,要注重正向激励导向,并非以追究责任为目的。通过司法绩效管理来促进法官良好职业品德的树立,深厚学识素养的培养,良好心理素质的养成及娴熟的司法技能掌握,在丰富的司法经验和社会经验的基础上处理矛盾、适用法律、阐释规则。而避免因不合理的绩效考核打击法官履职的自信心和责任感,耗费大量的精力考虑绩效而非案件本身,甚至因为不合理的绩效考核影响到职务晋升、等级评定、待遇保障。① 在绩效考核方面,"多做加法、少做减法","注重管理与激励的平衡,可以采取合理区间值的概念对法官业绩进行考核评价。凡是指标值处于合理区间的,都应当视为良性,记为满分。"②坚决将不符合司法责任制改革的尤其是"错案"评查相关指标进行调整。从假定法官均是忠于职守的基础上,对于职业道德高尚、审判能力强、法学学识深厚、审判作风良好的法官,进行"加分",在职务晋升等方面给予一定的褒奖和优待。

---

① 贺日开、贺岩:《错案追究制实际运行状况探析》,载《政法论坛》2004 年第 1 期。

② 南京市中级人民法院课题组:《法官绩效考核评价制度研究》,载最高人民法院司法改革领导小组编:《新时代深化司法体制综合配套改革前沿问题研究》,人民法院出版社 2018 年版,第 153 页。

（三）衔接：从评查到惩戒

由于新修订的《法官法》确立了惩戒委员会在评审违法审判责任的职能，同时基于"去行政化"和避免监督机制异化的考虑，应当将本院"错案"评审机制与惩戒委员会评审有效衔接。既做到除了惩戒委员会之外没有其他主体对故意违反法律或者因重大过失导致裁判错误并造成严重后果的违法审判责任进行评审，同时将"错案"评查中发现所谓"错案"作为惩戒委员会评审的启动程序之一。通过"错案"评查机制，将疑似错案移交给相对独立的、具有较高专业性的惩戒委员会评审、认定，法官在遭到指控后，依照《法官法》所规定的准司法程序，有权申请有关人员回避，有权进行陈述、举证、辩解，有权对审查意见提出异议。通过立法、司法解释细化评查程序与惩戒委员会的衔接机制，明确惩戒委员会的职权、运行程序。在"错案"评定方面，将关于"错案"的评审作为发现、整理和移送违法审判责任的线索、初查程序，将惩戒委员会的评查认定作为法官评审委员会作出绩效考核的依据，这样才能更为有效做到审判质量管理机制与司法责任追究惩戒机制相衔接，实现"有权必有责、用权必担责、失职必问责、滥权必追责"的责任制目标。

结　语

最高人民法院"五五改革纲要"提出推动建立全面覆盖、科学规范、符合规律的审判监督管理制度体系。作为案件质量管理的"错案"评查机制应在整个审判监督管理制度改革的框架下进行完善和重构。更为重要的是应考虑落实司法责任制的要求，让法官集中精力尽好责、办好案。在考虑"错案"评查机制重构时，应直面改革后的"双轨制"现状，以违法审判责任及惩戒机制为参照系，注重评查机制与惩戒机制的衔接，明确审判管理管什么、如何管，司法责任制追究什么、怎么追究。在司法责任制改革的指导思路下，从评查范围及标准、绩效考核及惩戒机制衔接方面对"错案"评查机制予以重构，以保障和实现可预期的、符合司法规律的、实质意义上的司法责任制所确立的违法审判责任的改革目标和效果，避免因评查等管理机制不畅或者不当影响而形成对改革目标的掣肘、弱化甚至是干扰，进一步巩固和深化司法责任制改革。

论法官绩效考核从科层化向职业化之过渡

——以A市中级人民法院B审判庭法官绩效考核微观实施过程为样本

武 旋*

【论文提要】

本文探讨的核心问题是在"加快推进政法队伍革命化、正规化、专业化、职业化建设"的前提下，法官绩效考核制度如何避免科层制之弊端，更加符合审判权力的运行规律。本文的研究目的即通过分析当前法官绩效考核制度存在的科层制问题，针对性地运用管理学知识构建科学的考评体系。

全文共分为三部分。第一部分提出问题，以A市中级人民法院B审判庭法官绩效考核微观实施过程为实证样本，指出当前法官绩效考核制度的突出问题。第二部分分析问题，从政治学的科层制逻辑出发，对比不同地区法院的考核情况，通过收集A市中级人民法院流程样本和B审判庭法官的访谈笔录，分析产生科层制弊端的纵、横两向度原因。第三部分解决问题，宏观上对法官进行直接考核，微观上引入管理学OKR工作法，对法官绩效考核进行目标的重新设定和流程的优化完善。

【主要创新观点】

本文的主要创新观点体现于以下四个层面：

第一，法官绩效考核制度在微观实施过程领域存在不符合司法规律之处。在"加快推进政法队伍革命化、正规化、专业化、职业化建设"的背景下，当前制度无法通过正向激励和负面惩戒实现对法官行为的有效引导，制约着法官队伍的职业化发展。

第二，法官绩效考核科层制是当前产生考核违背司法规律问题的根源。考

---

* 武旋，北京市第一中级人民法院民一庭法官助理。

核主体的层层传导会导致对机关的考核指标和对个人的考核指标之间存在真空，排除层级主观因素的客观指标无法真实反映审判质量，多层考核下微观考核单元的实施过程粗糙，不同微观单元的考核结果横向无可比性。

第三，法官绩效考核科层制源于纵横两维度上行政和审判的交错互动。在纵向上，行政对审判进行科层制管理，审判权处于审判管理权、审判监督权的监管之下；在横向上，同一审判庭室内部，司法行政事务与审判事务的实施主体均为法官和法官助理。两维度共同导致了法官绩效考核科层制及其细节问题。

第四，解决法官绩效考核科层制难题需要“多管齐下”。实践中，首先，需要减少考核层级，变间接考核为直接考核；其次，依照管理学领域的 OKR 工作法，将法官绩效考核的目标设定为促进法官队伍的职业化发展，围绕这一目标展开三个关键结果：公正、效果、效率，通过二级关键结果设定和流程优化对法官绩效考核制度加以完善。

2019 年中央政法工作会议提出，加快推进政法队伍革命化、正规化、专业化、职业化建设。最高人民法院在《人民法院第五个五年改革纲要（2019—2023）》中指出，强化司法履职保障机制，研究制定科学合理、简便易行的审判绩效考核办法，清理取消不合理、不必要的考评指标，切实为基层减负、为干警减压。法官绩效考核制度伴随着司法机关产生而产生，已成为全国各级法院均存在的制度体系，但其适用的普遍性未能掩盖实施过程中存在的问题，制约着绩效考核的引导、激励和促进法官职业素养提升的制度功能，埋下法院系统人员流失和司法失之公正的风险隐患。在深化司法体制综合配套改革的大背景下，如何解决法官绩效考核制度存在的“瓶颈”性问题，是时代留给当下法院人的命题。

一、层层传导：考核实施之异化

（一）考核层级较多

当前法官绩效考核的突出问题为考核层级较多，体现出鲜明的科层制特点。科层制，是指一个组织的存在与否完全取决于领导者和可能的行政管理班子的存在，组织依靠他们的特定行为实现秩序和目标，这些行为称为“组织行为”，由这些特定行政人员组成的集体及由其推行的组织行为就是“科层制”。[①]按照层级，法官绩效考核可分为直接考核和两级考核，实践中以后者居多。以 A 市中级人民法院 B 审判庭为例（见图 1），机关目标责任制考核文件的约束力仅达致各审判庭室层面。因此在院级对庭室的集体考核指标和庭室对法官的

① 张建平：《马克斯·韦伯科层制思想解析》，载《社会科学论坛》2016 年第 4 期。

个体考核指标之间存在张力,二者在指标内容和赋分上存在差异,导致宏观政策目标在基层传达、落实的异化。

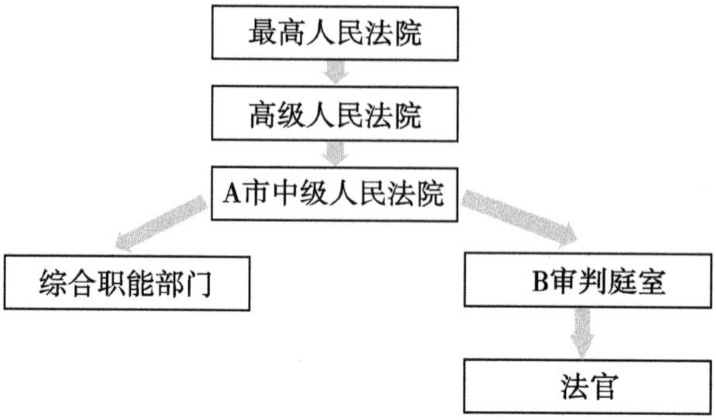

图 1　A 市中级人民法院 B 审判庭法官绩效考核实施体系

(二)多层间接考核造成以客观指标为主

由于考核的实施主体存在多层,高层级法院为实现绩效管理模块的多层管控,多选择排除主观因素的客观指标进行数据收集和横向比较。按照考核指标的属性,在审判庭室层面,对法官的考核指标可分为主观指标和客观指标,目前主流的为客观指标,体现为审判质效、调研宣传、综合行政三部分构成的指标体系(见表 1),并且无论是审判质效,还是调研宣传,均以数量为累计标准。

表 1　A 市中级人民法院 B 审判庭法官绩效考核指标体系

考核领域	考核指标	考核规则
审判质效	办案业绩分	A 市高院办案业绩评价系统得分,包括数量、质量、效率等基础指标和重点工作、突出业绩等附加指标
	结案任务加减分	庭室布置最低结案数,法官每多结或少结一件加减 1 分
调研宣传	信息	每件 0.5 分
	司法建议	每件 2 分
	论文	每件 1 分
	庭审直播	每件 1 分
综合行政	院重点工作	每次 2 分
	参会	每次 1 分
	授课	每次 2 分
	带教	每人 1 分

对数量的片面强调存在以下三类突出问题。一是在效率压力下,案件审理、稿件质量存在粗糙化倾向,存在损害司法权威和事倍功半的弊端。二是随机分案下单纯的结案数量无法准确反映法官的审判质效。法官的结案速度与案件难易程度、法官个人的知识储备、审判能力乃至性格禀赋均有关联,如审理同时存在需要鉴定、涉及多位当事人、送达困难等多种情况的案件,其需要的审理时间和消耗的人力物力明显更多。三是新型客观指标不断涌现并加入考核体系,导致法官完成任务的难度和压力增大。本年度,B 审判庭考核规则中在审判质量部分陆续加入了二审改判发回重审率(错误)、文书上网率、庭审直播率、当庭宣判率等新指标,在新指标下达的初始阶段,数量要求亦较高,会造成法官不堪重负。

（三）多层考核流程尚不完善

各层级法院在对法官进行考核时,依据的是上级法院对本级法院的目标责任制考核办法,但是对于本级别法院如何考核法官个人,上级法院并未予以规定。因此,在相对单一的单位考核和多元发展的个人考核之间存在流程真空,这一过渡目前主要由法院内各审判业务庭自行组织实施。然而各庭室的绩效考核之实施,整体过程亦尚显简略。以 B 审判庭为例,在考核规则制定时仅发送征求意见文本,考核结果得出时仅简单张贴公示得分,在考核结果的运用上也较为单一,造成考核结果对庭室的人力资源提升无甚裨益(见图 2)。

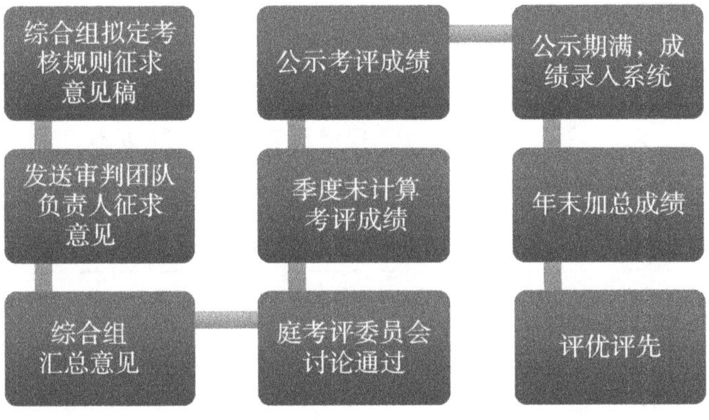

图 2　A 市中级人民法院 B 审判庭法官绩效考核实施流程

（四）多层考核结果横向无可比性

多层考核的基本单元为不同的审判业务庭,不同庭室自行制定考核办法对本庭室法官进行考核,造成跨庭室之间的法官考核成绩无可比性。当然,并不排除法院的干部管理部门最终将各庭室上报的考核成绩折算从而统一得分上限,但是这一技术操作仅是考核结果确定后的形式补救,未能避免各庭室之间考核规则不统一可能造成的考核不公平的问题(见表 2)。

表 2　A 市中级人民法院 B 审判庭和 C 审判庭法官考核成绩折算后分差①

庭室	"绩"折算后分差
B 审判庭	满分 50,得分区间为 49 ~ 50,分差 1
C 审判庭	满分 50,得分区间为 46 ~ 50,分差 4

二、事务混合:审判行政之交错

法官绩效考核制度在微观操作层面暴露出的问题,有其宏观层面的逻辑根源,具体体现于以下两个层面。

(一)纵向:行政对审判的科层制管理

法官绩效考核的多层制根源于行政权的科层制逻辑。制度是群体在生存的具体情境中的唯一选择。② 绩效考核制,其实就是通过"规训的逻辑",凭借一种可"计算的理性",实现一种数字化的管理,以此来保证科层官僚制的各种价值和目标的实现。③ 司法行政的科层制逻辑在宏观上主要体现在两个方面:一是考核指标的层层传导和院庭两级指标的互相影响;二是法官在庭室内严格服从制定的考核规则,无任何申述和脱离考核体系的权利。

具体而言,审判事务虽然在一轮轮司法改革中逐渐革除着科层制的影响,但是司法行政事务在实践中仍旧遵循着科层制规律(见表 3)。这种逻辑的差异,使得属于司法行政事务范畴的法官绩效考核制度对作为审判事务主体的法官产生了一定的消极影响。

表 3　不同直辖市中级人民法院法官绩效考核层级④

法院	考核单元	考核层级
A 市 C 中院	审判庭室	二级
D 市 C 中院	法官	一级
E 市 B 中院	审判庭室	二级

① 资料来源:A 市中级人民法院干部处。

② 苏力:《大国宪制:历史中国的制度构成》,北京大学出版社 2018 年版,第 3 页。

③ 李拥军、傅爱竹:《"规训"的司法与"被缚"的法官——对法官绩效考核制度困境与误区的深层解读》,载《法律科学》2014 年第 6 期。

④ 资料来源:A 市 C 中院:北京市第二中级人民法院课题组:《审判质效评估体系差异化研究》,载北京市第二中级人民法院网:http://bj2zy.chinacourt.gov.cn/public/detail.php? id = 1331,最后访问日期:2019 年 6 月 9 日;D 市 C 中院、E 市 B 中院:南京市中级人民法院课题组:《法官业绩考核评价制度研究》,载《中国应用法学》2018 年第 1 期。

一方面，司法责任制下，相对于审判庭，独任法官或合议庭拥有更为独立的审判权力。既然法官对于案件结果有最终决定权，那么法官对案件审理速度、质量的把握亦应有自主控制的权力，而后者却是庭室内部法官绩效考核的指标。法官的自主性和庭室对法官审判指标的管理，代表着审判权和审判管理权、审判监督权之间的博弈和紧张关系。

另一方面，法官对自己审理的案件负有直接、全部的责任，而排除了以往院庭长对案件审批的责任，该种责任承担方式决定了法官将精力更多地集中于案件的审理工作。且随着立案登记制的实施，案件数量增长的压力已经让法官难以有其他精力顾及属于司法行政范围内的宣传、调研、参会等活动。而后者，恰是庭室制定的法官考核规则的加分项目。这导致了法官的目光在专注办案和多元发展之间来回顾盼（见图3），进而产生对鼓励多元发展的庭室考核规则的质疑。

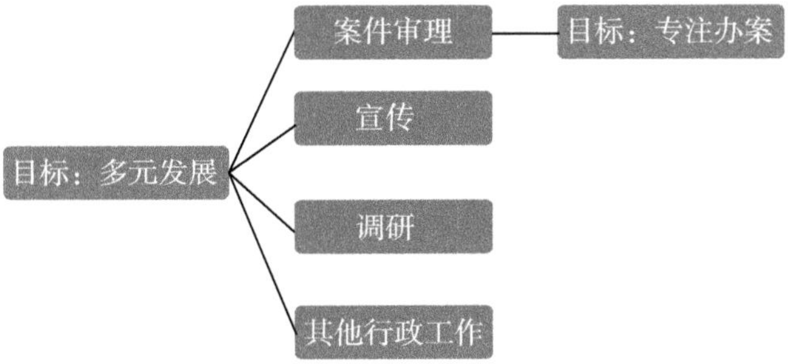

图3　法官考核制度指标模块

（二）横向：行政与审判的事务性交错

长期以来，存在司法行政事务从法院分离出来而由司法行政机关归口管理的分类管理说，以及司法行政事务由法院统管的混合管理说，多轮司法改革后目前混合管理说占据主导地位。但是司法行政事务由法院统管，并不意味着法院内部审判权和司法行政权的混合。对混合管理的误读，造成了放任法院内部司法审判权和司法行政权交叉现象的野蛮生长，在法官绩效考核领域，已经产生了一系列问题。

访谈1：

对象：员额法官，女，51岁。

问：如何看待审判业务和司法行政业务在法官绩效考核中的占比？

答：相比较审判业务，众多的调研、宣传任务给我带来了很大的挑战，还有德、能、勤、廉等考核项目，比重太大，我和年轻法官相比不占优势，造成工作的积极性不高。

具体而言,首先,法官绩效考核从性质看应当属于司法行政事务,属于法院的综合职能部门主管的范围。但当前综合职能部门在法官考核领域的权力已被虚化,仅负责提供法官在非审判领域的表现给各业务庭室,以及庭室完成考核后根据庭室录入的考核成绩汇总排名,因此综合职能部门在法官考核事务中仅为“形式上的主体”,具体实施考核流程的仍为各庭室的综合办公室。其次,法院的外宣、调研部门应当各自承担相应职责,但由于两部门的人员多在入职之后即专业从事两类工作,并未在审判庭接触司法实务,因此在两类工作中结合司法审判经验、增加理论深度的能力有限,导致素材的主要提供者仍转嫁至各业务庭室法官处(见图 4)。

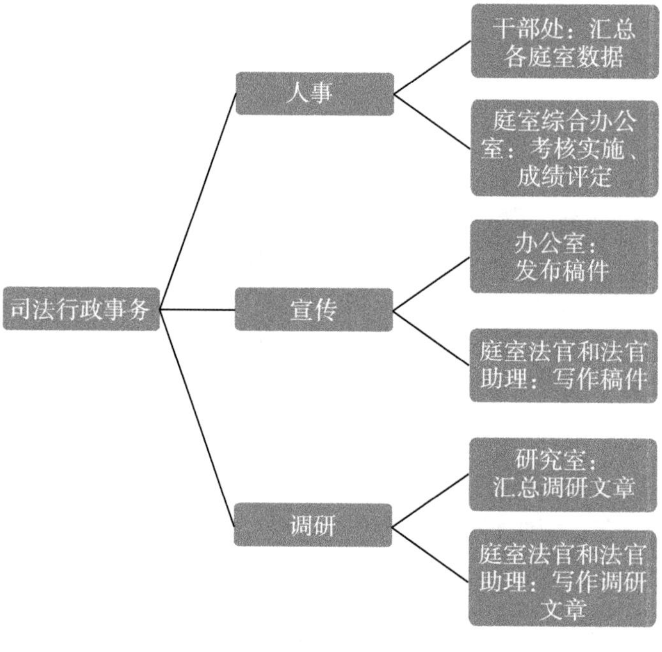

图 4　A 市中级人民法院司法行政事务实施主体

三、职业导向:法官直考之构建

改革是不断发现问题、解决问题的过程。系统的改进应多管齐下,方能全面实现治已病和治未病的效果。

(一)宏观:实行院级直考

当前,法院综合部门内部的扁平化管理成为趋势,并正在影响着审判权力运行的方式,后者主要体现为取消庭室和固定合议庭设置,实行一名法官和多名法官助理、书记员组成的审判团队模式。顺应扁平化管理的趋势,法官绩效考核也应当减少层级设置,取消庭室层面对法官的考核,实现院级对所有员额法官的"直考"。当然,这一宏观思路需要有院考评委员会制度的完善、法官绩效考核目标的再确立、不同领域案件权重设置等制度进行配套。

对于处于关键地位的院考评委员会,就组成人员看,应当包括院领导、审判庭室负责人、综合行政部门负责人,并包括各审判庭室的法官代表各一人。院考评委员会常设办公室在干部处,每季度末召开法官考评会议负责规则制定和季度考核,平时亦可根据新的指标加入之必要性、考核结果复议申请之有无,临时提议按照议事规则召开会议。

(二)微观:设定合理目标

考核层级单一化之后,应当继续在该层级内优化考核流程。在管理学领域,绩效评价是指根据员工个人需要达成的绩效标准对其在当前以及过去的绩效进行评价,绩效评价过程通常包括以下三个方面的内容:(1)制定工作标准;(2)根据这些标准对员工的实际工作绩效进行评价;(3)为激励员工消除绩效缺陷或者继续保持优良的绩效水平而向员工提供反馈。[①] 可见,制定工作标准和工作目标是绩效评价首先要关注的领域。我国现行的对法官的评价与评价制度的功能定位极为模糊,即使有的法院有提到,也很粗疏,不过寥寥数语,[②]如将总体目标定位为"提高司法质量、效率、公信力"。[③] 因此有必要在宏观上对绩效考核制度的目标进行纠偏和再明确。

1. 方法引入

在目标的设置上,管理领域的 OKR 工作法可资借鉴:O 表示目标,KR 表示指标,目标就是你想做什么事情,用来明确方向;指标就是如何确认你做到了这件事,用来量化目标(见图 5)。[④] 既然在科学的管理体系中,目标为管理者所欲做成之事,那么在重新确定法官绩效考核制度的目标时,主要需要探寻国家最高立法机关、司法机关等的制度导向。

---

① [美]加里·德斯勒:《人力资源管理》(第 14 版),刘昕译,中国人民大学出版社 2017 年版,第 336 页。

② 孙海龙等:《审判权运行机制改革》,法律出版社 2015 年版,第 308 页。

③ 新华社:《习近平出席中央政法工作会议并发表重要讲话》,载中国政府网:http://www.gov.cn/xinwen/2019-01/16/content_5358414.htm,最后访问日期:2019 年 5 月 12 日。

④ [美]克里斯蒂娜·沃特克:《OKR 工作法:谷歌、领英等顶级公司的高绩效秘籍》,明道团队译,中信出版集团 2017 年版,前言。

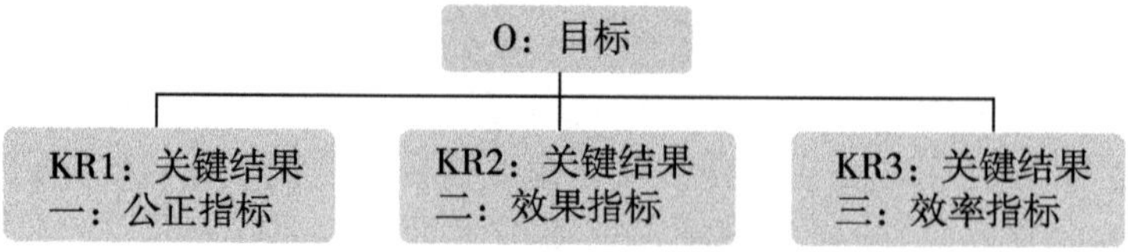

图 5　法官绩效考核 OKR 工作法之适用

2. 目标设定

法官的职业化,是指法律人欲获得实践性知识必须通过的职业性实践过程。① 对此,2019 年新的《法官法》第 41 条和司法改革系列文件均对提升法官的职业能力予以强调(见表 4)。因此,以提升法官的职业能力作为长时间内法官绩效考核的稳定目标,方符合司法职业群体“以法律为业”的职业选择。

表 4　中央发布推进政法队伍建设之系列文件

时间	制定主体	文件名称	内容
2017 年 8 月 30 日	中央全面深化改革领导小组	《关于加强法官检察官正规化专业化职业化建设全面落实司法责任制的意见》	加强法官检察官正规化专业化职业化建设
2018 年 7 月 24 日	中央政法委	会议纪要	围绕“履职专业化”,抓紧完善司法职业管理制度,健全司法工作专业标准规范体系,构建规范严密的执法司法权监督制约体系
2018 年 8 月 24 日	中央依法治国委员会会议第一次会议	会议纪要	坚持建设德才兼备的高素质法治工作队伍
2019 年 1 月 15 日	中央政法工作会议	会议纪要	加快推进政法队伍革命化、正规化、专业化、职业化建设;政法系统要把专业化建设摆到更加重要的位置来抓
2019 年 1 月 23 日	中央全面深化改革委员会	《关于政法领域全面深化改革的实施意见》	推进政法队伍革命化正规化专业化职业化建设

① 姚中秋:《技艺理性视角下的司法职业化》,载《华东政法大学学报》2008 年第 6 期。

（三）微观：锚定关键结果

1. 一般关键结果

（1）关键结果性质

鉴于客观关键结果能够避免主观关键结果的个人偏见、近因效应、晕轮效应等弊端，因此对客观量化的关键结果予以保留；但因为纯粹客观的关键结果难以反映法官总体的结案效率、审理效果、法律素养等情况，因此应当加入主观关键结果予以定性评价。客观和主观关键结果共同构成考核关键结果体系，以动态、真实反映法官的绩效水平。

（2）关键结果权重

在绩效考核围绕法官的职业化目标进行时，各关键结果的权重设置应当体现这一目标，权重设置的总体思路是先客观后主观。

首先，改变以案定员、以案定责、以案定补的思路，将案件质量置于优先位置，取代结案数量的首要地位。如日本的做法可供借鉴，日本法官人事评价项目中没有案件审理数量，一个法官单位时间内案件审理数对其业绩评价没有影响。[①] 虽然面临案多人少压力，但是司法责任制下案件质量才是司法这一"生产线"上的核心竞争力，因此案件质量应当作为法官绩效考核的首要关键结果，且越高审级的法院越要增加案件质量权重，方能更好发挥审级监督及指导作用。

访谈2：

对象：员额法官，男，34岁。

问：如何看待案件审判质量在法官绩效考核中的占比？

答：当前法官绩效考核还是以结案数为主，每年都是结案数多的法官绩效考核的成绩比较高。我认为应当把案件审判质量放在第一位，不仅仅是审管办加大案件评查频次，院庭长为了发挥审判管理和审判监督职能也可以加入评查。

其次，对于其他审判数据关键结果，在定量考察的范围内应当确定各自的优先级和权重。设置时可参考法院目标责任制考核项目，但应当区分对法官个人的考核关键结果和对法院机关的考核关键结果之不同（见表5）。需要说明的是，公正关键结果项下5项二级关键结果权重相同；而效果关键结果项下上诉率、申诉率、信访投诉率更能反映案件的审判效果是否达到胜败皆服，调解或撤诉的案件仅能代表结案时双方达成和解，不能排除因执行不能或一方反悔导

① 南京市中级人民法院课题组：《法官业绩考核评价制度研究》，载《中国应用法学》2018年第1期。

致再起诉讼的可能,执行标的到位率权重也较低,是因为实际审理中存在无执行标的的案件,因此该关键结果权重不可过高;从效率关键结果来看,法定审限内结案率和长期未结案件数为长期稳定考核的关键结果,而平均审理时间指数、结案均衡度和完成类案线索收集等重点工作任务情况则为特定时期内予以考核的关键结果,从出现的频次和考核的内容看,应当对前两项关键结果赋予更高的权重。

表5 法官个人审判数据关键结果构成

关键结果分类	关键结果名称	关键结果权重
公正关键结果	一、二审案件改发率	6%
	生效案件改发率	6%
	对下级法院发回重审比例	6%
	二审开庭率	6%
	文书上网率	6%
效果关键结果	上诉率/申诉率	10%
	信访投诉率	10%
	调撤率	5%
	执行标的到位率	5%
效率关键结果	法定审限内结案率	5%
	长期未结案件数	5%
	平均审理时间指数	4%
	结案均衡度	4%
	完成类案线索收集等重点工作任务情况	2%
总计		80%

最后,对于宣传调研、行政工作,相较于司法审判核心业务,仅应各自赋予10%的权重,且采取定性考核方式。如德国萨克森邦的法官考核办法,将考核项目分为九项:专业知识、理解能力、口语表达能力、文字表达能力、处理能力、待人接物、沟通技巧、贯彻能力及吃苦耐劳,对法官分别考核后加总成绩,评定为极为适任、非常适任、相当适任、适任、不太适任、不适任六个档次。[①] 考评委员会将对法官采取分等而非加分方式对法官表现进行评定。

① 龙宗智:《审判管理:功效、局限及界限把握》,载《法学研究》2011年第4期。

2. 关键结果加入

因为组织目标可能会发生变化，所以不断更新和修订当初制定的目标、标准、关键职责（从结果的角度来看）和胜任能力（从行为的角度来看）就显得非常重要。① 针对每年目标责任制考核均加入新的关键结果的现象，法官业绩考评规则应当及时作出反应，采取正向激励为主的方式对新增关键结果的内容进行具体规定。

在关键结果加入的具体实施层面，首先，新的关键结果的下达对于法官而言，需要有理解、接受和实际操作的过程，如对庭审直播率的考察（见图6），从下达关键结果到纳入考核之间需要有一定的缓冲周期。在关键结果初始下达时可采取提示违规行为的方式予以规制，如本季度庭审直播率的低值界限，引导法官形成以开庭直播为常态的思维，进而在下一考核周期内予以量化考核。其次，为避免考核层级过多带来的上下级单位之间考核关键结果和赋分权重不统一的问题，院考评委员会应当将增加关键结果后的考核规则统一下发各庭室和员额法官征求意见，对反馈赋分过低或过高的新增关键结果进行调整。

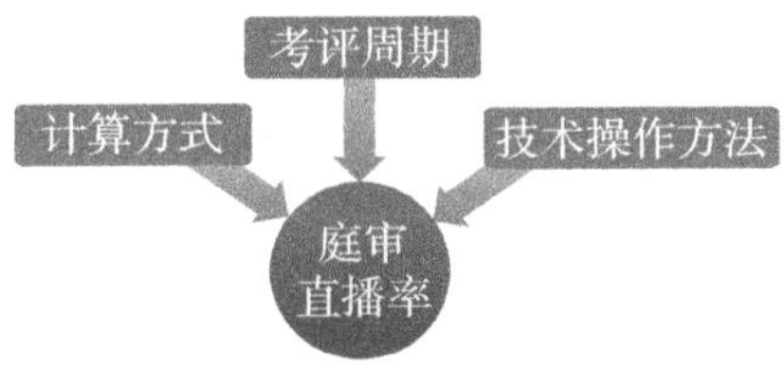

图6　庭审直播率考核关键结果加入过程分解

（四）微观：评估实施成果

1. 评估主体

打破考核层级壁垒，引入外部主体是方案之一。对于考核主体的多元化，实际上我国2017年修订的《法官法》第22条对其已经有所涉及，规定对法官的评价实行领导和群众相结合，但是在实践中并未将这一结合落实落地。在具体实施方面，可借鉴美国的多主体参与评价制度。美国法官绩效评估项目由一个独立的、多方参与的、多元的委员会来负责，委员会由法官、检察官、执业律师等组成，必要时还可包括熟悉法院系统的公众在内。在我国，多主体评价法官仍处于空白地带。在此，F省高院引入律师评议，作为员额法官年度考核、晋升晋级、评优评先的依据，可为其他地区提供参考（见图7）。

① ［美］赫尔曼·阿吉斯：《绩效管理》（第3版），刘昕等译，中国人民大学出版社2013年版，第45页。

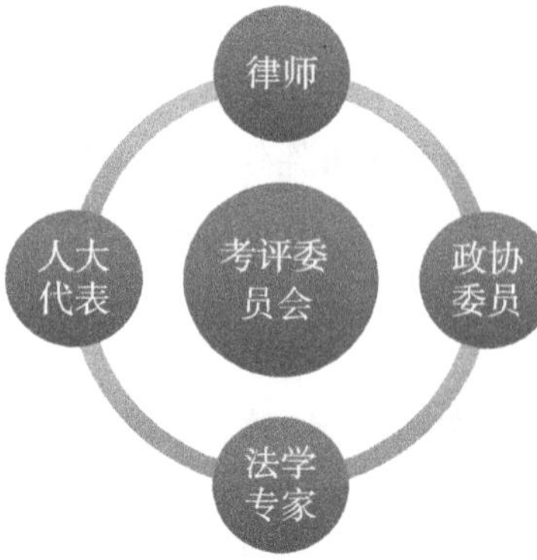

图 7　法官绩效"1 +4"评估主体①

2. 评估方式

由于本文建构的法官绩效考核制度分为客观关键结果和主观关键结果两部分,因此在考核时应当针对不同的数据特点进行收集、统计、分析。

对于客观定量关键结果,应当在统一的法官评价系统中采集数据,生成法官绩效的基础分数;对于完成类案线索收集等重点工作任务情况等加减分项目,应当逐项进行统计,汇总加减分成绩并予以公示。对于主观定性关键结果,应当采用个人申报和其他主体问卷评价相结合的方式,法官可以充分利用制式的工作日志,定期总结阶段表现。对于团队内其他法官、法学专家、代表委员、律师等评价主体,考评委员会可通过线上发放评价问卷的方式,收集各主体对法官绩效表现的评价。

3. 评估反馈

现行法官绩效考核过程是层级间自上而下单向流动的,未能完成全流程闭环,因而是一套不完整的考核流程,需要对考核实施后的流程加以完善。

首先,在公示期内设置考核成绩复议程序。依据 2019 年《法官法》第 43 条,法官如对考核成绩有异议,可申请考评委员会复议。在具体实施层面,应当设置考评会员会在收到复议决定的 3 日内作出答复的规定,以保障法官的知情权和异议权。其次,在考核结果得出并公示期满后,召集全体被考核的员额法官进行总体面谈,通报各业务庭室的总体考核情况。再次,进行个别面谈,院考评委员会可委托庭室逐一进行,通过在谈话室进行个人成绩通知、查找弱项、明确今后发展方向等方式,对考核结果进行精准的 360 度反馈。最后,制作考评书留备个人存档。

① 《关于建立律师与法官互评机制的实施办法(试行)》,载北大法律信息网:http://3g.163.com/dy/article/EH0KODVD0530W1MT.html,最后访问日期:2019 年 6 月 25 日。

在该项措施中,德日经验可供借鉴。在德国,法院将考评结果制作成考评书,日本则称为《考评调查书》。考评书的适用对象为被考核法官,起到提示告知作用(见图8)。

图8　绩效考核评估反馈阶段之完善

4. 结果应用

在法官职业化发展的大背景下,院级对考核统管后,应当区分领域对绩效考核结果进行应用。首先,在法官职业保障层面,如评优评先、调整薪酬、休假奖励、奖金分配等方面,应当考察考评后汇总的综合得分。其次,对系统内的人事调整,如对结案标兵、等级晋升、职务晋升等事项,应当仅考虑法官的审判质效表现,而不予考虑法官在调研、宣传等方面的成绩,如此方能科学反映法官从业的职业化水平。

四、结语

法官绩效考核制度之改进是司法体制综合配套改革的重要组成部分。当前绩效考核制度的不完备和违背司法职业规律之处,根源上是因为司法未能实现和行政的有效分离,进而使得具有科层制特点的多层考核仍在深深影响着法院内部的组织体系和法官的行为选择,因考核方式违背司法运行规律而最终产生了"毒树之果"。在强调法官职业化的今天,法官的绩效考核应当围绕这一目标有更加科学、严密的制度安排,以激发法官投身司法事业的决心和精进司法技能的动力,从而为中国司法事业的大厦筑牢根基。

心得体会

思 海 无 涯

武　旋

一年一度的学术讨论会落下帷幕,每年提交一篇论文,从流程上看,仿佛是完成一份作业。每年的上半年,众多法院人会参与到学术论文的选题、撰写、修改的过程中,争取在截止时间之前完成这份作业;之后,这份作业要得到专业评审的批改,而且每年都会有一个反馈。作业,需要有人布置,所以它生来就是讨人厌的,所以才会让那些鲜活的年轻生命逃之夭夭。学术讨论会之于法院人,仅仅是一份作业吗?我想,本书中的各位作者给出的,可能都会是否定的答案。在参与学术讨论会的过程中,作者们的灵魂都有一份接受浇灌、完善提升的期许,所以经受磨砺的过程也就不觉得痛苦了。

我也是怀抱着这份期许,开启了学术讨论会文章撰写的过程。讨论会的文章是讲究真的。所谓真,首先就是发现真问题。真问题的来源需要有对日常工作感受体验的敏锐嗅觉,也需要有对这些体验所属的规范领域的清晰认知,二者相结合,才可找到一个不错的选题。如果没有前者,就可能会陷入如象牙塔时代闭门造车的理论循环,容易脱离为法院司法审判工作服务的主旨;而如果少了后者,则会只见树木、不见森林,视野被局限于眼前表象所显露的冰山一角,而无法去触碰问题的症结所在。其次,积累真材料。此处的真是从参考材料的质量而言,例如,某一主题项下引用频度最高,或者被作为课程必读书目篇目的材料,都是需要精度并且熟悉观点的。这类材料的观点看似平淡无奇、稳妥持中,却是读者尝试提出新的见解的基石,有时,在系统化和权威性的材料面前,读者们抓住其中一句话,向前想一小步,便可得到一个崭新的思路。还有,写作真论文。学术讨论会的文章,从文体上看,要求的是严谨、规范、结构完整、论证严密的论文,所以,策论文、发言稿、散文都是不适合的。论文写作方法,是大学时代学生们的必修课,如何能在工作后依然自主地坚持学生时代的标准,精密地组织语言,分层次展开论证,是对于法院作者的显著挑战。

本次写作的文章,并未达到以上标准,所以,上述体会,是从自己写作过程的感受、与优秀作品的对比中逐步发现的,可以说,是写给本年度学术讨论会的一份自白和剖析:纵使此次未能更加靠近,但我也更好地认识了自己。想起杨绛先生曾经的一句感慨,“真没想到我这一辈子,脑袋里全是想不通的问题”。睿智如她,走过一辈子,也真真切切地思索了一辈子,一切还是没有答案。自己没有老过,她却年轻过,所以,我选择相信她的感慨。思海无涯,就让我在一年一度的学术讨论会中,思索着体验人生旅途上曼妙的风景吧。

从外因到内因：探寻行政复议制度在行政纠纷化解中的出路

——以复议双被告制度运行现状为视角

杨晓琼　黄　丽*

【论文提要】

为改变复议机关“维持会”的现状，2015 年《行政诉讼法》确立了复议双被告制度，本文拟从这一制度运行四年以来的成效与不足，探究行政纠纷的“源头治理”。

本文首先通过复议案件数量、复议再诉率、经复议案件的败诉率三个维度，对复议双被告制度的现状进行分析，发现该外因倒逼的制度并未发挥预期的诉讼截流作用，行政相对人仍未将行政复议作为起解决行政纠纷的最终选择。基于此，本文将研究方向回到行政复议本身，从内因入手，从主观动机、主体内部机制、客观不利因素三方面查找问题症结。再从行政复议制度的优势着手，通过成本分析、对比分析、效果分析三个视角，探究行政复议制度的内在优势，最后提出让行政复议成为当事人化解行政争议最佳选择的改革导向。

本文希望从扩大行政复议的受案范围和审理广度、改革行政复议审理方式、完善机关考评机制、发挥行政意见书和行政建议书的作用等方面，充分实现和发挥行政复议解决行政纠纷的固有职能，使当事人有意愿将行政复议作为化解行政争议的最佳且最终的选择。

【主要创新观点】

第一，坚持“诉源治理”理念，面对大量的行政争议涌入法院，将研究的着力点前

---

* 杨晓琼，北京市第一中级人民法院行政庭法官，曾获全国法院系统第二十三届学术讨论会优秀奖，全国法院系统第二十五届学术讨论会三等奖，全国法院系统第三十届学术讨论会优秀奖；黄丽，北京市高级人民法院民二庭法官助理，曾获全国法院系统第二十八届学术讨论会二等奖，全国法院系统第二十九届学术讨论会三等奖。

移至行政复议,从源头入手,从源头处减少诉讼增量。司法不仅是在终端解决问题,更要主动融入前端社会治理,以后端反映出来的问题,推进前端治理现代化进程。

第二,借助内外因理论,深入分析行政复议制度运行的困境,借助外因全面分析制度运行现状,并从内因寻求出路。在内因分析中,辅以主客观理论,在行政复议机关的主观动机、行政复议机关的内部机制、当事人不当行权三方面全面剖析。

第三,改变以往"化解行政争议"简单等同于"案外协调化解",而是关注行政复议的自身优势,从审理范围、处理方式、多元化化解途径等多方面对复议机关充分化解纠纷处理功能发挥作用,使当事人有意愿将行政复议作为化解行政争议的最佳且最终的选择,使行政复议真正成为纠纷化解"主渠道"。

引　言

行政复议制度施行近三十年来,在纠纷化解方面发挥了一定的作用,但与该制度建立的初衷与期待尚有差距,甚至复议机关异化为"维持会"。为了使行政复议制度发挥更好的作用,2015年《行政诉讼法》修改时确立了复议双被告制度,其目的本身就是改变复议机关的"维持会"现状,倒逼行政复议机关履行好监督职责。通过行政诉讼这一外因去影响及改变行政复议制度的现状。而该制度施行至今已经四年有余,在纠纷化解方面是否达到了预期效果,需要进行定量分析。2019年中央政法工作会议上,习近平总书记指出"完善诉源治理机制,坚持把非诉讼纠纷解决机制挺在前面,推动从源头上减少诉讼增量"。而行政复议制度作为行政机关内部纠错的一种重要机制,在行政纠纷化解中扮演者重要的角色。如果能从内因入手,使复议机关自身主动寻求改变,使行政复议制度有效发挥作用,则可以很大程度上从源头处化解行政纠纷,避免大量的行政争议引入法院,真正实现"让法官集中精力尽好责、办好案"。故本文通过对复议双被告制度运行现状的分析,发现目前外因作用下行政复议制度运行中存在的问题,并寻求解决出路,使其在纠纷化解的过程中发挥更重要的作用。

一、外因影响下的现状:未达预期的复议双被告制度

新《行政诉讼法》颁布之初,有学者认为复议机关一律做被告的规定,有可能促使复议机关认真履行复议职责,从而提升复议决定中支持申请人的比例。最后,行政复议成功率的提高,将进一步鼓励老百姓利用复议制度,这将导致复议案件的数量大幅增加。① 然而时至今日,行政复议制度是否成为之前学者所

① 参见何海波:《〈行政诉讼法〉修改的理想与现实》,载《中国法律评论》2014年第4期。

期待的成为行政纠纷化解的主渠道的社会效果需要量化进行考量。

衡量一种制度在纠纷化解中的作用，需要引用一些定量的数据进行分析。一般来讲，衡量复议制度在解决争议方面的效果，可以从以下几个方面考量：一是复议案件数量。固定周期内，在行政争议的数量确定的基础上，行政复议数量与行政诉讼数量的增率对比，可以从一定程度上反映行政相对人把纠纷交于复议机关解决的意愿；二是复议再诉率，该指标为一个较为直接的行政相对人的公正感指标，是指经行政复议案件中行政相对人不服复议决定，提起行政诉讼的比例；三是经复议案件的败诉率，即人民法院改变复议决定结论案件所占的比例，该项指标可以从侧面反映行政复议机关的纠错情况及行政复议的质量。所以该指标应该是一个客观公正性指标的反应。复议再诉率和经复议案件的败诉率均是与复议案件的公正性有关的指标，而公正性对当事人选择何种途径解决争议具有非常重要的作用，要想使申请人对行政复议的裁决心服口服，从而优先选择复议，只有一条路，那就是他确信复议是公正的。①

（一）行政复议案件数量的定量分析

1. 行政复议案件数量情况

以B市某中级人民法院辖区内，复议案件数量较多的国家部委2014—2018年复议案件数量为例，具体情况如表1所示②：

表1 2014—2018年部分国家部委复议案件数量统计

单位：件

年度	2014年	2015年	2016年	2017年	2018年
自然资源部（原国土资源部）	741	595	844	1172	816
住房和城乡建设部	1301	603	560	626	455
工业和信息化部	99	160	163	221	418
财政部	173	87	165	179	145
国家发展和改革委	311	122	169	124	121
证监会	106	68	193	199	196
银保监会③	369	535	705	579	467

① 应松年：《对〈行政复议法〉修改的意见》，载《行政法学研究》2019年第2期。

② 资料来源于中国政府法制信息网：http://www.chinalaw.gov.cn/index.html，最后访问日期：2019年6月2日。以前述国家部委案件的数量为例，可以反映社会管理的各个领域的行政复议案件，避免因不同领域行政纠纷数量不同而导致的偏颇。

③ 2016年和2017年的统计数据为原银监会和原保监会行政复议案件数量之和。

从表 1 中的数据可以看出,比较具有代表性的几家中央国家机关中,自然资源部和住房和城乡建设部、财政部和国家发展和改革委的复议案件数量在 2015 年新的《行政诉讼法》实施后,反而迅速下降,而自然资源部和住房和城乡建设部的案件数量 2017 年有较大幅度提升后,2018 年有所回落,财政部和国家发展和改革委受理行政复议案件的数量则是稳中有降,工业和信息化部行政复议案件数量大幅上升。但是需要说明的是工业和信息化部的数据并不具有较大的参考价值,因为该部委复议案件 80% 来源于同一个当事人,具有一定的偶然性。而金融监管领域,证监会的行政复议案件数量趋于稳定,而银保监会的案件数量在 2015 年也有一定幅度下降后,2016 年达到峰值,之后逐年下降。

从上述数据看,复议双被告制度并没有带来复议案件的大幅提升,并且复议双被告制度运行之初,因为立案登记制等制度的实施,降低行政诉讼案件立案的难度,反而使大量的纠纷涌入法院。之后经过回调后大部分部委的行政复议案件在 2018 年均有不同程度下降。

2. 同时间段内行政诉讼案件数量情况

与此同时,为了使复议案件的数量的定量分析更具有参考性,可以用同时期 B 市某中级人民法院行政诉讼案件的数量进行对比。且同时期的行政案件数量可以从客观上反映行政纠纷的数量情况。如表 2 所示:

表 2　2014—2018 年 B 市某中院行政案件数量对比

单位:件

年度	2014 年	2015 年	2016 年	2017 年	2018 年
一审	688	903	1119	1335	1556
二审	440	550	1247	755	1113
合计	1128	1453	2366	2090	2669

从表 2 中的数据可以看出,不同于行政复议案件的变化趋势,该中级人民法院一审行政案件近五年来仍然呈现快速增长趋势,2015 年同比增长 31.3%,2016 年同比增长 23.9%,2017 年同比增长 19.3%,2018 年同比增长 16.6%。且该中级人民法院受理的一审案件,正是以表 1 中各个中央国家行政机关为被告的案件。

表 1 和表 2 的对比也充分说明了,在同一统计期内,在行政复议数量趋于稳定甚至有所下降的情况下,行政诉讼案件数量却逆向快速增长。复议双被告制度并未将行政纠纷引向行政复议程序。大多的当事人依旧选择的行政诉讼或者经过复议之后再次提诉讼。

(二)复议再诉率

由于法院的裁判文书中并不能涵盖所有复议的案件,而行政机关目前也并未做过相应的统计,故对于复议再诉率的计算比较困难。所以笔者只能统计部分已经公开的材料,部分行政机关发布的相关文件中有过这样的表述"复议后的案件再诉率仅为9.5%,复议工作成效明显"①,而也有部分学者经过估算后认为,虽然部分地方的复议再诉率出现较大幅度降低,但从全国数据看,2015年至2016年仅小幅下降0.17%。②

(三)经复议案件的败诉率

仍以B市某中级人民法院受理的行政案件为例,将经过复议后案件的败诉率与所有行政案件的败诉率进行对比(见表3):

表3 2016—2018年B市某中院行政案件败诉率对比③

年度	2016年	2017年	2018年
经复议案件败诉率	16.7%	19.6%	15.1%
败诉率	19.4%	21%	14.4%

从表3的列表可以看出,经过复议案件的败诉率与所有行政案件的败诉率并没有太大的差异,由此可见,复议双被告制度运行之后,并未明显的降低败诉率。

从以上三项数据的分析可以看出,大量的行政纠纷依旧涌入法院,造成法官不堪重负。而复议再诉率与复议双被告制度实施之前并未有明显差别,经复议案件的败诉率亦未与平均败诉率显现出差别,也从客观上说明,无论是从行政相对人的感受,还是从实际效果上讲,复议制度的纠纷解决效果都是差强人意。复议双被告制度运行近四年来,复议双被告制度并未发挥预期的诉讼截流作用,行政相对人仍未将行政复议作为起解决行政纠纷的最终选择。

二、内因:处于困境亟待完善的行政复议制度

复议双被告制度运行的近四年间,在化解行政争议方面效果并不理想。《行政复议法》虽尚未进行修改,但近十年来,全国各地相继推行建立行政复议委员会、行政复议管辖权集中,行政复议程序细化等改革措施,部分学者认为这

① 见《马鞍山市2016年行政复议应诉工作统计分析报告》,载马鞍山市政府法制网:http://www.sfj.mas.gov.cn,最后访问日期:2019年6月30日。

② 俞祺:《复议机关作共同被告制度实效考》,载《中国法学》2018年第6期。

③ 因2015年刚实施复议双被告制度,故2016年之前的行政案件是否经过复议尚无法进行统计。

些改革的措施对现有的行政复议制度产生了重要的影响，有效解决了以往行政复议工作中存在的各项问题，强化了行政复议作为行政争议纠纷解决“主渠道”的宣传和应用。① 而行政诉讼案件数量的不断增长，反映出这些改革措施和复议双被告制度仍然未达到预期目的。今年的全国高级法院院长会议提出，要推进“诉源治理”，主动把司法工作融入党委领导、政府负责、社会协同、公众参与、法治保障的社会治理体制，实现矛盾纠纷及时、高效、源头化解，促进共建、共治、共享社会治理格局建设，立足司法职能推动社会治理现代化。面对高位运行的行政诉讼案件量，如果仅从法院内部挖潜、提高诉讼效率的角度，则是只在外因找突破，在终端解决问题始终是治标不治本。推进“诉源治理”，从源头减少纠纷，就是要回到行政复议本身，从内因寻求出路，直击问题核心，才是根本解决之道。不同于行政诉讼制度，行政复议制度作为行政机关内部的一种纠错机制，在化解行政纠纷方面，内部存在哪些问题，则是目前该制度在纠纷化解中陷入困境的内因。

外部的影响、作用是事物发展的条件，是事物发展的外部原因。但外因不是事物发展的根本原因，是第二位的原因。事物发展的根本原因不在事物的外部而在事物的内部；内部矛盾是事物发展的根据、是事物发展的基础、根源。而外因仍要通过内因起作用。② 分析该制度运行的困境的内部原因，显得更为重要。主要有以下几个方面：

（一）主观动机方面：行政复议机关存在趋利避害的心理

一方面，行政机关害怕当被告的心理并未从根本上得到根治。和改变原行政行为后，单独成为被告相比，复议机关更倾向于作为共同被告。原《最高人民法院关于适用〈中华人民共和国行政诉讼法〉若干问题的解释》第 9 条规定，复议机关作为共同被告的案件，人民法院对复议决定的审查范围仅限于复议程序的合法性。虽然现行的《最高人民法院关于适用〈中华人民共和国行政诉讼法〉的解释》对该规定进行了修订，但是实践中，复议机关作为共同被告的案件，对原行政行为合法性进行举证的义务一般均由原行政机关承担。而复议机关仅针对行政复议程序的合法性进行举证，相对简单。所以从理性人的角度考量，为了减少诉累复议机关仍然倾向于维持原行政行为。另一方面，行政复议机构亦不愿意因为改变或撤销原行政行为作出机关的行政行为，而影响上下级或同一行政机关不同工作部门之间的关系，费力而不讨好。

---

① 刘莘、陈锐：《行政复议制度的改革成效与进路分析——行政复议制度调研报告》，载《行政法学研究》2016 年第 5 期。

② 《矛盾论》，载《毛泽东选集》（第 1 卷），人民出版社 1991 年版，第 291 页。

（二）主体内部机制方面：人员不足且缺乏经验

一方面，从复议机构工作人员构成而言，复议机构工作人员数量严重不足。举例来讲，一般中央国家行政机关行政复议部门在编人员一般为四名到五名，他们不仅要负责复议程序，作出复议决定，亦要奔赴全国各地承担应诉工作。同时还要承担本机关内部的法律审核，出具法律意见，等等。使得行政复议部门的工作人员疲于奔命。即便是维持原行政行为，不“出力”，也要“出工”，仅仅是复议机关的工作人员频繁前往法院开庭的交通或实践成本就会使其不胜其烦。[①] 而没有精力去寻找行政纠纷产生问题的根源，从而去化解争议，使得行政复议流于形式。另一方面，从复议机构人事管理机制而言，各个行政机关工作人员内部轮岗的问题，也造成了负责复议工作的人员流动性过大。无论是法律适用能力还是纠纷化解方面，具体承办人员均欠缺经验，客观上亦不利于纠纷化解。

（三）客观不利因素：部分当事人不当行使复议权和诉权

自立案登记制实施之后，部分行政相对人不当行使诉权，为诉讼而诉讼，诉讼的目的并非为解决行政纠纷。该类案件的当事人，为了解决同一个争议，从不同的角度、针对不同行为和行政机关提起多个诉讼，各个案件之间可能法律关系是独立的，但往往又具有紧密的关联性。例如，前文中已经提到工信部所受理的80%的行政复议和政府信息公开案件，行政相对人均为一人。其目的仅仅是其希望裹挟更多的行政机关、更高级别的行政机关进入其诉讼中。而复议双被告制度恰好给与其该途径，该类当事人利用政府信息公开或投诉举报等途径，衍生出众多的复议案件和诉讼案件，极大地浪费了行政成本和司法资源。

三、优势：理应成为行政纠纷解决“主渠道”的行政复议制度

（一）成本分析：作为内部监督机制本身的优越性

根据《行政复议法》的相关规定，行政复议机关一般是本级人民政府或上一级主管部门，这种天然的行政级别上的上下级关系，使得行政复议成为解决行政争议纠纷的最经济快速的解决方式。主要有以下优越性：其一，发现原行政机关存在问题时，可以及时通知期予以纠正，避免后续新的纠纷的产生。其二，更容易把握行政纠纷产生的实质和根源，进而可以通过多元化的方式化解行政纠纷。例如，众多的信息公开案件，背后均是征地拆迁引发的行政争议，复议机关在复议的过程中，既可以及时发现征地拆迁过程中产生的问题，责令下级行政机关予以纠正，另外，还可以通过协调补偿金额的方式，从源头处化解行政纠

① 俞祺：《复议机关作共同被告制度实效考》，载《中国法学》2018年第6期。

纷。其三,行政复议制度作为行政机关的内部纠错机制,部分行政相对人认为通过复议的途径去救济权利,可以避免和行政机关站在对立面。在原行政行为存在问题的情况下,被复议机关予以纠正,而不是被人民法院予以纠正,对原行政机关来讲更容易接受。比如在证券监管领域,因为被处罚的行政相对人大多之后都还要继续从事该行业,故大多数行政相对人不愿意与证监会对簿公堂而选择行政复议,而在该领域中,复议变更率确实远高于涉证券处罚类行政案件的败诉率。其四,行政管理领域涉及社会生活的方方面面,术业有专攻,相较于法官,行政复议机关的工作人员在专业领域和专业问题上更具优势,更有利于寻找行政纠纷的症结点,从而化解行政争议。

(二)对比分析:行政复议与行政诉讼本身存在的差异性

行政复议和行政诉讼本身在功能定位上即存在重大的差异,所以《行政诉讼法》和《行政复议法》在受案范围、期限、审理程序等方面存在众多的差异。首先,从受案范围来讲,因为《行政诉讼法》先进行了修改,而《行政复议法》尚未进行修改,所以从表面上看,目前《行政诉讼法》规定的受案范围超越了《行政复议法》规定的受案范围,然而从根本上来讲,行政复议的受案范围应该更广,因为它不仅可以受理合法性问题,也可以受理全部的合理性问题。[①] 所以行政复议可以将更多的不属于人民法院受案范围的事项进行审理,对当事人的权利救济更有利。其次,从起诉期限上来讲,《行政诉讼法》规定了最长的起诉期限,即《行政诉讼法》第 46 条规定,因不动产提起诉讼的案件自行政行为作出之日起超过 20 年,其他案件自行政行为作出之日起超过 5 年提起诉讼的,人民法院不予受理。故从行为作出之日起,无论当事人知道与否,经过了最长的起诉期限,人民法院都将不予受理。但《行政复议法》并未规定最长的起诉期限,而是从行政相对人知道该行为时开始起算复议申请期限,这样对于很多已经经过最长起诉期限的案件,行政相对人仍可以通过行政复议的途径寻求救济,这也正是体现了《行政复议法》的内部纠错功能。例如,实践中,在冒用他人身份证件进行工商登记的行政案件中,因为行政相对人大多对工商登记的情况毫不知情,等发现被冒用事宜时,很多已经经过了最长的起诉期限,当事人无法从司法程序中寻求救济,但如从知道之日起,未经过复议期限,则复议机关可以在查明案件事实的基础上,作出相应的认定。最后,审理程序,同烦琐的诉讼程序相比,行政复议的程序具有便捷、效率的优势。且目前行政诉讼的审限一审是 6 个月,二审是 3 个月。而行政复议的审理期间是 60 日,客观上讲,行政复议的效率性

---

① 应松年:《对〈行政复议法〉修改的意见》,载《行政法学研究》2019 年第 2 期。

更强。故部分专家认为,在行政复议制度改革的过程中,行政复议应当抓住实质的公正,在程序上避免复议与诉讼的同质化,可以省去繁文缛节的东西,追求高效便捷。①

(三)效果分析:行政复议制度可有效避免行政相对人对立情绪的产生

一方面,复议双被告制度施行后,行政相对人更愿意先向复议机关申请复议后,对复议结果不服,再向人民法院提起诉讼。这样行政相对人普遍认为,通过这种方式可以使得有更高级别的行政机关对其案件情况进行关注。另一方面,行政案件的法官普遍都可以感觉到,行政纠纷拖得越久,当事人的对立情绪越多。部分当事人在提起复议的初期,尚能理性看待争议,但经过复议程序、行政诉讼一审、二审之后,当事人的诉求仍然没有得到支持,并且该争议在经过众多的流程之后,可能已经经过两年之久。此时当事人的对立情绪就会异常加大,甚至产生不稳定因素。故在行政复议的过程中,通过行政复议职能的发挥,可以迅速化解尚未形成极端对立矛盾的行政纠纷,避免加剧行政机关与行政相对人的对立情绪。

四、改革导向:让行政复议成为当事人化解行政争议的最佳选择

党的十九届三中全会提出,下决心解决党和国家机构职能体系中存在的障碍和弊端,其根本目标就是推进国家治理体系和治理能力现代化,进一步汇聚起强大的改革力量。充分发挥行政复议的救济功能,有助于确保行政争议得到实质性化解,实现行政主体与行政相对人的"官民和谐"。故是否能在诉前化解行政争议,将行政纠纷解决在行政程序中,不仅关系到政府的形象,同时也是国家治理能力现代化的重要体现。

以往对于"化解行政争议"简单地等同于"案外协调化解"。协调化解固然能够解决部分行政争议,但是并不能充分实现和发挥行政复议的固有职能。行政复议法目前修改在即,故本文希望从审理范围、处理方式、多元化化解途径等多方面对复议机关充分化解纠纷处理功能发挥作用,使当事人有意愿将行政复议作为化解行政争议的最佳且最终的选择。

(一)扩大行政复议案件的受案范围和审理广度,推进纠纷实质解决

首先,目前《行政复议法》的第 2 条和第 6 条对行政复议案件的受案范围进行了规定,从文意本身理解,是讲行政复议的审理对象限缩于具体行政行为,将

---

① 刘莘、陈锐:《行政复议制度的改革成效与进路分析——行政复议制度调研报告》,载《行政法学研究》2016 年第 5 期。

复议被申请人限缩为行政机关。该受案范围不仅把经法律、法规、规章授权的组织作出的行政行为排除在外,亦把行政协议等非传统意义上的行政行为排除在外,这样不利于纠纷的解决。故建议在修改《行政复议法》时,扩大行政协议的受案范围。尤其是对法律、法规、规章授权的组织作出的行政行为,主管机关作为复议机关,更有利于纠纷的实质性解决。但是在申请期限、复议流程等方面仍建议与行政诉讼法保持差异。这样有利于更有效率的解决争议,在诉前化解争议。

其次,修改《行政复议法》时,对复议机关除对合法性问题进行审查外,可以在多大程度上,对合理性问题进行审查。且对合理性的审查除行政诉讼法有类似规定外的,不属于行政诉讼审理范围。如此,一是扩大了行政复议的审理深度,使行政相对人更愿意将行政纠纷交于复议机关;二是加上合理性的考量更有利于纠纷的化解,有利于行政相对人的接受;三是因该部分不属于行政诉讼审理范围,更有利于复议机关放开手脚。

(二)改革行政复议审理方式,避免程序空转

目前,政府信息公开类案件和投诉举报类案件占据行政复议案件的七成以上,对于中央国家行政机关的复议案件中,前述案件的比例更是达到90%以上。这两类案件,实质上均可以归结为履责案件,对于履责类案件,复议机关在审理过程中应避免严格将拒绝行答复作为合法性审查的对象,而更应当考虑行政机关实质上是否应当履责。如原行政机关作出行政行为或者拒绝履行职责的理由不当,但结论正确的,可以充分发挥复议机关的治愈功能,对原行政行为的理由纠正的基础上,仍可以维持原行政行为,而避免将争议再次交还原行政机关,造成程序空转。并且现在现行司法解释的规定,在此情况下,如若当事人不服提起诉讼,复议机关仍可以作为共同被告。故在复议双被告制度的情况下,应当鼓励复议机关对原行政行为做前述的修正和治愈。

(三)完善机关考评机制,发挥考核机制的正向引导作用

目前,复议双被告制度饱受诟病的一个重要原因还在于应诉案件增加带来的重大的败诉风险。与单纯的"出工"去参加应诉的劳累相比,更让复议机关倍感压力的是来源于参加诉讼后的败诉风险。败诉之后不仅会影响本机关的形象,还会影响部门的年度考核,以致追责。[①] 在这种情况下,复议机关更不愿意

① 全国各级各地行政机关大都制定了行政复议考核办法。例如《自然资源行政复议规定(征求意见稿)》《深圳市行政机关败诉案件报告办法》《杭州市行政败诉案件过错责任追究办法》等,均对败诉追责进行了规定。

作为共同被告,故从理性人的角度抵制该项制度的推进。所以应当从考评机制上入手改革。仅将复议机关纠错作为正向考评指标,且对案件认定事实、理由和法律适用等问题进行纠正的,应当均属于该范围。这样可以推动行政复议机关更好的履责。同时,应当取消将诉讼案件败诉率作为一项考评指标的规定。前文中已经提到行政复议和行政诉讼在功能定位、受案范围等众多方面,存在不一致的情形,所以考评败诉率本身也不科学。并且不作为一项考评指标之后,可以使复议双被告制度最大限度地发挥功能,更能促进复议机关对复议双被告制度从抵制变成拥护,有利于该项制度的推进。

(四)发挥行政意见书和行政建议书的作用,实现源头治理

《行政复议法实施条例》第 57 条规定,行政复议期间行政复议机关发现被申请人或者其他下级行政机关的相关行政行为违法或者需要做好善后工作的,可以制作行政复议意见书。有关机关应当自收到行政复议意见书之日起 60 日内将纠正相关行政违法行为或者做好善后工作的情况通报行政复议机构。行政复议期间行政复议机构发现法律、法规、规章实施中带有普遍性的问题,可以制作行政复议建议书,向有关机关提出完善制度和改进行政执法的建议。由此可见,行政复议意见书和行政复议建议书,其实都是将复议过程中发现的而未在复议决定中体现的问题,向复议被申请人传达的一种方式。这种方式是行政复议职能的延伸的一种体现,本应当在化解行政争议,解决社会管理问题方面发挥重要的作用。然而实践中,发送行政复议意见书和行政复议建议书的情况均为凤毛麟角。

为了更好地在诉前化解争议,实现从源头上减少诉讼增量,就要充分发挥行政复议意见书和行政复议建议书在社会管理方面的柔性填补功能。通过指出其他违法行为从源头处提升复议被申请人的依法行政水平或者通过做好相应的善后工作,避免矛盾进一步激化的方式,化解个案纠纷。通过发现法律、法规、规章实施中带有普遍性的问题,从源头处避免行政争议的产生。且行政复议建议书本身就是履行规范性文件附带审查的职能,正确履行该职能,亦可以与行政诉讼法规定的规范性文件附带审查相衔接。

结 语

不同于民事诉讼和刑事诉讼,行政复议制度作为行政诉讼特有的一种当事人可以选择的诉前纠纷化解机制,如果该制度能合理运行,充分发挥作用,成为行政纠纷化解的主渠道,则可以真正做到"从源头处减少诉讼增量"。外因的推动作用非常重要,与复议双被告制度的运行现状相结合,肯定该制度的倒逼作

用,减少该制度产生的负面影响,才是该制度运行的出路所在。与此同时,如何最大限度发挥内因的作用?从维护政府形象的角度,使复议机关主动发挥职能,最终促进实现国家治理能力的现代化。

司改背景下法院庭长培养路径的完善

——以《司法人事制度改革答复口径(五)》为切入点

任 静 赵 松*

【论文提要】

审判权运行机制、人员分类管理等司法责任制改革背景下,庭长的职责范围和履职能力出现新的变化要求,进而对庭长培养路径提出新的挑战。最高人民法院2018年11月发布《司法人事制度改革答复口径(五)》(以下简称《答复口径(五)》),就法官岗位交流后如何入额任职等问题进行了解答,从制度依据上打破了职务序列壁垒,为人员岗位动态调节和复合型人才培养提供了有效衔接渠道。从实践看,庭长的补充后备力量主要是改革前未入额的综合职能部门领导干部和改革后法院内部培养选拔的干部,庭长的培养模式除了通过工作部门正式调动以外主要途径是挂职交流。当前实践模式应对司法改革带来的变化具有一定局限性,亟须妥善处理好以下四种关系,一是庭长选拔使用综合职能部门领导干部的双向流动补充关系,二是管理能力和专业素养的均衡培养兼顾关系,三是任职前和任职后的培养规划协调关系,四是职务序列改革后员额管理和法官交流的沟通渠道保障关系。为此,本文以《答复口径(五)》为切入点并以此为依据,对司法改革背景下法院庭长的培养路径现状进行考察,分析该路径在应对司改变化中存在的局限性及面临的问题,提出针对性补充完善建议。

【主要创新观点】

一是在政策依据上,以最高人民法院发布的《答复口径(五)》为指引。司法改革针对庭长职责范围、履职权限和培养路径提出新要求,该口径从制度上为法院干部培养交流锻炼提供了更便捷的衔接渠道,也为参加岗位交流锻炼的员额法官解决

---

* 任静,北京市第一中级人民法院干部处干部;赵松,北京市第一中级人民法院团河法庭四级调研员。

了任职资格条件的顾虑问题,整体上来看使得庭长培养机制更加顺畅。

二是在综合能力培养上,完善庭长和综合职能部门领导干部轮岗交流机制。改革后庭长不仅需要完成规定的办案数量、审理重大疑难复杂案件,还需要统筹管理部门内部、优化分工。这就对庭长的履职能力提出更高要求,既要具有法官的专业素质,又要有作为部门管理者的行政素质。综合职能部门领导干部主要负责法院审判管理、法官管理、政工党务等综合性事务,对专业能力要求也较高。因此,探索在现任庭长(员额法官)5年任职资格保有期限内与综合职能部门领导干部进行轮岗交流,打破人员分类壁垒,扩宽工作视野,促进动态流动。

三是在机制衔接运用上,完善员额法官交流锻炼机制。员额法官到综合部门、其他单位进行交流锻炼,跨部门跨领域、畅通扩大交流范围,培养懂审判业务、懂管理、懂党建的复合型人才,为审判业务部门中层领导干部储备后备人才。

四是在后备干部补充上,完善未入额法官助理、司法行政人员轮岗交流机制。通过绩效考核机制、早发现早培养机制、激励机制等提高业务素质、丰富工作经历,为遴选入额提供人才参考。

引 言

法院庭长是法院内设审判业务部门的领导者,作为法院内部承上启下的重要环节,是集行政管理权和司法审判权于一身的典型代表。司法改革背景下,一方面,庭长的审判管理和监督职责在审判权运行机制和司法责任制改革中既要发挥重要作用又面临转型;另一方面,庭长的培养路径需要适应司法人员分类管理等改革制度带来的变化。针对此问题,有些法院在新旧制度衔接背景下就庭长培养规划采取了一些措施,但由于对改革后庭长的职责认识不全面,在庭长培养规划方面取得的效果不够,法院面临已有庭长职责转型不顺畅、新生庭长难以为继的危机。

2018年11月,最高人民法院发布《答复口径(五)》,就法官岗位交流后如何入额任职等问题进行了解答①,从制度依据上打通了法官交流通道,为干部复合

① 从规定内容来看,主要有以下要点:一是员额法官因工作需要调整到法院非办案岗位或者调离法院系统,退出员额5年内回到法院办案岗位的;员额法官因工作需要调到不同法院办案岗位。符合任职法院员额法官条件的,到基层法院、中级法院任职的,经所在法院党组研究后层报高院批准入额;到高院、最高院任职的,由高院、最高院党组决定入额。二是员额检察官因工作需要交流到法院拟担任员额法官的;经组织选派到法院办案岗位挂职锻炼的干部。符合交流、挂职法院员额法官条件的,到基层法院、中级法院任职的,经所在法院党组研究后层报高院批准入额;到高院、最高院任职的,由高院、最高院党组决定入额。

型能力培养提供了更顺畅的衔接渠道。为进一步完善法院庭长培养路径,本文通过重新审视庭长的职责变化,对当前新旧制度衔接背景下庭长的培养模式进行研究,适应改革后的法院人才培养方式,在吸收优点、补充漏洞的基础上,以《答复口径(五)》为切入点,对员额制改革后法院庭长培养路径进行完善和重构。

一、问题的提出:司改对庭长的培养提出新的要求

(一)多元职责的新要求:对庭长的管理职责与审判职责提出新的"期待"

关于庭长职责的具体规定多散见于三大诉讼法、《法官法》、《法院组织法》、《党政领导干部选拔任用条例》及中央相关改革文件精神中,同时庭长关于对所领导审判业务部门内部的人员考核、资源调配、党建团建等职责要求则由法院内部相关规范补充。综上,为了更直接的感观,本文将庭长职责作以下划分:

1. 管理职责。全面落实司法责任制改革要求"由审理者裁判,由裁判者负责",法院领导干部要充分尊重独任法官、合议庭法定审判组织地位,除审判委员会讨论决定的案件外,院长、副院长、庭长不再审核签发未直接参加审理案件的裁判文书。但庭长的其他管理职责并没有减少。主要有两个方面,人事管理和案件管理。人事管理主要指对法官的日常管理、司法预算执行、财务管理、档案管理、司法统计等(见图1)。案件管理主要是指审理案件过程中的管理职能,是对案件流程的管理,主要包括案件分配、案件效率监督和案件质量监督等内容(见图2)。

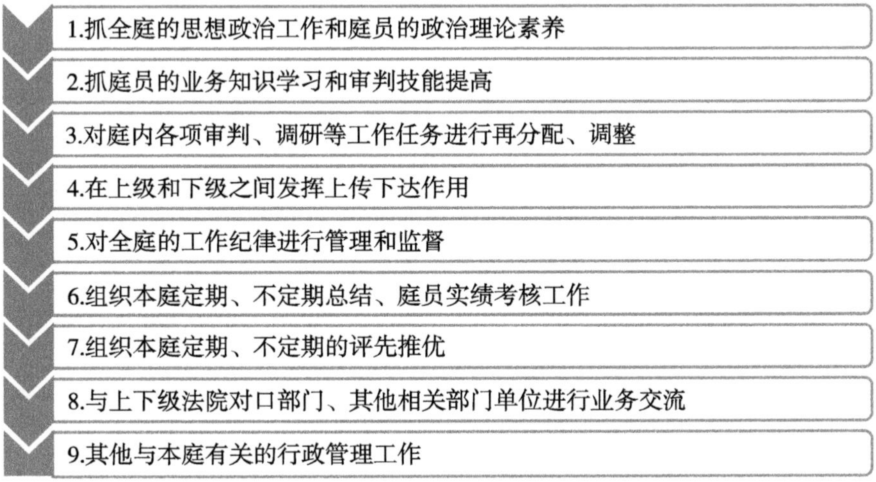

图1　庭长人事管理职责

1.配置审判资源，包括专业化合议庭、审判团队组建模式及其职责分工

2.部署综合工作，包括审判工作的安排部署、审判任务的分配、调整

3.审批程序性事项，包括法律授权的程序性事项审批、依照规定调整分案、变更审判组织成员的审批等

4.监管审判质效，包括根据职责权限，对审判流程进行检查监督，对案件整体质效的检查、分析、评估，分析审判运行态势，提示纠正不当行为，督促案件审理进度，统筹安排整改措施，对存在的案件质量问题集中研判等

5.监督“四类案件”，对《最高人民法院关于完善人民法院司法责任制的若干意见》第24条规定的“四类案件”进行个案监督

6.进行业务指导，通过审理案件、参加专业法官会议或者审判委员会等方式加强业务指导

7.作出综合评价，在法官考评委员会依托信息化平台对法官审判绩效进行客观评价基础上，对法官及其他工作人员绩效作出综合评价

8.检查监督纪律作风，通过接待群众来访、处理举报投诉、日常监督管理，发现案件审理中可能存在的问题，提出改进措施等

图2　庭长案件管理职责

2. 审判职责。首先是作为“员额法官”的职责要求。庭长的根本属性应该是法官，是裁判者。改革前庭长办案具有一定的“随意性”特点，改革后，庭长办案则具有“强制性”和“激励性”特点，要求庭长必须完成一定的办案工作量，《最高人民法院关于加强各级人民法院院庭长办理案件工作的意见（试行）》以办理案件所属审判业务类别法官平均办案工作量为计算基数，明确庭长办案任务量。其次是加强完善法律统一适用机制的要求。明确要健全院领导主要审理重大疑难复杂案件机制，庭长要发挥对审判工作的示范、引领和指导作用，院庭长办案一度被媒体誉为“名医把脉”“将军领队”[①]。从法院实践来看，庭长多数是审判委员会委员。审判委员会是法院内部总结审判经验、讨论决定审判工作重大事项的最高审判组织[②]，具有宏观审判指导职能，因此庭长不仅要“术业

① 吴仕春：《用“将军领队”助推“院长办案”改革》，载《人民法院报》2015年9月7日，第2版。

② 《人民法院组织法》(2018年修订)第37条规定：“审判委员会履行下列职能：(一)总结审判工作经验；(二)讨论决定重大、疑难、复杂案件的法律适用；(三)讨论决定本院已经发生法律效力的判决、裁定、调解书是否应当再审；(四)讨论决定其他有关审判工作的重大问题。最高人民法院对属于审判工作中具体应用法律的问题进行解释，应当由审判委员会全体会议讨论通过；发布指导性案例，可以由审判委员会专业委员会会议讨论通过。”

有专攻”还要“博学多才”，是为审判经验丰富的资深法官[①]。

（二）履职范围的新变化：法院内部组织架构改革对庭长管理范围和管理方法提出新的要求

法院内设机构改革和加强审判团队建设是本轮司法改革的两个重点任务。内设机构改革的总体目标要在理顺职能、优化分工的基础上，精简整合法院资源力量，减少管理层级，推进扁平化管理。从内设机构改革现阶段结果来看，针对审判业务部门，各级法院采取的改革方式更多的是“合并同类项”，并未取消审判业务部门的建制。加强审判团队建设，目的是要强化审判团队作为办案单元和自我管理单元的功能，完善团队内部分工，切实增强团队合力。从实践来看，审判业务部门员额法官基本上全部编入了审判团队中。与改革前相比，庭长的管理范围将由原来的“小庭”扩大到现在的“大庭”，由原来的管理法官到现在的管理“审判团队”，在管理范围和管理方法上都将有所进化。

（三）培养路径的新壁垒：人员分类管理对庭长履职能力的培养带来新的挑战

司法人员分类管理是将法院工作人员分为法官、审判辅助人员、司法行政人员三类。经过近 4 年的努力，以法官员额制为核心的司法人员分类管理基本到位，法官、审判辅助人员、司法行政人员三类人员独自不同的职务序列、职级设置、晋升通道等也将逐渐健全完善，各类人员在不同序列内“各自成长”的现象将逐渐普遍。人员分类管理改革之后，三类人员原地打转、系统内封闭循环现象将更为严重，一定程度上制约法院干部综合素质能力的提升和进一步的培养使用。

二、现状考察：新旧制度衔接中庭长培养使用的应对实践

（一）“遗留的明珠”+“新生代力量”补充模式

员额制改革以来，法院目前可使用的庭长后备力量主要可以分为两类：一是改革过渡期“遗留的明珠”，在前期的法官入额遴选工作中，从改革大局考虑，法院综合职能部门有审判职务的领导干部放弃了入额，把更多的员额机会留给了一线干警，这些干部很多原来是庭里的业务骨干，放在业务庭，都会是优秀的法官。但是从全局考虑，没有入额，目前仍留在综合职能部门负责行政管理职责，下一步可以调整至审判业务部门入额担任庭长职务。二是法院培养的“新生代力量”，主要指法院通过干部培养选拔机制，在工作中通过组织培养、交流锻炼等方式培养选拔出的优秀的干部后备力量。以某直辖市三级法院为例，

① 《人民法院组织法》（2018 年修订）第 36 条第 1 款、第 2 款规定：“各级人民法院设审判委员会。审判委员会由院长、副院长和若干资深法官组成，成员应当为单数。审判委员会会议分为全体会议和专业委员会会议。”

2017年以来[①]某直辖市三级法院补充及预计补充至庭长（员额）队伍的未入额有审判职务的领导干部49人，仍有约164名未入额有审判职务的领导干部工作在综合职能部门。2017年以来新任职审判业务部门庭长[②]166人（见图3）。

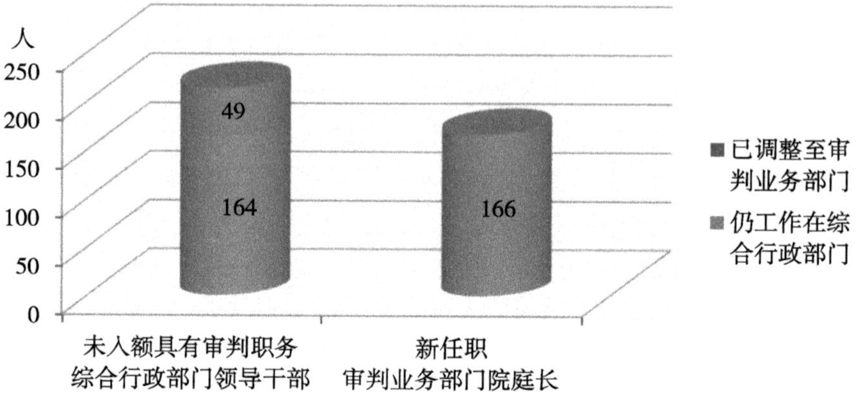

图3　2017年以来某直辖市三级法院补充至庭长（员额）队伍人数

（二）"多部门工作经历"+"挂职交流"培养模式

除了通过工作部门正式调动增加多样工作经历以外，实践中主要途径是挂职交流，主要有四种交流方式：一是在法院内部不同部门之间交流。如浙江绍兴中院建立的法官在审判部门、综合部门之间的交流机制。[③] 二是在上下级法院之间交流。如吉林省高院定期选派省法院法官到中基层法院挂职锻炼。[④] 三是在不同地区法院之间交流。如京津冀三地法院人员培训和法官交流工作机制。[⑤] 四是在政法系统单位之间交流。主要是在政法系统内法院、检察院、公安机关等政法机关之间的挂职交流。[⑥]

① 某直辖市法院自2016年开始进行员额制改革，因2016年入额人数较多，部门调动情况较多，本文在计算员额后院庭长补充人数时不计入2016年补充人数，确保数据的客观性。

② 因是新任领导干部，此处庭长主要指法院内部新任副庭长。

③ 《浙江绍兴中院关于加强法院年轻干部锻炼培养工作的若干意见》规定，对法官在审判部门、综合部门之间的轮岗交流、考核管理等进行明确规定，交流挂职时间一般是2年，明确对没有综合部门工作经历，或综合部门工作经历未满2年的40周岁以下的员额法官，原则上应当分批到综合部门交流锻炼1～2年。

④ 《吉林省高院2017年度开展上下级法院互派法官挂职锻炼工作方案》，明确上下级法院之间法官挂职时间一般为1年。

⑤ 2018年1月，最高人民法院印发《关于加强京津冀三地法院人员培训和法官交流工作的意见》。北京市一中院则探索与外省市法院如与天津一中院、唐山中院、张家口中院、内蒙古兴安盟中院、新疆生产建设兵团十四师中院签订框架协议，建立双向交流挂职通道。

⑥ 2018年6月，北京市政法系统组织开展了为期半年的政法系统优秀年轻干部交叉锻炼工作，法院、检察院、公安机关等政法机关共107名干部参加了挂职锻炼。

以某直辖市三级法院的现任365名庭长[①]为样本,从参加工作以来的审判业务部门工作经历、法院综合职能部门[②]工作经历、政法系统其他单位(主要指公安局、检察院、政法委、司法局等单位)工作经历、政法系统外其他单位工作经历等角度进行统计。从统计结果来看,365名现任庭长中,156名庭长仅具有审判业务部门工作经历,占42.7%,其中,具有2个以上不同专业领域审判部门工作经历的有152人,占97.4%。192名庭长具有审判业务部门工作经历和法院综合职能部门(含院长或副院长职务)工作经历,占52.6%;9名庭长具有法院和政法系统其他单位工作经历(含挂职交流工作经历),占2.5%。8名庭长具有法院及政法系统外单位工作经历(不含军转干部军转前的部队工作经历),占2.2%。可见,法院综合职能部门是进行庭长综合培养的主要"阵地"。

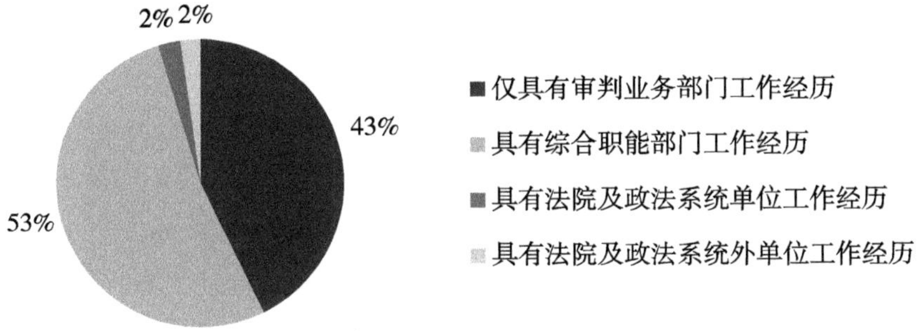

图4 某直辖市三级法院庭长成长路径特点

(三)"梯次化"+"长期性"培养模式

在干部培养选拔方面,法院在各阶段、各职级都有尝试和探索,有"早"有"晚"。有的从新入职法院的应届毕业生开始,建立以新入职大学生为主体的交流轮岗机制,分批安排新入职大学生入职之后先到综合职能部门锻炼,拓宽年轻干部工作视野,有序安排审判业务部门年轻法官助理与在综合职能部门工作一定年限的年轻干部轮换。[③] 有的注重从工作、日常表现中选拔发现优秀年轻干部,结合日常考核、评优评先、典型推树等情况及时发现人才,将有发展潜力的年轻干部纳入视野,加以培养锻炼,待符合要求后,再按规定选拔。有的在将要或已经符合任职条件时,将中层副职后备干部放在中层副职岗位或中层领导

---

① 因涉及成长路径,此处分析主要以现任庭长为样本,不包含副庭长。该365名庭长多数在改革前已任庭长。

② 此处综合职能部门主要是指法院内部审判管理研究部门、政工纪检部门、行政后勤部门等法院内部非审判业务部门。

③ 以某直辖市三级法院为例,2015年以来,入职后到综合职能部门工作的新入职法学专业毕业生(招录岗位为法官助理)有178人,占全市法院新入职大学生11.87%,一般轮换时间为2年。

助理岗位上进行锻炼,压担子,帮助尽快成长(见图5)。

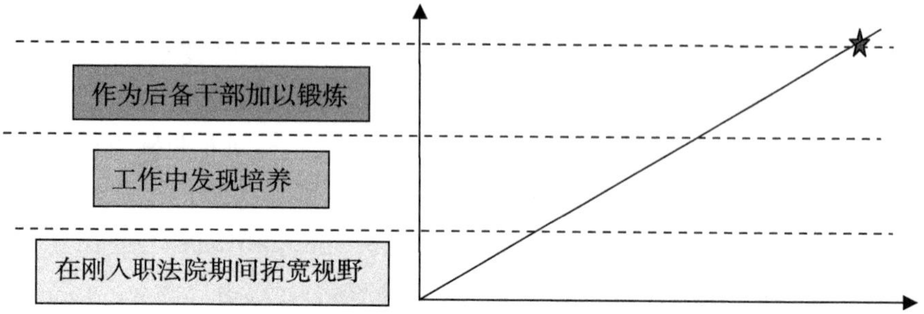

图5　法院干部不同阶段培养选拔示意图

三、实践反思:当前实践模式在应对司改变化中的局限性

(一)庭长的选拔使用VS综合职能部门领导干部补充

两者兼顾存在一定困难。综合职能部门审判管理、法官管理、政工党务等岗位都具有较强的专业性,从事这些工作不仅需要具有综合管理能力,还需要有一定的法律专业能力和审判经历。在前期的法官遴选入额工作中,部分综合职能部门有审判职务的领导干部放弃了入额,把更多的员额机会留给了一线干警。随着改革的推进,逐渐有综合职能部门领导干部重新回到审判业务岗位入额并担任审判业务部门领导。此种做法有助于补齐庭长综合管理能力短板,优化庭长队伍结构,将既懂专业审判,又懂管理,同时熟悉党建、队建业务的复合型领导干部调整至审判业务部门,有助于强化审判业务部门力量。但是从法院对综合职能部门领导干部的下一步的需要和补充统筹考虑,有审判职务的综合职能部门的领导干部也不能都调整至审判业务部门,需要有序流动。

(二)管理能力培养VS专业素养培养

多元履职能力的培养力度不均衡。同样为员额法官,对庭长在审判专业能力、审判管理能力、行政管理能力等方面的要求都明显高于普通员额法官。实践中,有的法院庭长不能全面了解或不善于使用"新上线"法院审判管理系统,在履行审判管理职能方面较为被动;有的法院庭长专业知识更新较慢,在统一法律适用、发现部门内部审判问题、加强部门业务指导方面容易"力不从心"。从干部成长和法官队伍建设规律①来看,"将军"是来源于"士兵"的,"将军领

① 最高人民法院《人民法院第五个五年改革纲要(2019—2023)》中规定,全面推进人民法院队伍革命化、正规化、专业化、职业化建设,遵循干部成长规律,完善法官培养、选任和培训机制。

队”的同时需要“上下协力”。因此，庭长培养使用应与法官队伍建设相辅相成，这是一项系统工程，在加强庭长综合行政管理能力的同时应兼顾审判专业能力的培养，兼顾员额法官专业化、职业化建设。

（三）任职前培养 VS 任职后培养

任职后的培养往往是被忽略的。从法院实践来看，多数法院将法院领导干部培养工作主要定位在庭长后备干部的培养选拔上，一旦选拔任职为领导干部，进一步的培养容易被忽略，培养规划一般不覆盖已提拔为庭长的领导干部。但有的庭长长期在一个部门工作，工作经历单一、视野较窄，有时也会产生凭经验、靠感觉办事的情况，总体上弊大于利，不利于干部视野的开阔和综合能力素质的提升。需要在统筹规划上让不同层级干部接触更多的领域，应对不同的局面，接触不同的实践，提高领导干部应对复杂局面的能力，为法院储备一批有经验、有能力的复合型干部。

（四）培养路径规划 VS 职务序列改革

与人员分类管理改革尚不能完全相互适应。不难看出，法院的探索实践存在一定的局限性。主要表现在覆盖范围较窄，人数较少，不能满足法院后备干部的储备需要；①交流范围未完全跳出法官岗位，不能满足庭长综合能力培养的需要。② 究其原因，本文认为主要有以下两点：一是人员分类管理改革后相关配套制度尚不健全完善，法院法官跨领域跨部门交流还不够通畅，员额退出、重新入额等制度与干部交流、干部培养使用还没有建立科学有效的渠道；二是人员分类管理改革后，随着法官职务序列改革的推进，适合法官的职级设置、晋升通道、职业保障等制度逐渐健全完善，法院人员，尤其是具有审判专业能力的人员到综合职能部门或其他单位工作的意愿越来越小，在相关制度衔接尚不健全的情况下，让法官到其他岗位工作锻炼，不免会产生以后还能不能回到审判岗位、还能不能顺利入额或再次入额等的疑虑。

四、切入点：运用《答复口径（五）》相关政策完善庭长培养机制

（一）政策指引——《答复口径（五）》规定的内容

根据《答复口径（五）》，员额法官因工作需要调整到法院非办案岗位或者

---

① 当前部分法院在探索加强法官交流锻炼，但是总体来看，交流法官占法官总数比例较低，以北京市政法系统干部交流为例，2018 年北京市政法系统开展了为期半年的挂职交流锻炼工作，全市三级法院系统中，共有 31 名法院干警（其中含员额法官 7 名），交流的员额法官数量仅占全市法院员额法官人数（2466 人）的 0.28%。

② 主要是针对法院之间、法官与法官岗位之间的交流。

调离法院系统,退出员额5年内回到法院办案岗位的;员额法官因工作需要调到不同法院办案岗位。符合任职法院员额法官条件的,到基层法院、中级法院任职的,经所在法院党组研究后层报高院批准入额;到高院、最高院任职的,由高院、最高院党组决定入额。

(二)机遇变化——通过《答复口径(五)》可克服的问题

1. 打破职务序列壁垒。对《答复口径(五)》中的规定,本文更倾向于一种理解[①],即将员额法官视为一类"任职资格",一旦遴选入了员额,就可以在全国法院通用,即使不在法官岗位上,还可以在一定期限内保留资格。《答复口径(五)》还给这个任职资格规定了一个期限,为5年。员额法官因交流挂职等原因退出员额后,仍保有任职资格,5年内重新回到审判岗位,仍符合任职法院员额法官入额条件的,可以不经遴选,经规定的批准程序后重新入额。

2. 提供有效衔接渠道。员额法官经法官遴选委员会遴选入额。[②]《答复口径(五)》出台前,员额法官调离法官岗位、调到其他法院的,一般先退额,办理退额手续;回到审判岗位或到新任职法院的,需经法官遴选委员会,按照遴选程序,重新遴选入额。但法官遴选委员会的召集具有定期性的特点,涉及重新入额或交流的法官,需等待高级法院遴选委员会组织遴选,等待时间较长,遴选程序较为复杂,周期较长不利于审判资源的充分利用。《答复口径(五)》出台后,法官退额后重新入额或交流后在新任职法院入额可以不用召集法官遴选委员会,随时按照相关程序经规定部门党组批准入额,大大缩短了重新入额的时间周期。

3. 实现人员动态调节。本文认为,法院综合职能部门作为培养法官综合管理能力的主要"阵地",其领导干部和工作人员不宜追求绝对的稳定。以《答复口径(五)》为基础,构建综合职能部门动态调整机制,设置综合职能部门岗位和法官交流机制,员额法官可到综合职能部门岗位挂职锻炼,已任庭长(员额法官)可与综合职能部门具有"审判任职资格"的领导干部轮岗交流,合理确定轮岗期限,实现庭长综合管理能力的培养和综合职能部门人员补充的相对平衡。

4. 解决法官"后顾之忧"。有效回答了员额法官调离审判岗位后还能不能

---

① 《原来法官入额除了参加考试遴选,还可以挂职或另有途径》,载搜狐网:http://www.sohu.com/a/281802512_120044552,最后访问日期:2019年5月8日。

② 《中共中央关于全面推进依法治国若干重大问题的决定》明确,建立法官、检察官逐级遴选制度。《法官法》第16条规定,省、自治区、直辖市设立法官遴选委员会,负责初任法官人选专业能力的审核。

重新入额、什么情况下可以入额、怎么重新入额的问题。给因到非审判岗位交流、挂职而退额的法官吃了一个"定心丸"。解决现阶段在法院综合职能部门的具有法律职业资格的工作人员人心不稳、工作积极性不高的问题。

五、路径设计:对庭长培养路径规划进行补充完善

结合当前法院人员类别构成和庭长履职需要,本文将《答复口径(五)》相关内容插入当前法院庭长培养路径规划中,对当前法院庭长的培养进行补充完善。

(一)健全完善未入额法官助理、司法行政人员轮岗交流机制

加强年轻干部综合管理能力的培养,在尚未入额前可建立有效的法官助理轮岗机制,探索推进综合职能部门具有法律职业资格的干部到审判业务部门工作,推进有能力有潜力的审判业务部门法官助理到综合职能部门岗位工作,通过轮岗交流、挂职锻炼促进法官助理、年轻干部提高业务素质、丰富工作经历,全面成长(见图6)。

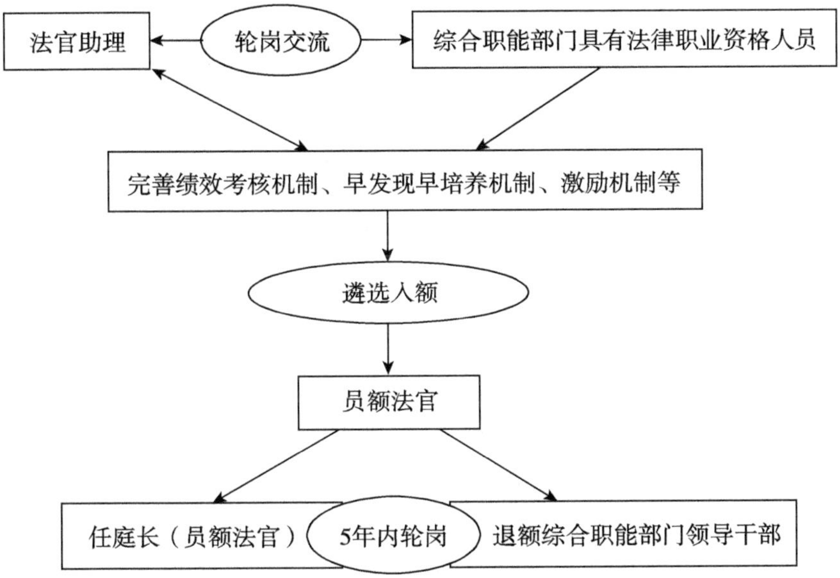

图6　轮岗交流机制

(二)健全完善员额法官交流锻炼机制

将员额法官挂职锻炼与干部培养有序结合,建立审判业务部门员额法官到综合职能部门、其他政法单位、其他基层单位等交流锻炼机制,培养懂审判业务、懂管理、懂党建的复合型法官,为审判业务部门中层领导干部储备后备人才

(见图 7)。

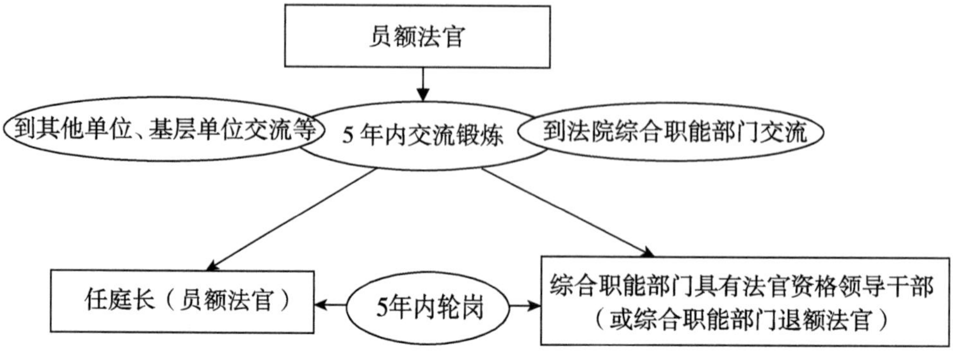

图 7　员额法官交流锻炼机制

(三)探索建设“审判团队负责人—庭长”阶梯式成长平台

将庭长后备干部的选拔起点提前,把任职年限尚不符合条件,但有发展潜力的年轻干部选拔出来,放在审判团队负责人岗位上进行锻炼,负责审判团队内部管理、合作分工等事务,帮助逐步走上领导岗位(见图 8)。

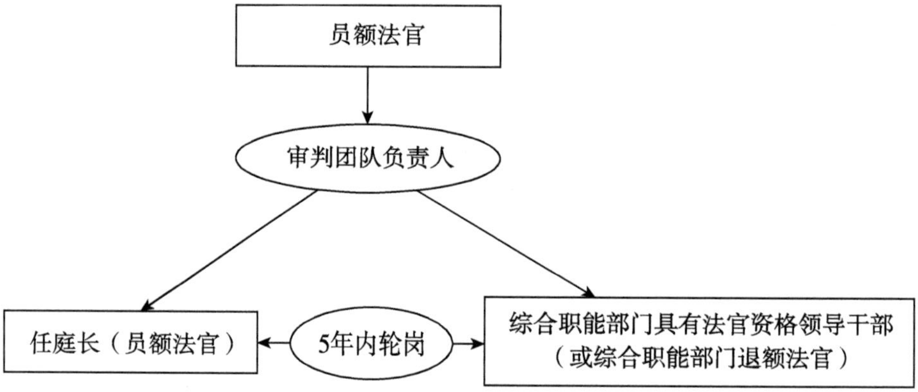

图 8　“审判团队负责人—庭长”阶梯式成长平台

(四)建立已任庭长和综合职能部门领导干部的轮岗交流机制

司法人员分类管理改革后,综合职能部门岗位作为相对专业、综合能力要求更高的岗位,其领导干部和工作人员补充的问题一直是法院改革推进过程中的困扰。本文认为《答复口径(五)》可以通过制度设计帮助解决此难题。将需要交流锻炼的现任庭长(员额法官)作为综合职能部门领导干部的“调节器”,入额后可到综合职能部门锻炼一定年限,在 5 年“任职资格保有期”内在回到审判岗位。依此不断循环,分批分期进行,建立长效机制,不追求绝对的稳定,在流动中实现综合职能部门领导干部的“相对稳定补充”（见图9）。

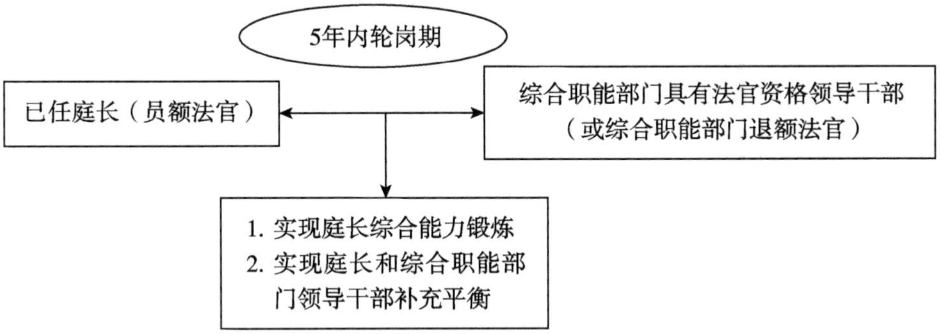

图9　领导干部轮岗交流机制

金融稳定视角下人民法院防范化解金融风险机制研究

——基于实践探索的三点构想

张婷婷*

【论文提要】

防范化解金融风险,是人民法院金融审判工作的政治任务和重要使命。近年来,金融案件数量不断攀升,重大敏感案件高发,金融司法对于防范化解金融风险的传导力、作用力与影响力也不断凸显。建立和完善防范化解金融风险的制度和机制,是摆在人民法院面前的一项重大课题。本文通过分析金融风险及其防范的基本理论,考察当前人民法院防范化解金融风险的机制建设现状与问题,梳理人民法院在防范化解金融风险上的功能与任务,并结合实践探索,提出建立健全防范化解金融风险机制的三点具体构想。

【主要创新观点】

本文创新观点有二:

1. 本文通过分析金融风险形成机理及金融风险内外双向防控理论,提出人民法院防范化解金融风险的四项任务和功能,是对现有研究进行充实完善的大胆尝试。

2. 本文基于实践素材的挖取和提炼,提出三点具体构想,以有效的实践探索论证了方案的科学性和可落地性。文章主张应当以案、人、事为重点,突出机制运行实效。一是主张回到金融市场发展与制度管理需要上来设置金融案件管辖受理模式;二是主张以特别的人才进用机制来契合金融司法的客观需要;

---

* 张婷婷,北京市第一中级人民法院行政审判庭法官助理,曾获第二十八届学术论文讨论会全国三等奖、北京市二等奖。

三是主张改变司法的单向性，从信息共通、协同缓诉导诉、重大事件联动方面，建立“司法—行政—市场”三方高效协同机制。

一、问题的提出

2015 年，一起证券市场内幕交易纠纷诉至法院。该案的审理，涉及证券市场内幕交易的行为认定，影响证券市场的交易规则。

2017 年，一起上市公司被责令退出证券市场的纠纷诉至法院。该案背后，涉及数十万投资者以及与之相关联的银行、证券公司、债权债务主体，引发了数百起民事索赔纠纷，也直接影响到上市公司所在地区的财政收入和经济社会稳定。

来自最高人民法院的数据显示，2013 年至 2017 年，全国法院共计审结涉及民间借贷、私募基金、互联网金融、保险、证券等金融类案件共计 1224.1 万件。往下再看一家中级法院的数据，北京市一中院在过去八年仅审理民间借贷案件就达 65,605 件，涉及金额超过 500 亿元。

近年来，金融案件在诉讼案件中的占比持续攀升（见表 1）。通过一个个案例、一组组数据，能够看到人民法院在开展金融司法工作中，在妥善处置争议、防范化解金融风险上面临着复杂的形势和重要的任务使命。

表 1　2013 年以来全国金融案件情况统计

年份	金融案件数量（万件）	占比（%）
2013	71.4	5.51
2014	82.4	5.97
2015	105.3	6.3
2016	150.3	7.59
2017	—	—
2018	307.5	12.2

（资料来源：历年最高人民法院工作报告。2018 年 3 月的全国“两会”上，最高人民法院周强院长作 2013—2017 年五年工作报告，因统计口径不同，该次工作报告与前四年的工作报告无法进行数据抵扣，故 2017 年金融案件数量不能据此得出准确数据。）

党的十九大明确提出要打好三大攻坚战，其中防范化解重大风险被列为三大攻坚战之首。而防范化解金融风险，被认为是防范化解重大风险这一攻坚战的“首要战役”。人民法院作为国家审判机关，一方面，承担着裁判金融纠纷、规范金融管理、明确金融活动行为边界的重要职责，是维护金融稳定的重要组成力量；另一方面，基于金融风险的传导性，金融审判本身也可能成为金融风险的诱因。因此,人民法院有必要建立由内而外全方位的制度机制,来提高金融司法工作的科学性,来防范和化解金融风险。

但是从当前的实际情况来看,人民法院在防范化解金融风险方面,还存在从认识到实践多个层面需要探索和统一的问题。金融领域的高频创新性、高度风险性和高度专业性,与金融司法还不够专业、应对机制还不够完善畅通之间,还存在着较大的矛盾和差距。面对新时期金融稳定的新问题、新需要,人民法院如何健全机制建设,发挥好司法在防范化解金融风险重要战役中的不可替代的重要作用,是摆在我们面前的一个值得研究也是亟待解决的重大实务问题。

二、人民法院防范化解金融风险的基本理论

(一)金融风险及其形成机理

通说认为,金融风险是指金融市场中因某些因素的变动和不确定性,导致金融市场及其主体遭受损失的可能性。[①] 根据不同的标准和方法,金融风险可以区分为不同的类别。一种常见的分类是按照风险的性质,分为系统性风险和非系统性风险。系统性风险主要是指向宏观层面的风险,比如经济政策的变动、经济周期的波动等,这种风险因素的出现可能会影响整个金融市场的稳定;非系统性风险,则是比较具体的微观的风险,一般指向特定的行业、特定区域、特定主体的不确定性因素。因金融市场信息的不对称性、市场主体的有限理性、金融活动高杠杆性,金融风险具有叠加性、传导性。

关于金融风险的形成原因,马克思主义政治经济学主张内生性是根本原因,而西方宏观经济学则强调外生性,主张金融风险来自金融监管的不到位、市场主体的不理性、经济政策的负面影响等外生因素。[②] 随着全球金融的发展,关于金融风险的形成机理的认识也在不断变化。一个主流的理论是认为,金融系统内在的不稳定性与外力的冲击,是导致金融风险能量释放、引发金融市场不稳定乃至金融危机的根源。[③]

具体到不同国家、不同地区的不同发展阶段,金融风险的主要因素和表现形式有所不同。从我国国情出发,“影子银行”、地方债、民间金融、房地产金融、私募基金等高杠杆风险是当前最主要的金融风险。确保金融稳定,是防范化解

---

① 参见谷秀娟:《金融风险管理:理论与技术的变迁和发展》,载《经济经纬》2007年第1期;何忠明、蓝翁伟:《金融风险的度量、评价与防范》,载《金融经济》2014年第10期。

② 王宇、刘健、刘磊:《金融风险与金融监管:从理论基础到政策框架》,载《现代管理科学》2018年第12期。

③ 罗大敏、张奇:《体制转轨时期金融风险的形成机理与金融稳定机制》,载《经济研究参考》2014年第37期。

金融风险的方向所在。2018 年,北京市一中院在金融审判中,甄别融资借贷案件 840 件,排查出 162 件可能涉“套路贷”的案件。

（二）金融风险管理的典型理论

伴随着对金融风险的关注和研究,金融风险管理逐渐成为研究和关注的课题。尤其是 20 世纪 60 年代以来,金融学成为一门独立的学科,一些经济理论和模型奠定了金融风险管理的理论基础。金融风险管理的一个基本立论和命题在于,金融风险虽然是始终存在的,但它是可以防范和化解的。

金融风险的防范化解,分为内部和外部两个方面。内部的防范化解,有赖于金融市场主体自身。通过健全内控机制、规范经营,对盈利目标和经营安全及时进行检查调控,及时发现和解决问题。外部的防范化解,主要是指金融监管,包括金融立法、执法和司法。通过建立和完善金融监管法律法规、建立金融风险管理指标体系并有效执行,来实现防范和化解金融风险。因此,司法是防范化解金融风险不可或缺的一环。

（三）人民法院防范化解金融风险的功能与任务

人民法院发挥司法功能,不能完全单向地仅进行个案裁判,还要与金融市场的开放性相结合,着眼于金融市场的核心需求,为金融市场健康有序发展提供司法保障。具体而言,防范化解金融风险,人民法院承担着四个功能和任务:

1. 司法制裁

通过个案裁判,明确金融市场各方主体的权利义务边界,确立金融市场规则,从而不仅实现个案纠纷的化解,同时充分发挥司法裁判的示范引领功能,引导金融监管机关规范执法、金融活动参与者依法经营、审慎投资。实践中,金融案件往往具有影响面广、社会关注度高的特点,此类案件裁判的示范引领作用尤其直接和突出。①

2. 裁判示范

贯彻落实强监管理念,严格司法,对于非法集资、信用卡诈骗、内幕交易、操纵市场等金融违法犯罪行为,依法予以严处,以强有力的刑事制裁,依法修复被破坏的市场秩序,震慑和预防金融犯罪。贯彻落实投资者权益保护理念,妥善审理证券虚假陈述、民间借贷等金融民事案件,保护金融市场投资者的合法权益,健全证券市场虚假陈述等证券投资者诉讼机制,为投资者提供立体保护,实现金融审判的法律效果与社会效果。

① 比如一起证券行政案件的审理,不仅证券监管机关十分重视,证券市场主体也非常关注。在欣泰电气诉中国证监会行政处罚一案中,不仅审理过程受到多家媒体的关注和报道,案件的裁判文书阅读量甚至达到“10 万 +”。

3. 司法服务

构建风险预警、信息共享、系统协作等工作机制,健全司法行政良性互动平台,强化人民法院助推金融市场法治化治理的服务能力,形成共管共治的合力。与此同时,加大对金融机构和各类商主体的服务力度,形成形式多样的司法服务渠道,帮助金融机构和各类商主体提高法治意识和风险防控能力,助力企业良性发展。

4. 司法保障

金融创新在促进金融市场发展的同时,又带来了金融风险。人民法院必须妥善处理好这把"双刃剑",确保金融司法"宽严适当",既保障金融稳定与安全,又支持鼓励金融创新。有必要研究完善金融司法填补法律漏洞、创设规则的机制建设,对于因金融创新所带来的立法供给不足、制度建设滞后的情况,以司法智慧及时回应金融发展的新需求,为金融发展的"血液"供给打通必要的"通道"。

三、当前人民法院防范化解金融风险机制建设的现状与问题

(一)现状:确立了地位并预留了空间

从2008年开始,到2019年的《人民法院第五个五年改革纲要(2019—2023)》(以下简称"五五改革纲要"),最高人民法院先后四次对防范化解金融风险、加强金融审判工作作出专门安排。[①]

2008年的《关于为维护国家金融安全和经济全面协调可持续发展提供司法保障和法律服务的若干意见》,区分审判执行的不同业务领域,从"服从和服务于国家对防范金融风险、维护金融安全和保持国民经济稳定的大局"出发,以案件类别列举说明的方式,明确了各个审判执行领域的工作任务,以公正、高效、有实效的司法裁判,提供有力司法保障和优质法律服务。而到了2012年,最高人民法院出台《关于人民法院为防范化解金融风险和推进金融改革发展提供司法保障的指导意见》,区分金融市场的不同领域和主体,从制裁金融犯罪、规范金融秩序、保障金融债权、保障金融改革、深化能动司法理念五个方面,提出了20项金融司法工作举措,体现了人民法院对金融市场的司法需求的关切与回

① 2012年,最高人民法院印发《关于人民法院为防范化解金融风险和推进金融改革发展提供司法保障的指导意见》,首次将防范化解金融风险提高到司法专项工作机制的高度上来,并明确,"我国金融发展已经处于一个新的历史起点,人民法院为防范化解金融风险和推进金融改革发展提供司法保障的范围之广阔,任务之艰巨,将大大超过以往任何时期"。2017年,最高人民法院印发《关于进一步加强金融审判工作的若干意见》,明确要有效防范化解金融风险,切实维护金融安全。

应,为人民法院防范化解金融风险初步指明了任务和方向。2017 年的《关于进一步加强金融审判工作的若干意见》则更加关注金融市场的新动向、新问题,更进一步细化了金融司法的具体任务和要求。此后几年间,多个省市地方法院出台了加强金融审判工作防范化解金融风险具体意见和办法。① 2018 年,首家金融法院在上海成立。2019 年,首个金融司法协同平台在厦门挂牌。在总结过去经验的基础上,人民法院"五五改革纲要"从服务和保障大局制度体系、专业化审判机制、组织机构职能建设等三个方面,对金融司法工作提出了更高的目标和要求。

(二)问题:从理论认识到实践探索的双重欠缺

总体来讲,对于防范化解金融风险,人民法院已经作为重要工作内容予以确定了下来,从宏观、原则的层面对防范化解金融风险的机制建设提出了要求。但纵观当前的金融司法工作,要落实"五五改革纲要"提出的要求还有较长的路要走。诸如建立何种金融司法机制、如何建立完善专业化审判机制、如何完善金融司法组织机构职能建设等问题,均需要进一步探索和具体的制度安排。而金融领域的高频创新性、高度风险性和高度专业性,与金融司法还不够专业、应对机制还不够完善畅通之间,还存在较大的矛盾和差距。

1. 上层设计过于原则,理论供给不足

一方面,上层设计存在一定程度的单向性,没有围绕金融市场的核心需求下功夫。尽管能够看出,从一开始的单向以司法审判为中心,到逐渐转向关注金融市场需求,人民法院在防范化解金融风险面前问题意识不断增强,但是始终未能对金融市场的核心需求作出有所侧重的回应和安排。上层设计的理念不明确,相关规定就容易停留于原则和口号,难以有创新举措,落地执行效果也就与初衷难以契合。

另一方面,检索现有的学术资料,防范化解金融(或者说重大)风险的实务经验总结性分析较多,鲜少看到理论分析与研究。相关成果比较鲜明的分为两类:一类是法院系统的研究,这方面的研究一般是从审判工作角度分析工作成效②,对于问题的剖析较少,对于机制建设的研究较少。另一类是法院系统以外

① 比如河南省高院出台了《加强金融审判工作防范化解金融风险的意见(试行)》,陇南市中级人民法院印发《关于为防范化解金融风险和推进金融改革发展提供司法保障的意见》,吴忠市人民法院施行《吴忠市防范化解金融风险实施方案》,等等。

② 如袁江华:《发挥司法审判功能 保障经济健康发展》,载《人民法院报》2017 年 8 月 20 日,第 5 版;夏廷堂:《充分发挥审判职能 防范化解金融风险》,载《人民法院报》2018 年 3 月 28 日,第 2 版;江苏省苏州市中级人民法院课题组:《关于司法服务和保障金融业健康发展的调研报告——以苏州地区钢贸市场为视角》,载《人民司法》2013 年第 19 期;杨路:《法治化视野下的金融创新与金融审判》,载《中国审判》2013 年第 2 期;等等。

的人对有关防范化解金融风险的分析,理论研究与实证分析并存,这类研究成果多集中在金融实务领域,分析角度也主要是从经济、金融学科角度进行的分析。[①] 也有研究人员注意到了司法与金融机构之间的协作机制与效用问题。[②]总体来看,学术研究和实证研究还比较匮乏。

2. 审判机制及队伍建设与金融司法需求不相适应

金融司法面对的是飞速发展、瞬息万变的金融活动及其规则规制。新问题多、专业性强,尤其需要专业化的审判。但是当前金融司法的专业人才储备不足,缺少有针对性的司法力量安排。尤其是在法院内设机构改革、系统随机分案的情况下,对于金融纠纷,专业化审判面临诸多实际问题。

3. 协作机制尚未充分建立,"单兵作战"掣肘司法职能发挥

人民法院确实一直注重与立法、行政执法部门的沟通。一方面,通过司法建议等形式,就审判工作中发现的一些系统性问题向行政机关予以反馈、予以建议和纠正。另一方面,与立法、行政机关之间互动研讨的情形也较为经常。但是,一个多方高效协同的机制尚未真正建立运行,人民法院实际还处于"单兵作战"的境况。具体而言,一是人民法院与立法、行政执法部门的沟通交流,总体上处于人民法院出于审判执行需要单向向立法、行政执法部门(尤其是行政执法部门)了解和获取信息,存在事后的滞后性,对前端立法、执法的情况掌握不足。二是虽然最高人民法院会同金融监管等相关部门就某个特定领域的金融纠纷审理工作作了研究安排,出台了相关座谈会纪要[③],但是停留在具体纠纷的处理上。对于如何防范化解金融风险,缺乏协同应对的机制。这就导致人民法院在面对可能存在或者引发金融风险的问题时,预见性有限、应对能力相对单薄。

四、建立健全防范化解金融风险机制的三点构想

金融市场是信息市场、创新市场。信息透明和金融创新是金融市场的灵魂,也是关键的风险点。司法要在防范化解金融风险上发挥作用,需要紧紧围绕金融市场的规律,抓住金融市场的核心需求。正是由于金融市场富有创新、

---

① 如关志勇等:《简单法则:复杂环境下区域金融风险的监测、防范与化解》,载《金融发展研究》2016年第4期;田浩:《浅谈金融风险的成因及化解——关于中国改革中应对金融风险的几点防范策略》,载《中国市场》2015年第4期;姬旭辉:《防范化解金融风险的政治经济学研究》,载《经济学家》2019年第2期;等等。

② 卢智睿:《银行法院系统协作机制设计——基于金融稳定的视角》,载《西南金融》2017年第4期。

③ 如2011年的《关于审理证券行政处罚案件证据若干问题的座谈会纪要》;2019年的《关于为设立科创板并试点注册制改革提供司法保障的若干意见》。

需要信息透明,反馈到对司法的需求上,则要求司法能够在“有章可循、公开透明、活力创新”上有所举措和回应。对此,笔者从实践探索的角度入手,结合防范化解金融风险的任务与形势、问题与不足,提出三项运行原则和三点具体构想。

(一)人民法院防范化解金融风险机制的运行原则

1. 依法独立行使审判权是首要原则

依法独立行使审判权,是司法公正的基础。金融案件涉及当事人重大人身、财产权益,牵涉面广、影响力大、社会关注度高,人民法院在审理各类金融案件时,唯有依法独立行使审判权,才能确保裁判的公正性、可检验性。

2. 衡平保护原则

金融市场上参与主体多元,公共利益与私人利益交织。金融市场的安全有序,有赖于市场主体的积极参与,对于各方主体的个体权益应该予以充分保障,同时还要兼顾动态的集合性权益的秩序性保障。尤其是在权利(力)冲突之时、法律规定不完备之时,秉持衡平各方利益的原则尤为重要。

3. 协作共享原则

以充分的信息和有效的协作,打破司法的封闭性和滞后性,提高裁判的科学性和预见性,增强裁判的教育规制和示范引导作用发挥。以符合证券、银行、保险等不同市场信息披露规律的方式推进完善金融司法公开,消除市场与司法之间的信息壁垒。整合立法、执法、司法和行业等多方资源,形成风险防控合力。

(二)来自实践探索的三点构想

就当前和今后的工作形势与任务而言,符合金融司法特点的审判机制,人才的选培机制,以及协作共建机制是亟须推进的三项重点工作。而北京市一中院的司法实践,正是笔者本文三点构想的实践源泉。北京市一中院多年金融司法实践,能够充分印证笔者的三点构想。以下详述之。

1. 落实理念:以科学的管辖受理模式为基础

金融司法管辖受理的模式设置,直接关系到金融司法工作格局。设置什么样的金融司法管辖受理模式,应当回到金融市场发展与管理制度上来分析。笔者建议,采取金融法院 + 跨区划集中管辖是的管辖受理模式,是基于四个方面的现实考虑:第一,金融关涉地方经济发展,金融司法容易遭遇地方保护主义。第二,中央统一规则、地方实施监管,是当前金融管理的新格局,[①]将风险化解在当地是党中央明确提出的要求。第三,地区经济发展不均衡的现状。第四,更

① 金融管理以前是中央事权,2008 年以来,中央开始将部分金融管理权下放至地方。2017 年全国金融工作会议确定,在坚持金融管理主要是中央事权的前提下,按照中央统一规则、地方实施监管的总体要求,赋予地方政府相关金融监管职责,并强化属地风险处置责任。

好地统一裁判标准和尺度。

在经济发达、金融活动活跃的地方设立金融法院。新修订的《人民法院组织法》将金融法院明确列入专门法院序列,上海金融法院已经着陆并且运行效果良好。进一步丰富设立金融法院,具有制度和实践经验支持。在经济欠发达地区,采取金融案件跨区划集中管辖。越是经济不发达的地方,越是容易在金融管理上采取地方保护主义而忽视对金融风险的防范。相应地,这些地方的金融案件数量不多,专业化审判力量建设也尤显不足。可以考虑在市级政府所在地选取一家法院,集中管辖市一级甚至周边几个市的金融案件。

从北京的经验来看。一方面,在金融行政案件方面,以"一行两会"(中国人民银行、中国银保监会、中国证监会)、财政部、国家外汇局、国税总局、市场监管总局(原工商总局)的一审案件集中由北京一中院管辖,尤其是在金融事权下放之前,金融行政处罚权集中在部委,因此涉及金融市场监管的案件,在 2015 年之前全部由北京市一中院集中管辖。另一方面,北京地区证券虚假陈述类案件,集中由北京市一中院管辖。此外,北京破产法庭设在北京市一中院,集中了北京地区破产清算案件的管辖。多年实践探索经验表明,对金融案件实行相对集中的管辖受理,有利于统一裁判标准、树立司法权威;有利于促进执法标准的统一和执法效率的提高;有利于推进府院协调机制的建立和完善;有利于帮助法官形成体系化的审判思路,实现专业化审判。因此,科学的管辖受理模式是防范化解金融风险的基础。

2. 对应需求:以特别的人才进用机制为抓手

从事金融审判的人不懂金融,这是当前金融司法普遍存在的尴尬现象。当前的法官选任,采取的是"一揽子"政策,所有领域、所有法官的任职条件是相同,甚至在不同层级的法院也只是在任职年限上有所区别而已,没有针对审判领域的不同特点,进行有针对性的任用。但是金融审判的复杂性、专业性,对于金融法官素质和能力的要求是非常之高的,对于复合型人才的需要是迫切的。掌握法学与金融的复合学科知识,了解金融活动基本情况、金融市场运行规律、金融执法规则与惯例,这是金融法官应当具备的基本素质。而这样的金融法官,显然需要通过制度上的"特殊"安排才能产生。一方面要科学选任,另一方面还要持续培养。

关于选择什么样的人担任金融法官。笔者认为,一是要摒弃当前的大部门、混合式统一遴选的方式,二是要按照诉讼领域设置遴选条件。除了要具备一定年限的金融审判实务经历外,将具备公法与金融学专业知识结构、金融管理实务经历作为任用金融行政法官的特别条件;将具备民事法学与金融学专业知识结构、了解金融活动实务作为任用金融民事法官的特别条件；将具备刑事法学与金融学专业知识结构、了解金融实操作为任用金融刑事法官的特别条件。

关于金融法官的培养。从增进金融法官的业务融合、提高金融法官的理论与金融实务素养出发，为金融法官提供“丰富有营养”的培训机制。一是设置内部轮岗制度。针对金融审判较为频繁的存在行政、刑事、民事的交叉衔接问题，实施内部轮岗制度，解决金融法官交叉学科问题上的知识短板和裁判过程中的单一思维问题。二是设置到金融监管和实务部门的交流机制。对于拟任用的金融法官，通过调任到行政机关、金融机构进行交流锻炼的方式，帮助法官了解金融管理、金融市场运行的程序和金融风险防控现状与需要，储备金融审判所必需的背景技能经验。三是建立高校对接培养机制，促进金融法官法律知识的更新、法律逻辑思维的深化，从而增强法律适用、法律发现的能力。

循着前述思路，成立专业化的审判团队，是北京市一中院的有益经验。在第一批法官员额制落地后，2016 年 10 月，北京市一中院在全国范围内率先组建成立金融行政审判团队。团队从职责定位，到人员选用、团队管理等方面，均以提供优质审判和优质司法服务的金融司法需要为导向。团队的职责有二：一是专门审理涉“一行两会”的重大金融行政案件，二是开展金融行政审判研究。成员选取政治过硬、具有丰富的金融行政审判经验、有经济学等交叉学科背景、有金融实务部门工作经验、有出色调查研究能力的法官和助理。在团队管理上，采取扁平化管理模式，在开展审判工作时各司其职，在开展研究工作时共同参与并独立平等的承担任务。团队成立以来，平均每年审理证券行政处罚、保险行政处罚等重大金融行政案件超过 30 件，其中诸多案件均为全国性首例案件，示范引领作用大、规则创设性强，广受金融市场及社会各界关注。团队开展金融行政审判专题调研 20 余次，形成 10 余项调研成果，在核心期刊发表专业论文 5 篇。团队成员撰写的裁判文书，已经成为学界、业界的关注焦点和研究对象。2018 年，团队获评北京市首批先进审判团队。此后，北京市一中院在总结成功经验的基础上，筹备成立了证券期货民事专业审判团队。

自 1999 年受理第一起以部委为被告的金融行政案件以来，北京一中院在金融案件的处置过程中，没有出现一起差错案件，没有一起引发金融市场不良影响的案件。以专业化的人才，确保专业化的审判，无疑是一个重要法宝。

3. 形成合力：以高效的三方协同机制为平台

金融司法的裁判示范功能的凸显，司法服务和保障作用的发挥，离不开与监管机关、市场主体的互动协作。司法—行政—市场三方高效协同机制的参与主体除了法院、行政监管机关，还应该包括行业协会、交易所等行业自律管理组织,以及金融机构,以汇聚金融司法、金融监管、金融行业等多方资源,形成金融风险防控合力。

一是建立信息共通机制。一方面,建立信息共通的专门渠道。采取专人、专通道方式,避免发生泄密、信息沟通不全面及时等情况发生,确保信息共通的有效性和安全性。另一方面,实行定期通报制度。人民法院定期就企业涉诉,银行、保险机构、证券等金融机构涉诉情况,对于审理过程中发现的可能有引发金融风险的情况,及时向金融监管在内的相关部门进行通报。

二是建立金融案件协同缓诉导诉机制。金融市场上,企业是最为重要的参与主体。经营不善的企业越多,则金融风险的隐患就越多。因此,一方面,可以借鉴英国的分类缓诉机制,对于经营困难企业涉诉时,吸纳银行、行业协会等进行诉前甄别调解;另一方面,对涉及投资者保护、债权维护等金融案件,设立绿色通道,降低投资者维权、企业维权成本。

三是建立重大案事件沟通联动机制。金融案件新情况多,疑难复杂问题多、法律适用难度大,这在重大金融案事件上更是凸显。一方面,对于审判执行中遇到的市场监管、法律适用疑难问题,通过闭门座谈、学术研讨等方式,及时与相关部门、市场机构进行沟通研讨,以增进共识;另一方面,通过司法公开、新闻发布、调查走访等方式,开放听取各方意见,确保金融司法能够正确及时回应金融发展需求。

北京市一中院通过不同的渠道,搭建了几个丰富有效的良性互动机制平台。一是"府院联动"机制。与"一行两会"、财税、工商等部门定期就金融市场运行管理疑难问题展开研讨,通报最新立法、行政执法及司法动态成果。仅2018年,北京市一中院就举办"府院联动"座谈50余次,为相关政府主管部门提供法制培训超过30场。二是证券期货纠纷诉调对接平台。针对证券期货类民事纠纷,与证券投资者保护基金诉调对接,充分吸纳专业机构的专业资源,诉前对投资者寻求民事赔偿进行调解、指导,诉中对民事赔偿、调解方案,充分听取专业意见,深入论证解决方案的合理合法性。以充分有效的互动协作,增进了共识,确保了裁判的科学性,协力构筑了金融风险"防火墙"。

结　语

在金融稳定视角下,人民法院防范化解金融风险机制的建立和完善,需要立足于面临的形势与任务,正视存在的问题与不足,从管辖受理到专业审判再到协同防范化解三个方面着力,实现金融司法的"有章可循、公开透明、活力创新",为打赢三大攻坚战提供有力司法保障。

直辖市中级法院法官助理到基层法院入额的过渡机制研究

王　爽*

【论文提要】

司法改革推进以来，中级法院有相当数量的法官助理因入职年限短，无法参加本级法院助理审判员考试。新修订的《法官法》规定"初任法官一般到基层人民法院任职"，这意味着这些未能在中级法院取得初任法官资格的法官助理，原则上应当到基层法院入额。近年来，随着中级法院持续招录应届毕业生、此类群体的日益庞大，到基层入额的程序衔接、方法路径、遴选前景等问题越加凸显。近期，最高院提出"探索中级以上法院法官助理通过组织选派、挂职交流等方式到基层法院担任法官"，允许到达一定年限并符合原任职法院入额条件的法官助理在原任职法院参加遴选，虽指明了一定的探索方向，但配套的制度机制仍然不足。本文作者以法官助理亲历者身份，实证调研某直辖市中、基层法院组织人事部门及法官助理的工作情况、心理预期及现实困难，引入目标一致理论进行分析，运用 PDCA 循环工作探索"建立过渡机制—实现最终目标"的路径，以期为解决此问题提供借鉴。

【主要创新观点】

本文关注的是《法官法》出台实施后中级法院法官助理如何"原则上到基层法院入额"的前沿问题。目前在政策层面，尚且缺乏明确的指引，在理论界和实务界也缺乏对此问题的关注和深入研究。本文作者以亲历者身份，分析中级法院法官助理到基层入额的各种现实障碍并加以深入剖析，创新引入"目标一致理论"，通过探索弥合个体目标与组织目标的分歧，构建相关过渡机制，并运用

---

* 王爽，北京市第一中级人民法院组织宣传处干部。

PDCA 循环工具,实现对过渡机制的再修改、再完善,以期最终实现法律和司法改革政策的预设目标。

引　言

2014 年,《中共中央关于全面推进依法治国若干重大问题的决定》提出:"初任法官由高级人民法院统一招录,一律在基层法院入职。"随着司法综合配套体制改革的深入推进,新修订的《法官法》第 17 条规定:"初任法官一般到基层人民法院任职,上级人民法院法官一般逐级遴选。"由"一律"到"一般"二字的转变,反映出改革者既坚持法官应从基层产生、逐级向上流动的原则立场,又充分考虑到司法实践中不同层级法院的办案需求、运行现状及现实困难。2019 年 7 月,最高人民法院提出探索中级以上法院法官助理通过组织选派、挂职交流等方式到基层法院担任法官,到达一定年限并符合原任职法院入额条件的,可以在原任职法院参加遴选。这一提法为中级以上法院法官助理①入额进一步指明了方向。然而,在政策及实操两个层面,如何实现机制衔接和程序指引,仍然并不明朗。② 对此,本文通过对尚未推开此项改革的某直辖市情况实证调研,引入"目标一致"理论进行分析,以构建法官助理交流机制为突破口,探索直辖市③中级法院法官助理入额的过渡路径。

---

① 主要指未能在本院参加初任法官考试、获得助理审判员资格的法官助理,以笔者调研的 A 直辖市为例,一般是 2014 年及以后入职中级法院的工作的应届毕业生。如无特殊备注,本文讨论的中级法院法官助理均指未取得初任法官资格的助理。以下同。

② 据笔者统计,在全国(包括但不限于 4 个直辖市)中,目前上海和深圳两地已经开展此项工作试点。2017 年,上海首次在全市法官助理中招录法官,入额者全部到基层法院入职,可以说开了改革先河。据报道,此次遴选实行全市统筹:一是遴选工作在全市法院统一平台上按统一标准进行,部分符合遴选条件的人员可以按一定程序跨院交流;二是员额使用上,根据各院实际情况和员额空缺,兼顾历年各批次初任法官遴选计划,进行统筹安排。参见《三级法院 296 名法官助理角逐 160 个员额,在全国首创"庭审面试",入额者全部到基层任职》,载《上海人大月刊》2017 年第 10 期;2019 年上半年,深圳中院 34 名法官助理奔赴基层法院任职,参见《深圳:中级法院 34 名法官助理奔赴基层法院担任法官》,载"法官驿站"公众号 2019 年 3 月 23 日。

③ 由于直辖市中、基层的法官助理在辅助案件审理的工作过程中均能够接触并累积一定数量的案件经验,且法院之间地理距离近,理论上减轻了落户住房、配偶随调等一系列配套制度的需求障碍,属于改革举措的"相对简单"模式,具有优先探索和研究的意义。

一、某直辖市中院法官助理到基层入额的现状描绘[①]

(一)直观困境:不同类别的改革参与者均有隐忧

1. 两级法院队伍稳定及人才储备受到挑战

中院层面,当本级法官助理须到基层法院入额,则有如下问题需要研究解决:其一,如何保障队伍稳定,包括员额制改革后三类人员的配比稳定及未入额助理的思想、工作状态稳定;其二,如何维护本院人才储备,包括:后备人才补充机制如何完善,可以预见,改革后在短期内通过招录法律院校实习生、[②]购买社会服务[③]难以及时解决法官助理短缺、[④]中院对应届毕业生的职业吸引力下降的现状下,中院法官助理从哪里来的难题必须破解;现有人才培养方向及路径是否需要作出调整,尤其是中院今后在培养法官助理时,将以法官还是法官助理为培养方向,以及如何解决中级法院合议庭模式下培养的法官助理对接、适应基层独任制办案需求的问题(见图 1)。

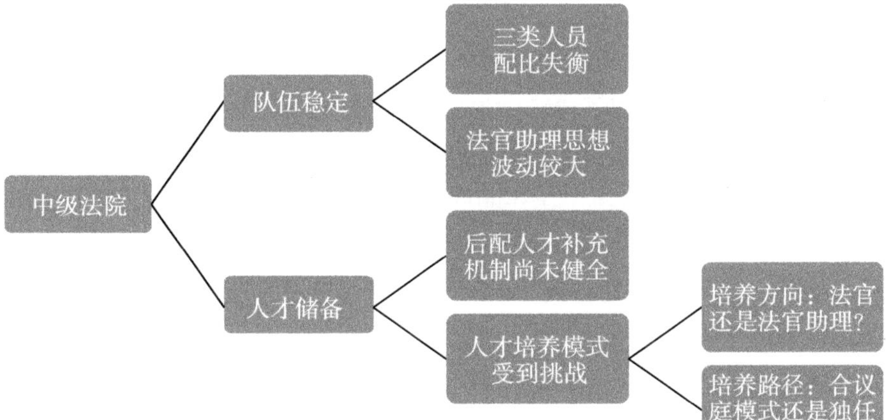

图 1 中级法院政工部门的顾虑因素

---

① 笔者选取了尚未推开该项改革的某直辖市的 A 中级法院和 B 基层法院两个层面的政治部(处)领导进行访谈,两级法院的组织人事部门都对此条法律落实存在顾虑。

② 2016 年 7 月 18 日,孟建柱同志在全国司法体制改革推进会上的讲话中提出,要探索建立法学专业学生、实习律师到法院检察院实习、担任司法辅助人员制度。

③ 2015 年最高人民法院发布《人民法院第四个五年改革纲要(2014—2018)》规定:"拓宽审判辅助人员的来源渠道,探索以购买社会化服务的方式,优化审判辅助人员结构。"北京市也自 2016 年开始招录聘任制法官助理。

④ 法官助理职业制度改革目前存在首要问题就是法官助理从业人员的来源优化问题。由于我国法官职业制度历来采用的是中央政法编制的统一管理模式,法官助理作为后备法官的主要力量,欠缺体制外部培养的基础。参见杨凯:《法官助理制度改革,该往何处走?》,载"民主与法制周刊"公众号 2017 年 8 月 1 日。

基层法院层面,当中院法官助理到本级法院入额,需解决如下问题:一是如何保障队伍稳定。障碍主要有二:其一,中院法官助理参与到基层的入额竞赛,基层员额编制不足的问题将更加凸显①;其二,入额竞争的白热化,直接降低本级法官助理的入额预期,进而引发后备法官力量流失。二是如何保障本院队伍的可持续发展。按照司法改革后法官逐级向上遴选的规定,本级法院审判骨干、业务精英持续流失,探索科学、长效的人才培养机制迫在眉睫(见图 2)。

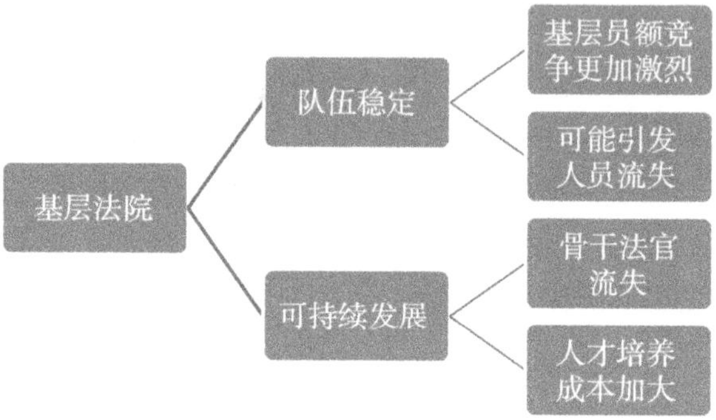

图 2 基层法院政工部门的顾虑因素

2. 两级助理发展预期迷茫,心理落差较大

中院助理②既有发展预期迷茫的问题,又有心理落差大的问题。在职业发展上,入额预期不明朗,包括何时、何地入额不明朗,担心入额选拔及其后的按期晋升、择优选升受到基层法院不公平待遇;③基层法官压力和风险大,与薪资、地位、职业满足感和尊荣感带来的回报失衡,不愿到基层入额;到基层入额后,难以重回原任职法院等。在心理落差上,到基层入额不仅与报考的预期不符,④同时,相比"获得"某个职业发展机遇,"丧失"已有职业平台会更加容易带来心理落差及焦虑情绪,另外后续通勤、住宿等配套保障机制尚不完善,也加剧了这种失望(见表 1)。

---

① 基层法院的员额编制受到法院系统、地方政法人事编制的统一调配,不能自行决定。同时,基层法院员额编制的动态调整落实起来存在现实困难,周期长、程序复杂等多种因素导致员额编制增加十分困难,客观上加剧了员额编制增加的难度。

② 截至 2019 年,A 院在职的、需到基层法院入额的助理共 114 人。笔者发放调查问卷 50 份,有效回收 46 份,受访人员覆盖 2014—2018 年共 5 年入职的助理。

③ 据笔者访谈,B 基层法院直言,从各个角度讲,更倾向给予本院法官助理更大的入额机会。

④ 据笔者访谈,近 5 年来 A 中级法院在招录应届毕业生时,均未事先告知需要到基层法院入额这一情况,A 中院政治部主任直言:"本来招到优秀学生就比较困难,告诉大家了谁还会报考我们这里?"

表1 中级法院法官助理不愿到基层入额因素①

项目	与招录预期及职业平台不符	对基层情况了解不深	办案压力过大	担忧入额选拔及职业晋升难以受到公平对待	配套保障机制不健全
人数	46	36	40	38	24
占比	100%	78%	86%	82.6%	52%

与心理落差大相比,基层法院法官助理更关注职业发展预期及入额机会。中院助理到基层入额必然挤压本级助理的入额通道,且上级法院助理可能存弯道超车情况,构建公平、同意的入额选拔机制势在必行。此外,由于逐级向上遴选通道尚未打通,中级法院可能更倾向于原任职助理,本级法官助理向上遴选路径及机会不明朗。

(二)追根溯源:改革预期目标与现有司法实践存在差距

1. 信息获取及交流机制不健全。充分、有效的信息是作出科学决策的重要基础。中级法院法官助理不愿到基层入额,重要原因在于缺乏在基层锻炼、获取一手信息的机会,难以决策是否可以适应基层工作节奏、强度、内容、方式等;基层法院对中院法官助理素质能力缺乏深入了解,在入额选拔、人员培养使用上可能更倾向于信息更为充分的本院法官助理。此外,中级、基层法院及法官助理还缺乏常态化的信息交流渠道,难以弥补上述缺陷。

2. 司改政策缺乏统一性和连续性。稳定、连续的政策有助于人们形成合理预期,进而作出理性选择。改革过渡期内,既需要健全完善旧制度,也需要探索填补新空白,司改政策的变动,难免使身处其中的改革参与者出现无所适从的迷茫,对改革未来缺乏明确预期。例如,在初任法官的选任上,相当一部分法院的政策“一年一个样”,即使是同一地区、采取相同选任模式的法院,选任细节也可能有显著的不同。② 对面临改革的法官助理群体而言,同样缺乏形成稳定预

① 46人中有11人表达过“走一步看一步”、寻求其他工作机会的想法,占总人数的24%。从改革试点经验比较丰富的上海来看,2017年首次在法官助理中遴选法官,也是针对此前员额制改革中出现的“法官走变成非法官走”,给年轻人打的一剂稳定剂、强心针。笔者通过对上海某中院部分法官助理进行访谈得知,到基层法院入额的中级法院助理反映,基层工作最难适应的是办案压力剧增,尽管待遇确实有所提升,但是面对如此繁重的工作压力,该助理直言“没有个人的生活”,并反映这是基层法官的普遍生存状态。由于基层入额需签订5年的服务合同,服务期届满后难以遴选到上级法院,导致很多基层助理考虑离开。其他两名未参加员额遴选的中院助理则表示,在本院入额无望,又不愿到基层法院入额,职业发展前景十分迷茫。

② 参见王禄生:《相马与赛马:中国初任法官选任机制实证研究》,载《法制与社会发展》2005年第2期。

期的基础。①

3. 群体利益诉求存在冲突。获益是理性个体(组织)作出选择的根本考虑,群体的目标分歧源于利益分歧,当制度环境存在冲突、目标分歧比较激烈时,新制度主义理论提出一些组织会试图通过“脱耦”来维持行为的合法性——将组织的正式结构与组织的实际行动松散地“耦合”②在一起。此时,如果强行让组织目标让位于制度要求,即所谓的“强制同形”,单个组织可能将自己的行动与宏观、中观、微观的制度环境松散地耦合在一起,就像脱耦的齿轮,看起来彼此还在一起,但实际已经空转。两级法院、两级法官助理利益诉求存在背离、冲突,目标分歧尚未得到理顺、调和,可能致使表面上比较完备、导向鲜明的改革政策,在实践中被高高挂起,或者是大大简化,变通适用。

4. 改革具有复杂性、长期性。司法体制综合配套改革是一项体制性、机制性的变革,具有复杂性与长期性。首先,制度机制的高度关联决定了单独某项制度的改革可能“牵一发而动全身”,中院助理到基层入额涉及两级法院的入额衔接、人才培养、逐级遴选、人员流动配套保障等机制,健全完善这些环环相扣的机制效果将直接影响改革成效。其次,改革本身需立足司法实践发展阶段,遵循规律、循序渐进。短期内,改革参与者不可避免地承受利益调整带来的阵痛,需要探索适度软化制度政策刚性,减小改革阻力的路径,最大限度地调和各方矛盾分歧。

二、目标一致理论的引入与分析

“目标一致”理论由日本学者中松义郎在《人际关系方程式》一书提出,他指出,处于群体中的个人,当个人目标与组织目标完全一致时,个体的潜能才会得到充分发挥,群体的整体功能水平才会最大化。③ 如果个体在缺乏外界条件或者心情抑郁的压制状态下,就很难在工作中充分展现才华,个体的发展也不会得到组织的认可和激励,特别是在个人目标与组织目标不一致时,整体工作效率必然要蒙受损失,组织功能水平势必下降(见图3)。

---

① 据笔者问卷及访谈,相当一部分中级法院法官助理担心到基层入额后,政策如有调整,则失去本可以继续留在中院的机会;中级法院之所以仍然在本级法院招录法官助理,除法官助理比较缺乏外,还寄望于通过奔走呼吁,政策法规“有所松动”,届时本级法院招录的人才还能够留在本院。

② “脱耦”主要指正式建立的制度趋向于“符号化”,组织的实践却趋向于与“符号”断裂。参见王禄生:《地位与策略:大调解中的人民法院》,载《法制与社会发展》2011年第6期。

③ 参见李敏:《浅谈目标一致理论对公共部门人员调配交流的启示》,载《中共乐山市委党校学报》2008年第4期。

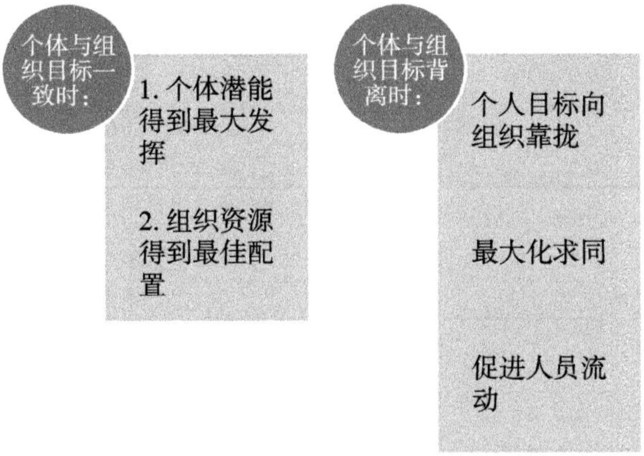

图 3 目标一致理论内容分解图

当组织与个体的目标不一致时，有三种解决方式①：(1)个人目标向组织目标靠拢，引导个人志向和兴趣向组织转移，并努力趋于一致。但这样做往往非常困难，由于价值观差异难以弥合、人际关系矛盾难以克服、业务方向难以一致等因素，个人目标与组织目标之间的差距难以短期内解决。(2)最大化求同。对组织目标和个人目标予以要素式分解、细化，寻求诉求利益的共同点，柔化双方刚性目标，通过包容分歧、适度对目标进行调整，强化组织与个人的团结与协同。(3)促进人员流动。组织内适度的人员流动能够使个体克服信息不对称的弊端，寻找到更适合自己的工作环境，发挥最大潜能，同时，行业人力资本也得以重新配置和优化，组织借此也能挑选到最适合岗位的人员（见图 4）。

现阶段要求中级法院法官助理到基层入额，短时间内中级、基层法院和中级、基层法官助理的目标分歧难以弥合。在相关配套制度机制尚十分欠缺的前提下，"强制同形"的推进成本大，甚至可能因为组织、个体的"不埋单"而出现制度空转的不良后果。为此，探索有效手段对组织（中级、基层法院）目标与个人（中级、基层法官助理）目标的分歧进行弥合，强化人才流动，对破解当前困境具有一定的现实参考价值。

① 参见[日]中松义郎：《人际关系方程式：用公正开拓你的人生》，李相哲、郭美兰译，漓江出版社 1990 年版。

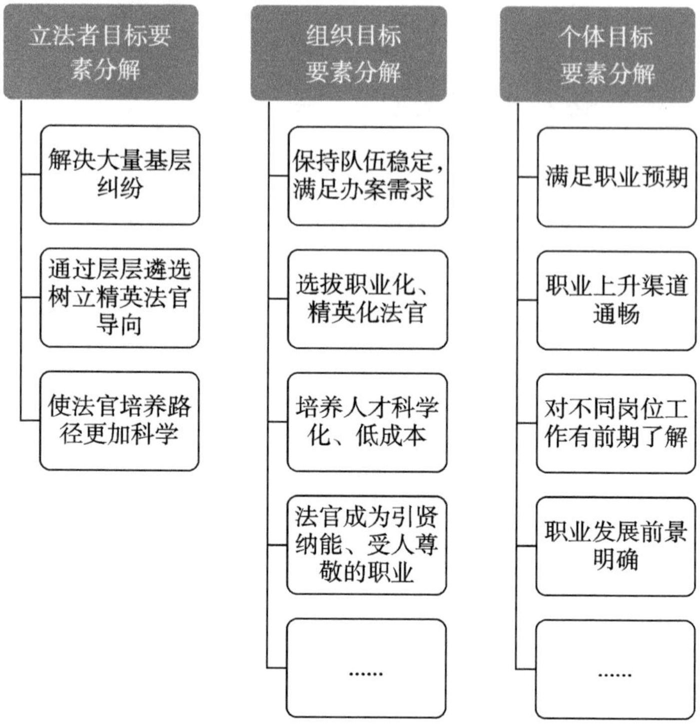

图4 立法者(组织),中级、基层法院(组织)与中基层法院法官助理(个体)目标要素分解情况

《法官法》第17条表示立法者将基层法院作为选任法官的主阵地,中级以上法院法官原则上从下级法院遴选。与中院相比,基层法官更侧重于实现"解纷"目标,因此初任法官到基层入额,是科学培养、使用法官,满足基层解决大量纠纷需求,打造职业化、精英化法官形象的重要途径。经过目标要素分解,表面上组织与组织、组织和个体之间目标存在矛盾之处,但深入分析,实际上有内在的一致性和关联性:满足法官助理的与报考预期相匹配的需求,就会在一定程度上保障法院队伍稳定,进而为解决纠纷提供人力保证;法官助理职业上升渠道通畅,意味着人尽其才、人尽其用的良好氛围,组织也可以实现选拔职业化、精英化法官的目标;法官助理作出职业选择(到基层入额)前,满足对目标工作(基层法官)深入了解需求的同时,也为中级、基层法院根据不同职业路径选择的法官助理"度身定做"培养方案创造条件,由此建立有效的人才储备和培养机制,使法官的培养路径更加科学。由此可见,可以通过探索疏通中级、基层法官助理在上下级法院锻炼、流动的制度化渠道,打通立法者、中基层法院与法官助理目标之间的障碍。

具体来说，中级、基层法官助理之间进行常态化任职交流，人员编制仍保留在原单位，虽然表面上异化了《法官法》有关规定，但在现阶段可以最大限度满足不同主体的目标。对司法改革设计者来说，职业化、精英化法官的养成来源于丰富社会阅历和法律实务经验的积累，而中级、基层两级法院的任职经历更有利于实现这一目标，以交流任职替代直接到基层法院入额的刚性要求，形式上更为和缓、推进中更为顺畅；对中级、基层法院来说，人员交流任职而编制不动，能够保证法官助理总体数量稳定，保证工作效能大体不被削弱；交流任职为中级法院后备人才梯队建设、人员补充机制探索争取了过渡时间；交流任职有效型塑了法官助理理念，弥补上级法院在合议庭办案模式、基层法院在独任制办案模式下法官培养路径的差异，降低了人才培养成本；对中级、基层法官助理来说，符合不降低现有职业平台的预期以及心理认同，有助于掌握不同层级法院工作的直观、鲜活的信息，进而明确个人职业发展目标（是否仍然坚持以员额法官为职业追求）。从最高院近期“通过组织选派、挂职交流等方式到基层法院担任法官”“可以在原任职法院参加遴选”的提法看，也基本符合这一思路。

三、PDCA 循环工具的引入与思路借鉴

如图 5 所示，PDCA 循环由美国管理学家 W. Edwards. Demings 总结，基本含义是：工作之前需要进行策划，策划的输出（计划）需要付诸实施，对实施情况及结果进行检查、总结、处理，实现从提高每一过程质量到提高总体质量的循环往复和螺旋上升。

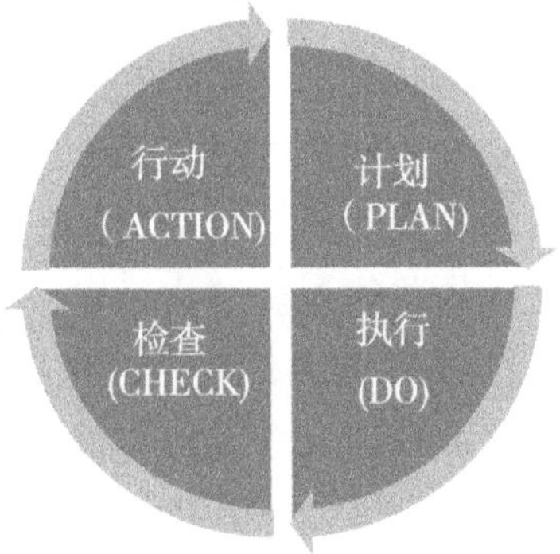

图 5　PDCA 循环

实现初任法官从基层产生、中级及以上法院法官从基层遴选的长远目标，特别在相关配套制度机制缺乏、法院办案压力巨大的现阶段，保持队伍稳定、科

学地配置审判资源力量更加重要。对此,PDCA循环工具带给笔者的启示是,改革难以一蹴而就,但设置过渡阶段,经过过渡阶段的PDCA循环不断吸取教训、总结经验,最终实现跨越式发展。具体来说,即将法官助理的个体目标与中级、基层法院的组织目标有机结合,充分探索挖掘个体潜力和推动组织长远发展的路径,经过PDCA循环,不断发现法官助理交流机制不足,分析原因并解决问题,最终实现长远目标。值得注意的是,运用PDCA循环工具需要关注以下几点:一是连续性。在构建法官助理交流机制、初步解决现实问题的基础上,要持续积累有效经验,保证循环链接不中断,否则会导致系统失灵。二是同步性。组织和个人目标在过程中需要尽可能地有机融合,产生更大的激励效应,推动组织和个人的同步发展,最终实现最初制度预设的目标。三是上升性。每循环一次,都在前一轮的基础上进行具体制度的持续调整,之后进入下一轮的循环检验,通过构建和完善过渡机制实现预期终极目标。

四、改革路径的设想

(一)第一个PDCA循环,探索中级、基层法官助理双向交流机制①

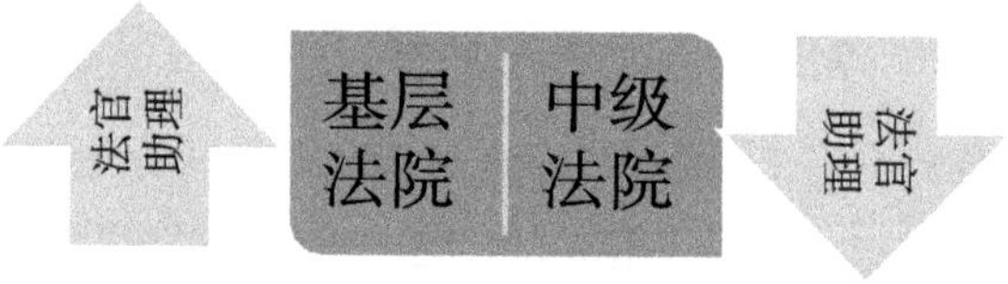

图6　中级、基层法院法官助理双向交流机制流程

在直辖市中级、基层法院案多人少情况比较突出的条件下,构建中级、基层法官助理双向交流机制,可作为改革过渡期内第一个PDCA循环(见图6)。所谓中级、基层法官助理双向交流,是指上级法院选派法官助理到基层法院任职交流的同时,基层法院选派法官助理到上级法院任职交流,两类人员身份、总体人数基本对等,保障两级法院的总体人员结构稳定。交流任职的法官助理编制和人事关系仍保留在原法院,经过交流任职后,可以在本级法院入额。其好处在于:一是提升两级法院法官助理综合素质。通过交流任职更直观地理解和掌握中级、基层法院审判思路和裁判理念,有效提升理论水平和业务能力,强化职业技能的培养,促进职业论理的养成。二是实现两级法院交流共赢。以人员交流促动上下级法院审判理念和工作方式的交流,可以有效推动裁判尺度统一适

① 值得注意的是,中级、基层法官助理交流目前已有一定的试点经验,也取得了一定的成效。

用。三是破解助理信息不足困境。通过交流任职,中院助理亲身体验基层工作,有助于作出是否到基层入额的科学决策;基层法院助理到上级法院交流任职,有助于作出知否参加上级法院遴选的决策。这个机制的流程如图7所示:

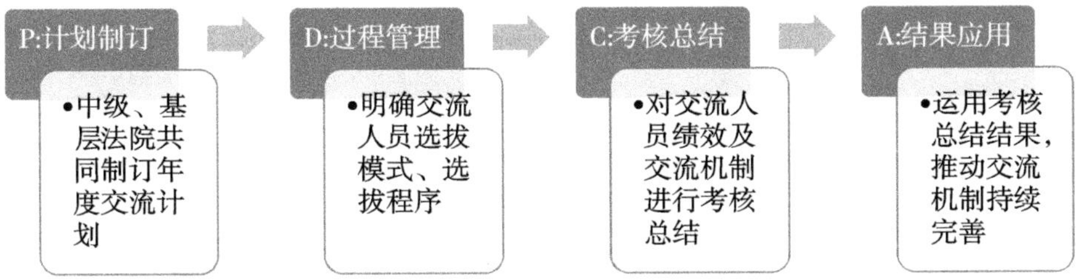

图7　法官助理双向交流机制流程

计划制订。中级、基层法院政工人事部门共同计划、研商和对接。基层法院不限于中院辖区法院,鼓励法院间自行建立人员交流的战略关系。两级法院根据法官助理情况、中心工作任务、三类人员比例等,共同协商制订法官助理双向交流任职计划。交流人数须结合工作实际共同商定,鉴于制度机制尚处于探索阶段,为保证完成审判中心任务及队伍的基本稳定,建议交流规模不宜过大。以选拔综合素质强、业务能力精的法官助理为导向,为培养职业化、精英化员额法官奠定基础。人员交流时间上不宜过短,建议两年为宜。

过程管理。(1)构建公平、公正、公开的交流任职选拔程序。遵循"自愿报名+组织选拔"模式,允许符合一定工作年限、在业务一线的法官助理报名申请双向交流。中级、基层法院人事部门自行组织选拔,[①]择优交流任职。(2)对交流任职人员予以动态管理。交流期间,法官助理的人事关系仍然保留在原任职法院,两级法院协商明确交流期间的考勤管理、福利待遇等相关事项。

考核总结。(1)考核交流任职人员工作绩效及能力素质。原则上遵循现任职法院绩效评价办法,考核结果应当向原法院反馈。(2)总结反思交流任职机制。构建两级法院常态化信息交流机制,两级法院政工人事部门定期开展经验交流,并分层次、征求参与任职交流的法官助理、拟参加任职交流法官助理等群体的意见建议,对交流工作按年度进行修改完善。

结果应用。经过两年双向交流任职且考评合格的法官助理,有回到原任职法院入额的资格。在总结相关交流经验的基础上,上下级法院可以探索法官、司法行政人员等群体扩大交流机制(具体流程见图8)。

---

① 建议组织审判实务统一考试,并考虑所在部门领导、同事评价、近3年度业务考核等情况,通过加权得分进行排名。

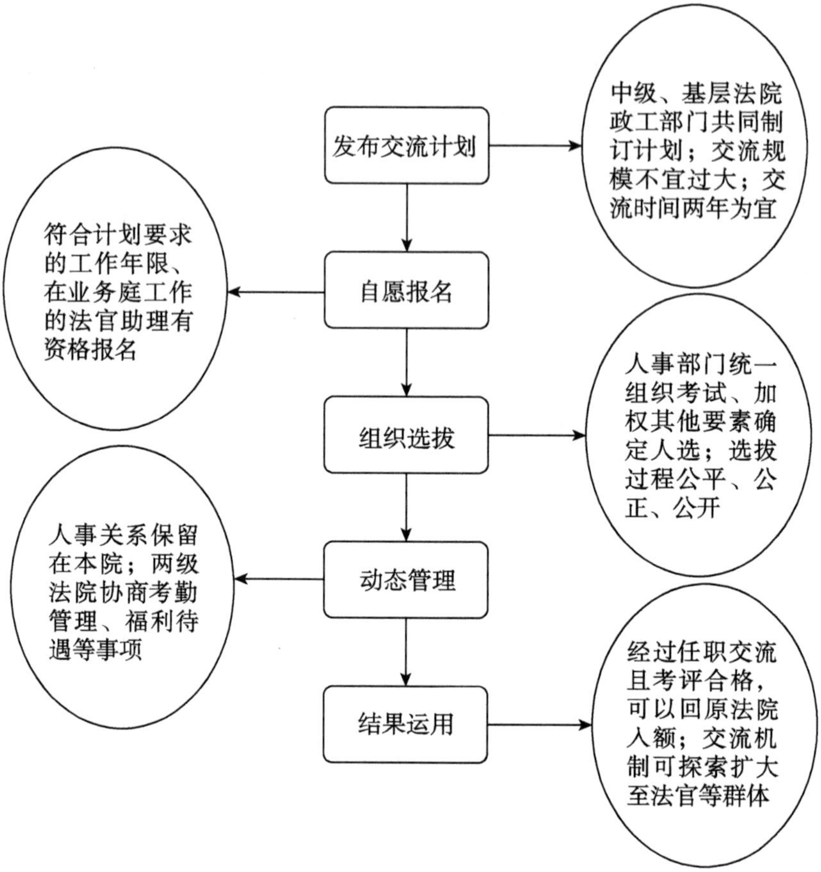

图8　中级、基层法院法官助理双向交流机制流程

（二）第二个PDCA循环，构建以落实以法官逐级遴选为核心的人员流动机制

以落实法官逐级遴选制度为核心，构建法官、法官助理在上、下级法院的科学流动路径。在前一阶段法官助理双向交流任职的基础上，这一阶段突出中院助理必须到基层担任法官的基本要求，但允许其参加原任职法院的遴选。此外，基层法官可以逐级遴选到上级法院任职。对于中院法官助理不足的问题，中院还可以通过基层法官助理到上级法院常态化交流、完善法官助理增补渠道等方法加以解决（见图9）。

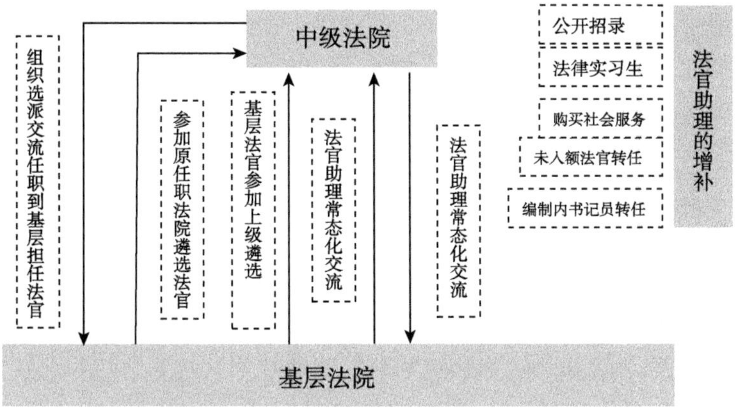

图9　以法官逐级遴选为核心的人员流动机制

计划制订。按照省级统管原则，员额在省内统一测算、统一调配，由于中级以上法院法官助理通过组织选派、挂职交流等方式到基层担任法官，故不占用基层法院员额数。在中级及以上法院根据测算可到基层担任法官的数额结果，经过前一阶段健全完善的交流任职选拔程序，由各法院自行确定交流任职法官人选，并报组织部门。对于到基层担任法官达到一定年限的法官，建立回原单位任职的固定机制及渠道。

过程管理。做好任职交流法官的管理考核。人员的人事关系仍保留在原任职单位，但业绩考评、日常管理均由所在基层法院承担。注重保障中院法官助理人数稳定，建立基层法官着力定期到中级以上法院交流任职的常态机制。同时，探索包括公开招录应届毕业生，招录聘任制法官助理，与高校、科研院所探索培养实习法官助理，转任未入额法官，探索编制内书记员转任法官助理等人员增补机制。

考核总结。法院通过考核总结，进一步完善人员流动的衔接、管理机制，探索基层法官逐级遴选、中院助理遴选回到原任职法院、基层法院法官助理交流任职到中级及以上法院等制度机制。

结果应用。经过这一轮探索，进一步完善中级法院助理招录、适用、入额衔接，以及基层法官逐级遴选的经验做法，为下一步落实《法官法》相关规定打下基础。

（三）第三个PDCA循环，构建中级、基层法院法官助理招录[①]、培养、使用机制

法官助理的来源。在这一阶段，基层法院应成为培养法官的主要基地，成为

---

① 按照中共中央组织部、最高人民法院、最高人民检察院在2015年11月印发的《关于招录人民法院法官助理、人民检察院检察官助理的意见》，应当建立从政法专业毕业生中招录从市、县两级人民法院法官助理的规范便捷机制。事实上，中级法院近年来基本没有停止招录法学专业应届毕业生。

招录政法编制法官助理的主要渠道。中级法院原则上不直接招录法官助理，法官助理缺口通过此前积累的有效增补渠道及基层法院交流任职补充(见图10)。

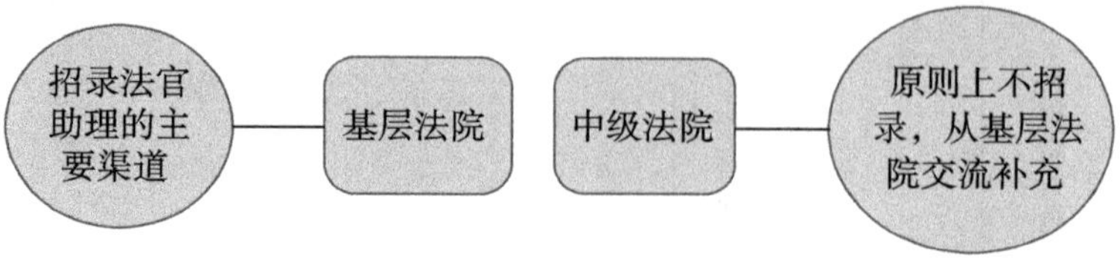

图10 第二阶段中级、基层法院法官助理的来源(招录)情况

法官助理的使用、培养。法官助理必须到基层法院入额，中级及以上层级的法院法官一般逐级遴选。一是构建法官助理单向交流任职机制。根据法官助理的工作年限、经验、考核考评等，结合个人意愿，每年选派一定数量的法官助理到中级法院交流任职，交流任职期限同样以两年为宜，经过交流任职回到本院的，可以优先入额。中级法院积极探索法官助理多元化来源渠道的同时，以基层法院定期、常态化的人员交流，弥补对政法编制法官助理需求。注意构建人员交流退出机制，如经过任职交流，原基层法官助理不以入额为职业选择，应予以尊重，可以允许其申请留在中级法院，转入法官助理的职务序列之中，将来如仍想继续入额，需到基层法院任职。二是创新法官助理职业能力训练机制。随着法官助理交流任职制度化渠道的不断完善，中级、基层法院逐步建立法官助理交互式培养机制，实现在合议制以及独任制审判、普通程序以及简易程序等多个面向的交互式培养，常态化组织法官助理经验交流会，建立制度化、机制化的法官助理工作总结、评价体系。三是探索法院其他类别人员交流机制(见图11)。

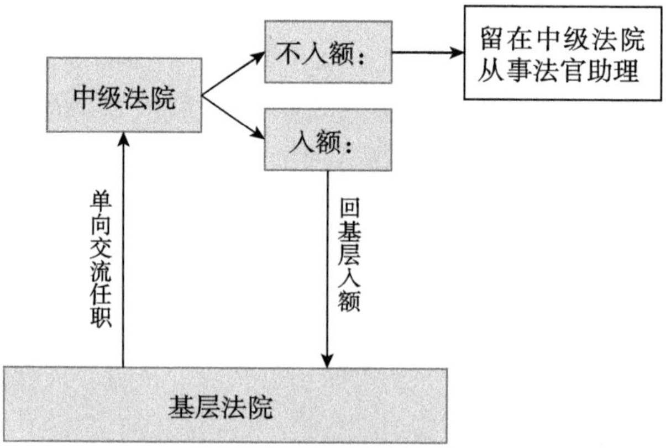

图11 中级、基层法院法官助理单向交流

结 语

法官助理首先是一个职业。[①] 他们不仅是法官的有力助手，更是后备法官力量的重要储备。中级法院法官助理到基层法院入额，涉及中级、基层法院，中级、基层法院法官助理等多个主体的切身利益，必须结合改革需求和司法实践，探索通过过渡式、渐进式的制度机制建设，稳妥地将此项改革推向深入。相信在不久的将来，当司法环境逐渐改善，各项制度机制不断完备，法官成为更加受到尊重、更加令人向往的职业时，无论是法官助理还是入额法官，都愿意长久地耕耘在司法审判一线，那么无论是在基层法院还是在上级法院入额，都将不再是问题。

① 参见王其见、冯振亚：《法官助理的职责"三性"——以基层人民法院为视角》，载《人民司法·应用》2017 年第 25 期。

环境民事公益诉讼与生态环境损害赔偿诉讼的协调与衔接

李　湉*

【论文提要】

《生态环境损害赔偿制度改革试点方案》的出台意味着我国已经建构了初步的生态损害赔偿制度。但生态环境损害赔偿制度与环境公益诉讼如何衔接仍是促进环境保护相关制度完善和发展的重要步骤。文章从两项制度衔接的前提条件、关键问题和具体方向三个方面展开讨论,涉及两项制度的法理基础、制度目的、适用范围、适用顺位、诉讼主体以及政府职能在制度衔接中的重要作用及完善措施等问题,希望通过探索相关事宜为两项制度的良好衔接提供理论支撑。

【主要创新观点】

对于生态环境损害赔偿诉讼的与环境民事公益诉讼之间的关系,诉讼法学界与环境法学界均普遍认为二者相互独立,不可彼此替代。但由于保护环境目的的同一性,又必然要求二者之间在诉讼程序中进行有效衔接,以达到全方面保护的目的。对于二者如何衔接,本文创新性地提出可在诉讼程序优先顺位、诉讼请求合理区分、诉讼主体分工协作三个方面入手,在保证二者独立价值得到保障的前提下,合理分配诉讼资源,实现生态环境保护手段的全覆盖。

引　言

党的十八届三中全会明确提出对造成生态环境损害的责任者严格实行赔偿制度,旨在改变"企业污染、群众受害、政府买单"的局面,强化对造成生态环

---

* 李湉,北京市第一中级人民法院民六庭法官助理。

境损害的单位或个人的主体责任。为落实这一政策，中共中央办公厅、国务院办公厅陆续出台《生态环境损害赔偿制度改革试点方案》（以下简称《方案》）及《生态环境损害赔偿制度改革方案》（以下简称《改革方案》），建立针对生态环境损害赔偿诉讼制度，规定可由省级政府提起生态环境损害赔偿诉讼。由此，针对因环境造成损害的法律救济途径，除《侵权责任法》上针对人身、财产等私益受损所构建的环境侵权责任追究制度以及《民事诉讼法》《行政诉讼法》等程序法上针对环境公益受损所构建的社会组织提起环境民事公益诉讼制度和检察机关提起民事或行政公益诉讼制度之外，又形成了由担负保护和监督生态环境状况重要职责的行政机关，主要由政府主导的，旨在修复受损生态环境的生态环境损害赔偿制度。但对于如何处理三者之间的关系，尤其是生态环境损害赔偿诉讼于环境民事公益诉讼之间的关系，顶层设计尚未指定具体方案，将这部分内容交由各地司法机关及行政机关去进行探索，希望借由有益实践经验逐步形成可供借鉴的制度。

一、实践现状

从各地实践来看，已有部分试点省份推出了地方司法文件或典型案例，对二者之间的协调、衔接进行了框架性规定或尝试，但在具体衔接模式上却各不相同。上海市高级人民法院发布了《关于审理政府提起生态环境损害赔偿民事案件的若干意见（试行）》，该意见规定，对同一生态环境损害，已经受理环境民事公益诉讼，生态环境损害赔偿权利人或者其指定的部门、机构又提起生态环境损害赔偿民事诉讼且诉讼请求未被前诉涵盖的，人民法院应予受理。已经受理生态环境损害赔偿民事诉讼，有关机关或组织又提起环境民事公益诉讼且诉讼请求未被前诉涵盖的，人民法院应予受理。

山东省高级人民法院发布《关于审理山东省人民政府提起生态环境损害赔偿案件若干问题的意见》中，对于省政府提起生态环境损害赔偿诉讼与其他诉讼的关系部分，则写到省政府提起生态环境损害赔偿诉讼不影响社会组织依法提起环境民事公益诉讼，也不影响人身和财产权利受到损害的自然人、法人和其他组织提起私益诉讼。相关案件可以由同一审判组织一并审理，并考虑各个案件裁判的协调一致。

江苏省是通过在江苏省人民政府、江苏省环保联合会诉德司达（南京）染料有限公司环境污染责任公益诉讼纠纷案中，确立了省政府提出生态环境损害赔偿诉讼与环境民事公益诉讼的衔接模式。在该案中，省政府以作为共同原告参与诉讼的方式参与到江苏省环保联合会以原告身份对被告德司达提起环境污染民事公益诉讼中,案件继续以环境污染民事公益诉讼进行审理。

从司法实践来看,各地也呈现出一定的差异。除却上文介绍到的江苏省实践做法之外,在其他试点省份中,对于二者之间的衔接探索也各不相同:在山东省的数起生态环境损害赔偿诉讼中政府均是唯一的原告;而重庆市在试点过程中则提出,若生态环境损害赔偿制度的赔偿权利人经磋商未达成一致的,由区级检察院审查起诉,同级法院集中受理。但在该市首例生态环境损害赔偿诉讼中,却是由政府和社会组织为共同原告(社会组织提起环境公益诉讼后,法院合并审理)。由此可见,目前生态环境损害赔偿诉讼与环境民事公益诉讼之间缺乏有效、顺畅的衔接机制,而这无疑会造成司法资源的浪费,也会给诉讼的顺利进行带来不必要的负面影响。

那到底二者之间的衔接走向该如何选择?是否可以将现行实践直接复制为效力规定?笔者认为,上述问题最终还是要归入生态环境损害赔偿诉讼与环境民事公益诉讼的理论异同中去解决。

二、理论辨析

对于二者之间的相似性,理论上更习惯将其称为一致性或契合性。之所以在此强调二者之间的相似性,是因为这本身就是《改革方案》要求探索二者之间衔接协调的根基所在,也正是基于二者之间的相似性或契合性,从根本上定性了二者之间未来发展方向的走向。

(一)适用范围存在契合

《改革方案》规定,生态环境损害赔偿制度中生态环境损害是指"因污染环境、破坏生态造成大气、地表水、地下水、土壤等环境要素和植物、动物、微生物等生物要素的不利改变,及上述要素构成的生态系统功能的退化"。从适用范围类型看,包括污染环境类和生态破坏类两种。以行为论的视角观察,就会发现本条所规定的生态环境损害赔偿诉讼适用范围包含污染环境的行为和破坏生态的行为。若以结果论的视角进行观察,就会发现本条所规定的生态环境损害赔偿诉讼的适用范围包含环境要素的不利改变、生物要素的不利改变和生态系统功能退化三个方面的后果。①

环境民事公益诉讼的适用范围则针对的是破坏生态环境和资源保护进而损害社会公共利益或具有损害社会公共利益重大风险的行为,具体而言是指污

---

① 李小强:《论生态环境损害赔偿诉讼与环境民事公益诉讼之整合》,载《兰州教育学院学报》2018 年第 10 期。

染环境导致环境公益损害、破坏生态导致环境公益损害、污染环境导致环境公益损害重大风险和破坏生态导致环境公益损害重大风险四种情形。

对二者之间的关系,有学者强调其二者之间的不同,但笔者认为,二者之间其实是部分重叠关系。在学理上,环境公益本身就可以理解为生态系统服务功能对不特定多数人需求的满足。只不过环境公益是一种整体利益,可以为不特定多数人中的每个个体享有,但又超脱于个体之外。而生态环境正是环境公益的客体,其实际承载的就是主体的多样性需求。因此生态功能的退化,包括环境要素和生物要素的不利改变正是环境公益损害的核心内容,都可以为环境所涵盖。这种涵盖关系即为契合。

(二)功能面向的重叠性

功能是对象满足需要的一种属性。制度功能是指作为一种制度在社会发展过程中所起的作用。就生态环境损害赔偿诉讼制度而言,《方案》中明确规定了赔偿范围包括:清除污染费用、生态环境修复费用、生态环境修复期间服务功能的损失、生态环境功能永久性损害造成的损失以及生态环境损害赔偿调查、鉴定评估等费用。这些规定进一步说明了生态环境损害赔偿制度在功能上而言所具有的对环境公益的恢复性和赔偿性(或补偿性)理念。

就环境民事公益诉讼制度而言,是对环境公共利益损害的一种"民事救济",目的是维护以生态环境和资源免受污染和破坏为核心的公共利益。环境民事公益诉讼可提出停止侵害、排除妨碍、消除危险、恢复原状、赔偿损失、赔礼道歉等诉讼请求。对诉请恢复原状的,法院可判令被告承担生态环境修复费用、生态环境受到损害至恢复原状期间服务功能的损失,同时对为停止侵害、排除妨碍、消除危险采取合理预防、处置而发生的费用、检验和鉴定费用、合理的律师费及其他合理费用等。由此可以看出,这一制度承担着保护因环境污染和生态破坏行为所造成的生态环境公共利益损失的功能,其针对实际"损害"时,其功能亦体现为修复性和补偿性救济;针对"重大风险"时,其功能体现为预防性救济。由是观之,生态环境损害赔偿制度与环境民事公益诉讼制度二者功能面向是趋于重叠的。

(三)诉讼请求整体相同

关于环境公益诉讼的诉讼请求,《最高人民法院关于审理环境民事公益诉讼案件适用法律若干问题的解释》第 18 条规定,对污染环境、破坏生态,已经损害社会公共利益或者具有损害社会公共利益重大风险的行为,原告可以请求被告承担停止侵害、排除妨碍、消除危险、恢复原状、赔偿损失、赔礼道歉等民事责任。本条是关于环境民事公益诉讼中原告可以请求被告承担的民事责任方式的规定。本条规定环境民事公益诉讼中涉及的民事责任承担方式主要分四类：一是预防性责任承担方式，包括停止侵害、排除妨碍、消除危险；二是恢复性责任承担方式，即恢复原状；三是赔偿性责任承担方式，即赔偿损失；四是人格恢复性责任承担方式，即赔礼道歉。

关于生态环境损害赔偿诉讼的诉讼请求。《改革方案》确立了生态环境损害赔偿诉讼，明确赔偿范围包括清除污染费用、生态环境修复费用、生态环境修复期间服务功能的损失、生态环境功能永久性损害造成的损失以及生态环境损害赔偿调查、鉴定评估等合理费用。但《江苏省高级人民法院关于生态环境损害赔偿诉讼案件的审理指南(一)》规定，原告提起生态环境损害赔偿诉讼，可以请求被告承担停止侵害、排除妨碍、消除危险、恢复原状、赔礼道歉、赔偿损失等民事责任。

通过对比可见，《改革方案》并未直接规定"停止侵害、排除妨碍、消除危险、恢复原状、赔礼道歉"等诉讼请求，但实践中却有在生态环境损害赔偿诉讼中一并提出赔礼道歉诉讼请求并得到法院支持的具体案例。对此，笔者认为，《改革方案》并非对生态环境损害赔偿诉讼请求范围的限制。而且对于环境民事公益诉讼作为维护公共利益提起的诉讼，其上述诉讼请求是否合理，能否将侵犯民事私利的侵权责任方式直接套用到环境民事公益诉讼中，学界也是一直持普遍存疑的态度。因此，笔者认为，对于生态环境损害赔偿诉讼，政府同时具有监管人的身份，可以并且应该通过行使监管权达到排除妨碍、消除危险、赔礼道歉等目的。

但不得不承认的是，就讨论生态环境损害赔偿诉讼与环境民事公益诉讼二者之间的关系而言，二者之间的重叠性或者契合性，并不是最为重要的一面，上述关于重叠性或契合性的讨论目的是强调二者之间应当整合，程序之间应当协调等，但另外需要重申的是二者之间均具有不可替代性，尤其是当国家已将二者均列入国家制度范围内之后，原因在于二者之间在更深层的法理基础、诉讼标的、运行程序等方面存在本质上的差异，而这也是如何将二者之间进行衔接要解决的核心问题所在。

(四)法理基础不同

生态环境损害赔偿诉讼制度建立的理论基础是政府作为自然资源所有者向侵权人主张权利。其来源于"公共信托理论"，即公众是环境资源的所有者和受益者，为更好管理和保护公共环境资源，公众将环境资源的所有权转移给政府，政府在享有对环境资源所有、管理和处置权的同时也承担着为全体公民及子孙后代的公共利益管理、保护环境资源的义务。当生态环境遭受破坏时，政府对破坏生态环境的行为人行使损害赔偿救济请求权，要求行为人赔偿。

环境民事公益诉讼制度的理论基础一直处于学界争论之中，大致分为两种：一种是环境权说，另一种是法定诉讼担当说，概言之，前者认为，提起环境民事公益诉讼的依据在于公民享有的一种对良好环境的实体请求权；后者则认为公民提起相关诉讼所依赖的并非什么虚妄的实体请求权，而是表现为一种诉讼程序上的法定担当，其本质是一种诉讼实施权。上述两种观点分别从不同的角度，揭示了环境民事公益诉讼制度理论依据的两个侧面，即“归属主义”和“代表主义”。

对于国家自然资源权利与环境公共利益的区分，学界对二者之间的关系争论已久。一种观点认为，国家利益与社会公共利益是并立的关系，国家作为代表全体公民的共同体“有其独立于社会公众的利益”①；另一种观点认为，“国家利益属于社会公共利益”②，国家权力来源于全体公民权利的让渡，因而国家成立的目的就是实现社会公共利益，国家利益可以视为最广泛的社会公共利益。但笔者认为，环境公共利益还是不能被国家的自然资源所有权吸收，国家也不应成为环境公益诉讼的唯一主体。

（五）诉讼标的不同

按照诉的分类，生态环境损害赔偿诉讼与环境民事公益诉讼均属要求被告履行实体义务的给付之诉。而根据最高人民法院和民事诉讼学界的共识，给付之诉的诉讼标的是指“原告所享有的实体请求权”③。因而，两类诉讼的诉讼标的分别是国家的自然资源所有权和公众的生态环境利益。

就生态环境损害赔偿诉讼与环境民事公益诉讼二者的诉讼标的而言，有学者认为前者的诉讼标的是财产所有权侵权损害赔偿法律关系，后者是环境公共利益损害责任赔偿法律关系。由于生态环境损害赔偿诉讼的理论基础是自然资源所有权理论，在这一理论框架之下所提起的诉讼就属于为了保护自然资源所有权而具有所有权损害赔偿法律关系；而后者的理论基础本质上是环境公益，在环境公益的理论之下提起的环境民事公益诉讼必然就是一种环境公共利益损害责任赔偿法律关系。因此可以说，二者理论基础的不同所导致了诉讼标的各异。

（六）运行程序不同

《改革方案》规定，生态环境损害赔偿权利人在提起诉讼之前要进行生态环

① 王太高：《公共利益范畴研究》，载《南京社会科学》2005 年第 7 期。

② 颜运秋：《公益诉讼法律制度研究》，法律出版社 2008 年版，第 26 页。

③ 任重：《论中国民事诉讼的理论共识》，载《当代法学》2016 年第 3 期。

境损害鉴定评估,在此基础上与赔偿义务人进行磋商。经磋商达成赔偿协议的,可以向法院申请司法确认;磋商未达成一致的,赔偿权利人及其指定的部门或机构应当及时提起生态环境损害赔偿民事诉讼。而对于环境民事公益诉讼,民事诉讼法并未对该诉讼的提起设置前置程序,只是当检察机关提起环境民事公益诉讼之前必须履行相应的诉前程序,即需要进行公告,只有在经过公告程序,没有法律规定的机关和有关组织或者法律规定的机关和有关组织没有提起民事公益诉讼的情况下,检察机关才可提起环境民事公益诉讼。

对于上述差异性,笔者认为,生态环境损害赔偿诉讼与环境民事公益诉讼从理论上来看,虽然还是归属于不同性质的民事诉讼,但结合公共信托理论的背景和法定诉讼担当理论的产生,其实可以看到,我国现行提出生态环境损害赔偿诉讼与环境民事公益诉讼并行的制度,其实是美国以及大陆法系国家保护生态环境制度,与加强法律保护的实践做法的结合。因此可以看到二者之间在保护生态环境,维护环境利益上是一致的,无论是公共信托理论还是法定诉讼担当理论、环境权理论,其实质上都是强调环境对于社会公共,乃至人类本身所具有的价值,这些理论之间只不过要解决的是当承载全体人类或者全社会所共有、共享的生态环境受到损害之时,究竟由谁可以通过诉讼去主张该利益受损所应承担的损失,是公众受托的政府,还是法定的某个代表。

三、体系建构

既然生态环境损害赔偿诉讼与环境民事公益诉讼都有正当的权利基础、不能相互取代,那么要实现二者之间的衔接,首先需要解决的便是确定两诉讼的优先顺位以及诉讼请求的合理衔接问题。

(一)生态环境损害赔偿诉讼应具有优先顺位

对于诉讼顺位问题,汪劲认为生态环境损害赔偿诉讼属于民事私益诉讼,国家、集体及其经营者以享有自然资源和生态环境等财产权益为由可以提起求偿之诉。社会组织无权提起生态环境损害赔偿,只有在没有提起生态环境损害赔偿诉讼时,方可提起环境民事公益诉讼。[①] 吕忠梅认为,生态环境损害赔偿诉讼是“国益诉讼”,政府基于自然资源国家所有权,为了履行相应的职责提起诉讼。我国关于生态环境保护的发展方向是“国益诉讼”、“公益诉讼”和“私益诉讼”三者并行。[②] 王灿发认为,生态环境损害赔偿诉讼与环境民事公益诉讼是两

---

① 汪劲:《论生态环境损害赔偿诉讼与关联诉讼衔接规则的建立——以德司达公司案和生态环境损害赔偿相关判例为鉴》,载《环境保护》2018 年第 3 期。

② 鄢斌、吕忠梅:《论环境诉讼中的环境损害请求权》,载《法律适用》2016 年第 2 期。

项并行不悖的制度。从长远的发展来看,促进两项制度整合是环境公益司法保护的核心。[①] 陈德敏认为,生态环境损害赔偿诉讼和环境民事公益诉讼的请求权基础具有较高的重合性,因此他主张符合条件的主体均可以提起生态环境损害赔偿诉讼或环境民事公益诉讼,在一方起诉后另一方可以跟进起诉或者两方同时起诉。[②] 由此观之,即便在对于生态环境损害赔偿诉讼与环境民事公益诉讼各自的理论基础基本形成共识的情况下,对于如何在实践中处理二者之间的衔接、顺位的关系,学界仍然观点不一。

笔者认为,还是应当确认生态环境损害赔偿诉讼具有优先性。其一,从理论上,根据宪法规定和我国权力体系配置,行政机关应成为环境保护的第一责任人。行政机关提起生态环境损害赔偿诉讼,要求行为人修复生态环境、承担生态环境服务功能损失,是代表国家行使自然资源所有权的表现,这符合传统民事诉讼原告与诉讼标的有直接利害关系的原理。其二,行政机关在环境诉讼上具备独特的优势。行政机关严密的环境监测系统能够及时发现违法行为,并有精通环保法律、技术的人员和充足的经费支持诉讼,其掌握的环境修复标准也有利于在执行阶段监督被告的修复行为。更重要的是,由于行政机关享有的行政处罚、行政强制等职权对违法行为人有一定的威慑作用,行为人在诉前的行政执法阶段一般会积极整改,或在生态环境损害诉讼的磋商阶段与行政机关达成和解,极大地提高了生态环境修复效率。

而对于环境民事公益诉讼,其自产生以来就处于补充执法的地位。而且其与生态环境损害赔偿诉讼在适用范围上具有重合性,在诉讼目的上具有共同性,在诉讼请求上具有一致性,且社会组织或检察机关提起公益诉讼是基于公益保护之原理,那么在有权利主体即政府积极主张权利的情况下,不宜再由社会组织提起公益诉讼。而且司法权本身关注的是也对行政权的有效控制,并非实现权利的救济,如果行政执法的效率优势无法展现、过分倚重诉讼程序实现环境法治,不仅会浪费司法资源,还会导致社会矛盾累积加重。

(二)衔接程序应顺畅可行

那么,在确定了生态环境损害赔偿诉讼的优先性之后,接下来还需要进一步解决的问题是,当出现针对同一损害生态环境行为,出现了多个主体同时提起诉讼的情况下,此时应如何处理?

---

① 程多威、王灿发:《论生态环境损害赔偿制度与环境公益诉讼的衔接》,载《环境保护》2016 年第 2 期。

② 郭海蓝、陈德敏:《省级政府提起生态环境损害赔偿诉讼的制度困境与规范路径》,载《中国人口·资源与环境》2018 年第 3 期。

首先,应明确生态环境损害赔偿诉讼并非必须作为前置性诉讼,环境民事公益诉讼的提起,并非以生态环境损害赔偿诉讼为前提。这里的理论依据便是二者之间法理基础的合理性。

其次,如果在同一环境公益受损的案件中,既可以提起生态环境损害赔偿诉讼,又可以提起环境民事公益诉讼时,有学者认为,生态环境损害赔偿诉讼的优先性,应是在关联诉讼先行提起时,赔偿权利人可随时作为共同原告参与进来,并在诉讼类型上要以生态环境损害赔偿案件为主导审理,并将该诉讼定性为生态环境损害赔偿诉讼而非环境民事公益诉讼等其他关联诉讼。①

笔者认为,生态环境损害赔偿诉讼的优先性,还是应当指实然的优先,即由行政机关提起生态环境损害赔偿诉讼,是应有的第一选择,在人民政府代表国家作为赔偿权利人与赔偿义务人进行生态环境损害索赔、磋商或者提起赔偿诉讼的背景下,除非有法律规定或者证据证明,否则由环保组织提起环境民事公益诉讼并无实体权利为基础。这是基于环境公益只是建立在国家或者集体所有的自然资源和生态环境等财产权益之上的反射利益,除了对国家或者集体所有的自然资源和生态环境的损害进行修复外,公众不可能凭空通过司法程序获得实质性的环境公益补偿。那么在赔偿权利人与赔偿义务人进行生态环境损害索赔、磋商或者提起诉讼的情况下,如果环保组织提起的环境民事公益诉讼依然为以请求被告承担修复生态环境损害和恢复原状责任为目的的话,人民法院可以经赔偿权利人申请裁定中止。同理,对于人民检察院将来提起环境民事公益诉讼也应当遵循这个原则。

(三)诉讼主体应通力协作

当生态环境损害赔偿磋商或者诉讼成为常态时,由环保组织提起环境民事公益诉讼的余地便会大大减少。在这种情况下,笔者认为环保组织和检察机关的作用应更加倾向于督促赔偿权利人及时就生态环境损害进行磋商和索赔,以及提请自然资源集体所有权人及其经营者提起相应的生态环境损害民事诉讼。

具体而言,在支持起诉方面,行政机关、环保组织和检察机关可以相互支持起诉,通报自己掌握的诉讼线索,并督促前一顺位的主体及时起诉。② 在协助取证方面,如果行政机关无法自行提起生态环境损害赔偿诉讼,可以将自己在执法中获得的企业排污信息等证据资料交付其他主体,用于环境民事公益诉讼。

---

① 陈爱武、姚震宇:《环境公益诉讼若干问题研究——以生态环境损害赔偿制度为对象的分析》,载《法律适用》2019年第1期。

② 牛颖秀:《生态环境损害赔偿诉讼与环境民事公益诉讼辨析——以诉讼标的为切入的分析》,载《新疆大学学报》2019年第1期。

各主体也可以共同建立环境损害鉴定专家和鉴定机构信息系统，并实现行政执法、环境民事公益诉讼、环境行政公益诉讼和环境刑事案件的证据相互转化认定。各主体协助原告方取证也能减轻法院的释明义务和补充调查证据负担，有利于环境司法程序的推进。同时，各主体应着重加强对环境修复执行阶段的监督，使原告方的胜诉权益落到实处。环保组织和行政机关应运用其环境修复的专业知识，共同监督环境修复的进度直至达到验收水平，并认真核查赔偿金的使用情况。检察机关应充分行使检察建议、调查核实等权力，履行执行监督职能。

结　语

生态环境损害赔偿诉讼与环境民事公益诉讼的司法资源整合，反映了国家与公民的关系、自然资源的所有权制度、国家机构的职能分工、公权力与公民社会自治组织的互动等政治、经济、历史文化传统各个方面的问题。两种诉讼都是我国法治发展过程中法律移植的成果，体现了国家对生态文明建设的高度重视。但立法者和研究者都应更加注意域外经验的本土适应性。本文比较了两种诉讼的权利基础后认为，两者制度目的相同但又不能相互替代，只有从程序法上协调两种制度的关系才能理顺行政机关、环保组织和检察机关在环境法治中的功能定位，完善生态环境责任体系和索赔途径。虽然生态环境损害赔偿诉讼的司法实践还不够成熟，但随着理论研究的深入和各方主体的协作力度加大，两种诉讼必将发挥各自的制度优势，合力推进我国环境法治的发展。

心得体会

心得体会

李　湉

每次准备学术讨论会的过程，都像是把自己带回了学生时代。打开一盏灯光，摞起一堆书籍和文献，静静地坐在电脑屏幕前码字的时光，永远是自己最陶醉、最怀念、最有成就感的时刻。虽然参赛次数不多，也未有获奖作品，但每一次准备过程都很享受，也有无穷收获。现在回想，通过一次次写作历练，自己已脱离学生时代唯理论式的写作思路，而是慢慢转向了在理论中探索解决实践问题的路径、在实践问题背后发现基础理论的阶段。就这样眼光在理论与实践之间逡巡的过程中,探索研究的乐趣便悄然而生。这份乐趣虽然微小,但它时刻提醒着我,在草拟一份份判决的同时,要切忌将目光仅仅停留于现实中的一个个纷争,切忌纯粹埋首于纠纷解决时的自我满足,要时时刻刻保持问题意识,时常重温理论知识,将实践和理论相辅相成,以实现自我能力的螺旋式提高。我想这就是我在学术讨论会中获得的最好的奖励。千里之行,始于足下,虽然在学术讨论会的舞台上未获奖项,但我相信自己在准备过程中所收获的乐趣就像是在铸炼摩天大厦的基石。基石的增多便意味着建造过程的开始。所以,慢慢来,慢慢摸索,希望自己最终也能有所斩获。

类案推送融入法院智能办案系统之探索

——以自然语言处理技术与法官办案思维融合为切入点

闵 雪 苑 珊*

【论文提要】

类案推送在实务中有着重要作用，《最高人民法院司法责任制实施意见（试行）》中明确将“类案与关联案件检索”设置为审判流程中的一个环节。2019年最高人民法院印发《人民法院第五个五年改革纲要（2019—2023）》（以下简称“五五改革纲要”）亦强调了类案检索及类案推送的相关问题。类案推送在为法官提供审判思路，指导裁判方向，并进一步助力统一裁判尺度方面有着不可或缺的作用。现有的类案推送机制普遍存在推送案例准确不够，与法官需求不匹配以及推送随意性强，效率较低、结果不稳定等不足。通过分析上述不足及其成因，笔者试图以法官办案思维为立足点，借助人工智能和计算机领域的一些前沿技术，探索构建新类型的类案推送模型并将之融入智能法院办案系统。具体而言，通过借助自然语言处理技术对海量裁判文书进行解构，并使用分词方法将裁判文书从若干句子表示转换成词语表示，然后基于词频和词语权重的不同，提取文本关键词，给裁判文书贴上能够表征其基本案件事实和争议焦点的“标签”；之后系统重复运用上述规则确定待决案件关键词，并由法官根据审判经验进行调整，选定最终关键词；最后通过主题分布统计模型，根据关键词对裁判文书进行相似度计算，将相似度较高的文书作为推荐结果集，帮助法官准确便捷地找到与自己案件具有高相似度的裁判文书。希望通过本文的探索，为类案推送嵌入法院智能办案系统提供灵感和助力，同时增强审判人员对该系统的理解和认同，激发其使用并参与改善类案推送系统的积极性。

---

* 闵雪，北京市第一中级人民法院行政庭法官助理；苑珊，北京市第一中级人民法院民三庭法官助理，曾获全国法院系统第二十九届学术讨论会二等奖。

【主要创新观点】

1. 本文是跨学科论文，综合运用了法学、计算机学和语言学学科的理论与技术构建新类型的类案推送模型。尝试对自然语言处理前沿技术如何有效运用于类案推送领域进行说明，通过基本概念介绍、文书段落举例、典型案例验证等方法，打破学科界限，增强审判人员对类案推送融入法院智能办案系统的理解和认同。

2. 从价值选择的层面剖析审判者智慧与机器智能之间的关系，从而把握类案推送系统发展的必然趋势。

3. 本文重视对类案推送模型的步骤、设计规则说明，尝试把跨学科的技术转化为具有可操作性的规则，并运用案例对各个环节进行验证，强化审判人员对类案推送原理的理解，为其有效使用该系统打下基础，同时为其反馈意见、优化系统提供可能性。

4. 本文使用自然语言处理中的分词、词频及加权技术提取裁判文书标签，提高标签标记文书的准确性。使用主题分布概率模型对文书进行相似度计算及排序，提高效率，便捷审判人员使用推送结果。在多个环节提供人工介入的渠道，方便审判人员纠正机器对待决案件理解的偏差、及时调整推送结果，真正体现法院思维与计算机技术的高度融合。

一、现实需求：类案推送融入法院智能办案系统

党的十九大在司法改革取得突破性进展的基础上进一步作出深化司法体制综合配套改革、全面落实司法责任制的重要战略部署。随着司法改革不断向纵深发展，如何通过中国特色社会主义现代化智慧法院应用体系的构建，嵌入智能辅助办案系统并优化相关功能，以推动法律统一适用机制的不断完善，成为新一轮改革需要迫切回应的问题。类案检索以及类案推送，是智能辅助办案系统的重要功能，2017年8月1日起施行的《最高人民法院司法责任制实施意见(试行)》(以下简称《实施意见》)首次明确将“类案与关联案件检索”①设置为审判流程中的一个环节，提出承办法官在审理案件时，应当依托办案平台、档案系统、中国裁判文书网、法信等，对本院已经审结或正在审理的类案与关联案件进行全面检索，并制作检索报告，分情形作出处理。2019年最高人民法院印

① 由于关联案件定义比较模糊，故不作为本文讨论重点，本文主要对类案相关问题展开讨论。

发“五五改革纲要”,亦强调了类案检索及类案推送的相关问题。①

在“五五改革纲要”中,从“类案检索”和“类案推送”所处位置和表述重点来看,二者既有服务于统一法律适用、实现类案类判的统一目的,又是智慧法院发展到不同阶段产生不同功能需求的表现。类案检索虽然通过最高人民法院的相关文件从一项政策倡导转变为制度要求,但其实质与法律从业者一直以来进行的案例检索工作并无实质区别,都是检索主体从文献资料、网络信息等信息集合中查找所需资料或信息的过程,②需要信息获取者通过输入关键词、浏览检索结果、判决筛选以及二次检索等方式,最终获得与自己需求匹配度较高的内容。只是随着信息集合平台的逐渐升级发展,检索产品能够指引检索主体进行更为精准的信息输入,更快捷、准确获取目标案例。类案推送,则是由推送系统将经过整理的信息资源发送给信息获取者,这种推送或是基于用户的输入行为,或是基于系统对相关资料的自动抓取,理想效果是不需要信息获取者输入、判断、筛选、二次检索等复杂环节,即能向其推送精准内容。类案推送虽脱胎于类案检索,但其与智慧法院应用系统的联系更为紧密,是相比于类案检索更能够体现人工智能与人类智慧相融合的高级形态。如何构建更为精准、高效、科学的类案推送模板,将其融入法院智能办案系统,为一线人员提供切实有效的办案服务,是智慧法院建设的关键环节,也是笔者的研究重点。

二、问题检视:类案推送的现实困境及原因分析

(一)现状:类案推送在实务中的探索应用

《实施意见》施行以来,从最高人民法院到各地方法院都在开发运行各类类案自动推送系统,主要工作机制是先通过现有的裁判文书检索平台的案例建立数据库,对相关案例进行人工“贴标签”,将每个具体司法案例结构好为若干个法律标签,根据电子化的起诉书,系统会根据起诉书自动生成一套标签,与系统中案例的标签作对比,进行类案推送。

最高人民法院类案智能推送系统于2018年1月5日正式上线运行,该系统通过构建包括案情事实、争议焦点、法律适用等要素的语义画像,通过机器学习

---

① “五五改革纲要”中规定:“……26.完善统一法律适用机制。……完善类案和新类型案件强制检索报告工作机制。……62.推动科技创新手段深度运用。……加强智能辅助办案系统建设,完善类案推送、结果比对、数据分析、瑕疵提示等功能。进一步完善道路交通事故等纠纷网上数据一体化处理机制。”

② 陈琨:《类案推送嵌入“智慧法院”办案场景的院原理和路径》,载《中国应用法学》2018年第4期。

建构超过 10 万个维度的特征体系。在精准度方面能够做到全案有文书数据整体推送准确率超过 60%,[①]高效地辅助法官从海量历史案件中发现相似案例,发挥系统在规范裁判尺度、统一法律适用方面的重要作用。贵州省高级人民法院以大数据挖掘分析为前提,建立类案裁判标准数据库,建立类案及关联案件强制检索机制,通过自动检索、类案推送、裁判文书语义分析等大数据方法避免类案非类判现象。该方法能够根据刑事、民事、行政审判不同特征,甄选不同要素构建各自类案结构,辅助法官分析研判案件、初步得出裁判结果。重庆市江北区人民法院以"智慧法院"建设为契机,探索建立起金融案件"类案智能专审平台",将金融案件审判规则要素化,并自动嵌入案件审理全程。该系统会自动向法官推送相似度较高的案例,并对法官拟作出的裁判进行智能评析,保证了"类案同判"。[②]

(二)问题:推送案例的准确性不够,与法官需求不匹配

如图 1 所示,类案推送实质上是针对待决案件端(前端)与海量文书端(后端)两端标签的自动提取与自动匹配,这种用计算机语言和规则描述文书进而高效匹配类案的推送模式是人工智能发展的趋势,但现有技术条件下更多还是一种理想状态。鉴于目前对类案推送系统工作机制的说明和研究材料较少,基于笔者研究,其推送准确性不够的原因包括:第一,从后端来看,因囿于技术发展水平,目前解构文书的方法中存在机器对文书学习和理解不足的问题,导致提取标签无法准确标记文书。同时,后端的结构规则也因不透明导致其科学性、全面性亦没有得到使用者的认同和验证,具有不确定性。第二,从前端来看,问题更为明显。首先,电子卷宗随案生成制度尚待完善,如果不能保证起诉状、答辩状以及重要证据等诉讼材料及时转化为电子卷宗,就会出现系统提取关键词的来源不全面、随机性强。其次,现有技术尚无法准确识别案件的核心区分点,无法形成对案件基本事实和争议焦点的判断,其提取的关键词亦无法表征待决案件特征。因现有系统完全排除人工介入,法官对案件的整体判断与价值取向无法通过有效渠道反应,由此推送的匹配案例当然也无法满足法官办案需求。第三,前端和后端除了各自提取标签环节存在的问题外,还存在两端规则不同、侧重点不同进而导致匹配类案不准确的问题。

---

① 左卫民:《如何通过人工智能实现类案类判》,载《中国法律评论》2018 年第 2 期。

② 《探索"类案类判机制"确保法律适用统一》,载《人民法院报》2018 年 1 月 26 日,第 4 版。

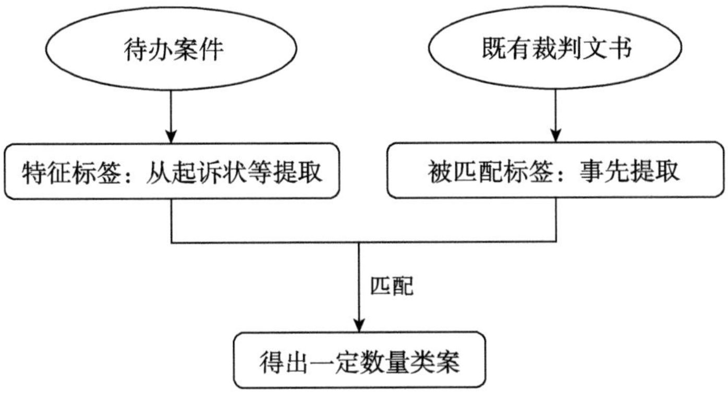

图1 目前类案推送原理

三、改进之路:类案推送功能融入法院智能办案系统的实现路径

(一)价值选择:人机互动与以人为本

1. 人机互动,切中人工智能与人类智慧的融合点

鉴于现有类案推送系统所存在的问题,结合司法实践的需要,笔者认为,运用人工智能系统提取标签标记案例并进行相似度匹配是类案推送系统的应有之义,同时考虑到目前技术发展水平,机器智能无法完全取代法官对案件的判断和理解,必须给智能系统自主判断提供人工介入的途径。如果能够实现人的经验智慧对机器智能的有效修正,就可以在类案推送系统中做到效率与准确度兼顾。此外,还需要厘清智能系统的处理“规则”问题。一方面,在构建类案推送系统模型时,要在充分理解类案概念的基础上设计机器自动提取标签的规则,要对规则予以充分说明、论证,以获得审判人员的充分理解。另一方面,应认清机器规则与人类逻辑的差异,机器学习到一定阶段后会有自己的逻辑和标准,或许会超脱于现有法律实践中的所有规则,但正是存在这种人类无法理解的逻辑,才有了机器能够高效处理海量裁判文书的可能性(见图2)。

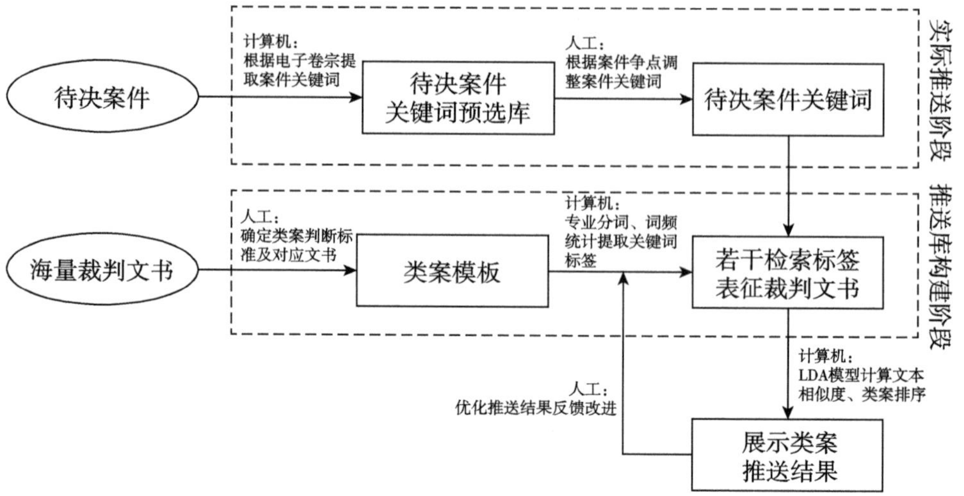

图2 本文类案推送方案流程

2. 以人为本，应以法官办案思维为出发点

(1)思维一：快捷有效直接辅助办案

在法院案多人少以及“员额制”改革的背景下，一线法官的办案压力让他们对于智能辅助办案系统的选择往往直接，甚至具有一定的“功利性”，不能快速有效直接辅助办案的系统将很快被弃用。这种思维下，能够真正融入智能办案系统的类案推送功能必须具备以下特点：一是参与推送过程简单，主要起补充作用。类案推送系统应当能够依靠人工智能系统自主提取并生成关键词，审判人员在可视化界面获取待决案件的关键词后根据需要进行补充。如果主要由审判人员选择关键词，则与传统类案检索并无实质区别。二是获取推送结果简单有序。类案推送系统应当能够提供匹配度较高的有限数量案例，并进行相似程度排序。

(2)思维二：尊重个人习惯和兴趣

法官的思维具有个性化，对案件的判断也基于个人经验有不同的侧重点，不尊重法官个人习惯和兴趣的智能办案系统往往也得不到有效使用。在这种思维下，类案推送功能必须具备以下特点：一方面，通过累积与审判人员的交互数据，获取与其相关的特征信息，并根据使用者自定义需求，在每次反馈结果时充分参考这些特征信息，使输出更加符合审判人员个人习惯和兴趣，使其有更好的使用体验。另一方面，引入反馈流程可以及时调整修改审判人员偏好，进而使类案推送的运用界面更加友好。①

① 陈琨：《类案推送嵌入“智慧法院”办案场景的院原理和路径》，载《中国应用法学》2018年第4期。

(二)概念厘清:类案的判断标准

在探索能够融入法院智能办案系统的类案推送功能之前,有必要明确什么是类似案例、如何识别类案。为了更好探究何为类似案例,可以采取反向推理的思维方式。在司法活动中,当法官需要运用案例对待决案件进行论证说理时,实际上是一条由具体到具体的逻辑路线,即通过比较判例与待决案件之间的相同点和不同点,运用类比推理的方式,将案例中隐含的裁判规则运用于后案之中。最高人民法院印发的《〈关于案例指导工作的规定〉实施细则》第9条规定,“各级人民法院正在审理的案件,在基本案情和法律适用方面,与最高人民法院发布的指导性案例相类似的,应当参照相关指导性案例的裁判要点作出裁判”,根据该规定,在基本案情方面,首要识别的应为“要件事实”,即案件事实的实质性构成要件;在法律适用层面,则主要考量案件的法律争议焦点。[①] 因最高人民法院的指导性案例已经通过总结“裁判要点”将案件的法律争议焦点进行释明,故在推送案例时可以从案情和法律适用两方面着手。但是,在本文涉及的类案推送中,案例库基数庞大,缺乏法律争点的统一释明,故在寻找类案时,无法明确地将法律争点与基本事实进行区分。为了实现方便快捷的推送,笔者不予区分法律与事实问题,统一放在推送条件之中。而为能全面体现案件的特点,从多角度进行相同点与不同点的比对,推送条件的选取既应考虑要件事实部分,又需兼顾法律适用部分,同时,当事人的诉辩意见中亦会反映出案件的争点。故在确定推送条件时,将从当事人“诉辩主张”部分开始,涵盖查明事实部分,至“本院认为”部分截止。

(三)技术依托:引入自然语言处理技术搭建类案推送模型

为在海量裁判文书中推送出待决案件的类案,笔者引入了自然语言处理技术。自然语言处理是语言学和计算机学结合的产物,它的研究方向是让计算机理解自然语言,并可通过自然语言和人进行沟通。笔者拟借助自然语言处理技术对裁判文书进行解构,将裁判文书从若干句子表示转换成词语表示,然后基于词频和词语权重的不同,提取文书关键词,给裁判文书贴上能够表征其基本案件事实和争议焦点的“标签”;之后系统运用上述规则推送待决案件关键词,再由法官根据审判经验进行调整,选定最终关键词;最后通过主题分布统计模型,根据关键词对裁判文书进行相似度计算,将相似度较高的文书作为推荐结果集,帮助法官便捷准确地找到与自己案件具有高相似度的裁判文书。具体环

---

① 贺荣主编:《尊重司法规律与刑事法律适用研究——全国法院第27届学术讨论会获奖论文集》,人民法院出版社2016年版,第383页。

节为:

1. 提取案件库中海量裁判文书"标签"

(1)分词技术拆解裁判文书

中文分词是提取标签最基础的环节。"词是最小的能够独立活动的有意义的语言成分",①中文词语分析是中文信息处理的基础与关键。首先,使用日常用语库进行分词,比如将"我爱北京"分成"我/爱/北京"。但裁判文书多使用法律专业术语,比如"不正当目的""股份合作制企业",如果仅根据日常用语库,可能会被分为"不正当/目的""股份/合作制/企业"而失去了专业术语本身所表征的特殊含义。故需引入法律专业词库,将词库中含有的词语自动识别为一词而不再进行分词。其次,还要剔除停用词②,包括与审判程序有关但与案件事实无关的词,如"一审判决""诉讼"等。③ 下面以北京安通博瑞铁路器材有限公司与李某博股东知情权纠纷二审民事判决书④中的一段内容为例进行说明:

李某博是否为安通博瑞公司的真实股东,安通博瑞公司尚不清楚,李某博也未向安通博瑞公司提交过任何证据。李某博认为自己是挂名股东,不是安通博瑞公司真正股东,如果李某博的委托代理人是真实股东,该委托代理人恢复股东身份后可以自行请求查看安通博瑞公司资料。李某博主张自己是安通博瑞公司的挂名股东,其委托与安通博瑞公司存在诸多纠纷的范某苑及其丈夫陈某锦查询安通博瑞公司经营保密资料,具有恶意目的,而且范某苑、陈某锦还查封了安通博瑞公司的部分资产,李某博明显是滥用股东身份及地位与第三人恶意串通损害公司利益,具有不正当目的。

未加入法律专业词库、未剔除停用词库的结果:

['安通','股东','公司','挂名','委托','代理人','恶意','身份','资料','目的','串通','查封','具有','滥用','查询','保密','纠纷','正当','提交','查看','证据','请求','损害','丈夫','利益','主张',

---

① 参见刘小宇:《基于语义理解的中文常问问答系统的研究》,大连理工大学2006年硕士学位论文。

② 停用词,指"虚字、非检索用字",一般是出现频率很高,但没有实际意义,对文书推送也没有帮助的词,主要包括语气助词、副词、介词、连词等。参见华林森:《中文文本情感分类研究》,重庆大学2014年硕士学位论文。

③ 目前,在互联网上可以获取"哈工大停用词词库""四川大学机器学习智能实验室停用词库""百度停用词表"等各种停用词表,但尚未有裁判文书需要的特殊停用词库,本文通过人工剔除特殊停用词。

④ 详见北京市第二中级人民法院(2018)京02民终532号二审民事判决书。

'清楚','恢复','经营','是否','地位','资产','明显','存在','部分','认为']

加入法律专业词库、未剔除停用词的结果：

['安通','公司','股东','挂名股东','委托','代理人','恶意','身份','第三人','不正当目的','资料','串通','查封','具有','滥用','查询','保密','纠纷','提交','查看','证据','请求','损害','丈夫','利益','主张','清楚','目的','恢复','经营','是否','地位','资产','明显','存在','部分','认为']

加入法律专业词库并剔除停用词的结果：

['股东','挂名股东','委托','代理人','恶意','身份','第三人','不正当目的','串通','查封','滥用','保密','恢复','地位','资产']

(2)基于词频技术提取海量文书标签

①高频词与自定义词频

词频指的是某一个给定词语在文书中出现的次数。高频词即在文书中出现次数较多的词语。在分词步骤之后，根据词频对一篇文书的所有词语进行排序，选择排序在前四十的词语作为文书高频词。但同时考虑到，有些词语词频较低但有重要作用，可能被排除在高频词之外，故需要给这类词自定义词频，使其出现在高频词中。笔者以陈某国、林某城股东知情权纠纷二审民事判决书[①]为例，通过高频词与自定义词频方法，提出到该文书的标签：

查阅、股东、知情权、会议记录、复制、财务会计、股权转让、股东会、监事会、凭证、不正当目的、记账、转让、正当性、书面、会计、前置程序、登记、入账、转让款、账簿、签名。

②运用 TF - IDF 技术提取裁判文书标签

TF - IDF(Term Frequency - Inverse Document Frequency，词频—逆文件频率)是一种用于资讯检索探勘的常用加权技术，用以评估一字词对于一个文件集或一个语料库[②]中的某份文件的重要程度。引用到类案推送的领域，其原理就是：如果一个词在一篇裁判文书中出现的次数越多，同时在所有裁判文书中

① 详见广东省惠州市中级人民法院(2017)粤13民终763号二审民事判决书。

② 语料库，这里特指海量裁判文书经过中文分词，停用词筛选等操作后形成的以词为组成单位的规范文本集合。来源维基百科：https://en.wikipedia.org/wiki/Text_corpus，最后访问日期：2018年5月30日。

出现的次数越少,就越能代表该文书。

以陈某国、林某城股东知情权纠纷二审民事判决书①为例,同时以数据库中全部1271篇案例作为语料库②对该判决书的标签词汇进行TF-IDF计算,根据权重重新进行排序,最终得到该篇文书的"标签":

正当性、前置程序、登记、签名、账簿、转让款、监事会、转让、凭证、会计、书面、知情权、会议记录、入账、不正当目的、股东会、股权转让、财务会计、复制、股东、记账、查阅。

2. 明确待决案件关键词

该步骤中首先需明确系统拟处理文档的来源和范围。在技术尚未充分发展时,仍需法官对案件事实和当事人诉辩主张及争议焦点进行梳理,并将上述整理成文档,作为确定关键词的基础文档。随着智慧法院建设的深入,可依据案件系统中自动生成的起诉状、答辩状等作为基础文档进行提取。

明确关键词包括系统自动确定和人工干预两步。系统自动确定为不存在人工干预的情况下,由计算机利用第一步的分词模型自动提取关键词。但如前文所述,因关键词由计算机按照设定模型自行确定,在涉及个案处理时,易出现关键词的提取以及匹配与意欲解决的焦点问题不符的情况,此时,需由审判人员发挥自主意识,进行人工干预。

若系统确定的关键词中没有审判人员需要的关键词,而该关键词对于待决问题必不可少,便可引入强制搜索。比如在搜索股东行使知情权的查阅范围是否包括会计凭证这一问题时,会计凭证便可作为强制搜索型关键词。与此相对应,有的关键词因词频过高,反而在关键词系统里权重比值低,导致实际上可有可无,比如公司、股权、股东等,这类词汇几乎出现在每一篇股东知情权案例之中,对于这些词汇可以进行人工删除,确保关键词更有针对性。而对于挂名股东、代持、会计账簿、查阅范围等词汇,因为其更具针对性,故其权重比本身就会偏高,因此在人工确定关键词时,应尽可能使用更具在针对性的词汇。

3. 适用LDA模型③分析文书并获取类案

给后端裁判文书贴好标签之后,仍需进一步对文书进行分析,运用主题分

① 详见广东省惠州市中级人民法院(2017)粤13民终763号二审民事判决书。

② 案例来源:中国裁判文书网下载全国范围内案由为股东知情权纠纷年限为2014—2018年的二审生效判决,共1271篇。

③ LDA全名为隐含狄利克雷分布(Latent Dirichlet Allocation),是在机器学习和自然语言处理等领域用来在一系列文档中发现抽象主题的统计模型。来源维基百科:https://en.wikipedia.org/wiki/Latent_Dirichlet_allocation,最后访问日期:2018年5月30日。

布概率模型将裁判文书按照计算机指定的不同主题进行抽象描述，后依据待决案件关键词对海量文书进行相似度计算。

首先，将裁判文书中出现过的不重复词语建立为“词库”并编号；其次，对每篇文书的关键词组进行词语到编号的转换；最后，将所有文书及其关键词编号组，带入 LDA 模型进行分类。以北京安通博瑞铁路器材有限公司与李某博的二审案件①为例，经过 LDA 主题模型分类后，该案例文档可以由一系列的主题分布来表示。

图 3 表示该案项下主题 1 及该主题下词语的权值分布。左图部分为各主题分布，圆圈大小和该主题下词语数量有关。右图为该主题下词语的分布，其中蓝色柱状图为该词语在所有文书中出现的次数，红色柱状图为该词语在此主题下期望次数。

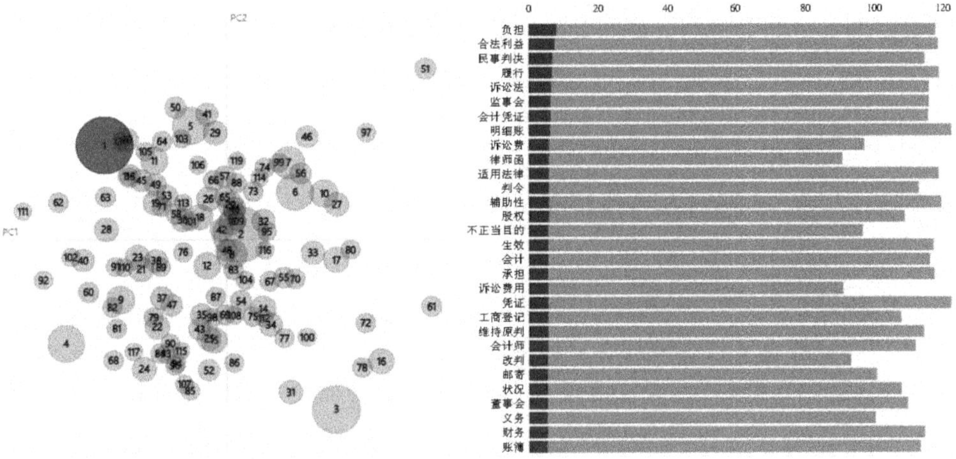

图 3　主题 1 与关键词的主题分布

图 4 为该案项下主题 2 的词语权值分布，通过对比可以发现主题 1 和主题 2 存在词语交叉的现象，这样同样的词语可以被归类到不同的主题，通过这样的安排就可以解决“一词多义”的问题。而不同的词但词义类似比如“财务”“公司财务”都被分配到了同一主题，这又能够解决“一义多词”的问题。

通过上述标签提取方法，该案标签为“挂名股东、代持、股权、转让、公司法、查阅、范围、原始凭证、会计凭证、账簿、不正当目的、恶意、串通、损害、委托、专业、辅助、公司章程、在场”。可将“不正当目的”“会计凭证”在 LDA 主题模型中被分配到主题 1 中，其他关键词则被分配到其余主题，计算其主题概率分布

① 详见北京市第二中级人民法院(2018)京 02 民终 532 号二审判决书。

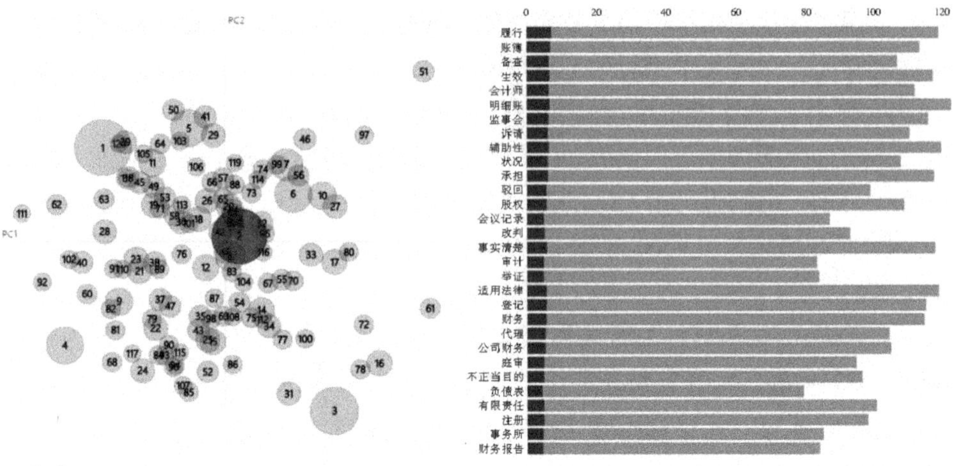

图 4　主题 2 与关键词的主题分布

为 P_1。海量文书端的所有文书都能够计算出概率分布,计为 P_2,P_3,P_4,P_5,P_6……P_x。再输入待决案件的关键词,同样方法可计算出其概率分布为 Q,最后通过 Q 与海量文书的主题概率分布进行相似度计算,并对相似度进行从大到小排序。数值最大对应的文书的即最相似文书。

4. 引入人工干预,进行权值更改

推送结果界面中会显示比例条,反馈关键词在每个分类项下的权值,若对显示的权重结果不满意,还可以对关键词权值进行手动更改。比如在股东知情权案例中,既涉及挂名股东是否有权行使股东知情权,亦涉及该股东是否存在不正当目的,推送得出的案例与第二个问题更加匹配,鲜少涉及第一个问题亦或涉及不多,此时便可以通过提高第一个问题项下关键词的权重,如将挂名股东、代持、股权、转让、公司法的权重提高,相应的不正当目的、恶意、滥用、串通、损害的权重便会下降,此时得出的案例中将更多回应第一个问题。如此循环往复,将确保推送的结果能够最大限度满足法官的现实需求。

5. 类案推送结果的有序呈现

为避免类案推送结果混乱无序的呈现,需要明确有序呈现规则。这种顺序不仅仅表现为类案相似度的排序,还应结合案件的地域范围、效力层级等维度加以统筹。同时,建议在使用界面上呈现系统自动生成的类案推送报告的链接便于接收者随时查阅及时调整。

四、实践探索:以股东知情权纠纷为例验证类案推送模型

股东知情权纠纷属于商事纠纷中较为常见的案件类型,且因其案情通常较为清晰,但法律争点偏于多样化,更利于推送的模拟,故本文拟以股东知情权纠纷为例进行实践操作,进一步解释和验证类案推送模型。

(一)待决案件关键词的确定

本文选取的待决案件为北京安通博瑞铁路器材有限公司与李某博的二审案件[①],因本案实际上已有生效判决,故在通过计算机选定关键词时,将待选定范围确定为从当事人诉辩主张至二审审理查明部分。适用模型得出案件关键词如下:

股东、查阅、会计账簿、公司法、委托、挂名股东、知情权、代持、股东会、恶意、会议记录、不正当目的、股权转让、股权、凭证、财务会计、账簿、串通、滥用、记账、保密、复制、公司章程、原始凭证、会计凭证、工商登记、损害。

通过人工分析法律争点有以下四点:(1)"挂名股东"是否有权行使股东知情权;(2)股东不正当目的的判断;(3)股东知情权的查阅范围是否包括会计凭证;(4)《最高人民法院关于适用〈中华人民共和国公司法〉若干问题的规定(四)》(以下简称《公司法解释四》)出台后,委托专业第三人辅助行使查阅权的具体限制。关键事实包括:(1)该股东系公司在工商登记机关登记的股东;(2)该股东与股权出让人均向法院明确表示双方之间系真实的股权转让关系,不存在股权代持关系;(3)《公司法》及其司法解释未对名义股东的股东知情权作出限制性规定;(4)公司主张该股东意图滥用股东地位,与委托人恶意串通,损害公司合法利益,具有不正当目的,但缺乏证据支持;(5)会计凭证包括原始凭证和记账凭证,会计账簿则必须以经过审核的会计凭证为依据,该股东请求查阅的范围包括会计凭证;(6)在该股东在场的情况下,可以由会计师等专业第三人辅助股东行使查阅权。

根据上述法律争点与关键事实的分析,进一步对上述方法确定的关键词进行调整。首先,删除针对性较弱且与本案事实关联性较低的词汇,比如股东、查阅、知情权、股东会、账簿、复制、工商登记、记账。其次,因本案涉及公司账簿的查阅范围以及委托专业第三人辅助行使查阅权的具体限制,故在关键词中加入查阅范围、专业、辅助、在场等词汇,以保证该两个问题能够在推送范围之中。

---

① 详见北京市第二中级人民法院(2018)京02民终532号二审判决书。

总结得出能够表征该案特征的关键词如下：

挂名股东、代持、股权、转让、公司法、查阅范围、会计账簿、会计凭证、原始凭证、不正当目的、恶意、滥用、串通、损害、委托、专业、辅助、公司章程、在场。

之后,将上述关键词带入LDA模型进行搜索比对,以求获得与本案最为接近的案件,即类似案例。

(二)推送案例分析

适用该模型进行类案推送,除却待决案件本身之外[①],陈某国、林某城股东知情权纠纷二审民事判决书[②]列在推荐搜索列表的第一位,其与待决案件的相似值为0.64。分析该案可以发现其回应了待决案件的三个法律争点:(1)关于"挂名股东"行使股东知情权的问题:该案中显示若公司章程和工商登记信息均载明该股东为公司股东,在公司无其他反证的情况下,应认定其为公司股东,股东知情权是股东的应有权利,股东有权行使该权利;(2)关于正当目的的判断问题:公司以股东查阅会计账簿有不正当目的为由予以拒绝的,必须要有合理根据,否则无法得到支持;(3)关于查阅范围是否包括会计凭证:会计账簿本身包括原始财会凭证和票据,他们是最直接、充分地反映公司真实经营管理情况的信息资料,因此,会计凭证包括原始凭证和记账凭证应当作为会计账簿的附件入账备查。关于第四个问题,为《公司法解释四》出台后实践中才遇到,现有数据库中针对该解释案件较少,故该问题缺乏运用本模型进行验证的必要性。

通过分析上述回应情况,(1)与(2)与待决案件拟处理方式基本一致,说理明确,故可作为待决案件的参考依据,但(3),即其对于查阅范围的处理与待决案件拟处理方式不一致,故针对该问题,应进行单独检索。

(三)具体问题专项检索

在类案推送无法匹配使用者需求时,系统还应提供针对具体问题的专项检索服务功能。第一步依然是确定关键词,针对查阅范围这一法律争点并结合其涉及的案件事实,重新规划确定关键词为:

查阅范围、原始凭证、记账凭证、会计凭证、会计账簿。

因在推送模型中,案例关键词的提取为全文提取,而该问题仅系针对单独问题的回应展开,故应对关键词的权重进行调整,并适度加入强制搜索。具体

① 因本文选取的待决案件亦处于数据库中,故依据关键词检索后得出的案例相似值最高即该案件本身。

② 详见广东省惠州市中级人民法院(2017)粤13民终763号二审判决书。

到本次检索,法律争点回应的为会计凭证是否应纳入查阅范围,故在检索时将会计凭证列入强制检索,并相应提高其他关键词的权重。

9-乐视影业（北京）有限公司与北京思伟股权投资管理中心（有限合伙）股东知情权纠纷二审民事判决书 ---选择词汇与该文本相似度0.502294
35-首创龙基科技有限公司与九九实业股份有限公司股东知情权纠纷二审民事判决书 ---选择词汇与该文本相似度0.465801
23-郑传湘与湖北泰发房地产开发有限公司股东知情权纠纷一案二审民事判 ---选择词汇与该文本相似度0.450772
11-福建天福大酒店有限责任公司、陈勇股东知情权纠纷二审民事判决书 ---选择词汇与该文本相似度0.434727
3-吴发贵与益阳嘉好房地产开发有限公司股东知情权纠纷二审民事判决书 ---选择词汇与该文本相似度0.425392
29-代永亮、蒋伟等与武汉新五心服务管理股份有限公司股东知情权纠纷二审民事判决书 ---选择词汇与该文本相似度0.416585
1-刘子江与天津市环路公路设施有限责任公司股东知情权纠纷二审民事判决书 ---选择词汇与该文本相似度0.415058
24-上诉人南京苏博文化传媒有限公司与被上诉人蒋蒙娟股东知情权纠纷一案的民事判决书 ---选择词汇与该文本相似度0.414286
35-王玉贞与山东鲁润佳和伟业进出口有限公司股东知情权纠纷二审民事判决书 ---选择词汇与该文本相似度0.407178
24-李召云与山东夏丰种业有限公司股东知情权纠纷二审民事判决书 ---选择词汇与该文本相似度0.406360

图5　专项检索结果

图5中检索结果与待决案件的相似度不高,原因主要在于案涉模型系针对案件全文进行关键词提取,本次只针对其中某一问题,故相似指数较低。

上述检索结果的回应情况(见表1):

表1　检索结果回应情况

序号	案号	当事人	地域	层级	查阅范围是否包括会计凭证	是否有相关论理
1	(2017)湘民终542号	吴某贵与益阳嘉好房地产开发有限公司	湖南	高院	包括	有
2	(2018)京03民终1465号	乐视影业(北京)有限公司;北京思伟股权投资管理中心(有限合伙)	北京	中院	包含	有
3	(2016)京02民终2451号	首创龙基科技有限公司与九九实业股份有限公司	北京	中院	包含	有
4	(2016)京02民终2451号	郑某湘与湖北泰发房地产开发有限公司	北京	中院	包含	有
5	(2017)闽01民终5032号	福建天福大酒店有限责任公司、陈勇	福建	中院	包含	有
6	(2016)鄂01民终6491号	代某亮、蒋某等与武汉新五心服务管理股份有限公司	湖北	中院	包含	有
7	(2016)津02民终4252号	刘某江与天津市环路公路设施有限责任公司	天津	中院	包含	无
8	(2016)苏01民终2414号	南京苏博文化传媒有限公司与被上诉人蒋某娟	江苏	中院	包含	无
9	(2017)鲁01民终6808号	王某贞与山东鲁润佳和伟业进出口有限公司	山东	中院	包含	有
10	(2016)鲁14民终1803号	李某云与山东夏丰种业有限公司	山东	中院	包含	有

综合考量上述案例,上述案例拟搜索的待决问题均有回应,鉴于案例结论均与本案拟处理结论不符,参照该结果,在分析本案该项法律争点时,应认真参考学习上述案例,尤其是对针对其中论理较为充分的案例,需根据要件事实的相同点与不同点,谨慎裁判。

结 语

运用自然语言处理技术进行类案推送尚为不成熟的实践,但是其中蕴含的人机互动及以人为本的价值取向应系类案推送的发展方向。当然,不可否认的是,任何事物的存在均有其两面性,类案推送发展到一定程度后,可能会产生负面影响,比如法官容易产生路径依赖,主动思考和检索的能力下降;部分错误文书的影响也容易扩大;创新性的说理方式在一定程度上被抑制等。但是,瑕不掩瑜,上述问题存在的可能性并不能阻碍类案推送发展的进程,毕竟在案件量久增不减,法官"员额制"改革的背景下,如何缓解人少案多矛盾以及如何统一法律适用才是当下法院系统面临的更加急迫的问题。[①] 希望借由类案推送的法律探索以及技术革新,实现类案推送的精准化和人性化,恰当、高效地满足法官办案需求,进一步统一裁判尺度,提高司法公信力。

① 朱彬彬、祝兴栋:《类案推送的精细化:问题、成因与改进——以刑事类案推送为例》,载《法律适用》2018年第20期。

“示范判决 + 多元调解”的审判机制构建
——以证券群体纠纷为例

曹明哲*

【论文提要】

1. 由于证券虚假陈述责任纠纷的多、难、小、久的特点，导致按照普通一审模式审理此类案件会造成无效与重复工作过多、成本高、资源浪费、效率低的情况，司法实践急切需要高效、便捷、资源充分利用的诉讼模式。

2. 从制度构建成本来看，相较于集团诉讼、代表人诉讼、公益诉讼等，示范判决模式为构建成本较低的诉讼模式选择；亦有最高人民法院的顶层设计和地方法院的实践；同时，示范判决与多元调解能够有机衔接。

3. 在“示范判决 + 多元调解”的诉讼构造上，应着重解决示范案件的选定、示范案件的判决、平行案件与示范案件的关系、平行案件与多元调解的衔接等。(1)示范案件应当包含同类纠纷共同的事实和法律争议，并不一定限定为一个。(2)示范案件的选定既可以依申请决定，也可以依职权决定。(3)为保证示范判决的权威性，最高人民法院应完善此类纠纷中的争议问题。对于平行案件，应采取“原则适用示范判决、不适用个案审查”的思路。(4)平行案件可以采用表格式、表格式、要素式等简化方式。

4. 为激励平行案件进入调解程序，应在诉讼费减免方面加大力度并扩大司法确认的适用范围。借鉴“先行赔付”方式，利用“共管账户”模式，由被告虚假陈述行为人先将赔偿款打入共管账户，向投资者表达调解的诚意，以吸引投资者调解。

5. 在技术性辅助措施的完善上，明确法院调取交易数据的机构，应用电子化交易数据；划定具有证券市场专业问题核算、分析资质的相关机构供法院和当事人选择。

---

* 曹明哲，北京市第一中级人民法院民四庭法官助理，曾获全国法院系统第二十九届学术讨论会二等奖。

【主要创新观点】

由于证券虚假陈述责任纠纷的多、难、小、久的特点，导致按照普通一审模式审理此类案件会造成无效与重复工作过多、成本高、资源浪费、效率低的情况，司法实践急切需要高效、便捷、资源充分利用的诉讼模式。

从制度构建成本来看，相较于集团诉讼、代表人诉讼、公益诉讼等，示范判决模式为构建成本较低的诉讼模式选择。

示范案件应当包含同类纠纷共同的事实和法律争议，并不一定限定为一个。示范案件的选定既可以依申请，也可以依职权。为保证示范判决的权威性，最高人民法院应完善此类纠纷中的争议问题。对于平行案件，应采取“原则适用示范判决、不适用个案审查”的思路。平行案件可以采用表格式、表格式、要素式等简化方式。

为激励平行案件进入调解程序，可借鉴“先行赔付”方式，利用“共管账户”模式，由被告虚假陈述行为人先将赔偿款打入共管账户，向投资者表达调解的诚意，以吸引投资者调解。

在技术性辅助措施的完善上，明确法院调取交易数据的机构，应用电子化交易数据；划定具有证券市场专业问题核算、分析资质的相关机构供法院和当事人选择。

引　言

《人民法院第五个五年改革纲要(2019—2023)》第 13 条就深化多元化纠纷解决机制改革的任务进行了明确，即坚持把非诉讼纠纷解决机制挺在前面，推动从源头上减少诉讼增量。完善调解、仲裁、行政裁决、行政复议、诉讼等有机衔接、相互协调的多元化纠纷解决体系。[①] 这既是对过去多元化解纠纷体系工作的总结，也是对未来 5 年此项工作的部署。事实上，对于多元化解纠纷工作的重要性、必要性以及发展战略，理论界和实务界已经有大量研究。但由于具体各案的特点、类型不同，在具体的实施方略上会各有不同。因而，本文以一类

---

① 创新发展新时代“枫桥经验”，完善“诉源治理”机制，坚持把非诉讼纠纷解决机制挺在前面，推动从源头上减少诉讼增量。完善调解、仲裁、行政裁决、行政复议、诉讼等有机衔接、相互协调的多元化纠纷解决体系，促进共建共治共享的社会治理格局建设。加大对行业专业调解工作的指导力度，完善多方参与的调解机制，健全完善律师调解机制，进一步发挥专业调解作用。对具备调解基础的案件，按照自愿、合法原则，完善先行调解、委派调解工作机制，引导鼓励当事人选择非诉方式解决纠纷。推动建立统一的在线矛盾纠纷多元化解平台，实现纠纷解决的在线咨询、在线评估、在线分流、在线调解、在线确认。推广线上线下相结合的司法确认模式，促进调解成果当场固定、矛盾纠纷就地化解。

典型的证券群体纠纷——证券虚假陈述责任纠纷——作为研究对象,试图分析在此类纠纷中如何贯彻将非诉讼纠纷解决机制挺在前面,细化具体的实施方案,并以点带面,为其他纠纷的多元化解工作提供智识帮助。

一、问题:当前证券虚假陈述案件的审理模式及困境

(一)证券虚假陈述责任纠纷的特点

证券虚假陈述责任纠纷,根据最高人民法院2003年颁布的《关于审理证券市场因虚假陈述引发的民事赔偿案件的若干规定》(以下简称《若干规定》),是指证券市场投资人以信息披露义务人违反法律规定,进行虚假陈述并致使其遭受损失为由,而向人民法院提起诉讼的民事赔偿案件。近年来,随着证券市场监管的加强、投资者保护意识的提高等,各地法院对此类案件的审理逐渐增多。目前,此类案件主要存在以下四个特点:

第一是"多",案件数量逐年增多。据统计,2015年全国各级人民法院共审结证券期货虚假陈述责任民事一审案件2795件,同比上升92.76%。2016年增加至3750件,同比上升34.17%。[①] 第二是"小",原告多为中小投资者,即所谓普通散户。第三是"久",即收案周期及审理周期长。第四是"难",即案件专业性强,审理难度和争议较大。虽然《若干规定》为法院审理此类案件提供了法律依据,但该司法解释自2003年实施以来已经过去了十余年,近年来立案登记制改革、证券法修改、理论的完善、金融市场发展以及金融监管政策的变化等,给此类纠纷的审理带来了诸多新情况、新问题及不确定因素,这些都增加了此类案件的审理难度。

(二)基于普通审理模式而生的困境及由此产生的需求

目前,许多法院在审理此类案件时,仍将此类案件作为普通一审商事案件进行审理,但是,按照普通的一审商事案件审理此类纠纷,使法院陷入以下审理困境。

第一,无效与重复工作过多。以此类纠纷中非常典型的被告逐案提出管辖权异议为例,即被告针对投资者起诉每一案件逐案提出管辖权异议并针对每一裁定提出上诉,在中国裁判文书网存在不少这样重复性的管辖权裁定,造成法院大量的重复与无效工作。[②]

---

① 山西省高级人民法院课题组:《证券期货虚假陈述责任案件专题分析报告》,载《法律适用》2018年第2期。

② 参见曹明哲:《证券虚假陈述责任纠纷中被告逐案提出管辖权异议的现象研究》,载张卫平、齐树洁主编:《司法改革论评》(总第25卷),厦门大学出版社2018年版,第84页。

第二,案件周期长。此类案件从被告管辖权异议申请的提出、人民法院作出裁定、上诉、上诉移送、上一级法院作出终审裁定,一般需要 3 ~ 4 个月的时间。而加之此类案件在信息重大性、因果关系、系统风险、投资差额损失计算等方面均存在的争议,由此导致此类纠纷的处理耗时更长。有学者统计,截至 2013 年 3 月 31 日,证券虚假陈述责任纠纷中,案件审理的平均值达到了 405.1 日(13.5 个月),中位值也有 351.7 天(11.7 个月)。[①] 甚至有的法院“在等待两年的诉讼时效届满后才开始安排审理”。[②]

第三,成本高、资源浪费。自法院证据交换和开庭而言,不同原告及其代理人与被告重复性如同“车轮战”一般就同一问题举证质证发表意见,法院重复性地组织开庭审理;自裁判文书的制作和出具而言,除了原告投资者买入卖出涉案股票的具体交易情况不同,其余案件事实和裁判理由完全一样,而按照目前的审理模式,人民法院要针对每一个原告出具单独的相同的法律文书。

第四,审判资源无法集中。前述的各类程序性、重复性事项耗费了法院的大量精力,导致法院在真正的实体争议上往往投入不足,法院无法做到“好钢用在刀刃上”;同时,由于此类案件后续仍有较多数量,法院的个案审判思维忽略了实体问题在批量案件中的示范作用,若因为赶时间、急于出具裁判文书而在前案中草率处理重大实体争议问题,对后续案件将产生重大不利影响。

综上,在当前的审理模式下,“受害者如果纷纷起诉,法院就须对相同或类似的案件反复进行立案和审理,不仅程序繁复,法院和原被告都将不堪重负,而且极不经济”。[③] 由此,无论是基于司法改革的大背景还是基于营商环境优化背景下对中小投资者的保护,在证券虚假陈述的审判中,快捷、高效、低成本、资源有效利用的诉讼程序审判模式必须取代旧的审判模式。

二、“示范判决 + 多元调解”的应然选择

(一)基于其他审理模式的排除:以构建成本最低为标准

事实上,就证券类案件审判模式的构建并非新鲜话题,理论界对此的研究浩如烟海。借鉴国际上的经验和我国现行立法,理论界和实务界主要提出以下四种模式:(1)集团诉讼模式,以美国的“选择退出式”为代表。采此模式可减

---

① 黄辉:《中国证券虚假陈述民事赔偿制度:实证分析与政策建议》,载黄红元主编:《证券法苑》(第 9 卷),法律出版社 2013 年版,第 978 页。

② 同上书,第 977 页。

③ 耿利航:《群体诉讼与司法局限性——以证券欺诈民事集团诉讼为例》,载《法学研究》2006 年第 3 期。

少成本，对案件批量处理。（2）公益诉讼模式。近年来我国立法与实践加大了对公益诉讼的探索，有观点认为在证券侵权领域引入公益诉讼，可以最大限度节省管理诉讼成本，提升诉讼效率。① 在我国台湾地区，“证券投资人及期货交易人保护法”创设了证券团体基于证券投资人及期货交易人授权提起损害赔偿之诉的证券团体诉讼制度。② （3）代表人诉讼模式。（4）德国的示范诉讼模式。即将群体性诉讼中的共同事实或法律问题交给上级法院，由后者在一种“两造诉讼”的框架内先行审理，并以审理结果作为解决所有个别纠纷的基础。③

本文认为，当前对于证券群体诉讼的诉讼构造，应以“若无必要，勿增实体”为理念，以制度构建成本最低为标准，在尽量不触动民事诉讼基本构造，不借助过多立法论创设新制度的情况下构建，如此能够尽快在司法实践中运用起来，司法实践适应的成本、理论解释成本均较低。以此为标准，可得出示范诉讼模式为最佳选择。

第一，集团诉讼在我国没有实践、立法的支持，若采用此模式需推倒重来，制度构建成本较高。而且在《若干规定》中，起草者明确指出在证券虚假陈述责任纠纷中不采用美国的集团诉讼模式。④ 第二，公益诉讼模式在证券领域在我国尚缺乏立法支持，具体的起诉主体、公益诉讼的起诉主体是否获得赔偿金、如何管理赔偿金等问题欠缺系统的研究，制度构建成本仍然较高。第三，值得注意的是，2019 年 4 月 26 日公开征求意见的《证券法（修订草案三次审议稿）》第 105 条规定，投资者提起虚假陈述、内幕交易、操纵市场等证券民事赔偿诉讼时，当事人一方人数众多的，可以依法推选代表人进行诉讼。尽管《证券法》意在鼓励代表人诉讼，但是《民事诉讼法》第 54 条的代表人诉讼制度在实践中基本被束之高阁。人数确定的代表人诉讼在证券领域由于法院的限制规则很少运用。人数不确定的代表人诉讼绝大多数法院是不愿适用的。⑤ 以致有学者指出，《民事诉讼法》第 54 条的规定几乎已成为具文。⑥ 因而上述模式构造成本较高。

（二）基于顶层设计与地方的实践探索

《最高人民法院关于进一步推进案件繁简分流优化司法资源配置的若干意

① 焦津洪、高旭：《美国证券欺诈赔偿检诉制度对我国的启示》，载《法学论坛》2015 年第 5 期。

② 具体可参见薛永慧：《台湾证券团体诉讼制度：规范与借鉴》，载《台湾研究集刊》2016 年第 3 期。

③ 吴泽勇：《〈投资者示范诉讼法〉：一个群体性法律保护的完美方案？》，载《中国法学》2010 年第 1 期。

④ 参见李国光主编、最高人民法院民事审判第二庭编著：《最高人民法院关于审理证券市场虚假陈述案件司法解释的理解与适用》，人民法院出版社 2015 年版，第 171～172 页。

⑤ 章武生：《我国证券集团诉讼的模式选择与制度重构》，载《中国法学》2017 年第 2 期。

⑥ 参见范愉：《集团诉讼问题研究》，北京大学出版社 2005 年版，第 54 页。

见》第7条规定:探索实行示范诉讼方式。在具体的证券领域,2016年《最高人民法院、中国证券监督管理委员会关于在全国部分地区开展证券期货纠纷多元化解机制试点工作的通知》(以下简称《2016年试点通知》)第13条规定,建立示范判决机制。2018年《最高人民法院、中国证券监督管理委员会关于全面推进证券期货纠纷多元化解机制建设的意见》(以下简称《2018年推进意见》)第13条亦继续规定建立示范判决机制。同时,就在2019年6月20日,《最高人民法院关于为设立科创板并试点注册制改革提供司法保障的若干意见》第16条继续提出"全面推动证券期货纠纷多元化解工作,推广证券示范判决机制"。

在具体落实层面,2019年上海金融法院、北京市高级人民法院分别就证券领域的示范判决机制作出了细化规定。2019年1月上海金融法院制定《上海金融法院关于证券纠纷示范判决机制的规定(试行)》(以下简称《上海规定》),并于2019年4月30日公布;在2019年5月5日,适用示范判决机制公开宣判原告潘某等诉被告方正科技集团股份有限公司证券虚假陈述责任纠纷案。[①] 北京市高级人民法院也在2019年4月29日发布《北京市高级人民法院关于依法公正高效处理群体性证券纠纷的意见(试行)》(以下简称《北京意见》)。前者侧重于在示范判决机制选定、审理等各方面,后者除了对示范判决机制的相关问题进行规定外,对于涉及证券虚假陈述纠纷的调解等问题亦进行了详细规定。

在顶层设计与地方实践下,"示范判决+多元调解"的具体落实有了规范依据。

(三)基于纠纷特点、审理困境、需求与"示范判决+多元调解"的契合

就示范判决而言,其无疑具有以下优点,并可解决一般审理模式下的困境。第一,以点带面,将某一案件作为典型的示范案件后,其裁判结果可以作为其他平行案件的参照,能够节省大量无效和重复工作。第二,在示范案件作出后,其他平行案件可加速进行,审理周期减少。第三,示范判决作出后的示范效应,能够引导当事人进行调解程序,促进调解与审判的衔接,有利于纠纷的多元化解。第四,在示范判决中将争议问题集中解决,将审判资源集中解决争议问题。第五,就制度构建成本而言,示范判决机制基本是在现行民事诉讼法框架内完成,无须构建新的制度,总体制度成本较低。因而,"示范判决+多元调解"机制是一种可行的选择。

---

① 《上海金融法院公开宣判全国首例证券群体性纠纷示范案件》,载上海金融法院官网:http://shjrfy.hshfy.sh.cn/jrfy/gweb/xx_view.jsp? pa=aaWQ9MTA4NAPdcssPdcssz,最后访问日期:2019年5月11日。

三、“示范判决＋多元调解”的构建

拆解“示范判决＋多元调解”，主要系示范判决、多元调解，在流程上，主要涉及示范案件的选定、示范案件的判决、平行案件与示范案件的关系、平行案件与多元调解的衔接等。本文认为，可从上述环节构建“示范判决＋多元调解”的模式。

(一)示范案件的选定

由于示范案件本身所具有的示范性、典型性，决定了其在整个证券诉讼中的重要性。结合《上海规定》和《北京意见》，示范案件的选定主要在以下两个方面进行完善。

1. 示范案件的要求。示范案件应当包含同类纠纷共同的事实和法律争议，并具有代表性，为多数案件所具备的。同时，笔者认为，示范案件并不一定限定为一个，亦可能为两个或者以上。例如，依据《证券法》以及《若干规定》第7条的规定，证券虚假陈述责任纠纷中的被告除了发行人、上市公司之外，根据具体情况还可能存在董事、监事、高级管理人员以及专业中介机构等所谓“其他虚假陈述行为人”。因此，此类案件的被告可能含有多个，或许选定的案件中并无除上市公司的其他被告；但若在示范案件作出后，出现了部分存在共同被告的案件，则对于此类案件仍可选定作为示范判决，就共同被告承担责任的问题再次进行审理和明确。

2. 示范案件选择标准。首先，示范案件的选定既可以依申请，即当事人认为其案件具有典型性的，可向法院提交申请，请求法院选定示范案件；也可以依职权由法院在诸多案件中选定具有典型性的案件，对此，《上海规定》和《北京意见》均进行了规定。其次，鉴于示范案件的重要性，对于最终决定何者作为示范案件，应由庭级法官会议、跨部门法官会议或者审委会决定，以此作为示范案件典型性的内部程序性保障。最后，在此处可以与公益诉讼的运行挂钩，即若是权威性、公益性的机构提起的案件，可以作为选定示范案件的一个标准，减少确定示范案件的成本并提升示范案件的权威性。对此，《上海规定》第6条指出，由国家机关或依法设立的公益性组织机构支持诉讼且符合示范案件选定条件的，优先选定作为示范案件，此规定值得采用。值得注意的是，公开征求意见的《证券法(修订草案三次审议稿)》第104条规定，国家设立的投资者保护机构对损害投资者利益的行为，可以依法支持投资者向人民法院提起诉讼。即若有投资者保护机构支持的案件亦可以作为示范案件。

(二)示范案件的判决

1. 示范判决的程序保障。示范判决的确定如示范案件的选定一样应同样得到重要的程序保障,如《上海规定》第45条规定,合议庭对示范案件评议后,作出示范判决前,应当提交本院证券业案件法官专业委员会讨论,必要时可以提请本院审判委员会讨论决定。

2. 争议的实体法律问题的完善。由于示范判决涉及案件中共同的法律和事实问题,若保证示范判决的权威性,就需要保证这些共通性事实与法律问题需要在价值判断结论上的妥当。如前所述,目前在此类案件中,对于一些重要的价值判断问题存在较大的分歧,造成了裁判的不统一,典型如信息的重大性问题、揭露日的判断、系统风险的扣除与考量等。希冀最高人民法院能够尽快就上述问题进行完善,推动示范判决再更加顺畅。

(三)平行案件与示范案件的关系

1. 示范判决的应用。示范案件作出判决后,对于平行案件,应采取"原则适用、不适用个案审查"的思路,即具有相同情况的案件,法院可依申请或者依职权直接适用示范判决所确定的事实和法律,当事人有异议的,进行个案审查。

2. 示范案件选定后对平行案件的影响。其一,示范性案件选定后应向已经立案的当事人公开,告知示范案件的开庭时间等具体情况,并告知其他平行案件中止审理;其二,示范案件选定后,示范案件的各项程序性事项优先进行。

3. 平行案件的简化处理。对于适用示范判决的平行案件,《上海规定》和《北京意见》均规定,当事人要求裁判的,可采用表格式、表格式、要素式等简化方式明确投资人可以获得的赔偿项目及赔偿金额,以减少重复性工作并提升诉讼效率。

(四)平行案件与多元调解的衔接

1. 平行案件优先进入调解。在示范判决生效后,对于其他平行案件,法院可以在征求当事人的意见上优先导入多元调解程序,依托第三方对案件进行调解。《上海规定》和《北京意见》均对于平行案件优先进入调解进行了规定。示范判决机制能够与多元调解有机衔接,主要基于以下四个原因:

其一,示范判决所确定的结果对各方当事人的心理预期划定了底线,各方当事人均可在此结果基础上制定下一步的诉讼或者非诉行动。其二,在结果既定的情况下,对于被告虚假陈述行为人其希冀能够通过其他方式减少损失,挽回在投资者和证券市场中的形象;而原告投资者则希望能够避免再次重复、避免执行等程序拖延时间,尽快拿到赔偿款。其三,在《2016年试点通知》中所规定的13家专业调解组织均为证券期货领域的权威专业组织,其在专业性上并不亚于法院,同时,由于专业调解机构的非营利性和社会性,其在运行程序上不会像在诉讼程序有诸多限制,调解机构与当事人之间的沟通更为自由,当事人的各类诉求亦能够较好实现。其四,《2016 年试点通知》《2018 年推进意见》为调解的司法确认创造了条件,均规定,经人民法院委派调解并达成调解协议、当事人申请司法确认的,由委派调解的人民法院依法受理,这就为中级人民法院司法确认提供了制度规范。

2. 多元调解的激励措施。除了前述程序上的优化,多元调解的激励措施在目前《北京意见》和《上海规定》里主要表现为诉讼费减免。两个规范意见分别规定了案件受理费可以免予收取、案件受理费可以按照规定标准的 1/4 收取的新标准,是对于现行诉讼费收取标准的突破,并且根据审判进程的不同采取相应的减免措施,在鼓励调解的同时保障司法成本,值得赞同。

此外,《民事诉讼法》第 194 条规定,申请司法确认调解协议,由双方当事人依照人民调解法等法律,自调解协议生效之日起 30 日内,共同向调解组织所在地基层人民法院提出。尽管《2016 年试点通知》《2018 年推进意见》规定了委派调解的法院可受理司法确认,一定程度上突破了民事诉讼法关于司法确认的管辖规定,不拘泥于基层人民法院,但是其前提是法院委派调解;同时,扩大了司法确认的适用范围,不局限于人民调解委员会的调解。[①] 但是,一方面,若非法院委派调解,则仍然需要向基层人民法院申请司法确认,而这与证券虚假陈述由中级人民法院管辖是相违背的,因而要么修订法律、司法解释变更证券类案件的级别管辖,要么改变司法确认的管辖;另一方面,司法确认的适用扩大还需要民事诉讼法的法律确认才能够真正名正言顺。制度的掣肘压缩多元调解的适用空间,因而本文建议未来通过修订法律、司法解释的方式将调解组织司法确认的相关问题予以明确,以为当事人的调解提供更多的制度选择。

3. 对于“先行赔付”的借鉴:共管账户模式。《北京意见》第 27 条规定,相关专业机构在调解期间,可与被告共同设立共管账户,由被告先行存入预付损失赔偿金,用于调解协议生效后,被告向投资人支付损失赔偿金。此种模式称为“共管账户”模式。由于被告虚假陈述行为人先将赔偿款打入共管账户,向投资者表达了调解的诚意,对于吸引投资者调解具有重要意义。此种共管账户的正当性来源于近几年在证券虚假陈述赔偿方面的新制度,即先行赔付制度。先行赔付是指发行人因欺诈发行、虚假陈述或者其他重大违法行为给投资者造成损失的,发行人的控股股东、实际控制人、保荐人及相关证券公司、证券服务机构先于法院司法裁判,主动出资与投资者达成和解,赔付投资者损失。[②] 目前,有

① 对于司法确认程序适用对象、范围以及相关争议可参见刘家良:《非诉调解协议司法确认程序的实践误区及其矫正》,载《政治与法律》2018 年第 6 期。囿于主题本文对此不做详细阐述。

② 巩海滨、王旭:《证券市场先行赔付制度研究》,载《财经法学》2018 年第 6 期。

万福生科、海联讯、欣泰电气三起证券虚假陈述案件是通过先行赔付制度解决投资者赔偿问题。因而,在《北京意见》中的共管账户模式,实际上就是先行赔付制度的借鉴,将已经成熟的非诉经验运用到调解中值得赞同。

(五)技术性辅助措施的完善

在证券虚假陈述纠纷的化解工作中,除了程序性问题的简化、合并、创新之外,也有一些技术性问题需要解决。在《北京意见》和《上海规定》中均明确规定专业问题分析、核定损失均可交由第三方完成,这无疑是正确的。但是,在此类纠纷中仍然存在以下两个问题需要进一步明确。

1. 交易数据的统一与调取。依照民事诉讼举证规则,投资者向法院起诉时需要一并提交其交易涉案证券的交易记录,实践中,这些交易记录来源于投资者所开立账户的证券公司并加盖证券公司或其营业部的公章。在司法实践中,被告往往对于投资者提交的交易数据真实性不予认可。实际上,这种质疑不无道理:一方面,投资者所提供的交易记录有时往往具有"选择性",其对于在特定阶段的交易记录进行选择性提供,或者只提供买入、或者只提供卖出,甚至是乱序的,这种情况对于投资差额损失的计算造成重大影响。另一方面,由于各种证券公司所用的系统不同,导致各证券公司出具的投资者交易记录亦不同。目前,证券公司所使用的主流交易系统由金证、恒生、顶点等多公司提供,各系统出具的交易记录包含内容不同,有的只包含成交日期,不包含具体时间,等等。

因而为核实投资者的交易记录,准确计算投资差额损失,人民法院只能向特定的专业机构调取数据。这正基于此,《北京意见》和《上海规定》均明确法院可依申请、依职权向相关机构调取交易记录。如《北京意见》第4条规定:"对投资人提供的交易记录等凭证,另一方当事人有异议并另行提供交易记录等反驳证据,人民法院无法确认任何一方当事人提交的交易记录等凭证的证明力的,任何一方当事人均可申请人民法院向相关机构调取交易记录等凭证,人民法院应予准许。当事人未提出调取申请的,为查明案情,人民法院应依职权予以调取。"

但是,这也只是解决了交易数据的调取问题,另有两个问题需要进一步明确和解决。一是向何机构调取?目前持有投资者交易数据的机构包括但不限于沪深两个证券交易所、中国证券登记结算有限公司、中国证券投资者保护基金有限责任公司等,各机构的数据特点不一,用途不一,存在差别,何者持有的数据是最合适《若干规定》投资差额损失计算方式的交易数据,尚需实践进一步明确。目前,在诉讼中可采用的方式是双方当事人共同认可某一机构的交易数据,并以此为基础计算投资差额损失。二是交易数据的电子化。由于现在投资差额损失均为公式计算，因此，借助信息化手段，投资者的投资差额损失批量计算和一键化生成可以实现，可大量节约工作量。但是，这种方式的基础性工作是电子化交易数据及其格式统一。若相关机构向法院出具的为纸质交易数据，则纸质化数据转化工作无疑加大了损失计算的工作量，这种问题在几十人的投资者时尚不成问题，但是在几百人时，则成为问题，对于法院和第三人调解机构均是如此。因而，本文建议，第三方机构在做好数据的加密工作的同时，可向法院出具电子数据。

2. 证券市场专业问题的鉴定机制。在当前的纠纷中，显露出的一个重要难点问题是《若干规定》第 19 条第 4 项的“损失或者部分损失是由证券市场系统风险等其他因素所导致”中证券市场系统风险，这一问题在过去一直存在，但随着 2015 年上半年所谓证券市场异常波动，此问题被推上了风口浪尖。系统风险的认定在法院之间不统一，影响了裁判的权威。[①] 而这一问题的认定恰恰又是法院所无法解决和认定的。由此，《上海规定》和《北京意见》均规定，法院可委托专业机构进行专业分析。但是问题在于，什么样的专业机构具有这样的资质能够分析证券市场系统风险的具体系数？鉴于此，本文认为，借鉴普通诉讼中的鉴定问题，一是最高人民法院可划定具有此种核算资质的相关机构供法院和当事人选择；二是可在诉讼中由双方当事人共同选定鉴定机构，再在诉讼中由鉴定机构接受当事人和法院的质问。

四、结论

综合上述，由于证券虚假陈述责任纠纷的多、难、小、久的特点，导致按照普通一审模式审理此类案件会造成无效和重复工作过多、成本高、资源浪费、效率低的情况，司法实践急切需要高效、便捷、资源充分利用的诉讼模式。从制度构建成本来看示范判决模式为构建成本较低的选择。在“示范判决＋多元调解”的诉讼构造上，应着重解决以下四个问题：

第一，在示范案件、示范判决的选择机制上，通过细化程序加以规范，为示范案件与平行案件提供程序保障，并细化平行案件导入调解的流程。第二，在证券虚假陈述的实体争议问题上，最高人民法院可通过司法解释的方式对争议问题进一步明确。第三，在激励措施上，对于通过多元调解方式化解的案件，诉

---

① 系统风险的部分梳理，可参见甘培忠、彭运朋：《论证券虚假陈述民事赔偿中系统风险所致损失数额的认定》，载《甘肃社会科学》2014 年第 1 期；张保生、周伟、刘思远：《证券虚假陈述民事赔偿案件系统风险的认定标准和计算方法》，载郭锋主编：《金融服务法评论》（第 7 卷），法律出版社 2015 年版，第 313 ~ 325 页。

讼费减免力度进一步加大;通过司法解释的方式协调司法确认级别管辖与证券虚假陈述级别管辖之间的矛盾,扩大司法确认的适用空间;借鉴先行赔付的方式,在个别调解中,亦可采用“共管账户”模式。第四,在技术性辅助措施的完善上,明确法院调取交易数据的机构,应用电子化交易数据;划定具有证券市场专业问题核算、分析资质的相关机构供法院和当事人选择。

惯习与变革之间:实证场域下人民法庭建设与改革之路

——基于内设机构及区位分布的视角

陈博闻*

【论文提要】

2019年是司法改革的攻坚之年,全国法官入额工作已基本结束,法院内设机构改革将成为未来的工作重点之一。人民法庭作为人民法院的派出机构,不仅其内部面临着扁平化管理的改革,而且其设置的合理性也与人民法院内设机构改革息息相关。最高人民法院发布《人民法院第五个五年改革纲要(2019—2023)》(以下简称"五五改革纲要")又一次提出了加强人民法庭建设的要求。本文第一部分,通过对B市70个人民法庭的实证研究,总结了人民法庭在实际运行过程中存在的问题,包括庭领导配置不合理、管理模式陈旧、设置区位不合理、部分法庭案件管辖过于复杂甚至名不副实。第二部分重点分析产生上述问题的三点原因,即源于对传统行政化管理以及历史因素的过分坚守,也可能源于改革调整过程中的权宜之计。第三部分对症下药,从三个角度为人民法庭的未来发展之路提出建议:其一,练好内家功夫,构建灵活的审判团队,做好相应配套措施;其二,根据工作人员数量的多寡,由简至繁重构人民法庭的内设机构;其三,重调整优化部分人民法庭的管辖范围、区位及名称,使之更加专业、合理,更符合民事诉讼的两便原则。

【主要创新观点】

第一,以B市人民法庭的实证分析为切入点,以小见大,详尽分析了人民法庭在司法改革进入深水区后,区位分布、内设机构等方面存在的问题。

---

* 陈博闻,北京市第一中级人民法院干部处干部。

第二,首次将人民法庭的管辖模式进行详尽分析,并为“混合管辖模式”的简化提出了解决之道,从而更符合民事诉讼的两便原则。

第三,提出构建以“1+1+1”模式为基础的灵活审判团队,从而做到因地制宜,提升人民法庭的案件审判效率。

第四,首次依据人民法庭的规模大小,由简至繁提出新形势下人民法庭内设机构的建构方案,从而保证人民法庭审判业务与行政、后勤业务分开,行政、后勤业务支持服务于审判业务;保证审判业务中将司法责任制贯彻到底;保证庭长把主要的精力放在审判业务上,兼顾行政管理。

人民法庭是国家司法权在基层社会的延伸,始终处于矛盾纠纷化解的最前沿。最高人民法院“五五改革纲要”又一次提出了加强人民法庭建设的要求。人民法庭的运行情况,不仅是反映我国司法改革效果的“晴雨表”,更事关能否“让人民群众在每一个司法案件中感受到公平正义”。B市人民法庭数量多、案件多、人员多,有着丰富的实证研究资源,在一定程度上是司法改革进程中全国人民法庭的缩影。因此,笔者拟从对B市70个人民法庭的实证分析入手,探寻行走在历史惯习与机构改革之间的人民法庭的发展之路。

一、起点:B市人民法庭分布及运行情况分析

(一)人民法庭数量

截至2019年5月,B市各级法院共设人民法庭70个。其中,基层法院设立的人民法庭共有68个,占比97.1%;中级法院设立的人民法庭有2个,占比2.9%。设立人民法庭最多的法院,下属7个人民法庭;部分法院因辖区面积小,并未设立人民法庭。其中,规模较小,位于村镇,服务郊县农村地区的人民法庭共有30个,占比42.8%;位于行政区划中心附近,服务城市的人民法庭共有40个,占比57.2%,这与B市城乡建设布局基本相适应。

(二)人民法庭人员构成

截至2019年5月,B市各人民法庭共计有工作人员1225人,其中,庭领导158人,审判员179人,助理审判员78人,书记员423人,正式编制法官助理150人,行政见习[①]67人,法警[②]17人,其他人员153人。

随着司法改革的迅速推进,B市大批入额工作已经基本完成,笔者将所有庭领导、审判员以及助理审判员均视为具有审判资格的员额法官,故根据图1

① 即司法改革后以“法官助理”名义招录的大学生,一年见习期后将成为正式的法官助理。

② 人民法庭的法警一般由本院法警队统一调派,所以只有少数派出法庭有独立编制的法警。

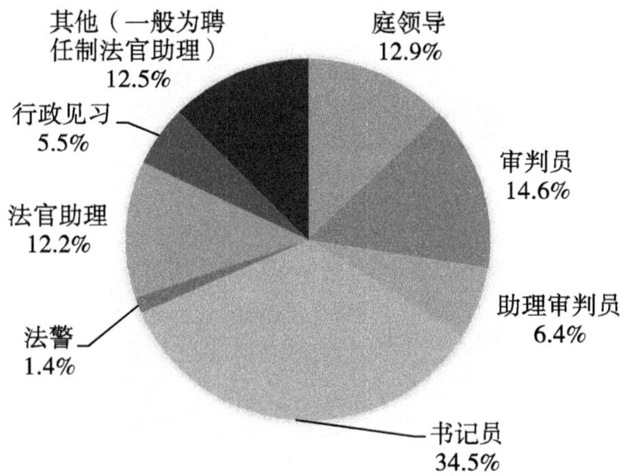

图1 B市法院系统人民法庭人员构成统计

显示,B市人民法庭共有员额法官415人,占比33.8%,书记员423人,占比34.5%,法官助理370人,占比30.2%,员额法官与书记员与法官助理的比例基本达到1:1:1。70个人民法庭共有领导158人,平均每个人民法庭有2.3人,占比超过13%,部分人民法庭设有多名副庭长(见图1)。更多的领导必然意味着更多的科层,这样的管理体制显然与人民法院内设机构扁平化改革的要求不相符合。

此外,B市人民法庭的规模也有显著的差异,在编工作人员最多的人民法庭有工作人员50人,而一些位于偏远农村地区的人民法庭的在编人数仅有7人,极值相差7倍。不同规模的人民法庭所要求的内设机构设置理应有所差异,但现今B市绝大多数的人民法庭依旧延续着"庭长—副庭长—合议庭—法官"的传统模式,显然不尽合理。

(三)人民法庭管辖模式统计①

依笔者统计,B市人民法庭的管辖模式分为三种:第一种是管辖片区内除应由本院管辖的一审普通民事案件,笔者称其为"普通管辖法庭",共有61个;第二种是仅管辖专门类别的案件,这样的法庭共有4个,笔者称其为"专业管辖法庭";第三种是不仅管辖一部分专门类别的案件,也管辖辖区内的一部分传统普通民事案件,这样的法庭共有5个,笔者称其为"混合管辖法庭"。具体见表1:

① 所有人民法庭的管辖信息均统计于B市对外公开的审判信息网。

表 1　B 市人民法庭管辖范围统计

普通管辖法庭	61 个	片区内部分普通民事案件
专业管辖法庭	H 法院 W 人民法庭	金融与清算破产类案件
	H 法院 S 人民法庭	辖区内所有商事案件
	X 法院 J 人民法庭	金融类案件
	Y 法院 T 人民法庭	婚姻家庭类二审案件
混合管辖法庭	H 法院 Z 人民法庭	片区部分普通民事案件 + 知识产权案件、不正当竞争案件、技术合同与特许经营案件
	H 法院 F 人民法庭	受理本片区部分普通民事案件 + 受理四季青法院片区部分普通民事案件 + 受理执行案件
	C 法院 A 人民法庭	片区部分普通民事案件 + 朝阳区所有涉外民商事案件
	C 法院 Y 人民法庭	片区内部分普通民事案件 + 朝阳区所有物业服务合同纠纷、供热水电气纠纷、机动车交通事故责任纠纷、民间借贷案件
	Y 法院 Q 人民法庭	片区内民事案件 + 刑事案件 + 减刑假释案件

在经济社会发达、案件较多的地区,探索设置专业化审判法庭,是 2014 年《最高人民法院关于进一步加强新形势下人民法庭工作的若干意见》提出的最新要求,C 法院、H 法院、X 法院作为稳坐 B 市法院办案量前四甲①的三家法院,积极探索此类人民法庭是进一步提升审判效率、促进审判专业化的有益尝试,所以混合管辖法庭、专业管辖法庭均位于城市地区。但“混合管辖法庭”不仅管辖片区内部分普通民事案件,还集中管辖全院范围内某几类特殊的案件,这必然造成管理上的复杂化。同时,由于 H 法院、C 法院的人民法庭均涉及了三种不同的管辖模式,所以从公开资料上,当事人很难明确每个人民法庭的具体管辖范围,造成了不必要的困扰,有违便利当事人诉讼之原则。

(四)人民法庭与本院距离统计

人民法庭与本院距离是分析其设置区位情况的重要指标。笔者借助百度地图的路线规划功能,对各人民法庭到本院的驾车距离与驾车时间进行了统计,详见图 2:

① 另一家是 T 法院,T 法院为了缓解案多人少的矛盾,在 2017 年探索建立了诉前调解办,进行统一管理,极大地减轻了各业务庭的审判压力。

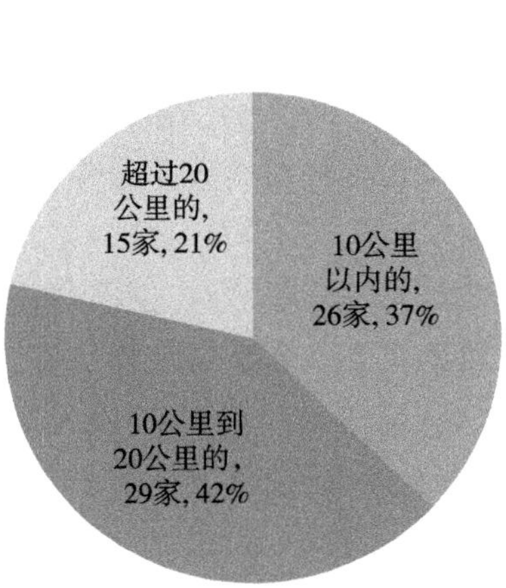

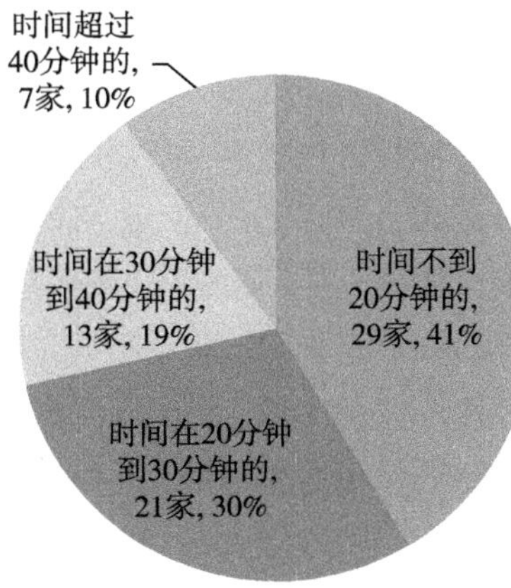

图2　人民法庭与本院距离统计

由图2可知,距离本院超过20公里的人民法庭仅有15家,占比21%;理论驾车时间超过半小时的,仅有20家,共占比29%,均属于农村人民法庭。所以随着交通基础设施水平的提高,B市法院系统大多数人民法庭并非偏远,尤其在郊县区域基本贯彻了"中心设庭"的模式。最为偏远的是Y法院的Q人民法庭,距本院178.9公里,其所在的Q农场本属于T市地界,但由于历史原因,该地成了B市的一块飞地,故自20世纪80年代早期开始,Q农场的民事以及减刑假释类案件,均归Y法院Q人民法庭管辖;其次是H法院的T人民法庭,其位于B市最北端,距离市中心110公里,距离本院52.4公里,有"北极法院"之称。

然而在人民法庭的设置上,则存在如下问题,其一,部分人民法庭距离本院过近,以H法院为例,其下属的7个人民法庭均属于城市人民法庭,距离本院均不足10公里,尤其是Z人民法庭,距离本院仅150米,其更像是H法院的一个办公区,而不是一个派出机构。其二,B市法院系统中,有5个人民法庭在本院办公,这使得人民法院本部中,既有属于本院的业务审判庭,又有属于派出机构的人民法庭,机构设置的逻辑会出现混乱。其三,部分人民法庭与其他业务部门合署办公,典型的如H法院的2个人民法庭与执行局,以及C法院的W人民法庭与刑事庭,这不仅增加了办案压力,更增加了办公区内部管理的压力。

(五)小结

综上,笔者总结出新时期人民法庭运行情况的五点问题:其一,人民法庭的庭领导配置不合理,与人民法院内设机构扁平化改革的要求背道而驰。其二,多数人民法庭在管理模式上依旧延续传统,而不考虑办案类型、所在区位以及在编人员数量等因素,难谓合理。其三,一些人民法庭的管辖过于复杂。根据笔者总结,B市人民法庭的主管案件的范围主要有三种模式,即“普通管辖模式”、“专业管辖模式”与“混合管辖模式”,其中“混合管辖模式”的人民法庭不仅要管辖片区内的普通民事案件,还要负责办理某几类特别类型的案件,不仅容易造成当事人的困惑,还与法院内部精简管理的大趋势不相吻合。其四,一些人民法庭“名不副实”。最典型的是Y法院的T人民法庭,现在仅办理婚姻家庭的二审案件;再如H法院的W人民法庭,其本质上是金融与清算法庭,且办公地点位于本院,更像是普通内设业务庭,而非派出机构。其五,一些人民法庭设置区位不合理,或直接在本院内,或距离本院太近,或设置出现重合,或与其他业务庭室合署办公,容易造成人民法院机构设置逻辑上的混乱,增加内部管理的难度,故其独立设置值得重新考量。

二、溯源:人民法庭在新形势下运行出现问题的原因剖析

(一)传统行政化管理的惯性

以宏观角度观之,法院系统与行政机关一样具有相应的行政级别,从基层法院到最高人民法院都被行政“格式化”,与行政的县处级、厅局级、省部级等一一对应。[①] 以中观角度来看,从人民法院成立一直到本次司法改革前,所有法院的内设机构,不管是审判部门还是非审判部门,都一直采取行政管理的运转模式。以微观角度来看,直至本轮司法改革前,法院工作人员的职级、待遇也完全以行政化模式对待,人民法院工作人员无一例外套上行政级别,就法官而言,工资待遇和科员、副科、正科等行政级别挂钩,而非四等、十二级的法官等级。[②] 人民法庭也概莫能外。一方面,为了能够提升职级待遇,人民法院的工作人员争当“领导”;另一方面,为了“安抚军心”,给长期在一线工作的同志解决相应的职级待遇,在人民法庭设立多个副职领导,自然成了一种权宜之计。其一,职级安排的需要甚至倒逼人民法院设置更多的机构,包括设置更多的人民法庭。[③] 这样的人员安排一直延续到今天,是造成一些人民法庭副职众多的原因之一。其二,在人民法庭的审判业务中,也曾惯行着行政化的管理方式,在法官之上,

① 张卫平:《论我国法院体制的非行政化——法院体制改革的一种基本思路》,载《法商研究》2000年第3期。

② 参见林艳:《人民法院内设机构配置的偏轨与重构》,载贺荣主编:《深化司法改革与行政审判实践研究(上)——全国法院第28届学术讨论会获奖论文集》,人民法院出版社2018年版。并参见王春业:《论法官职务与行政级别完全分离》,载《东方法学》2014年第6期。

③ 参见唐旭超:《规范与重构:基层法院民事审判庭设置的实证研究》,载贺荣主编:《深化司法改革与行政审判实践研究(上)——全国法院第28届学术讨论会获奖论文集》,人民法院出版社2018年版。

还需要领导的审批才能签发判决,在一些办案量大的人民法庭,仅一名庭长显然无法完成如此大量的审批任务,于是设立多个副庭长,分担案件的审批签发工作,在司法改革前有其合理之处,然而在司法改革后,一些人民法庭依旧延续着先前的工作方式,客观上导致仍有大量工作需要各个副庭长来完成。其三,虽然本轮司法改革于2014年6月正式启动,但任何一项改革都是一个渐进的过程,不可能一蹴而就,有关人民法院"去行政化"、内设机构"扁平化"的改革还在探索过程中,[①]人民法庭作为人民法院体系的"末梢",自上而下的"去行政化"改革还未触及到此,[②]传统行政化管理的惯性依旧在人民法庭延续。

(二)历史因素的延续

首先,一些人民法庭历史上一直管辖着片区内的普通民事案件,但随着《最高人民法院关于进一步加强新形势下人民法庭工作的若干意见》探索设置专业审判法庭的号召,[③]这些人民法庭身上的"担子"更重了,被赋予了某些专门类型案件的审理,成为"混合管辖法庭"。如上文提到的案多人少最为突出的C法院Y人民法庭,其至少要构建三种不同的团队,即立案团队,片区内普通案件审理团队,专门管辖案件的审理团队,这显然造成了内部管理的复杂化。其所在片区的传统民事案件管辖完全可以收归本院,从而使"混合管辖法庭"真正专业化。此外该人民法庭距离本院仅6.9公里,将这些普通案件收归本院管辖并不会增加当事人的负担,还有助于缓解该人民法庭的案件审理压力,简化内部审判团队的管理。探索突破"历史的习惯",令专业化人民法庭更加"专业",也是未来人民法庭改革的可选路径之一。

其次,有的人民法庭因为历史原因而设置,但随着时间的推移,其管辖的案件早已与原先历史上的设定完全不同,却依然"旧瓶装新酒",沿用之前的名称。最为典型的就是Y法院的T人民法庭。T人民法庭曾因T农场而设置,管辖T农场地区的民事纠纷以及减刑假释案件。现在,该地区的民事案件已归于属地法院管辖,减刑假释案件也收归Y法院本部管辖,T人民法庭已经变成专门审

---

① 各地法院在改革试点中探索出三种不同的模式,即以北京市第四中级人民法院中院为代表的"综合办公室"模式、以福田区人民法院为代表的"审判团队"模式、以横琴新区人民法院为代表的"不设审判庭"模式,参见胡雅妮、程立武、王薇:《以服务审判为重心的法院职能整合与机构设置——以法院权力的三元划分为基础》,载贺荣主编:《尊重司法规律与刑事法律适用研究(上)——全国法院第27届学术讨论会获奖论文集》,人民法院出版社2016年版。

② 虽然《最高人民法院关于进一步加强新形势下人民法庭工作的若干意见》号召各级人民法院要把人民法庭作为司法改革的"试验田",按照解放思想、积极推进、求真务实、慎重稳妥的原则,推进改革在人民法庭先行先试,但这毕竟只是某些"试点",大量的改革并没有在人民法庭的层面全面铺开。

③ 《最高人民法院关于进一步加强新形势下人民法庭工作的若干意见》第5条中规定,经济社会发达、案件较多的地区,可以结合自身情况,探索专业化审判法庭的设置。

理婚姻家庭案件的民事审判庭,办公地点也早已搬回本院。F 法院的 L 人民法庭历史上曾分管 L 乡周边若干乡镇及街道办事处的各类民事案件,但随着 F 区城市化的发展及 F 法院司法改革的推进,L 人民法庭已经演变成一个普通的民事审判庭,其受理的案件亦无地域限制。因此,不论从案件的管辖还是办公地点,这类庭室早已与人民法庭没有联系,却依旧沿用历史名称,徒增当事人的困惑。

(三)机构设置的权宜之计

首先,B 市法院系统内多家基层法院"案多人少"的压力很大,为了分流案件和当事人,保证本院内部的管理秩序,采取权宜之计,或设立了多个办公区,或把一些特定类型的案件分流给人民法庭办理,这就是多个"混合管辖法庭"与"专业管辖法庭"的缘由之一。其次,由于市中心办公用房的紧张,一些法院采取权宜之计,将人民法庭与执行局合署办公;由于 C 区看守所距离 C 法院 W 人民法庭的办公点不远,加上拥有足够空间,C 法院将刑事审判庭与 W 人民法庭合署办公。最后,一些人民法庭的办公用房还在建设之中,只能采取权宜之计,于本院办公。

三、重构:人民法庭在新形势下的改革之路

(一)建立审判团队,练好内家功夫

审判团队有助于去除审判权运行过程中行政化,有助于提高审判质效,其建设已成为本轮司法改革的重要内容。实践中,各试点法院探索出了一系列建构模式,包括随机组成合议庭模式、相对固定合议庭(审判团队)模式、"1 + 1 + 1"模式、"1 + N + N"模式、"3 + 3 + 1"模式、"3 + 2 + 3"模式。①

人民法庭绝大多数案件均通过独任审理,所以笔者认为,"1 + 1 + 1"是人民法庭审判团队的基础性模块。首先,根据上文的实证分析,B 市人民法庭员额法官、书记员、法官助理的比例基本上已经达到 1∶1∶1,为"1 + 1 + 1"模式提供了人员基础。其次,1 名法官、1 名书记员、1 名法官助理通过一段时间的磨合,形成相对固定的组合,能够直接处理简易程序审理的案件。最后,这一基础性模块如同乐高积木的底板,具有较强的灵活性:遇到需要由 2 名人民陪审员组成合议庭进行审理的情形时,可以组成"3 + 1 + 1"的"T"字形审理模块;遇到 3 名法官共同审理的情形,则可组成"3 + 3 + 3"的正方形审理模块;对于进行速裁程序、诉前调解程序的团队而言,通知当事人、送达材料、准备格式文书这类的

① 参见马渊杰:《司法责任制下审判团队的制度功能及改革路径》,载《法律适用》2016 年第 11 期。

事务型工作量很大,则可以考虑构建“1 +2 +2”“1 +3 +3”“1 +2 +3”这类“小金字塔”模块。总之,“1 +1 +1”模块可根据实际需要,灵活演变成各种各样的审判团队。

在构建富有效率的审判团队的同时,还要通过配套措施,练好内家功夫。其一,针对B市人民法庭办案压力大、案件类型多、专业性强的特点,进行有针对性的业务培训;其二,提升人民法庭员额法官的待遇,吸引员额法官主动到基层去;其三,实行绩效工资考核制,将办案数量、质量与工资挂钩,使工作压力大的法官能够有所回报;其四,评奖评优的比例向人民法庭倾斜,予以办案一线的员额法官更多的精神奖励;其五,建立健全人民法庭员额法官定期轮换机制,一方面能让所有的员额法官亲身体会一线工作的辛苦,另一方面也能兼顾公平。

(二)重建内设机构,提升内部管理

经上文笔者的实证分析,B市的70个人民法庭,由于地域、管辖案件类型、办案量等方面的不同,其规模也有显著的差异。除去中级人民法院的2个人民法庭之后,员额法官与审判辅助人员之和不超过10人的,有18家,占比为26.5%,在10人到20人的,有30家,占比为44.1%,超过20人的,有20家,占比29.4%。以此为标准,笔者将人民法庭分为三类:第一类为规模较小人民法庭,第二类为规模适中的人民法庭,第三类为规模较大的人民法庭。

规模较小的人民法庭,均为于偏远郊县,其人员构成通常比较简单,即员额法官数通常不超过3人,且地处偏远,庭长作为本庭对外的行政代表,完全有精力兼顾案件审理和本庭内部管理以及行政事务的处理,副庭长的设置显然不再必要。加上所涉案件数量不大、类型简单,也不必对所属各小审判团队进行类型化的细分。如果遇到法律适用的难点,员额法官们可以进行讨论,但最终的处理意见还是要以承办法官为准。此外,这类人民法庭需要着重优化办公条件,实现内网互通以及与本院的电子签章认证,简化内部办案流程,从而更好地服务于偏远地区的人民群众(见图3)。

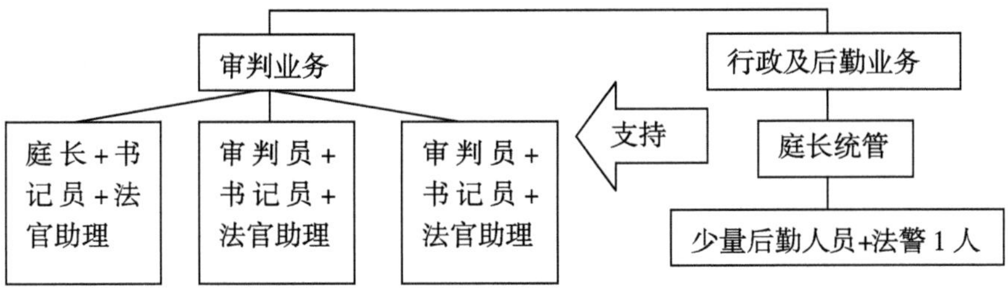

图3 规模较小人民法庭内设机构

规模适中的人民法庭,其人员构成相对复杂,从统计数据上看,员额法官人数从4人到8人不等。如果案件受理量不大,则完全可以参照规模较小的人民法庭,简易安排人员、内设机构的设置。但如果案件受理量较大,且有数量比较突出的几类民事案件,则需要对审判模块进行细分;同时运行规模适中的人民法庭,日常行政事务较多,也需要一定的专职后勤人员于行政管理人员(见图4)。

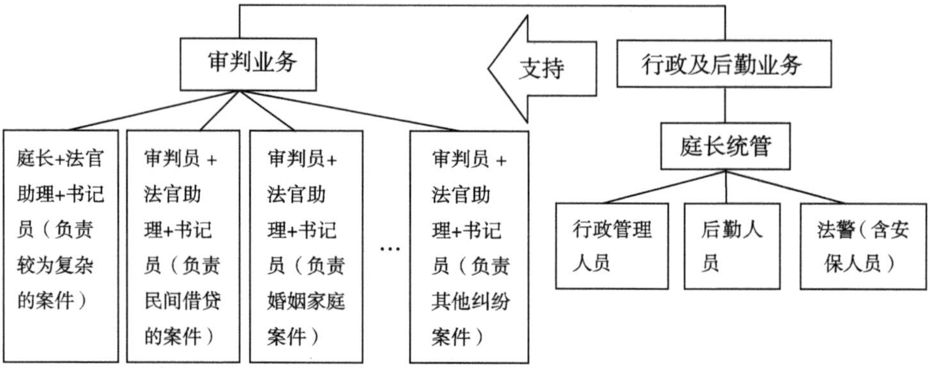

图4　规模适中人民法庭内设机构

规模较大的人民法庭,均位于城市区域,最为典型的就是B市最大的Y人民法庭,有审判工作人员48人,2018年全年新收案近30,000件,是名副其实的"小法院",这意味着管理必须细化。审判业务模块,为了提高审判效率,可以设置诉前调解组、速裁组;有立案任务的人民法庭要设置立案组;[①]"专业管辖法庭"则需设立专门的审判组;这些小组仅是因为案件管理分配的方便而设立,并非一成不变,且不设组长,并不构成一级管理机构;小组中的审判团队的数量、组成也根据受案的情况灵活调整。对于新类型案件较多、遭遇法律适用问题较多的人民法庭,还可以考虑在内部设立法官会议,负责讨论法律适用问题,[②]决定是否由简易程序转变为普通程序,以及考核、监督建议等与法官权利义务有关的重大事项。对于行政管理模块与后勤模块,庭长难以有时间和精力对其进行统管,可以考虑在庭长下增设庭长助理,[③]并设立专门的行政部门和后勤部门

① 立案组的事务性工作较多,可以考虑"1+N+N"的模式,由一名员额法官代领多名法官助理和书记员共同完成立案工作。

② 同样地,这种讨论得出的结论依旧只是给合议庭或者承办法官的一种参考,最后的决定权仍在承办法官手中。

③ 重大事项由庭长决定,其他具体的管理事项则是庭长助理的管理范畴。广东省东莞市第一人民法院的院长陈斯在其文章中也提出过庭长助理的设想。参见陈斯:《人民法庭改革的进路选择——以东莞第一法院人民法庭工作实践为视角》,载《中山大学法律评论》2015年第1期。

管理相应的业务(见图5)。

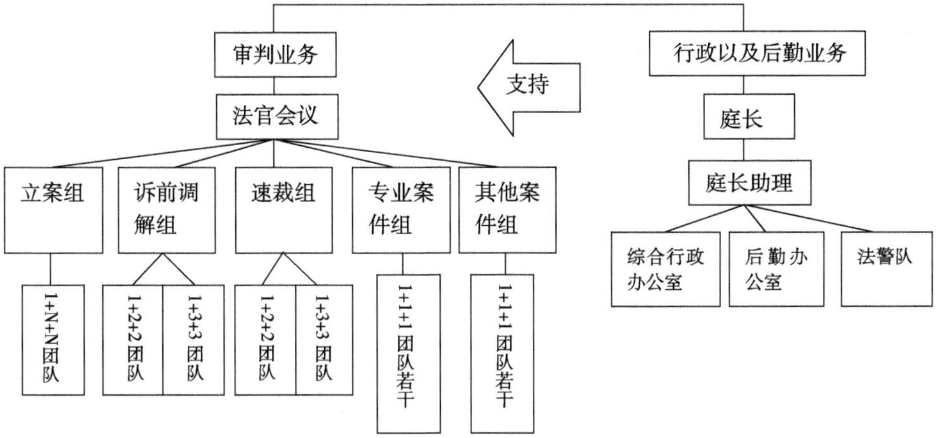

图5　规模较大人民法庭内设机构

综上所述,笔者所构建的人民法庭内设机构有如下特点:其一,审判业务与行政、后勤业务分开,行政、后勤业务支持服务于审判业务。其二,审判业务中将司法责任制贯彻到底,庭长或者法官会议的意见对承办法官而言仅具有建议作用;行政和后勤业务内部为了提升管理效率,更好地服务于审判业务,则依旧实行科层制的管理模式,规模小的人民法庭由庭长统筹管理,而规模较大的人民法庭则由庭长助理具体实施管理行为①。其三,庭长参与案件审理,尤其在规模较小和规模适中的人民法庭中,还要承办较为复杂的案件,这就要求庭长把主要的精力放在审判业务上,然后兼顾行政管理,不可本末倒置。

(三)优化管辖范围,调整机构设置

首先,应对"混合管辖模式"人民法庭进行调整,使之更加清晰、明确,从而更加符合民事诉讼所要求的"两便原则"。H法院Z人民法庭、C法院Y人民法庭因其负责的专门类型的案件量已经远超其片区内普通案件的数量,②所以完全可以将片区内普通民事案件剥离出去,复归本院其他民事审判庭进行处理,一方面可以降低这两个人民法庭本身的办案压力,另一方面也能给当事人带来明确的诉讼指引。至于Y法院的Q人民法庭,由于Q农场依旧是B市治下的"飞地",历史因素仍在延续,所以其案件的管辖可暂不做变动。

---

① 有关审判组织平权性与法院行政权科层性的二元分立,参见梁三利:《法院管理模式研究》,南京理工大学2008年博士学位论文。

② Z人民法庭办理的知识产权案件已占其总办案量的82.8%,Y人民法庭办理的物业服务合同纠纷,供用热、电、气、水纠纷,机动车交通事故责任纠纷,民间借贷纠纷案件之和占到其总办案量的90.7%。

其次,应打破旧瓶,调整设置不合理的人民法庭。一是将Y法院的T人民法庭改为婚姻家事审判庭,从人民法庭的序列中排除,使之真正"名副其实"。二是将H法院早已合署办公的两个人民法庭合二为一,从而精简内设机构,不失为一个更好的选择。三是对于难以确保其独立性的人民法庭,则完全可以裁撤,将其负责审理的民事案件分摊给本院的其他民事审判庭处理。四是待办公用房建设完工后,作为权宜之计暂且位于本院的人民法庭可进行搬迁,从而便利当地人民参与诉讼。五是H法院的W人民法庭,可考虑未来在W地区建立法庭大楼并将之外迁至此,一方面,W地区离H区的核心区不远,将所有金融以及清算破产案件统一移至此,不会给当事人造成负担;另一方面,可以缓解H法院本部办公面积紧张的状况;再一方面,这也符合发展专业人民法庭的规划。六是C法院W人民法庭办公点,应做好刑事案件与辖区普通民事案件的分流隔离工作,确保案件办理的有序高效。

综上,根据笔者的设想,经调整后,B市各法院所属的人民法庭变为66个,其中,"混合管辖法庭"仅余2个;"专业管辖法庭"变为5个,剩余的59个则是"普通管辖法庭"。这样,B市人民法庭本身的设置将更为合理,管辖范围也更为清晰简明,更符合民事诉讼的两便原则,也使B市法院系统的内设机构更加合理。

结　语

人民法庭的布局与管辖是否合理,内设机构是否高效,直接关系到人民法庭面向基层、面向群众和便利群众诉讼、便利法院审判的优势能否得到充分发挥。经笔者的实证分析,新形势下的B市人民法庭,存在着领导职位多、管理模式旧、管辖复杂、名称和区位设置不合理的问题。这可能源于对传统行政化管理以及历史因素的过分坚守,也可能源于改革调整过程中的权宜之计。鉴于此,笔者为人民法庭的未来发展提出了如下发展之路:首先,练好内家功夫,构建灵活的审判团队;其次,根据工作人员数量的多寡,由简至繁重构人民法庭的内设机构;最后,重新调整优化部分人民法庭的管辖范围、区位及名称,使之更加专业、合理,更符合民事诉讼的两便原则。

由裁判者负责:审判中心视角下法官惩戒标准实证研究

赵旭涛*

【论文提要】

法官惩戒标准,即对所有法官不当行为进行惩罚之准则,本文围绕我国法官惩戒标准予以探究,通过对相关法官惩戒标准规范分析总结,在借鉴西方国家经验基础上,为科学设定我国法官惩戒标准献绵薄之力。第一部分侧重于概念界定,确定研究范围。第二部分侧重于对相关规范予以实证分析,总结对法官予以惩戒的纷繁情形,明确我国法官惩戒标准是什么。第三部分围绕我国法官惩戒标准存在的问题展开,即缺乏统一的法官惩戒规范、错案惩戒标准存在一定弊端、不当非核心审判行为的惩戒标准混乱、业外不当行为惩戒标准较宽松。第四部分借鉴西方国家法官惩戒标准经验,美国以不当司法行为和纯粹法律错误为惩戒标准,包含两方面:一是以不当司法行为为核心的应惩戒标准,二是以纯粹法律错误为核心的应豁免标准;德国以不当司法行为和裁判错误为惩戒标准,判断不当司法行为采用公信力标准,而对裁判错误,则只有在法官故意或因重大过失导致清白者被判刑时才被惩戒。第五部分提出对策,即制定统一法官行为惩戒规范、核心审判行为不当的惩戒与豁免、统一不当非核心审判行为惩戒标准、业外不当行为惩戒标准从严。

【主要创新观点】

法官惩戒标准的设定既需对法官行为予以有效制约,又需避免对审判独立的不当干涉,在审判独立与制约审判权之间寻求平衡。

法官的行为包括业内行为和业外行为,业内行为指与法官本职工作相关

---

* 赵旭涛,北京市第一中级人民法院少年庭法官助理,曾获全国法院系统第三十届学术讨论会优秀奖。

的行为,业外行为指法官本职工作之外的私生活。业内行为包括核心审判行为与非核心审判行为,核心审判行为是指法官审理案件时认定事实与适用法律的判断行为;非核心审判行为多与诉讼程序相关,如回避,也包括卷宗管理等。核心审判行为不当的惩戒标准,故意违反规定则惩戒,不以造成消极后果为前提。因重大过失违反法律,造成错案并导致严重后果的予以惩戒。因一般过失、轻微过失违反法律,造成错案且导致消极后果的,则予以豁免,但对此应放入考核范畴。不当非核心审判行为的惩戒标准,故意违反法律则惩戒;过失违反法律且造成消极后果,则予以惩戒;过失违反法律,未造成消极后果,则不予惩戒,但应放入考核范畴。法官业外不当行为,因该类行为多而琐,且与司法公信力密切相关,故对该类不当行为一律惩戒,不以造成消极后果为前提。

引　言

《人民法院第五个五年改革纲要(2019—2023)》明确将研究制定法官惩戒相关规范作为一项重要改革任务。法官惩戒是司法责任制的核心内容,科学建构法官惩戒标准的关键是实现审判独立与规制审判权间的平衡。一直以来,不论是法学界还是法律实务界,对法官惩戒标准都存在一定争议。① 本文以《最高人民法院关于完善人民法院司法责任制的若干意见》(以下简称《责任意见》)和《人民法院工作人员处分条例》(以下简称《处分条例》)等规范为基础,基于国情并借鉴国外经验,提出我国法官惩戒的具体标准,以期有益于制定相关法官惩戒规范。

一、概念界定:法官惩戒标准研究逻辑起点

惩戒,"惩罚之以示警戒,以前失为戒"。② 标准,即衡量事物的准则。法官惩戒标准,指因某种事由对法官予以惩罚的准则;惩戒事由纷繁多样,更为形象具体,惩戒标准则是对惩戒事由背后规律性准则的总结概括。在我国,法官惩

① 有学者指出《责任意见》中未将"以豁免为原则,以追究为例外"作为一般原则,再结合"法官终身负责",可能影响对第26条规定的两种情形的解释倾向,进而导致问责标准的模糊化和扩大化。傅郁林:《司法责任制的重心是职责界分》,载《中国法律评论》2015年第4期。实践中,各地法院出台相关"错案责任追究"规定,制造了"瑕疵案件""差错案件"等概念,这些概念间差异较大,且与《责任意见》中的"错案"含义不同,形成法官惩戒之错案标准的差异化格局甚至混乱局面。方乐:《法官责任制度的司法化改造》,载《法学》2019年第2期。

② 参见杜磊:《司法改革视角下的法官惩戒制度研究》,群众出版社2016年版,第2页。

戒的含义有广义和狭义之分，狭义的法官惩戒是仅对法官的违法审判行为予以惩罚；而广义的法官惩戒涵盖范围更为广泛，是对法官全部不当行为予以惩罚，目的是通过规范法官的行为，以维护司法公信力。本文的研究对象是广义法官惩戒的标准，即对法官全部不当行为予以惩罚之准则。

法官的行为包括业内行为和业外行为。业内行为指法官职务范围内的活动，如接待当事人、开庭审理案件等；业外行为指法官职务以外的个人私生活，如出国旅游、讲课等。业内行为包括核心审判行为与非核心审判行为，核心审判行为是指法官审理案件时认定事实与适用法律的判断行为；非核心审判行为多与诉讼程序相关，如代理、送达、辩护、保全，当然也包括对待当事人态度、卷宗管理等。

二、样本透析：我国法官惩戒标准实证考察

本部分限于对我国法官受到惩戒的标准进行实证研究，以法官惩戒的相关规范为基础，分析总结法官受到惩戒的文本标准。

《法官行为规范》将法官行为细分为两类：一是业内行为，包括立案、庭审、诉讼调解、文书制作、执行等。二是业外活动，包括参加座谈调研、参加社团等；法官应依该规范行为。《法官行为规范》第 93 条规定，对法官违反本规范的，情节较轻且无危害后果则诫勉谈话，构成违纪违法的依相关规定处理。《法官职业道德基本准则》将法官职业道德分为忠诚司法事业、保证司法公正、确保司法廉洁、坚持司法为民、维护司法形象五个方面；该准则具有强制力，违反则予以诫勉谈话、通报批评，构成违纪违法的依相关规定处理。

《责任意见》第 25 条规定了法官的两种违法审判责任：法官故意违反法律法规的；法官因重大过失导致裁判错误并造成严重后果的。第 26 条具体列举了应追究法官违法审判责任并予以惩戒的具体情形。第 27 条则列举了应豁免的具体情形。《责任意见》规定对法官违反职业道德准则和纪律规定的行为则另行处理。

2019 年的《法官法》第 46 条第 1 款第 10 项规定了法官应受惩戒的十种情形，贪污受贿、徇私舞弊、枉法裁判、以权谋私、泄露秘密、拖延办案等；其中第 4 项、第 5 项规定了法官故意违法办理案件和因重大过失导致裁判结果错误并造成严重后果的；第 10 项作了兜底性规定，“有其他违纪违法行为的”。第 46 条第 2 款规定了“法官的处分按照有关规定办理”。结合第 46 条第 1 款第 10 项、第 2 款规定，法官有其他违纪违法行为的应按有关规定办理。

《处分条例》对法官应受惩戒的情形作了详尽规定，共七大类：违反政治纪

律、违反办案纪律、违反组织人事纪律等。以下几个表系对法官违反纪律构成要件的分析总结。

表1是对《处分条例》中法官违反审判纪律构成的实证分析总结。从行为类型看,多集中在违反诉讼程序规定方面且属于非核心审判行为;从主观上看,多为故意;从是否造成消极后果看,并无统一规定。泄露审执工作秘密、私放被羁押人员、私自办理案件、将卷宗借给他人等涉及非核心审判行为,只要存在此类行为就构成违纪。枉法裁判涉及核心审判行为,主观上为故意,不要求造成消极后果。

表1 《处分条例》中法官违反审判纪律行为分析

条数	类型	违法违规行为类型	主观	后果
29	违反审判纪律	受理	故意	否
30		回避 代理、辩护	无 故意	是 是
31		会见当事人及其代理人	无	否
34		证据收集	故意	是
35		鉴定、勘验、证据保全	故意	是
36		财产保全	故意	是
39		强制措施	故意	否
40		毁弃、隐匿、篡改、伪造证据	故意	否
41		汇报案件隐瞒证据、情节或提供虚假情况	故意	否
42		泄露审执工作秘密	故意	否
43		枉法裁判	故意	否
45		执行措施	故意	是
47		拖延办案	故意	否
49		私放被羁押人员	无	否
50		私自办案或制造假案	无	否
52		将卷宗借给他人	无	否

表2是对《处分条例》中法官失职构成的实证分析总结。对有关诉讼程序方面的失职,要求主观为过失、造成消极后果且行为违法;过失导致文书内容错误、泄密且造成消极后果,构成失职;过失导致重大负面事件,构成失职;这都涉及非核心审判行为。过失导致裁判错误且造成消极后果,构成失职,这涉及核

心审判行为。

表 2 《处分条例》中法官失职构成的实证分析总结

条数	类型	违法违规行为	主观	后果
82	失职	受理	过失	是
83		裁判错误、错误采取财产保全、执行措施、强制措施	过失	是
84		案件办理严重超期	过失	是
85		被羁押人员逃跑、自残、行凶伤人	过失	否
86		文书内容错误	过失	是
87		泄密	过失	是
88		卷宗或证据被毁、丢失	过失	否
89		职责内发生刑事案件、重大治安案件、重大群体性事件、重大人员伤亡	过失	是

违反政治纪律的构成,不以主观和造成消极后果为要件,只要存在违纪行为即可;但违反民族宗教政策除外,还需造成消极后果才构成违纪。违反廉政纪律构成,主观上为故意且不要求造成消极后果。违反组织人事纪律构成,对主观和后果均无统一要求;但旷工或无正当理由逾期不归,在造成消极后果时才构成违纪。违反管理秩序和社会道德的构成,对造成消极后果无统一规定,参与迷信、通奸、酗酒等在造成消极后果时才构成违纪。上述违纪都涉及法官业外行为(见表3)。

表 3 《处分条例》中违反政治纪律、廉政纪律、人事纪律、管理秩序和社会道德的实证分析总结

条数	类型	违法违规行为	主观	后果
22	违反政治纪律	散布不当言论,参加反对国家的示威、游行	无	否
23		参加非法组织或罢工	无	否
24		违反民族、宗教政策	无	是
25		外交活动中损害国家荣誉和利益	无	否
26		非法出境或违规滞留境外不归	无	否

续表

条数	类型	违法违规行为	主观	后果
55	违反廉政纪律	贪污	故意	否
59		接受当事人财物、宴请或其他利益	故意	否
63		违规参与营利性活动或在营利性机构兼职	故意	否
66	违反人事纪律	违规决策	无	是
67		拖延或不执行上级决定	是	否
74		旷工或期满无正当理由逾期不归	无	是
91	违反管理秩序和社会道德	态度恶劣、作风懈怠	无	是
92		泄密	无	否
93		弄虚作假、误导、欺骗领导和公众	无	是
94		酗酒影响工作或造成其他不良后果	无	是
96		违规用车	无	是
99		与他人通奸	无	是
100		重婚或包养情人	无	否
101		拒不赡养、抚养或遗弃虐待家庭成员	无	否
102		吸毒、嫖娼、卖淫	无	否
103		赌博	无	否
104		参与迷信活动	无	是

三、问题检视:现行法官惩戒标准理性思考

让审理者裁判、由裁判者负责。责任与权力是相对应的,司法责任制改革主要是为了科学规制司法裁判权,随着司法责任制改革的不断深入,我国法官惩戒标准存在的问题也日益突出。

(一)缺乏统一的法官惩戒规范

由于当前缺乏高位立法以及司法机关的统一规范,造成实践中法官惩戒标准混乱的事实。一方面,各地法院出台“有关错案责任追究”的规范,创造出关于“错案”的各种新概念,不仅这些新概念之间的差异较大,也与《责任意见》中

规定的“错案”内涵相悖,形成概念上的混乱。[①] 另一方面,我国法官惩戒标准的相关规定散见于诸多法律和规范性文件中,造成适用上的混乱,如《责任意见》规定因重大过失导致裁判错误并造成严重后果的构成违法审判责任,而《处分条例》第83条规定因过失导致裁判错误且造成消极后果的构成失职;《责任意见》要求的重大过失、严重后果,明显比《处分条例》中规定的过失、不良后果的惩戒门槛更高。两个规范都由最高人民法院制定,《责任意见》的制定晚于《处分条例》,从时效上讲,《责任意见》应优于《处分条例》;但条例一般应比意见更为稳定、效力更高;所以选择适用哪个规范面临困难。

此外,《法官法》第46条第1款第5项规定,因重大过失导致裁判结果错误并造成严重后果的应受惩戒;该条第1款第10项和第2款规定,有其他违法违纪行为的按有关规定办理,再结合《处分条例》第83条规定,法官因过失导致错误裁判并造成不良后果的构成失职应受惩戒,该过失当然包括重大过失、一般过失和轻微过失;故《法官法》第46条第1款第5项与第46条第10项、第2款规定的“有其他违法违纪行为的按有关规定办理”相矛盾。

(二)错案惩戒标准存在一定弊端

“错案概念具有相当的模糊性和多样性。”[②]错案并非严格的法律概念,很难对其进行科学准确界定,故对错案的认定也不能得出令众人信服的结论。“在认定错案时,需证明前案的判断错误与后案的判断正确,即将前后两个判断进行对比,若后一判断更加接近客观事实或法律正确,则可认定前一判断为‘错案’。”[③]判断本身不具有再判断性,如何对判断进行再判断?此外,先验假定法官有能力裁判正确不能成立,因为法官并非案件亲历者,只能通过审查判断证据来形成对事实真相的内心确信,这难免会出现判断错误。同时,“不同个体对法律的理解和解释会有一定差别,法官也因而会被授予一定的自由裁量权”。[④]因此基于案件事实的复杂性、不同个体对法律理解的差异性以及人类理性的有限性,无法苛责法官在每一案件当中都能够正确认定案件事实和适用法律,进

---

① 相关规范性文件包括:重庆市四中院《关于对办案瑕疵错误进行责任追究的规定》(2016年10月)、辽宁省康平法院《错案及瑕疵案件责任追究办法》(2016年3月)、贵州省荔波法院《差案错案责任追究实施办法》(2016年2月)、辽宁省黑山县法院《错案及瑕疵案件责任追究办法》(2016年8月)。

② 参见周长军:《司法责任制改革中的法官问责——兼评〈关于完善人民法院司法责任制的若干意见〉》,载《法学家》2016年第3期。

③ 参见张莹、冀宗儒:《法官职业伦理责任制的建构——由错案追究机制所带来的困境谈起》,载《河北法学》2019年第4期。

④ 参见周长军:《司法责任制改革中的法官问责——兼评〈关于完善人民法院司法责任制的若干意见〉》,载《法学家》2016年第3期。

而最终作出正确的裁判。即“由于事实生成过程以及法律适用结论的可错性，我们不可能设定出逻辑圆恰的错案实体标准”。①

《责任意见》第 28 条虽规定了对法官予以免责的事由，但无法涵盖法官豁免的全部情形，该条虽有兜底性条款，但结合“法官终身负责制”，规定之模糊性实际上增加了法官履职之不可预期性。

(三)不当非核心审判行为惩戒标准混乱

非核心审判行为，与案件事实判断和法律适用无直接关联，多与诉讼程序相关，如受理、保全等，也包括卷宗管理、庭审时的举止用语等。《法官法》《责任意见》对不当非核心审判行为的惩戒标准是故意违法或因重大过失导致裁判错误并造成严重后果。而《处分条例》对此规定的惩戒标准则有所不同，如故意违反代理、辩护、证据收集、鉴定、勘验、证据保全、财产保全等方面法律的，还要造成消极后果才受惩戒，这与《法官法》《责任意见》中故意违法就受惩戒并不要求造成消极后果的规定不同。《处分条例》中规定故意违反受理、强制措施等方面法律、隐匿伪造证据的受惩戒，则不要求造成消极后果；故《处分条例》对法官故意违法类的不当非核心审判行为规定的惩戒标准也不一致。此外，《处分条例》中对过失违反受理、财产保全、执行措施、强制措施、办案期限法律且造成消极后果的受惩戒，与《法官法》《责任意见》中规定的因重大过失造成错案导致严重后果的惩戒门槛更低。

(四)业外不当行为惩戒标准较宽松

业外行为，与法官裁判案件无直接关联，属法官职务之外的个人私生活范围，如聚会、讲课、旅游等。《责任意见》未对法官业外不当行为的惩戒标准有具体规定。对法官业外不当行为的惩戒标准，在《处分条例》中有规定，如对法官与他人通奸、参与迷信、弄虚作假误导欺骗领导和公众、态度恶劣作风懈怠、酗酒而影响工作等行为，必须在造成消极后果前提下才予以惩戒；对此部分业外不当行为的惩戒须以造成消极后果为要件，显得较为宽松，因为“不论其是否造成消极后果，对司法公信力而言都是巨大的损害”②。此外，《处分条例》中对法官重婚或包养情人、吸毒、嫖娼、卖淫、赌博、拒不赡养或遗弃虐待家庭成员、旷工、违规用车的都予以惩戒，且不以造成消极后果为要件。由此可知，《处分条

① “错案不应是个法学、法律术语，即使前审判决被推翻，也并不意味着前审判决就是错案，由于对错案认识的逻辑根基并不成立，因而注定是另一种高贵之梦，虽则可欲，但不具有现实性。参见周赟：《错案责任追究机制之反思——兼议我国司法责任制的完善近路》，载《法商研究》2017 年第 3 期。

② “法官职业道德准则的总体要求就是法官在一切活动中，不论是与职务有关的还是职务以外，都应当避免不当行为以及让人感觉不当的行为。”参见[美]埃莉诺·W. 迈尔斯：《美国律师协会法官行为准则纵览》。转引自怀效锋主编：《法官行为与职业伦理》，法律出版社 2006 年版，第 478 页。

例》对法官业外不当行为惩戒标准的规定也并不统一。

四、他山之石:西方法官惩戒标准经验借鉴

法官惩戒标准解决的是法官在何种情况下受到惩戒问题,世界各主要法治国家对此都予以高度重视,并结合自身的法治观念、司法传统、法官职业化水平等实际,形成各自独具的惩戒标准模式。

(一)美国:以不当司法行为的应惩戒标准和以纯粹法律错误的应豁免标准

不当司法行为包括实际不当行为和表现不当行为。实际不当行为就法官职务行为而言,指法官未公正履行司法机关职责的行为;表现不当行为针对法官职务外的行为,指法官参加了任何可能对其履职造成干扰的庭外活动。[①] 判断不当司法行为采用公信力标准,"即法官的行为只要损害公众对司法的信心,不论原因为何、程度大小,都属应受惩戒范畴"。[②] 纯粹法律错误,指法官有时会在认定事实和适用法律时出错,但只要法官是善意且努力遵循内心确信独立裁判,就不应被惩戒;但法官故意违反清楚确定而不存在争议的法律或恶意作出裁决(如腐败)等,都被认定为不当行为而应受惩戒。

(二)德国:以不当司法行为和裁判错误为惩戒标准

裁判错误,指在法官故意实施或因重大过失导致清白者被判刑时应被惩戒。不当司法行为包括职务外不当行为和职务内不当行为。法官职务外不当行为采用公信力标准,即降低了公众对司法公正的信赖,如频繁去红灯区。[③] 法官职务内行为包括审判工作和行政工作,审判工作分为"核心领域"和"外部程序"。"核心领域"指法官为法的发现及其间接而为的行为,假如该部分成为被惩戒对象,则可能对法官如何裁判产生影响,进而损害审判独立。故"核心领域"是应豁免范围,而"外部程序"和法院行政工作则不受此限。但"核心领域"被豁免也非绝对,如法官明显曲解法律等,则构成枉法裁判罪并受惩戒。

美国、德国对法官惩戒标准的规定有诸多相似之处,都将不当司法行为定为应惩戒对象,判断司法行为不当采用公信力标准。同时,为保障法官审判独立,对核心审判领域出现的错误则予以豁免,当然豁免也并非绝对,当法官故意违法或恶意作出裁决时,仍应受到惩戒。此外,德国还规定了错案惩

① 参见曾哲、索肖娟:《美国法官惩戒事由之考察与借鉴》,载《河南财经政法大学学报》2018 年第 2 期。

② 参见雷婉璐:《我国"法官惩戒"事由模式的现状与趋向——以司法体制改革为背景》,载《湖北大学学报》2019 年第 1 期。

③ 参见向学宁:《德国法官惩戒制度的理论基础与制度特征》,载《中南民族大学学报》2018 年第 2 期。

戒标准，这一标准较为严格，即当法官因故意或重大过失导致清白者被判刑时才应被惩戒。

五、反思选择：法官惩戒标准的理念与设定

审判权属公权力，权力天生具有“恶”性，不受制约的审判权难免成为恣意妄断，进而偏离公平正义；“司法权以判断为本质，是判断权”①，故应保障审判独立。审判独立与审判制约统一于司法公正，故法官惩戒标准的设定既需对审判权形成有效制约，也应避免对独立审判造成不当干涉。法官惩戒标准有三大要素，即故意或过失、违法行为、消极后果，因法官的核心审判行为、非核心审判行为、业外行为各具不同性质特点，故对法官三大不当行为惩戒标准的设定也需对应不同的要素组合，以达到审判独立与审判制约之间的平衡。

（一）制定统一的法官行为惩戒规范

一方面，由最高人民法院制定的相关条例、意见对法官惩戒标准的规定并不统一，甚至存在一定冲突，造成法律适用上的困难，新修订的《法官法》也并未解决上述适用困难问题。另一方面，地方各层级法院也都纷纷制定法官惩戒规范，客观上导致了乱象纷呈的法官惩戒标准。实际上，上述混乱冲突局面也一定程度上造成我国法官职业风险的急剧上升。所以，制定统一的法官行为惩戒规范，甚至是对此予以高位立法，在全国层面形成统一的法官惩戒标准，既便于惩戒主体作出更加准确的惩戒决定，也为法官如何行为提供可预测性的指引，同时也能够一定程度上加强法官的职业保障。此外，在对法官惩戒标准作出清晰概括性规定的同时，也对法官的行为予以明确分类，对照规定应受惩戒的具体构成要件和惩戒结果，采用条陈列举之方式作出尽可能明确具体的规定。

（二）核心审判行为不当的惩戒与豁免

核心审判行为，指法官认定事实和适用法律的判断行为，即如何判断以形成内心事实确信和选择适用哪一规范，如果该部分受到干预或法官作判断时总会感到恐惧，那么审判独立也就不存在了。故对核心审判行为不当的惩戒，应在保证审判独立和审判制约之间保持平衡。在法官核心审判行为范围内，如果法官故意违法，则应受到惩戒，即惩戒标准是主观故意和行为违法，不以造成消极后果为要件，因为故意违法的主观恶性大，对此须予以严惩来纯洁法官队伍，维护司法公信力。对法官因重大过失违法且造成错案并导致严重后果的，则应

---

① 参见孙笑侠：《司法权的本质是判断权——司法权与行政权的十大区别》，载《法学》1998年第8期。

受到惩戒,这一惩戒标准虽有一定弊端,但是“在当前我国发展阶段严格责任追究防止司法专横,以回应社会大众关切的现实合理选择”。①

对法官因一般过失、轻微过失违法造成错案并导致消极后果的,则予以豁免。因为随着我国法官员额制改革的完成,法官的专业素养和职业经验有了较大提升,应相信法官有避免错案的能力。即使产生了错案,法律途径内也可弥补,如二审、再审程序内就可予以纠正,哪怕给当事人造成了损失,一定程度上也可通过国家赔偿予以补救。不以“错案”为惩戒标准,是法官职业保障的体现,也是以审判为中心实现审判独立的客观要求。虽然对法官此类不当行为予以豁免,但应放入考核指标中,即作为法官是否达标、获奖、称职的重要参考,如某法官有此类“错案”甚至较多,就不能被奖励、晋升,甚至应认定为不称职,如连续几年不称职则可责令其退额并调离审判岗位等。

(三)统一不当非核心审判行为惩戒标准

非核心审判行为,与法官判断事实认定和选择适用法律无直接关联,但属于法官的职务范畴,既包括程序性行为,如受理、保全、回避等,也包括卷宗管理、庭审举止用语等。在非核心审判行为范围内,法官故意违法则应受惩戒,即惩戒标准为主观故意和行为违法,不以造成消极后果为要件,因为此种情形主观恶性大,需予以严格标准,时刻对法官行使审判权形成有效威慑,以此维护司法公信力。法官因过失而违法且造成消极后果的,应予惩戒,即惩戒标准为主观过失和行为违法且造成消极后果,以此督促法官不断学习总结提高业务能力水平,养成规范、严谨、细致的工作作风习惯,避免出现低级错误损害司法公信力。法官因过失而违法且未造成消极后果的,由于此类不当行为一般可在法律范围内予以补救,又未造成消极后果,且法官非圣人,工作中出错亦难避免,故可对此不予惩戒;但应列入法官考核范畴,即作为决定法官年终奖金、评优、晋级等的重要决定因素,如果错误过多则甚至可被评为不称职,连续三年不称职则可以责令其推出法官员额(见图1)。

① 在法律实务界,“错案”追究标准仍占主流。江必新大法官认为:“审判责任追究制度的建立应与我国社会经济法治发展状况相适应,并积极回应民众诉求。在缺乏程序正义观念及相应制度限制司法裁量时,严格责任追究则成为防止司法专横的重要装置。错案追究是法官审判责任追究的重要内容。司法活动中出现的违背司法规律的情况并非错案追究制度造成的,相反是将错案追究制度建立在非理性基础上的结果。”参见江必新:《关于法官审判责任追究若干问题的探讨》,载《法制日报》2015 年 10 月 28 日,第 9 版。

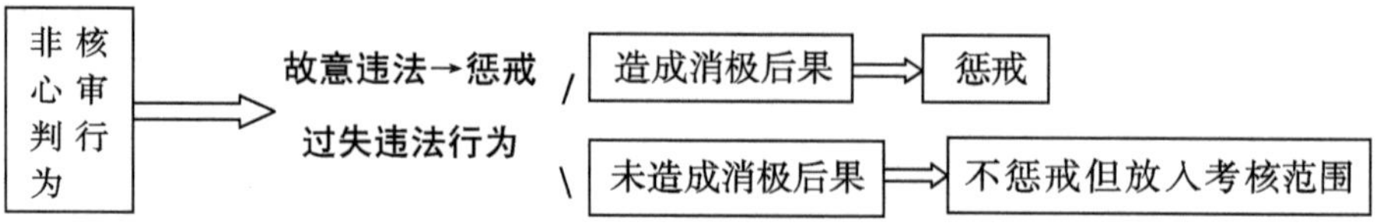

图1 不当非核心审判行为惩戒标准

(四)业外不当行为惩戒标准从严

法官业外行为,指法官本职工作之外的私生活。在我国,法官是代表人民行使国家审判权,故法官的形象是司法公信力最直接、直观的外在表现,“人们对司法公正的信任往往来自他们对法院及其工作人员的直观印象与感受”。[1]法官的任何业外不当行为,哪怕再小,都会损害法官的良好形象,进而损害人民对司法公平、公正的认知,最终对司法公信力造成巨大损害。试想一个吸毒、与他人保持不当性关系、醉驾、信仰邪教、吸毒、嫖娼的法官,如何让公众认同其作出的判决呢?

法官业外不当行为种类内容繁多,如发表不当言论、参与迷信活动、与他人通奸、包养情妇、吸毒、卖淫、嫖娼、赌博、打架、参加反对国家的示威游行等,这不仅严重损害司法公信力,也对党和国家形象造成巨大损失。所以对法官业外不当行为惩戒标准的设定,应做到“法网严密但不严厉”,[2]即不以造成不良后果或严重后果为惩戒前提,不以主观故意或过失为必要条件,只要存在该类不当行为就予以及时惩戒,唯有不设立任何惩戒准入门槛,以一名合格法官、合格共产党员的标准严格要求,只有这样才能从根本上达到遏制法官不当业外行为的效果,维护司法公信力、党和国家的良好形象。

结 语

随着司法改革不断深入,法官惩戒机制方面也需亟待作出适当调整。本文在宏观层面围绕对法官不当行为予以惩戒的标准展开讨论,即法官的行为包括三大类:核心审判行为、非核心审判行为及业外行为,这三类行为各具不同性质特点,对此三类不当行为则应分别设定不同的惩戒标准。个中观点可能与法律实务界主流观点有一定不同,如对“错案”惩戒标准的讨论,当然这些也仍是笔者今后要认真思考探索的问题。但考虑到全国法院学术讨论会的讨论性质,本文仍然对法官惩戒标准作了一定程度的探究,以期有益于实践。

---

① 参见雷婉璐:《我国“法官惩戒”事由模式的现状与趋向——以司法体制改革为背景》,载《湖北大学学报》2019年第1期。

② 参见陈瑞华:《法官责任制度的三种模式》,载《法学研究》2015年第4期。

个人作为环境公益诉讼原告的可行性分析与制度设计

纪艳琼　唐静静*

【论文提要】

本文研究的核心问题是个人作为环境公益诉讼原告的应然性分析及制度构建。研究目的是充分立足于我国与世界各国的环境保护立法趋势及司法实践现状，分析个人作为环境公益诉讼原告的必要性、合理性及可行性，同时从主体范围、程序限制、制度保障等层面对个人作为环境公益诉讼原告的具体制度进行了构建。

本文正文共六个部分。第一部分为现状探析，主要从立法规定及司法现状两个层面对我国现行环境公益诉讼主体的现状进行了介绍；第二部分为应然性分析，着重从必要性和可行性两个角度论证将个人纳入环境公益诉讼原告的应然性；第三部分主要探讨个人作为环境公益诉讼原告应有的限制，着重从主体范围及程序方面论述个人作为环境公益诉讼原告的限定条件；第四部分主要探讨个人作为环境公益诉讼原告应有的保障，讨论如何从举证责任、经费保障等层面构建完备的保障体系；第五部分为结语，是对全文基本观点的提炼和总结；第六部分为附件，是笔者根据本文结论草拟的相关司法解释，以供参考。

【主要创新观点】

一是现阶段我国的环境公益诉讼却并未赋予个人原告资格，个人提起环境公益诉讼在法律上是空白的，在实践中是急需的，在理论研究领域是莫衷一是的。本文从个人提起环境公益诉讼的现状探析及应然性分析入手，提出应赋予个人提起环境公益诉讼的资格。

---

* 纪艳琼，北京市第一中级人民法院审判监督庭法官，曾获北京法院系统第二十九届学术讨论会优秀奖；唐静静，北京市第一中级人民法院审判监督庭法官助理。

二是理论界普遍关注的是个人能否提起环境公益诉讼,以及个人提起环境公益诉讼与检察机关、行政机关、社会组织提起环境公益诉讼之间的关系,但对如何构建个人提起环境公益诉讼的制度少有涉猎。本文选取了限制和保障两个角度,限制是必然之举,保障是应有之义,从限制个人范围、设置前置程序、完善举证责任、加强经费保障等角度全方位构建个人作为环境公益诉讼原告的制度,并草拟了相关司法解释,以期为个人环境公益诉讼的实践提供些许参考。

一、现状探析:立法与实践中的环境公益诉讼主体

(一)立法沿袭

2014年新修订的《环境保护法》明确公民可向环境行政管理、监察部门、人民政府等机关举报,但未明确提及个人的起诉权。2011年《民事诉讼法(草案)》中曾经提出"个人"也可提起环境公益诉讼,但在2012年8月31日修订的《民事诉讼法》第55条新增环境公益诉讼的内容,但并未规定个人可作为环境公益诉讼的原告主体。2012年《民事诉讼法》并未采纳《民事诉讼法(草案)》中关于个人可以提起环境公益诉讼的规定,说明立法机关对于个人是否可作为环境公益诉讼的主体仍存在保留意见。

2012年修订的《民事诉讼法》中规定的提起环境公益诉讼的主体限于"法律规定的机关和有关组织",2017年修改的《民事诉讼法》和《行政诉讼法》中将检察机关列为环境公益诉讼的原告,进一步完善了环境公益诉讼原告制度,但仍未明确公民个人的原告地位。因此,依据我国现行法律,个人不得作为提起环境公益诉讼的原告。

(二)司法现状

司法实践中,以个人名义提起公益诉讼的案件,大部分案件的结果是法院不予受理,或是受理后因主体不适格而驳回起诉。蔡长海案是个人以自己名义提起环境民事公益诉讼并获得胜诉判决的第一案。蔡长海是贵阳公众环境教育中心的环保志愿者,于2011年参加了该中心发起的保护河流的活动,并签订了河流责任认领书,认领了清镇市包括东门河、猫跳河等在内的5条河,其任务是定期巡查认领河流,保护河流不受污染。2011年清镇市某企业负责人龙某将8吨未经处理的有毒工业废水倒入排水沟中,导致东门河等苯元素严重超标。根据有关部门作出的治理方案,治理此项水污染需花费117.3万元。蔡长海以其个人名义起诉,请求龙某赔偿河流污染损失107.3万元,赔偿款付至生态恢复公益金专用账户后用于治理被污染的河流。清镇市检察院支持起诉。后法

院判决如下：（1）赔偿30万元，缴入环境公益资金专用账户；（2）案件受理费由被告承担。[①] 该案件具有里程碑的意义。但是，应该看到的是，大部分案件均是因为原告主体不适格而被排除在司法审判之外，这也是我国立法中并未赋予公民起诉资格所导致的。

二、应然性分析：个人是否应当成为环境公益诉讼的主体？

（一）必要性分析

1. 社会主义民主的要求

我国《宪法》赋予了人民的社会监督权，每个公民都有权参与和管理国家事务，维护国家和社会的公共利益。根据人民主权理论，人民是一切国家权力的最终拥有者。虽然公民可以将管理国家事务的权力委托给专门的国家机关代为行使，但这种委托并不代表公民丧失了相应的权力。当国家机关怠于管理国家事务，当公共利益受到侵害时，公民应当有权终止委托并通过诉讼等途径追究相关机构和个人的责任。因此，赋予个人提起环境公益诉讼的原告资格是我国践行社会主义民主、保障人民监督权的应有之义。

2. 保护环境的需要

随着经济社会的发展，我国的环境问题日益严重。保护环境已经上升为我国的国家战略。环境公益诉讼是法律层面保护环境的重要途径，健全完善环境公益诉讼制度、充分发挥环境公益诉讼的价值功用是解决我国严峻的环境问题、更好地保护生态环境的必然要求。赋予个人环境公益诉讼的原告资格，可以大范围地拓宽环境公益诉讼提起主体的范围，极大地调动民众共同参与环境保护、共同打击破坏环境的违法行为的热情和积极性，实现保护环境、人人有责的良好社会局面，推动我国环境保护事业的发展。

3. 弥补其他主体的不足

目前，在我国检察机关和有关团体是提起公益诉讼的主要主体，但是二者均存在一定的不足。一是均存在滞后性，个人作为环境资源的享有者，当环境受到破坏时，个人也是第一时间的感知者和受害者，也往往最具有提起公益诉讼的迫切性和积极性。虽然个人可以向检察机关和有关团体进行检举控告，但是中间程序的冗长和烦琐必将严重制约环境公益诉讼提起的效率和成效。二是检察机关作为环境民事公益诉讼的原告将打破原被告的平等地位，在某种程度上影响了诉讼的公正性。而社会团体作为原告的资格是受一定限制的，符合

---

① 李明：《环境民事公益诉讼中公民原告资格研究》，黑龙江大学2018年硕士学位论文。

条件的社会团体的数量并不太多,且提起公益诉讼的积极性也并不强,由此大大削弱了社会团体在环境公益诉讼中的作用。因此,赋予个人提起环境公益诉讼的原告资格,将弥补检察机关与社会团体的不足,提升环境公益诉讼的价值和功用。

4. 世界各国环境公益诉讼的趋势

在美国法中,公民个人可提起民事环境公益诉讼在其许多法律法规中都进行了明确规定,英国规定的起诉主体一开始只能是检察长,之后原告资格范围也随着制度的完善和时间的推移在不断扩大,公共卫生监察员、社会团体甚至个人都有权提起。德国的《联邦原子能法》《联邦水道法》也规定,对破坏环境的行为每个公民都可提起诉讼。印度将公民个人提起民事环境公益诉讼分为两类,不再局限于直接利害关系主体,并且在法律中规定"公民诉讼",为公民维护环境公益提供了良好的诉讼机会和法律依据。日本的环境公益诉讼制度具有浓厚的行政色彩,公民个人提起诉讼条件也更为严格。[①]纵观世界各国立法,我国应顺应世界环境公益诉讼的立法趋势赋予个人作为环境公益诉讼的原告资格。

(二)可行性探究

诚然,反对个人作为环境公益诉讼原告的主要理由在于可能存在滥诉和恶意诉讼的风险、个人能力不足、诉讼成本高等问题,但是这些问题的存在不是我们否定公民起诉资格的理由,而是我们完善个人作为环境公益诉讼原告的制度设计、规避这些风险和弊端的动因。

1. 滥诉和恶意诉讼的风险

将个人纳入环境公益诉讼的主体范围,并不意味着全体公民理所应当的成为环境公益诉讼的原告。从诉讼法的角度讲,原告是与案件有直接利害关系的公民、法人和其他组织。故而在环境公益诉讼中,原告的资格亦不能否定传统诉讼关于原告资格的限制,即原告也应是与环境有着直接利害关系的个人;从域外法上来看,很多国家法律规定个人可以提起环境公益诉讼,但都对哪些个人能够作为环境公益诉讼主体作出了规定,或者在司法实践中对环境公益诉讼原告的主体资格有具体的认定标准,因此,我们可通过规范个人成为环境公益诉讼原告的范围和程序,从而避免滥诉和恶意诉讼的发生,从源头上限制环境公益诉讼的数量。

2. 个人诉讼能力的制约

个人作为原告提起环境公益诉讼,相对于检察机关、行政机关、社会公益组

---

① 谢婷婷:《我国公民个人提起民事环境公益诉讼的探究》,内蒙古大学 2016 年硕士学位论文。

织而言，具有诉讼能力不足、环保专业性不强、资金欠缺、时间精力有限等缺点，这些缺点制约个人提起环境公益诉讼。我们可以通过建立举证责任倒置制度、降低个人举证标准等方式弥补个人诉讼能力的不足，另外，在诉讼费用的负担方面，我们可以通过建立诉讼费缓交、环境保护基金制度等方式让个人提起环境公益诉讼免除诉讼成本方面的后顾之忧。

3. 个人维权意识和意愿的不足

由于环境利益的长期性和公众性，导致部分公众对提起公益诉讼的意愿和动力不足。为了鼓励公众加入保护环境、依法维权的队伍，我们可以建立环境公益诉讼的激励机制，通过建立奖励基金制度，对提起公益诉讼的个人进行奖励。

奖励资金可以从公益诉讼基金提取，也可以从被告承担的赔偿金支取，奖金额度可借鉴美国"奖励告诉"的方式，规定公民提起环境公益诉讼并胜诉的可以从被告支付的罚金中分配到15% ~30% 的奖励金。[①] 通过奖励金制度，可以实现环境公益诉讼有利可享，充分激发个人提起公益诉讼的积极性。

三、限制：规范个人成为环境公益诉讼原告的范围和程序

（一）范围：对"个人"的定义——谁可以提起环境公益诉讼？

1. 对"个人"的定义

在允许个人提起环境公益诉讼的国家中，对"个人"的定义是有很大的区别的，甚至同一个国家在不同的法律中对"个人"的规定也不尽相同。例如，公民诉讼发展最早的美国，在1970年修订的《清洁空气法》中，赋予了任何人在环境公益受到侵害或侵害之虞时，均可提起环境民事公益诉讼。而在之后1972年颁布的《清洁水法》中，又将"任何人"的内涵界定"其利益已受到或可能遭受不利影响的个人或人们"。亚洲第一个引入公益诉讼制度的印度，在法律中允许公民经过受害人的同意，替代其提起公益诉讼，这就意味着任何人均有成为环境公益诉讼原告的可能。日本在法律中规定，公民启动环境诉讼必须是由于环境违法侵权行为引致现实的损害，即将原告主体严格限定为在一定区域内居住的公民。[②] 澳大利亚法律则直接推定凡是提起了环境公益诉讼都属于具有原告资格的主体。[③] 而在法学界，虽然大部分学者支持个人成为环境公益诉讼的原

① 梁静：《环境诉讼机制的反思与重塑——以环境民事诉讼为分析视角》，河北大学2011年硕士学位论文。

② 洪泉寿：《我国环境民事公益诉讼原告资格研究》，载《南海法学》2018年第10期。

③ 杨佳琪：《环境公益诉讼中原告主体资格的确定》，载《法制博览》2018年第16期。

告,但对于“个人”的定义亦存在差异。有的认为环境污染的直接受害人或具体相对人是环境公益诉讼的适格原告,有的认为受环境直接或间接影响的社会一般公众可以成为环境公益诉讼的原告,还有更为超前的观点则认为当后代人受到环境污染潜在侵害时,亦可由当地的公民组织或环保组织代表后代人起诉。[①]

笔者认为,应将个人定义为“受环境污染侵害或可能侵害的公民”,即只有本人的环境权益和公共的环境权益均受到损害的个人才可提起环境公益诉讼。理由有三:一是公益诉讼的实质是保护社会公共利益,但社会公共利益的最终承受者却是个人。环境公益诉讼虽是为了保护环境这一公益性权利提起诉讼,但在原告的“私益”与公益之间存在一定的联系,即个人也遭受或将遭受环境污染的侵害。二是超出环境污染影响范围的个人,其中虽不乏好心人、热心人、正义之士,但也不乏投机取巧、沽名钓誉之辈,赋予后者诉权将造成滥诉,也很难真正地起到保护环境的目的。故在无法从制度上、法律上辨认真伪时,赋予全部公众随意起诉的权利,无疑是弊大于利。任何一公民,不附带任何条件即可以提起一起公益诉讼,保护公共环境可能会损害到其他的合法权益。[②] 三是原告必须具有诉讼主体资格,而尚未出生的人是不具有民事权利能力和诉讼能力的,自然无法成为环境公益诉讼的原告。

2. 集团诉讼

确定提起环境公益诉讼的个人的范围之后,还需处理诉讼主体众多这一问题,传统的共同诉讼已经无法解决这一难题。集团诉讼在此处便有了适用的空间。依据集团诉讼的规则,在个人提起环境公益诉讼后,由法院应根据实际情况和需要发布公告,公告应说明引起环境损害发生的事件或行为发生的时间、地点以及可能造成的后果,通知可能受到损害的人在公告期限内到人民法院登记。公告期结束后,人民法院一一审查认定各登记人的主体资格,并由全体有原告主体资格的人推选代表人进行环境公益诉讼。

(二)程序:对个人提起环境公益诉讼设置前置程序

1. 前置程序设置的理由

环境污染的范围之广及环境公益诉讼本身的公益性特点,决定了一旦打开个人提起环境公益诉讼的口子,将有不确定的数量庞大的个人向法院提起环境公益诉讼。笔者认为,应以防止滥诉或诉累为出发点和目的,必须对个人提起

---

① 郭英华、李庆华:《试论环境公益诉讼适格原告》,载《河北法学》2005年第4期。

② 高雁、高桂林:《环境公益诉讼原告资格的扩展与限制》,载《河北法学》2011年第3期。

环境公益诉讼设置前置程序。理由在于:(1)有利于环境保护目标更有效率的实现。个人参与环境保护,手段和方式多种多样,但司法救济是最后一道屏障,诉讼相对于其他保护环境的救济途径而言,具有周期性长、成本高、见效慢的特点,并非个人参与环境保护的最好方式。(2)节约司法成本,防止诉累、滥诉。赋予个人提起环境公益诉讼的权利,目的之一在于弥补其他机关、社会组织在环境公益诉讼中存在的不足和漏洞。若其他机关、社会组织已经提起环境公益诉讼,尽力维护环境权益,个人自然没有再起诉的必要,否则造成环境公益诉讼案件数量的无端增加,浪费大量的司法成本。(3)有利于环境行政执法和环境公益诉讼有效衔接。环保行政机关在环境保护中起主导作用,当个人发现环境污染或者生态破坏行为时,首先应当寻求行政救济,只有在环境违法行为没有得到纠正或者环境状况没有得到改善,才应当诉诸法院,请求司法保护,实现环境行政执法和环境公益诉讼有效衔接。(4)有利于规范环境公益诉讼程序,保障环境公益诉讼有序进行。允许个人与其他机关、社会组织相同顺序的提起环境公益诉讼的权利,会造成提起环境公益诉讼的主体繁杂,诉讼目的不同,诉讼请求各样,给法院的审理工作带来极大的不便。

2. 诉权顺位

检察机关作为环境公益诉讼的原告,在诉前证据收集,人力、财力资源保障以及诉讼能力方面都有着其他主体不可比拟的优势。环保社会组织提起环境公益诉讼是其职责所在,其拥有专业、丰富的环保知识,对环境公益诉讼也有较为丰富的经验。而个人作为环境公益诉讼的原告,相对于机关和社会组织而言,其力量是单薄的,其能力是有限的。综合公益代表性标准和诉讼经济效益标准来看,当公民的环境行政公益诉讼诉权和检察机关、社会组织作为原告的诉权产生冲突时,宜遵循检察机关—社会组织—公民的顺位。① 从公益代表性角度来看,个人提起环境公益诉讼主要是基于其享有环境权,且受到环境污染的侵害,其提起环境公益诉讼是在维护自己私益的同时,不可避免地维护了环境公益。其行使环境公益诉权的方式方法以及可能产生的效果与其他机关、社会组织提起环境公益诉讼也存有一定的差距,因此个人作为环境公益诉讼原告所代表的公共利益是最弱的;从诉讼经济效益角度来看,起诉主体的诉讼专业化程度即诉讼素质与诉讼效率呈正相关关系,高水平的诉讼素质带来高诉讼效率,实现高回报的诉讼效能。② 个人相对于其他机关、社会组织而言诉讼专业化

---

① 沈雨思:《环境行政公益诉讼中公民原告资格的赋予》,载《中共青岛市委党校青岛行政学院学报》2018 年第 5 期。

② 张锋:《环境公益诉讼起诉主体的顺位设计刍议》,载《法学论坛》2017 年第 2 期。

程度较低,其自身的财力、精力在三类主体之间亦处于最低水平,故其诉讼优势和专业能力弱于其他机关和环保社会组织,将其作为最后顺位的起诉主体是现阶段最为合理的选择。

3.穷尽救济途径

为个人提起环境公益诉讼设置前置程序涉及的另一个问题是个人在提起环境公益诉讼之前是否需要穷尽其他保护环境的救济途径。在域外法上,很多国家为公益诉讼设置了诉前程序,只有穷尽其他救济途径能无法保护公益时,才允许提起环境公益诉讼。比如英国法律规定公民提起公益诉讼之前,必须通知并要求有关国家机关制止损害社会公共利益的违法行为或者提起诉讼,当有关国家机关不作为时,公民才可径行提起诉讼。美国的做法也是如此,美国环境公民诉讼的前置程序包括两个程序,即事前告知程序和政府执法优先程序。任何人在环境公益诉讼之前,应先将起诉意图告知起诉对象,在事前通知阶段,如果相关机关已经采取措施制止环境违法行为,则公民不得再提起诉讼。笔者赞成个人在提起环境公益诉讼之前要穷尽其他保护环境的救济途径,且穷尽其他救济途径包括穷尽行政救济途径和穷尽司法救济途径。穷尽行政救济途径是指个人在没有利用一切可能的行政救济之前,不能提起环境公益诉讼。当个人发现存在侵害环境的行为时,其首先应该寻求最近的和最简便的救济手段,向相关行政部门举报、申诉、行政复议等行政内部手段,只有在行政机关不作为或行政违法时,才寻求司法救济途径。穷尽行政救济途径是指的个人发现存在侵害环境的行为时,先应向相关机关、社会组织申请,由相关机关、社会组织出面向法院提起环境公益诉讼,只有在相关机关、社会组织拒绝起诉、不及时起诉等怠于行使诉权时,个人可直接向法院提起环境公益诉讼。这与我国公司法上的股东代表诉讼制度相类似,①相关设计也可以参考股东代表诉讼制度。

四、保障:内外联动消除个人提起环境公益诉讼的制约因素

个人作为原告提起环境公益诉讼,相对于检察机关、行政机关、社会公益组织而言,具有诉讼能力不足、环保专业性不强、资金欠缺、时间精力有限等缺点,这些缺点制约个人提起环境公益诉讼,甚至将个人可以提起环境公益诉讼的制度构想难以落到实际,因此需要在设置个人如何成为环境公益诉讼原告的同时,从内外两个方面消除个人提起环境公益诉讼的各种制约因素,让个人既能

① 股东代表诉讼的前置程序也称竭尽公司内部救济原则,是指股东在提起诉讼前,必须向公司董事会、监事会或监察人提出请求令公司提起直接诉讼,只有在董事会、监事会或监察人接到该请求,经过一定期间而未提起诉讼的情况下,股东才有权提起代表诉讼。

诉又想诉。

(一)个人原告的举证责任

个人的力量极为单薄,在环境公益诉讼中面临最大的问题是取证困难。这里的困难表现为:(1)损害环境的被告(大多为公司企业等)会千方百计隐瞒污染环境的事实、销毁环境污染的证据、狡辩侵害环境的行为等,甚至不愿提起环境公益诉讼的机关、社会组织也会出于地方保护、行业保护等各种原因阻碍个人原告证据的收集;(2)环境污染本身具有潜伏性、长期性的特点,导致其证据难以收集,[①]甚至当环境污染结果出现时,个人找不到侵害环境的主体;(3)虽然我国侵权责任法对环境民事侵权采用的是举证责任倒置,[②]但这一条是否当然适用于环境公益诉讼尚存在争议。《最高人民法院关于审理环境公益诉讼适用法律若干问题的解释》第 8 条规定,原告提起环境民事公益诉讼应当提交被告的行为已经损害社会公共利益或者具有损害社会公共利益重大风险的初步证明材料。若无差别地要求个人原告和其他机关、社会组织原告承担提供初步证明资料的义务,这样的举证责任规定对个人作为环境公益诉讼的原告来说是很高的要求。因此,要让个人原告在环境公益诉讼真正起到保护环境的作用,就应该对个人原告适用举证责任倒置,降低个人原告在环境公益诉讼中的举证标准,建构出有利于个人原告的举证责任制度。

在个人提起环境公益诉讼中适用举证责任倒置。美国《密歇根州环境保护法》规定:“若诉讼原告能够证明被告的行为已经污染、损害或破坏,或者可能污染、损害或破坏大气、水或其他自然资源或这些资源的公共信托,原告确立了一个初步证明的案件。”借鉴美国的经验,我国也可以规定,原告在完成证明被告存在侵害环境的行为,且被告的行为已经损害社会公共利益或者具有损害社会公共利益重大风险的初步证据后,由被告承担除此之外的其他举证责任。个人原告提供的初步证据的证据标准应相应地低于有关机关、社会组织。除此之外,当个人原告依自身能力不能完成初步举证责任时,还可以聘请专家证人协助其完成这一初步的举证责任。

降低个人原告在环境公益诉讼中的举证标准。举证标准问题其实是法官的自由心证,特别是在环境公益诉讼中,被告是否对环境公益造成损害及损害的程度,需要由法官的自由心证进行判定。而在原告为个人的环境公益诉讼中,法官更是要极衡损害行为与损害结果的因果关系、可救济性、原告方的举证

---

① 孙洪坤:《环境公益诉讼立法研究》,山东大学 2012 年博士学位论文,第 85 页。

② 《侵权责任法》第 66 条规定,因污染环境发生纠纷,污染者应当就法律规定的不承担责任或者减轻责任的情形及其行为与损害之间不存在因果关系承担举证责任。

能力、举证的难易程度、举证妨碍等因素,遵守保护环境、保护弱势的原则,尽可能地降低个人原告在环境公益诉讼中的举证标准。反之,对于被告方的举证标准,则应该有所加强,比如当实施损害环境行为的公司或企业以地方政府或行业制定的排污标准、自身对排放物的检验鉴定结果作为其免责事由时,需要进一步考虑排污标准制定的合法性或者检验鉴定结果的真实性。

建构出有利于个人原告的举证责任的其他制度。首先,对个人原告进行司法援助。对于环境公益诉讼中的个人原告,法律援助机构应该为其提供免费专业咨询、委派专业律师帮助其进行诉讼、为资金困难的个人原告提供经济帮助,等等。其次,对妨碍个人原告收集证据的行为进行惩罚。如当拥有雄厚实力的被告方动用其强大的经济实力和广泛的化会资源阻扰个人原告收集证据,或者掌握重要、关键证据被告方无正当理由故意隐瞒或拒不提供相关证据时,应推定个人原告的主张成立,由隐瞒或拒不提供证据的被告承担不利后果。

(二)环境公益诉讼成本的负担

环境公益诉讼的成本包括诉讼费、鉴定费、检验费、律师费及原告的合理开支,但个人提起环境公益诉讼能够获得的经济效益几乎为零。因此相对于其他诉讼而言,环境公益诉讼具有成本高、但回报率低的特点,导致环境公益诉讼为个人设置了很高的经济门槛。环境诉讼费用筑起的这道“高门槛”将民众挡在了环境公益诉讼大门外。[①] 为了推翻这道门槛,从外部免除个人提起环境公益诉讼的后顾之忧,应该从以下三个方面对提起环境公益诉讼的个人进行保障:

1. 应允许提起环境公益诉讼的个人缓交诉讼费,并由被告垫付鉴定、检验等费用

《最高人民法院关于审理环境民事公益诉讼案件适用法律若干问题的解释》第 33 条规定,原告交纳诉讼费用确有困难,依法申请缓交的,人民法院应予准许。败诉或者部分败诉的原告申请减交或者免交诉讼费用的,人民法院应当依照《诉讼费用交纳办法》的规定,视原告的经济状况和案件的审理情况决定是否准许。前述规定对于检察机关、行政机关、社会公益组织提起环境公益诉讼存在积极意义,但并不适合个人成为环境公益诉讼主体,理由在于检察机关、行政机关、社会公益组织提起环境公益诉讼是其职责所在,而个人提起环境公益诉讼则主要是出于公义。让出于公义的个人先行负担诉讼费的义务,无疑是将无法负担诉讼费的个人排除在环境公益诉讼之外。故个人原告提起环境公益诉讼交纳诉讼费的办法应有别于其他主体提起环境公益诉讼,应允许提起环境

① 田刚:《公民提起环境公益诉讼的四维路径》,载《辽宁行政学院学报》2018 年第 5 期。

公益诉讼的个人缓交诉讼费，胜诉后由被告直接交纳，败诉后由个人原告向有关部门或组织申请到相关费用后再行交纳。而审理公益诉讼案件进行鉴定、检验等所产生的鉴定、检验等费用，因无法缓交，则可以由被告先行垫付，胜诉后自然由被告负担，败诉后亦由个人原告向有关部门或组织申请到相关费用后再返还给被告。

2. 败诉个人原告可向相关机关、社会组织申请诉讼费、鉴定费、检验费等费用

检察机关、行政机关、社会组织提起环境公益诉讼是其本身职责所在，但因其不作为，让个人不得不挺身而出，提起环境公益诉讼，个人原告败诉产生的诉讼费、鉴定费、检验费等费用理应由检察机关、行政机关、社会组织承担。但个人原告败诉后不承担诉讼费、鉴定费、检验费等费用，是否会导致其打着环境公益诉讼的名义进行恶意诉讼，既浪费司法资源，也让检察机关、行政机关、社会组织负担不必要的花费？笔者认为这种担忧不无道理，但是也可不用忧之过甚，一是通过对个人的原告主体资格进行审查认定，已经可以将很多无妄之诉拒之门外；二是因存在恶意诉讼的可能性而因噎废食，限制甚至禁止个人提起环境公益诉讼则更加得不偿失，不利于环境保护；三是检察机关、行政机关、社会组织若有充分的证据能够证明个人存在恶意诉讼时，可以拒绝个人申请诉讼费、鉴定费、检验费等费用。

3. 个人原告的合理开支应从环境保护基金得到报销或补贴

环境公益诉讼案件一般都需要进行原告登记公告、环境损害鉴定等，这些程序导致环境公益诉讼案件持续的时间较长，在这么长的诉讼周期里，个人原告将为案件的审理产生大量的交通、食宿、通信、复印、律师等费用，还会因耽误工作造成经济损失。若这些损失均由个人原告负担，会严重损害个人提起环境公益诉讼的积极性。因此个人原告的合理开支，包括因诉讼产生的交通、食宿、通信、复印、律师等合理花费，和个人原告因诉讼减少的合理经济收入应该得到报销或者补贴。1993 年为了支持社会组织提起环境公益诉讼，我国成立了环境保护基金会，环境保护基金会以募集获得的资金支持社会组织提起环境公益诉讼。但事实上社会组织一般有一定的经济基础，提起公益诉讼亦属于社会组织的公益性活动，可以直接用自身的资产进行环境公益诉讼。反之，个人原告的合理开支应该从环境保护基金中得到报销或补贴。另外，为了充实环境保护基金，除去传统的政府财政拨款，外需拓宽基金来源渠道，如采用发行彩票、社会募捐等方式使资金来源多元化。①

① 杨梅：《完善环境公益诉讼原告败诉费用分担制度探析》，载《法制与经济》2018 年第 8 期。

五、结语

尽管目前我国法律仍将个人排除在环境公益诉讼原告之外,但随着社会经济的发展,我国人民对于环境安全问题的关注越来越高,对于环境污染的容忍程度越来越低,公民的环保意识和需求的提高,要求我国法律能够赋予其参与到保护环境的司法活动中去的资格,加之将个人纳入环境公益诉讼的原告范围内是各国立法的通例,因此赋予我国公民提起环境公益诉讼也是必然趋势。然而在允许个人提起环境公益诉讼的同时,应该着重思考如何设置个人提起环境公益诉讼,既避免滥诉、恶意诉讼的发生,也给予个人提起环境公益诉讼充分的保障。

附件:

《最高人民法院关于审理个人提起环境公益诉讼案件适用法律若干问题的解释》
(讨论稿)

为正确审理个人提起的环境民事公益诉讼案件,根据《中华人民共和国民事诉讼法》《中华人民共和国侵权责任法》《中华人民共和国环境保护法》等法律的规定,结合审判实践,制定本解释。

第一条　已经或可能受环境污染侵害的公民在符合本解释规定的条件及程序时可以提起环境公益诉讼。

第二条　一人或多人向人民法院提起环境公益诉讼后,人民法院可以发出公告,说明案件情况和诉讼请求,通知其他权利人在一定期间向人民法院登记。

公告期结束后,全体登记的权利人向人民法院推选一名至二名代表人进行诉讼;推选不出代表人的,人民法院可以与参加登记的权利人商定代表人。商定不出代表人的,人民法院可以在登记权利人中指定代表人。

代表人的诉讼行为对其所代表的当事人发生效力。人民法院作出的判决、裁定,对参加登记的全体权利人发生效力。未参加登记的权利人在诉讼时效期间提起诉讼的,适用该判决、裁定。

第三条　个人提起环境公益诉讼时已有检察机关、行政机关或者社会组织向人民法院就同一环境事件提起环境公益诉讼的,人民法院依法对个人的起诉不予受理,已经受理的驳回起诉。

第四条　个人因环境污染遭受侵害或可能遭受侵害时,应就环境事件向有关检察机关、行政机关或社会组织进行举报或申诉,并提议有关检察机关、行政机关或社会组织就环境事件向人民法院提起诉讼。

有关检察机关、行政机关或社会组织在接到个人举报或申诉后未及时调查相关环境事件并向个人进行答复,或者个人对答复的结果存在异议的,个人可以自己的名义向人民法院提起环境公益诉讼。

有关检察机关、行政机关或社会组织在接到个人举报或申诉后向个人进行答复,但未对环境污染侵害人进行处罚,或拒绝、怠于提起诉讼的,个人可以自己的名义向人民法院提起环境公益诉讼。

因情况紧急、不立即提起环境公益诉讼将会使公众受到难以弥补的损害的,个人可以自己的名义直接向人民法院提起诉讼。

第五条 个人提起环境公益诉讼,应对其所受的环境污染侵害或可能遭受的环境污染侵害、被告的行为造成环境污染或存在造成环境污染可能承担举证责任。

个人完成举证责任后,被告对其行为与环境污染之间不存在因果关系承担举证责任。被告不得以其行为符合地方政府或行业制定的排污标准、自身或自行委托的鉴定机构对排放物进行的鉴定结果作为其免责事由。

第六条 个人提起环境公益诉讼没有委托律师的,人民法院应当通知法律援助机构指派律师为其提供法律援助。

第七条 个人向人民法院申请缓交诉讼费的,人民法院应予允许。

个人胜诉后,人民法院应直接裁判诉讼费用由被告方承担。个人败诉后,个人可向有关检察机关、行政机关或社会组织申请由其支付诉讼费、鉴定费、检验费等诉讼费用。

第八条 个人因提起环境公益诉讼产生的交通、食宿、通信、误工、律师费等合理开支,可以向有关检察机关、行政机关或社会组织申请补偿。

第九条 各环境保护基金应建立制度为个人提起环境公益诉讼提供专业咨询、基金支持、诉讼指导等。

第十条 本解释施行前最高人民法院发布的司法解释和规范性文件,与本解释不一致的,以本解释为准。

聘用制审判辅助人员社会化购买之困境与出路

郭　帅　李　蓓*

【论文提要】

自不少法院实现聘用制审判辅助人员社会化购买以来，很大程度上缓和了人案矛盾。但该项制度一定程度上亦面临人员招不来、留不住的困境。本文以B市法院为样本，初步剖析了制度运行中存在的问题，并提出了以统筹服务人的成长成才为体，以提供具有竞争力的薪酬保障以及体制内外良好职业前景为两翼的解决思路，初步绘制了制度运行蓝图，试图为制度完善提供有益指引。

本文第一部分通过数据分析提出了聘用制审判辅助人员面临的两个困境，即人员难招录及人员留不住。本文第二部分进行了原因分析：一是职业保障在市场机制下缺乏竞争力，二是职业前景在个人发展上尚不明朗。本文第三部分提出了解决问题的机制，采用"一体两翼"的机制构建，即以统筹服务人的成长成才为体，以提供具有竞争力的薪酬保障和充分预期的体制内外良好职业前景为两翼，推动审判辅助人员从"司法民工型"向"司法技能型"转变，构建事业推进和人才培养的良性循环，为司法改革的持续、深入推进筑牢根基。

【主要创新观点】

聘用制审判辅助人员的社会化购买，已经成为不少法院解决人案矛盾的重要举措。但自聘用制审判辅助人员社会化购买制度运行以来，面临着一些现实困境亟待解决，主要是人员难招录和人员留不住两个问题。

本文通过分析困境背后的原因，认为职业保障和职业前景两个因素制约了聘用制审判辅助人员社会化购买的效果。从根本原因上看，当前的制度构建侧重于增加人力缓和法院系统当前面临的巨大工作压力，而未能统筹考虑人的发

---

* 郭帅，北京市第一中级人民法院民三庭法官助理，曾获全国法院系统第二十九届学术讨论会二等奖，第三十届学术讨论会优秀奖；李蓓，北京市第一中级人民法院行政庭法官助理。

展问题,在路径选择上存在偏差。

为此,本文提出"一体两翼"的机制构建,即以统筹服务人的成长成才为体,以提供具有竞争力的薪酬保障和充分预期的体制内外良好职业前景为两翼,让辅助人员个人的发展超越工具论,促进其与司法事业同命运、共荣辱,以庭前会议为抓手,推动培养模式从"司法民工型"向"司法技能型"转变,构建事业推进和人才培养的良性循环,为司法基业筑牢根基。

引　言

近年来,全国法院收案量、结案量连年呈高速增长态势。以B市为例,根据B市高级人民法院2018年工作报告显示,2018年全市法院新收案件895,224件,结案893,570件,比2017年分别上升了16.3%和15.4%。[①] 随着法官员额制的推行,法官结案数迅猛增长,数量翻倍,只能承担审判中的核心事务,辅助性事务需要指派辅助法官及其他辅助人员承担。[②] 为进一步缓解人民法院"人案矛盾"的巨大压力,不少法院开始面向社会大量招聘聘用制审判辅助人员,拟将法官从烦琐的日常事务性工作中解放出来,专注案件核心,实现法官"精英化",以提升人民群众的司法获得感。新鲜血液的加入,很大程度上缓解了人手不足,解决了"燃眉之急",为司法改革的深入推进创造了人员保障。但应当看到的是,聘用制审判辅助人员社会化购买制度运行两年来,出现了一些需要进一步思考和解决的问题。本文是笔者作为法院一线工作人员,在与聘用制审判辅助人员朝夕相处、工作磨合中引发思索,以期通过粗浅的分析,为聘用制审判辅助人员社会化购买制度的完善提出建议,以夯实司法审判事业的根基。

一、问题提出:社会化购买之困境

"政府向社会力量购买服务,就是通过发挥市场机制作用,把政府直接向社会公众提供的一部分公共服务事项,按照一定的方式和程序,交由具备条件的社会力量承担,并由政府根据服务数量和质量向其支付费用。"[③]《最高人民法院关于全面深化人民法院改革的意见——人民法院第四个五年改革纲要

① 参见《B市高级人民法院2018年工作报告》,载B市法院审判信息网:http://www.bjcourt.gov.cn/article/newsDetail.htm? NId=100002867&channel=100001012,最后访问日期:2019年5月1日。

② 参见邹碧华:《审判事务的分工与法官辅助人员的配置探讨》,载《法律适用》2002年第12期。

③ 参见《国务院办公厅关于政府向社会力量购买服务的指导意见》,载中华人民共和国中央人民政府网站:http://www.gov.cn/zwgk/2013-09/30/content_2498186.htm,最后访问日期:2019年5月1日。

(2014—2018)》中第 48 条指出,要拓宽审判辅助人员的来源渠道,探索以购买社会化服务的方式,优化审判辅助人员结构。《最高人民法院关于深化人民法院司法体制综合配套改革的意见——人民法院第五个五年改革纲要(2019—2023)》提出,充分利用市场化、社会化资源,探索实施审判辅助外包,健全人民法院购买社会化服务工作机制,完善审判辅助人员培养,建设专业化审判辅助人员队伍。聘用制审判辅助人员的社会化购买,即通过人民法院发布招聘公告,遵循公开、公平、竞争、择优的原则,与拟录用人员签订劳动合同,向其支付薪酬。自 2016 年聘用制审判辅助人员社会化购买制度运行以来,面临着一些现实困境亟待解决。

(一)困境之一:人员难招录

依据 2016 年《B 市法院关于招聘聘用制审判辅助人员的公告》显示,全市法院拟招聘 1458 人,其中市高院、各中级法院和城六区法院共招聘 1045 人。①而依据《B 市法院系统招聘聘用制审判辅助人员拟录用人员名单》统计,②市高院、各中级人民法院和城六区法院共录取了 650 人,总缺口比例达 38%。其中,DC 法院缺口比例 57% 高居榜首,YZ 法院缺口 56%,市高院缺口 42%。唯一完成招聘计划的是市 SZ2 中院,但其仅招聘了 5 人。作为案件大户的 CY、HD、DC、XC 法院,缺口比例都可圈可点(见表 1)。缺口比例之大,当然可能有很多原因,如法院可能宁缺毋滥,择优录取,但主要原因还是在于报名人数不足,侧面反映出聘用制审判辅助人员的职业保障在市场机制检验下尚不具有竞争力,不足以吸引足够的人才资源,市场招聘难度大。

表 1　市高院、各中级法院和城六区法院数据统计

序号	单位	公告招聘人数	公告录用人数	缺口比例
1	市高院	85	49	42%
2	市 YZ 中院	70	31	56%
3	市 EZ 中院	75	50	33%
4	市 SZ1 中院	5	5	0
5	市 SZ2 中院	28	21	25%

① 参见《B 市法院关于招聘聘用制审判辅助人员的公告》,载 B 市法院招录系统官方网站:http://sybzl.bjcourt.gov.cn/cac/ww315.html,最后访问日期:2019 年 5 月 1 日。

② 参见《B 市法院系统招聘聘用制审判辅助人员拟录用人员名单公示》,载 B 市法院招录系统官方网站:http://sybzl.bjcourt.gov.cn/cac/ww978.html,最后访问日期:2019 年 5 月 1 日。

续表

序号	单位	公告招聘人数	公告录用人数	缺口比例
6	ZC 法院	29	28	3%
7	DC 法院	92	40	57%
8	XC 法院	165	91	45%
9	CY 法院	150	113	25%
10	HD 法院	218	132	39%
11	FT 法院	88	54	39%
12	SJS 法院	40	36	10%
	合计	1045	650	38%

（二）困境之二：人员留不住

聘用制审判辅助人员虽然从 2016 年开始招录，但人员流失情况已经有不同程度的显现。据统计，市 YZ 院 2016 年招录的 31 人，试用期届满后在职 27 人，人员流失 4 人，流失率 13%。市 FS 法院 2016 年实际招录 55 人，辞职 11 人，流失率 20%。其他法院虽然数据暂无法获取，但聘用制审判辅助人员流失现象绝不是个案，而是普遍存在的现象，需要高度重视（见表 2）。

表 2　聘用制审判辅助人员样本案例展示

案例一	C 某某，北京人，市 Y 院聘用制审判辅助人员，北京某高校本科毕业，法学专业，2017 年 7 月入职，尚未通过司法考试。表示工作很有荣誉感，但工作压力大，天天做一些重复性、事务性的工作感到迷茫，未来规划尚不清晰。目前仍在坚守
案例二	Y 某某，山东人，市 Y 院聘用制审判辅助人员，山东某高校本科毕业，非法学专业，2016 年 7 月入职，2017 年通过国家司法考试，2017 年报考北京某高校全日制研究生几分之差未能录取。表示很热爱法院工作，但考虑到工资低、没户口、压力大，未来规划为先考研深造，再考公务员等。目前已经离职
案例三	W 某某，东北人，市 Y 院聘用制审判辅助人员，北京某高校研究生毕业，民商法学专业，2017 年 7 月入职，通过国家司法考试。表示很热爱法院工作，但所学专业与业务部门不符，考虑到职业前景及生活压力，未来规划为做律师或公司法务。目前仍在坚守

二、原因分析：职业缺少吸引力与成长性

聘用制审判辅助人员招录难、留人难，主要原因可归结为职业吸引力、凝聚力不强，即职业保障在市场机制检验下缺乏竞争力，培养模式在人才成长中缺乏规划性，职业前景在个人发展上尚不明朗。

(一)职业保障在市场机制下缺乏竞争力

依据《B 市法院关于招聘聘用制审判辅助人员的公告》载明,基本的招聘要求为“具有良好的政治素质,遵纪守法;全日制大学本科及以上学历、法律专业为主;同等条件下有一年以上相关法律工作经验的人员优先考虑;年满二十周岁,原则上不超过三十五周岁;城镇户口,B 市户籍优先;身体健康,具有正常履行职责的身体条件”。硬性条件主要为:全日制大学本科及以上学历(至于特别优秀的可放宽至大学专科学历,基本可以忽略不计)。而开出的工资待遇为:试用期内,每月工资 4500 元(含五险一金费用);转正定级后,根据聘用年限和工作业绩考核结果,分为 5000 元、5500 元、6000 元三个级别(均含五险一金费用)。而通过对 B 市 Y 法院聘用制审判辅助人员的了解,其工资转正前应发 3000 元,扣除五险一金后实发 2225 元;转正后应发 3400 元,扣除五险一金后实发 2617 元。即便如公告所称,工资在 5000 元到 6000 元,考虑到 B 市 2016 年平均工资为 7706 元[①],法院系统招聘的聘用制审判辅助人员的工资还远未到平均工资。再考虑到招聘要求的全日制大学本科及以上学历、法律专业为主等条件,可以说聘用制审判辅助人员的职业保障在市场机制检验下是缺乏竞争力的,至少是缺乏足够竞争力的。2018 年,B 市对聘用制审判辅助人员的工资予以调整,含五险一金试用期内月工资为 6300 元左右,转正定级后根据月度、年度考评结果有一定增加,但总体来看,增幅不大,仍缺乏足够的市场竞争力。

(二)培养模式在司法实践中缺乏规划性

《B 市法院关于招聘聘用制审判辅助人员的公告》载明,聘用制审判辅助人员的岗位职责主要为协助法官从事庭前准备、案件审理过程中程序性、事务性辅助工作,以及法官交办的其他审判辅助性工作。依据《B 市法院聘用制审判辅助人员管理暂行办法》,聘用制审判辅助人员要在法官的指导下从事庭前准备、庭审记录、送达文书、整理案卷、整理案件争议焦点、协助法官调查取证等,既有程序性事务,也有法律性事务。具体工作中,由于各法院,同一法院不同部门具体情况不同,导致聘用制审判辅助人员的使用和培养缺乏系统规划。以 B 市 YZ 法院为例,有的庭室将聘用制审判辅助人员等同于书记员使用,主要承担庭审记录、文书送达、整卷归档等工作;有的庭室将将聘用制审判辅助人员等同于行政编制的法官助理使用,主要承担证据交换、草拟文书、调查取证等法律性事务工作。不同聘用制审判辅助人员从事不同日常工作区分的主要依据并非

① 参见《B 市人力资源和社会保障局 B 市统计局关于公布 2016 年 B 市职工平均工资的通知》,载 B 市人力资源和社会保障局网站,最后访问日期:2019 年 5 月 1 日。

个人能力、教育背景等因素，而主要是"人员需求"，可以形象地表述为"聘用制审判辅助人员是革命的一块砖，哪里需要哪里搬"。当然，这种因地制宜的灵活使用方式很大程度是适应具体不同部门人员配比、案件状态等具体情况的。但必须指出的是，这种培养模式必然在某种程度上导致培养粗放，缺乏规划性和前瞻性，不利于聘用制审判辅助人员的个人成长，且容易造成同样是聘用制审判辅助人员但由于工作内容不同带来的心理失衡和落差，最终从长远来看不利于聘用制审判辅助人员的队伍稳定，影响审判工作的稳定开展（见图1）。

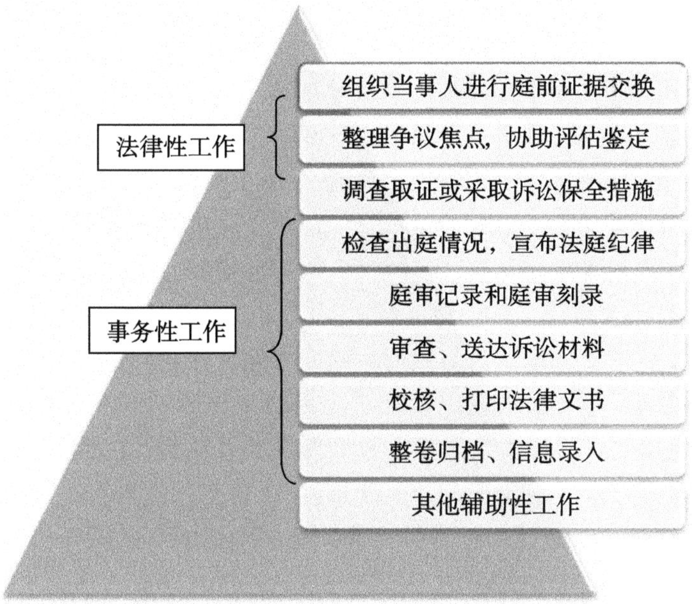

图1　聘用制审判辅助人员职责清单

（三）职业前景在个人发展上尚不明朗

《B市法院关于招聘聘用制审判辅助人员的公告》载明的各法院与聘用人员直接签订固定期限劳动合同，初次签订劳动合同期限为7年（含试用期）。固定合同期限届满，经考核优秀，可以签订无固定期限劳动合同。依据《B市法院聘用制审判辅助人员管理暂行办法》第16条规定，聘用制审判辅助人员实行分级管理。根据聘用制审判辅助人员的工作表现、业务能力和速录技能，共分三级九档。第18条规定，固定期限合同期满，经考核优秀，可以签订无固定期限劳动合同。签订无固定期限合同的聘用制审判辅助人员的数量不超过本院聘用制审判辅助人员员额额度的1/2。

目前从政策上看，在法院系统内部为聘用制审判辅助人员提供的职业前景主要为转无固定期限劳动合同,但至少为7年之后。由于聘用制审判辅助人员不具有“司法公务员”的身份,成长为法官的概率基本没有。成为事业编的可能性受限于编制限额,可能性及转任比例也极小。职业前景的不明朗,必然导致聘用制审判辅助人员处于“不安”状态,人员流失也就顺理成章了。

三、困境突破:一体两翼的机制构建

要实现聘用制审判辅助人员的困境突破,笔者建议采用“一体两翼”的机制构建,即以统筹服务人的成长成才为体,以提供具有竞争力的薪酬保障和充分预期的体制内外良好职业前景为两翼。

(一)一体:以统筹服务人的成长成才为体

任何制度的设置,都有一个目的和价值倾向。可以说,目前运作的聘用制审判辅助人员社会化购买制度,主要考虑的是在当前案件数量不断增多,审判人员日趋紧张、压力日益增大的情况下,缓解法院系统案件积压的问题。易言之,是如何把任务消解、工作完成,而较少统筹考虑到个人的成长成才问题。因此,某种程度上,人不再是司法事业的主体,而是完成任务的工具。笔者认为,司法事业、公平正义是靠一个个活生生的人来完成的,要把人才资源的服务、培养放在重中之重,与司法事业统筹推进。完成工作,履行职能本就是应有之义无可厚非,但也要在价值取向上将个人的发展一并统筹,才能相得益彰,形成良性循环,保证司法事业基业长青。也就是说,要在思想上真正关心,爱护聘用制审判辅助人员的成长成才。把他们当作司法事业的重要组成部分要顶层设计、统筹协调,而不是仅仅是为司法工作的承担者、琐碎事务的执行者。要把他们当作司法事业的主体来看待,促进其与司法事业同命运、共荣辱(见图2)。

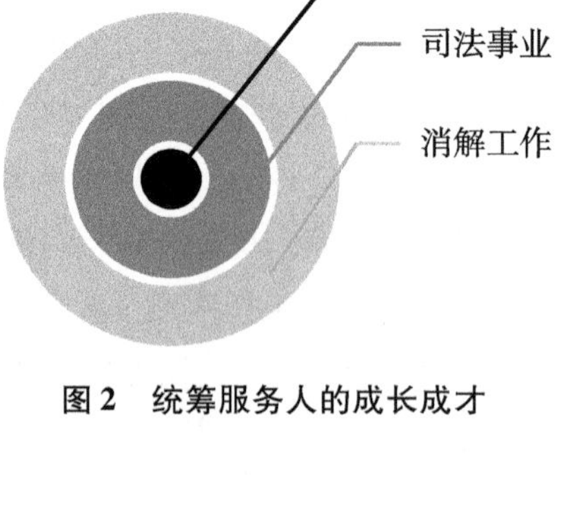

图2　统筹服务人的成长成才

（二）两翼之一：具有竞争力的薪酬保障

对于绝大多数普通人来讲，工作的首要意义是有一份养家糊口的收入。一份具有竞争力的薪酬，可以让员工的价值得到认可，增加员工对组织的认同感和归属感，使员工的自身发展与组织的发展统一起来，为实现良性共赢打下基础。相反，一份不具有市场竞争力的薪酬，会使得员工的工作积极性降低，对组织的认同减少，客观上必然导致人员流动加大，不利于一个组织的长远发展。人力资源管理理论认为，薪酬激励制度的功能和价值有五个方面：一是激励功能，员工的薪酬不仅是维持物质生活的必备条件，也是员工自身价值的体现，不仅是金钱问题，更隐含着员工的工作动机和成就动机。二是补偿功能，是组织对员工所投入时间和心血通过报酬形式予以慰藉的途径。三是调解功能，有助于实现劳动力的合理流动，同时激励劳动者不断加强自我学习，促进自身全面发展和成长。四是驱动功能，可以促进员工激发自身潜能，实现自身价值或创造出更多价值。五是对组织发展的支持和导向功能，是企业提高人力资源管理的重要手段。[①] 考虑到司法事业是社会公平正义最后一道防线的重要意义，考虑到司法工作的严谨以及聘用制审判辅助人员从事的繁重工作，为吸引人才、稳定人才、留住人才，必须要提供具有市场竞争力的薪酬保障。当然，具有市场竞争力的薪酬使一个模糊的概念，笔者认为，应当至少不低于一个地区的平均工资水平。考虑到B市2016年平均工资为7706元，聘用制审判辅助人员的工资水平应当以此为坐标，与此相适应，才能真正实现能够吸引人。当然，受制于财政预算、政策支持力度、政府各部门统筹协调等原因，提供具有竞争力的薪酬保障必然是一个长期的争取过程。

（三）两翼之二：充分预期的体制内外良好职业前景

如果说提供具有竞争力的薪酬保障是法院系统单兵突进难以企及的，那么提供充分预期的良好职业前景则可以大有作为。笔者认为，聘用制审判辅助人员的职业前景可从以下两方面进行一并规划：

1. 畅通内部晋升机制。在法院系统内部畅通聘用制审判辅助人员的成长机制，让优秀的、有意愿的聘用制审判辅助人员尽早实现从固定期限劳动合同向无固定期限劳动合同，甚至到事业编人员的身份转变，在法院系统内部实现稳定预期的职业前景，激发其工作积极性。由于聘用制审判辅助人员是新生事物，如何晋升仍需进一步探索。目前较为成熟的为聘用制书记员先转无固定期

① 参见赵燕娜、梁英：《薪酬激励在企业人力资源管理中的价值》，载《今日财富（中国知识产权）》2018年第5期。

限劳动合同[①],再转事业编,但总体竞争非常大。当前情况下 B 市转无固定期限劳动合同需要干满两个 7 年,然后进行考试择优录取,转事业编因名额控制问题更是困难。鉴于聘用制审判辅助人员的学历、能力要求比聘用制书记员要高得多,在聘用制审判辅助人员转无固定期限、转事业编方面,程序上可以借鉴现有的经验,在条件要求要大幅度放宽,真正打破聘用制审判辅助人员的职业"天花板",让聘用制审判辅助人员事业发展有奔头。

2. 服务外部成长。困于编制、政策等因素,内部晋升只能解决一部分聘用制审判辅助人员的职业发展问题,更广阔的舞台应当是流向市场,走向社会,成长为法律人才,行业精英。国外已经有较为成熟的经验可供借鉴。英美法系国家一般是将聘用的法官助理视为锤炼法律职业精英的平台,大部分助理经过短期训练后,流转到体制外从事诸如律师等法律职业,故该职位真正吸引人的地方不在于待遇,而在于广阔的职业前景。[②] 在美国,"法律学徒"式的法官助理是"法律人一份极为光鲜的从业履历,做过最高法院的法官助理,将成为应聘高端政府工作的佼佼者、各个律所疯狂争抢的对象;法科毕业生申请到法官助理的数量是法学院排名的重要标志之一"。[③]

各项司法制度之间相互牵连、相互对应,因而司法体制改革是一项内容丰富、体系庞大的工程,如果针对个别制度进行修缮,而其他制度却不给予呼应,那么改革就会遭遇较大的阻碍。[④] 要想真正实现将聘用制审判辅助人员的身份视为下一目标的"成长阶梯",需要一系列的配套措施改革。最基本的就是培养模式的改变,要在聘用制审判辅助人员的培养上下功夫。具体来讲,首先,要结合招录人员的特点进行有针对性的岗前培养,帮助其尽快实现角色转变;其次,要以法官为导师进行岗位培养,要让聘用制审判辅助人员最大限度地参与到案件的审理中来,参与到法官承办案件的全过程中来,以法官的高标准严要求,打造业务技能扎实的聘用制审判辅助人员队伍。对于有志于

---

① 《劳动合同法》第 14 条规定:"无固定期限劳动合同,是指用人单位与劳动者约定无确定终止时间的劳动合同。用人单位与劳动者协商一致,可以订立无固定期限劳动合同。有下列情形之一,劳动者提出或者同意续订、订立劳动合同的,除劳动者提出订立固定期限劳动合同外,应当订立无固定期限劳动合同:(一)劳动者在该用人单位连续工作满十年的;(二)用人单位初次实行劳动合同制度或者国有企业改制重新订立劳动合同时,劳动者在该用人单位连续工作满十年且距法定退休年龄不足十年的;(三)连续订立二次固定期限劳动合同,且劳动者没有本法第三十九条和第四十条第一项、第二项规定的情形,续订劳动合同的。"

② 参见刘斌:《从法官"离职"现象看法官员额制改革的制度逻辑》,载《法学》2015 年第 10 期。

③ 陆晓燕、张琨:《论我国"法律学徒"式法官助理制度的构建——以法官精英化的实现为视角》,载《中国应用法学》2017 年第 5 期。

④ 参见吴思远:《法官助理制度:经验教训与难题突破》,载《法律适用》2016 年第 9 期。

外部成长为法律业人才的聘用制审判辅助人员来说，书记员工作作用不大，因此要制度设计要尽可能地缩短书记员工作期限，如从事书记员工作1~2年，上手即可，然后尽快向法律事务性助理转变。此外，还要进一步畅通法律职业共同体的旋转门，通过进一步改革律师行业准入门槛，让具备一定年限资历的聘用制审判辅助人员可以直接取得律师执业的资格，并考虑进一步放宽回避门槛。

具体到聘用制审判辅助人员的能力构建，应当以其主持“庭前会议”常态化机制为抓手。《最高人民法院关于适用〈中华人民共和国民事诉讼法〉的解释》（以下简称《民诉法解释》）第224条①、第225条②明确规定了庭前会议制度，将庭前会议的主要确定为：明确原告诉讼请求及答辩意见；调查收集证据，委托鉴定，进行勘验，进行证据保全；组织交换证据；归纳争议焦点；进行调解。由此可见，“庭前会议”的内容是正式庭审前的准备阶段，对于提高诉讼效率，节约司法资源具有重要意义，同时对组织者的业务能力提出了非常高的要求。因此，将“庭前会议”这一制度作为主要抓手，辅以草拟文书等事项，可以实现聘用制审判辅助人员专业能力的构建和打磨。现有成功实践经验也可以印证。据媒体报道，佛山市中级人民法院通过法官助理主导庭前会议机制，为法官助理划出“一片天”，变被动为主动，在责任和压力中成长。同时，调撤率、案件审判质效等指标明显提升，真正实现了法官和法官助理各司其事（见图3）。③

---

① 《诉讼法解释》第224条规定：“依照民事诉讼法第一百三十三条第四项规定，人民法院可以在答辩期届满后，通过组织证据交换、召集庭前会议等方式，作好审理前的准备。”

② 《诉讼法解释》第225条规定：“根据案件具体情况，庭前会议可以包括下列内容：（一）明确原告的诉讼请求和被告的答辩意见；（二）审查处理当事人增加、变更诉讼请求的申请和提出的反诉，以及第三人提出的与本案有关的诉讼请求；（三）根据当事人的申请决定调查收集证据，委托鉴定，要求当事人提供证据，进行勘验，进行证据保全；（四）组织交换证据；（五）归纳争议焦点；（六）进行调解。”

③ 据报道，2018年1~8月，佛山市中级人民法院民四庭结案1255件，其中调解撤诉案件536件，调撤率达42.71%，比2017年同期的29.83%提高了12.88个百分点。而当中由法官助理通过庭前会议直接调解撤诉的案件达271件，占一半以上。而且，为了独立主持庭前会议，主动查阅案卷、分析案情已成为法官助理工作的常态。该庭的法官助理也深刻感受到，“不主动对案情花时间钻研，花心思考虑，是万万不能胜任庭前会议主持这份工作的”。参见《佛山中院创新法官助理机制，案件调撤率同比提高12.88%》，载腾讯网：https://new.qq.com/omn/20180918/20180918A21QCV00，最后访问日期：2019年6月1日。

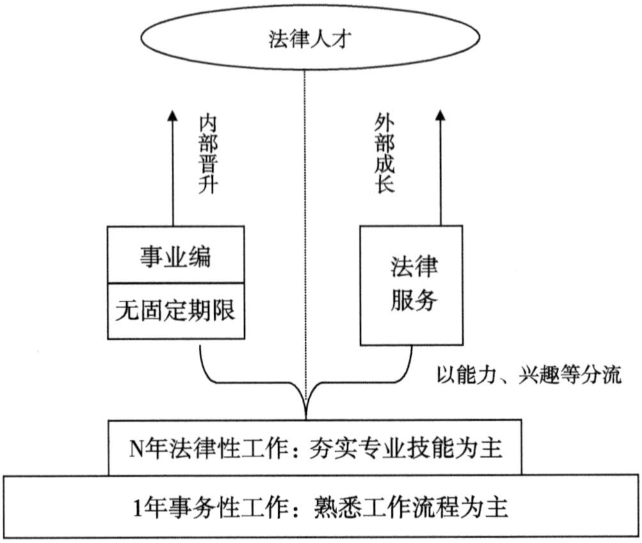

图3　聘用制审判人员成长图谱

结　语

可以预期,未来很长一段时间内,法院系统案件压力会只增不减。从现有的审判团队构建来看,聘用制审判辅助人员是承上启下的重要一环,是司法事业基础工作的承担者,他们能否发挥应有作用是员额法官能否专注于审判业务的关键,是司法改革工作能否取得实效的关键。经过1年多的辛苦培养,B市法院系统已经初步具有了一批实践经验丰富、理论功底扎实的聘用制书审判辅助人员队伍,是不可多得的后备人才。应当以统筹服务人的成长成才为体,以提供具有竞争力的薪酬保障和充分预期的体制内外良好职业前景为两翼,推动培养模式从"司法民工型"向"司法技能型"转变,构建事业推进和人才培养的良性循环,为司法改革的持续、深入推进筑牢根基。

从“司法民工”到“司法主体”

——法官考核的指标体系研究

陈 震 赵 松*

【论文提要】

《人民法院第五个五年改革纲要(2019—2013)》(以下简称“五五改革纲要”)指出,要清理取消不合理、不必要的考评指标,切实为基层减负、为干警减压。但现行的法官考核指标体系与法官职业特点、审判权运行规律不相适应,亟须重构。文章以全国具有代表性10家高院、中院、基层法院的法官考核指标体系为分析样本,在总结两种法官考核指标体系的基础上,发现目前法院的指标体系设计非常混乱,普遍存在指标数量过多过细、指标设置无序且背离审判规律、指标导向行政化明显等现实困境,并对产生问题的原因进行了深入探析。

为突破目前法官考核指标体系在促进法官管理方面的局限性,文章以管理学中的企业绩效管理体系为抓手,通过分析引入KPI考核法和360度考核法相较于目前指标体系的优势,论述了将绩效管理理论运用于法官考核指标体系构建的正当性。

对策建议部分,文章以“法官司法主体地位”为视角建立以“KPI+360”为模型的法官考核指标体系,实现绩效管理理论与法官考核指标体系的理性融合。其一,坚持问题导向,确定客观业绩指标与主观评估指标相结合、关键指标筛选和指标数量精简相结合、360度考核评估与科学指标导向相结合三个基本原则。其二,建立以“KPI+360”为模型的法官考核指标体系,将法官考核的指标分为客观业绩和主观评价两部分。其三,建立以KPI为主导的考核指标确定体系:通过KPI考核法中的SMART原则,筛选出司法规范度指标、办案质量指标、办案效率指标、办案工作量指标、办案效果指标五大指标。其四,建立以360

---

* 陈震,北京市第一中级人民法院干部处干部;赵松,北京市第一中级人民法院团河法庭四级调研员。

度考核法为主导的考核指标评估体系:通过 360 度考核法,赋予不同考核主体的考核权限,构建主管院领导、庭领导评估、本庭室法官评估、律师、案件当事人评估、法官助理、书记员评估和法官自我评估五位一体的 360 度法官考核评估体系。

【主要创新观点】

1. 以管理学中的“绩效考核管理体系”为研究视角,建立以“KPI + 360”为模型的法官考核指标体系:论证了企业绩效管理理论能给法官考核指标体系的构建提供很好的经验,能有效解决法官考核指标体系的运行困境。通过建立以“KPI + 360”为模型的法官考核指标体系,将法官考核的指标分为主观评价和客观业绩两部分,促进法官考核指标体系的科学化,引导法官将全部精力投身于审判本职工作中,实现社会的公平正义。

2. 建立以 KPI 为主导的考核指标确定体系:通过 KPI 考核法中的 SMART 原则,筛选出司法规范度指标、办案质量指标、办案效率指标、办案工作量指标、办案效果指标五大指标。其中,司法规范度指标包括审判活动合法性和庭审驾驭能力;办案质量指标包括裁判文书和案件评查;办案效率指标包括法定审限内结案率和长期未结案数;办案工作量指标参考北京、上海等地的权重系数计算;办案效果指标主要考核有无出现因法官自身原因导致当事人上访闹访、矛盾激化、群体性事件及其他恶性事件。

3. 建立以 360 度考核法为主导的考核指标评估体系:通过 360 度考核法,赋予不同考核主体的考核权限,构建主管院领导、庭领导评估、本庭室法官评估、律师、案件当事人评估、法官助理、书记员评估和法官自我评估五位一体的 360 度法官考核评估体系。

引　言

建立符合审判权运行规律和法官职业特点的法官考核指标体系,是推进法官革命化、正规化、专业化、职业化建设的必然要求,更是完善法官单独职务序列和全面落实司法责任制的现实需要。遗憾的是,现在各地法院运行的法官考核指标体系依然陈旧,显然无法与司法改革的新要求相适应。中共中央办公厅在《关于解决形式主义突出问题为基层减负的通知》中明确提出将 2019 年作为“基层减负年”,着力解决督查检查考核过多过频、过度留痕的问题。最高人民法院在“五五改革纲要”中也明确指出,清理取消不合理、不必要的考评指标,切实为基层减负、为干警减压。当下的法官指标体系是如何设计的?实践中存在什么问题?如何解决这些问题?为了充分体现数据的真实性和可靠性,本文选取了全国具有代表性的10家法院作为样本①,分布高院、中院、基层法院三个层级,在深入剖析现状、分析原因、借鉴管理学绩效管理经验的基础上,有针对性地提出符合法官职业特点的考核指标体系。

一、现状考察:样本法院法官考核指标体系构建的两种模式

(一)以审判业绩为核心的考核指标体系构建模式

1. 考核内容

以B市高院为代表的6家法院以法官的办案数量、办案质量、办案效率、办案效果为核心指标,以重点工作和突出业绩为附加指标,采取案件类型化评价方法,引入权重系数对案件难易程度进行折算。

2. 指标设置

考核指标分为基础指标和附加指标,其中基础指标下设数量、质量、效率、效果四项指标。附加指标下设重点工作指标和突出业绩指标。另外,根据不同类别案件的难易程度,制定6大类198个系数标准和7项36个系数标准(见表1)。②

表1　考核指标设置一

<table>
<tr><td rowspan="13">考核指标</td><td rowspan="13">基础指标</td><td rowspan="4">数量指标</td><td>审理案件工作量</td></tr>
<tr><td>审委会讨论案件工作量</td></tr>
<tr><td>法官会议讨论案件工作量</td></tr>
<tr><td>案件评查工作量</td></tr>
<tr><td rowspan="3">质量指标</td><td>发回改判指标</td></tr>
<tr><td>案件评查指标</td></tr>
<tr><td>执行质量指标</td></tr>
<tr><td rowspan="3">效率指标</td><td>审理期限指标</td></tr>
<tr><td>流程节点指标</td></tr>
<tr><td>执行效率指标</td></tr>
<tr><td rowspan="3">效果指标</td><td>规范化指标</td></tr>
<tr><td>司法公开指标</td></tr>
<tr><td>重大敏感案件处置指标</td></tr>
</table>

① 笔者通过中国知识资源总库(CNKI)、万方数据库等期刊数据库及人民法院报、法制日报等官网,以"法官""绩效考核""指标体系"等为关键词检索,从中选出在全国范围内开展法官考核工作处于领先地位的4家高级法院、4家中级法院、2家基层法院作为样本。

② 本章中引用的数据均为数据库或网站中的宣传、报道的公开数据,可能存在一定数据误差。

续表

考核指标	附加指标	重点工作指标	裁判文书上网指标
			均衡结案指标
		突出业绩指标	文书质量指标
			表彰奖励指标

3. 模式特点

利用现代信息化技术,开发研制了绩效考核信息管理系统,利用大数据分析技术,对法院法官考核内容、指标及权重系数进行统计、分析、比对,有效提高法院绩效考核数据的准确率和客观性。

(二)审判业绩和主观评价相结合的考核指标体系构建模式

1. 考核内容

以C市高院为代表的4家法院对法官从办案数量、办案质量与效果、办案效率、审判团队运行评等方面内容进行考核,设置了底线办案量标准。考核方法上以主观定性和客观定量相结合,以工作实绩等客观评价为主,辅以部门内民主测评等主观评价。

2. 指标设置

法官考核从共同评价、工作业绩和定性测评三个方面设置考核指标,主要采用扣分制,包括工作实绩、职业道德、履职能力、纪律作风、司法廉洁等方面(见表2)。

表2　考核指标设置二

考核指标	客观定量	办案数量	结案数(达标)
		办案效率	结案率、结收比、法定审限内结案率、长期未结案件、结案均衡度、延审案件比例等
		办案质量	一审判决发改率、差错案件数、裁判文书获奖数等
		办案效果	裁判文书上网率、涉诉信访率、一审服判息诉率、调撤率等
	主观定性	德、能、勤、廉	

3. 模式特点

引入内部多元化评价机制,对法官和其他类别人员通过不同层级、不同部门间人员的互评,来评价法官和其他类别人员的德、能、勤、绩、廉等各方面。

二、实践困境:样本法院法官业绩考核指标的实证分析和原因探析

(一)样本法院法官业绩考核指标的实证分析

笔者选择的10家法院,均为全国法官业绩考核工作的"领跑者"和"排头兵",并在各自区域内积累了丰富的经验。通过对上述法院相关资料的整理分析,笔者总结出以下几大问题:

1. 指标数量"精细化"

本文选取的10家法院的国内法官业绩考核工作走在全国前列,既有信息化程度较高的法院,也有信息化程度较低、以传统考核模式为主的法院,既有对法官的绩效考核设置了比较详细的内容和指标的法院,也有对考核内容和指标设置较为简单的法院。但不难发现的是,考核指标的数量都非常多,少则15个,多则55个(见图1)。

在当前案件数量逐年递增的现实背景下,大多数法官对众多的考核指标疲于应对,无形中增加了法官的办案压力。有的法官为了业绩考核取得高分,主动迎合不同的考核指标的要求,影响了司法裁判行为的公正性和独立性,成为名副其实的"指标型法官"。

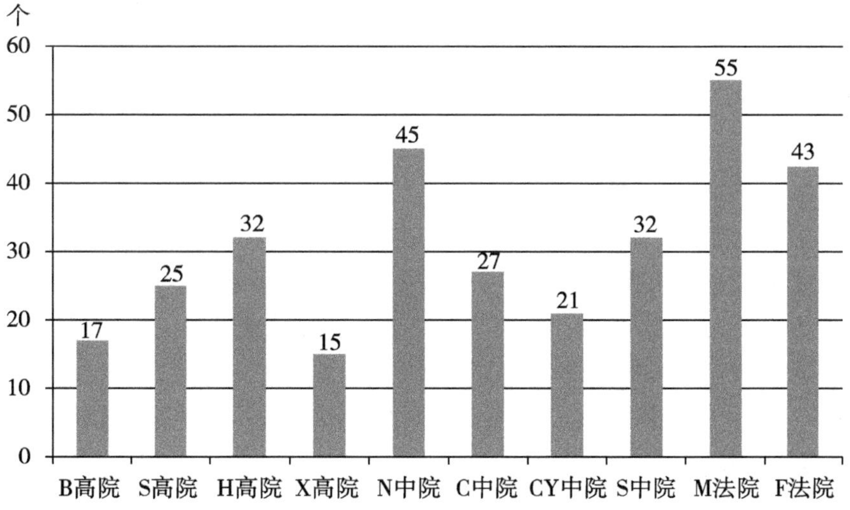

图1 样本法院考核指标数量

2. 指标设置"无序化"

在"以审判为中心"的背景下,法院的主责主业是维护社会司法公正,努力让人民群众在每一个司法案件中感受到公平正义。法官的主责主业是司法为民、公正裁判。但现在的法官考核指标设置呈现出"无序化"的问题,一些指标

的设置并未体现出法官的职业特点和审判权运行规律,一些不合理的指标仍然存在,某些指标的存在甚至直接影响到了法官的司法行为。

通过对 100 名员额法官的调查问卷进行统计发现,饱受诟病的前三位考核指标分别是结案率、调撤率、发改率,其中,认为结案率指标不合理的有 79 人,调撤率指标不合理的有 66 人,发改率指标不合理的有 61 人。(见图 2)此外,上诉率、结案均衡度、1/2 审限内结案率等考核指标也被一定数量的法官认为不合理。调查问卷的背后是考核指标的无序化设置,从某种意义上来说,阻碍了法官审判质效的提升,影响甚至左右了法官的审判行为。

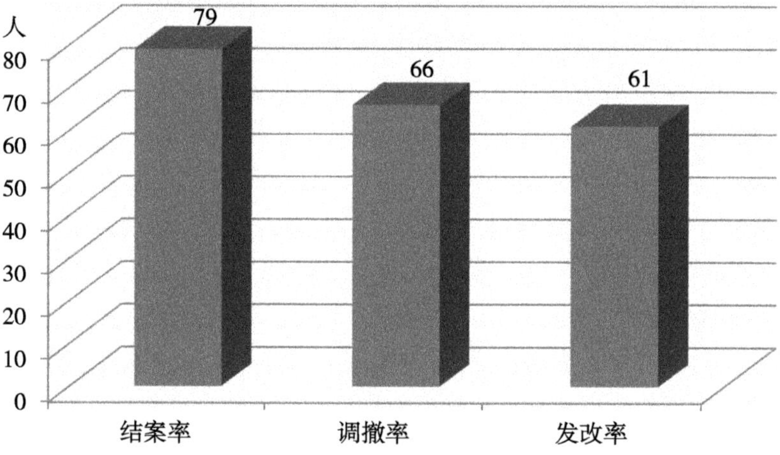

图 2　调查问卷中法官觉得最不合理的指标前三位

3. 指标导向“行政化”

样本法院中,近 3/4 的法院将上级法院考核下级法院的绩效考核指标直接作为考核法官业绩的具体指标。法院的绩效考核结果是法院的成绩,法院的成绩往往决定了法院领导的成绩,而法官的绩效考核成绩往往影响着法院的绩效考核结果和排名。但法官的工作具有特殊性,需要较高的法律素养和专业素养,法官的行为具有隐秘性和慎思性,因此法官的工作不能用一般的计件式考核指标简单进行考核和评估。①

在目前“行政化”的考核导向下,法官考核的指标完全服务于法院绩效,法官出于院庭长管理压力和个人相关利益的考虑,往往将完成考核指标作为审判工作的头等追求目标,甚至将指标高低与审判工作深度结合。法官为了追求结案数、结案率而牺牲办案质量和效果,甚至出现为了追求年底结案率而动员当

① 杨万明主编:《新时代中国特色司法审判的理论与实践》,人民法院出版社 2018 年版,第 6 页。

事人撤诉的现象。为了降低上诉率，法官在量刑时尽量轻判，以降低被告人上诉的可能性。为了降低发改率，口头向上级法院请示汇报。法官在办案过程中，不能专注于公正审判，而是关注如何达到审判指标，提高考核分数。法官过度追求考核分数，甚至出现“刷数据”的行为，使得法官考核的结果严重“注水”。通过对B省某法院的法官进行访谈可知，考核导向“行政化”的问题已经影响法官的行为。

B省某法院员额法官访谈内容节选

法官A：现有的考核导向“行政化”明显，考核模式过于注重指标，不能完全体现出法官的工作。能力超强的法官往往被安排审理疑难复杂的案件，审理的难度越大，审理的时间越长，上诉率越高，发改的概率越大，最终的结果是能力越强的法官的考核分数大大低于审理简单案件的法官。而法官的考核分数往往与法官的奖金分配挂钩，影响了法官的现实利益，极大地挫伤了法官的积极性。

法官B：现有的考核指标是为了满足上级法院的考核要求而设定的，为了完成考核指标，院庭长在案件管理上会给法官额外增加压力，让法官在处理案件时会考虑考核指标的要求，案件的精细化程度被一定程度地牺牲了。

（二）导致样本法院法官业绩考核指标现状的原因探析

从上述实证分析的经验来看，现有的法官考核指标体系不能满足司法改革背景下法官的革命化、正规化、专业化、职业化建设要求，无法体现法官的司法主体地位，样本外的大多数法院面对法官绩效考核中出现的问题更是疑虑重重，往往采取消极的回避或者视而不见的态度。笔者认为，造成上述现状的原因如下：

1. 缺乏统一的制度规范体系导致“指标数量众多”。司法改革以来，各级人民法院在法官考核改革方面进行了很多有益的探索，但是由于缺乏最高人民法院层面的制度规范指引，法院在考核指标的数量上陷入越设越多的尴尬境地。虽然部分法院在法官考核中所作出的探索和创新被证明可以在一定程度上提升审判质效，但却无法真正实现法官考核的真正公平，更无法消弭其他法院对指标设置合理性、案件权重系数科学性、考核模式的普适性的担忧，对过多的考核指标项目无所适从，对考核信息系统建设的不自信以及对考核导向指挥棒作用发挥得不明确，影响了法官考核的改革力度。

2. 缺乏科学的指标管理体系导致“指标设置无序”。相对于公务员考核体系的稳定性，法官考核指标的复杂性、指标设置的不确定性和指标种类的多样性使得法官指标管理体系一直处于调整变化中,充满不稳定性。而法官考核指标体系的独特性质,决定了一旦指标管理体系出现问题,指标设置出现无序化,将会对法官的司法行为产生重大影响,直接影响到人民群众的合法权益,法院将是责任的最终承担者,并对司法公信力造成不良影响。当前的法官考核指标体系缺乏科学系统的指标设置标准和完整的指标管理体系,指标的设置随意性太强,稳定性不足,法院管理层不知如何结合自身的管理能力和现代化的考核信息系统,去充分构建科学合理的指标管理体系,以真正实现法官考核科学公正和法院审判质效稳步提升之间的合理平衡。

3. 缺乏科学的指标评估体系导致“指标导向偏差”。10 家样本法院的考核经验均未被最高人民法院宣传推广,考核指标体系改革的质量、效果、当事人满意度等尚未进行科学、中立、合理的评估和调查,无法对法官考核改革进行客观全面的评价。从现有的情况来看,样本法院在法官考核指标体系的构建以及考核模式的选择上差异太大,且均缺乏正确的指标评估体系的指导,相关的配套制度体系还处于试运行阶段,考核模式呈现出重数据轻评价的特征,法院对考核的指标设置、运行模式、考核方法在内的运行框架缺乏深入研究,考核的指标导向行政化明显。指标设置的初衷是为了完成上级法院的指标任务,取得高分数、高排名,满足领导的政绩需求,这都是因为缺乏科学合理的指标评估体系。

三、他山之石:“绩效考核管理体系”的引入及其在法官考核指标体系重塑中的作用

(一)绩效考核管理体系的引入

克服当前法官考核指标体系的流弊,需要合适的理论工具的指引。目前的法官考核指标主要来源于《最高人民法院关于开展案件质量评估工作的指导意见(试行)》,考核模式结合了管理学上的绩效考核的方法,仅仅通过完成指标的多少和数字化的分值来判断法官审判质效的高低,并不涉及对法官进行全方位、广维度的综合考核,存在一定的局限性和不科学性,未能真正反映法官的审判业绩和综合素养。笔者认为,法官考核指标体系的构建可以借鉴管理学中关于企业绩效考核管理的相关理论。

1. KPI 考核法。KPI 考核法(Key Performance Indication)又称关键绩效指标法,是指通过细化分解战略目标而形成的具有可操作性、可行性的绩效考核指标体系。其思路符合一个重要的管理学原理——“二八原理”,即在一个企业的价值创造过程中,20% 的骨干人员创造企业 80% 的价值,80% 的工作任务是

由20%的关键行为完成的。[①] 找准法官考核的关键指标要素的前提是对法官这个职业进行精准的分析和判断，这就要遵循KPI指标设计的"SMART"原则。

"SMART"原则，即KPI指标的设定应该是具体的(specific)，主要指将目标细化，并可随情境进行改变；可衡量的(measurable)，指目标可度量化或行为化；可实现的(attainable)、现实的(realistic)，指目标结果可观察或证明，这是指所指定的目标不高也不低，并在适度的期限内可实现；有时限的(time)，提示制定者要关注效率。[②]

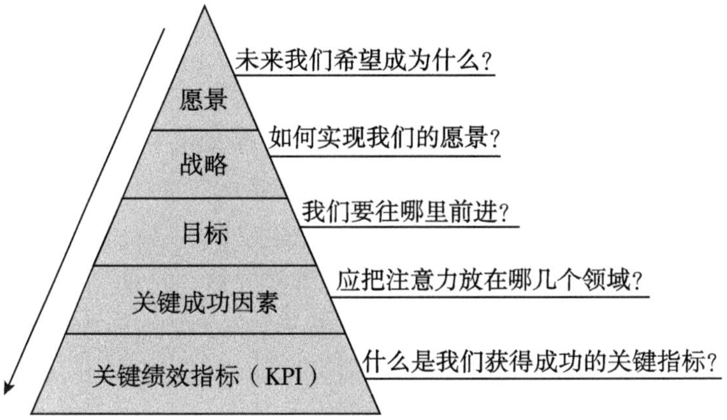

图3　KPI指标设计思路

2.360度考核法。360度考核法即全视角考核法，即在组织内部，熟悉被考核者的管理者、同事、客户等对被考核者的业绩、态度、行为、能力进行客观准确的评价与反馈，从而使被考核者得到自我完善与自我提升。360度绩效考核法有助于实现对法官的全方位评估，更加精确地考核法官的工作业绩。[③]

区别于一般的民主测评和领导评价，360度考核法可以充分调动各方的积极性，督促法官积极履职作为，不断提升审判质效和履职能力，最终走向精英式法官道路。对考核者来说，手中的考核权利可以让他们充分发挥主观能动性和监督职能，帮助法官不断纠正自己的缺点，强化自己的优点，让各方主体在考核过程中凝心聚力，不断提升司法公信力，彰显司法权威。

① 参见高丹蕾:《DJ公司绩效考核管理体系优化设计研究》，吉林大学2017年博士学位论文。
② 林新奇:《绩效管理》，东北财经大学出版社2013年版，第126页。
③ 参见高丹蕾:《DJ公司绩效考核管理体系优化设计研究》，吉林大学2017年博士学位论文。

(二)绩效考核管理体系在法官考核指标体系重塑中的作用

1. 有助于构建关键考核指标体系,提升法官职业化建设水平。KPI 考核法侧重于从若干个考核指标中选取极少的关键指标对法官进行考核,充分发挥考核指挥棒的作用,引导法官投入更多的精力去专注于审判执行本职工作,将法官从应对各种考核指标的困境中解放出来,给不堪重负的法官松绑,给疲于应对的法官减负,让法官有更多的时间去研究案件、分析案件,打磨、制作裁判文书,真正去践行习近平总书记让人民群众在每一个司法案件中感受到公平正义的工作目标。另外,利用关键考核指标对法官进行考核,对其司法行为进行深入分析和衡量,这样就能抓住审判质效评价的重心,有助于提升法官职业化建设水平。[①]

2. 有助于构建 360 度法官考核评估体系,提升法官考核科学化水平。法官的工作具有很强的专业性和隐秘性,对不同专业领域法官的评价也存在一定的差异性。将 360 考核法运用于法官考核指标体系的构建中,上下级、律师、当事人、同行等考核者基于全方位、不同的角度对法官的工作态度、职业行为、审判业绩等进行客观、准确的评价,使法官可以依据考核评价的结果及时掌握自身的优点、缺点,从而使工作水平得到不断的提升。360 度法官考核评估体系还可以使法官考核突破"唯上级论"的禁锢,有效地避免考核行政化的倾向,有效地规避考核过程中存在的不公平、不公正现象,剔除对法官的不公正评价和偏见,使考核的结果更加全面、客观、准确,不断提升法官考核科学化水平。

3. 有助于构建系统的考核指标体系,提升审判质效和司法公信力。绩效考核管理体系中的经验对于法官考核指标体系的重塑具有重要的启发作用,有利于重塑传统的考核指标体系,让先进的管理学理念融入法官考核中。一方面,KPI 考核法注重关键考核指标的选取和运用,减少不合理、不科学的考核指标,这与中央为基层减负的精神以及"五五改革纲要"的精神是相一致的,也为法官安心本职工作创造了良好的条件。另一方面,360 度考核法还避免了考核过度数字化的倾向,在考核过程中加入科学的主观考核色彩,考核指标体系由平面化转向立体化。

四、进路探寻:"司法主体"背景下法官考核指标体系构建

基于上述分析,立足我国法院管理和法官考核实际,借助管理学中的绩效考核管理体系构建法官考核指标体系的路径在于:以服务公共利益和服务法官

---

① 骆锦勇:《完善法官业绩考核评价机制》,载《人民法院报》2018 年 1 月 11 日,第 2 版。

审判工作为原则,通过KPI考核法梳理选取出客观业绩的关键指标,通过360度考核法确定主观评价的主体和权限,制定科学的指标分值和计算方法,重塑我国法官考核的指标体系,实现司法审判公正与效率的统筹发展。

(一)“司法主体”背景下法官考核指标体系构建应坚持的基本原则

1. 客观业绩指标与主观评估指标相结合原则。法官具有自身独特的职业特点,对法官的考核应当坚持主客观相结合的原则,构建全方位、广维度、科学化的考核指标体系。客观业绩指标的主要内容是法官的审判业绩和工作能力,通过选取关键指标,以数字化和可视化的方式,对法官一段时间内的工作业绩进行量化考核。主观评估指标的主要内容是给予法官考核评估主体相应的考核权重,对法官一定时间内的职业道德、工作能力、社会效果等进行全方位评估。主观评估指标的设置可以有效避免考核唯数字化的倾向,对客观评估指标中不适当的部分进行校正。

2. 关键指标筛选与指标数量精简相结合原则。一方面,为了树立正确的考核导向,实现精准化考核,法官考核指标体系的设计要在充分借鉴管理学中KPI考核法的基础上,遵循“SMART”原则,筛选出对法院目标有积极推动意义、能够充分反映法官审判业绩的关键考核指标。另一方面,为了切实为法官减负,让法官从众多考核指标中解放出来,考核指标的数量应该在现有的基础上进行大幅度精简,与关键考核指标筛选深入结合,实现指标设计科学化。

3. 360度考核评估与科学指标导向相结合原则。一方面,为切实破除考核行政化倾向,树立科学的考核指标导向,360度考核评估的引入可以对法官的考核主体进行明确,充分赋予各考核主体相应的考核权限,实现主观评估的科学化。另一方面,在法官考核数字化的背景下,360度考核评估指标的设计对校正“唯数字化”“唯指标化”考核有着不可替代的作用,避免法官陷入“指标型法官”怪圈。引导法官树立正确的指标观,集中精力献身司法审判,提升法院的司法公信力。

(二)建立以“KPI+360”为模型的法官考核指标体系

法官考核指标体系设计的总体思路:设计考评指标体系时,首先应当体现法院战略目标的要求。在“努力让人民群众在每一个司法案件中都感受到公平正义”的法院目标下,法官应以公正、高效处理每一起案件并得到当事人及社会公众的认同为工作目标。为了实现法院的战略目标,按照主客观相统一的评价方法,可以将法官考核的指标分为客观指标和主观指标,按照百分制的原则进行记分。其中客观指标占70%,包括司法公正、司法效率和司法认同三个部分。

主观指标占 30%,主观指标就是 360 度考核评估指标,主要是各考核主体针对评估的权重对法官进行相应的评估,按照总体权重折成分数。客观指标就是按照 KPI 的考核方法,对筛选出的具体考核指标的分值按照相应的权重折算成分数(见图 4)。

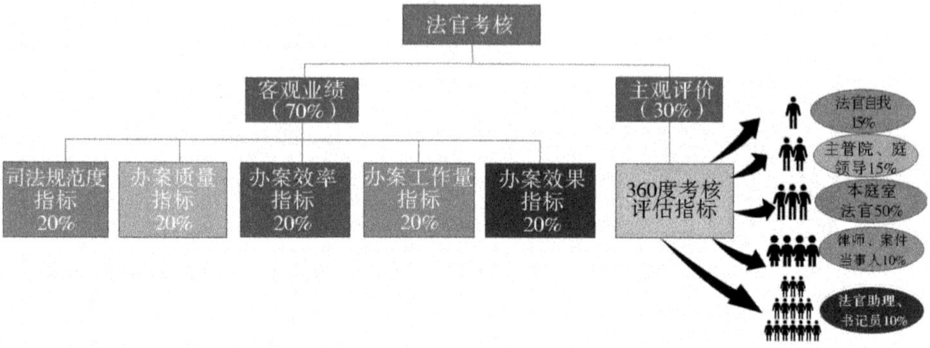

图 4　法官考核指标体系构成图

(三)建立以 KPI 为主导的考核指标确定体系

根据 KPI 考核法,划分指标类型的前提是明确法院的整体目标,即让人民群众在每一个案件中感受到公平正义。再对法院的整体目标按照平衡计分卡的方法进行分解,主要分解为司法公正、司法效率和司法认同三部分。

司法公正的前提是公正司法,即司法活动依法规范开展,办案质量依法稳步提升,这就是司法规范度指标和办案质量指标。迟来的正义不是正义。司法效率主要包括办案工作量指标和办案效率指标。在保证案件质量的同时,最大限度地提高效率,是对一名法官最高的要求。一份优秀的判决最好的社会效果是能够做到胜败皆服,现实中只能处于理想追求,司法认同最根本的就是办案效果指标(见图 5)。

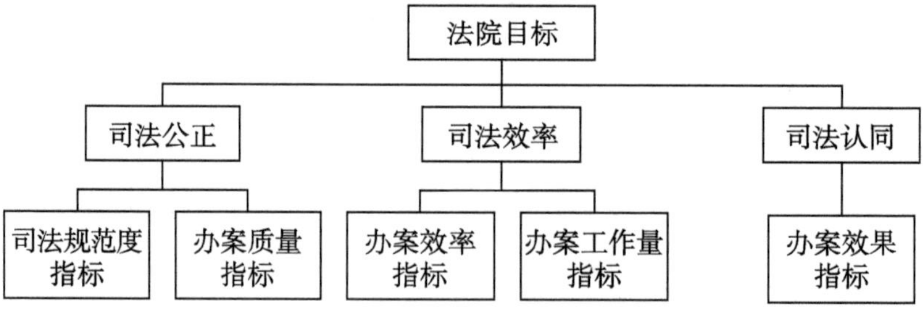

图 5　法官考核客观指标构建思路

在明确考核指标构建思路的基础上,科学合理的指标设定应遵循 SMART

原则，除应具备明确性、时效性外，还应具备可衡量性，即用数据表达指标，遵循“能量化则量化，不能量化则质化”的标准。鉴于法官工作业绩可量化，因此，对审判业绩完成的数量、质量、效率等应采取定量评估法；对于不可量化的办案效果等可设计调查问卷等方式进行定性考核（见图6）。指标还应兼顾行为导向性和可行性，须被考评者付出努力所能实现的，过高或偏低均不可取。①

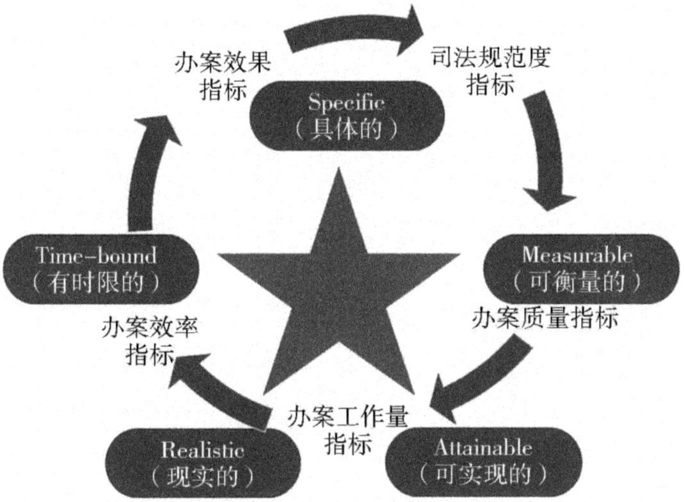

图6　SMART原则

1. 司法规范度指标。根据《最高人民法院司法责任制实施意见（试行）》的规定，司法规范度指标的考核核心是庭审。对庭审的考核主要包括审判活动合法性和庭审驾驭能力两部分。其中审判活动合法性主要依据几大诉讼法和相关的司法解释对审判活动各环节是否合法进行考核，全面严格的管理和评价审判活动。庭审是能够全面客观地反映法官的审判能力水平和行为规范程度核心内容，对庭审驾驭能力的考核主要是根据法官在庭审过程中驾驭庭审的行为表现来衡量其司法行为是否规范。庭审驾驭能力主要包括庭审准备是否充分、是否娴熟引导当事人举证质证、是否充分行使释明权、是否给予双方当事人平等参与权、与诉辩双方距离是否合适、庭审语言是否规范等。②

2. 办案质量指标。法院裁判的最大价值在于对争议事实作出有法律效力的判断。发改率、上诉率等指标在一定程度上可以反映案件的整体质量，但对法官的考核，数据的高低并不能反映出质量的优劣。对办案质量的考核，最根

① 萧鸣政：《绩效考评与管理方法》，北京大学出版社2017年版，第121页。
② 杨万明主编：《新时代中国特色司法审判的理论与实践》，人民法院出版社2018年版，第11页。

本的是对裁判文书质量和案件差错情况的评价。裁判文书作为法官释法析理的最终产品,很大程度上反映了法官的办案思路和办案精细化程度,能够较为全面地反映法官的案件质量。对裁判文书的考核主要包括样式是否规范、文字是否流畅、表述是否完整、说理是否确实充分、逻辑是否严谨五个方面。案件评查指标主要是针对法官承办过的案件进行抽查,深入个案内部,评鉴法官审理案件的质量以及是否存在差错案件。

3. 办案效率指标。办案效率是各级法院和部门审判绩效考核的重点,但一味地追求结案率、结案数等不合理的指标只能牺牲法官的办案质量和精细化程度。为了保障法官合理高效的审理案件,办案效率指标只包括法定审限内结案率和长期未结案数。法定审限内结案率给法官设置了最基础的结案要求,是对法官的办案效率的显性考核。长期未结案数指标是对是否存在无故拖延审理情形的考核,是对法官办案效率的隐性考核。

4. 办案工作量指标。对办案工作量的考核是由立案登记制后法院成倍增长的庞大工作量所决定的。为了准确界定不同层级法院、不同审判庭、不同类型案件的实际工作量,实现不同类型案件法官之间工作量的科学横向对比,笔者建议借鉴北京、上海、南京等地的案件权重系数原理,辅之对个别案件权重系数的动态调整,科学合理地测算法官的办案工作量。

5. 办案效果指标。人民群众对司法的期待就是我们奋斗的目标。对办案效果的考核实质上就是人民群众满不满意,司法公信力是否真正树立。应当将有无出现因法官自身原因导致当事人上访闹访、矛盾激化、群体性事件及其他恶性事件作为考核指标。法官不仅仅承担裁判的职责,更重要是释法析理,化解社会矛盾。因此,社会矛盾是否真正化解是评判办案效果的试金石。

(四)建立以 360 度考核法为主导的考核指标评估体系

在法官考核中引入 360 度考核法的出发点就是扩大考评者的范围和类型,从不同层次的人员中收集考评信息,从多个视角对法官进行综合考评。从评估的方法上来看,对评估的分数采取去掉最高分和最低分取平均值的平均数算法,确保了评估的相对客观性和准确性。从考核主体上来看,司法活动的直接参与者都有权对法官进行评估,实现对法官的内外部监督相结合,建立反馈机制,以促使法官能力的提高。因此,法官的主管院领导、庭长、副庭长、本庭室法官、律师、案件当事人、法官助理、书记员都应是法官考核的主体(见图 7)。

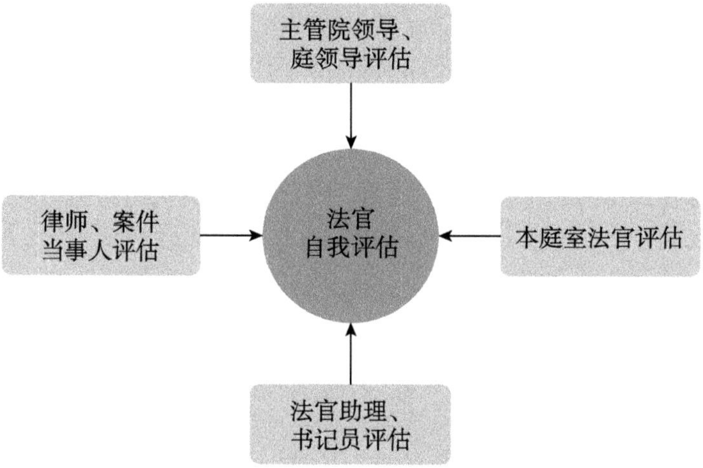

图7 法官考核360度考核评估体系

1. 主管院、庭领导的评估。作为法官的直接领导和上级,主管院长、庭室领导既是法官的领导者,也是法官的监督者,发挥着审判监督的重要作用。从考核的科学性角度上来说,虽然院庭领导的评价具有一定的行政化色彩,但他们恰恰是宏观上了解法官总体工作情况的人,将他们的意见科学地加以利用,可以充分发挥院庭长意见的重要作用。但从司法改革的导向上来看,应该适当限制他们的评估权限,权重为15%比较适中。

2. 本庭室法官的评估。根据法官审判工作的基本规律,最了解法官的人是他们的同行,也就是他们的法官同事。由于法官审判工作的专业性,不同审判业务的法官从事的工作差异很大,工作量和工作难度差异也很大,不同领域的法官难以科学合理地横向对比。但是作为同一审判庭的法官,对于被评价法官的庭审水平、裁判文书写作能力、释法析理能力、调研能力等法官核心能力一清二楚,他们也是最了解法官的人。因此,应当赋予同庭室法官50%的评估权限。

3. 律师、案件当事人评估。作为与办案法官接触最多、感触最深的人,律师和当事人对法官的审判作风、办案水平、廉洁程度等方面也具有一定的评估权限。虽然引入律师、当事人评估在实务界具有一定争议,甚至有观点认为会影响法官的裁判标准和量刑幅度。但律师和案件当事人的评估是法官考核中不可缺少的一部分,更是人民群众对法官最直接的评价。因此,应当赋予律师、案件当事人10%的评估权限。

4. 法官助理、书记员评估。作为审判团队的重要组成部分,法官助理和书记员是法官的重要助手和左膀右臂,法官逐渐从审判辅助性事务中解脱出来,集中精力去完成审判核心工作。作为法官的左右手,法官助理和书记员与法官朝夕相处,他们的意见有利于近距离了解法官。因此,应当赋予法官助理、书记员10%的评估权限。

5. 法官自我评估。一名优秀的法官肯定是一名"吾日三省吾身"的法官,对自己的工作进行日常反省,方能取得进步和提高。法官考核评估中必不可少的是法官的自我评估,设置自我评估有利于法官认真地进行阶段性的总结,认清自己的优点和劣势,为下一步工作的提高打下坚实基础。因此,应当赋予法官15%的自我评估权限,激励法官不断自我总结,自我提高。

结　语

能否建立符合审判权运行规律和法官职业特点的法官考核指标体系,直接关系到员额制和司法责任制改革的成败。本文引入管理学中的绩效管理体系对"司法主体"背景下的法官考核指标体系进行了构建,以期对实践有所裨益。

反思与改革:中级法院法官助理的培养与层级化管理

——以中级法院刑事法官助理为样本

廖清顺*

【论文提要】

随着司法改革的深入推进,按照司法运行规律,司法队伍建设成为改革重点,其中在改革中不断发展壮大起来的法官助理格外引人关注。① 根据中央政法工作会议精神,司法改革的主要方向更加突出革命化、正规化、专业化、职业化建设。②《人民法院第五个五年改革纲要(2019—2023)》也进一步明确了法官助理的培养方向和发展路径。作为法官的"蓄水池"的法官助理的成长关系到人民法官的整体素质的提升。但实践中,法官助理还存在着个人定位不清、成长路径不清晰、职能定位不明、法律地位不明确、考核不规范等多方面问题。对于法官助理的成长路径,尤其是针对不同法官助理的差异化管理等问题极少研究。③ 鉴于中级法院法官助理的特殊地位和自身特点,本文选取中级法院法官助理的培养作为突破口,以中级法院刑事法官助理为样本,综合分析法官助理培养和成长路径中存在的问题,从未来发展出路、培养模式、激励措施、权力让渡体系等多个层面出发来全面保障法官助理的成长与成才。通过数据分析,模型构建等方式探索中级法院法官助理成长发展新路径,进一步推动中级法院法官助理的成长成才。

---

* 廖清顺,北京市第一中级人民法院刑一庭法官助理。

① 陈光中、龙宗智:《关于深化司法改革若干问题的思考》,载《中国法学》2013 年第 4 期。

② 引自《中国共产党政法工作条例》等相关文件。

③ 张璁:《法官助理职业前景待明确》,载《人民日报》2015 年 5 月 20 日,第 19 版。

【主要创新观点】

目前,理论界和实务界关于法官助理相关问题研究主要集中在法官助理绩效考核以及员额制改革背景下法官助理如何进一步辅助办案等方面。[①] 但是关于中级法院法官助理的特殊性如何体现,未入额法官作为法官助理的协助办案机制如何构建,[②]法官助理的成长需要怎样的路径,能力积累的周期性和层次性特点的把握,每个阶段法官与法官助理之间的权力如何有效界分等问题目前尚缺乏系统研究。

本文主要通过实证化的研究方法,总结中级法院法官助理培养中存在的突出问题,尤其是在培养管理方面存在的突出问题,通过问卷调查、法官访谈等途径深入了解法官助理的实际成长状况及发展需求,最后形成一个中级法院法官助理层级化成长与法官阶段化权力让渡体系,为中级法院法官助理的成长和管理提供新的思路,并以此为起点,推动整个法官助理群体的良性发展。

一、现状考察——法官助理制度面临的主要问题管窥

(一)选题依据——中级法院法官助理的特殊性及样本选择原因

本文之所以选择中级人民法院法官助理这一群体主要的原因是中级人民法院特殊的地位及特点决定的。

中级法院法官助理的来源包括:(1)通过公务员考试招录大学生,这部分随着司法改革的推进和法官员额制改革的需要,招录的数量在逐渐减少。(2)从基层法院遴选。这部分主要面临的问题是基层法院遴选上来的法官助理的配套问题的解决。(3)中级法院内部未入额法官。这部分主要是在员额制背景下,由于各种原因未能进入员额之内,不能够独立办案,但是已经具备了相应的审判能力和素养的群体。[③]

中级法院以及高级法院的法官助理由于两年基层工作经验等多方面的限制,极有可能需要最终在基层法院完成入额,中级法院的法官助理不同于基层法院和高级法院,相比于基层法院,中级法院的法官助理面临的大多属于标的额较大或者无期徒刑、死刑等的重大、疑难、复杂的案件,审判经验的积累有着天然的优势;通过基层法院与中级法院法官助理的比较分析,能够基本上总结

---

① 傅郁林:《法官助理抑或限权法官?——法官员额制改革后审判辅助人员的定位》,载《中国审判》2015年第17期。

② 王美俐:《未入额法官"协助办案"模式研究——以法官助理的配置为切入点》,载《法制博览》2017年第26期。

③ 胡四海:《从书记员到法官　从法官到法官助理》,载《人民司法·天平》2018年第24期。

出中级法官法官助理的基本特点为:(1)面临和处理的案件范围广,涉及一审和二审案件;(2)协助办理案件难度较大,涉及大量重大、疑难、复杂案件;(3)法官助理来源多样,包括基层法院遴选、公务员招聘等;(4)关于法官助理的成长和管理缺乏系统化和制度化的规定;(5)示范意义较强,中级法院法官助理的管理制度的规范能够带动整个法官助理群体的成长和发展。

鉴于刑事案件程序性规范要求较高,程序更为严谨,且案件的审理关系到被告人生命财产安全,对于法官助理能力水平要求也更高,从刑事法官助理的角度出发来探讨法官助理的成长与层级化管理有很强的代表性。

通过中级法院刑事法官助理的现状考察、样本分析,进一步剖析法官助理培养中存在的主要问题,主要通过培养模式,法官助理的成长通道,法官、法官助理、书记员之间的职责权限,法官助理的人员构成,能力水平差异,独立办案能力等多个层面进行综合分析,通过样本数据,分析出面临的主要问题。

以上是本文之所以选取中级法院法官助理作为研究分析对象以及选取刑事法官助理作为分析样本的原因。

(二)法官助理制度的发展及面临的主要问题

1999年,最高人民法院出台的《人民法院五年改革纲要(1999—2003)》中提出"随着审判长选人工作的开展,结合人民法院组织法的修改、高级人民法院或以对法官配备法官助理和取消助理审判员工作进行试点",首次将"法官助理"的概念明确在相关文件中并提出试点工作,正式开始了我国法官助理制度的改革。① 随后,历经多次改革,法官助理制度不断取得进步,从整个改革过程来看,法官助理制度从最初的为取消助理审判员制度进行的试点,到2007年以后,作为法官的助理帮助法官缓解办案压力,提高团队办案效率,有效解决"案多人少""法官断层"的难题。②

随着司法体制改革不断推进,未来的法官更倾向于向群体构成的精英化、责任承担的全面化以及能力水平的系统化方向发展。这一改革所产生的一个直接的效应就是员额法官数量逐渐减少,随之而来的是法官助理数额急剧增加,那么,关于法官助理职业习惯养成以及法官助理管理就成为一个突出

① 夏锦文:《当代中国的司法改革:成就、问题与出路——以人民法院为中心的分析》,载《中国法学》2010年第1期。

② 许梦诗、陈泳滨:《大审判团队视野下的法官助理制度——以搭构限权法官和法官助手为视角》,载《人民法治》2018年第1期。

问题。[①]

法官助理的角色定位不清是一个十分突出的问题。现有的司法改革文件[②]也都对法官助理进行了规定，从中可以看出，法官助理主要是协助法官以及法官的指导下开展工作，呈现出的是一种“被动型”接受而非“主动型”承担。[③] 许多法院也制定了关于法官助理与法官、书记员之间的职责权限的相关文件，主要是列清单式的规定。但实践中要做到法官与法官助理、法官助理与书记员之间职责的有效衔接则是十分困难的，尤其是针对职责清单中存在的职能交叉部分。而且职责清单并不能穷尽所有事项，也会导致影响工作效率。

当前情况下，法官助理的培养仅仅停留在统一职责规范等方面，缺乏内部的系统化激励机制以及根据不同情况进行的差异化管理体系。目前的法官助理培养存在的问题可以从以下几个方面进行总结：(1)法官助理职责定位不明确，晋升渠道不明朗。(2)法官助理在司法改革的过程中未能主动参与，仅仅作为了被动的改革对象。(3)大部分年轻法官助理缺乏社会实践经验，还面临诸多不适应。(4)未入额法官作为法官助理心态容易失衡。(5)法官助理发展状况存在较大差异，但是培养模式并未进行相应调整。(6)未建立法官与法官助理权力让渡机制。

二、样本分析——中级法院法官助理培养存在的主要问题[④]

为了进一步了解法官助理制度运行中存在的主要问题，尤其是中级人民法院法官助理存在的主要问题。笔者尝试以中级人民法院刑庭作为研究样本，综合多种研究方法，经过对于随机抽取的在编的法官助理以及法官、书记员进行调研，分析总结出中级法院法官助理存在的几个方面的主要问题。

(一)实证数据

首先统计某中级法院刑事审判庭入职3年以内的法官助理与入职3年以上的法官助理的数量，未入额法官在法官助理中的整体比例，员额制改革后法官助理进入员额的基本周期等。

经过调研分析，选取样本某中级法院刑事审判庭入职3年以内的在编法官助理为20人，入职3年以上的法官助理为3人，未入额法官3人。根据对部分

① 王川：《法官助理为主审法官“减负增效”》，载《上海法治报》2015年7月22日，第14版。

② 主要有2016年印发的《法官助理、检察官助理和书记员职务序列改革试点方案》《最高人民法院关于完善人民法院司法责任制若干意见》等，将法官助理的工作进行了一个罗列性的界定。

③ 关晓海：《法官助理不是改革旁观者》，载《人民法院报》2015年7月20日，第2版。

④ 本次样本分析主要是采用问卷调查、法官访谈、实证数据统计分析等方式进行。

员额法官进行访谈了解到，员额制改革以前，法官助理入职后3年内可以提拔为助理审判员，5年内基本上能够解决正科级，也就是说5年内基本上就能够独立办理案件。但是在员额制改革之后，这个最短周期也在不断的延长，而且晋升的条件也更加的苛刻，需要发表文章、审判质效、调研等全方位的提升，入职5年以上未能入额的法官仍然大范围存在。法官助理多来自人大、政法等高校的硕士研究生，基本上均是从高校直接招录进来的。

结合实践，一个法官在1年以内基本上会收到若干件一审，以及近百件二审案件，这其中也包含一些案件事实较为清楚的案件。在实践中，法官助理除了草拟文书、调研等工作之外，至少有60%以上的经历处在事务性工作之上，法官助理甚至承担了大量的书记员本该承担的工作，比如说卷宗整理、文书送印、部分提讯记录、部分合议记录、文书送达等，这就导致法官助理和书记员之间经常会出现职责不清的情况。另外，由于大部分时间是法官助理在跟书记员进行沟通，往往法官分配下来的任务，书记员在接到助理的通知之后往往会消极怠工，以自己负责的案件较多为由推脱，在加上部分书记员资历较深，更加熟悉相关的操作，往往也会出现与助理在工作上产生一些分歧。

目前，尚未形成整体上系统化的规定法官助理、法官、书记员之间的职责权限划分，关于法官助理的法律定位，未来发展路径还缺乏有效的规划。法官助理自身对于自己的职业前景普遍比较迷茫，对于自身如何进入员额还是存在较多的疑问。

（二）样本分析

前面主要是对于某中级法院的法官助理的基本情况的分析，我们从中也可以看出中级法院法官助理的主要的特点，另外结合调查问卷情况，具体分析如下：

1. 关于中级人民法院法官助理的来源和构成情况

前面也分析了中级法院的法官助理的主要来源，结合某中级法院刑事审判庭的情况。目前在编法官助理基本上全部来源于高校招录，助理也基本上以“90后”助理为主。

2. 中级法院法官助理的年龄结构（见表1）

表1 中级法院法官助理年龄结构

法官助理类别	主要来源	年龄区间	入院年限	占比
见习助理	高等院校	22～27岁	1年以内	约占法官助理总数的20%

续表

法官助理类别	主要来源	年龄区间	入院年限	占比
初级法官助理	高等院校为主，遴选为辅	25～30岁或者30岁左右	1～3年	约占总数的40%
中级法官助理	遴选、未入额人员等	25～35岁	3～5年	约占总数的15%
高级法官助理	遴选、上一层次考核合格者	30～40岁	5～7年	约占总数的15%
助理法官	入额前阶段	35～45岁	7～10年	约占总数的10%

中级法院的法官助理年龄结构上以年轻的“90后”为主,“80后”或者“70后”的法官助理主要存在于未入额法官,但是随着司法改革的不断推进,以及两年的基层工作经验成为硬性要求,中级法院直接从高校毕业生中招录法官助理越来越少,与此相对的是聘用制法官助理的大量招录。

3. 中级法院法官助理入额周期

首先发放100份调查问卷,抽取100个样本,分别是法官、书记员等几个群体中按照一定的比例进行分配,最后的调查结果是:认为员额制改革背景下,法官助理成为法官的周期在5年以内的有15人,占比15%;认为入额周期在5年至10年的有40人,占比约40%;认为需要10年以上的有35人,占比约35%;不清楚的有10人,占比约10%。

结合调查问卷统计情况,中级法院目前的法官助理对于自己入额的周期的预期从司法改革以前的5年内转变为当前的8年以上甚至出现了10年左右的预期,部分法官助理在访谈的过程中甚至有着在服务期满之后转型的想法。由于入额周期的增长,法官助理的人员流失也成为一个十分突出的问题。

4. 中级法院法官助理的职责权限

根据调查研究发现,关于中级法院的法官助理的职责权限主要包含业务性和辅助性工作两个方面,业务性的主要包括:在法官的指导下草拟裁判文书及审理报告、撰写阅卷笔录等文字性工作;辅助性的程序性工作就是做好庭前准备、裁判文书上网、卷宗的初步整理等。

法官助理的职责范围与书记员的职责范围存在着较多的交叉内容,并且法官助理具体工作未能体现层次性的特点,这样的规定不利于法官助理的管理和考核,也不利于法官助理的长远发展和成长成才。

5. 中级法院法官助理的在岗年限及最终去向

经过调研发现,近年来,尤其是员额制改革推进过程中,一部分未入额法官选择离开了当前的审判工作岗位。经过法院培养的人才不能真正地为司法事业服务,大量的人才流失也加剧了法院“案多人少”的矛盾。

根据相关部门的研究发现,离职的法官助理或者未入额法官大部分选择了作为律师或者银行等机构,极少有再次进入法院、检察院等部门。

(三)问题呈现

经过上面的实证调研和分析,我们可以看出,当前中级法院法官助理制度存在以下七个方面的问题:

一是法官助理职责权限及法律地位不明晰。主要表现在列举式的表述容易产生职能交叉或者疏漏的情况,法官助理与书记员、法官之间在实践中仅仅根据现有的规范很难进行有效的衔接。

二是法官助理考核和评价机制不够健全。各个法院在对法官助理进行考核时更多的是参考对于法官或者书记员现有的考核机制进行,没有根据法官助理的自身特点制订合理的考核方案。

三是法官助理的管理过于扁平化,不利于法官助理的长远发展,尤其是在当前法官助理群体内部存在专业知识水平、社会阅历、审判经验等方面差异的情况下,无差别化的管理造成了法官助理成长的缓慢。

四是法官助理与法官没有明确的权利界分,这里主要是将法官助理在不同的成长阶段或者说能力水平的发展阶段时,法官并未及时调整培养方案。也就是说缺乏系统的法官与法官助理之间的权利阶层化让渡体系。

五是法官助理入额路径不够畅通。尤其是对于中级法院的法官助理来讲,鉴于其自身的特点,到基层法院入额势必会影响其积极性和主动性。比如说,一部分法官助理之所以选择中级法院就是看重中院的发展平台,前往基层完成入额同时也会影响基层法院法官助理的发展前景。

六是法官助理主动参与改革的意识不足,法官助理在当前的改革过程中完全是一个被改革的对象。在具体的分配和工作中缺乏主动性,这就严重影响了工作的最终成效。①

七是未能实现法官助理的权责一致。在当前的司法责任制改革过程中,法官助理也逐渐明确了相关的责任,但是相应的权力却未能明确,呈现出有责而无权的状况。

---

① 吴思远:《法官助理制度:经验教训与难题突破》,载《法律适用》2016 年第 9 期。

三、对策分析——如何破解当前中级法院法官助理培养面临的困境

结合当前最高人民法院以及一些基层包括中级法院的规定,本人认为应当从以下六个方面出发来构建法官助理的成长蓝图:

(一)根据法官助理的能力水平实施分级管理与考核制度

根据法官助理来院的年限、办案质量、调研能力、法官评价等确定基本的等级,初步的想法是初级法官助理(熟悉书记员基本工作规范,从卷宗整理、归档、通知当事人等基本的能力素质出发进行培养)、中级法官助理(该阶段的法官助理是在熟练书记员相关工作规范、在工作规范性上取得较大进步,基本上能够独立完成审判事务性工作的基础上,进一步开展审判辅助性工作,包括审理报告、裁判文书草拟、列席合议庭评议等)、高级法官助理(草拟审理报告以及文书等相关工作获得法官认可并能够在此基础上有余力,在该阶段可以在法官的指导下进行案件分析研究、撰写案例、信息以及进行专业问题调研,积累和总结审判经验)、助理法官(该阶段法官助理以及能够全面地完成审判事务性和辅助性工作,并且具备了较高的审判研究能力。在这个阶段的助理法官可以代行部分法官职责,独立开展部分审判及相关研究工作,并且能够在合议庭评议阶段独立发表意见)、员额储备阶段(在具备了上述能力水平条件的基础上,在经过庭内法官和领导以及法官助理专业能力评审委员会的认可之后,进入员额预备阶段,在此阶段法官助理基本上已经完成了入额前的能力储备,这个阶段需要进行挂职历练,积累社会经验,提高应变能力,可以分批次为该阶段法官助理提供充分的挂职锻炼机会)。

(二)根据员额法官的能力素质要求确定法官助理基本能力素质的范围

主要是结合员额制改革后员额法官的基本能力素质要求。通过每个方面具体的量化指标,并根据每个指标培养需要的大概时间,确定法官助理不同阶段的能力素质要求,这需要进行综合的分析和计算。合理界分法官助理初级阶段、中级阶段、高级阶段、预备员额阶段等几个层级,并确定不同层级的考核和评价范围。

(三)建立法官助理层级化成长发展与法官阶段化权力让渡相结合的制度体系

主要设想是根据法官助理达到相应的阶段,法官让渡部分权力以促进法官助理的成长和独立办案的能力。由于司法责任制的要求,不仅仅是法官,法官助理也面临着巨大的责任压力。由于法官助理往往是诸多事务的具体实施者,因此存在着较大的职业风险。《最高人民法院关于完善人民法院司法责任制的

若干意见》中曾明确提出人民法院应当坚持“权责明晰、权责统一……”的原则。[①] 并且提出了“审判辅助人员根据职责权限和分工承担与其职责相对应的责任。目前存在的主要问题是，法官助理仅仅有职责却无权限，仅仅依据职责来确定责任而并无对应的权限，相关的文件均给出了法官助理的主要职责，但是权力清单的缺位束缚了法官助理的成长和发展。

该体系的构建也是着眼于法官与法官助理之间合理的权力界分的角度进行的，有利于法官与法官助理之间关系的良性发展。

（四）增强法官助理的主体意识和主体观念

法官助理在员额制和司法人员分类改革的背景下，自我定位往往会存在偏差，认为自己仅仅需要服从法官的安排就可以了，将自己定位为一个服务者或者说是协助者，而没有将自己定位为一个将来的法官，将自己参与的案件作为自己承办的案件来认真独立分析和处理，这是当前法官助理面临的一个十分普遍的问题。

增强法官助理的主体意识或者说“承办法官”意识至关重要，因为只有带着这样的意识和观念来开展工作才能够实现能力的有效提升。

（五）构建良性的法官与法官助理的关系

法官助理与法官究竟是一个什么样的关系？师徒？助手？搭档？还是一个合作团队？笔者认为，根据法官助理的不同的层级，法官助理与法官之间的关系也会面临着不同程度的改变。由最初的助手或者帮手到最后的合作者。[②]

法官与法官助理可以说是一种相互成就的关系，最初阶段，法官运用自己的审判经验和智慧影响法官助理，在法官助理成长到一定的阶段，可以获得部分的审判权，这个时候双方就是一个合作的关系。理想的状态应当是法官助理在与法官一同开展工作的过程中不断进步，逐渐获得更多的审判权，不断解放法官的审判性以及事务性工作，法官的工作应当更加倾向于法律问题的研究以及审判经验的总结。

（六）明确法官助理分级管理应当坚持的基本原则

笔者认为，法官助理的分级管理应当坚持的基本原则至少应当包含以下四个方面的原则：

---

① 《最高人民法院关于完善人民法院司法责任制的若干意见》中列明了各个主体的司法责任，通过列举的方式列明了法官助理、法官、书记员的职责权限，但是从所规定的内容来看，更多体现的是责任的一面，而并未赋予法官助理相应的审判权限。

② 李娜：《承上启下做好审判团队“润滑剂”》，载《法制日报》2015年5月23日，第5版。

1. 业务能力水平为主,兼顾其他。法官助理的主要的工作主要是辅助办案,因此业务能力水平是评价的主要因素。由于随着能力水平的提升,还需要兼顾调研信息等方面的因素。

2. 构建内部互评、技能竞赛、业绩考核、部门评价等综合评价体系。鉴于仅仅是技能考试并不能完全反映出法官助理的真实水平,因此需要结合多种评价手段进行综合评价,力求科学合理。

3. 德才兼备,以德为先。本原则的主要方面就是要综合考察法官助理的思想道德品质、群众基础、带头模范作用发挥等多个方面,力求全面系统。

4. 素质提升与权力让渡有机结合。本原则主要是针对法官助理的成长阶段制定的原则,在不同的成长阶段赋予其不同的权力,推动其能力素质的阶段化增长。

四、反思与改革——中级法院法官助理的未来成长路径选择

(一)法官助理进行层级划分的依据和主要意义

法官助理实行分级管理,根据综合技能测评、内部人员评价等多个指标合理确定级别,在相应的级别分配相应的职能任务,从最基础的书记员工作开始,夯实基础,根据评价结果,这部分工作达标或者符合相关要求,则考虑进入下一阶段,直至符合员额法官的能力素质的基本要求。

之所以对法官助理进行层级划分主要基于以下几点考虑:(1)实践层面的需要,由于当前的法官助理实际上存在一定的差异,入职早的法官助理与入职晚的法官助理存在差异、同一批入职的法官助理存在个性特点等方面的差异、法官助理与未入额法官之间存在能力水平差异等,要求对法官助理进行层级划分。(2)层级划分主要依据法官助理能够独立开展相关工作的情况进行,比如说能否独立撰写审理报告、裁判文书,能否独立组织庭前会议等工作;(3)根据法官助理的工作范围设置相应标准。由于法官助理并非均来自业务部门,因此针对综合部门来讲,就需要结合其工作性质,确定基本的考核因子,比如活动组织效果、文件起草情况、协调能力水平等。

对法官助理进行层级划分主要有三个方面的重大意义:

1. 有利于法官助理能力水平的持续提升。层级管理的主要出发点就是基于法官助理的不同的能力素质水平和不同的成长阶段制订的有针对性的培养方案,因此,这对于法官助理长远的发展是具有十分重要意义的。

2. 有利于整个法官队伍人员素质的不断提升。在当前员额制改革的背景之下,法官助理作为法官的后备力量,甚至可以说是未来的法官,其能力素质的

提高直接关系到整个法官队伍整体素质的提高。

3. 阶层化的成长路径也是符合法官培养规律的。层级化管理相对应的就是阶段性的权利让渡体系，根据法官助理不同的能力素质情况以及成长阶段，赋予其不同的职责任务，每一个阶段的提升都是一次蜕变，一次飞跃。

（二）层级划分

法官助理层级的划分并非行政级别的差异，而是阶层化的成长路径。结合法官助理自身的成长需要，能力素质差异，制订具有针对性的成长方案。

为了更加便于理解，以刑事法官助理为例，笔者想通过表格来表达法官助理层级化管理以及阶段性成长与权力让渡体系的构建（见表2）。

表2　法官助理层级化管理以及阶段性成长与权力让渡体系的构建

所处阶段	能力素质要求	主要考核方式	权力让渡	比例控制	法官指导方式
预备阶段	熟悉基本法律规定、了解部门主要工作流程、有一定的研究能力	法律规范知识考核、工作流程考核等基本考核（主要是在见习阶段）	此阶段的法官助理处在初步了解阶段	主要是通过招录，根据岗位需要（中级法院这方面的来源在减少），另外还有从基层法院遴选	全面指导
初级阶段	在熟悉相关业务的基础上，了解并熟练掌握书记员工作技能；二审案件的立案、卷宗整理、提押、提讯笔录撰写、阅卷笔录、审理报告初稿等	此阶段的主要考核分为业绩考核和综合互评（各占50%）	在这个阶段，法官可以将二审案件的阅卷笔录、审理报告初稿、庭前准备的部分工作、信息撰写等基础性工作交给法官助理	此部分的法官助理包含转正的法官助理以及部分未入额法官，是整个法官助理的主要群体，占比约50%	宏观指导为主，微观指导为辅

续表

所处阶段	能力素质要求	主要考核方式	权力让渡	比例控制	法官指导方式
中级阶段	基本熟悉二审案件的所有流程、能够协助法官处理部分一审案件,能够独立主持庭前会议等庭前准备工作、熟悉一审案件办理流程,能够在法官的指导下完成一审相关文书的撰写,案例分析、调研、信息等能够基本完成,有相当的理论研究能力	本阶段的考核注重全方位考核(案件办理占比 40%,调研信息占比 20%,案例研究、技能竞赛等占比 20%,其他占比 20%)	本阶段法官应当让渡的主要是庭前会议的组织、庭前准备工作的开展	该部分法官助理属于法官助理成长的一个关键期,承上启下,所占比例约为 30%	宏观指导,极少部分的微观指导
高级阶段	该阶段的法官助理已经基本上熟悉一审以及二审的案件处理流程,能够独立完成提讯、庭前会议准备、组织证据交换、独立开展调研信息宣传等相关工作,具有较强的理论研究能力,能够在很大程度上解放法官	本阶段法官助理是在上一阶段的基础上经过考核合格者进入,并且需要带教法官、部门领导等多方综合测评,考核更加严格	本阶段法官完全可以将大部分的二审案件以及少部分的一审案件的处理交给助理来完成,法官助理可以参与庭审的发问、决定部分审判事项等	本部分法官助理处于能力素质较高的水平,并非全部的法官助理均能达到这一层次,基本上应当控制在上一阶段人员的 30% 左右进行选拔	宏观指导,法官则主要负责案件理论研究以及审判经验的总结提升

续表

所处阶段	能力素质要求	主要考核方式	权力让渡	比例控制	法官指导方式
助理法官阶段	本阶段的法官也可以被称为员额预备阶段,基本上具备了相当程度的审判经验,能够独立处理二审案件以及大部分的刑事一审案件,具备较高的理论研究和案件分析能力,能够独立开展大部分的刑事审判工作	本阶段的考核更加突出的是案件处理质效、调研能力评估、理论研究水平等方面	本阶段法官基本上可以让渡大部分的审判权,仅仅需要在宏观上进行一些指导,把握好整体的方向即可	本部分数量应当控制在上一个阶段的30%左右	法官基本上可以得到解放,仅仅需要在关键节点或者整体方向上进行指导即可,法官的精力基本上放在法律理论的研究及审判理论的研讨
员额法官	助理法官达到一定阶段即可	经过法官遴选委员会考核	完全具有审判权	上一个阶段的20%左右	合作关系,理论经验的传授

(三)未来法官助理制度的发展展望

笔者认为,法官助理工作的主要特点包括:(1)辅助性,这是从法官助理的设置本意就能够体现出来的。(2)连接性,在整个的案件办理过程中,法官助理是整个体系运转的"润滑剂"。(3)复杂性,法官助理的工作内容丰富,需要的综合能力素质较高。(4)差异性,法官助理由于本身能力水平不同或者专业方向不同均会体现出差异化的特点。(5)专业性,法官助理的工作与一般的审判辅助人员相比,更加专业。

未来的法官助理制度应当更加注重法官助理的专业性和差异性这方面的特点。明确法官助理的成长路径,体现法官助理的不同特点,充分发挥法官助理的潜能。

经过调研发现,未来的法官助理制度应当具备以下几个方面的特征:

1. 专业能力素质更高。更加突出法官助理能力素质的培养和提升,将其真正作为"法官的蓄水池"进行全方位培养。

2. 权利与责任高度统一。强化法官助理司法主体地位,随着法官助理成长阶段的不同,建立法官与法官助理之间的权力让渡机制。

3. 完备的考核评价机制。构建法官助理单独职务序列考核评价机制,根据法官助理不同层级以及能力水平确定考核因子,形成完整的考核评价体系。

4. 完善畅通的交流晋升渠道。法官助理由于大部分来源于高校,社会经验欠缺,因此要强化人才交流,丰富其社会经验。同时,保障法官助理的成长通道,尤其是针对中级法院法官助理的特殊性,可以考虑探索差异化入额机制,也就是说中级法院的法官助理完全可以在本院完成入额。

结　语

法官助理的培养与层级化管理的改革,最终的落脚点应当是法官助理的成长成才与价值实现。中级法院法官助理处在一个非常尴尬的境地,面临着进入员额的压力且相关的路径并不畅通的情况,通过对于中级法院法官助理的培养和层级化管理的探索,为法官助理成长成才探索较为合理的路径。本文所提供的主要的方案都是基于法律规定和当前的司法实践的基础上进行的总结和提炼。

推动法治进步的过程是艰难的,但是这一不断探索的过程是非常幸福的,希望笔者提供的这些思路和建议能够为法官助理制度的改革和完善提供一些帮助,促进这一群体培养的规范化和制度化,更希望通过这样的一个探索研究的过程能够启发更多人的思路,为司法改革的不断推进和发展注入新的活力。

附件一:层级化管理模型图

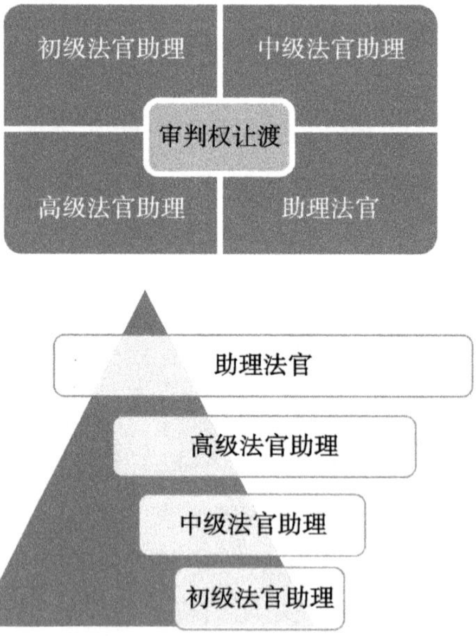

说明:层级围绕审判权让渡展开,随着层级的提高,所拥有的权限提高,人员所占比例则相应减少,突出精英化培养的特点。

图 1　层级化管理模型图

附件二:

中级法院法官助理培养状况调查问卷

1. 您在法院工作的身份是?

A. 法官　　B. 法官助理　　C. 书记员

2. 您的职业发展路径是什么?

A. 从书记员做起　　B. 直接作为法官助理　　C. 其他

3. 您是如何进入法院的?

A. 通过统一公务员招录考试　　B. 社会招聘后经过努力转成行政编

C. 基层法院选调

4. 作为法官助理,您当时的工作与书记员的工作是否有区分?

A. 没有区别　　B. 服从法官安排

C. 区别明显,部门制定了严格规定

5. 在当前员额制改革背景下,您预期入额的时间是?

A. 五年以内　　B. 五年以上十年以内

C. 十年以上　　D. 不清楚

6. 您是否赞成对法官助理进行层级化管理?

A. 赞成,因为法官助理能力存在差异　　B. 不赞成,应当无差别进行培养

C. 保留态度

7. 您认为中级法院法官助理是否有必要到基层法院完成入额?

A. 有必要　　B. 没必要　　C. 视情况而定

8. 您认为中级法院今后法官助理的主要来源是?

A. 基层法院遴选　　B. 社会化招录　　C. 未入额法官

9. 您认为当前法官助理培养过程中存在的主要问题是?

A. 职能定位不清　　B. 能力素质不均衡

C. 考核办法不合理　　D. 成长路径不明确

10. 您的家乡是在?

A. 北京本地　　B. 北京周边　　C. 偏远地区

图书在版编目(CIP)数据

司法体制综合配套改革中的防范化解重大风险：优秀学术论文集. 2019年卷 / 北京市第一中级人民法院编. -- 北京：法律出版社，2020
ISBN 978-7-5197-4378-9

Ⅰ. ①司… Ⅱ. ①北… Ⅲ. ①法院-司法制度-体制改革-北京-文集 Ⅳ. ①D926.22-53

中国版本图书馆CIP数据核字(2020)第057823号

司法体制综合配套改革中的防范化解重大风险
——优秀学术论文集(2019年卷)
SIFA TIZHI ZONGHE PEITAO GAIGE ZHONG DE FANGFAN HUAJIE ZHONGDA FENGXIAN
—YOUXIU XUESHU LUNWENJI (2019 NIAN JUAN)

北京市第一中级人民法院 编

策划编辑 李 群
责任编辑 李 群 陈昱希
装帧设计 汪奇峰

出版 法律出版社
总发行 中国法律图书有限公司
经销 新华书店
印刷 北京虎彩文化传播有限公司
责任印制 张建伟

编辑统筹 法规出版分社
开本 710毫米×1000毫米 1/16
印张 29.75
字数 524千
版本 2020年5月第1版
印次 2020年5月第1次印刷

法律出版社/北京市丰台区莲花池西里7号(100073)
网址/www.lawpress.com.cn
投稿邮箱/info@lawpress.com.cn
举报维权邮箱/jbwq@lawpress.com.cn
销售热线/400-660-8393
咨询电话/010-63939796

中国法律图书有限公司/北京市丰台区莲花池西里7号(100073)
全国各地中法图分、子公司销售电话：
统一销售客服/400-660-8393/6393
第一法律书店/010-83938432/8433 西安分公司/029-85330678 重庆分公司/023-67453036
上海分公司/021-62071639/1636 深圳分公司/0755-83072995

书号：ISBN 978-7-5197-4378-9
定价：98.00元